Dogmatik in der Moderne

Herausgegeben von
Christian Danz, Jörg Dierken, Hans-Peter Großhans
und Friederike Nüssel

51

Christoph Schröder

Vollkommenheit und Fragmentarität

Evangelische Vollkommenheitsdiskurse
im Horizont spätmoderner
Selbstoptimierungsimperative

Mohr Siebeck

Christoph Schröder, geboren 1987; Studium der Theologie und Philosophie in Leipzig, Berlin und Jerusalem; Vikariat in Leipzig; Promotion und Lehraufträge an der Uni Leipzig im Fach Systematische Theologie; Pfarrer in Cunewalde (Oberlausitz).

Gedruckt mit freundlicher Unterstützung der Vereinigten Evangelisch-Lutherischen Kirche Deutschlands und der Evangelisch-Lutherischen Landeskirche Sachsens.

Diss., Universität Leipzig, 2023.

ISBN 978-3-16-163352-2 / eISBN 978-3-16-163353-9
DOI 10.1628/978-3-16-163353-9

ISSN 1869-3962 / eISSN 2569-3913 (Dogmatik in der Moderne)

Die Deutsche Nationalbibliothek verzeichnet diese Publikation in der Deutschen Nationalbibliographie; detaillierte bibliographische Daten sind über *https://dnb.dnb.de* abrufbar.

© 2024 Mohr Siebeck Tübingen. www.mohrsiebeck.com

Das Werk einschließlich aller seiner Teile ist urheberrechtlich geschützt. Jede Verwertung außerhalb der engen Grenzen des Urheberrechtsgesetzes ist ohne Zustimmung des Verlags unzulässig und strafbar. Das gilt insbesondere für die Verbreitung, Vervielfältigung, Übersetzung und die Einspeicherung und Verarbeitung in elektronischen Systemen.

Das Buch wurde von Gulde-Druck in Tübingen auf alterungsbeständiges Werkdruckpapier gedruckt und gebunden.

Printed in Germany.

Vorwort

Das Vollkommene fasziniert. Und erfüllt mit Sehnsucht. Mich jedenfalls. Aber so sehr die vollkommene Erzählung, der vollkommene Moment oder das vollkommene Leben locken und antreiben, es bleibt Illusion. Oder nicht?

Spätestens seit mir mein Doktorvater das erste Mal das Thema der Vollkommenheit im Sinne der *perfectio hominis* in der evangelischen Theologie vorgeschlagen hat, lässt es mich nicht mehr los. Das liegt auch daran, dass mir die Frage nach berechtigten und unberechtigten, nach motivierenden und überfordernden, nach heilsamen und gefährdenden Ansprüchen an sich selbst und die eigene Existenz ein prägendes gesellschaftliches Gegenwartsthema zu sein scheint. In einer Zeit vielleicht nicht unbegrenzter, aber doch zahlreicher Wahlmöglichkeiten kommt das auch nicht völlig überraschend. Die teils emotionalen und häufig im Duktus starker persönlicher Betroffenheit geführten Debatten über perfektionistische Wesenszüge und das Phänomen der Selbstoptimierung sind Ausdruck davon.

Der vorliegende Band ist das Ergebnis meiner bisherigen Auseinandersetzung mit dem Streben nach Vollkommenheit und Selbstoptimierung. Ihm liegt meine geringfügig überarbeitete Dissertationsschrift zu Grunde, die ich am 15. Mai 2023 an der Theologischen Fakultät der Universität Leipzig verteidigt habe.

Der Marathon eines solchen Unternehmens wäre ohne vielfältige Unterstützung nicht zu bewältigen gewesen. Ein erster und großer Dank gilt meinem Doktorvater, Prof. Dr. Rochus Leonhardt, für die intensive akademische Begleitung während der Entstehungszeit sowie für den Spaß, den wir während unserer Doktorandenkolloquien und vor allem anschließend hatten. Beides gilt in ähnlicher Weise auch für Matthias Hofmann, Thomas Linke und Dr. Florian Priesemuth, denen ich für die gegenseitigen Ermunterungen und alle konstruktive Kritik danken möchte. Als weitere wichtige Wegbegleiterin denke ich dankbar an meine Schwester, Klara Schröder. Nicht zuletzt danke ich Prof. Dr. Roderich Barth für hilfreiche Hinweise, die Übernahme des Zweitgutachtens und einige gepfefferte Fragen zur Verteidigung.

Der Konrad-Adenauer-Stiftung gilt mein Dank für das Promotionsstipendium und vielfältige Impulse während dieser Förderung. Für die Aufnahme in die Reihe „Dogmatik in der Moderne" danke ich den Herausgebern sowie dem Verlag Mohr Siebeck für die professionelle Betreuung. Der Vereinigten Evangelisch-

Lutherischen Kirche Deutschlands und der Evangelisch-Lutherischen Landeskirche Sachsen danke ich für ihre Druckkostenzuschüsse.

Mein herzlichster Dank gilt Inkeri, die die unterschiedlichen Phasen und Etappen der Entstehung dieses Buches am unmittelbarsten mitgetragen und entscheidend unterstützt hat.

Cunewalde am Letzten Sonntag
nach Epiphanias 2024   Christoph Schröder

Inhalt

Vorwort V

Einleitung 1

1. Ausgangsüberlegungen 3
2. Vollkommenheitsambivalenz 15
3. Vorbemerkungen zum I. Hauptteil 18
4. Vorbemerkungen zum II. Hauptteil und systematischem Ertrag 22

I. Hauptteil: Protestantische Vollkommenheitsvariationen 27

1. Glaube und Wandlung – Vollkommenheit bei Martin Luther 29
   1.1 Hinführung und Forschungsstand 29
       1.1.1 Hinführung 29
       1.1.2 Forschungsstand 33
   1.2 Der spätscholastische Vollkommenheitsbegriff
       und Luthers Kritik 39
       1.2.1 Der spätscholastische Vollkommenheitsbegriff 39
       1.2.2 Luthers Kritik am spätscholastischen
             Vollkommenheitsbegriff 44
             a) Die erste Psalmenvorlesung (1513–1516) 45
             b) Die Römerbriefvorlesung (1515–1516) 47
             c) Die Hebräerbriefvorlesung (1517–1518) 49
             d) Die frühe Dekalogauslegung (1518) 52
   1.3 Luthers Neubestimmung von Vollkommenheit ab 1520 53
       1.3.1 Vollkommenheit als egalitäres christliches Ziel 55
       1.3.2 Wandlung des inneren Menschen statt äußerer Status 58
       1.3.3 Glaube statt äußerer Werke 59
       1.3.4 Von der Liebe getragenes Weltengagement
             statt Rückzug ins Kloster 62
       1.3.5 Vollkommenheit als Leben im Gehorsam 67
       1.3.6 Sünde als bleibende Diastase von Vollkommenheit 71

1.3.7 Vollkommenheit als Ziel lebenslangen Wachstums 74
1.3.8 Vollkommenheit als präsentisch-faktische Möglichkeit 83
1.4 Zusammenfassung und systematische Überlegungen
    zur Vollkommenheitsambivalenz 87
Überleitung: Das Thema der Vollkommenheit
in Pietismus und Aufklärung 93

2. „So wird das Herz zum Himmel gemacht." –
   Vollkommenheit bei August Hermann Francke 101
   2.1 Hinführung und Forschungsstand 101
   2.2 Francke und der Vorwurf einer perfektionistischen Lehre 104
   2.3 Theologische Klärung: Franckes Vollkommenheitslehre 110
   2.4 Franckes pietistische Justierung
       des reformatorischen Vollkommenheitsbegriffs 118
   2.5 Systematische Überlegungen zur Vollkommenheitsambivalenz 125

3. Simul iustus et sanctus – Vollkommenheit bei John Wesley 128
   3.1 Hinführung und Forschungsstand 128
   3.2 Biografische Notizen zum Leben von John Wesley 133
   3.3 Wesleys Vollkommenheitsbegriff 137
   3.4 Wesleys Vollkommenheitsbegriff
       als Kontrapunkt zu Luthers Verständnis 143
   3.5 Systematische Überlegungen
       zur Vollkommenheitsambivalenz 153

4. Glück in der schönen Ordnung Gottes –
   Vollkommenheit bei Johann J. Spalding 155
   4.1 Hinführung und Forschungsstand 155
   4.2 Rekonstruktion des Vollkommenheitsbegriffs
       in Spaldings Bestimmungsschrift 159
   4.3 Das besondere Profil von Spaldings Vollkommenheitsbegriff 171
   4.4 Spaldings Vollkommenheitsbegriff als
       neologische Fortschreibung lutherischer Theologie 178
   4.5 Systematische Überlegungen zur Vollkommenheitsambivalenz 183

5. Ein Ganzes in seiner Art – Vollkommenheit bei Albrecht Ritschl 185
   5.1 Hinführung und Forschungsstand 185
   5.2 Ritschls Wiederbelebung des Vollkommenheitsbegriffs 191
   5.3 Die Funktion des Vollkommenheitsbegriffs in Ritschls System 198
   5.4 Ritschls materiale Bestimmung der christlichen Vollkommenheit ... 203
       5.4.1 Beruf 206
       5.4.2 Vorsehung 208
       5.4.3 Demut 209
       5.4.4 Geduld 210
       5.4.5 Gebet 211

5.5 Modernisierung als produktive Aneignung –
Ritschls Anknüpfung an Luthers Vollkommenheitsbegriff 214
5.6 Systematische Überlegungen zur Vollkommenheitsambivalenz 218

6. Das Ziel des Neuen Seins als Prozess –
Vollkommenheit bei Paul Tillich 220
   6.1 Hinführung und Forschungsstand 220
   6.2 Die drei Erfahrungsweisen des Neues Seins 224
   6.3 Tillichs konfessionshistorische Wahrnehmung 227
   6.4 „Bilder der Vollkommenheit" als Illustration des Heiligungsideals ... 230
   6.5 Fragmentarität und Vollendung 237
   6.6 Wachstum zur Reife 240
      6.6.1 Glaube und Liebe als Schöpfungen des göttlichen Geistes 240
      6.6.2 Wachsendes Bewusst-Werden 246
      6.6.3 Wachsendes Frei-Werden 248
      6.6.4 Wachsendes Verbunden-Sein 249
      6.6.5 Wachsende Selbst-Transzendierung 251
   6.7 Tillichs Vollkommenheitsbegriff als psychoanalytisch
      inspirierte Aufnahme von Luthers Denken 252
   6.8 Systematische Überlegungen zur Vollkommenheitsambivalenz 255

7. Leben als Fragment – Vollkommenheit bei Henning Luther 257
   7.1 Hinführung und Forschungsstand 257
   7.2 Vollkommenheit als lebenshemmendes Ideal 262
   7.3 Zur Rezeption von Luthers Gedanken
      zu Vollkommenheit und Fragment 271
   7.4 Wachstum zur Reife bei Henning Luther? 275
   7.5 Luther und Luther 278
   7.6 Systematische Überlegungen zur Vollkommenheitsambivalenz 280

8. Protestantische Vollkommenheitsvariationen – Zusammenfassung 283

II. Hauptteil: Selbstoptimierung
als Phänomen der Spätmoderne 295

1. Hinführung am Beispiel des #thatgirl-Trends 297
2. Forschungsstand 303
3. Selbstoptimierung in der Analyse 307
   3.1 Zur Geschichte des Begriffs 307
   3.2 Selbstoptimierung als gegenwartsspezifisches
      Selbstverbesserungsprogramm 312
   3.3 Selbstoptimierung zwischen extrinsischer
      und intrinsischer Motivation 317

3.4 Singularisierung als Ziel von Selbstoptimierungsbemühungen 323
3.5 Selbstoptimierung als resonanzhemmendes Weltverhältnis 327
3.6 Vom Ideal-Ich zum Ich-Ideal –
Selbstoptimierung aus psychologischer Sicht 335

4. Selbstoptimierung in der theologischen Kritik 342
   4.1 Selbstoptimierung und der Verlust von Transzendenz 342
   4.2 Selbstoptimierung und der Schwund von Gegenwärtigkeit 344
   4.3 Selbstoptimierung und die aporetische Suche nach Identität 346

Systematischer Ertrag – Vollkommenheit und Fragmentarität 351

1. Selbstoptimierung und christliche Vollkommenheit 353

2. Ambivalenztoleranz 359

3. Selbsttranszendierung 363

4. Gegenwärtigkeit 365

5. Dankbarkeit 368

6. Engagierte Gelassenheit – Schlussbemerkungen 372

Literaturverzeichnis 375

Autorenregister 393

Sachwortregister 395

Einleitung

1. Ausgangsüberlegungen

„Für das Leben wird ein Ideal benötigt.
Ein Ideal ist jedoch nur dann Ideal,
wenn es *Vollkommenheit* ist."[1]
Leo Tolstoi

„Denn das Bild des Menschen, das wir für wahr halten,
wird selbst ein Faktor unseres Lebens.
Er entscheidet über die Weisen unseres Umgangs
mit uns selbst und mit den Mitmenschen,
über Lebensstimmung und Wahl der Aufgaben."[2]
Karl Jaspers

„Angesichts abgebrochener, zerstörter Lebensläufe anderer,
also angesichts der verhinderten Identität anderer muss das Ideal
einer vollständigen, vollendeten Ich-Identität befremdlich klingen.
Es wäre nur um den Preis des Verdrängens und
der Selbstabschließung gegenüber anderen denkbar."[3]
Henning Luther

Vollkommen zu werden, beschreiben gegenwärtig nur wenige als Lebensziel. Die meisten würden eher die Suche nach einem glücklichen Leben als ihren tiefsten Wunsch bezeichnen. Glück ist bekanntlich aber nicht einfach machbar, sondern wird für einen Moment oder in einer länger anhaltenden Grundstimmung als geschenkte Erfahrung erlebt.[4] Als vernunftbegabtes und sich als frei erfahrendes Wesen ist sich der Einzelne trotzdem dessen bewusst, dass das eigene Glück in hohem Maße von selbst getroffenen Entscheidungen abhängt. Sucht man im Dickicht zahlreicher Entscheidungen und ihrer komplexen, meist unbewussten motivationalen Aspekte nach einer angestrebten Lebensweise, die dieses Glück

---

[1] LEW TOLSTOI, Tagebücher 3. 1902–1910, Berlin 1978, 287, *Hervorhebung* im Original.

[2] KARL JASPERS, Der philosophische Glaube, München 1948, 56.

[3] HENNING LUTHER, Identität und Fragment. Praktisch-theologische Überlegungen zur Unabschließbarkeit von Bildungsprozessen, in: Theologia Practica 20 (1985) 4, 317–338, hier 326.

[4] Der Philosoph Wilhelm Schmid unterscheidet überzeugend zwischen einem eher kurz anhaltenden ‚Wohlfühlglück' und einem dauerhaften ‚Glück der Fülle', das sich nur in der Akzeptanz ganz unterschiedlicher positiver, aber auch negativer Erfahrungen einstellen kann, mit denen der Einzelne sich gewissermaßen mitfließen lässt, vgl. WILHELM SCHMID, Glück, Frankfurt am Main/Leipzig 2007, 32f.

verspricht, dann wird sie dadurch geprägt sein, dass der Mensch ein Leben führt, das ihm selbst entspricht. Eine solche *stimmige Existenz*, in der die individuelle Lebenswirklichkeit mit den eigenen Bedürfnissen und Anlagen übereinstimmt, verspricht ein Dasein, in dem sich das ersehnte Glück dann leicht einstellen kann. Da der gegenwärtige *Status quo* nicht oder immer nur teilweise als eine solche stimmige Existenz erfahren wird, ergeben sich daraus zwei Aufgaben: Erstens eine fortwährende Selbstbesinnung, wer der Einzelne eigentlich ist bzw. wer er sein möchte. Zweitens ergibt sich aus der Diskrepanz zwischen diesem biografisch durchaus fluiden Ideal und der faktischen Lebensrealität die Aufgabe einer Annäherung. Gesucht wird also ein Ideal, in dem der Mensch einen ihm in höchstem Maße selbstentsprechenden Ich-Entwurf gezeichnet sieht. Die Aufgabe der Annäherung beschreibt das Ziel individueller Entwicklung, die auf eine größtmögliche Übereinstimmung mit diesem Selbstbild abzielt. Und auch wenn – wie eingangs festgehalten – wohl nur die wenigsten Vollkommenheit als Ziel ihres Lebens nennen würden, wird durch diesen Gedankengang transparent, dass letztlich jeder doch auf unterschiedlichem Wege zu einem Ideal von sich selbst unterwegs ist, das am Treffendsten als die vollkommene bzw. perfekte Verwirklichung des eigenen Selbst zu beschreiben ist.

Mit den Herausgebern der gegenwärtig erscheinenden Reihe „Europäische Grundbegriffe im Wandel: Streben nach Vollkommenheit"[5] soll daher festgehalten werden: „Die europäische Kultur – freilich nicht nur diese – zeichnet sich seit der Antike und nachfolgend dem mittelalterlichen Christentum, dem Humanismus und der Aufklärung bis zur modernen Fortschrittsideologie durch ein kontinuierliches Verlangen nach Vollkommenheit aus."[6] Die beiden Kulturwissenschaftler Aleida und Jan Assmann gehen soweit, das Streben nach Vollkommenheit als anthropologische Konstante zu beschreiben: Auch wenn der „Lack der Vollkommenheit (…) seine Kratzer bekommen" habe, ist doch „der Mensch (…) ohne das selbstgesetzte Ideal der Vollkommenheit nicht zu denken"[7], halten sie im Vorwort ihres interdisziplinären Sammelbands *Vollkommenheit*[8] fest.

Mit *Vollkommenheit* ist der zentrale Begriff dieses Bandes genannt. Die Frage nach einer menschlichen Vollkommenheit wirft aber ein Licht zurück auf deren Gegenteil. Denn die Suche nach Vollkommenheit setzt notwendig das Bewusstsein eigener Unvollkommenheit voraus. Nur vor diesem Hintergrund ist

---

[5] GREGOR VOGT-SPIRA/GERT MELVILLE/MIRKO BREITENSTEIN (Hrsg.), Gerechtigkeit, Göttingen (Europäische Grundbegriffe im Wandel 1) 2014.

[6] GERT MELVILLE, GREGOR VOGT-SPIRA u. MIRKO BREITENSTEIN, Vorwort zur Reihe: Europäische Grundbegriffe. Leitmotive des Strebens nach Vollkommenheit, in: Vogt-Spira, Melville u. a. (Hrsg.) 2014 – Gerechtigkeit, 7–10, hier 7.

[7] JAN ASSMANN u. ALEIDA ASSMANN, Einführung, in: ALEIDA ASSMANN/JAN ASSMANN (Hrsg.), Vollkommenheit (Archäologie der Literarischen Kommunikation X), Boston 2010, 15–24, hier 15.

[8] Der Sammelband basiert auf einer Tagung, die zu diesem Thema im Jahr 2007 stattfand: ALEIDA ASSMANN/JAN ASSMANN (Hrsg.), Vollkommenheit, Boston (Archäologie der Literarischen Kommunikation X) 2010.

der Wunsch, vollkommen zu werden verständlich. Diese Spannung zwischen Unvollkommenheit und der daraus entstehenden Sehnsucht nach Vollkommenheit, als Auflösung dieser Unvollkommenheit, beschreibt daher die menschliche Situation. Damit wird durchsichtig, dass mit dem Begriff der Vollkommenheit die Frage nach einer *Persönlichkeitsentwicklung* bzw. – was sachlich das Gleiche meint – einem *persönlichen Wachstum* angesprochen ist. Denn wer Vollkommenheit anstrebt, wirft unweigerlich die Frage auf, zu welcher Entwicklung der Mensch überhaupt fähig ist und welche Bedingungen des Menschseins umgekehrt unüberwindbar sind.

Der in diesem systematisch-theologischen Band zu untersuchende Begriff der Vollkommenheit im Sinne einer *perfectio hominis* ist daher nicht nur für die Frage nach den Träumen und Bildern, die der Mensch von sich entwirft, interessant, sondern thematisiert auch die Perspektive einer menschlichen *Entwicklungsfähigkeit*.

Wenn tatsächlich jeder auf ganz individuelle Weise auf dem Weg zur Utopie einer vollen Verwirklichung seines Selbst ist, dann stellt sich die Frage, unter welchen Stichworten und in welchen lebenspraktischen Formen dieser Entwicklungswunsch in der Gesellschaft der Gegenwart zum Ausdruck kommt. Dabei stößt man in vielen Diskursen unübersehbar immer wieder auf einen Begriff: Den der *Optimierung*. In der spätmodernen ‚Optimierungsgesellschaft'[9] werden längst nicht mehr nur Maschinen, technische Prozesse oder organisatorische Abläufe verbessert. In einer Zeit, in der das individuelle Wohl zu Maß und Mitte allen Denkens erhoben ist, überrascht es vielmehr kaum, dass Optimierung in ganz besonderem Maße auch beim eigenen Selbst ansetzt. *To become the best version of yourself* dürfte daher ein kulturelles Leitmotiv sein, das gegenwärtig sowohl individuelle als auch gesellschaftliche Prozesse in erheblichem Maße bestimmt. Wer sich in seinem Job nicht mehr entwickelt, kündigt. Eine Beziehung, die an einem unbefriedigenden Punkt zu stagnieren scheint, wird beendet. Bei der Optimierung des eigenen Erscheinungsbildes helfen eine Vielzahl an Sport-, Tracking-, und Ernährungsapps, Ratgebern oder Coaches – und auch ein erheblicher Teil an Influencerinhalten widmet sich dem Anliegen permanenter Verbesserung.[10] Längst ist dabei auch das Gebiet des Mentalen von diversen Optimierungsbemühungen erfasst. Denn auch psychisch und geistig gilt es auf vielerlei Weisen an der ‚besseren Version' seiner selbst zu arbeiten, die meistens wohl mehr als Bild hinter den Wolken geahnt als präzise bestimmt werden kann. Stillstand wird

---

[9] Der Ursprung des Begriffs einer ‚Optimierungsgesellschaft' ist unklar, wird aber sowohl in der Ratgeberliteratur als auch in wissenschaftlichen Publikationen verwendet, so z.B. DIERK SPREEN u. BERND FLESSNER, Warum eine Kritik des Transhumanismus? Zur Einleitung, in: DIERK SPREEN u.a. (Hrsg.), Kritik des Transhumanismus. Über eine Ideologie der Optimierungsgesellschaft (Kulturen der Gesellschaft 32), Bielefeld 2018, 7–14; oder in dem Ratgeber: NILS SPITZER, Perfektionismus überwinden. Müßiggang statt Selbstoptimierung, Berlin, Heidelberg 2017, hier insbesondere das zweite Kapitel „Besser werden!' – Perfektionismus in einer Optimierungsgesellschaft".

[10] Vgl. dazu auch die unter II.1 entfalteten Beobachtungen zum sog. #thatgirl-Trend.

jedenfalls als beängstigend erlebt. Einzig was sich durch viele kleine und größere Optimierungen permanent verbessern lässt, verspricht tatsächlich erfülltes Leben. Denn dieses Bemühen um Selbstoptimierung wird überwölbt von genau jenem Glücksversprechen, das eingangs als das wohl letzte und höchste Ziel der meisten benannt wurde.

Die damit angedeuteten individualpraktischen Ansätze beschreiben allerdings nur *eine* Form gegenwärtiger Optimierungsbemühungen. Ihnen können medizinische, genetisch-biologische oder technische Versuche der Menschenverbesserung gegenübergestellt werden, die häufig durch den Begriff des *Enhancements* zusammengefasst werden. Dabei sind die Übergänge zwischen solchen endogen getriebenen, also vor allem handlungsorientierten Praktiken und den gerade genannten exogen ansetzenden Instrumentarien natürlich fließend.

Es würde sich lohnen, die trans- und posthumanistisch herausgestellten und praktisch verfolgten Bilder des idealen Menschseins aus theologischer Sicht genauer zu untersuchen.[11] Auch die darin anvisierten Bilder der Vollkommenheit, die zum Teil äußert radikal, vor allem radikal transformatorisch erscheinen, ließen sich auf interessante Weise mit christlich-anthropologischen Bildern eines als ‚gut' angestrebten Menschseins vergleichen. Solche trans- und posthumanistischen Ansätze werden in diesem Band allerdings nur am Rande gestreift. Der Fokus liegt hier auf den gesellschaftlich tief verankerten, ganz pluralen Formen der Selbstoptimierung. Denn die damit angesprochenen Praktiken sind gesamtgesellschaftlich deutlich prägender als trans- und posthumanistische Theorien und daher hier von größerem Interesse.[12] Vermutlich würde aber ein Vergleich

---

[11] An anderer Stelle ist das auch schon verschiedentlich unternommen worden: EDELTRAUD KOLLER, Eugenik als Dienst am guten Leben? Ethische Probleme der transhumanistischen Bestimmung von Verbesserung, in: HEINRICH WATZKA/STEPHAN HERZBERG (Hrsg.), Transhumanismus. Über die Grenzen technischer Selbstverbesserung (Humanprojekt 17), Berlin/Boston 2020, 163–183; aus religionswissenschaftlicher Sicht: OLIVER KRÜGER, Die Vervollkommnung des Menschen. Tod und Unsterblichkeit im Posthumanismus und Transhumanismus, in: CORNELIA KLINGER (Hrsg.), Perspektiven des Todes in der modernen Gesellschaft (Wiener Reihe. Themen der Philosophie 15), Göttingen 2009, 217–232.

[12] Roland Kipke erkennt an diesem Punkt eine aus seiner Sicht bedauerliche Diskrepanz zwischen Diskurs und Wirklichkeit. Über die Fragen rund um die technischen Optimierungspotentiale des Menschen werde in einem Maß geredet, das der gesamtgesellschaftlichen Bedeutung dieser Perspektiven in keiner Weise gerecht werde: „[A]bgesehen davon, dass viele dieser Techniken kaum die erwünschten Wirkungen hervorbringen und bislang weit hinter ihren Versprechen zurückbleiben, ja sogar nur als bloße Idee existieren, ist es doch so: Wenn Menschen sich selbst verbessern wollen, versuchen sie das vor allem durch ihre Lebensführung und durch die Arbeit an sich selbst. Die technische Verbesserung des Menschen spielt bei weitem nicht die Rolle in unserer Lebenswelt, wie es die wissenschaftliche und öffentliche Debatte suggeriert.", ROLAND KIPKE, Ignoriert, dementiert, kritisiert: menschliche Selbstformung im Schatten der technischen Optimierungsstrategien, in: ANNA SIEBEN/KATJA SABISCH/JÜRGEN STRAUB (Hrsg.), Menschen machen. Die hellen und die dunklen Seiten humanwissenschaftlicher Optimierungsprogramme (Der Mensch im Netz der Kulturen 13), Bielefeld 2014, 269–303, hier 269f.

zwischen den Idealen trans- bzw. posthumanistischer Entwürfe und individualpraktischen Selbstoptimierungsansätzen auf weitreichende Übereinstimmungen treffen, da beide auf unterschiedliche Weise die Träume, Verheißungen, aber auch das Leiden und die Ängste des gegenwärtigen Menschen in gebrochener Weise widerspiegeln.

Wenn das Streben nach Vollkommenheit bzw. Perfektion heute, so die These, individualpraktisch zumindest im deutschen Sprachraum vor allem unter dem Label der *Selbstoptimierung* zur Sprache kommt, dann stellt sich die Frage, welche zeitspezifischen Handlungsmuster und kollektiven Ideale etc. damit verbunden sind.[13] Denn natürlich entwirft jede Zeit ihre eigenen Bilder des Menschen als Wesen an sich, dann aber auch auf individueller Ebene von sich selbst, die – wie Karl Jaspers im eingangs angeführten Zitat überzeugend formuliert hat – ganz entscheidend dafür sind, wie wir mit uns selbst, sowie gesellschaftlich miteinander umgehen. Unsere ganze „Lebensstimmung" und die „Aufgaben" (Jaspers), vor die wir uns gestellt sehen, hängen elementar von diesen Selbstbildern ab – auch wenn diese häufig in einem nur halb- oder völlig unbewussten Status bleiben.

Dabei sieht sich der Mensch der Gegenwart in historisch besonderer Weise mit der Frage konfrontiert, wer er sein und wer er werden will. Denn in Zeiten weitgehend verschwundener, zumindest aber fragil gewordener Wert- und Autoritätssysteme ist dieser Zwang zur Selbstdefinition geradezu unausweichlich geworden. In der unendlichen Fülle an Möglichkeiten gilt es einen eigenen Kompass zu finden und anschließend die Frage zu klären, welche Richtung sich einzuschlagen lohnt. Abhängig von charakterlicher Disposition und individueller Situation geht es dabei gelegentlich nur um ein konkretes kurzfristiges Ziel bzw. in manchen biografischen Situationen auch schlicht ums Überleben. Aber mindestens in bestimmten Lebenssituationen dürfte auch die Frage nach einem größeren, langfristigeren Ziel auftauchen, das dann unbewusst, bewusst oder halbbewusst sämtliche Entscheidungen des Alltags begleitet. Möglicherweise – so die Vermutung – wird in der Gegenwart nicht nur der persönlichen Entwicklungs*fähigkeit*, sondern auch einer regelrechten Entwicklungs*pflicht* eine historisch verhältnismäßig hohe Bedeutung zugemessen. Der Vielzahl an Möglichkeiten, mit denen sich das Subjekt der Gegenwart konfrontiert sieht, steht die gesellschaftlich angeheizte Erwartung gegenüber, etwas aus diesen Möglichkeiten ‚zu machen', eigene Potentiale zu entfalten, Neues auszuprobieren etc. und sich in jedem Fall keinesfalls mit dem *Status quo* zufrieden zu geben. Darauf wird im II. Hauptteil zurückzukommen sein.

Dass damit bedeutende Potentiale, aber auch gravierende Gefahren angesprochen sind, liegt auf der Hand. Wenn die These von Dieter Funke stimmt, dass Selbstoptimierung psychodynamisch häufig an die Stelle getreten ist, an der früher religiöse Vollzüge standen, dann wird deutlich, welche himmlischen Verhei-

---

[13] Zur Frage, inwiefern sich die hier vorgestellten Überlegungen auch international übertragen lassen vgl. ANJA RÖCKE, Soziologie der Selbstoptimierung, Berlin 2021, 22–28.

ßungen aber auch höllenartigen Abgründe damit verbunden sind.[14] Dabei lässt sich Selbstoptimierung sicher nicht als rein säkulares Phänomen verstehen, das für religiöse Menschen keinerlei Anziehungskraft besitzt. Ob sich aus christlicher Perspektive jedoch kritische Potentiale ableiten lassen, die zumindest vor manchen Formen von Selbstoptimierung warnen, das wird eine Fragestellung sein, die am Ende dieser Studie wieder aufgenommen wird.

Die Frage nach dem besonderen Entwicklungs- und Vollkommenheitsprofil gegenwärtiger Selbstoptimierungsbemühungen lässt sich auf unterschiedlichen Wegen beantworten. So kann soziologisch nach gesellschaftlichen Dynamiken und soziokulturellen Bedingungen oder psychologisch nach seelischen Mustern und psychodynamischen Motiven gesucht werden, die den besonderen Modus dieser Bemühungen in ihrer gegenwärtig verbreiteten Form bedingen. Beispiele dieser Art werden im II. Hauptteil dieses Bandes dargestellt.

Ein theologischer Zugriff hat demgegenüber die Möglichkeit, eine spezifisch christliche Tradition persönlicher Entwicklungstheorien gegenwärtigen Selbstoptimierungsentwürfen als Alternative gegenüber zu stellen und daraus kritisches Potential abzuleiten.

Dabei bieten sich wieder verschiedene Möglichkeiten an. Eine Option, ein christliches Verständnis einer solchen Entwicklungsperspektive zu entfalten, wäre die Untersuchung verschiedener *heiligungstheologischer* Ansätze. Denn am Thema der christlichen Heiligung, das innerhalb des Protestantismus auffällig ähnliche Konjunkturzyklen verzeichnet wie der Vollkommenheitsgedanke, ließen sich gut Kriterien, Motive und konkrete Praktiken eines solchen Wachstumsprozesses nachvollziehen.[15]

In dieser Studie wird hingegen eine andere Perspektive eingenommen, auch wenn dabei immer wieder erhebliche Überschneidungen mit dem Thema der Heiligung offenkundig werden. Die hier verfolgte Orientierung am Begriff der *Vollkommenheit* hat dabei vor allem den Vorzug, dass sich im theologisch bestimmten Ziel individueller Selbstverbesserungsbemühungen, im angestrebten Optimum, wie unter einem Brennglas ablesen lässt, welche Idealbilder den entworfenen Entwicklungsprozess steuern. Denn diese reflexiv aufgenommenen und weiterentwickelten Bilder sind es gerade, anhand derer sich auch ganz praktische, individuelle Entscheidungen, zeitspezifische Wertvorstellungen und gesellschaftliche Prozesse verstehen lassen, kurz gesagt: Wer eine Ahnung vom angestrebten Ziel hat, versteht die Richtungsentscheidungen, Schleifen, Enttäuschungen und Freuden des Weges besser, auf dem sich Menschen ihrem wie auch immer entstandenen Idealbild anzunähern versuchen.

---

[14] Vgl. DIETER FUNKE, Idealität als Krankheit? Über die Ambivalenz von Idealen in der postreligiösen Gesellschaft, Gießen 2016, 13. Funkes Ansatz ist im II. Hauptteil in einem eigenständigen Kapitel dargestellt, vgl. II.3.6.

[15] Aus exegetischer Sicht mit dem Fokus auf der paulinischen Theologie hat dies unternommen: HANNA STETTLER, Heiligung bei Paulus. Ein Beitrag aus biblisch-theologischer Sicht, Tübingen 2014.

Umgekehrt und lebenspraktisch betrachtet braucht derjenige, der sich selbst in irgendeiner Weise verbessern und wachsen möchte, eine Ahnung des Ziels, um überhaupt irgendeine Richtung einschlagen zu können. Andernfalls ist es wahrscheinlich, dass er schlicht einer gesellschaftlichen Dynamik folgt, deren Beweggründe und Mechanismen er häufig nicht durchschaut.

Der Begriff der *Vollkommenheit* (griechisch τελειότης, lateinisch perfectio) wird üblicherweise als ein Zustand beschrieben, der durch nichts zu verbessern ist,[16] in dem Sein und Sollen zusammenfallen.[17] Im Deutschen ist damit dem Wortsinn nach der Abschluss eines Entwicklungsprozesses beschrieben, der voll-kommen, d.h. ‚zu Ende gekommen' ist.[18] Vollkommenheit als ethischer Abschlussbegriff meint entsprechend eine imaginierte Daseinsform, in der ein ideales, qualitativ durch nichts zu steigerndes Lebens in seiner individuellen Konkretion verwirklicht ist.

Auch die *Geschichte des Christentums* ist geprägt vom Streben nach Vollkommenheit. Entwicklungs- und Wachstumsperspektiven durchziehen viele Erzählungen und Reflexionen der biblischen Schriften. Wachstum bezieht sich dabei häufig nicht nur auf die Totalidee des Reiches Gottes, sondern wird auch immer wieder individuell auf den einzelnen Menschen bezogen.[19] Aber auch das Stichwort der Vollkommenheit wird an verschiedenen, zum Teil sehr prominenten biblischen Texten aufgenommen.[20]

So taucht der Begriff beispielsweise an zwei Stellen im Matthäusevangelium auf, die beide eine enorme Wirkungsgeschichte nach sich gezogen haben.[21] In Mt

---

[16] Vgl. MICHAEL MOXTER, Art. Vollkommenheit (Gottes/des Menschen), in: RGG⁴ 8. Tübingen 2005, 1199–1202, hier 1199.

[17] Vgl. THOMAS SÖREN HOFFMANN, Art. Vollkommenheit, in: JOACHIM RITTER/KARLFRIED GRÜNDER/GOTTFRIED GABRIEL (Hrsg.), HWPh 11, Basel 2001, 1115–1132, hier 1115.

[18] Ganz ähnlich im Lateinischen, in dem das Stammwort per-ficio von perfectio am besten mit ‚durchführen' bzw. ‚zustande'- oder auch mit ‚zu Ende bringen' wiedergegeben werden kann. Dem Griechischen Begriff τελειότης liegt hingegen der Begriff des τέλος, das mit Ziel oder Ende zu übersetzen ist, zugrunde.

[19] Ein Beispiel, in dem der Aspekt des individuellen Wachstums angesprochen wird, ist die Erzählung „Vom Sämann", in der das Wort Gottes unter den Menschen mit dem Ziel verteilt wird, dass es dort nicht verdorrt, sondern Frucht bringt, vgl. Mk 4,3–20; Mt 13,3–23; Lk 8,4–15.

[20] Neben den beiden im Haupttext angeführten Erwähnungen im Matthäusevangelium und dem Philipperbrief sind vor allem noch folgende Stellen zu nennen: Kol 3,14, in der die Liebe als das „Band der Vollkommenheit" beschrieben wird; 1 Kor 13,10 (innerhalb des Hohenlieds der Liebe); 1 Kor 2,6; 2 Kor 13,9; Kol 1,28; Kol 4,12; Hebr 5,14; Hebr 9,9; Hebr 10,1; Jak 1,4. Damit sind Textstellen aufgeführt, an denen ‚Vollkommenheit' als Substantiv oder Adjektiv für sich steht und nicht etwas anderes, wie z.B. die ‚vollkommene Freude' oder den ‚vollkommenen Gehorsam' näherbestimmt.

[21] Matthäus ist zugleich der einzige Evangelist, der ‚τέλειος' überhaupt verwendet und es ist davon auszugehen, dass er an den beiden genannten Stellen die jeweiligen Vorlagen durch diesen Begriff bewusst umgestaltet hat, vgl. EDUARD LOHSE, „Vollkommen sein". Zur Ethik des Matthäusevangeliums, in: LORENZ OBERLINNER (Hrsg.), Salz der Erde – Licht der Welt: exegetische Studien zum Matthäusevangelium, Stuttgart 1991, 131–140, hier 131f.

19,16–26 fordert Jesus im Gespräch mit dem reichen Jüngling als Steigerung der offenbar von diesem bereits gehaltenen Gebote: „Willst du vollkommen sein, so geh hin, verkaufe, was du hast und gib's den Armen, so wirst du einen Schatz im Himmel haben; und komm und folge mir nach"[22] – woraufhin dieser „betrübt davon"[23] geht. Vollkommenheit wird dabei einerseits als die Verwirklichung des höchsten Gebotes verstanden, das in der *umfassenden und bedingungslosen Liebe* besteht. Die Aufforderung an den Jüngling zum Verzicht auf Besitz erscheint deshalb als individuell zugespitzte Konkretion dieser grundsätzlichen Maxime. Andererseits ist damit aber auch der Aspekt der *Nachfolge* und des *Gehorsams* ausgedrückt.[24] Bereits in der frühen Kirche wurde angesichts dieses hohen Anspruchs u. a. anhand dieser Stelle darüber diskutiert, ob Vollkommenheit im Sinne einer mehrstufigen Ethik möglicherweise nur von einigen wenigen gefordert ist.[25]

Eine ähnlich große wirkungsgeschichtliche Bedeutung dürfte die zweite Erwähnung bei Matthäus haben, die sich innerhalb der Bergpredigt in Mt 5,48 findet. In diesem Vers wird der Abschnitt zur Feindesliebe mit der Aufforderung an die Zuhörer abgeschlossen: „Ihr sollt vollkommen sein, wie euer Vater im Himmel vollkommen ist". Damit mündet die in Kapitel fünf entfaltete Reihe der Antithesen in diesem zusammenfassenden Imperativ.[26] Der Kontext der Feindesliebe (vgl. Mt 5,44) lässt wiederum deutlich werden, dass diese Vollkommenheit vor allem als Auftrag zur Liebe zu verstehen ist, die sogar den Feind mit umfasst und damit der Güte Gottes gleichkommt.

Auch Paulus setzt sich in verschiedenen Briefen mit der Frage nach einer christlich verstandenen Vollkommenheit auseinander. Im Brief an die Philipper weist er einerseits für sich selbst den Status der Vollkommenheit zurück: „Nicht, dass ich's schon ergriffen habe oder schon vollkommen sei; ich jage ihm aber nach, ob ich's wohl ergreifen könnte, weil ich von Christus Jesus ergriffen bin."[27] Wenige Verse später kann er aber dann doch präsentisch formulieren: „Wie viele nun von uns vollkommen *sind*, die lasst uns so gesinnt sein."[28] Damit eröffnet Paulus eine Dialektik zwischen einem *Schon-Jetzt* Vollkommensein in Christus als auch einem *Noch-Nicht* der eigenen, bleibenden Unvollkommenheit nach, die den Lauf nach dem Ziel motiviert.[29]

Die Aufforderung zur Vollkommenheit in Mt 5,48 steht dabei in ganz offensichtlicher Verwandtschaft zu einem der Spitzensätze des Heiligkeitsgesetzes

---

[22] Mt 19,21, soweit nicht anders angegeben folgt die Übersetzung der Lutherfassung in ihrer Revision von 2017.

[23] Mt 19,22.

[24] Vgl. ULRICH LUZ, Das Evangelium nach Matthäus (3). Mt 18–25 (EKK I.3), Zürich, Düsseldorf, Neukirchen-Vluyn 1997, 124.

[25] Vgl. a. a. O., 132.

[26] Vgl. LOHSE, „Vollkommen sein", 133.

[27] Phil 3,12.

[28] Phil 3,15, Hervorhebung C.S.

[29] Vgl. ULRICH B. MÜLLER, Der Brief des Paulus an die Philipper (ThHK 11,1), Leipzig ²2002, 173.

(Lev 19,2) und damit des Alten Testaments überhaupt, in dem es heißt: „Ihr sollt heilig sein, denn ich bin heilig, der Herr, euer Gott"[30]. Zwar können die Adjektive ‚heilig' und ‚vollkommen' sicher nicht einfach gleichgesetzt werden. Tatsächlich dürfte aber die damit angesprochene Angleichung des Menschen an das Wesen Gottes „in *konzeptioneller* Hinsicht einem Streben nach ‚Perfektion' recht nahekommen"[31]. Schon damit wird die Komplexität der Frage deutlich, ob sich im Alten Testament äquivalente Formulierungen zu ‚τέλειος' finden lassen.[32]

Die These, dass es die Texte des Alten Testaments noch nicht „wagten"[33], von der Vollkommenheit Gottes zu sprechen, scheint allerdings zumindest genauso diskutabel wie die Frage, ob im Alten Testament von einer tatsächlichen Vervollkommnungsfähigkeit des Menschen ausgegangen wird oder nicht.[34] Im Blick auf die *Gottebenbildlichkeit* des Menschen (Gen 1,26) bleibt jedenfalls nach gegenwärtigem Forschungsstand offen, ob damit eine anthropologische Bestimmung gemeint ist, die einen Prozess der Vervollkommnung im Sinne einer zunehmenden Annäherung daran anregen kann und soll.[35]

Entscheidend initiiert durch die biblischen Erwähnungen des Vollkommenheitsthemas spielt das Streben nach einer *perfectio hominis* in der Geschichte des Christentums eine bedeutende Rolle. Besonders hervorzuheben sind dabei insbesondere die monastischen Strömungen, die sich häufig u. a. im Versuch der Umsetzung von Mt 19,21 an einem Weg der Vervollkommnung orientieren. Wegweisend für die daran anknüpfenden Ordenstraditionen, aber auch für die

---

[30] Im hebräischen Urtext steht an dieser Stelle, die mit ‚heilig' übersetzt wird ‚קדוש'. Der Begriff, der sonst im Alten Testament dem deutschen Wort der ‚Vollkommenheit' am nächsten kommt, ist ‚תמים', was mit ‚ganz', ‚heil', ‚ohne Fehl' oder substantiviert auch als ‚Vollkommenheit' übersetzt werden kann.

[31] Matthias Hopf, Heilige Perfektion. Einige Beobachtungen zu den Aspekten der ‚Perfektibilität' und der ‚Korruptibilität' im Heiligkeitsgesetz, in: Jürgen van Oorschot/Andreas Wagner (Hrsg.), Perfektion und Perfektibilität in den Literaturen des Alten Testaments. Ein Blick auf Konzepte und Gegenkonzepte in den alttestamentlichen Literaturen, Leipzig 2020, 91–106, hier 91, Hervorhebung im Original.

[32] Die Übersetzung der Septuaginta verwendet ‚τέλειος' an verschiedenen Stellen, so zum Beispiel 1 Kön 8,61, wo dazu aufgefordert wird, sein Herz ‚ungeteilt' bzw. eben ‚vollkommen' bei Gott zu haben.

[33] Theo Sundermeier, Perfektibilität. Ein religionsgeschichtliches und theologisches Dilemma, in: Aleida Assmann/Jan Assmann (Hrsg.), Vollkommenheit (Archäologie der Literarischen Kommunikation X), Boston 2010, 157–166, hier 162.

[34] Vgl. dazu Annette Schellenberg, ‚Gott schuf den Menschen als sein Bild' (Gen 1,26) – ist der Mensch damit perfekt(ibel)?, in: Jürgen van Oorschot/Andreas Wagner (Hrsg.), Perfektion und Perfektibilität in den Literaturen des Alten Testaments. Ein Blick auf Konzepte und Gegenkonzepte in den alttestamentlichen Literaturen, Leipzig 2020, 41–62; sowie Andreas Wagner, Die Unfähigkeit des Menschen zur Vervollkommnung als anthropologische Grundkategorie von Nicht-P in Gen 6–8, in: Jürgen van Oorschot/Andreas Wagner (Hrsg.), Perfektion und Perfektibilität in den Literaturen des Alten Testaments. Ein Blick auf Konzepte und Gegenkonzepte in den alttestamentlichen Literaturen, Leipzig 2020, 63–78.

[35] Vgl. Schellenberg, Mensch perfekt(ibel)?, 44.

mittelalterliche Mystik unheimlich prägend war die Schrift *De Coelesti Hierarchia* des Neoplatonikers Pseudo-Dionysios.[36] Auf ihn geht die im Mittelalter allgegenwärtige Unterscheidung der *via triplex* zurück, in der zwischen der *purgatio, illuminatio* und als letztem Ziel der *perfectio*[37] als Stufen der üblicherweise monastischen Vervollkommnung differenziert wird und in der Vollkommenheit mit dem Einswerden mit Gott gleichgesetzt wird. Vollkommenheit galt somit im Mittelalter in der Regel vor allem als das Ziel der monastischen Ethik, die der verbreiteten Zwei-Stufenethik folgend einen besonders hohen moralisch-spirituellen Anspruch artikulierte.[38]

In der Römisch-Katholischen Kirche der Gegenwart gehört die christliche Bestimmung zur Vollkommenheit nach wie vor zur allgemeinen Lehre. In den Schriften des Zweiten Vatikanum ist eine „allgemeine Berufung zur Heiligkeit"[39] mit dem Ziel der Vollkommenheit deutlich zum Ausdruck gebracht. Im Unterschied zur mittelalterlichen Abstufung gilt diese jedoch *für alle Gläubigen* grundsätzlich in gleicher Weise. Denn zur Vollkommenheit sind – so wird in der Konstitution über die Kirche *Lumen Gentium* in Anknüpfung an Mt 5,48 explizit „alle Christgläubigen jeglichen Standes oder Ranges"[40] aufgerufen. Diese Vervollkommnung wird dabei als Bestandteil der Christusnachfolge qualifiziert: „Der göttliche Lehrer und das Vorbild jeder Vollkommenheit, der Herr Jesus, hat die Heiligkeit des Lebens, von der Er selbst sowohl Urheber als auch Vollender ist, allen und jedem Einzelnen seiner Jünger jedweder Lebensform gepredigt"[41].

In den christlich-orthodoxen Kirchen gehört das Streben nach Vollkommenheit zu den ganz zentralen und unverzichtbaren theologischen Überzeugungen.[42] Dieses Streben wird insbesondere unter dem Begriff der *Theosis* zur Geltung ge-

---

[36] PSEUDO-DIONYSIUS AREOPAGITA, De coelesti hierarchia, de ecclesiastica hierarchia, de mystica theologia, epistulae (PTS 67), Berlin ²2012.

[37] Vgl. WALTER HAUG, Von der *perfectio* zur Perfektibilität, in: ALEIDA ASSMANN/JAN ASSMANN (Hrsg.), Vollkommenheit (Archäologie der Literarischen Kommunikation X), Boston 2010, 227–239, hier 227.

[38] Vgl. SUNDERMEIER, Perfektibilität, 162.

[39] VATICANUM II:, Dogmatische Konstitution über die Kirche „Lumen Gentium", in: PETER HÜNERMANN/GUIDO BAUSENHART (Hrsg.), Herders Theologischer Kommentar zum Zweiten Vatikanischen Konzil, Freiburg 2009, 73–185, hier LG 39, 143.

[40] A. a. O., LG 40, 145.

[41] A. a. O., LG 40, 144.

[42] Nicht umsonst wurden in den verschiedenen Begegnungen zwischen evangelischen und orthodoxen Theologen innerhalb der letzten Jahrzehnte, insbesondere auch in der daran anknüpfenden finnischen Lutherdeutung ein anhaltender Diskurs zum Verhältnis von Rechtfertigung und Theosis geführt. Anlässlich des Reformationsjubiläums 2017 hat die finnische Theologin Heta Hurskainen eine Art Zwischenstand zu den bisherigen Dialogen und theologischen Verstehensbemühungen gezogen, vgl. HETA HURSKAINEN, Theosis und Rechtfertigung. Ein Blick auf die lutherisch-orthodoxen ökumenischen Gespräche, in: IRENA ZELTNER PAVLOVIC/MARTIN ILLERT (Hrsg.), Dialog und Hermeneutik (Ostkirchen und Reformation 2017 (1)), Leipzig 2018, 329–348.

bracht, der zum Kernbestand orthodoxer Theologie zu rechnen ist.[43] Ein interkonfessioneller Vergleich hinsichtlich der systematisch-dogmatischen Funktion und der materialen Ausgestaltung des jeweiligen Vollkommenheitsbegriffs, sowie eine Analyse der Verwendung in liturgischen, homiletischen oder poimenischen Vollzügen wäre mit Sicherheit ein interessantes Unterfangen, kann aber im Rahmen der hier vorliegenden Studie nicht geleistet werden. Möglicherweise liefert diese Untersuchung aber zumindest Elemente einer Basis, auf der ein solcher Brückenschlag dann möglich wäre.

In der Geschichte des Protestantismus, insbesondere in dessen lutherischer Tradition zeigt sich ein deutlich anderes Bild. Denn an der Frage nach einer christlich geprägten Form persönlichen Wachstums wurde in dieser Tradition häufig nur geringes oder gar kein Interesse gezeigt. Schon Albrecht Ritschl hielt 1874 in seinem Vortrag über *Die Christliche Vollkommenheit* vor dem Göttinger Frauenverein fest, dass er sich darin bewusst sei, mit dem Thema „einen Ton anzuschlagen, welcher in dem Ohre evangelischer Christen befremdend klingt"[44]. Wodurch sich dieses auch heute noch zutreffende Befremden begründet, ist recht offensichtlich. Denn systematisch-theologisch steht die Frage nach persönlicher Entwicklung im Schatten der äußerst prägenden Lehre von der Rechtfertigung. So haftet der Frage nach individueller Entwicklung und insbesondere dem Ziel der Vollkommenheit vermutlich der Verdacht an, dass es sich dabei um Versuche der menschlichen Selbsterlösung handeln könnte, die entsprechend mit größter Skepsis zu betrachten sind. Daher wird in solchen Versuchen inklusive theologischer Entfaltungen schnell ein problematisches Ego-Programm gewittert, in dem der *homo incurvatus in se* sein fröhliches Revival feiert – wie das im Eingangszitat von Henning Luther angesprochen wird. Tatsächlich dürfte diese zuletzt genannte Gefahr bei der Frage nach einer *perfectio hominis* nicht ganz unbegründet sein. Aber zum einen kann die Problematik eines zweifelhaften ‚Heilsegoismus' an ganz unterschiedlichen theologischen Stellen auftauchen, vielleicht gelegentlich sogar dort, wo man ihn am wenigsten erwartet. Zum anderen entscheidet maßgeblich die *spezifische theologische Ausgestaltung* der Gedanken zur Vollkommenheit, ob damit die Gefahr eines solchen ‚Heilsegoismus' verbunden ist oder nicht.

Interessanterweise und vermutlich mit der bereits von Ritschl geäußerten Beobachtung zusammenhängend sind die Forschungsarbeiten zum Vollkommenheitsbegriff einzelner evangelischer Theologen sehr überschaubar. Der systematisch-theologische Vergleich verschiedener Positionen wurde bisher sogar

---

[43] Bei einer persönlichen Begegnung im Kloster Grigoriou am Berg Athos wurde dem Verfasser vor einigen Jahren im Laufe eines Gesprächs von einem Mönch ein Buch zum Thema der *Theosis* in deutscher Übersetzung überreicht, wobei er die Bitte hinzufügte: „Lies das, denn das habt ihr im Westen vergessen.", ARCHIMANDRIT GEORGIOS, Vergöttlichung. Das Ziel des Menschenlebens, Apelern 2007.

[44] ALBRECHT RITSCHL, Die christliche Vollkommenheit, in: FRANK HOFMANN (Hrsg.), Albrecht Ritschl: Kleine Schriften, Waltrop 1999, 43–65, hier 43.

nur ganz vereinzelt unternommen.[45] Aufgrund dieser sehr übersichtlichen Forschungslage lässt sich die Frage kaum beantworten, die sich in einer ganz grundsätzlichen Weise so fassen lässt: Wie hält es der Protestantismus, in diesem Fall vor allem der lutherischen Tradition, eigentlich mit der Vollkommenheit?

Damit ist der thematische Horizont dieses Bandes abgesteckt und es lässt sich vor diesem Hintergrund das hier verfolgte Projekt genauer beschreiben.

Das Ziel dieses vorliegenden Bandes ist ein dreifaches: Erstens wird in mehreren gründlichen und ausführlichen Einzelstudien die inhaltliche Profilierung sowie die systematische Bedeutung des *Vollkommenheitsbegriffs* bei verschiedenen theologischen Denkern herausgearbeitet und anschließend miteinander verglichen.

Zweitens soll in der Auseinandersetzung mit soziologischen und psychologischen Arbeiten die Frage beantwortet werden, was genau unter *Selbstoptimierung* eigentlich zu verstehen ist und worin gegenüber anderen Formen der Selbstverbesserung ihr besonderes, zeitspezifisches Profil besteht.

Drittens werden die in den Einzelstudien vorgestellten Gedanken zur christlichen Vollkommenheit mit diesem Selbstoptimierungsprofil verglichen. Dabei wird die Frage leitend sein, inwiefern sich aus der christlich-theologischen Tradition heraus alternative Perspektiven hinsichtlich einer *lebensdienlichen Persönlichkeitsentwicklung* zeigen.

Der angesprochenen Fragestellung und den drei bestimmten Teilzielen entsprechend ist der vorliegende Band angelegt, folgt dabei grundsätzlich jedoch einer historischen Abfolge. In einem umfangreicheren *I. Hauptteil* werden daher zunächst sieben evangelische Theologen aus fünf Jahrhunderten auf ihren jeweiligen Vollkommenheitsbegriff hin befragt. Im *II. Hauptteil* werden dann verschiedene soziologische Erklärungen sowie eine psychologische Perspektive dazu dargestellt, was unter Selbstoptimierung zu verstehen ist. Anschließend werden einige Ansätze aufgenommen, die aus theologischer Perspektive zum Phänomen der Selbstoptimierung Stellung beziehen. Abschließend wird in einem *Systematischen Ertrag* der Versuch unternommen, die Ergebnisse beider Hauptteile aufeinander zu beziehen, also christliche Vollkommenheitsansätze mit dem Bemühen um Selbstoptimierung auf einer grundsätzlich-strukturellen Ebene zu vergleichen. Durch diesen Vergleich wird sich deutlicher zeigen, welche Potentiale, aber auch welche Gefahren verschiedenen konzeptualisierten Optionen des persönlichen Wachstums eigen sind.

In dieser *Einleitung* werden dem *I. Hauptteil* drei weitere Unterpunkte vorangestellt. Die bereits angedeuteten vielfältigen Wirkungen der Orientierung an

---

[45] Eine dieser wenigen vergleichenden Studien ist folgender Aufsatz: ROCHUS LEONHARDT, Vollkommenheit und Vollendung. Theologiegeschichtliche Anmerkungen zum Verständnis des Christentums als Erlösungsreligion, in: ZThK 113 (2016) 1, 29–58; eine Untersuchung deutlich älteren Datums, in der u. a. die Vollkommenheitsbegriffe von Luther, Zwingli und Calvin dargestellt werden, stammt von dem Ritschl-Schüler Wendt: HANS HINRICH WENDT, Die christliche Lehre von der menschlichen Vollkommenheit, Göttingen 1882.

einem idealen Selbst lassen sich zusammenfassen zu einer Grundambivalenz, die in der Regel auf die ein oder andere Weise mit solchen Bemühungen einhergeht. Diese Ambivalenz wird als *Vollkommenheitsambivalenz* (1.2) bereits in der Einleitung gründlicher betrachtet und als eine wesentliche Perspektive dieser Studie durch beide Hauptteile mitgeführt. Daran schließen sich einige *Vorbemerkungen zum I. Hauptteil* an (1.3), in dem insbesondere auch die konkrete Auswahl der in den Einzelstudien untersuchten Theologen begründet wird. Parallel dazu werden in den *Vorbemerkungen zum II. Hauptteil und systematischem Ertrag* (1.4) einige Grundentscheidungen verdeutlicht, um die Gesamtanlage des Bandes leichter ersichtlich werden zu lassen.

2. Vollkommenheitsambivalenz

Der als Deutungskategorie gegenwärtig sowohl innerhalb wissenschaftlicher Diskurse als auch umgangssprachlich häufig herangezogene Begriff der Ambivalenz (,Beid-Geltung') bringt zum Ausdruck, dass eine Sache aus der Sicht eines Subjekts zu zwei unterschiedlichen und tendenziell miteinander konfligierenden Bewertungen führen kann. Eine klassische Fassung aus dem Bereich der Psychologie definiert Ambivalenz daher als „gleichzeitige Gegenwärtigkeit widersprüchlicher Empfindungen und Strebungen"[46].

Damit *kann* Ambivalenz eine „Reaktion"[47] auf Erfahrungen der Ambiguität (,Beid-, bzw. Mehr-Deutigkeit') sein. In diesem Fall werden von einem Subjekt unterschiedlich deutbare Phänomene so bewertet, dass sich keine Eindeutigkeit einstellen lässt und entsprechend ein innerer Konflikt bleibend besteht.

Erstmals Verwendung fand der Begriff der Ambivalenz offensichtlich zu Beginn des letzten Jahrhunderts in den Studien des Schweizer Psychiaters Eugen Bleuler. Anschließend wurde er u. a. von Carl Gustav Jung und Sigmund Freud aufgegriffen.[48] Bleuler unterschied dabei zwischen affektiver, voluntärer und intellektueller Ambivalenz. In allen drei Fällen handelt es sich demnach um eine psychisch erlebte Zwiespältigkeit zwischen zwei jeweils als geltend oder wünschenswert erfahrenen Optionen – seien es zwei verschiedene Gefühle, zwei Wünsche oder zwei Überzeugungen.[49] Die Anfänge des Begriffs sind also im Rahmen psychiatrischer und psychoanalytischer Untersuchungen zu verorten. Insbesondere bei Bleuler fand der Begriff dabei v.a. als Deutungskategorie eines

---

[46] BRUNO WALDVOGEL, Ambivalenz, in: WOLFGANG MERTENS (Hrsg.), Handbuch psychoanalytischer Grundbegriffe, Stuttgart 2014, 72–78, hier 72.
[47] MICHAEL KLESSMANN, Ambivalenz und Glaube. Warum sich in der Gegenwart Glaubensgewissheit zu Glaubensambivalenz wandeln muss, Stuttgart 2018, 14.
[48] Vgl. WALDVOGEL, Ambivalenz, 72–76.
[49] Vgl. a. a. O., 72.

pathologischen Befunds im Sinne einer problematischen geradezu schizophrenen Spaltung Verwendung.[50] Innerhalb der folgenden Jahrzehnte setzte sich allerdings zunehmend ein Verständnis durch, das Ambivalenz nicht als Ausdruck einer krankhaften Spaltung sondern als allgemein-menschliches und damit auch als ‚gesundes' Phänomen begriff, mit dem jeder Mensch auf die ein oder andere Weise umzugehen hat. So beschreibt beispielsweise Elisabeth Otscheret Ambivalenz „als Fähigkeit, Gegensätze auszuhalten und zu integrieren" und versteht sie daher „nicht mehr als eine pathologische Haltung, sondern als Zeichen der Reife."[51] Inzwischen kann es – so Michael Klessmann – sogar umgekehrt als „common sense"[52] angesehen werden, „dass gerade die Verleugnung und Abspaltung von Ambivalenz krank macht, während es [als] ein Zeichen psychischer Gesundheit und Reife gelten muss, Ambivalenz anzuerkennen und im Fühlen, Denken und Handeln entsprechend zu berücksichtigen."[53]

Dieser breit vertretenen ambivalenztheoretischen Position steht empirisch aber immer noch die Beobachtung gegenüber, dass es gesellschaftlich eine weit verbreitete Erwartungshaltung nach eindeutiger Positionierung und ‚Klarheit' gibt, sodass ambivalente Gefühle oft mit Schamgefühlen einhergehen und häufig „verschwiegen oder verschleiert"[54] werden. Betrachtet man Ambivalenzerfahrungen umgekehrt als Ausdruck eines natürlichen und gesunden, d. h. vielfältigen und tiefgehenden Seelenlebens, dann sind solchen Forderungen nach allgegenwärtiger Eindeutigkeit zu widersprechen und für die Akzeptanz und eine Würdigung dieses Erlebens einzutreten. Dann geht es entgegen allen Bemühungen um Eindeutigkeit und Konfliktfreiheit vielmehr darum, so etwas wie eine Ambiguitäts- und Ambivalenz-Toleranz zu entwickeln und kultivieren. Dazu gehört, die unterschiedlichen Seiten einer Sache und insbesondere die eigenen, möglicherweise widersprüchlichen Gedanken, Motive und Gefühle wahrzunehmen und deren Potentiale gerade in ihrer Spannung zueinander zu erschließen. Auf diese Weise wird nicht nur eine Reduktion und Beschneidung der eigenen psychischen Vielfältigkeit vermieden. Ambivalenz kann aus einer solchen Perspektive dann auch als „Bedingung und Ausdruck von Freiheit und Kreativität gewürdigt werden"[55] und entsprechend zu vertieften und reicheren Lebenserfahrungen führen.

Klar ist jedenfalls – bei allen Fragen des angemessenen und guten Umgangs damit –, dass Ambivalenzerfahrungen in vielerlei Hinsicht unvermeidbar lebensprägend sind. Teilweise als momenthaft und nur vorübergehend auftauchende Ambivalenzen, teilweise aber auch als langfristige und wiederkehrende Grund-

---

[50] Vgl. a. a. O., 73.
[51] ELISABETH OTSCHERET, Ambivalenz. Geschichte und Interpretation der menschlichen Zwiespältigkeit, Heidelberg 1988, 68.
[52] KLESSMANN, Ambivalenz und Glaube, 67.
[53] A. a. O., 67f.
[54] A. a. O., 108.
[55] Ebd.

ambivalenzen, die zwar phasenweise stärker oder weniger stark erlebt werden, sich aber nie völlig erledigen.

Zum Grunderleben des Menschseins dürfte dabei eine spezifische Erfahrung zählen – und nur deswegen ist dieses Thema in diesem Zusammenhang von Interesse –, die hier als *Vollkommenheitsambivalenz* bezeichnet werden soll. Damit ist eine bestimmte Ambivalenzerfahrung gemeint, die mit dem Begriff der Vollkommenheit verbunden sein kann. Die ambivalente Erfahrung ist dabei einerseits dadurch geprägt, dass das Subjekt ein anderes, ideales und daher vollkommenes Selbstbild von sich selbst imaginieren kann, will oder sogar muss (vgl. das Eingangszitat von Leo Tolstoi), das es als besser und anstrebenswert versteht. Diese Überzeugung, dass ein anderes Ich möglich ist, wirkt einerseits hoffnungsstiftend und stimuliert entsprechend motivationale Energien. Andererseits bewirkt gerade die Imagination dieses anderen Selbstbilds häufig auch gegenteilige, hemmende, verhärtende (vgl. das Eingangszitat von Henning Luther) oder deprimierende Empfindungen, wodurch sich die Ambivalenz konstituiert. Die eröffnete Spannung zwischen dem Sein des Selbst und seinem Sollen begründet einen Konflikt.[56] Bedingt durch die Differenz zwischen faktischem und imaginiertem Selbst erscheint ersteres *a priori* als schlechter bzw. defizitär. Imaginationen oder gar Visionen eines vollkommenen Selbst rufen – so lässt sich entsprechend zuspitzen – sowohl Hoffnung als auch Unzufriedenheit hervor.[57] Je gravierender die Diskrepanz zwischen imaginiertem und faktischem Selbst wahrgenommen wird, desto stärker dürften potentiell die beiden Erfahrungen sein. Dass für die Art und Weise des Erlebens dabei ganz wesentlich charakterliche Dispositionen, kulturelle Prägungen, der Grad an Selbstreflexion etc. eine erhebliche Rolle spielen, ist für das Ob und die Intensität der Ambivalenzerfahrung natürlich ganz entscheidend. An dieser Stelle kommt es jedoch lediglich auf die Beobachtung an, dass sich beide Erlebnisdimensionen geradezu zwangsläufig, wenn auch nicht notwendig immer bewusst erlebt, ergeben, sobald dem empirischen Ich ein besseres Ideal-Ich kontrastierend gegenübergestellt wird. Die beschriebene Vollkommenheitsambivalenz ist demzufolge ein intrapersonaler Konflikt, der potentiell Selbstwert- und Identitätskonflikte aufdecken und natürlich auch verstärken kann.

Vor dem Hintergrund dieser Gedanken wird deutlich, dass jede theologische, philosophische, psychologische oder schlicht alltagspraktische Profilierung eines Vollkommenheitsverständnisses im Sinne einer *perfectio hominis* auf ihre Implikationen hinsichtlich dieser Ambivalenz befragt werden kann. Im ersten Hauptteil dieses Bandes wird dies im Blick auf die sieben zu untersuchenden theologi-

---

[56] Vgl. dazu a. a. O., 131ff.
[57] Dass ist auch bei Aleida und Jan Assmann festgehalten. Bei ihnen heißt es: „Der Preis, den er [der Mensch] dafür zu zahlen hat [gemeint ist die Fähigkeit der Imagination eines anderen Selbst, C.S.], ist das Leiden an der Differenz zwischen erfahrener und imaginierter Wirklichkeit. Die Erfahrung der Unvollkommenheit und die Sehnsucht nach ihrer Überwindung ergeben sich erst aus dieser Gabe, sich Vollkommenheit vorstellen zu können.", Assmann/Assmann, Einführung, 16.

schen Positionen geschehen. Die Befragung kann dabei unterschiedliche Ebenen betreffen. Es kann erstens gewissermaßen nach dem ‚Sitz im Leben', d. h. der vorausgesetzten empirischen Situation der Vollkommenheitsthematik gefragt werden. Zweitens kann – da in den theologischen Darstellungen häufig deskriptive und normative Momente miteinander verbunden sind – danach gefragt werden, welche mit dem Begriff der Vollkommenheit verknüpfte Norm bzw. welche Normen darin selbst erst entwickelt werden und entsprechend das angesprochene Ambivalenzerleben potentiell triggern. Drittens kann danach gefragt werden, welche Umgangsstrategien mit der jeweils vorausgesetzten Vollkommenheitsambivalenz vorgeschlagen werden.

3. Vorbemerkungen zum I. Hauptteil

Im ersten Hauptteil dieser Studie wird in einem 500 Jahre umspannenden Überblick anhand von sieben Theologen exemplarisch untersucht, wie der Gedanke einer menschlichen Vollkommenheit in der Geschichte des Protestantismus auf ganz unterschiedliche und doch häufig miteinander verwandte Weise interpretiert bzw. konzeptualisiert wurde. Da naturgemäß bei einem solch großen Zeitraum nicht alle einschlägigen evangelischen Protagonisten zu Wort kommen können, handelt es sich um eine Auswahl markanter theologischer Positionen verschiedener Epochen. Ziel dieses Überblicks ist also keine Begriffsgeschichte im strengen Sinne, wie sie beispielsweise von Reinhart Koselleck methodisch reflektiert entfaltet wurde.[58] Es handelt sich vielmehr um ausgewählte Tiefenbohrungen innerhalb der fünf Jahrhunderte protestantischer Theologie, die sich zueinander wie Variationen über ein ewiges Thema verhalten. Tempi, Akzentuierungen und Grundstimmungen können sehr unterschiedlich sein und sind entsprechend schwierig miteinander zu vergleichen. Trotzdem soll nach dem Durchgang durch die sieben protestantischen Vollkommenheitsvariationen in einer *Zusammenfassung* (I.8) danach gefragt werden, inwiefern darin wiederkehrende Grundmuster zu entdecken sind, die das Profil eines evangelisch-lutherischen Vollkommenheitsbegriffs entstehen lassen.

Die Auswahl ist vor allem am lutherischen Zweig reformatorischer Theologie orientiert, auch wenn nicht alle betrachteten Theologen ‚Lutheraner' sind oder nicht klar ist, ob sie sich überhaupt einer bestimmten Spielart der evangelischen Tradition zuordnen lassen. Die Konzentration vor allem auf eine Traditionslinie der Reformation hat jedoch den Vorzug, dass bei allen Ausprägungen, Neuakzentuierungen und Umgestaltungen des Vollkommenheitsbegriffs eine höhere

---

[58] Vgl. REINHART KOSELLECK, Begriffsgeschichten. Studien zur Semantik und Pragmatik der politischen und sozialen Sprache, Frankfurt am Main ⁵2021, 99–102.

Wahrscheinlichkeit besteht, zwischen den verschiedenen Protagonisten Verbindungslinien und Vergleichspunkte zu finden. Für die Auswahl sprechen außerdem zwei weitere Gründe.

Erstens ist mit Luther und den sich seiner Lehre verbunden wissenden Theologen der reformatorische Zweig im Blick, der im Vergleich mit reformierten Ansätzen am wenigsten mit dem Begriff der christlichen Vervollkommnung in Verbindung gebracht wird.[59] Gelegentlich begegnet sogar die Vorstellung, Luther habe eine Orientierung am Ziel der Vollkommenheit völlig verabschiedet oder diesem Gedanken nur ablehnend gegenüberstehen können. Solche Vorurteile halten allerdings dem Befund vielfältiger Äußerungen Luthers zum Thema nicht stand. Indem der Schwerpunkt in der vorliegenden Studie also gerade auf den lutherischen Vollkommenheitsbegriff und die Verwendungsgeschichte anderer lutherischer Theologen gelegt ist, wird eine in der Regel seltene Fragestellung an die ausgewählten Denker herangetragen, die das „Desiderat der Forschung" einer „umfassende[n] Darstellung dieser Entwicklung"[60] hoffentlich ein Stück zu erfüllen vermag.

Der zweite Grund, der für eine Ausrichtung an der lutherischen Tradition spricht, basiert auf einer These, auf die am Ende des I. Hauptteils zurückzukommen sein wird. Leitend ist die These, dass wie in anderen theologischen Grundunterscheidungen und Leitmotiven Luthers auch seinem Umgang mit dem Gedanken einer christlichen Vollkommenheit ein Potential inhärent ist, das sich gewinnbringend für gegenwärtige theologische sowie soziologische und psychologische Diskurse erschließen lässt. Oder anders gesagt: Möglicherweise wohnt Luthers Gedanken zur Frage der Vollkommenheit eine Aktualität inne, die bei allem sprachlichen, intellektuellen und lebenspraktischen Abstand auch dem Menschen der Spätmoderne etwas zu sagen hat. Denn bei Luther scheint eine Balance zwischen der Akzeptanz menschlicher Fragmentarität und der Orientierung am Ziel der Vollkommenheit gegeben, die eine lebensförderliche Entwicklungsperspektive konzeptualisiert.

Nun zur Auswahl der insgesamt sieben Theologen: Für eine Untersuchung, die insbesondere an der evangelisch-lutherischen Tradition orientiert und interessiert ist, bildet die Theologie Martin Luthers einen unverzichtbaren Anfangspunkt. Die Auseinandersetzung mit seinem Vollkommenheitsbegriff wird aus verschiedenen Gründen am umfangreichsten ausfallen. Erstens steht er als *eine*, wenn nicht *die* zentrale Person der Reformation überhaupt am Anfang einer evangelischen Geschichte des Vollkommenheitsbegriffs. Ganz entscheidende erste Weichenstellungen, an die dann in den folgenden Jahrhunderten bis heute immer wieder angeknüpft wurde, sind bei ihm angelegt und bedürfen einer genauen Betrachtung. Will man Luthers Vollkommenheitsbegriff sowie seine Theologie überhaupt verstehen, bleibt, zweitens, eine Betrachtung des spätmit-

---
[59] Vgl. z. B. die Differenzierung Tillichs zwischen Calvinismus, radikaler Geist-Bewegung und Luthertum, PAUL TILLICH, Systematische Theologie III, Berlin/New York 1987b, 263–266.
[60] LEONHARDT, Vollkommenheit, 48.

telalterlichen Hintergrunds, in dem Luther aufwuchs und der ihn theologisch prägte, unumgänglich. Das vollkommenheitstheoretische Erbe des Mittelalters, insbesondere der Scholastik, muss daher zumindest als grobe Skizze am Anfang des Lutherkapitels vorgestellt werden. Drittens taucht der Begriff bei Luther – wie gleich zu sehen sein wird – nicht nur an zwei oder drei einschlägigen Stellen auf, sondern durchzieht sein Gesamtwerk in den verschiedensten Zusammenhängen von Anfang bis Ende. Auch diese Befundfülle, sowie das Anliegen, immer wieder auch originale Lutherformulierungen zu Wort kommen zu lassen, schlagen sich in dem im Verhältnis etwas größeren Umfang nieder.

Anschließend folgt ein Blick in die Zeit des Pietismus und der Aufklärungstheologie. So sehr sich beide theologiegeschichtlichen Strömungen in vielerlei Hinsicht unterscheiden, haben sie in ihrer starken theologischen Hervorhebung des Vollkommenheitsgedankens eine für diese Untersuchung interessante Gemeinsamkeit (vgl. dazu die Überleitung im I. Hauptteil). Für den Pietismus kommt mit August Hermann Francke einer der wichtigsten Repräsentanten zu Wort. Für die Neologie wird der Vollkommenheitsgedanke in der Theologie Johann Joachim Spaldings als einem ihrer prominentesten Vertreter dargestellt. Mit John Wesley, dem Begründer des Methodismus, wird – der Chronologie entsprechend im Anschluss an Francke – allerdings noch eine Vollkommenheitsperspektive integriert, die nun ganz offensichtlich keine lutherische ist, allerdings stark von pietistischem Gedankengut beeinflusst wurde. Wesley ist mit seiner prononcierten Vollkommenheitslehre insofern nicht nur als eigenständige Position, sondern auch als Teil der pietistischen Wirkungsgeschichte interessant. Zudem lässt sich gerade an der vollkommenheitstheoretischen Sonderposition Wesleys das Profil eines lutherischen Vollkommenheitsbegriffs – im Falle Wesleys gerade durch Abweichung davon – präziser erfassen.

Auf Luther und die drei genannten Theologen des 17. und 18. Jahrhunderts folgt mit Albrecht Ritschl die Auseinandersetzung mit einer der vollkommenheitstheoretisch prominentesten Positionen der Protestantismusgeschichte. Ritschl hat den Vollkommenheitsgedanken nicht nur in seinen eigenen Schriften mit dogmatischem Nachdruck und detaillierten Reflexionen hervorgehoben, sondern in der zweiten Hälfte des 19. Jahrhunderts auch eine regelrechte Hochkonjunktur des Begriffs ausgelöst.

Mit Paul Tillichs existenzphilosophischer Fassung des Vollkommenheitsbegriffs wird anschließend eine wichtige theologische Stimme des 20. Jahrhunderts in den Diskurs gebracht. Tillich darf nicht nur als bedeutender und bis heute inspirierender Theologe gelten. Im Unterschied zu vielen anderen, insbesondere dialektisch-theologisch geprägten Theologen seiner Zeit wurde von ihm innerhalb seiner *Systematischen Theologie* eine Vollkommenheitstheorie entwickelt, auf die im Zusammenhang dieser Studie nicht verzichtet werden soll.

Henning Luther schließlich nimmt mit seiner dezidiert vollkommenheitskritischen Perspektive ähnlich wie Wesley im Rahmen der betrachteten Theologen eine Sonderstellung ein. Ein Abschluss mit seiner Position nimmt aber nicht nur eine verhältnismäßig gegenwärtige Auseinandersetzung mit der Frage nach Vollkommenheit ins Visier. Seine besondere Profilierung des Vollkommenheitsbegriffs erweitert erstens die Multiperspektivität auf den hier betrachteten Gegenstand. Zweitens lässt sich gerade mit und trotz seines vollkommenheitskritischen Blickwinkels noch einmal genauer eruieren, welche Potentiale das Ziel menschlicher Vollkommenheit in sich birgt und durch welche inhaltlichen Ausformungen des Vollkommenheitsbegriffs diese Frage bedingt ist.

In dem knapp 500 Jahre umfassenden Überblick kommen große Teile der evangelischen Theologiegeschichte kaum oder gar nicht zu Wort. Das liegt nicht nur daran, dass eine gewisse Begrenzung in der Auswahl unverzichtbar ist, sondern auch daran, dass darin phasenweise der Vollkommenheitsbegriff schlicht keine Rolle spielte. Bei manchen der Theologen ahnt man, warum das aus theologischen Gründen der Fall ist, bei anderen steht man vor dem (Nicht-)Befund und wüsste es nur zu gern. Kurz gesagt: Es würde sich lohnen, auch dieser Spur weiter zu folgen und eine Geschichte der evangelischen Nicht-Verwendung des Begriffs nachzugehen. Das lässt sich im Rahmen dieser Studie allerdings nicht realisieren. Zu rekonstruieren, warum jemand einen Begriff *nicht* verwendet, dürfte in aller Regel – wenn es nicht gerade explizit begründet wird – ungleich schwieriger und aufwendiger sein, als eine positive Verwendung des Begriffs zu verstehen und zu bündeln. Gleichzeitig bliebe eine solche Rekonstruktion des Unkonstruierten immer der berechtigten Vermutung eines hohen spekulativen Einschlags ausgesetzt. Die folgende Darstellung beschränkt sich also auf Positionen, in denen dem Begriff eine explizite Rolle zufällt.

Die sieben Kapitel sind parallel zueinander strukturiert. Nach einigen hinführenden Gedanken und einem knapp referierten Forschungsstand wird die jeweilige Perspektive des betrachteten Theologen entfaltet. Meist wird dafür zunächst relativ nah an den einschlägigen Texten dessen Position dargestellt, bevor dann mit etwas mehr Distanz zu den konkreten theologischen Ausführungen diese Position analysiert und ein Profil herausgearbeitet wird. Im Anschluss wird in jedem Kapitel ein Brückenschlag zurück zu Martin Luther gesucht. Diese Rückbindung ist der oben bereits genannten These geschuldet, dass der Theologie Martin Luthers ein theologisches Potential inhärent ist, an das sich auch gegenwärtig anschließen lässt. Ein Vergleich mit Luther hat daher den Charme, dass so einerseits dessen Wirkungsgeschichte ein Stück sichtbar gemacht wird und andererseits dessen Vollkommenheitsbegriff als eine Art orientierender Maßstab fungieren kann, ohne dass an dieser Stelle ein *non plus ultra* von Luthers Position behauptet werden soll.

Abgeschlossen wird jedes Kapitel mit einigen systematischen Überlegungen zur Bedeutung der betrachteten Position hinsichtlich der bereits dargestellten Vollkommenheitsambivalenz. Dass jeder theologische oder auch philosophische vollkommenheitstheoretische Standpunkt als ein bestimmter Modus des Umgangs mit dieser Ambivalenz gelesen werden kann, wurde oben bereits deutlich gemacht. Das Ziel der systematischen Überlegungen dazu besteht darin, diese

Implikationen frei zu legen und zu untersuchen, ob die genannte Ambivalenz theologisch zugespitzt, entspannt, inhaltlich verschoben oder sogar aufgelöst wird.

Die Untersuchung zu den sieben Theologen (I.1–7) schließt eine *Zusammenfassung* (I.8) ab. Darin wird erstens noch einmal summarisch zu fragen sein, worin Gemeinsamkeiten der herausgearbeiteten Vollkommenheitsbegriffe bestehen, inwiefern sie aber auch unterschiedliche Akzente setzen bzw. ganz grundsätzlich differieren. Zweitens wird auf die These nach dem Gegenwartspotential des lutherischen Standpunktes zurückzukommen und zu reflektieren sein, worin dieses Potential genau besteht und in welchen Diskursen es sich möglicherweise vielversprechend einbringen lässt. Mit diesem Punkt ist der Übergang zum II. Hauptteil bereits geebnet, in dem dann die Frage nach Vollkommenheit mit dem gegenwärtig kulturell prägenden Streben nach Selbstoptimierung als einem solchen Gegenwartsdiskurs ins Verhältnis gesetzt werden soll. Ob und wie sich die theologiegeschichtlichen Analysen in diesen Zusammenhang einbringen lassen, wird dann im *systematischen Ertrag* darzustellen sein.

4. Vorbemerkungen zum II. Hauptteil und systematischem Ertrag

In der Wahrnehmung gegenwärtiger Muster der Selbstverbesserung, sowie deren Motiven, praktischen Modi und psychodynamischen Auswirkungen ist der Begriff der Selbstoptimierung nicht selbstverständlich und dessen Auswahl daher erklärungsbedürftig. Versuche der Selbstverbesserung bzw. die Absicht persönlichen Wachstums – die hier zunächst undifferenziert nebeneinanderstehen sollen – gab es, wie auch von Aleida und Jan Assmann festgehalten, zu allen Zeiten in unterschiedlichsten Formen und natürlich auch gegenwärtig in pluralen Modi und Begrifflichkeiten. Was also prädestiniert den Begriff der Selbstoptimierung in besonderer Weise als Bezugspunkt für die beschriebene Fragestellung?

Für die Beantwortung dieser Frage zunächst eine Bemerkung zur Entwicklung dieses Begriffs.[61] Selbstoptimierung ist ein recht junger Terminus, der vor 40 Jahren vermutlich für viele eher noch befremdlich geklungen hätte und kann, da er in der Gegenwart regelrecht allgegenwärtig geworden ist, durchaus als Modebegriff bewertet werden. Allerdings lässt sich die zunehmende Verbreitung des Begriffs sowohl quantitativ als auch qualitativ in unterschiedliche Sphären bis in die 1990er-Jahre zurückverfolgen.[62] Spätestens seit Anfang des Jahrhun-

---

[61] Zum Begriff der Selbstoptimierung und seiner Verwendungsgeschichte vgl. die ausführlichere Darstellung unter II.3.1.

[62] Vgl. RÖCKE, Selbstoptimierung, 52ff.

derts lassen sich journalistische Artikel zu diesem Thema nachweisen und auch die wissenschaftliche Auseinandersetzung mit dem Begriff bzw. der Frage nach dem dahinterstehenden Phänomen dauert nun bereits einige Jahre an und hat in jüngster Zeit erheblich an Fahrt gewonnen.[63] Wenn man also von einem Modebegriff sprechen möchte, dann gibt es diese Mode schon erstaunlich lang und in jedem Fall lange genug um bleibende Spuren in der kollektiven Verständigung darüber hinterlassen zu haben, worauf es ‚im Leben ankommt' und woran sich ein gutes Leben bemisst. Denn mit dem Begriff der Selbstoptimierung dürfte gerade eines dieser von Karl Jaspers im Eingangszitat angesprochenen Bilder thematisiert sein, das der heutige Mensch von sich selbst hat und das daher „über die Weisen unseres Umgangs mit uns selbst und mit den Mitmenschen, über Lebensstimmung und Wahl der Aufgaben" entscheidet. Für diese Bilder wiederum ist umgekehrt aber die Gegenwartssprache ein geradezu herausragendes Sensorium, denn die verwendeten Begriffe bringen ganz offensichtlich etwas zum Ausdruck, das zumindest von vielen auch als adäquat und stimmig empfunden wird. Da sprachliche Entwicklungen sowohl als Ausdruck dahinterliegender gesellschaftlicher Entwicklungen verstanden werden können als auch selbst wiederum ganz entscheidend Selbst- und Weltwahrnehmung prägen,[64] wird die Bedeutung der ‚Karriere' des Selbstoptimierungsbegriffs erahnbar – zumindest solange es sich um kein rein mediales Phänomen handelt, was angesichts der häufigen Rezeption ganz offensichtlich nicht der Fall ist.

Damit aber stellt sich die Frage, was den Begriff der Selbstoptimierung von anderen Begriffen unterscheidet, die ebenfalls Ausdruck von Persönlichkeitsentwicklung sind und vor allem, inwiefern der ‚neue' Begriff auf veränderte Perspektiven und Lebenspraktiken hinweist. Diese Frage wird im II. Hauptteil gründlich zu betrachten sein. Bereits an dieser Stelle sei aber vorweggenommen, dass eine ganz offensichtliche Auffälligkeit darin besteht, dass der Begriff der Optimierung aus einem technisch-organisatorischen Zusammenhang übernommen und auf menschliche Verhaltensweisen übertragen wurde. Das unterscheidet ihn beispielsweise von einem Begriff wie Selbst*verwirklichung*, der in der zweiten Hälfte des 20. Jahrhunderts zunehmend an Popularität und gesellschaftlicher Bedeutung gewann.[65] Anja Röcke, die 2021 eine *Soziologie der Selbstoptimierung* vorgelegt hat, sieht diese – ohne dass das an dieser Stelle bereits vertieft werden kann – als eine umfassende Praxis, die von Selbstverwirklichung einerseits zu unterscheiden ist, letztere aber andererseits als Ziel durchaus mit umfassen kann. Zu Beginn

---

[63] Zu der Frage, wie häufig der Begriff der Selbstoptimierung in deutschen Zeitungen genannt wird, vgl. die Wortverlaufskurve des *Digitalen Wörterbuchs der deutschen Sprache* (DWDS), in der ein steiler Anstieg insbesondere etwa ab dem Jahr 2008 zu sehen ist, vgl. a. a. O., 53.

[64] Vgl. zu dieser doppelten Perspektive KOSELLECK, Begriffsgeschichten, 99.

[65] Dabei dürfte u. a. Abraham Maslow mit seinen Untersuchungen zu menschlichen Bedürfnissen und die von ihm mitbegründete sog. Humanistische Psychologie ein wesentlicher Einfluss gewesen sein.

ihrer Untersuchung hält sie fest: „Selbstoptimierung ist […] eine wirkmächtige Tendenz der Gegenwart, die es wert ist, genauer betrachtet zu werden, denn sie ist inhärenter Bestandteil eines auf *Leistung, Erfolg und Selbstverwirklichung* ausgerichteten Wertekanons gegenwärtiger westlicher Gesellschaften"[66]. Auch Hartmut Rosa, Vera King und Benigna Gerisch halten gleich am Anfang ihres Buches fest: „Das Streben nach Optimierung kann als eine der bedeutsamsten Leitvorstellungen in gegenwärtigen Gesellschaften gelten."[67]

Damit aber wird zweierlei deutlich. Erstens kommt mit dem Selbstoptimierungsbegriff ein ganz prominenter, wenn nicht *der* gegenwärtig dominierende Modus individueller Selbstverbesserungsbemühungen zum Ausdruck. Das gilt ganz unabhängig von der Frage, ob man sich im Einzelfall *für* eine solche Praxis – wie auch immer diese konkret aussehen mag – oder gerade bewusst *dagegen* entscheidet. Zweitens konzentrieren sich bereits im Begriff selbst, vor allem aber in dessen spezifischer Ausgestaltung ganz offensichtlich dominierende Wertvorstellungen, die entsprechend einen Eindruck davon vermitteln, an welchen Entwicklungsidealen sich gegenwärtig in der sog. westlichen Welt orientiert wird. Somit lässt sich festhalten, dass der Begriff der Selbstoptimierung einen kultur- und zeitspezifischen Modus der Selbstverbesserung zur Sprache bringt, in dem sich kollektive gesellschaftliche Ideale, dominante Werte und Selbstbilder widerspiegeln.

Dass eine solche „wirkmächtige Tendenz" unterschiedliche Reaktionen hervorruft, kann kaum überraschen. In manchen Milieus wird ganz selbstverständlich und mit regelrechter Begeisterung von verschiedenen *tools* und Techniken, sich selbst zu optimieren, gesprochen. Andere hingegen warnen von den Risiken solcher Bemühungen und sehen darin eine wesentliche Ursache gegenwärtig weitverbreiteter psychologischer Probleme.

So schrieb beispielsweise Lena Böllinger kürzlich unter der Überschrift *Es beginnt mit Selbstverwirklichung und endet in der Depression* in *Die Welt*: „Was als Freiheit und wohlmeinendes Angebot daherkommt, ist in Wirklichkeit eine Zumutung, denn die Optimierung kennt kein Halten, keine natürliche Grenze, keine Pause. Sie ist unersättlich."[68]

---

[66] RÖCKE, Selbstoptimierung, 14, Hervorhebung C.S.

[67] VERA KING, BENIGNA GERISCH u. HARTMUT ROSA, Einleitung: Lost in Perfection – Optimierung zwischen Anspruch und Wirklichkeit, in: VERA KING/BENIGNA GERISCH/HARTMUT ROSA (Hrsg.), Lost in Perfection. Zur Optimierung von Gesellschaft und Psyche, Berlin 2021, 7–24, hier 7.

[68] LENA BÖLLINGER, Es beginnt mit Selbstverwirklichung und endet in der Depression, in: Die Welt 2022 (01.11.2022). URL: https://www.welt.de/kultur/plus241838221/Selbstoptimierung-Es-beginnt-mit-Selbstverwirklichung-und-endet-in-der-Depression.html (Stand: 23.10.2023), darin wird deutlich, dass Selbstverwirklichung aus Sicht der Autorin gegenwärtig als Selbstoptimierung gelebt wird: „Selbstverwirklichung hieß und heißt noch immer: Selbstoptimierung.", Diese bewirkt aus Sicht der Autorin jedoch weniger einen Gewinn an Lebensqualität, sondern verursacht vor allem Stress, der letztlich häufig im Burnout und Depressionen mündet.

Als ein zeitspezifisches gesellschaftliches Phänomen, in dem wesentliche anthropologische Einstellungen zum Ausdruck kommen, stellt sich die Frage nach einer theologischen Deutung. Dies wurde inzwischen verschiedentlich unternommen (vgl. II.4). Allerdings fehlt dabei häufig eine präzise Analyse dessen, was eigentlich genau unter Selbstoptimierung verstanden wird. Dies liegt auch daran, dass viele Forschungsarbeiten dazu erst in den letzten Jahren erschienen sind. Der theologischen Auseinandersetzung mit dem Phänomen der Selbstoptimierung wird daher in diesem Band eine ausführliche Darstellung verschiedener soziologischer, philosophischer als auch psychologischer Untersuchungen vorangestellt, in der u. a. Forschungsarbeiten von Anja Röcke, Dagmar Fenner, Hartmut Rosa, Andreas Reckwitz, Dieter Funke und Hans Joas vorgestellt und diskutiert werden.

Da im I. Hauptteil in den theologischen Gedanken zur Vollkommenheit wiederkehrende Grundmuster und zentrale Inhalte herausgearbeitet werden, die diese christliche Entwicklungsperspektive leiten und strukturieren, lässt sich dann abschließend im *systematischen Ertrag* tatsächlich ein fundierter Vergleich ziehen, in dem das Bemühen um eine christliche Vollkommenheit den Versuchen der Selbstoptimierung gegenübergestellt wird.

Dabei wird sich zeigen, dass nicht in allen, aber zumindest in einigen theologischen Vollkommenheitsvariationen eine *lebensdienliche Entwicklungsperspektive* gefunden ist, die in vielen Selbstoptimierungskonzepten gerade nicht gegeben ist. Wie in den Vorbemerkungen zum I. Hauptteil bereits deutlich gemacht, zeigen dabei insbesondere die Theologien Martin Luthers und Tillichs ein Potential, das sich in den Diskursen gewinnbringend einbringen lässt.

Dies wird anhand von *vier Kategorien* versucht, die jeweils Aspekte dessen zum Ausdruck bringen, was eine solche *lebensdienliche*, d. h. Gesundheit, Zufriedenheit und Daseinsfreude unterstützende Lebens- und Entwicklungsperspektive ausmacht.

Die erste Kategorie der *Ambivalenztoleranz* ist bereits unter 2. thematisiert worden. Da alle in dieser Studie beleuchteten theologischen Vollkommenheitsvariationen sowie Spielarten der Selbstoptimierung auf ihren Umgang mit der Vollkommenheitsambivalenz befragt werden können, lässt sich diesbezüglich am Ende der Untersuchung ein Vergleich ziehen. Dabei wird sich zeigen, dass bei manchen Theologen eine Balance gefunden ist, die in vielen Selbstoptimierungskonzepten verfehlt wird. Selbstoptimierungspraktiken tendieren grundsätzlich dazu, die angesprochenen Ambivalenzen aufzulösen oder zu dementieren.

Die zweite Kategorie fragt unter dem Stichwort der *Selbsttranszendierung* nach Möglichkeiten der Selbstüberschreitung. Damit ist insbesondere eine Beziehungs- und Gemeinschaftsorientierung gemeint. Hinsichtlich aller betrachteten Entwicklungs- und Wachstumsperspektiven ist dann zu fragen, inwiefern durch eine starke Selbst-Fokussierung diese Orientierung aus dem Blick gerät bzw. ob sich umgekehrt auch Ansätze gezeigt haben, die mit dem Ziel einer Vertiefung von Gemeinschaft verbunden sind. Auch dabei zeigt sich eine erhebliche Diskrepanz zwischen theologischen Ansätzen, die durch das Ziel einer zunehmenden Haltung der Liebe gerade die Beziehungsebene adressieren, und Selbstoptimierungsbemühungen, in denen der Beziehungsaspekt leicht von anderen Zielen verdrängt wird.

Mit der dritten Kategorie werden die jeweiligen Potentiale an *Gegenwärtigkeit* verglichen. Diese Auswahl basiert auf der Annahme, dass ein Dasein, das sich durch einen hohen Grad an Präsenz im Augenblick auszeichnet, der Lebensqualität dienlich ist. Selbstoptimierung ist dabei grundsätzlich mit der Gefahr eines Gegenwartsverlustes verbunden. In einigen theologischen Entwürfen scheinen hingegen bessere Voraussetzung für ein gegenwärtiges Dasein gegeben.

Diese These ist mit der vierten und letzten Kategorie der *Dankbarkeit* verknüpft. Dankbarkeit bringt Freude und Zufriedenheit mit dem Gegebenen zum Ausdruck. Insofern provoziert eine individuelle Entwicklungs- und Verbesserungsperspektive stets die Frage, inwiefern der *Status quo* dadurch in ein negatives Licht rückt. Anders formuliert wird zu untersuchen sein, inwiefern eine Entwicklungsperspektive mit einer Haltung der Dankbarkeit verbunden sein kann oder ob sich beides notwendig in einem Spannungsverhältnis befindet. Auch bei diesem Aspekt zeigen sich Differenzen zwischen den verschiedenen Konzepten, sowohl zwischen den theologischen als auch im Vergleich mit den betrachteten Selbstoptimierungsbemühungen.

Insgesamt zeigt sich in einigen theologischen Ansätzen eine Darstellung, die eine Haltung der *engagierten Gelassenheit* begründet. Einerseits ist die vorgestellte Persönlichkeitsentwicklung, wie sie durch das Streben nach Vollkommenheit beschrieben wird, soteriologisch entlastet und zeichnet sich durch die Akzeptanz menschlicher Fragmentarität aus.[69] Daher legt sich eine *Haltung der Gelassenheit* nahe. Diese Erfahrung der Freiheit setzt aber andererseits gerade Energien frei und eröffnet im Blick auf das Selbst- und Weltverhältnis *Potentiale des Engagements*. Wo aber eine Vollkommenheitsorientierung mit dieser Haltung der engagierten Gelassenheit verbunden ist, darf tatsächlich von einer *lebensdienlichen Lebens- und Entwicklungsperspektive* gesprochen werden.

---

[69] Mit dem Begriff der Fragmentarität wird hier an Gedanken von Henning Luther angeknüpft, die im Kapitel I.7 entfaltet sind. Für die Diskurse um den Fragmentbegriff in den Kulturwissenschaften vgl. z. B.: Fragmentarität als Problem der Kultur- und Textwissenschaften, hrsg. von Kay Malcher u. a., München 2013.

I. Hauptteil:
Protestantische Vollkommenheitsvariationen

1. Glaube und Wandlung – Vollkommenheit bei Martin Luther

1.1 Hinführung und Forschungsstand

1.1.1 Hinführung

Luthers Umgestaltung des Vollkommenheitsbegriffs kommt sowohl im Blick auf die gesamte Geschichte des Christentums als auch hinsichtlich der Stellung in seiner eigenen Theologie eine erhebliche Bedeutung zu. Sowohl auf den einen als auch auf den anderen Aspekt verweist in seinem *Lehrbuch der Dogmengeschichte* auch Adolf von Harnack:

> [G]ewiss ist, dass er [Luther] das Ideal religiöser Vollkommenheit so umgestimmt hat, wie kein Christ seit dem apostolischen Zeitalter vor ihm, und dass ihm dabei auch eine Umstimmung des sittlichen Ideals zugefallen ist, wenn er das neue auch nur nach der religiösen Seite sicher zu begründen vermochte. Wenn man sich die Bedeutung Luther's, seinen Bruch mit der Vergangenheit, klar machen will, so muß man sein neues Ideal des christlichen Lebens und der christlichen Vollkommenheit ebenso ins Auge fassen, wie seine Lehre vom Glauben, aus der es entsprungen ist, und wie seine Freiheit vom Gesetz des Buchstabens, der Kirchenlehre und der Kirchenautorität.[1]

Dazu zwei Vorbemerkungen: Versucht man erstens, den Vollkommenheitsbegriff in der Theologie Martin Luthers zu bestimmen, dann stellt man schnell fest, dass es den *einen* Vollkommenheitsbegriff Luthers nicht gibt. Seine Theologie ist eine Theologie der Suche. Und zwischen seinen Anfängen als noch ganz von der spätmittelalterlichen Tradition geprägter Theologe und den späteren theologischen Überzeugungen, die dann als reformatorisches Gedankengut in der neuentstandenen Konfession weitergewirkt haben, lässt sich eine Entwicklung verfolgen, die auch in seinem Umgang mit dem Ziel der *perfectio hominis* deutlich wird. Bei genauerem Hinsehen zeigt sich sogar, dass sich Luthers Entwicklung vom jungen perfektionistischen Augustinermönch zum Reformator in neugewonnenem, gnadenbewusstem Heilsvertrauen am Begriff der Vollkommenheit regelrecht miterleben und in konzentrierter Klarheit nachvollziehen lässt.

Zudem schrieb Luther häufig auf verschiedene Anlässe hin. Der Charakter seiner Texte als Gelegenheitsschriften spiegelt sich entsprechend auch in seiner

---

[1] ADOLF VON HARNACK, Lehrbuch der Dogmengeschichte III, Tübingen ⁴1990, 831.

Fassung – oder besser eben den *Fassungen* – des Vollkommenheitsbegriffs wider. Es gibt nicht die *eine* Schrift, die *eine* Dogmatik Luthers, in der auf präzise Weise beschrieben ist, was er nach seiner Entwicklung zum Reformator zur Frage eines letzten und höchsten Ziels menschlichen Lebens zu sagen hätte. Nein, wer sich in Luthers Theologie – und eben auch seine Vorstellung des Vollkommenheitsbegriffs – hineindenken möchte, der bekommt es mit einer Vielzahl an Einzelschriften, Predigten und einer Reihe anderer Äußerungen zu tun, die in jeweils ganz unterschiedlichen Kontexten entstanden sind. Und je nach Zusammenhang wird der Begriff von Luther darin jeweils unterschiedlich akzentuiert, erfährt andere Konnotationen, wird mitunter pejorativ, immer wieder aber auch als unverzichtbares Positivideal herausgestellt. Im folgenden Abschnitt kann es daher die eine präzise Definition nicht geben. Aber es wird der Versuch unternommen, den Kern von Luthers Vollkommenheitsvorstellung herauszuarbeiten und dessen zentrale charakteristische Aspekte auszuleuchten.

Für die Beurteilung von Luthers Theologie ist aber noch eine zweite Vorbemerkung notwendig. Das hier anvisierte Ziel, Luthers neuen, das heißt reformatorischen Vollkommenheitsbegriff darzustellen, würde verfehlt, wenn sämtlichen Äußerungen Luthers dazu der gleiche Rang eingeräumt würde. Das führte dazu, dass einer Bemerkung aus der Psalmenvorlesung – in der Luther noch ganz von der spätscholastischen Theologie geprägt ist – das gleiche Gewicht zukäme, wie einer Schrift aus den 1520er-Jahren, in der das reformatorische Programm bereits in vielerlei Hinsicht entfaltet und durchgeführt ist. Insofern ist es notwendig, die werkhistorische Entwicklung seines theologischen Denkens zu überschauen, um entsprechend die verschiedenen Äußerungen zum Thema gewichten zu können. Die Diskussionen um den genauen Zeitpunkt seines reformatorischen Durchbruchs sollen und müssen in diesem Zusammenhang nicht nachgezeichnet werden.[2] Trotzdem ist eine Orientierung innerhalb der Entwicklung Luthers zum Reformator unverzichtbar.

Eine überzeugende Einteilung im Blick auf die Entwicklung von Luthers Ethik – in die seine Auseinandersetzung mit Vollkommenheit hineingehört – schlägt Andreas Stegmann vor. In Anlehnung an die in seiner Monografie, *Luthers Auffassung vom christlichen Leben*[3], rekonstruierten drei Phasen, komme ich daher zu folgender Einteilung in Luthers Entwicklung hinsichtlich seiner Vollkommenheitsvorstellung:

Phase I) Der spätscholastische Vollkommenheitsbegriff des jungen Luther bis 1510
Phase II) Zeit der Kritik und Transformation von Vollkommenheit zwischen 1510–1520
Phase III) Luthers Neubestimmung von Vollkommenheit ab 1520[4]

---

[2] Vgl. BERNHARD LOHSE, Martin Luther. Eine Einführung in sein Leben und sein Werk, München 1981, 157–160.

[3] ANDREAS STEGMANN, Luthers Auffassung vom christlichen Leben (BHTh 175), Tübingen 2014.

[4] Bei Stegmann wird diese dritte Phase auf die Jahre zwischen 1520 und 1526 begrenzt, in „denen er [Luther] diese [reformatorischen] Grundgedanken programmatisch darstellte […],

Die in dieser Einteilung implizierte Wertung, dass Luthers Äußerungen und Schriften nach 1519 die Qualität der *eigentlichen* Theologie Luthers zugesprochen wird, während er sich in den Jahren zuvor erst auf dem Weg dorthin befindet, führt dazu, dass erst aus allen Äußerungen ab 1520 der eigentlich reformatorische Vollkommenheitsbegriff extrahiert werden kann. Gleichwohl entsteht dieser Begriff nicht über Nacht. Luthers Entwicklung zum Reformator und damit auch zum neuen Vollkommenheitsbegriff kann im zweiten Jahrzehnt des 16. Jahrhunderts vor allem in seinen Vorlesungen mitvollzogen werden. Um seine zunehmende Ablösung vom alten und die allmähliche Entwicklung des neuen Begriffs besser zu verstehen, soll deshalb zunächst der traditionelle, spätscholastische Vollkommenheitsbegriff dargestellt werden, wie ihn der junge Luther kennengelernt und zunächst auch selbst vertreten hat (1.2a). Im Anschluss daran soll seine zunehmend kritische Abwendung von dieser traditionellen Vollkommenheitsvorstellung zwischen 1510 und 1520 nachgezeichnet werden (1.2b). Die Darstellung von Luthers Ausgangspunkt und seiner Entwicklung schärft so den Blick für das genuin Neue, wie es dann deutlich ab 1520 zum Ausdruck kommt (1.3).

Abgesehen von dieser werkhistorischen Argumentation lässt sich der entscheidende Einschnitt um das Jahr 1520 als der Moment, in dem Luthers Entwicklung reformatorische Reife erreichte, aber *auch aus systematischer Sicht* gut begründen. Da – wie gleich gezeigt wird – der Vollkommenheitsbegriff sehr eng mit Luthers Kritik am monastischen Leben verknüpft ist, steht seine Neuprofilierung des Begriffs in zeitlichem Zusammenhang mit der intensivsten Phase seiner kritischen Auseinandersetzung mit dem Mönchtum.[5] Diese ist recht eindeutig auf den Beginn der 1520er-Jahre zu datieren und wird greifbar in seiner explizi-

---

sie weiterentwickelte und sie in sozialethische Konkretionen überführte". Zur Begründung, warum die Jahre nach 1526 nur eine marginale, „ergänzend" herangezogene Rolle spielen, verweist Stegmann darauf, dass sich nach 1526 „keine grundsätzliche Weiterentwicklung von Luthers Auffassung vom christlichen Leben erkennen lässt" und es nur noch zu Neuakzentuierungen kommt, (alle Zitate: a. a. O., 10) – eine These, die zumindest diskutabel erscheint. Für diese Studie kann Stegmanns Grenze so sinnvollerweise jedenfalls nicht gezogen werden. Da es für Luthers Vollkommenheitsverständnis – wie dargestellt – nicht den einen einschlägigen Text gibt, in dem sein transformierter Vollkommenheitsbegriff ausführlich dargestellt ist und in dieser Studie entsprechend heuristisch verfahren wird, werden – soweit möglich – sämtliche Aussagen Luthers zum Begriff ab 1520 herangezogen. Eine Begrenzung bis 1526 oder bis zu irgendeinem späteren Zeitpunkt wäre schlicht nicht zielführend, da für eine präzise Bestimmung des Begriffs Aussagen aus Luthers gesamter Biografie zu berücksichtigen sind.

[5] Der Konnex zwischen einem christlichen Verständnis von Vollkommenheit und den Mönchsgelübden wird in reformatorischer Zeit auch in anderen Schriften deutlich. Dies ist dadurch begründet, dass das Streben nach Vollkommenheit in besonderer Weise Aufgabe des Mönchtums war. Neben *De votis monasticis* beispielsweise auch in der *Confessio Augustana* und ebenso in der *Apologie* der Confessio Augustana, in denen jeweils im Artikel XXVII unter dem Stichwort „Von den Klöster Gelübden" mehrfach dieser Zusammenhang in der Darstellung von Vollkommenheit deutlich wird, BSELK, 160–185.662–695; oder auch in: PHILIPP MELANCHTHON, Loci communes, Gütersloh ²1997, 128ff.

ten Kritikschrift *De votis monasticis* aus dem Jahr 1521, in der er immer wieder auch auf den Vollkommenheitsbegriff zu sprechen kommt.

Ausdruck der theologischen Beschäftigung mit dem Mönchtum ist auch sein aufschlussreicher Umgang mit dem Begriff des *Berufs*, in dem sich Luthers wandelnde Position zum Mönchtum *pars pro toto* zeitlich jeweils widerspiegelt. Diese transformierende Auseinandersetzung mit dem Berufsbegriff – in der sich Luthers „ganze innere Entwicklung"[6] zum Reformator *in nuce* vollzieht – und der unter dem Stichwort κλῆσις in neutestamentlichen Zusammenhängen wurzelt, hat in brillanter Weise Karl Holl dargestellt. In seinem Aufsatz *Die Geschichte des Worts Beruf* aus dem Jahr 1924 verweist er auf eine Predigt der *Kirchenpostille* von 1522, in der Luther zum ersten Mal das Wort „Beruf anstatt wie bisher im Sinn von Berufung als gleichbedeutend mit Stand, Amt oder Befehl […] verwendet"[7]. Mit dieser sicher alles andere als zufälligen inhaltlichen Neujustierung des Begriffs ist die Konsequenz einer langen Entwicklung gezogen. Lange rang Luther mit der Frage, ob er noch die über Jahrhunderte hinweg gültige theologische Überzeugung teilt, dass einzig dem klerikalen Stand und dem Mönchtum ein besonderer göttlicher Ruf gilt, der ihn zur besonderen Gemeinschaft mit Gott prädestiniert. Seine endgültige Verabschiedung von dieser Vorstellung, die im Zusammenhang mit der Leipziger Disputation im Juni und Juli 1519 stehen dürfte,[8] die Ersetzung der gesellschaftlichen Aufspaltung in Berufene und Nicht-Berufene durch die Idee vom allgemeinen Priestertum, und die damit verbundene Gewissheit, dass in ganz verschiedenen Ämtern und Ständen Gott in gleicher Weise gedient und damit auch innerhalb der Welt höchste Gottesgemeinschaft zu erreichen ist, markieren einen tiefgreifenden Bruch mit der Tradition, der an vielen Stellen, u. a. auch in besagter Predigt von 1522 und dem darin neuartikulierten Berufsverständnis, zu greifen ist.

Bedenkt man, dass auch die Transformation des Vollkommenheitsbegriffs eng mit dieser Auseinandersetzung verbunden ist, dann liefert Holls Analyse ein klares Indiz dafür, dass die Grundlagen dieses Neuverständnisses bereits etwa in der Zeit der Leipziger Disputation gelegt waren, Luther sie nur erst zwei Jahre später, in *De votis monasticis*, konsequent auf das Mönchtum angewandt und die sich daraus ergebenden Folgen gezogen hat. Mit dieser entscheidenden Umorientierung ist damit ein Einschnitt markiert, der es nahelegt, spätestens 1520 von einem neuprofilierten, reformatorischen Vollkommenheitsbegriff auszugehen.

---

[6] KARL HOLL, Die Geschichte des Worts Beruf, in: KARL HOLL (Hrsg.), Gesammelte Aufsätze zur Kirchengeschichte. III. Der Westen, Tübingen 1928, 189–219, hier 213.

[7] A. a. O., 217.

[8] Vgl. ebd.; Holl verweist insbesondere auf die Lehre vom allgemeinen Priestertum, die Luther nun, nach der Leipziger Disputation, dem „katholischen Auktoritätsgedanken" entgegensetzt, DERS., Der Neubau der Sittlichkeit, in: KARL HOLL (Hrsg.), Gesammelte Aufsätze zur Kirchengeschichte. I. Luther, Tübingen 1932, 155–287, hier 218.

1.1.2 Forschungsstand

Die explizite Thematisierung von Luthers Vollkommenheitsvorstellung innerhalb der protestantischen Theologie der letzten Jahrzehnte ist äußerst überschaubar. Dies gilt, obwohl Luther den Begriff – das zeigt ein Blick in das Begriffsregister der Weimarer Ausgabe – sowohl in verschiedenen etymologischen deutschen Varianten als auch seiner lateinischen Fassung, *perfectio,* durchaus nicht selten verwendet hat. So taucht der Begriff in den einschlägigen Lexika zu Luthers Theologie – wenn überhaupt – nur am Rande auf.

Reinhard Schwarz erwähnt in seinem Artikel in der *Religion in Geschichte und Gegenwart* zu Luthers Theologie den Begriff der Vollkommenheit kein einziges Mal.[9]

Zumindest aufgenommen ist der Begriff im Artikel von Karl-Heinz zur Mühlen in der *Theologischen Realenzyklopädie*.[10] Der Begriff der Vollkommenheit bzw. Vervollkommnung des Menschen fällt darin zwei Mal, jedoch jeweils als ein Begriff, den der reformatorische Luther verabschiedet hat.[11] Inhaltlich kommt zur Mühlen dem Begriff mehrfach jedoch recht nahe. So zum Beispiel in seiner Rekonstruktion der ethischen Implikationen von Luthers Rechtfertigungslehre, die sich im Prozess der Heiligung niederschlagen. Diese lebenspraktischen Folgen des Glaubens spricht er auch anhand der Termini eines Total- und Partialaspekts an, die mit der bekannten Formulierung Luthers vom Gläubigen als *simul iustus et peccator* verbunden sind.[12] Während der Totalaspekt die Absolutheit beider Urteile – nach Qualität und gnadenhaftem göttlichen Zuspruch – markiert, beschreibt der Partialaspekt das zunehmende oder abnehmende Verhältnis von Gerechtigkeit und Sündhaftigkeit im Gläubigen. Der damit beschriebene Gedanke glaubensbiografischer Entwicklung wird allerdings ohne eine explizite Zielformulierung wiedergegeben. Dort, wo von Vollkommenheit gesprochen werden könnte, bleibt gewissermaßen eine Leerstelle, die nur andeutungsweise durch ‚Zunahme der Gerechtwerdung' oder ähnliche Wendungen beschrieben wird. Der Begriff der Vollkommenheit erscheint im gesamten Artikel als ein verabschiedeter Terminus der spätscholastischen Vergangenheit, mit dem Luther später nichts mehr anfangen konnte oder der sogar symptomatisch für ein verqueres Gottes- und Rechtfertigungsverständnis steht.

Explizit als Stichwort aufgenommen wurde der Begriff der Vollkommenheit hingegen im 2017 von Reinhold Rieger herausgegebenen Lexikon *Martin Luthers*

---

[9] Reinhard Schwarz, Art. Luther. II. Theologie, in: RGG⁴ 5, Tübingen 2002, 573–588.
[10] Karl-Heinz zur Mühlen, Art. Martin Luther. II. Theologie, in: TRE 21, Berlin/New York 2000, 530–567.
[11] A. a. O., 536.540.
[12] Eine Übersicht wichtiger Stellen, an denen Luther die Formulierung *simul iustus et peccator* oder ähnliche Formulierungsvarianten verwendet, findet sich bei Wilhelm Christe, Gerechte Sünder. Eine Untersuchung zu Martin Luthers ‚simul iustus et peccator' (ASyTh 6), Leipzig 2014, 703ff.

theologische Grundbegriffe[13]. Darin sind zum entsprechenden Begriff jeweils eine Reihe zentraler Äußerungen verschiedener Schriften Luthers zusammengetragen und thematisch geordnet, jedoch nicht näher kommentiert. Die Sammlung verweist daher auch auf eine rekonstruierte, reformatorische Fassung des Begriffs, ohne diese jedoch in irgendeiner Weise systematisch zu entfalten.

Der diesem durchaus vorhandenen Befund entgegengesetzte, schon in RGG und TRE gewonnene Eindruck, dass Luther Vollkommenheit nur als einen negativ konnotierten Begriff der Vergangenheit betrachten konnte, entsteht ebenso bei einer Reihe anderer Darstellungen von Luthers Theologie, auch wenn diese implizit vorausgesetzte Verabschiedung des Begriffs in den meisten Fällen nicht explizit thematisiert wird. Folgt man diesen Rekonstruktionen von Luthers theologischer Entwicklung, dann entsteht das Bild einer problematischen Last, die dem jungen Luther mit diesem Begriff gewissermaßen auferlegt war und die er dann in seinem theologischen Ringen erst fassen und schließlich von sich werfen konnte. Der Vollkommenheitsbegriff scheint – folgt man diesen Darstellungen – zu einem bestimmten Zeitpunkt, meist um das Jahr 1517, schlicht aus seinem Denken verschwunden zu sein.

Rudolf Hermann beispielsweise beschreibt in seiner Monografie, *Luthers Theologie*[14], welche mit dem Vollkommenheitsbegriff verbundenen Vorstellungen Luther jeweils ablehnt. Eine Bemerkung darüber, dass Luther den Begriff auch nach 1517 weiterhin verwendet oder gar eine Darstellung der Neuprofilierung des Begriffs gibt es hingegen nicht. Die Frage nach Vollkommenheit scheint sich in der Frage nach Rechtfertigung aufzulösen.[15]

Ähnlich verhält es sich bei Paul Althaus. Auch er setzt sich mit Rechtfertigung im Sinne des „Anfang[s] einer neuen seinshaften Gerechtigkeit"[16] auseinander. Damit ist ein Weg begonnen, „auf dem Gott den sündigen Menschen […] in sein eigenes Wesen hinein"[17] umwandelt. Der Begriff der Vollkommenheit in Luthers neugewonnenem Verständnis wird bei ihm allerdings auch nur an einer einzigen Stelle thematisiert. Am Ort der Eschatologie beschreibt er Vollkommenheit als das „Verlangen nach dem Tod"[18].

---

[13] Art. Vollkommenheit, in: REINHOLD RIEGER (Hrsg.), Martin Luthers theologische Grundbegriffe. Von „Abendmahl" bis „Zweifel", Tübingen 2017, 316–317.

[14] RUDOLF HERRMANN, Luthers Theologie. Gesammelte und nachgelassene Werke I), Berlin 1967.

[15] A.a.O., 7ff.; mit der Idee der Vollkommenheit „ernst zu machen" führt bei Luther – so Hermann zusammenfassend – zur „Erkenntnis der bleibenden Unzulänglichkeit" und entsprechend der Angewiesenheit auf Vergebung, a.a.O., 108.

[16] PAUL ALTHAUS, Die Theologie Martin Luthers, Gütersloh ²1963, 203.

[17] A.a.O., 208.

[18] Althaus zitiert dabei eine Formulierung Luthers, in der es heißt, „daß der Mensch vollkommen wird und das Leben gern in den Tod gibt und mit Paulo begehrt zu verscheiden, daß also alle Sünde aufhöre und Gottes Wille aller Ding aufs vollkommenste genug geschehe an ihm.", a.a.O., 342, vgl. MARTIN LUTHER, Fastenpostille (1525), WA 17/II, 13,23–26.

Zumindest kurze Erwähnung findet Luthers positive Bestimmung von Vollkommenheit bei Heinrich Bornkamm.[19] In der Darstellung von Luthers Gesetzesverständnis markiert er – mit Verweis auf dessen Dekalogpredigten aus dem Jahr 1523[20] – mit Vollkommenheit das von Luther bestimmte Ziel des Gesetzes in seinem *inneren* (gegenüber dem äußeren) Sinn: „[D]er wahre Sinn ist die Reinheit des Herzens, auf die jedes Gebot von einer neuen Seite hinführt. Das Gesetz […] ist im höchsten Maße persönlich, es ist wahrhaft ‚geistlich', es zielt auf Vollkommenheit"[21], auch wenn diese Reinheit des Gesetzes gerade mit dem Bewusstsein von Sünde und Unvollkommenheit einhergeht.[22]

Gegenüber diesen Darstellungen von Luthers Theologie, in der der Vollkommenheitsbegriff entweder gar nicht oder nur am Rande erscheint, stehen einige Studien, die ihn explizit fokussiert haben. Eine dieser Untersuchungen stammt von dem Systematiker, Neutestamentler und Schüler Albrecht Ritschls Hans Hinrich Wendt. In seiner theologiegeschichtlich angelegten Monografie, die den Vollkommenheitsbegriff von Justin dem Märtyrer bis zu Schleiermacher im 19. Jahrhundert untersucht,[23] wird sowohl der Vollkommenheitsbegriff von Luther als auch von Zwingli und Calvin auf jeweils einigen Seiten entfaltet. In der vorgenommenen Transformation der genannten Reformatoren sieht er nichts weniger als die Wiederherstellung der neutestamentlichen Lehre, wobei Luther eine besondere Hervorhebung erfährt: „Wohl aber können nun wir Evangelischen in freudigem Stolze uns dessen bewußt werden, daß die neutestamentliche Anschauung von dem Wesen des christlichen Heiles durch die Lehre der Reformatoren in voller Reinheit hervorgestellt ist und in der echten evangelischen Frömmigkeit seither ihr Recht behauptet hat."[24]

Eine dezidiert kritische Auseinandersetzung mit der Theologie seines Lehrers Rudolf Hermann insbesondere in der Frage nach einem möglichen Fortschritt im Glauben bzw. menschlicher Vervollkommnung hat 1963 Manfred Schloenbach unter dem Titel *Heiligung als Fortschreiten und Wachstum des Glaubens in Luthers Theologie*[25] vorgelegt. Seine Studie ist damit Bestandteil einer Debatte um die Mitte des 20. Jahrhunderts, die sich um die Frage der *profectio* bei Luther, d. h. seine Äußerungen zu Fortschreiten, Zunehmen und Wachsen des Glaubens, der

---

[19] Vgl. insbesondere Kapitel VIII. Erneuerung der Frömmigkeit, in: HEINRICH BORNKAMM, Martin Luther in der Mitte seines Lebens. Das Jahrzehnt zwischen dem Wormser und dem Augsburger Reichstag, Göttingen 1979, 180–205.
[20] MARTIN LUTHER, Predigt über das erste Gebot (1523), WA 11, 30ff.
[21] BORNKAMM, Luther, 186.
[22] Vgl. a. a. O., 187.
[23] WENDT, Die christliche Lehre.
[24] A. a. O., 193.
[25] MANFRED SCHLOENBACH, Heiligung als Fortschreiten und Wachstum des Glaubens in Luthers Theologie (SLAG 13), Helsinki 1963.

Gerechtigkeit und der Heiligung drehte.²⁶ Dabei wird auch Luthers Vollkommenheitsbegriff notwendigerweise Gegenstand der Untersuchung.

Im Zuge dieser Debatte wird auch immer wieder auf den finnischen Systematiker Lennart Pinomaa verwiesen werden. Insbesondere dessen einschlägiger Aufsatz *Die profectio bei Luther*²⁷ aus dem Jahr 1955 thematisiert im Kontext des Vollkommenheitsgedankens nicht nur einen maßgeblichen Aspekt, sondern diente beispielsweise bei Schloenbach und Wilfried Joest immer wieder als Referenzpunkt.

Die bereits angesprochene Frage nach Total- und Partialaspekt des *simul iustus et peccator* wurde beispielsweise von Wilfried Joest in seiner Untersuchung zum *tertius usus legis* in der Theologie Luthers und in jüngerer Zeit (2014) von Wilhelm Christe in seiner umfangreichen Studie zur Simul-Formel aufgenommen.²⁸ Mit dieser Differenzierung kann Joests Monografie *Gesetz und Freiheit. Das Problem des tertius usus legis bei Luther und die neutestamentliche Parainese* aus dem Jahr 1951 auch der erwähnten Debatte um die Frage nach einem Glaubensfortschritt zugerechnet werden. Denn mit der dort profilierten Unterscheidung zwischen *Transitus* und *Progressus* identifiziert er den Ort, an dem nach Luther eine Wachstumsperspektive im Leben des Gläubigen möglich und gefordert ist. Auf das finale Strebensziel dieses Wachstums kommt allerdings auch er nicht unter dem Stichwort der Vollkommenheit zu sprechen, sondern markiert diese Perspektive durch den ebenfalls von Luther verwendeten Begriff der *Vollendung*:

> Auch die neue Wirklichkeit, auch der ‚ganz andere' Tatbestand ist ja nach Luther nicht mit einem Schlag als Ganzes gegeben, sondern er wird und wächst in einer Entwicklung, die dann erst vollendet wird, wenn die *reliquiae peccati* ausgefegt sind bis auf den letzten Rest: *Quod non fit nisi in resurrectione*,²⁹ wie Luther immer wieder betont. Wie immer diese Entwicklung sich zu unseren sonstigen, immanenten Entwicklungen verhält – auch sie scheint ein Zunehmen zu sein vom Weniger zum Mehr, der Weg von einem Anfang in Gebrochenheit zu einem Ende in Vollendung.³⁰

---

²⁶ Schloenbach bezieht sich in seiner Auseinandersetzung insbesondere auf drei Schriften: Rudolf Hermanns *Luthers These ‚Gerecht und Sünder zugleich'* (1930), Regin Prenters *Spiritus Creator* (1946) und Lennart Pinomaas *Die profectio bei Luther* (1955).

²⁷ LENNART PINOMAA, Die profectio bei Luther, in: FRIEDRICH HÜBNER (Hrsg.), Gedenkschrift für D. Werner Elert. Beiträge zur historischen und systematischen Theologie, Berlin 1955, 119–127.

²⁸ Vgl. WILFRIED JOEST, Gesetz und Freiheit. Das Problem des Tertius usus legis bei Luther und die neutestamentliche Parainese, Göttingen 1951, insbesondere 55–81; CHRISTE, Gerechte Sünder, 478ff.

²⁹ „Das geschieht nur bei der Auferstehung", Übersetzung C.S.

³⁰ JOEST, Gesetz und Freiheit, 91, Hervorhebungen C.S.; ähnlich auch Emanuel Hirsch: „[A]uch der lebendigste Glaube ist nur ein Affekt neben andern im Menschen, kein Mensch hier auf Erden hängt rein, ungebrochen, mit ganzer Seele und aller Kraft an Gott. [...] Darum kann der Glaube nie Erfüllung der dem Menschen gesetzten sittlichen Bestimmung sein. Er ist seinem Wesen nach immer nur Übergang. Der Glaube kann darum nie in dem, was der Mensch ist, stehen bleiben. Er bleibt unvollendet, in Bewegung von sich weg und zu auf Gott, in dem allein die Erfüllung der Rechtfertigungsverheißung ist", EMANUEL HIRSCH, Die Rechtfertigungslehre

Eine einschlägige Untersuchung zum Begriff stammt von Bernhard Lohse, der sich in seiner 1963 veröffentlichten Monografie *Mönchtum und Reformation. Luthers Auseinandersetzung mit dem Mönchsideal des Mittelalters* auch mit Luthers Vollkommenheitsbegriff beschäftigt. In seiner Darstellung geht Lohse auf die Jahre der Transformation, d. h. die Jahre zwischen 1509–1521 ein, in denen Luther sein Verständnis des Mönchtums überdenkt. Detailliert analysiert Lohse dabei, wie sich Luthers Blick u. a. auf das monastische Demuts-, Fortschritts- und Vollkommenheitsideal nach und nach wandelt. Da Luthers Auseinandersetzung mit den Idealen des Mönchtums für Lohse 1521 abgeschlossen ist (vgl. 1.1a), bricht sein Überblick mit *De votis monasticis* allerdings ab.

Mit einem späteren Werk Luthers, seiner *Disputatio de homine* von 1536 hat sich intensiv Gerhard Ebeling in seinen Lutherstudien auseinandergesetzt. Für den Kontext der Vollkommenheit ist dabei insbesondere Luthers *theologisches* Verständnis des Menschen von Interesse, das in These 20 mit der Rede vom ‚homo totus et perfectus' eingeleitet wird. Ebeling hat diesen zweiten, der theologischen Perspektive gewidmeten Teil der Thesen, in Band II seiner Lutherstudien eingehend untersucht.[31] Darin widmet er sich im Anschluss an die genannte Formulierung auch ausführlich der Frage, wie die angesprochene Ganzheit und Vollkommenheit zu verstehen ist.

In den letzten Jahren ist unter anderem Reinhard Schwarz' Darstellung von Luthers Theologie unter dem Titel *Martin Luther. Lehrer der christlichen Religion*[32] erschienen. Darin nimmt Schwarz den Vollkommenheitsbegriff erstens im Zusammenhang von Luthers Auseinandersetzung mit der Unterscheidung von Geboten und Räten unter die Lupe. Zweitens betrachtet er den Begriff im Zusammenhang der Legitimität weltlicher Rechtsgewalt, in deren Kontext er auf das Gebot der Feindesliebe und den Auftrag zur Vollkommenheit zu sprechen kommt.[33] Luthers Neuverständnis von Vollkommenheit wird dabei knapp mit den beiden Kernbegriffen „Glaube und Liebe"[34] angedeutet.

Eine oben bereits erwähnte umfangreiche Studie jüngerer Zeit mit dem Ziel, *Luthers Auffassung vom christlichen Leben* in seiner Entwicklung und reformatorischen Neugestalt darzustellen, wurde 2014 von Andreas Stegmann vorgelegt. Im Unterschied zu anderen Darstellungen wird der Vollkommenheitsbegriff von Stegmann darin immer wieder intensiv und differenziert betrachtet. Das liegt vor allem an Stegmanns besonderem Fokus auf der Ethik Luthers, in welche Luthers Auseinandersetzung mit Vollkommenheit hineingehört.

Trotz der vielfachen Thematisierung ist der Begriff auch von Stegmann längst nicht vollständig ausgeleuchtet. Das liegt einerseits daran, dass auch Stegmann

---

Luthers. Erbe und Aufgabe, in: Lutherstudien 3 (Gesammelte Werke 3), Waltrop 1999, 109–129, hier 123.

[31] GERHARD EBELING, Lutherstudien II. disputatio de homine, 3. Teil, Tübingen 1989.
[32] REINHARD SCHWARZ, Martin Luther. Lehrer der christlichen Religion, Tübingen 2015.
[33] Vgl. a. a. O., 137ff.162.
[34] A. a. O., 162.

seinen Untersuchungszeitraum faktisch auf das Jahr 1526 begrenzt und spätere Quellen nur ergänzend hinzuzieht.[35] Andererseits setzt Stegmann auch einen viel weiteren Fokus, bei dem Vollkommenheit nur einen kleinen Teilaspekt im Gesamtbild der von ihm untersuchten Ethik ausmacht.

Die jüngste Veröffentlichung, die sich – wenn auch knapp – mit dem Thema beschäftigt, stammt von Rochus Leonhardt aus dem Jahr 2016. In seinem Aufsatz mit dem Titel *Vollkommenheit und Vollendung. Theologiegeschichtliche Anmerkungen zum Verständnis des Christentums als Erlösungsreligion* befragt Leonhardt unter anderem auch Martin Luther auf seinen Vollkommenheitsbegriff, um aus der Entwicklung des Vollkommenheitsbegriffs protestantischer Provenienz anhand maßgeblicher evangelischer Theologen Rückschlüsse auf das Erlösungsverständnis in seiner Ambivalenz zwischen präsentischen und futurischen Assoziationen abzuleiten. An die kompakte, jedoch eher skizzenhaft bleibende Darstellung, wird entsprechend in diesem Band angeknüpft.

Ergänzend wird in der nachfolgenden Auseinandersetzung mit Luthers Theologie mehrfach auf Gedanken Dietrich Bonhoeffers hingewiesen. Wenn auch nur teilweise ausdrücklich auf Luther verweisend, finden sich bei dem Holl-Schüler Bonhoeffer zahlreiche theologische Reflexionen, in denen wesentliche Motive Luthers aufgenommen scheinen. Im Sinne eines vertieften Verständnisses in der Sprache des 20. Jahrhunderts sowie als weiterführende gegenwärtigere Kommentierung werden diese Reflexionen daher v.a. in längeren Fußnoten immer wieder mit eingespielt.

Im vorliegenden Kapitel wird nun daher erstens der Versuch unternommen, die Bedeutung des Vollkommenheitsgedankens in Luthers System zu rekonstruieren. Zweitens sollen die inhaltlichen Facetten, die mit dem Begriff verbunden sind, herausgearbeitet werden. Damit widmet sich dieses Kapitel dem Desiderat einer umfassenden theologisch-systematischen Darstellung von Luthers Vollkommenheitsbegriff.

Die Rekonstruktion von Luthers Verständnis von Vollkommenheit nimmt dabei vor allem die Perspektiven der letztgenannten Arbeiten von Leonhardt und Stegmann auf, überprüft und bündelt deren Ansätze. Darüber hinaus wurden auf Grundlage einer Literaturrecherche viele Textstellen betrachtet, an denen sich Luther ausführlich oder auch nur am Rande zu der Frage äußert, worin nun die *perfectio hominis* eigentlich besteht und wie sie zu erreichen ist. Im Folgenden wird es nun zunächst das Ziel sein, die historische Genese von Luthers Vollkommenheitsbegriff in den oben genannten Entwicklungsstufen, a) bis 1510 und b) zwischen 1510 und 1520, zu rekonstruieren, bevor dann der transformierte reformatorische Begriff detailliert betrachtet werden kann (1.3).

---

[35] Vgl. Anm. 73.

1.2 Der spätscholastische Vollkommenheitsbegriff und Luthers Kritik

1.2.1 Der spätscholastische Vollkommenheitsbegriff

Der junge Luther war zunächst als Student der *artes liberales* ab 1501 in Erfurt und später ab 1507 als Student der Theologie in Wittenberg, sowie als junger Augustinermönch mit seinem Eintritt ins Kloster 1505 ganz dem damals klassischen Vollkommenheitsideal verhaftet. Nach Vollkommenheit zu streben, galt nach spätscholastischer Überzeugung zwar als Forderung und Ziel aller Christen, war jedoch für Laien besonders schwierig. Dem Ziel der Vollkommenheit waren Mönche und Nonnen durch ihren herausgehobenen Stand und die damit verfolgte höhere Ethik, in der nicht nur die Gebote (*praecepta*), sondern auch die Evangelischen Räte (*consilia evangelica*) als Lebensnormen galten, grundsätzlich näher. Deutlich wird das beispielsweise in einer Formulierung Thomas von Aquins: „Die höchste Vollkommenheit des menschlichen Lebens wird darin bestehen, dass der menschliche Verstand frei für Gott ist."[36] Ein Leben in der Ruhe der *vita contemplativa* nach den Evangelischen Räten – Armut, Keuschheit und Gehorsam – und mit der Liebe Gottes als höchster anzustrebender Tugend, schien dafür, nach allgemeinem Verständnis, eine unverzichtbare Bedingung.[37] Der monastische Stand galt von daher *expressis verbis* als *Stand der Vollkommenheit*, in den man durch das Ablegen der ewigen Gelübde eintrat – ein Schritt, der nach damaligem Verständnis einer Art zweiter Taufe entsprach. Damit gehörten Mönche, ebenso aber auch andere Geistliche wie Priester, Bischöfe und Päpste, bereits zum *status perfectionis*. Zum *status perfectionis* zu gehören, bedeutete jedoch nicht bereits vollkommen zu sein. Im Gegenteil galt für alle, die zum *status perfectionis* gehörten, in besonderer Weise die Pflicht, durch einen tugendhaften

---

[36] Übersetzung C.S., im Original: „Summa perfectio humanae vitae in hoc consistit, quod mens hominis Deo vacet.", THOMAS VON AQUIN, Summa contra Gentiles III 130.

[37] So auch Adolf von Harnack: „Die Sache steht so: nach katholischer, auf Augustin fußender Lehre besteht die christliche Vollkommenheit in Glaube, Liebe und Hoffnung; diese Tugenden können auch im weltlichen Stande erworben werden. Also sind wir mit unserer Kritik [, dass christliche Vollkommenheit ein Privileg einer kleinen Gruppe ist, C.S.] im Unrecht? Wir sind es nicht, und zwar aus einem dreifachen Grunde. Erstlich ist das Ideal dieser Kirche so stark an dem Jenseits orientirt [sic!], dass die Tugenden des Glaubens, der Liebe und der Hoffnung selbst ein verborgenes asketisches Element erhalten müssen und erhalten, um dem finis religionis zu entsprechen. Zweitens lehrt die Kirche, dass man nicht nur leichter und sicherer zum Heil auf dem Wege der Askese gelange, sondern dass auch der status perfectionis die Befolgung der Räthe, d. h. das Mönchtum sei. […] Wie kann man es verhindern, dass nicht doch auf das christliche Leben innerhalb der Welt ein schwerer Schatten fällt? […] Endlich – auch theoretische (und zwar sehr gewichtige und massgebende) Aussagen darüber fehlen nicht, dass das mönchische Leben die eigentliche vita christiana sei (das engelgleiche Leben, die perfectio), dass jenes andere Leben also nur als ein ‚niederes', ja als ein eben nur zugelassenes zu erachten sei.", HARNACK, Dogmengeschichte, 642.

Lebenswandel Vollkommenheit zu erreichen. Doch worin bestand diese Vollkommenheit nach damaligem Verständnis?

Der Kirchenhistoriker Karl Suso Frank, der sich intensiv mit der Geschichte des Mönchtums im Mittelalter beschäftigte, benennt insgesamt *fünf charakteristische Momente*, die für die Vollkommenheitsvorstellung des gesamten Mittelalters prägend gewesen sind.[38]

Erstens ist die Vorstellung von Vollkommenheit inhaltlich gefüllt mit dem Ziel der – in diesem Leben allerdings nicht vollständig zu erreichenden – Christus- und Gottesgemeinschaft, die in der Liebe zu Gott und durch Kontemplation verwirklicht wird.

Zweitens bedeutet gelebte Christusnachfolge, sich in bewusster Distanzierung von dieser Welt zu heiligen und zu vervollkommnen. Im Hintergrund dieser Forderung stand, die für das ganze Mittelalter äußerst prägende, Figur des *contemptus mundi* (Verachtung der Welt).[39] Für ein tugendhaftes, reines Leben galt daher der Abstand zur grundsätzlich sündhaft qualifizierten Welt als entscheidend. Im Anschluss an 1 Joh 2,16 konkretisiert sich diese Distanzierung in der Beherrschung und im Abtöten der *concupiscentia* (Begierde) in ihren drei Dimensionen – fleischlicher Begierde, Besitzstreben und Geltungsdrang[40]. Als die konsequenteste Lebensform zur Vermeidung dieser zur Sünde verführenden Begierden erschien dafür ein Leben nach den Mönchsgelübden, die zu Armut, Keuschheit und Gehorsam (bzw. Verneinung des Eigenwillens) verpflichteten.[41]

Für Laien galt hingegen ihre stärkere Verstrickung in weltliche Bezüge als große Gefahr und entscheidender Nachteil im Verhältnis zum grundsätzlich weltdistanzierten monastischen Leben. Tugendhaft zu leben war zwar theoretisch

---

[38] Karl Suso Frank, Art. Perfection. III. Moyen Âge, in: DSp 12, Paris 1984, 1118–1131.

[39] Deutlich herausgearbeitet hat die Bedeutung des *contemptus mundi* für das mittelalterliche Verständnis von christlicher Vollkommenheit Karl Suso Frank, a. a. O., 1118f.; allgemein zur Bedeutung des *contemptus mundi* für die Theologie des Mittelalters vgl. auch: L. Gnädinger u. a., Art. Contemptus mundi, in: LMA 3, 186–194.

[40] Vgl. Stegmann, Luthers Auffassung, 89.

[41] Zum Vollkommenheitsideal von Thomas: „Der Status des Religiösen ist eine Übung und Training, durch welches man zur Vervollkommnung der Liebe kommt. Dafür ist es aber natürlich notwendig, dass man seine Emotionen völlig von den weltlichen Dingen fernhält. [...] Dadurch aber, dass jemand weltliche Dinge besitzt, wird der eigene Geist zur Liebe dieser Dinge verlockt. [...] Und daraus ergibt sich, dass zur Erlangung der Vervollkommnung der Liebe die erste Grundlage die freiwillige Armut ist, sodass man ohne Eigentum lebt: Wie der Herr in Mt 19,21 sagt: Wenn du vollkommen sein möchtest, geh und verkauf alles, was du hast, und gib es den Armen und folge mir.", Übersetzung C.S., im Original: „status religionis est quoddam exercitium et disciplina per quam pervenitur ad perfectionem caritatis. Ad quod quidem necessarium est quod aliquis affectum suum totaliter abstrahat a rebus mundanis [...]. Ex hoc autem quod aliquis res mundanas possidet, allicitur animus eius ad earum amorem. [...] Et inde est quod ad perfectionem caritatis acquirendam, primum fundamentum est voluntaria paupertas, ut aliquis absque proprio vivat: dicente Domino, Matth. 19,[21]: Si vis perfectus esse, vade et vende omnia quae habes et da pauperibus, et veni, sequere me.", Thomas von Aquin, Summa Theologiae (STh) II-II q 186, a3 resp.

ebenso inmitten weltlicher Strukturen möglich, praktisch jedoch im bewussten Abstand dazu weit aussichtsreicher. Bewusste Weltdistanz als nicht notwendige aber extrem hilfreiche Voraussetzung eines realistischen Vollkommenheitsstrebens markierte somit das charakteristische Signum des Mönchtums als *status perfectionis*.[42]

Drittens genoss in dem Gegenüber von *vita activa* und *vita contemplativa* letztere als unmittelbare Zuwendung zu Gott eine höhere Wertschätzung als erstere, wie im genannten Thomas-Zitat bereits deutlich wurde, auch wenn die Bedeutung und Verdienstlichkeit der *vita activa* deshalb nicht negiert wurde.[43]

Das hängt viertens auch daran, dass Vollkommenheit sehr eng mit einem Wachstum in der Liebe verknüpft wurde und letztlich als Aufgabe aller Menschen im Sinne der „Personalisierung und [...] Verinnerlichung der Vollkommenheit"[44] betrachtet wird.

Fünftens wurde die Verwirklichung von Vollkommenheit – auch das ist typisch für das gesamte Mittelalter – in der Regel in Stufen gedacht, die der Gläubige und nach Vollkommenheit Strebende schrittweise emporsteigt. Sinnbildlich dafür steht häufig das Motiv der Himmelsleiter, die Jakob in Gen 32 im Traum erblickt. Mit diesem Bild ist das im gesamten Mittelalter und insbesondere für das Mönchtum sehr prägende Stufenschema verbunden, das auf den syrischen Mönch des vermutlich frühen 6. Jahrhunderts, Pseudo-Dionysios zurückgeht. Pseudo-Dionysios unterscheidet in seinem Werk *De coelesti hierarchia* insgesamt drei Stufen des geistigen Aufsteigens – *purgatio*, *illuminatio* und *perfectio* – die in dieser Reihenfolge die zunehmende Einswerdung mit Gott markieren.[45] An dieses Stufenschema wurde in der mittelalterlichen Theologie vielfach angeknüpft, manchmal mit fünf, manchmal mit zwölf Stufen, in der Regel aber als *via triplex*, also einem dreistufigen Weg. Der gemeinsame Kern all dieser Modelle kann jedoch darin identifiziert werden, dass sie den Aufstieg zu Gott als stufenweise

---

[42] Vgl. Rudolf Hermann (im Anschluss an Karl Holl): „Daß man in der Welt ebenfalls vollkommen sein könnte, das konnten wohl die Mönche den Laien sagen, um sich selbst zu demütigen und diese zu trösten, aber welcher Laie durfte es dem religiosus sagen?", HERRMANN, Luthers Theologie, 108.

[43] Vgl. REINHOLD SEEBERG, Lehrbuch der Dogmengeschichte. Die Dogmengeschichte des Mittelalters, Basel ⁵1953, 499; das Verhältnis von *vita activa* und *vita contemplativa* wurde natürlich auch schon im Mittelalter diskutiert. Als eine Position, die in Luthers Richtung weist, können die Äußerungen des Augustinereremiten Matthäus von Zerbst (um 1390) angeführt werden. Matthäus von Zerbst argumentiert für den besonderen Wert der *vita activa*, da ein Mensch wohl ohne die Ruhe der *vita contemplativa* selig werden könne, aber nicht ohne die Werke der Liebe der *vita activa*. Trotzdem hält er grundsätzlich am höheren Wert der *vita contemplativa* fest, vgl. BERNHARD LOHSE, Mönchtum und Reformation. Luthers Auseinandersetzung mit dem Mönchsideal des Mittelalters (FKDG 12), Göttingen 1963, 275.

[44] „[P]ersonalisation et [...] intériorisation de la perfection", Übersetzung C.S., FRANK, Art. Perfection, 1130.

[45] Vgl. PSEUDO-DIONYSIUS AREOPAGITA, De coelesti hierarchia, VIII.

Vervollkommnung in der Erkenntnis und in den Tugenden imaginieren und entsprechende lebenspraktische Anleitungen damit verbinden.[46]

Der Modus der Verwirklichung dieser fünf charakteristischen Leitlinien christlicher Vollkommenheit bestand vor allem in einem immer reiner werdenden tugendhaften Lebenswandel.[47] Im Hintergrund dieser Vorstellung eines durch bestimmte Tugenden gekennzeichneten christlichen Lebens stand dabei die klassische und die Hoch- und Spätscholastik weithin prägende Synthese zwischen aristotelischer Philosophie und den traditionellen christlichen Theologumena, die in nachhaltig einflussreicher Weise von Thomas von Aquin vollzogen wurde.[48] Bei Thomas sind es die vier aristotelischen Kardinaltugenden – Tapferkeit, Klugheit, Gerechtigkeit, Mäßigung –, die mit den drei christlichen bzw. von Gott eingegossenen Tugenden – Glaube, Liebe, Hoffnung – kombiniert werden,[49] und damit den Weg zu einem vollkommenen Leben beschreiben.[50] Das Ziel eines solchen durch Übung und Disziplin zu erreichenden Lebenswandels, der sich in einem zunehmend gefestigten Habitus[51] niederschlägt, besteht dabei letztlich in der Liebe, die Gott einerseits spendet, bzw. die kirchenvermittelt sakramental eingegossen wird und nach der der Mensch andererseits gleichzeitig strebt.[52] Nur hieraus entspringen wahrhaft gute Handlungen. Erreicht wird durch die Zunahme einer solchen *vita christiana* die Vollkommenheit menschlichen Daseins selbst, die bei Thomas mit den Begriffen Gottesliebe und Gottesschau beschrie-

---

[46] Vgl. zu dieser Darstellung STEGMANN, Luthers Auffassung, 24–26.

[47] Deutlich wird das bei Thomas von Aquin oder auch Gabriel Biel, mit dessen *Collectorium* auch Luther sich während seines Studiums intensiv auseinandersetzte, a. a. O., 95.

[48] Nach Seeberg hat Thomas unter den Scholastikern auch „die klarste Darstellung der Ethik" dargeboten, vgl. SEEBERG, Dogmengeschichte, 489.

[49] In dem Sinne, dass Gott jeweils Objekt dieser Tugenden ist: Glaube *an* Gott, Hoffnung *auf* Gott, Liebe *zu* Gott.

[50] Den theologischen Tugenden kommt dabei im Blick auf religiöse Vollkommenheit gegenüber den moralischen Tugenden eine besondere Bedeutung zu: „Wie im Bereiche des Sittlichen durch die moralischen Tugenden, so werden im Bereiche des Religiösen durch die theologischen Tugenden die im Menschen angelegten Möglichkeiten in der Macht und Stärke des Tugendhabitus qualitativ vervollkommnet, so daß der Mensch in den Tugenden auf dem Boden der im Sakrament verliehenen (habitualen) Gnade nicht nur seiner sittlichen, sondern darüber hinaus auch seiner religiösen Möglichkeiten in eigener, habitualer Vollkommenheit mächtig ist.", REINHARD SCHWARZ, Fides, Spes und Caritas beim jungen Luther. Unter besonderer Berücksichtigung der mittelalterlichen Tradition, Berlin 1962, 2.

[51] Dass dabei immer auch die göttliche Gnade mitgedacht ist, wird an vielen Stellen deutlich. Die genaue Ausgestaltung dieser Verhältnisbestimmung variiert jedoch, vgl. SEEBERG, Dogmengeschichte, 504f.

[52] Die Tugend der Liebe bedingt dabei alle anderen Tugenden: Ohne Liebe können auch diese nicht vollkommen erreicht werden. Umgekehrt werden mit der Eingießung der Liebe in die Seele des Menschen auch die anderen Tugenden mit eingegossen. Vgl. die Formulierung von THOMAS VON AQUIN, STh II-I q 65, a3 resp.: „Da mit der Liebe zugleich auch alle moralischen Tugenden eingegossen werden.", Übersetzung C.S., im Original: „quod cum caritate simul infunduntur omnes virtutes morales.", vgl. für diesen Zusammenhang auch: SEEBERG, Dogmengeschichte, 494.

ben wird. Thomas spricht auch von der *beatitudo*, der Glückseligkeit, die dann eintritt, wenn der Mensch in klassisch-neoplatonischer Tradition zu Gott, als dem Ausgangs- und angestrebten Endpunkt seines Lebens zurückkehrt.[53] *Beatitudo* und Vollkommenheit beschreiben insofern sachlich das gleiche Ziel.

Das Erreichen dieses letzten Ziels ist dabei weder allein menschlichem noch göttlichem Wirken zuzurechnen. Göttliche Gnade und menschliche Freiheit wirken dafür vielmehr zusammen. Allerdings formulieren Thomas, und mit ihm viele andere Theologen der Hoch- und Spätscholastik, diese theologische Zuversicht: „Denen, die ihr Bestes geben, wird Gott die Gnade nicht vorenthalten"[54].

Motiviert war dieses Bemühen um ein möglichst tugendhaftes Leben durch das positive Ziel der Gottesnähe bzw. Gotteseinheit einerseits, aber auch durch die Angst vor der im Spätmittelalter besonders ausgeprägten und wirksamen Gerichtsvorstellung, wie sie auch Luther als junger Mönch erfuhr. Für die Vorstellung vom Jüngsten Gericht spielten die individuellen Sünden, letztlich also die aus Tugenden bzw. Lastern entsprungenen Taten und Werke die entscheidende Rolle, da von ihnen der zukünftig Ort der Seele in Himmel, Hölle oder Fegefeuer maßgeblich abhing.

Die Möglichkeit der Entlastung von diesem, in der Vorausschau bereits vorweggenommenen Urteils, bot das ebenso kirchlich vermittelte Bußsakrament. Bei aufrichtiger Reue (*contritio cordis*) und dem Bekenntnis der jeweiligen untugendhaften Handlungen (*confessio oris*), konnte bei entsprechender Wiedergutmachung (*satisfactio operum*) die Straflast aufgehoben oder zumindest gemindert werden.

Die christliche Praxis des späten Mittelalters bestand nun in einer fortwährenden Selbstprüfung des eigenen Lebens, die innerhalb des monastischen Standes in besonderer Intensität geübt wurde. Jeder Gläubige und insbesondere jeder Mönch und jede Nonne prüfte sich und die eigenen Neigungen, Gedanken, Worte und Werke regelmäßig, um sich von aller Sünde zu befreien – in manchen Klöstern täglich. Dazu standen je nach Orden entsprechende Leitfäden und Beichtspiegel zur Verfügung. Diese orientierten sich vor allem an zentralen biblischen Texten, insbesondere am Dekalog und der Bergpredigt, aber auch an traditionellen – an biblische Texte anknüpfende – Kriterien, wie sie beispielsweise in den Siebenerreihen von Lastern und Tugenden ausgeformt wurden.[55] In der Augustinnerregel beispielsweise – an der sich Luther als Augustinermönch selbstverständlich orientierte – wurde der Bekämpfung der *superbia* (Hochmut)

---

[53] Vgl. ROCHUS LEONHARDT, Glück als Vollendung des Menschseins. Die beatitudo-Lehre des Thomas von Aquin im Horizont des Eudämonismus-Problems, Berlin 1998, insbesondere 220.262f.
[54] Übersetzung C.S., im Original: „Facientibus quod in se est Deus non denegat gratiam", THOMAS VON AQUIN, STh I-II 112,6 ad 2.
[55] Vgl. STEGMANN, Luthers Auffassung, 85.

und der gewohnheitsgemäßen Einübung der *humilitas* (Demut) große Bedeutung zugemessen.[56]

All das dürften – in skizzenhafter Darstellung – die prägenden Vorstellungen gewesen sein, die Luther in seiner Kindheit und dann in vertiefter Weise während des Studiums in Erfurt und im Augustinerorden vermittelt bekam.[57] Die wenigen Zeugnisse von ihm aus dieser Zeit deuten darauf hin, dass Luther als junger Mann ganz diesen theologisch-praktischen Figuren verhaftet war. So zeigen beispielsweise die beiden frühesten überlieferten Predigten, die Luther 1510[58] als *Baccalaureus biblicus* in Erfurt hielt,[59] und in denen er sich mit dem Ideal eines christlichen Lebens beschäftigt, dass seine Auseinandersetzung mit dem Vollkommenheitsideal vollständig im Rahmen der beschriebenen spätscholastischen theologischen Überzeugungen blieb.[60] Seine beginnende Distanzierung und Transformation, die Luther letztlich immer als eine Rückbesinnung auf die Inhalte der biblischen Schriften verstand, sind in ersten Ansätzen erst in seinen Vorlesungen ab 1513 zu erkennen.

1.2.2 Luthers Kritik am spätscholastischen Vollkommenheitsbegriff

Luther kam 1507 nach Wittenberg, wohin ihn seine Ordensoberen zum Theologiestudium und als Magister an der philosophischen und theologischen Fakultät geschickt hatten. Nach seiner Promotion zum Doktor der Theologie 1512 bekam er die Professur für Bibelauslegung übertragen und lehrte in den folgenden Jahren jeweils im Rahmen einer zweistündigen Vorlesung pro Semester. Anhand der Vorlesungen aus den Jahren 1513–1519, in denen Luther sich zunächst über mehrere Semester hinweg mit den Psalmen (1513–1516), dann mit dem Römerbrief (1515–1516), und schließlich mit dem Hebräerbrief (1517–1518) auseinandersetzte, sowie anhand seiner frühen Dekalogauslegung (1518), lässt sich seine Emanzipation vom damals verbreiteten Vollkommenheitsideal Stück für Stück nachvollziehen. Im Folgenden soll daher ein kurzer Blick auf die genannten Vorlesungen aus diesem für Luthers Entwicklung zum Reformator entscheidenden Jahrzehnt geworfen werden. Der Fokus liegt dabei allein auf Luthers Gebrauch des Vollkommenheitsbegriffs. Andere Schriften dieses Jahrzehnts, wie der *Gala-*

---

[56] Vgl. a. a. O., 86.

[57] Eine ausführliche Darstellung der Kindheit und der Studienjahre Luthers findet sich a. a. O., 15–138.

[58] Die Datierung ist nicht eindeutig und umstritten. Die Vorschläge schwanken zwischen 1510 und 1516. Erich Vogelsang datiert aus inhaltlichen Gründen auf das Jahr 1510 und vermutet Erfurt als Entstehungsort, da Luther hier im Vergleich zu anderen Frühschriften in der „Unselbstständigkeit der Problemstellungen und -lösungen das früheste, nahezu ungebrochen scholastische Stadium der Theologie" zeigt, vgl. ERICH VOGELSANG, Zur Datierung der frühesten Lutherpredigten, in: ZKG 50 (1931), 112–145, seiner Datierung folgt auch die WA 59, 333ff.).

[59] MARTIN LUTHER, Sermone, WA 4, 590–595.595–604.

[60] Vgl. STEGMANN, Luthers Auffassung, 24–26.

terbriefkommentar (1516–1517) oder der *Sermo de duplici iustitia* (1519) scheinen in diesem Zusammenhang nicht genauso bedeutsam und werden daher nur ergänzend herangezogen.

a) Die erste Psalmenvorlesung (1513–1516)

Seine Vorlesung über die Psalmen hielt Luther in den Jahren 1513–1516 als Professor für Biblische Theologie in Wittenberg. Schon hier wird von Luther die Umformung des *Mönchsideals*, der Vorstellung eines *Fortschreitens* im Glauben und das Ziel der *Vollkommenheit* begonnen.

Nach wie vor kennt Luther einen *ordo perfectus*[61], der für ihn durch die traditionellen Termini Armut, Keuschheit und Demut gekennzeichnet ist. Dadurch sollen die mit dem Sündenbegriff konnotierten Lebenseinflüsse Welt, Teufel und Fleisch bearbeitet und überwunden werden.

In diesem fortwährenden Ringen kennt Luther ein Fort- bzw. auch Zurückschreiten. Diese fortwährende Entwicklung wird zwar von Luther ganz traditionell in drei Stufen eingeteilt, auf denen die Gläubigen jeweils unterwegs sind – die der Beginnenden, der Fortschreitenden und der Vollkommenen – andererseits aber durch den in der Folge bedeutsamen Gedanken des ständigen Neubeginns an Stelle einer stetigen Höherentwicklung durchbrochen.[62] Durch seine Gerichts- und Demutstheologie beeinflusst verlagert sich der Akzent in seiner Betrachtung vom *perfectio*-Ideal hin zum *profectus*-Gedanken, also vom anvisierten Zielpunkt auf den Prozess selbst, in dem sich der Gläubige befindet.

Das Mönchtum ist durch seine besondere Orientierung am christlichen Ideal nach wie vor besonders herausgehoben und auf das von Luther herausgearbeitete Ideal verwiesen. Typische Kennzeichen monastischen Lebens – wie Armut, Keuschheit, Gehorsam, Liebe, Demut, eine Verbindung von *vita activa* und *vita contemplativa* – werden von ihm aber entgrenzt und zu Kennzeichen des christlichen Lebens überhaupt erklärt. Die höchste Stufe wird von Luther also schon hier nicht mehr einem einzigen Stand im Sinne einer bestimmten Gruppe zugerechnet, sondern wird als grundsätzlich allen Gläubigen erreichbar imaginiert, auch wenn die exponierte Stellung des Mönchtums (noch) nicht verabschiedet ist.

Das dabei explizierte Vollkommenheitsideal wird von Luther allerdings bereits unkonventionell akzentuiert. Vollkommenheit wird nicht mehr primär durch einen tugendhaften Lebenswandel erreicht, sondern ist durch die *Furcht Gottes* qualifiziert.[63] Zentral ist für Luther das Bekenntnis eigener Sündhaftigkeit. Alle,

---

[61] Vgl. Scholion zu Psalm 101,7, MARTIN LUTHER, Dictata super Psalterium (1513–1516), WA 4, 155,35.

[62] DERS., Glossen der 1. Psalmenvorlesung (1513–1516), WA 55/I, 124,10–13; 809,1–7; DERS., Scholien der 1. Psalmenvorlesung (1513–1516), WA 55/II, 777,390–416; 905,414–432; 934,1240–1248.

[63] Im Zusammenhang heißt es: „Potest intelligi ordo perfectus in illis [den Vögeln pelicanus, nycticorax und passer, C.S.], quia initium et incipientium est fugere et solitudinem querere et vitare consortia malorum. Deinde proficere, etiam contra vanam gloriam abscondi et noc-

die fromm leben wollen, müssen, so Luther, „unrein und einsam"[64] werden. Nur in dieser Anerkenntnis des eigenen Elends, wird der Blick offen für die Barmherzigkeit Gottes. Ein Werden ist nicht mehr als Verstetigung eines bestimmten Habitus, sondern als Zunahme in dieser Erkenntnis und dem Bekenntnis der Absolutheit eigener Unzulänglichkeit zu denken. Deutlich wird dies beispielhaft in dem Scholion zu Ps 119,65, in dem er schreibt:

> Niemand kann Gott gut nennen, der nicht zugleich sagt, dass Gott allein gut ist, wie er auch tatsächlich allein gut ist und wir daher alle schlecht [...]. Aber nicht nur die Anfänger müssen bekennen, dass er allein gut ist, sondern auch die Fortgeschrittenen, die ja schon aufgrund dieser Tatsache gut sind: Nicht nur darum müssen das auch die Fortgeschrittenen bekennen, weil sie schlecht gewesen sind, sondern auch darum, weil sie noch schlecht sind. Denn da niemand in diesem Leben vollkommen ist, wird er immer in Bezug auf die Gutheit, die er noch nicht hat, schlecht genannt, obwohl er in Bezug auf diejenige, die er schon hat, gut ist. Denn auch der Schlechteste hat doch irgendetwas Gutes in sich, wenigstens das Gute der Natur. Und auch der Beste hat doch irgendetwas Schlechtes in sich. Darum wird er vor Gott mit Recht schlecht genannt.[65]

An dieser Stelle zeigt sich deutlich, wie Luthers Weiterentwicklung der Vorstellungen von Vollkommenheit und eines Fortschreitens im Glauben durch sein radikalisiertes Sündenverständnis geprägt sind.[66] Sünde wird von Luther weniger im traditionellen Sinne der sakramental zu bewältigenden Erbsünde einerseits und durch Reue und Bußleistungen zu bewältigende einzelne Tatsünden andererseits bestimmt. Luther profiliert den Sündenbegriff vielmehr bereits stärker im Sinne eines existentiellen Grundverhältnisses, das sich im grundlegenden Missverständnis menschlicher Möglichkeiten, letztlich in einem verqueren Gottesverhältnis, manifestiert.[67] Sünde wird dadurch unabhängiger von bestimmten menschlichen Handlungen und damit auch weniger bearbeitbar – sei es durch Handlungskorrektur oder Rituale der Buße. Im Blick auf Vollkommenheit tritt die ethische Perspektive zunehmend in den Schatten der Frage, wie der Mensch vor Gott steht und auf sein Wort hört. Als Ziel wird damit nicht die zunehmende Freiheit von Sünde angestrebt. Stattdessen rücken eine demütige Übernahme des in Christus bereits ergangenen Gerichts, die darin zugesprochene göttlichen

---

tuam fieri. Et tercio iam perfecto *timore dei* semper esse vigilem et perseverantem in bono.", Hervorhebung C.S., DERS., WA 4, 155,35–156,3.

[64] LOHSE, Mönchtum und Reformation, 258; vgl. LUTHER, WA 4, 155,35ff.

[65] Übersetzung C.S., im Original: „[D]eum nullus potest dicere bonum, nisi qui eum solum bonum dicit, sicut vere solus bonus est ac per hoc nos mali [...]. Non tantum autem incipientes eum solum bonum habent confiteri, sed et proficientes, qui iam boni ex ipso sunt: non solum ideo quia mali fuerunt, sed etiam, quia mali sunt. Nam cum nullus sit in hac vita perfectus, semper ad eam bonitatem, quam nondum habet, dicitur malus, licet ad eam quam habet, sit bonus. Nam nullus, etiam pessimus, est, quin aliquid in se habeat boni, saltem nature. Et nullus, licet optimus, est, quin aliquid habeat mali. Unde merito potest coram deo dici malus.", a. a. O., 336,7–16.

[66] Vgl. LOHSE, Martin Luther, 259.

[67] Vgl. STEGMANN, Luthers Auffassung, 144.

Glaube und Wandlung – Vollkommenheit bei Martin Luther   47

Gnade und der Gehorsams gegenüber Gottes Wort in den Fokus.[68] Dass sich damit das Interesse Luthers von der Außen- auf die Innendimension verschiebt, ist daher nur folgerichtig, auch wenn die äußerlichen Handlungen dadurch nicht irrelevant werden. Deutlich wird das in Luthers Beschäftigung mit der Bitte um ein neues Herz in Ps 51,12,[69] aber auch an einer Reihe anderer Stellen.[70]

b) Die Römerbriefvorlesung (1515–1516)

In Luthers 1515–1516 gehaltener Vorlesung über den Römerbrief lässt sich die Umbildung des Vollkommenheits-, sowie des damit verbundenen Fortschritts- und Mönchsideals weiter nachvollziehen.

Luthers Verständnis dessen, was mit *perfecti* gemeint ist, von denen er nach wie vor spricht, ist nicht mehr im traditionellen Sinne eines tugendhaften Lebens oder der uneingeschränkten Gottesliebe definiert – wie das bei Thomas der Fall war (vgl. 1.2a) – sondern von Luther nun als ein „der Sünde-Sterben" begriffen. In der Auslegung zu Röm 6,19 schreibt er:

> Oben lehrte Paulus, dass, insofern der Mensch der Sünde gestorben ist, er überhaupt nicht mehr der Begierde gehorchen dürfe. Das tun im vollkommen Maße, die sich gänzlich enthalten, den Reichtum verachten, Ehren nicht nachjagen und in den ‚evangelischen Räten' wandeln. Aber um den Anschein zu vermeiden, als lege er dies allen als ein gleichsam notwendiges Gebot auf, lehrt er hier etwas nachsichtiger und bleibt lediglich auf dem Gebot bestehen. Zurückhaltend nämlich lehrt er, dass man auch in der Ehe die Unreinheit der Begierde durch Mäßigung vermieden wird.[71]

Als Haltung des Menschen angestrebt wird – auf der Linie der Psalmenvorlesung – entsprechend die Demut, die dem Bewusstsein der eigenen Selbsterlösungsunfähigkeit und der göttlichen Erlösungsgnade einzig angemessen ist:[72]

> Daher bleibt es so: Wir müssen in Sünden bleiben und in der Hoffnung auf Gottes Erbarmen um Erlösung aus ihnen seufzen; ebenso kann ein Genesender, der seine Genesung allzu sehr beschleunigt, sicherlich einen umso schwereren Rückfall erleiden. Allmählich müssen wir also geheilt werden und manche Schwächen noch eine Zeit lang ertragen. Es ist genug, dass die Sün-

---

[68] Vgl. LOHSE, Mönchtum und Reformation, 260, „Es ist das höchste Werk, dass ihm der Gehorsam durch das scharfe Wort Gottes anempfohlen wird. Denn darin besteht die ganze Vernunft und Vollendung des christlichen Lebens.", Übersetzung C.S., im Original: „Opus summe est, vt acuto verbo Dei obedientia ei commendetur. Quia in hoc stat tota ratio et perfectio Christiane vite.", LUTHER, WA 55/II, 220,43–45.

[69] Vgl. DERS., Scholien der 1. Psalmenbriefvorlesung (1513–1516), WA 55/I, 398; DERS., WA 55/II, 275,194–204.

[70] Vgl. DERS., WA 55/I, 450f.; DERS., WA 55/II, 297,22–31; 861,251f.258–269.

[71] Übersetzung C.S., im Original: „Superius docuit, Quod mortuus peccato prorsus non obediat concupiscentię, quod perfecte faciunt, qui omnino continent, diuitias contemnunt, honores fugiunt et in consiliis euangelicis ambulant. Sed ne omnibus hoc velut necessarium preceptum imponere videatur, hic remissius docet et in precepto tantum consistit; Verecunde enim docet etiam in matrimonio immundiciam concupiscentię per modestiam vitari.", DERS., Römerbriefvorlesung (1515–1516), WA 56, 62,28ff.

[72] A. a. O., 158,22–159,4.

de uns missfällt, auch wenn sie noch nicht völlig verschwindet. Denn Christus trägt alle Sünden, wenn sie uns nur missfallen.[73]

Dahin will nach Luther auch der Römerbrief anleiten: Die eigenen guten Werke für nichts zu erachten, damit auf das Streben nach einem Lohn für die eigenen Taten zu verzichten und sich der Angewiesenheit auf Christus und seine Gerechtigkeit bewusst zu werden. In Spitzenaussagen führt das dazu, dass Luther Vollkommenheit und Glauben geradezu gleichsetzen kann.[74]

Trotzdem beschreibt Luther nicht nur einen grundsätzlichen Status, sondern hält – wie im Zitat bereits deutlich wurde – am Entwicklungsgedanken fest. Zwar bleibt der Mensch in der Spannung von Sünde und Gerechtigkeit, aber das schließt eine Weiter- und Höherentwicklung nicht aus.[75] Für Luther ist es das Ziel täglichen christlichen Lebens, die innerliche Sündenneigung und die sich in der *concupiscentia* zeigende Ich-Sucht des alten Menschen zu brechen und von Tag zu Tag immer weiter zu mindern. Auf diese Weise kann die begonnene Gerechtigkeit, beziehungsweise der Glaube vervollkommnet werden:

Darum besteht das ganze Leben des neuen Volkes, des glaubenden Volkes, des geistlichen Volkes darin, dass es mit dem Seufzen des Herzens, mit dem Schrei des Werks, mit dem Werk des Leibes immer nur dies eine verlangt, erfleht und erbittet, es möge immerdar bis zum Tode gerechtfertigt werden, niemals stehen bleiben, niemals schon ergriffen zu haben[76].

Vollkommenheit wird allerdings nie als ein neues Sein erreicht, sondern das menschliche Leben bleibt – wenn überhaupt – in einem fortwährenden Werden und Fortschreiten verhaftet, ohne prämortal einen abgeschlossenen höchsten Zustand erreichen zu können.

Das Prozessgeschehen wird dabei durch die *iustificatio* einerseits und durch die *poenitentia* andererseits bestimmt. Während die Rechtfertigung dem Gläubigen von Gott einerseits zunächst zugesprochen wird, markiert andererseits die fortwährende Buße die innere Überwindung von Sünde und fortwährende Erneuerung und Heiligung, die auch gute Werke impliziert. Rechtfertigung und Buße sind so stets aufeinander verwiesen. Treffend hält Stegmann fest: „Die Buße erweist sich so als ein stufenweises und sich ständig wiederholendes Prozeßgeschehen des Gerechtwerdens, Gerechtseins und Gerechthandelns mit dem Ziel

---

[73] Übersetzung C.S., im Original: „Restat igitur in peccatis nos manere oportere et in spe misericordie Dei gemere pro liberatione ex ipsis. Sicut Sanandus, qui nimium festinat sanari, certe potest grauius recidiuare. Paulatim ergo sanari oportet et aliquas imbecillitates aliquamdiu sustinere. Sufficit enim, quod peccatum displicet, etsi non omnino recedat. Christus enim omnia portat, si displiceant", a. a. O., 267,1–6.
[74] A. a. O., 182,2ff.; vgl. auch a. a. O., 392,1ff.
[75] Vgl. a. a. O., 441,15f.
[76] Übersetzung C.S., im Original: „Quare tota Vita populi noui, populi fidelis, populi spiritualis Est gemitu cordis, voce operis, opere corporis non nisi postulare, querere et petere Iustificari semper vsque ad mortem, Nunquam stare, nunquam apprehendisse", a. a. O., 264,16–19; vgl. auch a. a. O., 329,20–23.

der Vollkommenheit und Vollendung"[77]. Die Sünde erfüllt auf diese Weise letztlich sogar einen produktiven Zweck:

> Aber die Sünde muss dienstbar sein, wenn man ihr widersteht. Denn sie bringt den Hass wider die Ungerechtigkeit und die Liebe zur Gerechtigkeit zur Vollendung. In dem zukünftigen, unsterblichen Leibe aber wird sie weder herrschen noch regieren noch dienen. Lasst uns daher die wunderbare Weisheit Gottes betrachten! Durch das Böse fördert er das Gute und durch die Sünde vervollkommnet er die Gerechtigkeit, nicht nur in uns, sondern auch in den anderen.[78]

Derartige Neubetrachtungen unterscheiden sich vom oben beschriebenen spätscholastischen Vollkommenheitsideal im Sinne einer menschlich leistbaren Tugendhabitualisierung bereits nicht unerheblich. Der Römerbriefkommentar weist damit bereits auf später voll entfaltete Einsichten voraus. Ein Zwischenschritt bleibt der Kommentar aber dennoch. Es ist zwar Luthers deutliche Intention, das Vertrauen auf eigene Verdienste zu verabschieden und stattdessen die Aktivität Gottes als die allein entscheidende aufzudecken, trotzdem bleibt im Römerbrief ein gewisses Maß an unverzichtbarer Eigenaktivität des Menschen bestehen, so als ob die eigene Passivität immer wieder vom Menschen selbst aktiv hergestellt werden müsste. Die geforderte Tugend der Demut erscheint somit bisweilen als eine zu erbringende Leistung. Damit bleibt ein Moment der Eigengerechtigkeit erhalten. Von einer konsequenten Trennung zwischen Rechtfertigung und Ethik, wie sie von Luther selbst später vollzogen wurde, kann daher in der Römerbriefvorlesung noch nicht gesprochen werden.[79]

c) Die Hebräerbriefvorlesung (1517–1518)

In seiner Hebräerbriefvorlesung aus den Jahren 1517 und 1518 schlägt sich Luthers weitere Entwicklung im Blick auf den Vollkommenheitsbegriff deutlich nieder. Seine Rechtfertigungslehre ist insbesondere mit Blick auf die klarer herausgestellte kategoriale Differenz zwischen göttlichem und menschlichem Werk reformatorisch stärker profiliert. Damit verändert sich auch das Verhältnis von Rechtfertigung und Ethik. Da Luther das gläubige Vertrauen auf das Heilswerk Christi in einem stärkeren Sinne versteht, ist der Bußkampf keine Forderung mehr mit irgendeiner Heilsrelevanz. Der Gläubige ist sich der Gerechtigkeit Gottes gewiss, erfährt diese im Herzen[80] und lebt als neue Kreatur[81] in einem reinen

---

[77] STEGMANN, Luthers Auffassung, 179.
[78] Übersetzung C.S., im Original: „Sed seruit, quando ei resistitur, quia perficit odium iniquitatis et amorem Iustitie; In Corpore autem futuro et immortali neque dominabitur neque regnabit neque seruiet. Videamus itaque mirabilem Dei sapientiam, Quia per malum promouet bonum et per peccatum Iustitiam perficit, Non solum in nobis, Sed et in aliis.", LUTHER, WA 56, 331,24ff.
[79] Vgl. STEGMANN, Luthers Auffassung, 204f.
[80] Vgl. MARTIN LUTHER, Nachschriften der Vorlesungen über den Römerbrief, Galaterbrief und Hebräerbrief, WA 57/III, 147,10–148,17; 156,19–157,4; 170,10.
[81] Vgl. a. a. O., 108,15–109,23; 153,8–10; 194,5f.

Gewissen in Frieden und Freiheit vor und mit Gott.[82] Aus dem Glauben, als dem einen guten Werk, fließen alle anderen guten Werke. Dem Christus als das dafür notwendige *sacramentum*[83] stellt Luther den Christus als *exemplum* gegenüber, an dem sich der Christ orientieren kann. Aus der vorgängigen Christusgemeinschaft durch das *sacramentum* folgt die Veränderung und Angleichung des Gläubigen in das Vor-Bild Christi hinein:

> Denn Gott der Vater hat Christus gemacht zu dem Zeichen und Vorbild, auf dass, wer ihm anhängt, durch den Glauben zum gleichen Bild umgestaltet und so von den Bildern der Welt fortgezogen wird.[...] Diese Sammlung der Kinder Gottes auf dies Eine hin ist darum wie ein Schauspiel, das der Rat einer Stadt ansagt, zu dem nun die Bürger zusammeneilen, ihre Geschäfte und Häuser zurücklassen und nur nach diesem einen Ziel streben.[84]

In Christus aber steht dem Gläubigen das Bild der Vollkommenheit vor Augen, in das er selbst hineinverwandelt werden soll. Dass der Weg dorthin nicht nur mit Leichtigkeit und Freude gelingt, wie das Luthers Bild des enthusiastisch begrüßten Schauspiels suggeriert, sondern dass im Gegenteil auch gerade das Leiden – ganz in der Nachfolge Christi – Bestandteil dieses Prozesses ist, wird dabei ebenso deutlich:

> Wenn er es also so bestimmt hat, dass er durch Christus seine Kinder zu sich zieht, so ist [scil. vom Apostel, C.S.] recht gesagt: ‚es ziemte ihm, dass er Christus durch Leiden vollkommen machte', d.h. zur höchsten Vollendung brächte und zum unbedingten Vorbild machte, durch das er seine Kinder bewegen und zu sich ziehen könne. Denn nicht mit Gewalt und Schrecken zwingt Gott zur Seligkeit, sondern durch solch liebliches Schauspiel seiner Barmherzigkeit und Güte bewegt und zieht er durch Liebe so viele zu sich, wie er erlösen will. [...] Denn ohne Leiden hätte die Vollkommenheit des Vorbilds gefehlt, durch das er uns doch bewegt und zu sich zieht, bis wir sogar Tod und Leiden lieben.[85]

Das Verwandlungsgeschehen hin zum vollkommenen Ziel ist dabei aber nicht allein durch menschliches Streben angetrieben. Dessen eigentliche Ursache vielmehr wird im Wirken Gottes erkannt, der wie ein Künstler den Menschen als sein Instrument benutzt und führt. Ausdrücklich warnt Luther daher davor, sich um gute Werke, die nicht vom Glauben getragen sind, zu bemühen. Das *cooperari*

---

[82] Vgl. STEGMANN, Luthers Auffassung, 227.

[83] Vgl. LUTHER, WA 57/III, 114,7–17; 12,15f.; 222,12–224,15.

[84] Übersetzung C.S., im Original: „Nam Deus pater Christum fecit, ut esset signum et idea, cui adherentes per fidem transformarentur in eandem imaginem ac sic abstraherentur ab imiganibus mundi. [...] Unde ista colleccio filiorum Dei in unum similiter fit, ac si magistratus spectaculum institueret, ad quod cives convolarent et relictis operibus et domibus suis huic uni intenderent.", a.a.O., 124,11–125,2.

[85] Übersetzung C.S., im Original: „Cum ergo sic disposuerit filios suos trahere per Christum, recte dicit, quod ‚decebat eum consummare Christum per passionem' i.e. perfectissimum facere et absolutum exemplum quo moveret et traheret filios suos. Non enim vi et timore cogit Deus ad salutem, sed dulci isto spectaculo misericordie et charitatis suae movet et trahit per amorem quotquot salvabit. [...] Quia sine passionibus defuisset perfectio exempli, quo nos moveret et traheret eciam ad mortis et passionis amorem.", a.a.O., 125,8–126,5.

kann im Gegenteil nur zu wirklich guten Werken und guter Wandlung führen, wenn beides aus Gottes Wirken, und das heißt im Glauben, geschieht.[86]

Überzeugend hält Erich Vogelsang insofern fest: Dadurch aber, „daß Luther unsere Gleichförmigkeit mit Christus nicht als eine an sich vorhandene, sondern als eine durch Gottes Tat anhebende und sich vollendende beschreibt, ist [...] jedes moralistische Mißverständnis der ‚Nachahmung Christi' im ersten Ansatz abgewehrt"[87].

Entgegen solchen moralistischen Missverständnissen beschreibt Luther die christliche Existenz im Vergleich zu früheren Vorlesungen noch stärker im Sinne der Selbstnegation. Die Haltung des Christen ist die der totalen Hingabe, durch die Gott selbst allein durch ihn hindurch wirken und ihn verändern kann.[88] Diese Haltung spiegelt sich auch in einer absoluten Todesverachtung wider. Der Christ fürchtet wegen der geschehenen und geschehenden Auferstehung den Tod nicht nur nicht, er liebt ihn sogar regelrecht, da er das Ende des eigenen alten Adams und damit der eigenen Sündhaftigkeit bedeutet.[89] Die *perfectio* des menschlichen Lebens besteht nun genau in dieser begonnenen und im ständigen Voranschreiten (*assidue proficiendo*) zunehmenden Verachtung des Todes – als Ursache von Angst –, die den Gläubigen gerecht, heilig und von Sünde frei macht:[90]

Denn jene Verachtung des Todes und seine Gnade ist vom Apostel und den Heiligen gepredigt als das Ziel und die Vollkommenheit, auf das jedes Christenleben hinstreben muss, auch wenn nur sehr wenige so vollkommen sind. Denn in gleicher Weise nennt Paulus im Römerbrief die Christen auch gerecht und heilig und frei von Sünden, nicht weil sie es schon sind, sondern weil sie begonnen haben es zu sein und es durch stetes Fortschreiten werden müssen.[91]

Dieses Ziel christlicher Existenz ist nun aber bereits völlig abgekoppelt von jeglichem Eliten-Denken.[92] Die Aufgabe, dass der Mensch ‚seiner Tauf' Ende'[93] wirklich erreicht, gilt nicht nur einem bestimmen Stand, sondern jedem Christen gleichermaßen.

---

[86] A.a.O., 143,1–6.
[87] ERICH VOGELSANG, Die Bedeutung der neuveröffentlichten Hebräerbrief-Vorlesung Luthers von 1517/1518. Ein Beitrag zur Frage: Humanismus und Reformation, Tübingen 1930, 20.
[88] Vgl. LOHSE, Martin Luther, 330.
[89] LUTHER, WA 57/III, 128,7–19.
[90] A.a.O., 132,21–133,2.
[91] Übersetzung C.S., im Original: „Nam ille contemptus mortis et gracia eius ab Apostolo et sanctis predicata est meta illa et perfeccio, ad quam niti debet omnis Christianorum vita, licet paucissimi sint tam perfecti. Sic enim et iustos et sanctos et liberos a peccato appellat ad Romanos, non quod sint, sed quod inceperint esse et debeant tales fieri assidue proficiendo.", a.a.O., 132,24–133,2.
[92] Vgl. a.a.O., 131,12–17.
[93] DERS., WA 56, 345,11ff.

d) Die frühe Dekalogauslegung (1518)

Da die Gesetzeserfüllung vom Ziel der Heilserlangung befreit ist, stellt sich die Frage, ob und wozu die Gebote zu erfüllen sind. Die Antwort darauf lässt sich anhand der Schrift *Decem praecepta Wittenbergensi praedicata populo* von 1518, die auf eine Reihe von Predigten zum Dekalog aus den Jahren 1516 und 1517 zurückgeht, und hier insbesondere am Umgang mit dem darin verhandelten Vollkommenheitsbegriff, finden.

Schon die Gedanken Luthers zum ersten Gebot – dem Luther eine eminent wichtige Bedeutung zumaß – lassen ersichtlich werden, wie er sich in dieser Schrift um eine rechtfertigungstheologische Vermittlung von Glaube und Vollkommenheitsstreben bemüht: So hält er auf der einen Seite fest, dass es die Aufgabe kirchlicher Verkündigung ist, „die Christen zu unterrichten und zur Vollkommenheit hin zu führen, und sie das zu lehren, was heilsam und verdienstlich ist"[94], andererseits aber die Möglichkeit „vollkommene Gesundheit des Leibes und der Seele"[95] in diesem Leben zu erreichen, negiert und vor der Illusion, solches zu erreichen, warnt. Stattdessen hält er an seiner schon zuvor gewonnenen Überzeugung fest, dass der Befreiungsakt im Christusglauben der Anfang einer jeden Christenbiografie ist und sein muss. Nur aus diesem heraus ist wahrer äußerer und innerer Gehorsam der Gebote möglich.[96]

In der kausalen Folge schließt sich jedoch das Bemühen des Gläubigen um Vollkommenheit an, das in der Demut und in der Weltdistanzierung besteht, auch wenn eine solche Weltdistanzierung von Luther nicht mehr mit dem Gang ins Kloster gleichgesetzt wird. Vollkommenheit wird insofern zum Strebensziel des Gläubigen, auch wenn deren absolute Realisierung außerhalb seines Möglichkeitsbereichs liegt.[97]

Dabei integriert Luther in seiner Auslegung des fünften Gebots den klassischen mittelalterlichen Gedanken verschiedener Vollkommenheitsstufen, wenn auch in eigenem Verständnis.[98] Das von Luther geistlich interpretierte Gesetz „ist darum nicht nur Anleitung zum vom Menschen zu leistenden Vollkommenheitsstreben, sondern zeigt ihm seine Sünde und die ihm geltende göttliche Forderung"[99]. Da der christliche[100] Gläubige stets mit der Unüberwindbarkeit seiner eigenen Sündhaftigkeit konfrontiert wird, führt ihn das Gesetz immer wieder in

---

[94] Übersetzung C.S., im Original: „Christianos erudire et ad perfectionem inducere et ea quae sunt salubria et meritoria docere", DERS., Decem Praecepta Wittenbergensi predicata populo (1518), WA 1, 418,35–37.

[95] Übersetzung C.S., im Original: „[P]erfecta sanitas corporis et animae ab omni prorsus vitio, quod sane in hac vita non fiet nec est in potestate nostra.", a. a. O., 515,16.

[96] Vgl. a. a. O., 400,8–10.

[97] Vgl. a. a. O., 515,14–17.

[98] Vgl. a. a. O., 467,25–29.

[99] STEGMANN, Luthers Auffassung, 264.

[100] Luther bemerkt explizit, dass es sich dabei nicht um die Juden, sondern nur um die Christen handelt, vgl. LUTHER, WA 1, 400,27.

die Haltung der Bitte um Vergebung. Dem um Vergebung Bittenden, wird daher sein Scheitern am vollen Gehorsam der Gebote nicht angerechnet, „denen aber, die ohne Furcht, ohne sich zu bemühen besser zu werden, in Sicherheit schnarchen, wird sie [die Abgötterei, C.S.] völlig zugerechnet"[101].

Der Gedanke der Gleichförmigwerdung mit Christus wird auch im *Sermon über die zweifache Gerechtigkeit*[102] aus dem Jahr 1519 von Luther weiter ausgeführt. Darin beschreibt Luther, wie die menschliche Gerechtigkeit der zugesprochenen Christusgerechtigkeit zu größerer Vollkommenheit verhilft: „Diese [scil. menschliche, C.S.] Gerechtigkeit vollendet die erste"[103], d.h. die zugesprochene Christusgerechtigkeit. Das Vollenden (*perficere*) meint dabei nicht, dass der gnadenhaften Christusgerechtigkeit noch etwas anderes hinzugefügt werden kann, sondern markiert im Gegenteil deren Verwirklichung und Steigerung hin zu ihrer Vollgestalt.[104] Im lebenspraktischen Vollzug konkretisiert sich diese Verwirklichung in der Überwindung des dem Eigennutz anhängenden alten Menschen, an dessen Stelle der in wahrer Nächstenliebe lebende neue Mensch tritt.[105]

1.3 Luthers Neubestimmung von Vollkommenheit ab 1520

Wie oben in der Hinführung bereits dargestellt, stabilisierte sich Luthers Theologie etwa mit dem Jahr 1520 zunehmend. Die Ansätze und Tendenzen der Jahre 1513 bis 1519, die im vorigen Abschnitt herausgearbeitet wurden, sind nun weiterentwickelt und stärker entfaltet. Luthers Theologie ist 1520 natürlich nicht ‚abgeschlossen' in dem Sinne, dass theologisch in den weiteren 26 Jahren seines Lebens keine Entwicklung mehr festgestellt werden kann. In den 1520er-Jahren hat Luther seine Theologie programmatisch in verschiedenen Richtungen weiter durchdacht und insbesondere in der Ekklesiologie auch nach 1520 eine Reihe programmatischer Neubestimmungen getroffen.[106] Aber die wesentlichen refor-

---

[101] Übersetzung C.S., im Original: „Illis vero, qui sine timore, sine sollicitudine proficiendi in securitate stertunt, omnino imputatur", a.a.O., 400,34f.
[102] DERS., Sermo de duplici iustitia (1519), WA 2, 145–152.
[103] Übersetzung C.S., im Original: „Haec iusticia perficit priorem", a.a.O., 147,12.
[104] Vgl. STEGMANN, Luthers Auffassung, 244.
[105] „Und so vertreibt Christus Adam aus dem Gläubigen von Tag zu Tag mehr und mehr, immer entsprechend dem Maß, in dem sein Glaube und die Erkenntnis Christi wächst. Denn diese werden nicht auf einmal in ihn hineingegossen, sondern beginnen, schreiten fort und werden schließlich am Ende vollendet durch den Tod.", Übersetzung C.S., „Et ita Christus expellit Adam de die in diem magis et magis, secundam quod crescit illa fides et cognitio Christi. Non enim tota simul infunditur, sed incipit, proficit et perficitur tandem in fine per mortem.", LUTHER, WA 2, 146,32–35.
[106] Vgl. Troeltschs Darstellung in den *Sozialleheren der christlichen Kirchen und Gruppen*; Troeltsch unterscheidet darin zwischen den Sozialformen „Kirchentypus", „Sekte" und „Mystik". Für die 1520er diagnostiziert er bei Luther eine Entwicklung, von einer bei Luther grundsätzlich dem Kirchentypus zuzuordnenden, aber auch Elemente der Sekte und der Mystik ent-

matorisch-theologischen Innovationen können – zumindest was die „theologische Grundlagenreflexion"[107] betrifft – 1520 als bereits durchgeführt gelten.[108]

Dieser Befund gilt auch für den Vollkommenheitsbegriff. Während in den bereits betrachteten Schriften Luthers Weg zu einer eigenen reformatorischen Bestimmung dessen, was er als letztes und höchstes Ziel des menschlichen Lebens betrachtet, Schritt für Schritt mitvollzogen werden kann, stabilisiert sich diese Bestimmung um das Jahr 1519 und wird in den folgenden Jahren kaum noch weiter umgeformt. Die Herausforderung, der sich Luther damit stellt, ist die grundlegende Neubestimmung dessen, was ein christliches Leben als genuin christlich kennzeichnet und auf welches letzte Entwicklungsziel eine *vita christiana* final zustrebt. Mit dem Begriff der menschlichen Vollkommenheit ist dabei die mögliche oder unmögliche letzte und höchste Möglichkeit menschlichen Daseins beschrieben.

Im Folgenden soll dieser neue – in sich allerdings nicht ganz einheitliche – Vollkommenheitsbegriff dargestellt werden. Die Zwischenüberschriften markieren dabei charakteristische Aspekte der *perfectio hominis*, die Luther jeweils in einer Reihe von Zusammenhängen thematisiert. Nach diesen insgesamt neun herausgearbeiteten Aspekten sind die folgenden Seiten auch gegliedert.

Die Frage nach einem letzten Entwicklungsziel taucht bei Luther in vielen Texten auf. Teilweise in Verbindung mit dem Begriff der Vollkommenheit, teilweise aber auch ohne diesen. Da hier sein neugewonnener Vollkommenheitsbegriffs rekonstruiert werden soll, werden erstere Äußerungen besonders im Fokus stehen, während alle anderen eher ergänzend und erklärend hinzugezogen werden. Die Rekonstruktion schöpft dabei aus Schriften verschiedener Gattungen. Einzelschriften, wie *De votis monasticis* und *Von weltlicher Obrigkeit*, exegetische Vorlesungen zum 1. Johannesbrief, dem Matthäusevangelium und zur Genesis, aber auch Predigten und Hinweise aus anderen Zusammenhängen wie beispielsweise Promotionsdisputationen dienen als wertvolle Quellen.

Versucht man, die Hauptaspekte kompakt in einem Satz zusammenfassen, dann lässt sich Luthers Vollkommenheitsbegriff folgendermaßen beschreiben:

Vollkommenheit als egalitäres christliches Ziel (a), wird vom Gläubigen angestrebt, letztlich aber vom Heiligen Geist im Inneren des Menschen gewirkt (b), entspringt im Glauben (c), verwirklicht sich in der Liebe (d), geht einher mit dem freien Gehorsam gegenüber Gottes Willen (e), überwindet damit zunehmend die Neigung zur Sünde (f), manifestiert sich als allmähliches Wachstum (g) an dem gesellschaftlichen Ort, an den der Mensch von Gott gestellt ist und wird begleitet von einem Gefühl der Freude. An manchen Stellen spricht Luther

---

haltenden Ekklesiologie, hin zu einer Ekklesiologie, die in immer stärkerem Maße nur noch dem Kirchentypus zuzurechnen ist. Vgl. ERNST TROELTSCH, Die Soziallehren der christlichen Kirchen und Gruppen, Tübingen 1912, 427–512.

[107] STEGMANN, Luthers Auffassung, 248.
[108] Vgl. a. a. O., 10.248.

aber auch von Vollkommenheit als einem bereits präsentisch-faktischen Zustand des Gläubigen (h).

Die genannten Aspekte werden im Folgenden einzeln betrachtet.

1.3.1 Vollkommenheit als egalitäres christliches Ziel

Luthers Neubestimmung des Vollkommenheitsbegriffs ist eng verwoben mit seiner grundlegenden Kritik am Mönchtum. Das wurde bereits unter 1.1 im Anschluss an Karl Holl dargestellt und insbesondere anhand der Psalmenvorlesung verdeutlicht. Ausgehend von einem radikalisierten und existentialisierten Sündenbegriff lehnt Luther das Konzept einer christlichen Elite, die sich durch Rückzug aus den weltlichen Strukturen in besonderer Weise heiligen und vervollkommnen will, grundsätzlich ab.[109] Schon den damit verbundenen Gedanken, die menschliche Sündhaftigkeit durch bestimmte äußerliche Handlungen zu minimieren, wenn nicht gar zu überwinden, konnte Luther aus rechtfertigungstheologischen Gründen nicht mehr mitsprechen und bekämpfte ihn nun stattdessen aufs Allerschärfste.[110] In seiner Auseinandersetzung mit dem Leuvener Theologen Jacobus Latomus von 1521 argumentiert Luther, dass auch in den Getauften und Heiligen die Sünde wesenhaft erhalten bleibt.[111] Der Unterschied zwischen Gottes Vollkommenheit und menschlicher Unvollkommenheit ist für Luther insofern niemals nur gradueller Art, sondern gründet in einer katego-

---

[109] Vgl. z. B. Luthers Reihenpredigt zum *1. Petrusbrief* (1522): „Nun muessen wir im warlich gleich sein und auch also thun, das vermuegen wir dann auß natur nit, darumb sein wir alle zumal des teueffels und ist kain mensch auff erdboden, der nit verdampt wer. Da steets urtayl starck, ir muest so geschickt sein, Nemlich sueß von hertzen, oder gehoert in die hell. Wie thuen wir im dann? Also mustu im thun: Du must erkennen, das du verdampt seyst und des teueffels und kuennest dir auß aygnem vermuegen nit helffen; darnach mustu zu im fliehen, in bitten, das er dich anders mach, sunst ists alles verloren und verderbt. Secht, das haben die hochgelerten auch wol gesehen, do haben sie gedacht 'Ey solten wir so predigen, das alle welt verdampt wer und des teueffels aygen? Ey wo woelten dann die frummen pfaffen und muenich bleyben? so muesten sie auch verdampt sein. Ey das woel got nit, halt, wir woellen die zungen spitzen und unserm herr got ein loch in das papir boren und ein gloß machen und also sagen Ey, das hat got nit also gemaint, dann wer koends halten? er hats nit gebotten, sunder allain geratten denen die da volkmlich sein woellen. Item die volkumnen seinds auch nit schuldig, das sie also seind, sunder es ist inen genugsam, das sie darnach steen unnd arbeyten". Davon seind grosse buecher gemacht und geschriben und habens genant Formas conscientiarum, die das gewissen in sollichen noetten troesten und underrichten solten, und ist sant Thomas fast der haubt ketzer sollichs dings. Die lere ist darnach vom Babst bestetigt und in die gantze welt geflossen. Da her seind hynden nach die oerden her kummen, die haben woellen volkumen sein. Nun got sey gelobt, das wir der irtumb ersten haben, das wir in meyden kuennen", MARTIN LUTHER, Auff das Ewangelion Matthei. V.-Reihenpredigt über 1. Petrus (1522), WA 12, 624,18–625,20.

[110] Vgl. DERS., Rationis Latomianae pro incendiariis Lovaniensis scholae sophistis redditae Lutheriana confutation (1521), in: JOHANNES SCHILLING (Hrsg.), Martin Luther. Christusglaube und Rechtfertigung (LDStA 2), Leipzig 2006, 187–399, hier 212–221.226–253.

[111] Vgl. a. a. O., 225ff.

rialen Differenz.[112] Aber auch für die Jahrhunderte theologisch prägende und lebensweltlich äußerst wirksame Zwei-Stufen-Ethik, die die Vorschriften des Neuen Testaments, insbesondere die der Bergpredigt, in Gebote und Räte unterteilte, sah er bibelhermeneutisch keine überzeugende Begründung.[113] Zugleich erkannte er in der Unterscheidung verschiedener ethischer Stufen empirisch das Problem der ethischen Erschlaffung vieler Gläubiger.[114] Damit war für Luther dem traditionellen *status perfectionis* – Mönchen, Nonnen, Priestern, Bischöfen und Päpsten – aus mehreren Richtungen die Grundlage entzogen. Die Option, den Vollkommenheits*begriff* gemeinsam mit einem abgesonderten *status perfectionis* für theologisch und lebensweltlich überholt zu erklären und ganz aufzugeben, bot für Luther offensichtlich keine sinnvolle Alternative. Das zeigen seine zahlreichen Verwendungen des Begriffs bis hinein in die Schriften seiner letzten Lebensjahre.[115]

Mit der Verabschiedung einer gestuften Ethik für die religiöse Elite einerseits und einer weniger anspruchsvollen, gewissermaßen entspannteren für die breite Bevölkerung andererseits, ist ein erster wichtiger Aspekt von Luthers neuem Vollkommenheitsbegriff bereits benannt: Dieser durfte praktisch nicht nur manchen, sondern musste allen Christen als realistische, wenn auch nicht selbstverständlich einlösbare, Zielbestimmung möglich, also egalitär sein.[116] Die Beschreibung Bonhoeffers, dass Luther das Mönchtum nicht abgeschafft, sondern im Gegenteil

---

[112] Vgl. LEONHARDT, Vollkommenheit, 45.

[113] Luthers Kritik an der Unterscheidung von Geboten und Räten findet sich in vielen weiteren Textstellen. Im Zusammenhang mit Äußerungen zum Thema der Vollkommenheit z. B. an folgenden: MARTIN LUTHER, Widmungsbrief zu: Von weltlicher Obrigkeit, wie weit man ihr Gehorsam schuldig sei (1523), WA 11, 245,17ff.; DERS., Bulla coenae domini, das ist, die Bulla vom Abendfressen des allerheiligsten Herrn, des Bapsts, verdeutscht durch Martin Luther, WA 8, 706,23–30; DERS., Predigten des Jahres 1523, WA 12, 624,19–625,20; DERS., Weihnachtspostille (1522), WA 10/I/1, 497,20–22; DERS., Ein Sermon von dem Wucher (1519), WA 6, 4,13ff.

[114] Vgl. z. B. folgende Textstelle aus der Kirchenpostille von 1522: „Damit [mit der Unterscheidung zwischen einem Stand der Vollkommenheit und einem Stand der Unvollkommenheit, C.S.] ist der Glaube zu Boden gegangen und die Werke und Orden aufgekommen, so als stünde nicht allein fromm und selig werden in ihrem Wesen, sondern auch die Vollkommenheit, obwohl es doch alles allein im Glauben liegt, beide, fromm und vollkommen sein. (…) Also geht das blinde, tolle Volk hin, redet immer von Vollkommenheit und weiß nicht einen Tuttel, was fromm sein, geschweige denn vollkommen heißt, sondern meinen, es gehe mit Werken und Ständen zu.", DERS., Epistell am newen Jar tag ad Galatas. z. (Kirchenpostille 1522), WA 10/I/1, 496,15–19.21–497,2.

[115] Vgl. z. B. DERS., Predigten des Jahres 1544, WA 49, 519,30–37; DERS., Vorrede zum 1. Bande der Wittenberger Ausgabe (1539), WA 50, 660,26–30; DERS., Genesisvorlesung (1535–1545), WA 43, 445,4–18.

[116] Treffend hat das beispielsweise Ernst Troeltsch festgehalten: „Das [die neuformierte ethische Gesinnung, C.S.] bedeutet die individuelle Gleichheit des Vollkommenheitsideals für alle und beseitigt die harmlose Selbstverständlichkeit, mit der der Katholizismus die verschiedenen Grade, Stufen und Stände der Vollkommenheit ertrug. (…) Das bedeutet vor allem die radikale Beseitigung des Mönchsstandes als eines Wahnes besonderer höherer Vollkommenheit.", TROELTSCH, GS 1, 442.

dessen zumindest theoretisch hohen Anspruch in das Leben inmitten der Welt zurückgetragen habe,[117] beziehungsweise dass sich in seiner Theologie eine „Bekehrung zur Welt"[118] niederschlägt, erweist sich also auch mit dem Fokus auf dessen Vollkommenheitsbegriff als absolut zutreffend.[119]

Der ent-elitisierte, egalitäre Anspruch seines Vollkommenheitsbegriffs wird an vielen Belegstellen deutlich, häufig in sehr zugespitzter Form, mitunter auch in derbster Polemik gegen altgläubige Autoritäten und Glaubensüberzeugungen.[120] Als ein eher wohltemperiertes Beispiel sei an dieser Stelle ein Zitat aus seiner Schrift *Von weltlicher Obrigkeit, wie weit man ihr Gehorsam schuldig sei* von 1523 genannt, in der sowohl die Kritik an der aus Luthers Sicht hermeneutisch unangemessenen Differenzierung zwischen Räten und Geboten, als auch die Egalität im Blick auf das Ziel der Vollkommenheit deutlich zum Ausdruck kommt:

> Daher auch die Sophisten sagen, Christus habe Moses Gesetz damit aufgehoben und machen aus solchen Geboten Räte für die Vollkommenen und teilen die christliche Lehre und Stand in zwei Teile: Einen heißen sie den vollkommen, dem urteilen sie solche Räte zu. Den anderen den unvollkommen, dem urteilen sie die Gebot [sic!] zu und tun dasselbe aus lauter eigenem Frevel und Mutwillen ohne allen Grund in der Schrift und sehen nicht, dass Christus an dem selben Ort seine Lehre so hart gebaut hat, dass er auch das kleinste Gebot nicht aufgelöst haben will und verdammt die zur Hölle, die ihre Feinde nicht lieb haben. Darum müssen wir anders dazu reden, dass Christus Wort jedermann gemein bleiben, er sei vollkommen oder unvollkommen. Vollkommenheit und Unvollkommenheit besteht nicht in Werken, macht auch keinen besonderen äußerlichen Stand unter den Christen, sondern besteht im Herzen, in Glauben und Liebe, so dass wer mehr glaubt und liebt, der ist vollkommen, er sei äußerlich ein Mann oder Weib, Fürst oder Bauer, Mönch oder Laie.[121]

---

[117] Vgl. DIETRICH BONHOEFFER, Nachfolge (DBW 4), München ²1994, 34f.

[118] OSWALD BAYER, Angeklagt und anerkannt. Religionsphilosophische und dogmatische Aspekte, in: HANS CHRISTIAN KNUTH (Hrsg.), Angeklagt und anerkannt. Luthers Rechtfertigungslehre in gegenwärtiger Verantwortung, Erlangen 2009, 89–107, hier 107.

[119] Bonhoeffer beschreibt Luthers Hinwendung zur Welt als die Erkenntnis in der „[d]ie Weltflucht des Mönches (…) als feinste Weltliebe durchschaut" ist. Seine Rückkehr in die Welt bedeutet für Bonhoeffer „den schärfsten Angriff, der seit dem Urchristentum auf die Welt geführt worden war", da sie fortan nicht vom Gebot der Nachfolge Jesu entlastet war, sondern diese nun „mitten in der Welt gelebt werden" musste. BONHOEFFER, Nachfolge, 34f.

[120] Z. B. in einer Predigt zu Joh 17 aus dem Jahr 1528: „Darumb mus man die alte lere und gedancken auszihen und mit fuessen tretten, durch welche man solche unterscheid jnn der Christenheit gemacht hat und jnn soviel mancherley stend und werck geteilet. Jnn der welt und jrdischem regiment ists wol also, da mus ungleich sein, ein stand und werck hoeher, edler und besser denn andere, Aber der Christen leben und stand feret und schwebet hoch und weit uber solchs alles.", MARTIN LUTHER, Predigt zu Johannes 17 (1528), WA 28, 104,32–36, weitere Textstellen, an denen Luther diese Kritik vorgetragen hat sind: DERS., De votis monasticis, WA 8, 584, 23–30; DERS., WA 10/I/1, 496–498; DERS., Deuteronomion Mosi cum annotationibus (1525), WA 14, 670,11–19.

[121] Übertragung C.S., im Original: „Daher auch die sophisten sagen, Christus hab Moses gesetz damit auff gehaben, unnd machen auß solchen gepotten 'redte' fur die volkomenen und teylen die Christliche lere und stand ynn zwey teyl: Eynen heyssen sie den volkomenen, dem urteylen sie solch redte zů, Den andern den unvolkomen, dem urteylen sie die gepott zů, und

1.3.2 Wandlung des inneren Menschen statt äußerer Status

Damit einher geht der Aspekt der Innerlichkeit. Vollkommenheit besteht für Luther weder in einem äußeren Stand noch sind damit bestimmte äußere Werke gemeint. Das Entscheidende geschieht durch eine Verwandlung des Herzens und des Willens.[122] Dieser Fokus auf die innere Haltung des Menschen als der eigentlichen Voraussetzung von Vollkommenheit wird von Luther in einer ganzen Reihe an Schriften artikuliert.[123] Am Anfang dieses Prozesses steht der Glaube an Gottes Erlösungshandeln durch Jesus Christus. Diese Verwandlung wird wiederum durch den Heiligen Geist, also Gott selbst, verursacht. Jesus Christus ist damit nicht nur sachlicher Grund der Rechtfertigungsgewissheit, sondern zieht – im Heiligen Geist – in das Herz des Gläubigen ein und beginnt damit eine innere Wandlung, die den Menschen seinerseits in Gottes Leben und Wesen hineinzieht.[124] Diese Wandlung bleibt nach außen hin nicht verborgen, sondern wird auch in einem veränderten Lebenswandel und guten Werken sichtbar, ohne dass deshalb umgekehrt vom Äußeren auf den jeweiligen Glaubensstand eines Menschen eindeutig rückgeschlossen werden könnte.[125] Entscheidend aber ist, dass die Realisierung einer *perfectio hominis* bei Luther zunächst im Inneren des Menschen geschieht und nicht auf Standes- oder Handlungsebene angesiedelt ist.

Wie weit Luther die allgemein verbreitete Sicht seiner Zeitgenossen allerdings von dieser Überzeugung entfernt sieht, wird in der *Kirchenpostille* aus dem Jahr 1522 deutlich:

---

thun das selb auß lautterm eygen frevel und muttwill on allen grund der schrifft, Und sehen nicht, das Christus an dem selben ortt seyne leere ßo hartt gepeutt, das er auch das kleynist nicht will auffgeloßet haben und verdampt die zur helle, die yhre feynde nicht lieb haben. Darumb muessen wyr anders datzu reden, das Christus wortt yederman gemeyn bleyben, er sey volkomen oder unvolkomen. Denn volkomenheyt unnd unvolkomenheyt steht nicht ynn wercken, macht auch keynen sondern eusserlichen standt unter den Christen, sondern steht ym hertzen, ym glawben und liebe, das wer mehr glewbt unnd liebt, der ist volkomen, er sey eußerlich eyn man odder weyb, furst odder baur, muench odder leye.", DERS., Von weltlicher Obrigkeit, wie weit man ihr Gehorsam schuldig sei (1523), WA 11, 249,9–22.

[122] Vgl. LOHSE, Mönchtum und Reformation, 331.

[123] Weitere Stellen, an denen als der Ort der Vollkommenheit das Innere des Menschen, häufig das Herz von Luther genannt wird: 2. Psalmenvorlesung (1532), WA 40,II, 428,16ff.; Ein Gegenurteil Doktor Luthers gegen die Theologen zu Paris (1521), WA 8, 283,24–34; Hauspostille von 1544, WA 52, 649,16–19.

[124] Vgl. ALTHAUS, Theologie Luthers, 204.

[125] Max Webers berühmte These vom Ursprung des Kapitalismus setzt genau bei der Frage nach diesem Zusammenhang an. (Vgl. dazu ROCHUS LEONHARDT, Ethik (Lehrwerk Evangelische Theologie 6), Leipzig 2019, 481–486.) Nicht zufällig verknüpft er seine umstrittene These allerdings nicht mit der lutherischen, sondern mit dem calvinistischen Zweig reformatorischer Theologie. Nach Luther kann der Gläubige selbst höchstens „indirekt" (Wilhelm Christe) die Stärke seines *eigenen* Glaubens und dessen Folgen erkennen. Im Blick auf andere verweist Luther darauf, dass ein solches Urteil immer irrtumsanfällig bleibt, vgl. CHRISTE, Gerechte Sünder, 471f.

Also geht das blinde, tolle Volk hin, sagt es immer von Vollkommenheit und weiß nicht einen Tuttel, was fromm sein, geschweige denn vollkommen heißt, meinen, es gehe mit Werken und Ständen zu.[126]

Dass, ganz im Gegenteil zu solchen äußerlichen Kriterien, Vollkommenheit aus Luthers Sicht im Herzen beginnt, wird zum Beispiel in einer *Predigt zu Matthäus 22,34–46*, gehalten am 18. Sonntag nach Trinitatis 1533, deutlich:

Ist es aber nicht wahr, ein Kind von zehn Jahren kann besser sagen, was ein vollkommener Stand sei, als alle Mönche und Nonnen? Ursache: sie denken nur an ihr Klosterleben. Aber ein Christ spricht: Vollkommen sein heißt, Gott fürchten und lieben, und dem Nächsten alles Gute tun.[127]

Aber auch in seiner bereits zitierten Bestimmung aus seiner Schrift *Von weltlicher Obrigkeit* ist der Fokus deutlich auf das Innere, hier: „im Herzen", gesetzt:

Vollkommenheit und Unvollkommenheit besteht nicht in Werken, macht auch keinen besonderen äußerlichen Stand unter den Christen, sondern besteht im Herzen, in Glauben und Liebe, so dass wer mehr glaubt und liebt, der ist vollkommen.[128]

Ob Luther damit theologisch wirklich eine neue Position einnimmt oder ob er nur kirchliche Missstände aus einer theologischen Sicht anprangert, die bei genauem Hinsehen auf einer Linie mit traditionellen Vollkommenheitsvorstellungen des Mittelalters liegt, variiert abhängig vom jeweilig als traditionell angenommenen Ideal. In vielerlei Hinsicht – das dürfte unstrittig sein – knüpft Luther an theologische Traditionsbestände an, die er allerdings kritisch gegenüber vorreformatorischen Phänomenen in Kirche und Frömmigkeit seiner Zeit wendet. Die theologische und kirchliche Entwicklung hin zu den in der spätmittelalterlichen Bevölkerung verbreiteten Glaubensüberzeugungen und Praktiken seiner Zeit kann und soll nicht Gegenstand dieser Studie sein. An dieser Stelle genügt die Rekonstruktion von Luthers Position als wichtigem Initialmoment der Reformation.

1.3.3 Glaube statt äußerer Werke

Bei der Wandlung des Menschen, die – wie gerade gezeigt – im Inneren des Menschen geschieht und von Luther häufig im Herzen lokalisiert wird, steht bei Luther selbstverständlich der Glaube als Ursprung und Quelle aller menschlichen Vollkommenheit am Anfang. Glauben, als Vertrauen auf das sich in Kreuz

---

[126] Übertragung C.S., im Original: „Alßo geht das blinde, tolle volck hyn, saget ymer von volkommenheyt unnd weyß nit eyn tuttel, was frum seyn, schweyg denn volkommen heysse, meynen, es gehe mit wercken unnd stenden tzu.", LUTHER, WA 10/I/1, 496,21–497,2.

[127] Übertragung C.S., im Original: „Jst es aber nicht war, ein kindt von zehen Jaren kan besser sagen, was ein volkummer Stand sey, denn alle Münch unnd Nonnen? Ursach: sie dencken nur auff jr Kloster leben. Aber ein Christ spricht: volkommen sein heißt Gott foerchten und lieben und dem nechsten alles guttes thun", DERS., Predigt, gehalten: Am Achtzehenden Sontag nach der Trifeltigkeit, Euangelion Math. 22. (1533), WA 52, 489,21ff.

[128] Vgl. Anm. 190.

und Auferstehung manifestierende gnädige Rechtfertigungshandeln Gottes, beschreibt Luther einerseits als Geschenk und Widerfahrnis, das der Mensch von Gott empfängt. Andererseits kann er ihn aber auch als das einzige und stets einzuübende Werk bezeichnen. In seinem *Freiheitstraktat* heißt es beispielsweise:

Darum soll es von Rechts wegen das einzige Werk und die einzige Übung aller Christen sein, dass sie sich das Wort und Christus recht einprägen, solchen Glauben stetig üben und stärken. Denn nichts anderes kann einen Christen machen.[129]

Entgegen der Tradition wird der Glaube von Luther nicht als eine Tugend neben anderen verstanden, sondern in der angedeuteten Spannung zwischen Passivität und Aktivität als Ausdruck einer Macht verstanden, die sich verwandelnd auf das gesamte Leben eines Menschen auswirkt. Der prozessuale und dynamische, aber niemals vollständig abgeschlossene[130] Charakter dieser „Lebensmacht"[131], der sich „geschäftig, tätig, mächtig" im Handeln des Menschen niederschlägt und dabei von sich aus auch stets gute Werke wirkt, sodass die Unterscheidung von Glauben und Werken in dieser Verschränkung gar nicht möglich ist, wird in folgendem Auszug aus seiner *Vorrede zum Römerbrief* von 1522 deutlich:

Aber der Glaube ist ein göttlich Werk in uns, das uns wandelt und neugebiert aus Gott, Johannes 1. Und tötet den alten Adam, machet uns zu einem ganz anderen Menschen von Herzen, Mut, Sinn und allen Kräften und bringt den Heiligen Geist mit sich. O es ist ein lebendig geschäftig, tätig, mächtig Ding um den Glauben, sodass es unmöglich ist, dass er nicht ohne Unterlasse Gutes wirkt. Er fragt auch nicht, ob gute Werke zu tun sind, sondern ehe man fragt, hat er sie getan und ist immer im Tun. [...] Daher der Mensch ohne Zwang willig und lustig wird jedermann Gutes zu tun, jedermann zu dienen, allerlei zu leiden, Gott zu Liebe und zum Lob, der ihm solche Gnade erzeigt hat. Sodass es unmöglich ist Werke vom Glauben zu scheiden.[132]

---

[129] Übertragung C.S., im Original: „Drumb solt das billich aller Christen eynigs werck und uebung seyn, das sie das wort und Christum wol ynn sich bildeten, solchen glauben stetig ubeten und sterckten. Denn keyn ander werck mag eynen Christen machen.", DERS., De libertate Christiana/Von der Freiheit eines Christenmenschen, WA 7, 23,7–10.

[130] Z.B. Emanuel Hirsch: „[A]uch der lebendigste Glaube ist nur ein Affekt neben andern im Menschen, kein Mensch hier auf Erden hängt rein, ungebrochen, mit ganzer Seele und aller Kraft an Gott. [...] Darum kann der Glaube nie Erfüllung der dem Menschen gesetzten sittlichen Bestimmung sein. Er ist seinem Wesen nach immer nur Übergang. Der Glaube kann darum nie in dem, was der Mensch ist, stehen bleiben. Er bleibt unvollendet, in Bewegung von sich weg und zu auf Gott, in dem allein die Erfüllung der Rechtfertigungsverheißung ist.", HIRSCH, Rechtfertigungslehre, 123.

[131] SCHWARZ, Luther, 332.

[132] Übertragung C.S., im Original: „Aber glawb ist eyn gotlich werck ynn vns, das vns wandelt vnd new gepirt aus Gott, Johan. 1. vnd todtet den alltten Adam, macht vns gantz ander menschen von hertz, mut, synn, vnd allen krefften, vnd bringet den heyligen geyst mit sich, O es ist eyn lebendig, scheftig, thettig, mechtig ding vmb den glawben, das vnmuglich ist, das er nicht on vnterlas solt gutts wircken, Er fraget auch nicht, ob gute werck zu thun sind, sondern ehe man fragt, hat er sie than, vnd ist ymer ym thun [...]. Do her on zwang, willig vnd lustig wirt yderman guttis zu thun, yderman zu dienen, allerley zu leyden, Gott zu liebe vnd lob, der yhm solch gnad ertzeygt hat, also, das vnmuglich ist werck vom glawben scheyden.", MARTIN LUTHER, Römberbrief-Vorrede (1522), WA.DB 7, 11,6–12.19–22.

Auch wenn von Luther hier mit Nachdruck verdeutlicht wird, dass die guten Werke des Menschen keinesfalls überflüssig sind, sondern als immanentes Element des Glaubens ausgewiesen werden, ist damit ein wesentlicher Unterschied zur traditionellen Motivation für das Streben nach Vollkommenheit markiert. Während in der älteren Tradition Heilswunsch und Vollkommenheitsstreben letztlich das Gleiche waren, wird bei Luther das eine radikal vom anderen getrennt.[133] Das Bewusstsein von Erlösung und Heil wird nicht durch das Streben nach Vollkommenheit geschaffen, sondern markiert dessen Anfang.[134] Die erlösende Gnade des Gerechtigkeitsbewusstseins im Glauben schafft im lutherischen Sinne insofern überhaupt erst die Voraussetzung in Richtung von Vollkommenheit zu wachsen. Anstatt sich auf selbsterlösende Schritte in Richtung menschlicher Vollkommenheit besinnen zu müssen – wie Luther es mindestens in großen Teilen monastischen Lebens praktiziert sah –, schafft ein derart soteriologisch entlasteter Vollkommenheitsbegriff erst die Gewissensfreiheit, aus der in wirklicher Liebe Gott und dem Nächsten in der Welt gedient werden kann.[135] Diese entscheidende Umlenkung der „ethischen Energien" des Menschen aus der Arbeit an seinem Gottesverhältnis hin zum Handeln in dieser Welt, insbesondere am Nächsten, kann mit Recht als „eine Art kopernikanische[r] Wende im Verständnis des Ethischen"[136] bezeichnet werden, die auch für das Verständnis von menschlicher Vollkommenheit einen kaum überschätzbaren Unterschied begründet.[137]

Bei der Suche nach einem – vom elitären Missverständnis entkleideten – Verständnis von Vollkommenheit nimmt der Glaube insofern eine zentrale Stellung ein. Luther spricht auch weiterhin von einem „Stand der Vollkommenheit", der nun allerdings nicht mehr an bestimmten Werken, sondern im Glauben des Menschen sachlich festgemacht wird. Beispielhaft kommt dieser Primat des Glaubens

---

[133] Vergleiche für die Position des Aquinaten als klassisch scholastische: SEEBERG, Dogmengeschichte, 502ff. Hinzuzufügen ist allerdings, dass das Streben nach Vollkommenheit nach spätmittelalterlicher Vorstellung noch über den Wunsch in den Himmel zu gelangen (Seligkeit) hinausging. Die damals typische Vorstellung bestand ja darin, dass es auch innerhalb der Seligkeit wiederum verschiedene Stufen gab, innerhalb derer beispielsweise ein Mönch in der Regel durch die Vielzahl seiner Gebete auf einer höheren Seligkeitsstufe seinen Platz hatte als ein mit der Vita activa beschäftigter Handwerker, vgl. Holl, Beruf, 212f.

[134] MARTIN LUTHER, Vom Abendmahl Christi, Bekenntnis (1528), WA 26, 505,15ff.

[135] Vgl. z. B.: „Zuvor müssen die Sünden vergeben sein, ehe gute Werke geschehen, und nicht die Werke treiben die Sünde aus, sondern die Austreibung der Sünde tut gute Werke, denn gute Werke müssen geschehen mit fröhlichem Herzen und gutem Gewissen zu Gott, das ist: In der Vergebung der Schuld.", DERS., Ein Sermon von dem Sakrament der Buße (1519), WA 2, 715,5–9.

[136] GERHARD EBELING, Luthers Kampf gegen die Moralisierung des Christlichen, in: GERHARD EBELING (Hrsg.), Lutherstudien III, Tübingen 1985, 44–73, hier (Anm. 65), 70.

[137] Zur bemerkenswerten Parallele dieser Entkopplung in der Philosophie des Aristoteles (im Unterschied zu Platon) vgl. ROCHUS LEONHARDT, Luthers Rearistotelisierung der christlichen Ethik. Plädoyer für eine evangelische Theologie des Glücks, in: Neue Zeitschrift für Systematische Theologie und Religionsphilosophie 48 (2006) 2, 131–167, hier insbesondere 151f.

als nicht ursächlichem, aber lebensweltlichem Anfang und Grund auf dem Weg zum Letztziel menschlicher Entwicklung in folgender Formulierung aus *De votis monasticis* zum Ausdruck:

> Der Stand der Vollkommenheit besteht darin, einen lebendigen Glauben zu haben, ein Verächter des Todes, des Lebens, des Ruhmes und der ganzen Welt zu sein, und in glühender Liebe als Diener von allen zu leben.[138]

An anderer Stelle im gleichen Text kann Luther seine Neubestimmung auch in dem Dual von Glaube und Liebe zusammenfassen:

> Wie unerhört ist denn bitte sehr diese Lüge, dass sie das Papsttum einen Stand der Vollkommenheit nennen, der doch allein in Glauben und Liebe besteht.[139]

1.3.4 Von der Liebe getragenes Weltengagement statt Rückzug ins Kloster

Wie in den gerade zitierten Zeilen verbindet Luther den Glauben als zweitem Schlüsselbegriff häufig mit der Liebe, die am Nächsten und in der Welt wirksam wird. Während der Glaube dabei das Verhältnis zu Gott beschreibt, wird der Aspekt der Liebe im Verhältnis zu den Mitmenschen, also innerweltlich, bedeutsam. Glaube und Liebe sind bei Luther eng miteinander verschränkt. Während in der Scholastik der Glaube als ergänzungsbedürftig durch die Liebe gedacht wurde – „fides caritate formata" –, ist die Liebe in Luthers Glaubensbegriff als Integral schon mitgedacht.[140] Gern verweist Luther in diesem Zusammenhang auf das biblische Bild des guten Baumes, der gute Früchte trägt. Während das Prädikat „gut" im Blick auf den Glauben zum Tragen kommt, stehen die Früchte des Baumes bildlich für die Werke der Liebe, die aus diesem Glauben entstehen.[141] Daher gilt: „Gute fromme Werke machen niemals einen guten frommen Mann,

---

[138] Übersetzung C.S., im Original: „Perfectionis status est, esse animosa fide contemptorem mortis, vitae, gloriae et totius mundi, et fervente charitate omnium servum.", LUTHER, WA 8, 584,29f.

[139] „Quam insigne quaeso et hoc mendacium est, quod pontificatum appellant statum perfectionis, quod solius fidei et charitatis est", Übersetzung C.S., a. a. O., 644,23–25.

[140] Eine Liebe, die unabhängig vom Glauben wirkt kann Luther daher auch mit heftigen Worten brandmarken: „Maledicta sit charitas", schreibt er in der Galaterbrief-Vorlesung, um direkt zu präzisieren: „quae servatur cum iactura doctrinae fidei, cui omnia cedere debent, charitas, Apostolus, Angelus e coelo etc." (DERS., Galaterbrief-Vorlesung (1535), WA 40/II, 26–28.); treffend formuliert Hans-Martin Barth: „Es gibt eine Liebe und auch eine Rede von der Liebe, die mit dem Christentum nichts zu tun hat! Es gibt aber keinen Glauben, der nichts mit der Liebe zu tun hätte! Der Glaube macht die Liebe eindeutig: Aus der Beziehung zu Gott heraus werden alle anderen Beziehungen, in denen wir stehen, recht.", HANS-MARTIN BARTH, Die Theologie Martin Luthers. Eine kritische Würdigung, Gütersloh 2009, 280.

[141] „Fatemur opera bona fidem sequi debere, imo non debere, Sed sponte sequi, Sicut arbor bona non debet bonos fructus facere, Sed sponte facit.", „Wir bekennen, dass die guten Werke dem Glauben nachfolgen, allerdings müssen sie nicht, sondern sie folgen freiwillig, so wie ein guter Baum gute Früchte nicht hervorbringen muss, sondern es freiwillig tut.", Übersetzung C.S., These 34 aus: MARTIN LUTHER, Die Thesen für die Promotionsdisputation von Hieronymus Weller und Nikolaus Medler (1535), WA 39/I, 46,28–30.

sondern ein guter frommer Mann macht gute fromme Werke."[142] Die typische Formulierung Luthers, dass die *guten Werke dem Glauben folgen*, zeigt aber – entgegen vielerlei Unterstellungen, gerade von altgläubiger Seite –, dass Luther nicht nur die innere Wandlung im Blick hat, sondern dass sich aus dem Glauben heraus notwendig auch äußere Konsequenzen ergeben. Dabei ist dieses *Folgen der Werke* nicht in einem zeitlichen Sinn zu denken. Der Glaube hat vielmehr nicht temporale, sondern „sachliche Priorität"[143]. Das Verhältnis von Glauben und Werken ist also nicht im Sinne des Nacheinander sondern der „Immanenz"[144] des Glaubens in den Werken gedacht. Luther spricht entsprechend auch häufig davon, dass die Christen „den Glauben in allen guten Werken zu üben"[145] haben. Nicht „beschauliche Geruhsamkeit" folgt also aus der soteriologischen Entlastung aller Lebensaktivität des Gläubigen. In der „Souveränität des Glaubens und des Heiligen Geistes" ist er, ganz im Gegenteil, dazu fähig, Widerstand gegen den alten Menschen mit all seinen „verkehrten Affektregungen"[146] in sich zu leisten. Treffend kann der Glaube auch als der „Anfang einer neuen seinshaften Gerechtigkeit"[147] bezeichnet werden, die sich im alltäglichen Tun und Wirken niederschlägt.[148]

Dass dabei auch die tätige Liebe im Sinne der *vita activa* von Luther als äußerst bedeutsam gewürdigt wird, steht in keinem Widerspruch zum Aspekt der Innerlichkeit. Entscheidend ist für Luther der Grund für die jeweilige Handlung. Ein Verhalten, das durch Selbstliebe oder lediglich durch äußere Pflichten motiviert ist, ist für Luther keine gute Handlung. Gute Werke, die nicht aus dem inneren Impuls des Glaubens und der Liebe, sondern letztlich aus egoistischem Interesse – gewissermaßen als notwendige Pflichten auf dem Weg zur Vollkommenheit – geleistet würden, stehen geradezu gegenteilig zur anvisierten Intention, auch wenn sie sich in ihren äußeren Vollzügen nicht unterscheiden mögen.[149] Mit

---

[142] Übertragung C.S., im Original: „Gutte frum werck machen nymmer mehr ein guten frumen man, sondern eyn gutt frum man macht gutte frum werck", DERS., WA 7, 32,5f.

[143] PAUL ALTHAUS, Die Ethik Martin Luthers, Gütersloh 1965, 24.

[144] Ebd.

[145] MARTIN LUTHER, Von den guten Werken (1520), WA 6, 212,35f., vgl. auch: 255,14f., 263,1–4, 268,1.6.

[146] SCHWARZ, Luther, 347.

[147] ALTHAUS, Theologie Luthers, 203.

[148] Emanuel Hirsch hat mit Blick auf Luthers Rechtfertigungslehre zwei verschiedene Rezeptionsströme unterschieden: Einerseits die melanchthonisch-orthodoxe und andererseits die pietistische. Während die erste „Gerechtsprechung als Zurechnung der Gerechtigkeit" versteht, „die Christus durch seinen Gehorsam bei Gott erworben hat", betont der pietistische Strom daneben auch das Moment der „Erneuerung", das – so Hirsch – bei der ersten Linie fehlt, vgl. HIRSCH, Rechtfertigungslehre, 119ff.

[149] Dietrich Bonhoeffer hat diesen Gedanken in seiner berühmten Doppelformulierung, die er in der *Nachfolge* entwickelt, aufgegriffen und pointiert festgehalten: „Nur der Glaubende ist gehorsam, und nur der Gehorsame glaubt", DBW, 4, 52. Bonhoeffer wendet sich einerseits gegen ein Rechtfertigungsverständnis, in welchem dem Gläubigen keinerlei Gehorsam, d.h. lebenspraktische Konsequenzen zugemutet werden und das er als „billige Gnade" (DBW 4, insbesondere 29–43) versteht. Andererseits richtet sich seine Kritik auch gegen einen Gehorsam,

Blick auf die Praxis gegenüber den Mitmenschen sind Luthers Gedanken daher vom Liebesgebot geleitet, das, in Anknüpfung an die Bergpredigt, nicht nur den Nächsten, sondern auch gegenüber Feinden gilt. In einer *Predigt zu Matthäus 5–7* aus dem Jahr 1530, in der sowohl Mt 5,48 als auch das Gebot der Feindesliebe im Hintergrund stehen, formuliert Luther:

> Ob aber das Leben nicht hernach so stark im Schwange geht, wie es denn nicht gehen kann, weil Fleisch und Blut ohne Unterlass hindert, das schadet der Vollkommenheit nichts. Allein, dass man danach strebe und darin gehe und täglich fortfahre, also dass der Geist über das Fleisch Meister sei und das selbst im Zaum halte, unter sich zwinge und zurück ziehe, sodass es nicht Raum bekomme, wider diese Lehre zu tun. Also dass ich die Liebe in rechter Mittelstraße, gegen jedermann gleich gehen lasse, dass sie keinen Menschen ausschlage. [Wenn ich dies tue, C.S.], so habe ich die rechte Christliche Vollkommenheit, die nicht in sonderlichen Ämtern oder Ständen besteht, sondern allen Christen gemein ist und sein soll und sich artet und richtet nach dem Exempel des himmlischen Vaters, der seine Liebe und Wohltat nicht in Stücke trennt oder teilt, sondern alle Menschen auf Erden zugleich derselben genießen lässt durch Sonne und Regen, keinen ausgeschlossen, er sei fromm oder böse.[150]

Mit Luthers Verweis auf die Liebe als elementarem Bestandteil einer christlichen Vollkommenheit geht eine Zuwendung zur Welt einher, die in dieser Weise mit der spätscholastischen Vergangenheit bricht. Galt traditionell Weltdistanz als Bedingung der Möglichkeit von Vollkommenheit, löst Luther diesen Zusammenhang schlicht auf. Nicht eine Abkehr vom eigenen Stand, aus dem eigenen Beruf und den Zusammenhängen, in die ein Mensch gestellt ist, sondern Verwirklichung eines christlichen Lebens am jeweiligen Ort, lautet seine neue Maxime. Die bereits beschriebene Aufhebung des Gefälles zwischen der stärker sündenbehafteten Profanwelt und einer, die Voraussetzungen zur Vollkommenheit garantierenden, Sakralwelt finden folglich in der Aufwertung der *vita activa* inmitten der einen Welt – zwischen Sünde und Heiligkeit – ihren Niederschlag. Zwar kann auch Luther davon sprechen, dass sich der Christ von der Welt fernhalten soll, doch meint dies eben keine räumliche Entfernung mehr aus den weltlichen Zusammenhängen, sondern ein geistliches Fernhalten inmitten der Welt, gewisser-

---

der nicht von Glauben getragen wird, sondern anderen Eigengesetzlichkeiten folgt und damit das Wesentliche immer verfehlt. Vgl. BONHOEFFER, Nachfolge, 45–67.

[150] Übertragung C.S., im Original: „Ob aber das leben nicht hernach so starck jm schwang gehet, wie es denn nicht gehen kan, weil fleisch und blut on unterlas hindert, das schadet der volkomenheit nichts. Allein das man darnach strebe und darinn gehe und teglich fortfare, also das der geist uber das fleisch meister sey und das selb jm zawm halte, unter sich zwinge und zuruck zihe, das es nicht rawm kriege widder diese lere zu thun, Also das ich die liebe jnn rechter mitelstrasse, gegen jderman gleich gehen lasse, das sie keinen menschen ausschlage, So habe ich die rechte Christliche volkomenheit, die nicht jnn sonderlichen emptern odder stenden stehet, sondern allen Christen gemein ist und sein sol Und sich artet und richtet nach dem exempel des himelischen vaters, der seine liebe und wolthat nicht stuecket noch teilet, sondern alle menschen auff erden zugleich der selben geniessen lest durch sonne und regen, keinen ausgeschlossen, er sey frum odder boese.", MARTIN LUTHER, Predigt über Matthäus 5–7 (1530), WA 32, 406,32–407,4.

maßen eine Entweltlichung inmitten der Welt.[151] So wird – wie auch Stegmann festhält – die „vom Glauben getragene Nächstenliebe in den vorfindlichen Strukturen der Welt zum Inbegriff des christlichen Lebens"[152].
Verbunden ist dieses Ziel eines Lebens in der Liebe gegenüber jedermann mit dem Gebot zu verzeihen. In einer *Predigt zu Matthäus 18* von 1524, interpretiert Luther das Vollkommenheitsgebot aus Mt 5,48 als ein gleichförmig werden mit Gott als dem Verzeihenden:

> Denn Gottes Güte lebt in unsern Herzen und macht uns auch gütig; Christus sitzt zu der Rechten des Vaters und regiert nichts desto weniger in den Herzen und Gewissen der Gläubigen, also dass sie ihn lieben, fürchten, vor ihm sich züchtiglich scheuen und ihm gehorsamlich folgen, gleichwie ein gehorsam Volk seinem Könige, und in allem Tun ihm gleichförmig werden. Wie er denn spricht: „Ihr sollt vollkommen sein, gleichwie euer Vater im Himmel vollkommen ist", Matth. 5,48. In dem ist Gott vollkommen, dass er unsere Bosheit, Gebrechen, Sünde und Unvollkommenheit duldet und uns verzeiht, auf dass wir auch also tun sollen unsern Brüdern[153]

Einerseits ist damit auf menschliche Unvollkommenheit, die im Kontext von Bosheit, Gebrechen und Sünde genannt wird, verwiesen. Gleichzeitig begegnet der Verweis auf die Angleichung an Gottes Vollkommenheit, die durch seine Güte und die Fähigkeit, all die genannten Beschränkungen und Bösartigkeiten menschlichen Daseins verzeihen zu können, näherbestimmt wird. Als Urheber kommt, in einer für Luther typischen Struktur aus Passivität und gebotener Aktivität, sowohl Gott – hier in Gestalt des zur Rechten des Vaters sitzenden Sohnes, Christus – als auch der Mensch selbst in den Blick. Eindeutig richten sich die Imperative der Textstelle an den Menschen.[154] Zugleich ist es Christus resp. Gott selbst, der die Veränderung der Herzen und die daraus veränderte Handlungsdisposition bewirkt, wie einige Zeilen später noch einmal deutlich wird: „Christus

---

[151] Bonhoeffer hat diese Ambivalenz des Lebens und Rufs in die Welt und aus der Welt treffend auf den Punkt gebracht: „Der vollkommene Gehorsam gegen das Gebot Jesu mußte im täglichen Berufsleben geleistet werden. Damit vertiefte sich der Konflikt zwischen dem Leben des Christen und dem Leben der Welt in unabsehbarer Weise. Der Christ war der Welt auf den Leib gerückt. Es war Nahkampf.", BONHOEFFER, Nachfolge, 34f.
[152] STEGMANN, Luthers Auffassung, 3.
[153] Übertragung C.S., im Original: „[D]ann Gottis guette lebt in unnsern hertzen unnd machet unß auch guettigk, Christus sitzt zů der rechten des vatters und regniret nit destminder yhn den hertzen unnd gewissen der glaubigen, also das sie yn lieben, fuerchten, vor yhm sich zuechtigklich schewen, yhm gehorsamklich folgen, Gleych wie ein gehorsam volck seinem koenige, und yhn allem thun yhm gleychformig [Matth. 5, 48] werden, Wie ehr dann Spricht ‚Seyth volkomen gleych als ewer hymelischer Vatter volkomen ist' In dem ist got volkomen, das er unsere boßheyt, gebrechen, sunde und unvolkomenheyt duldet und vertzeyhet, auff das wir auch also thun", MARTIN LUTHER, Predigt zu Matthäus 18 (1524), WA 15, 733,19–27.
[154] „Es ist nit genüg, das du mit geberden, zeychen, munde oder zunge dich freuentlich gegen yhm [scil. den Mitmenschen, C.S.] stellest unnd vergebest, Sondern von hertzen, sonst wirt dir Got nit vergeben, du wirst auch vom reych der gnaden Gottis verstossen werden.", a.a.O., 733,10–13.

regiert, wenn er durch den Glauben des Evangeliums die Güte und Gnade Gottes den Herzen einbildet und sie Gott gleichförmig macht."[155]

Dass der Gläubige an diesem Anspruch auch immer wieder scheitert und daher in Verzweiflung geraten kann, ist Luther dabei sehr bewusst. In einer Passage seiner *Predigt am Gründonnerstag zu Johannes 13* aus dem Jahr 1524, in der er die ethischen Impulse behandelt, die sich aus dem Empfang des Abendmahls ergeben sollen, kommt er auch auf die Frage nach dem Umgang mit solchem Scheitern zu sprechen. Darin betont Luther, dass es a) nicht genügt, allein das Abendmahl zu empfangen, sondern dass dieser Empfang auch mit einer erneuerten Lebenseinstellung, konkret dem Dienst am Nächsten, einhergehen soll. Dass in der Liebe und dem Dienst am Nächsten immer wieder auch Defizite schmerzhaft bewusst werden, führt Luther zu den Aufforderungen b), daran nicht zu verzweifeln, sondern es Gott zu „klagen" und sich außerdem c), weiterhin um ein „in der Liebe zunehmen" zu bemühen:

> Du musst es ihm auch klagen und sprechen: Siehe daran fehlt mirs, du gibst dich mir so reichlich und überflüssig, ich kann aber nicht ebenso gegen meinen Nächsten tun. Das klage ich dir und bitte: Lass mich doch so reich, so kräftig werden, dass ichs auch tun könnte. Und ob es auch unmöglich ist, dass wir so vollkommen werden, so sollen wir dennoch danach seufzen. Und auch wenn es uns mangelt nicht verzweifeln, solange diese Begierde in uns bleibt, dass wir es gerne tun wollen. (…) Darum sollen wir uns nicht träge machen lassen, wenn wir das Sakrament empfangen haben, sondern fleißig sein und acht geben, dass wir in der Liebe zunehmen und uns des Nächsten Notdurft annehmen und ihm die Hand reichen, wo er Not leidet und unserer Hilfe bedarf. Tust du das nicht, so bist du kein Christ, oder ein schwacher Christ, auch wenn du dich rühmst, dass du den Herrn, mit allem, was er ist, empfangen hast im Sakrament.[156]

Mit der Verlagerung der Möglichkeit von Vollkommenheit aus den Klöstern in die Strukturen der Welt, stellt sich für Luther auch die Frage nach dem traditionellen Armutsgebot, dem das Mönchtum mindestens in der Theorie immer verbunden geblieben war. Dabei nimmt Luther Abstand von einem Verständnis des

---

[155] Übertragung C.S., im Original: „Christus regniret, wann ehr durch den glauben deß Euangelij die guette und gnade Gottis den hertzen eynbildet und sie Gotte gleychformigk machet.", a. a. O., 733,31f.

[156] Übertragung C.S., im Original: „du must es yhe yhm auch klagen und sprechen: Sihe daran feylet myrs, du gibst dich myr so reychlich und uberfluessig, Jch kan aber nicht widderumb also thuen gegen meynen nehisten, das klag ich dyr und bitte, Lass mich doch so reych, so krefftig werden, das ichs auch thuen kunde. Und ob es wol unmueglich ist, das wyr so volkomen muegen werden, so sollen wyr dennoch darnach seufftzen, und ob es uns mangelt, nicht verzueyffelen, so fern solch begyrd ynn uns bleybt, das wyrs gerne thuen wollten. (…) Darumb sollen wyr uns nicht treg lassen machen, wenn wyr das sacrament entpfangen haben, sondern vleyssig seyn und acht haben, das wyr ynn der liebe zunemen und uns des nehisten nottdurfft annemen und yhm die hand reychen, wo er nott leydet und unser hulff bedarff. Thuestu das nicht, so bistu nicht eyn Christen, oder yhe eyn schwacher Christ, ob du gleych dich rhuemist, du habst den Herren mit allem was er ist, entpfangen ym sacrament.", DERS., Predigten des Jahres 1524, WA 15, 499,12–20; 500,28–33.

Armutsideals, wie es für ein vollkommenes Leben bis dahin konstitutiv schien.¹⁵⁷ Arbeit und Besitz sind für ihn nicht nur allgemein menschliche Bedingungen, sondern auch „selbstverständliche Rahmenbedingungen"¹⁵⁸ eines christlichen Lebens. Der Akzent des Problems verlagert sich für Luther daher auf die Frage nach dem Modus des Umgangs mit Besitz. Der Glaubende kann sowohl Arbeit als auch Besitz als gegebene Bestandteile des menschlichen Lebens bejahen, wenn damit zugleich die Verpflichtung zum verantwortlichen, d. h. am Liebesgebot orientierten Umgang entsprechend der Schöpfungsordnung verbunden ist: „Das christliche, die Schöpfungsordnung in ihrer eigentlichen Absicht ernstnehmende Verhältnis zur Welt ist das Leben in der Christusnachfolge entsprechend der Bergpredigt"¹⁵⁹.

1.3.5 Vollkommenheit als Leben im Gehorsam

Während die genannten Aspekte, Glaube und Liebe, wesentliche *inhaltliche* Facetten von Luthers Vollkommenheitsvorstellung abdecken, bildet der Imperativ des Gehorsams gegenüber Gott einen eher *formalen* Aspekt. Statt nur eigenen Begierden und den mit Eigenliebe verpflichteten Antrieben zu folgen, soll sich der gläubige Mensch nach Luther hin zu einer Konvergenz zwischen göttlichem und menschlichem Willen entwickeln.¹⁶⁰ Deutlich wird das beispielsweise in der Unterscheidung zwischen *status integritatis* und *status corruptionis*, wie er sie in seiner *Genesisvorlesung* aus den Jahren 1535–1545 entfaltet:

> Wenn der Mensch, zu einem solchen vollkommenen Bild und Gleichnis Gottes geschaffen, nicht gefallen wäre, so hätte er fröhlich in alle Ewigkeit und voller Freude gelebt; hätte auch einen heiteren Willen gehabt, der auch bereit ist, Gott zu gehorchen. Aber durch die Sünde sind sowohl Gleichnis als auch Bild verloren gegangen. Sie werden aber dennoch irgendwie durch den Glauben wiedergefunden, wie Paulus sagt: Wir beginnen nämlich Gott zu erkennen, wobei uns der Geist Christi hilft, den Geboten Gottes gehorchen zu wollen. Aber wir haben nur die Erstlinge dieser Gaben: Denn dieses neue Wesen in uns fängt erst an und wird nicht vollendet solange wir in diesem Fleisch sind. Der Wille, Gott zu loben, ihm zu danken, der Wille zum

---

[157] Vgl. die bereits oben genannte Formulierung von Thomas: „Der Status des Religiösen ist irgendeine Übung und Training, durch welches man zur Vervollkommnung der Liebe kommt. Dafür ist es aber natürlich notwendig, dass man seine Emotionen völlig von den weltlichen Dingen fernhält. [...] Deswegen aber, weil man weltliche Dinge besitzt, wird der eigene Geist zur Liebe dieser Dinge verlockt. [...] Und daraus ergibt sich, dass zur Erlangung der Vervollkommnung der Liebe die erste Grundlage die freiwillige Armut ist, sodass man ohne Eigentum lebt: Wie der Herr in Matthäus 19,21 sagt: Wenn du vollkommen sein möchtest, geh und verkauf alles, was du hast, und gib es den Armen und folge mir.", THOMAS VON AQUIN, STh II-II q 186, a3 resp.
[158] STEGMANN, Luthers Auffassung, 447.
[159] A. a. O., 446.
[160] Karl Holl hält das folgendermaßen fest: „Erst die Sicherheit darüber, daß das zu vollziehende Werk in Gottes Plan hineinpaßt, Gottes Willen trifft, verleiht ihm seinen vollen Sinn, und nur aus solcher Zuversicht kann auch der ganze Wille entspringen, der zum wahren sittlichen Handeln gehört", HOLL, Geschichte, 214.

Bekenntnis und zur Geduld etc. entsteht erst noch irgendwie: Aber nur, wie man es bei Erstlingen erwarten kann. Denn das Fleisch folgt seiner üblichen Gewohnheit den Dingen nach, die zu ihm gehören, und widersetzt sich den Dingen, die zu Gott gehören. So fangen diese Gaben an, bei uns erneuert zu werden, die Zehnten aber oder die Vollkommenheit dieser Gleichheit werden uns erst im zukünftigen Leben zuteilwerden, nachdem das sündige Fleisch durch den Tod völlig vernichtet sein wird.[161]

In Luthers Anthropologie befindet sich der Gläubige in einem fortwährenden Kampf zwischen verschiedenen Mächten, die teils in ihm selbst angelegt, teils aber auch äußeren Ursprungs sind – letztere häufig personifiziert durch den Teufel. Der Aspekt des Gehorsams beschreibt nun das Ziel, sich ganz dem Willen und der Führung Gottes anzuvertrauen. Umgekehrt beschreibt dieses Ziel des Gehorsams eine angestrebte Befreiuung von anderen Mächten und Strukturen, die diesem Ziel im Wege stehen. Für Luther ist dies ein Freiwerden von allem Fleischlichen, der Konkupiszenz in weitem Sinne, der Selbstliebe und dem Wirken des Teufels,[162] kurz gesagt: aller Sünde. Dabei meint Luther keinen Gehor-

---

[161] Übersetzung C.S., im Original: „Ad hanc tum imaginem tum similitudinem Dei perfectam conditus homo, si non lapsus esset, vixisset in aeternum laetus et gaudio plenus; habuisset voluntatem hilarem et expeditam ad obediendum Deo: Sed per peccatum tum similitudo tum imago amissa est. Reparantur tamen aliquomodo [Eph. 4, 23] per fidem, sicut Paulus dicit. Incipimus enim agnoscere Deum et adiuvat nos Spiritus Christi, ut cupiamus obedire mandatis Dei. Sed horum donorum tantum primitias habemus: Haec nova Creatura in nobis tantumincipit, non absolvitur, dum sumus in hac carne. Erigitur voluntas aliquomodo ad laudandum Deum, ad agendas gratias, ad confessionem, pacientiam etc.: Sed tantum secundum primitias. Nam caro suo more sequitur, quae sua sunt, et iis, quae Dei sunt, repugnat. Ita tantum incipiunt haec dona in nobis reparari, Decimae autem seu plenitudo huius similitudinis contingent in futura vita, postquam caro peccati per mortem abolita fuerit.", MARTIN LUTHER, Genesisvorlesung (1535–1545), WA 42, 248,14–27.

[162] Auch für Bonhoeffer ist der Gehorsam gegenüber Jesus Christus und die daraus entstehende Gemeinschaft in seiner Nachfolge Voraussetzung und Inhalt eines vollkommenen Lebens. In seiner *Nachfolge* befasst sich Bonhoeffer mit der Frage des reichen Jünglings: „Meister, was soll ich Gutes tun, damit ich das ewige Leben habe?", woraufhin Jesus am Ende der Perikope mit dem Satz antwortet: „Willst du vollkommen sein, so geh hin, verkaufe, was du hast, und gib's den Armen, so wirst du einen Schatz im Himmel haben; und komm und folge mir nach!" (Mt 19,16.21), Bonhoeffer erkennt in Jesu Antwort den Imperativ zum Gehorsam, den er als Gehorsam gegenüber Jesus Christus und damit als Ruf in die Nachfolge versteht. Diesem Ruf zu folgen ist dem begüterten Jüngling unmöglich, da er zu sehr an „seiner Vergangenheit" und seinem Reichtum hängt. Durch diese Bindung an Güter und Vergangenheit ist ihm ein vollkommenes, gleichbedeutend auch ewiges Leben unmöglich: „Der Ruf in die Nachfolge bekommt auch hier keinen anderen Inhalt als Jesus Christus selbst, die Bindung an ihn, die Gemeinschaft mit ihm. Aber nicht schwärmerische Verehrung eines guten Meisters, sondern Gehorsam gegen den Sohn Gottes ist die Existenz des Nachfolgenden." (BONHOEFFER, Nachfolge, 64f.) Das ‚Willst du vollkommen sein…' ist für Bonhoeffer damit nicht Ausdruck einer letzten Steigerung oder Aufstieg auf einen letzten Gipfel. Im Gegenteil, entscheidet sich mit der Möglichkeit oder Unmöglichkeit zu Gehorsam und Nachfolge für den Jüngling bzw. den Christen existentiell alles. Füllt man den Begriff der Nachfolge inhaltlich mit der Verwirklichung eines Lebens als Hingabe, dann taucht hier Luthers Unterscheidung zwischen Hingabe und Eigenliebe wieder auf, zwischen der sich der Mensch entscheiden muss. An anderer Stelle setzt Bonhoeffer in der

sam, der wieder in eine „äußerliche Frömmigkeit"[163] abgleitet. Die Befolgung von Gottes Willen, die auch im Gesetz sichtbar wird, soll – wie oben bereits dargestellt – aus „Lust des Herzens zum Gesetz" und als „innerlicher Gehorsam"[164], also aus emotional-intrinsischer Motivation heraus geschehen.[165] Dies geht einher mit dem Vertrauen auf die Fähigkeit eines *„situationsgerechten* Verhaltens in der Orientierung am Liebesgebot"[166], sodass Luthers Ethik an diesem Punkt zu Recht in die Nähe situationsethischer Ansätze gerückt wurde.[167]

Da ein solcher Gehorsam nicht in „menschlicher Natur Vermögen" ist, Gott aber den Menschen in einen solchen Gehorsam führen möchte, fragt auch Luther, wie die „alte ungehorsame verderbte Natur verändert und neu werde" und Gott „solche Herzen, Sinn und Mut schaffen [kann], die da williglich und mit Lust und einen rechten vollkommenen Gehorsam Gott erzeigen"[168]. Der Verwandlungsprozess hin zu einem neuen, gehorsamen Menschen geschieht nach Luther durch die kraftvolle Predigt des Evangeliums, dem daraus folgenden und geistgewirkten Erlösungs- und Trostbewusstsein und daraus wiederum erwachsenden neuen Kräften, die ihn befähigen gegen „die Sünde und des Todes Schrecken und wieder alle Gewalt des Teufels"[169] zu bestehen. Diesen hier knapp zusammengefassten Verwandlungsprozess – zu dem explizit auch wiederkehren-

---

Interpretation von Mt 5,47f. die Seliggepriesenen und die Vollkommenen in eins. Einige der zentralen Aspekte von Luthers Vollkommenheitsvorstellung tauchen auch bei Bonhoeffer wieder auf: Die Liebe (auch zum Feind), Gehorsam, der auch Leid miteinschließt, alles am Vorbild Christi orientiert: „Worin besteht das περισσόν, das Außerordentliche? Es ist die Existenz der Seliggepriesenen, der Nachfolgenden, es ist das leuchtende Licht, die Stadt auf dem Berge, es ist der Weg der Selbstverleugnung, völliger Liebe, völliger Reinheit, völliger Wahrhaftigkeit, völliger Gewaltlosigkeit; es ist hier die ungeteilte Liebe zum Feind, die Liebe zu dem, der keinen liebt und den keiner liebt; die Liebe zum religiösen, zum politischen, zum persönlichen Feind. Es ist in all dem der Weg, der seine Erfüllung fand am Kreuze Jesu Christi. Was ist das περισσόν? Es ist die Liebe Jesu Christi selbst, die leidend und gehorsam ans Kreuz geht, es ist das Kreuz. Das Sonderliche des Christlichen ist das Kreuz, das den Christen über-die-Welt-hinaussein läßt und ihm darin den Sieg über die Welt gibt. Die passio in der Liebe des Gekreuzigten – das ist das ‚Außerordentliche' an der christlichen Existenz." Einige Zeilen später: „Hier sind die Vollkommenen, die in der ungeteilten Liebe vollkommen sind wie der Vater im Himmel. War es die ungeteilte, vollkommene Liebe des Vaters, die uns den Sohn ans Kreuz gab, so ist das Erleiden der Gemeinschaft dieses Kreuzes die Vollkommenheit der Nachfolger Jesu. Die Vollkommenen sind keine anderen als die Seliggepriesenen.", a. a. O., 148f.

[163] MARTIN LUTHER, Predigt über den 110. Psalm (1535), WA 41, 147,12.
[164] A. a. O., 147,14
[165] Vgl. dazu auch SCHWARZ, Luther, 396f.
[166] LEONHARDT, Ethik, 176, Hervorhebung im Original.
[167] Vgl. ebd.
[168] LUTHER, WA 41, 148,23–26.
[169] A. a. O., 149,19f.

de Erfahrungen des Leides[170] und der Anfechtung[171] gehören – sieht Luther im irdischen Leben anfangen und zunehmen. Die volle Verwirklichung bleibt aber immer unter einem futurisch-eschatologischen Vorbehalt:

> Solchs sehet [lies: fängt, C.S.] hier an in diesem Leben bei den Christen, wird aber erst vollkommen werden in jenem Leben nach der Auferstehung, da die ganze Natur mit Leib und Seele in reinem ewigen Gehorsam gegen Gott leben wird.[172]

Lässt sich aus all dem eine bestimmte Präferenz für oder gegen eine bestimmte Arbeit ableiten? Luthers Antwort darauf hängt nun mit jenem von Karl Holl herausgearbeiteten Neuverständnis des Worts *Beruf* zusammen. Luthers Aufwertung des Lebens in der Welt hebt auch sämtliche Arbeiten darin, einschließlich gesellschaftlich kaum anerkannter Tätigkeiten wie die einer Magd,[173] in einen neuen Stand und adelt sie mit dem – im Sinne von *Berufung* zuvor nur geistlichen Zusammenhängen vorbehaltenen – Wort des Berufs.[174] Sofern ein Christ einem Stand angehört, was nach Luther für jeden gilt,[175] darf er sich, in diesem Stand von Gott berufen fühlen. Die richtungsweisende Bedeutung des damit neudefinierten Lebensideals hat treffend Adolf von Harnack festgehalten: „Welch' eine ungeheure Reduction bedeutet doch auch Luther's neues Ideal! Das, was bisher

---

[170] Die Verbindung zwischen dem zunehmenden Gehorsam und Leiderfahrungen schlägt auch Emanuel Hirsch: „Wenn er [Gott] einer Menschenseele verzeiht, so steht vor ihm schon ein bestimmtes und klares Bild dessen, zu dem er sie machen will. Daß dieses Bild wirklich werde, daran arbeitet er dann unablässig. In all den mannigfaltigen Wendungen unseres äußeren und inneren Lebens spüren wir dies sein Erziehen und Bilden. Vor allem gehört dazu auch das Leid. In ihm läutert er uns zu ganz selbstlosem Gehorsam und unbedingtem Vertrauen auf das Unsichtbare. Wir sehen seine Liebe in reiner Klarheit, die nicht mehr getrübt ist durch die Mißverständnisse unserer Eigensucht. So schafft sein Wille in uns das neue persönliche Leben.", Emanuel Hirsch, Luthers Gottesanschauung, in: Lutherstudien 3 (Gesammelte Werke 3), Waltrop 1999, 24–50, hier 39f.

[171] Vgl. zum Thema der Anfechtung bei Martin Luther die voraussichtlich 2024 erscheinende Studie von Tobias Liebscher: Anfechtung: Die Spiritualität der Anfechtung in Martin Luthers Seelsorge und ihre Bedeutung für die gegenwärtige Poimenik.

[172] Luther, WA 41, 150,17–20.

[173] „So möchtest du sprechen: Wie aber, wenn ich nicht berufen bin, was soll ich denn tun? Antwort: Wie ist's möglich, dass du nicht berufen seist? Du wirst ja in einem Stand sein, du bist ja ein ehrlich Mann oder Weib oder Kind oder Tochter oder Knecht oder Magd. Nimm den geringsten Stand für dich, bist du ein ehrlicher Mann, meinst du, du hast nicht genug zu schaffen ihn demselben Stand? Zu regieren dein Weib, Kind, Gesinde und Gut, das es alles in Gottes Gehorsam geht und du niemand unrecht tust?", Übertragung C.S., ders., Kirchenpostille (1522), WA 10/I/1, 308,6–12; und etwas weiter: „O nein, lieber Mensch, es ist Gott nicht um die Werke zu tun, sondern um den Gehorsam (…) daher kommt's, dass eine fromme Magd, so sie in ihrem Befehl hingeht und ihrem Amt den Hof kehret oder Mist austrägt oder ein Knecht in gleicher Weise pflügt und fährt, stracks zu gen Himmel geht auf der richtigen Straße, während ein anderer, der zu Sankt Jacob oder zur Kirche geht, sein Amt und Werk liegen lässt, stracks zu zur Hölle geht.", a.a.O., 310,6–13.

[174] Vgl. Holl, Geschichte, 217.

[175] Vgl. Luther, WA 10/I/1, 309,14f.

unter dem Schutt raffinirter und complicirter Ideale am wenigsten geachtet worden war, die demüthige und sichere Zuversicht auf Gottes väterliche Vorsehung und die Treue im Beruf (in der Nächstenliebe), machte er zur Hauptsache, ja erhob sie zum einzigen Ideal!"[176]

Die Pflichten, die dem Gläubigen in seinem Beruf auferlegt sind, werden somit zu Aufträgen oder Befehlen nicht nur des jeweiligen Dienstvorgesetzten, sondern von Gott selbst und der Gehorsam darin zum Gehorsam gegenüber Gott.[177] Luther kann deshalb auch dazu aufrufen, in seinem jeweils gottgegebenen Stand zu bleiben,[178] so er nicht selbst ein sündhafter ist.[179] Missverstanden wäre die Bejahung und Aufwertung des jeweiligen Standes und Berufs andererseits jedoch, wenn man sie als eine „göttliche Zwangsordnung" verstünde. Vielmehr ist sie „ein hilfreicher Rahmen, innerhalb dessen der Christ sein Leben führt"[180].

1.3.6 Sünde als bleibende Diastase von Vollkommenheit

Einem Leben, das aus dem Glauben heraus im Gehorsam gegenüber Gottes Willen, d.h. in der Liebe lebt, sind im diesseitigen Leben – nach Luther – Grenzen gesetzt, die allgemein mit dem Begriff der Sünde beschrieben sind.[181] Verortet wird diese unüberwindbar menschliche Neigung zur Sünde von Luther anhand der klassisch-biblischen Begriffe im *Fleisch* und den *Begierden* des Menschen.[182] Den teilweise vertretenen Optimismus der Spätscholastik, dass es dem Menschen möglich ist, sündenfrei zu leben, lehnt Luther – wie oben bereits gezeigt (vgl. 1.3a) – kategorisch ab.[183] Das Bemühen, sich der Sünde zu widersetzen, kann

---

[176] HARNACK, Dogmengeschichte, 831, etwas weiter hinten hält Harnack fest: „[D]er bürgerliche Beruf, die schlichte Thätigkeit in Haus und Hof, in Geschäft und Amt, ist nicht mehr die misstrausich beurtheilte, weil vom Himmel abziehende Beschäftigung, sondern der rechte geistliche Stand, das Gebiet, auf dem sich das Gottvertrauen, die Demuth und das Gebet, also der im Glauben wurzelnde christliche Charkater zu bewähren hat.", a.a.O., 833f.
[177] Vgl. HOLL, Geschichte, 217.
[178] Vgl. z. B. LUTHER, WA 10/I/1, 15ff.
[179] Vgl. a.a.O., 317,6–24.
[180] STEGMANN, Luthers Auffassung, 375.
[181] Aus der Vielzahl an Belegstellen einige Beispiele: MARTIN LUTHER, Hauspostille (1544), WA 52, 317,29–37; DERS., Epistel am Pfingsttage, Crucigers Sommerpostille (1544), WA 21, 442,12–22; DERS., WA 42, 248,14–27.
[182] So kann Luther davon sprechen, dass „wir noch im Fleisch leben und nicht alle so vollkommen sind uns im Geist zu regiren.", Übertragung C.S., DERS., Ein Sermon von den neuen Testament, das ist von der heiligen Messe (1520), WA 6, 272,34f.
[183] Troeltsch sieht in dem Gedanken der „Unüberwindlichkeit der Sünde" eine „bemerkenswerte Abweichung vom Paulinismus, der in der Gewißheit einer völligen Erneuerung und Veränderung der Christen die Ueberwindung der Sünde für das Normale hielt und die auch von ihm anerkannte Befleckung einzelner Gemeindeglieder als Flecken und Mängel im eigentlichen Ideal der Gemeinde ansah, die durch Zucht zu beseitigen sind und vom bald kommenden Gericht und Ende ausgebrannt werden." Interessanterweise erkennt Troeltsch nun aber gerade darin die „sektenhaften Elemente des Paulus", auf die sich „daher auch die Sekten bis heute berufen", TROELTSCH, GS 1, 484.

diesseitig niemals in deren vollständiger Überwindung gipfeln.[184] Mit dieser Ansicht steht Luther ganz in der Tradition der Augustinerschule.[185]

Auf der Basis dieser anthropologischen Voraussetzung befindet sich der Gläubige in einem fortwährenden und lebenslangen Kampf zwischen Sünde und Heiligkeit bzw. Altem und Neuem Menschen. Diese beiden Bilder sind dabei charakterisiert durch die paulinische Unterscheidung zwischen Fleisch und Geist.[186] Da der Mensch seinen fleischlichen Charakter niemals überwinden kann, bleibt er auch ein Leben lang der Sünde verhaftet, damit niemals am Ziel seines Strebens und permanent für Rückfälle gefährdet. Deutlich wird die Aufgabe,[187] aber auch die Unmöglichkeit der abschließenden Überwindung der Sünde und damit die lebenslange Verfehlung letzter Vollkommenheit, die Luther auch mit dem Begriff absoluter Heiligkeit beschreiben kann, in Luthers *Hauspostille* aus dem Jahr 1544:

In Heiligkeit und Gerechtigkeit soll dieser Gottesdienst stehen. Dass der Mensch erstens, durch den Glauben gereinigt und gerechtfertigt, Vergebung der Sünde habe und danach auch heilig sei in seinem äußerlichen Leben. Dass man der Sünde und dem Fleisch nicht nachhänge, sondern es dämpfe und sich mit Herzen begebe in den rechten Gehorsam, den Gott in seinem Wort fordert und der Heilige Geist in den Gläubigen anrichtet. Obwohl solche Heiligkeit unseretwegen nicht vollkommen auf Erden sein kann, so wird doch solches [scil. Ungenügen, C.S.] durch die Vergebung der Sünden, welche die rechte Gerechtigkeit ist, erstattet.[188]

Fleisch, bzw. an anderen Stellen spricht Luther auch vom *Leib*, steht nun wiederum sinnbildlich für die Konkupiszenz des Menschen. Seine Begierden hindern ihn daran voll und ganz aus dem Geist zu leben. Verbunden mit diesem lebenslangen Ringen ist auch das Gegensatzpaar von Eigensucht und Hingabe. Ein Leben in maximalem Glauben und Liebe wäre in der Nachfolge Christi ein Leben der Absehung von Eigensucht und absoluter Hingabe für den Nächsten.

Das ideale, vollkommene Bild des Menschen, das als Zielpunkt vor Augen steht, ist das Angesicht Christi. In ihm bündeln sich die Aspekte, die bisher be-

---

[184] Das gilt ausdrücklich auch für alle Heiligen: „Wenn man in der Schrift von Heiligen liest, dass sie vollkommen sind gewesen, so verstehe es so, dass sie nach dem Glauben ganz rein und ohne Sünde gewesen sind, aber dennoch ist das Fleisch noch da gewesen, da hat nicht ganz rein sein können.", Übertragung C.S., MARTIN LUTHER, Epistel S. Petri gepredigt und ausgelegt. Erste Bearbeitung (1523), WA 12, 323,29–32.

[185] Vgl. ALPHONS VICTOR MÜLLER, Luthers theologische Quellen. Seine Verteidigung gegen Denifle und Grisar, Gießen 1912, 107.

[186] Vgl. zur Unterscheidung von Fleisch und Geist bei Luther: EBELING, Lutherstudien II, 572f.

[187] Vgl. z. B. MARTIN LUTHER, Predigten des Jahres 1534, WA 37, 485f.

[188] Übertragung C.S., im Original: „[I]n heyligkeyt unnd gerechtigkeyt sol diser Gottes dienst stehn. Das der mensch erstlich, durch den glauben gereyniget und gerechtfertiget, vergebung der sünde habe unnd darnach auch heilig sey des eusserlichen lebens halb, Das man der sünde und dem fleysch nit nach henge, sonder es dempfe und sich mit hertzen begebe an den rechten gehorsam, den Got in seinem wort fordert und der heylig Geyst in den glaubigen anrichtet. Solche heyligkeyt, ob sie gleich unsert halb nicht volkummen auff erden kan sein, So wirdt doch solches durch vergebung der sünden, welches die rechte gerechtigkeit ist, erstattet.", DERS., WA 52, 649,11–18.

nannt worden sind, in historischer Gestalt: Sein vollkommener, bis ans Kreuz führender Gehorsam gegenüber Gott, sein gläubiges Vertrauen auf Gott, die unüberbietbare Liebe, mit der er erfüllt war und auch seine absolute Freiheit von Sünde. In einer Predigt aus dem Jahr 1534 schreibt Luther:

> Denn es gehet nicht so schwinde zu, dass ein Kind im Mutterleib bald zur Welt geboren werde, sondern wird langsam gebildet, Augen, Ohren und alle Gliedmaßen nacheinander, bis ein ganzer, vollkommener, lebendiger Mensch werde. Also ist es hier auch mit uns noch ungestalt Ding, dass Gott stets muss arbeiten durch sein Wort und Geist, dass wir von Tag zu Tag im Glauben zunehmen, so lang, bis wir vollkommen werden, und wie S. Paulus in Gal. 4 sagt, bis Christus seine rechte Gestalt in uns gewinne und müssen uns immerdar spiegeln in diesem Bild [Gottes, C.S.][189], auf dass wir dasselbe vollkommen fassen und ihm ähnlich werden. Und wenn der Teufel oft einen Riss oder einen Fleck hineinmacht, da muss man immer wieder daran fegen und läutern, bis es ganz rein und völlig werde. So heißt dann der Mensch neugeboren und nicht allein nur das, sondern auch vollkommen, [...] Darum müssen wir täglich danach trachten, beide, nach Gottes Wort handeln und beten, dass wir das rechte, tröstliche Bild Gottes als unseres gnädigen Vaters und Heilands fassen mögen und behalten.[190]

Im Anschauen dieses Bildes, in dem letztlich das ursprünglich geschaffene Ebenbild Adams wieder aufleuchtet,[191] versucht der Mensch dem auch in ihm selbst angelegten Bild näherzukommen und ihm gleich zu werden.[192]

Im Unterschied zu Christus – in dessen Leben die unmögliche Möglichkeit von Vollkommenheit Wirklichkeit wurde – ist es allen an ihn Glaubenden allerdings unmöglich, die eigene Sündhaftigkeit zu überwinden. Die Begierden des Menschen, d. h. seine grundsätzliche Anlage zur Sünde, treiben ihn im Gegenteil immer wieder zur Suche des eigenen Nutzens. Da dieser Kampf niemals endgültig ausgefochten werden kann, der Mensch immer *homo peccator* und damit nicht-perfektibel bleibt, markiert diese Überzeugung zugleich die Unmöglichkeit von Vollkommenheit im diesseitigen Leben.

Mit dieser bleibenden Nicht-Perfektibilität des diesseitigen Menschen wird jedoch die Möglichkeit und Aufgabe eines Strebens in Richtung von Vollkommenheit nicht ausgeschlossen. Für Luther bleibt sie stets gefordert. Spannend ist

---

[189] Das im Angesicht Jesu Christi angeschaut werden kann, vgl. DERS., WA 37, 452,20ff.
[190] Übertragung C.S., im Original: „Denn es gehet nicht so schwinde zu, das ein kind jnn mutter leibe bald zur welt geborn werde, sondern wird langsam gebildet, euglin, ohren und alle geliedmas nach einander, bis ein gantzer, volkomener, lebendiger mensch werde. Also ist es hie auch mit uns noch ungestalt ding, das Gott stets mus erbeiten durch sein wort und geist, das wir von tag zu tag im glauben zunemen, so lang, bis wir volkomen werden, und wie S. Paulus [Gal. 4, 19] Gala. iiij. sagt, bis Christus sein rechte gestalt jnn uns gewinne, und muessen jns jmerdar spiegeln jnn dasselbige bild, auff das wir dasselb volkomen fassen und jm ehnlich werden. Und ob der Teuffel offt einen riss oder flecken drein machet, da mus man jmer wider dran fegen und leutern, bis es gar rein und voellig werde, Also heisst denn der mensch newgeborn und nicht allein [Eph. 4, 13] das, sondern auch volkomen, [...] Darumb mussen wir teglich darnach trachten, beide, mit Gottes wort handlen und beten, das wir das rechte, troestliche bild Gottes als unsers gnedigen Vaters und heiland moegen fassen und behalten.", a. a. O., 460,23–38.
[191] Vgl. a. a. O., 453,15–19.454,15–21.
[192] Vgl. zu allem Genannten DERS., Predigt zu Matthäus 8,13 (1534), WA 37, 451–461.

74　*I. Hauptteil: Protestantische Vollkommenheitsvariationen*

angesichts dieses Befundes, ob der Gläubige sich der Vollkommenheit überhaupt annähern kann, oder ob dieser Kampf nicht eher durch ein ständiges Auf und Ab geprägt ist, ohne, dass darin irgendeine Art von Fortschritt möglich wäre. Auf den traditionellen theologischen Hintergrund bezogen heißt die Frage dann: Inwiefern hat sich Luther von der mittelalterlichen Vorstellung verabschiedet, die – wie unter 1.2a gezeigt – Vollkommenheit als ein Ziel begriff, zu dem man sich schritt- und stufenweise hinauf entwickeln kann?

1.3.7 Vollkommenheit als Ziel lebenslangen Wachstums

Zunächst einmal ist sehr deutlich, dass auch Luther die *vita christiana* in der Kategorie des Wachstums denkt. Das lässt sich mit vielen Textstellen belegen.[193] Für das Verständnis dieses Wachsens ist wiederum Luthers Beschäftigung mit den *Werken des Menschen* aufschlussreich. Deutlich wird das in seinem *Freiheitstraktat*, in dem er auf diesen Zusammenhang in der Entfaltung des zweiten Teils seiner berühmten Doppelthese – „Ein Christenmensch ist ein freier Herr über alle Dinge und niemand untertan. Ein Christenmensch ist ein dienstbarer Knecht aller Dinge und jedermann untertan" – zu sprechen kommt:

> Hier wollen wir all denen antworten, die sich an der vorangegangenen Rede [scil. über die Bedeutungslosigkeit aller Werke im Verhältnis zum Glauben, C.S.] ärgern und zu sprechen pflegen: Ei, wenn der Glaube alle Dinge ausmacht und es allein auf ihn ankommt, ausreichend gerecht zu machen, warum sind dann die guten Werke geboten? Dann wollen wir guter Dinge sein und nichts tun! Nein, lieber Mensch, so nicht. Es verhielte sich zwar so, wenn du nur ein innerlicher Mensch wärest und ganz geistlich und innerlich geworden wärest, was aber bis zum Jüngsten Tag nicht geschieht. Es ist und bleibt auf Erden nur ein Anfangen und Zunehmen, das erst in jener Welt vollendet wird. Daher nennt es der Apostel *primitia spiritus*, das heißt: die ersten Früchte des Geistes, darum gehört hierher, was oben gesagt wurde: Ein Christenmensch ist ein dienstbarer Knecht und jedermann untertan, das heißt: Sofern er frei ist, braucht er nichts zu tun. Sofern er Knecht ist, muss er allerlei tun. [...] Da heben nun die Werke an, hier darf er nicht müßig gehen, da muss der Leib fürwahr mit Fasten, Wachen, Mühen und mit maßvoller Zucht bewegt und geübt werden, damit er dem inneren Menschen und dem Glauben gehorsam und gleichförmig werde.[194]

---

[193] DERS., Grund und Ursach aller Artikel D. Martin Luthers, so durch die römische Bulle unrechtlich verdammt sind (1521), WA 7, 14–35; DERS., WA 10/I/1, 302,8–14; DERS., Predigten des Jahres 1522, WA 10/III, 427,21–27; DERS., Predigten des Jahres 1534, WA 37, 453,15–24; DERS., Predigten des Jahres 1536, WA 41, 587,28ff.; DERS., Predigten des Jahres 1537, WA 45, 24,16–20.; DERS., Das XIV. und XV. Kapitel S. Johannis gepredigt und ausgelegt, WA 45, 652,12–17; DERS., Predigten des Jahres 1538, WA 46, 353,16–20.354,10–13; ebd.; DERS., WA 37, 460,23–31; DERS., WA 50, 660,26–30; DERS., Epistel am 24. Sonntag nach Trinitatis, Crucigers Sommerpostille (1544), WA 22, 375,21–376,4; DERS., Epistel am Ostertage, Crucigers Sommerpostille (1544), WA 21, 208,6–210,32; DERS., Wochenpredigten über Johannes 16–20 (1528/9), WA 28, 189,31–190,32; DERS., Präparationen zu der Vorlesung über den 1. Johannesbrief (1527), WA 48, 318,14ff.; DERS., Ein Gegen-Urtheil Doktor Luthers (1521), WA 8, 283,24–34; und – wenn auch bereits aus dem Jahr 1519 – : DERS., Galaterkommentar (1519), WA 2, 456,10–14.

[194] Übertragung und Hervorhebung C.S., im Original: „Hie wollen wir antworten allen denen, die sich ergern auß den vorigen reden und pflegen zusprechen 'Ey so denn der glaub alle

Damit wird deutlich, dass für Luther mit dem Glauben und der Rechtfertigung ein Entwicklungsprozess beginnt, in dem der ganze Mensch dem „inneren Menschen" bzw. seinem „Glauben" gleichförmig wird. Das Ziel dieses Wachstums, das hier mit der eschatologischen „Vollendung" angesprochen wird, benennt Luther häufig, wie gezeigt, mit dem Begriff der Vollkommenheit. Rechtfertigung ist allerdings nicht als einmaliger Initialpunkt eines davon abzutrennenden Heiligungsprozesses zu verstehen. Rechtfertigung schließt bei Luther im Gegenteil häufig das mit ein, was unter Heiligung verstanden wird,[195] sodass „das iustificari mit der Lebensbewegung und mit dem, was zurecht unter sanctificatio gerechnet werden könnte, in eins"[196] fallen.[197] Davon abweichend hat Karl Holl festgehalten: „Für Luther ist, wie für die Scholastik, mit der ‚Rechtfertigung' die Entwicklung des Menschen nicht zu Ende, vielmehr hebt sie gerade nach ihm jetzt erst recht an. Die Rechtfertigung ist die Grundlage für ein *neues Leben*, in dem der Mensch allmählich aufwärts steigt. Aber im Gegensatz zur Scholastik unterstreicht Luther so kräftig wie möglich, daß dieses ganze neue Leben von Anfang bis zu Ende *ausschließlich Gottes Werk* ist."[198] Diese unterschiedlichen Perspektiven auf das,

---

ding ist und gilt allein gnugsam frum zumachen, Warumb sein denn die gutten werck gepotten? so wollen wir gutter ding sein und nichts thun'. Neyn, lieber mensch, nicht also. Es wer wol also, wen du allein ein ynnerlich mensch werist, und gantz geystlich und ynnerlich worden, wilchs nit geschicht biß am Juengsten tag. Es ist und bleybt auff erden nur ein anheben und [Röm. 8, 23.] zu nehmen, wilchs wirt in yhener welt volnbracht. Daher heysset der Apostell primitias spiritus, das sein die ersten fruecht des geysts, drumb gehoert hie her, das droben gesagt ist 'Ein Christen mensch ist ein dienstpar knecht und yderman unterthan', gleych, wo er frey ist, darff er nichts thun, wo er knecht ist, muß er allerley thun. Wie das zugahe, wollen wir sehen. Czum zwentzigsten, Ob wol der mensch ynwendig nach der seelen durch den glauben gnugsam rechtfertig ist, und alles hatt was er haben soll, on das der selb glaub und gnugde muß ymer zunehmen biß ynn yhenes leben, So bleybt er doch noch ynn dißem leyplichen lebenn auff erdenn, und muß seynen eygn leyp regiern und mit leuthen umbgahen. Da heben sich nu die werck an, hie muß er nit mueßig gehn, da muß furwar der leyp mit fasten, wachen, erbeytten und mit aller messiger zucht getrieben und geuebt sein, das er dem ynnerlichen menschen und dem glauben gehorsam und gleychformig werde", DERS., WA 7, 29,35–30,19.

[195] Umgekehrt kann Luther auch den ganzen Vorgang inklusive der Rechtfertigung als Heiligung bezeichnen. Damit ist sachlich aber nichts anderes als sein Rechtfertigungsverständnis gemeint, vgl. EBELING, Lutherstudien II, 426.

[196] A. a. O., 535.

[197] Vgl. Luthers Äußerung innerhalb einer Promotionsdisputation: „Unsere iustificatio ist noch nicht vollendet. Sie ist im Tun und Werden. Es ist noch im Bau.", Übersetzung Gerhard Ebeling, im Original: Iustificatio ergo nostra nondum est completa. Est in agendo et fieri. Es ist noch ein baw.", MARTIN LUTHER, Die Promotionsdisputation von Palladius und Tilemann (1537), WA 39/I, 252,8–12.

[198] KARL HOLL, Die Rechtfertigungslehre in Luthers Vorlesung über den Römerbrief mit besonderer Rücksicht auf die Frage der Heilsgewißheit, in: KARL HOLL (Hrsg.), Gesammelte Aufsätze zur Kirchengeschichte. I. Luther, Tübingen 1932, 111–154, hier 119, Hervorhebung im Original.; Holl beschäftigt sich in diesem Aufsatz zwar mit Luthers Römerbriefvorlesung, sein Urteil über das im Zitat wiedergegebene Verhältnis von Rechtfertigung und Entwicklungsperspektive im „neuen Leben" dürfte aber seine Sicht auf Luthers Theologie auch darüber hinaus wi-

was einerseits unter Rechtfertigung zu verstehen ist und andererseits als Prozess der Heiligung beschrieben wird, scheinen Ausdruck der alten Kontroverse zu sein, ob Luthers Rechtfertigungsverständnis in einem forensischen oder einem effektiven Sinne gemeint ist. Während Holls Verständnis die forensische Perspektive hervorzuheben scheint, interpretiert Ebeling das Rechtfertigungsgeschehen in einem effektiven Sinne. Beides lässt sich jedoch, wie Wilfried Härle gezeigt hat, überzeugend zusammendenken, sodass die Entscheidung zwischen der einen oder anderen Variante hinfällig wird. Luther ist demnach so zu verstehen, „dass die Rechtfertigung als Gottes Gerechtsprechung (d. h. forensisch, C.S.) des Sünders ein effektives Ziel und – durch Gottes Geist – eine effektive Wirkung"[199] hat. Vollkommenheit markiert nun bei Luther häufig, aber nicht immer (vgl. h) begrifflich den Abschlusspunkt dieses Rechtfertigungsprozesses, sodass auch die Rede einer möglichen Vervollkommnung des Menschen sachlich angemessen ist.

Leitend ist für Luther die Vorstellung, dass es die Aufgabe nun nicht mehr nur eines Teils, sondern der gesamten Christenheit ist, im Glauben, in der Liebe und im Gehorsam zuzunehmen und so nach Vollkommenheit zu streben. Dieser Imperativ markiert die grundlegende Lebensaufgabe des Menschen, auch wenn – wie Holl zu Recht festhält – Luther die Verwirklichung dieses Wachstums niemals als eigenes, sondern immer als Gottes Werk versteht. Die Gläubigen befinden sich auf einem Weg zum Ziel, sind aber „noch nicht dahingekommen, wohin wir wollen". Als menschliche Aufgabe genügt es aber, sich um ein Fortkommen „in der Arbeit und im Vorsatz dazu" zu bemühen. Das Gelingen der Entwicklung auf dieses Ziel hin kann nur Gott selbst schenken. Wiederum als Beispiel sei ein Auszug einer Predigt Luthers aus dem Jahr 1524 zitiert:

Denn dieses Leben ist nichts anderes als ein Leben des Glaubens, der Liebe und des Heiligen Kreuzes. Aber diese drei werden niemals vollkommen in uns, weil wir auf Erden leben. Und es hat sie niemand vollkommen als allein Christus, der ist die Sonne, und uns gegeben und gesetzt zum Beispiel, den wir nachahmen müssen. Darum findet man allezeit unter uns etliche, die schwach, und etliche, die stark sind, und aber etliche sind noch stärker. Diese können wenig, die andern viel leiden, und müssen also alle bleiben in dem Ebenbild nach Christus. Denn dieses Leben ist ein solcher Wandel, darin man immerdar fort fährt von Glauben in Glauben, von Liebe in Liebe, von Geduld in Geduld oder von Kreuz in Kreuz. Es ist nicht Gerechtigkeit, sondern Rechtfertigung, nicht Reinheit, sondern Reinigung – wir sind noch nicht dahingekommen, wohin wir sollen. Wir sind aber alle auf der Bahn und im Weg. Darauf sind etliche weiter und weiter. Gott ist zufrieden, dass er uns in der Arbeit und im Vorsatz dazu findet. Wenn er will, so kommt er bald und stärkt den Glauben und die Liebe und setzt uns in einem Augen-

---

derspiegeln, da er die Rechtfertigungslehre im Römerbrief bereits voll entfaltet und „zu seinem Abschluß gelangt" (a. a. O., 111) sieht und dadurch in der (Anfang des 20. Jahrhunderts wiederentdeckten) Römerbriefvorlesung deutlich wird, „wieweit der Reformator schon im Jahre 1515 gekommen war" (ebd.); Das geht auch aus folgender Bemerkung Holls hervor: „In späterer Zeit hat Luther diese innere Ernerung des Menschen unmittelbar aus dem Glauben hergeleitet: im Glaubensakt ist bereits keimhaft der neue Wille gesetzt, der das ganze Wesen des Menschen umgestaltet.", a. a. O., 120.

[199] WILFRIED HÄRLE, Luthers Rechtfertigungsverständnis, in: Lateranum LXXVIII (2012) 1, 125–138, hier 134.

blick aus diesem Leben in den Himmel. Weil wir aber auf Erden leben, müssen wir immerdar einander tragen, so wie uns Christus getragen hat, angesichts dessen, dass unser keiner ganz vollkommen ist.[200]

Auch wenn die *perfectio hominis* durch des Gläubigen bleibende Verstrickung in Sünde nicht erreicht werden kann – „das unser keiner ganz vollkommen ist", wie Luther sagt –, geht aus diesen und vielen anderen Zeilen doch deutlich die Möglichkeit und die Aufgabe hervor, auf dieses Ziel hin zu wachsen. Mit der zugrunde liegenden Anthropologie menschlicher Nicht-Perfektibilität, verbindet Luther also keinen heiligungspraktischen Stillstand.[201] Auch wenn „auf der Bahn und im Weg [...] etliche weiter" sind als andere, bleibt doch jeder Gläubige immer unvollkommen und damit mit dem Potential und der Aufgabe weiteren Wachstums.

Gegen die These einer Höherentwicklung im Sinne der Heiligung hat sich im 20. Jahrhundert u. a. Lennart Pinomaa gewendet. Er bestritt, dass Luther sein Leben lang an der Möglichkeit eines Fortschritts im Guten oder auch im Bösen festgehalten habe. Stattdessen konnte er überzeugend nachweisen, dass die Vorstellung des *proficisci* bei den späteren Schriften Luthers weniger stark ausgeprägt gewesen ist als beim jungen Luther.[202] Seine Schlussfolgerung, dass der Christ nur noch von „Begnadigtwerden zu Begnadigtwerden"[203] lebt, da die Verbindung von Luthers Rechtfertigungslehre mit dem Gedanken des Fortschritts unmög-

---

[200] Übertragung C.S., im Original: „Denn diss leben ist nicht anders denn eyn leben des glawbens, der liebe und des heyligen creutz. Aber dise drey werden nymmer ynn uns volkommen, weyl wyr auff erden leben, und hat sie nyemand volkommen denn alleyn Christus, der ist die Sonne, und uns geben und gesetzt zum beyspiel, denn wyr nach oemen mussen, Darumb find man alle zeyt unter uns ettliche, die da schwach, und ettliche, die starck sind, und aber ettliche noch stercker, diese konnen wenig, die andern viel leyden, und mussen also alle bleyben ynn dem ebenbyld nach Christo. Denn diss leben ist eyn solcher wandel, darynn man ymmerdar fort feret von glawben ynn glawben, von liebe ynn liebe, von gedult ynn gedult odder von creutz ynn creutz. Es ist nicht gerechtickeyt, sondern rechtfertigung, nicht reynickeit, sondern reynigung, Wyr sind noch nicht kommen dahyn wyr sollen, wyr sind aber alle auff der pan und ym weg, darauff sind ettliche weyter und weyter. Gott ist zu friden, das er uns findet ynn der erbeyt und fuersatz, Wenn er will, so kumpt er bald unnd stercket den glawben und die liebe, und setzt uns ynn eynem augenplick aus diesem leben ynn hymmel. Weyl wyr aber auff erden leben, mussen wyr ymerdar eynander tragen, wie uns Christus getragen hat, angesehen, das unser keyner gantz volkommen ist.", MARTIN LUTHER, Predigt am Gründonnerstag (1524), WA 15, 502,19–36.

[201] L. Pinomaa argumentiert in bereits erwähntem Aufsatz zusammenfassend: „Wie in dieser Studie zu zeigen versucht wurde, hat Luther die Lehre von dem stufenweise sich vollziehenden Fortschreiten später aufgeben *müssen*, weil sie sich nicht mit der grundlegenden Erkenntnis des Fortbestehens der Sünde in uns vereinbaren ließ.", Hervorhebung C.S., PINOMAA, Profectio, 126; dagegen wird hier versucht zu zeigen, dass sich – ganz im Gegenteil – die Vorstellung von der bleibenden Anlage zur Sünde und ein Fortschreiten in Richtung Vollkommenheit durchaus zusammendenken lassen und von Luther auch zusammengedacht wurden.

[202] Vgl. insbesondere a. a. O., 122f.

[203] A. a. O., 126.

lich sei,[204] lässt sich mit den zusammengetragenen Belegen allerdings schwer in Einklang bringen.[205] Auch die These, dass dem Christen selbst sein eigener Fortschritt völlig verborgen ist, wurde in jüngerer Zeit überzeugend in Zweifel gezogen.[206]

Zuzustimmen ist Pinomaa hingegen darin, dass *im Prozess der Heiligung die immer wieder neu zugesprochene Begnadigung eine konstitutive Rolle spielt.* Darauf hat insbesondere auch Gerhard Ebeling mit Nachdruck[207] hingewiesen:

Heiligung als Werk des Heiligen Geistes macht die Sünde nicht inexistent, sondern unschädlich, indem das Gewissen von der Sünde freigesprochen und so zum Kampf wider sie gestärkt wird. Deshalb bedeutet Heiligung beides zugleich: das Distanziertwerden des Menschen von den Erscheinungsweisen des eigenen Lebens, seinen Leistungen und seinem Versagen, indem er nicht von daher und überhaupt nicht selber das letzte Urteil über sich fällt; deshalb aber auch das Freiwerden des Menschen für die Erscheinungsweisen des eigenen Lebens, für eine nüchterne Selbstidentifikation mit der Fehlsamkeit und Gebrechlichkeit irdischer Existenz sowie für eine Wachsamkeit in Bezug auf die Kampfsituation, in der sich gerade er, als der von Vergebung der Sünde Lebender – obschon eben deshalb mit getroster Gelassenheit – , befindet.[208]

Aber diese „Kampfsituation" wird auch bei Ebeling nicht als statisch-existentiale Aussage verstanden, sondern durch ein geistgewirktes Entwicklungspotential näherbestimmt: „[D]as gesamte Leben [nimmt] im Zeichen der Sündenvergebung die Bewegung von einem einmal gesetzten Anfang aus auf ein endgültiges Ziel hin an [...], eine Bewegung des täglichen Zunehmens und Mehrens, des Starkwerdens im Glauben und seinen Früchten"[209].

Diese Verschränkung von Sein – bei Ebeling als Gewissensentlastung angesprochen – und Werden im Sinne der zunehmenden Heiligung lässt sich insbesondere auch in Luthers Tauftheologie zeigen.[210] Auch im Blick auf die Taufe lässt sich eine vertikale und eine horizontale Dimension unterscheiden. Auf den „vertikalen Einschlag"[211] in der Taufe, in dem der *totus peccator* zum *totus homo*

---

[204] Vgl. a. a. O., 119.

[205] Dagegen sprechen auch die Untersuchungen von Wilfried Joest, vgl. JOEST, Gesetz und Freiheit, 68ff. und Axel Gyllenkrok, vgl. AXEL GYLLENKROK, Rechtfertigung und Heiligung in der frühen evangelischen Theologie Luthers, Uppsala 1952, 106.

[206] „Es ist für Luther durchaus mit einem solchen indirekten Sehen der Folgen des Glaubens bzw. seines und ihres Wachstums zu rechnen, der Glaube darf und soll durchaus getrost sein, dass er Glaube ist, ohne dass damit einer empirischen Konstatierbarkeit der Heiligung oder einer falschen Selbstbespiegelung und Selbstzufriedenheit das Wort geredet wäre. Luther lehrt nicht nur die Faktizität des Fortschreitens, sondern auch dessen mögliche Erfahrbarkeit.", CHRISTE, Gerechte Sünder, 472.

[207] Vgl. ausführlich zur Frage der Heiligung bei Luther: GERHARD EBELING, Luthers Ortsbestimmung der Lehre vom heiligen Geist, in: GERHARD EBELING (Hrsg.), Wort und Glaube III. Beiträge zur Fundamentaltheologie, Soteriologie und Ekklesiologie, Tübingen 1975, 316–348.

[208] A. a. O., 328.

[209] A. a. O., 332.

[210] Vgl. OSWALD BAYER, Luthers „simul iustus et peccator", in: Kerygma und Dogma 64 (2018) 4, 249–264, hier 254ff.

[211] A. a. O., 257.

gewandelt wird, folgt in der Horizontalen der täglich zu führende „Kampf der Neuschöpfung"[212]. Aus dem einmaligen Urdatum des neuen Seins in der eigentlichen Taufe folgt ein beständiges Werden, das – auch wenn immer mit Rückschlägen zu rechnen ist – auf Wachstum abzielt.[213]

Mit dieser Heiligungsperspektive ist allerdings eine Spannung in Luthers Theologie verbunden, die pointiert Ulrich Barth festgehalten hat:

> Auch Luther kennt den Gedanken des Wachstums in der Heiligung. Aber er wird psychologisch neutralisiert durch die Notwendigkeit des lebenslangen tagtäglichen Wechsels von Buße zu Rechtfertigung. Oder umgekehrt ausgedrückt: Infolge der Dialektik von Sünde und Gnade fällt sich der in die Tat übergehende Glaube immer wieder gleichsam selbst in den Rücken und lähmt den gerade begonnenen Heiligungsprozeß.[214]

Damit ist eine Gegenläufigkeit angesprochen, die Pinomaa in Richtung der Dialektik von Sünde und Gnade aufzulösen suchte. Dem gegenüber ist mit Barth auf *beide* Elemente in Luthers Theologie hinzuweisen. Ebenfalls zuzustimmen ist Barth darin, dass das Bewusstsein bleibender Gottferne auf das Bewusstsein wachsender Heiligung psychologisch neutralisierend wirken *kann*. In gewisser Weise entspricht das sogar Luthers Intention, der die Selbstbetrachtung eigener guter Werke oder gar einer Höherentwicklung in der Heiligung immer als Gefahr eines Rückfalls in eine Eigen- und Werkgerechtigkeit markiert hätte. Barths Schlussfolgerung, dass es deshalb zu einer Selbstblockade im Heiligungsprozess kommt, ist allerdings nicht notwendig. Sie beschreibt lediglich die negative Möglichkeit. Im positiven, von Luther intendierten, Fall fördert hingegen der Gedanke der fortwährenden Buße den Heiligungsprozess, anstatt ihn zu blockieren. Fortschritt, so ließe sich sagen, kann nur dann gelingen, wenn der Gläubige sich nicht im Fokus auf vermeintliche Heiligkeitsgewinne verliert – das wäre der Rückfall in das monastische Grundproblem – sondern im Bewusstsein seiner bleibenden Gottesferne und Sündhaftigkeit auf seine Begnadigung schaut, wie sie sich im vertikalen Einschlag der Taufe manifestiert. Oder anders gesagt: „[V]oranschreiten heißt für Luther: Immer wieder von vorne beginnen"[215]. Aber umgekehrt kann sich im beständigen Neuanfang gewissermaßen untergründig ein beständiger Fortschritt vollziehen.[216]

---

[212] A.a.O., 256.
[213] Vgl. dazu auch folgende Formulierung Luthers: „[...] wir müssen immer mehr und immer tiefer getauft werden, bis wir das Zeichen am Jüngsten Tag vollkommen erfüllen.", Übersetzung C.S., MARTIN LUTHER, De captivitate Babylonica ecclesiae praeludium, WA 6, 535, 1–16.: „[...] semper sumus baptisandi magis ac magis, donec signum perfecte impleamus in novissimo die."
[214] ULRICH BARTH, Pietismus als religiöse Kulturidee. Speners und Franckes Ethos der Bekehrung, in: ULRICH BARTH (Hrsg.), Aufgeklärter Protestantismus, Tübingen 2004, 149–166, hier 152.
[215] BARTH, Theologie Luthers, 283.
[216] Vgl. SCHLOENBACH, Heiligung, insbesondere 41ff.

Die Fortschritte in der Heiligung sind dem Gläubigen allerdings weder im Blick auf sich selbst noch im Blick auf andere einsehbar. Für Luther lässt sich weder ein Gnadenstand aus dem konkreten Leben eines Menschen in all seinen Handlungen im Sinne eines *syllogismus practicus* ablesen, wie das mitunter calvinistische Positionen vertreten,[217] noch ist – wie oben gezeigt – das Gegenteil richtig, dass die Werke im Geiste einer libertinistischen Haltung deshalb völlig gleichgültig wären.[218] Den Grad der Vervollkommnung in diesem Entwicklungsprozess von außen zu bestimmen, ist aus menschlicher Perspektive unmöglich. Auch wenn die Folgen des Glaubens durchaus auch wahrgenommen werden können,[219] wird die Möglichkeit zu irgendeiner Form der Quantifizierbarkeit des Vollkommenheitsstatus bei Luther an keiner Stelle erwähnt. Diese bleibt bei Luther allein Gott vorbehalten.

Das Bild des vollkommenen Menschen, das am Ende dieser Entwicklung steht, ist zwar schon verschiedentlich angerissen und kann, wie oben dargestellt, im Angesicht Christi erkannt werden. Noch deutlichere Konturen gewinnt es in einer Predigt, die Luther anlässlich eines Pfingstfestes in den 1520er-Jahren hielt. Auch wenn Luther in diesem Abschnitt – ganz im Duktus des gerade Beschriebenen – die Unmöglichkeit der von Sünde vollständig befreienden Wirkung des Heiligen Geistes ins Zentrum rückt, entsteht gleichzeitig ein ziemlich deutliches Bild davon, durch welche Charakteristika das Ziel menschlichen Lebens aus seiner Sicht geprägt ist, resp. sein sollte:

> Aber hier soll man auch verständig sein und wissen, dass dies alles nicht also zugehe, als sei ein solcher Mensch, der den Heiligen Geist hat, so bald schon gar vollkommen, dass er nichts fühle vom Gesetz und von der Sünde und sei aller Ding rein. Denn wir predigen nicht so vom Heiligen Geist und seinem Amt, als habe er es schon gar ausgerichtet und vollbracht, sondern also, dass er es habe angefangen und jetzt immer im Schwange gehe, da er's je mehr und mehr treibt und nicht aufhört. Darum wirst du keinen solchen Menschen finden, der ohne Sünde und ohne Betrübnis, voll Gerechtigkeit und voll Freude sei und jedermann frei diene. Denn die Schrift erzählt wohl, was der Heilige Geist tut, nämlich, dass sein Amt sei, von Sünden und Schrecken erlösen, aber damit ist es noch nicht ganz ausgerichtet.[220]

---

[217] Vgl. Heidelberger Katechismus, Frage 86.

[218] Vgl. OSWALD BAYER, Martin Luthers Theologie. Eine Vergegenwärtigung, Tübingen ⁴2016, 264.

[219] Vgl. CHRISTE, Gerechte Sünder, 470ff.

[220] Übertragung C.S., im Original: „Aber hie sol man auch verstendig sein und wissen, das dis alles nicht also zugehe, als sey ein solch Mensch, der den heiligen Geist hat, so bald schon gar volkomen, das er nichts fuele vom Gesetz und von der Suende und sey aller ding rein. Denn wir predigen nicht also vom heiligen Geist und seinem Ampt, als hab ers schon gar ausgericht und volbracht, sondern also, das er es habe angefangen und jtzt jmer im schwang gehe, da ers je mehr und mehr treibet und nicht auffhoeret. Darumb wirstu keinen solchen Menschen finden, der on suende und on betruebnis, vol gerechtigkeit und vol freude sey und jederman frey diene. Denn die Schrifft erzelet wol, was der heilige Geist thu, nemlich, das sein Ampt sey, von suenden und schrecken erloesen, aber damit ist es noch nicht gantz ausgericht.", LUTHER, WA 21, 442,12–22.

Mehrere der bis hierher herausgearbeiteten Aspekte sind darin im Bild der faktisch nicht einholbaren Zielperspektive – „keinen solchen Menschen", wie Luther schreibt – wiederzuerkennen: Die Abnahme der Sünde als Prozess der zunehmenden Vollkommenheit, die Beschreibung eines Menschen, der „voll Gerechtigkeit" ist, als Ausdruck eines starken Glaubens und die ethische Zielformulierung, dass man „jedermann frei diene", die im Aspekt der Zunahme an Liebe bereits begegnet ist. Hinzu kommt an dieser Stelle ein emotionales Moment: Menschliches Streben bewegt sich weg von der „Betrübnis" und hin zu einem Zustand, in dem er „voll Freude" ist. Beides sind emotionale Begleitmomente der jeweiligen Attribute – Sünde bzw. Glaube und Liebe – und erinnern damit an Luthers Unterscheidung von *status integritatis* und *status corruptionis* in seiner *Genesisvorlesung*, in der Luther dem *status integritatis* Gefühle von Freude, Fröhlichkeit und Heiterkeit zuordnet – offensichtlich im Gegensatz zum Zustand des Gefallenseins.

Wachstumsmöglichkeit und Wachstumsimperativ gelten ausdrücklich – das ist bereits mehrfach angeklungen – auch für den Glauben, bei dem Luther nicht allein in einem Ja-oder-Nein-, Glaube- oder Unglaube-Raster denkt, sondern auch darin verschiedene Entwicklungsstufen und Grade der Reife kennt.[221] Herausgearbeitet wurde dieser Aspekt von Wilfried Joest in der Rekonstruktion von Luthers Verständnis seiner pointierten Formulierung des Menschen als *simul iustus et peccator*.[222] Die Dimension des „Christ-sein als Progressus", im Unterschied zum „Christ-sein als Transitus" beschreibt dabei exakt die Entwicklungsperspektive, vor die der Mensch zwischen völligem Sünder-Sein bis zu völligem Gerechter-Sein, gestellt ist.[223] Christ-sein als *Transitus* versteht Joest als den Übertritt vom Sünder-Sein zum Heilig-Sein:

Was soll der tun, der vom peccator zum iustus werden will? Luther zeigt keine Stufen, keine Schritte endlicher oder unendlicher Annäherung an das Ziel. Er stellt das Gewissen, das so fragt, an den Ort des Glaubens und spricht: Du bist am Ziel. Du bist geheiligt. Du bist iustus. Der Weg des Christen von seiner Sünde zu seiner Heiligung ist also ein Transitus hinüber vom Nichts zur Fülle, von dem, was er in sich selbst ist und hat, zu dem, was in Christus gilt.[224]

Dieser *Transitus* ist dabei – nach Joest – kein einmaliger Vorgang, sondern eine „Bewegung, die gerade jetzt wieder neu zu vollziehen ist"[225]. Neben diesem Christ-sein als *Transitus*, in dem die ganze Fülle der Heiligung immer wieder neu zu ergreifen ist, gilt im Christ-sein als *Progressus* der Modus der Ab- und Zunahme.[226] Zwar bleibt auch dafür der erste Schritt vom „eigenen Gerechtsein-wollen

---

[221] Vgl. ALTHAUS, Ethik Luthers, 25.
[222] Joests Rekonstruktion eines in der simul-Formulierung enthaltenen Total- und Partialaspekts wurde in jüngerer Zeit grundsätzlich bestätigt von: CHRISTE, Gerechte Sünder, 478–484.
[223] Vgl. JOEST, Gesetz und Freiheit, 55–81.
[224] A.a.O., 61.
[225] Ebd.
[226] Wird diese zweite Dimension des Christ-Sein als *progressus* aus dem Blick verloren, droht – nach Joest – ein Abdriften entweder in die Richtung des Quietismus oder des gesetz-

hinüber zur iustitia imputativa"[227], entscheidend, doch schließt sich daran eine Bewegung an, „die nun erst einsetzen kann, nun aber auch notwendig einsetzen muß"[228]. Das Christ-sein als *Progressus* meint daher ein geistgetragenes schritt- und stückweises Wachstum vom Sünder zum Gerechten hin. Ohne dass er Luther in der Gefahr sieht, durch diese sich anschließende Bewegung ins „Perfektionistische abgeglitten"[229] zu sein, hält Joest fest:

> Die vita christiana bleibt auf die iustitia imputativa geworfen um deswillen, was an ihrer realen Heiligung noch fehlt. Andererseits wird eben diese bleibende Beziehung auf die fremde Gerechtigkeit getragen, vor dem Verströmen ins Ziellose und Nutzlose gerettet, einem Endpunkt nähergeführt durch die wachsende eigene Heiligung: die Werke dienen zur Sicherung und Mehrung des Heilsstandes.[230]

Dass dabei auch das Gesetz – trotz der grundsätzlich von Luther konstatierten Unabhängigkeit des Christen davon[231] – eine fördernde Rolle spielen kann, hat Luther an anderer Stelle deutlich gemacht:

> Darum müssen wir auch den Dekalog haben, nicht allein darum, dass er uns gesetzesweise sage, was wir zu tun schuldig sind, sondern auch, dass wir darinnen sehen, wie weit uns der Heilige Geist mit seinem Heiligen gebracht hat, und wie weit es noch fehlt, sodass wir nicht sicher werden und denken, wir haben nun alles getan und also immerfort wachsen in der Heiligung und stets je mehr eine neue Kreatur werden in Christus.[232]

Der nie zu erreichende, aber doch immer angestrebte „Endpunkt", dem der Gläubige durch „die wachsende eigene Heiligung" näherkommt, wird, wie gesehen, von Luther immer wieder mit dem Begriff der Vollkommenheit markiert. Insofern beschreibt Luther damit den Zielpunkt eines Heiligungsprozesses, der im diesseitigen Leben aus der Rechtfertigung folgt, aber erst im Jenseits zu seinem Abschluss kommt.

---

lichen Perfektionismus: „Eine nur abstrakt-deklarative Auffassung zur Rechtfertigung ist der Nährboden, auf dem je nach Temperament der Quietismus oder der gesetzliche Perfektionismus erwachsen", a. a. O., 90.

[227] A. a. O., 68.
[228] Ebd.
[229] A. a. O., 84.
[230] A. a. O., 70.
[231] Vgl. ROCHUS LEONHARDT, Glaube und Werke. Zur Aktualität einer reformatorischen Unterscheidung für die evangelische Ethik, in: CHRISTINE AXT-PISCALAR/ANDREAS OHLEMACHER (Hrsg.), Die lutherischen Duale. Gesetz und Evangelium, Glaube und Werke, Alter und Neuer Bund, Verheißung und Erfüllung, Leipzig 2021, 73–127, hier 114–119.
[232] Übertragung C.S., im Original: „Denn darumb müssen wir auch den Decalogum haben, Nicht allein darumb, das er uns Gesetz weise sage, was wir zu thun schüldig sind, sondern auch, das wir drinnen sehen, wie weit uns der Heilige geist mit seinem heiligen bracht hat, und wie fern es noch feilet, auff das wir nicht sicher werden und dencken, wir habens nu alles gethan, und also immer fort wachsen in der Heiligung und stets je mehr ein neue Kreatur werden in Christo.", LUTHER, WA 50, 643,19–25,

1.3.8 Vollkommenheit als präsentisch-faktische Möglichkeit

Wie gezeigt verweist Luther in zahlreichen Äußerungen auf die Unerreichbarkeit des letzten Ziels der Vollkommenheit. An einigen Textstellen scheint allerdings eine andere Akzentuierung seines Vollkommenheitsbegriffs im Hintergrund zu stehen, die es Luther ermöglicht, von der Vollkommenheit auch als etwas *bereits präsentisch Faktischem* zu sprechen. Vollkommenheit wird dann nicht mehr als ein Maximum menschlichen Wachstums in Glaube und Liebe verstanden, das – durch die Sünde bedingt – im Diesseits niemals absolut erreicht werden kann, sondern als Beschreibung der allein entscheidenden Intention zum Streben nach diesen Gütern verwendet. Als ein Beispiel sei seine Predigt über die neutestamentliche Schlüsselstelle zum betrachteten Begriff, in der Bergpredigt, Mt 5,48, aus dem Jahr 1530 zitiert:

> Ob aber das Leben nicht hernach so stark im Schwang geht, wie es denn nicht gehen kann, weil Fleisch und Blut ohne Unterlass hindern, das schadet der Vollkommenheit nichts. Allein, dass man darnach strebe und darin gehe und täglich fortfahre, also dass der Geist über das Fleisch Meister sei und das selbst im Zaum halte, unter sich zwinge und zurück ziehe, dass es nicht Raum kriege wieder diese Lehre zu tun, Also dass ich die Liebe in rechter Mittelstraße, gegen jedermann gleich gehen lasse, dass sie keinen Menschen ausschlage, So habe ich die rechte Christliche Vollkommenheit, die nicht in sonderlichen Ämtern oder Ständen stehet, sondern allen Christen gemein ist und sein soll und sich artet und richtet nach dem Exempel des himmlischen Vaters, der seine Liebe und Wohltat nicht stücket noch teilet, sondern alle Menschen auf Erden zugleich derselben genießen lässt durch Sonne und Regen, keinen ausgeschlossen, er sei fromm oder böse.[233]

Aber auch an anderen Stellen scheint ein Verständnis von Vollkommenheit vorausgesetzt, das deren Verwirklichung im Diesseits menschlicher Existenz für möglich oder bereits mit dem Glauben für gegeben hält. Zwar wird auch dann an der Unmöglichkeit der Sündenfreiheit des Menschen festgehalten, doch wird dies nicht mehr als *conditio sine qua non* von Vollkommenheit begriffen.[234]

Diese präsentische Akzentuierung scheint auch im Hintergrund einiger Äußerungen von Ernst Troeltsch zu stehen. Troeltsch rekonstruiert den Vollkommen-

---

[233] Übertragung und Hervorhebung C.S., im Original: „Ob aber das leben nicht hernach so starck jm schwang gehet, wie es denn nicht gehen kan, weil fleisch und blut on unterlas hindert, das schadet der volkomenheit nichts. Allein das man darnach strebe und darinn gehe und teglich fortfare, also das der geist uber das fleisch meister sey und das selb jm zawm halte, unter sich zwinge und zuruck zihe, das es nicht rawm kriege widder diese lere zu thun, Also das ich die liebe jnn rechter mitelstrasse, gegen jderman gleich gehen lasse, das sie keinen menschen ausschlage, So habe ich die rechte Christliche volkomenheit, die nicht jnn sonderlichen emptern odder stenden stehet, sondern allen Christen gemein ist und sein sol Und sich artet und richtet nach dem exempel des himelischen vaters, der seine liebe und woltat nicht stuecket noch teilet, sondern alle menschen auff erden zugleich der selben geniessen lest durch sonne und regen, keinen ausgeschlossen, er sey frum odder boese.", DERS., Wochenpredigten über Matthäus 5–7 (1530/2), WA 32, 406,32–407,4.

[234] Vgl. DERS., Predigten des Jahres 1527, WA 23, 724,26f.; DERS., WA 11, 249,18ff. a.a.O., 260,11ff.; DERS., WA 39/I, 47,33ff.

heitsgedanken Luthers gerade nicht als Ziel einer Entwicklung oder als in irgendeiner Weise mit den „verschiedensten Stufen christlicher Reife und den gründlichsten Rückfällen in Sünde und Fleisch"[235] verknüpft. Auch Troeltsch benennt den Zusammenhang zwischen Glauben und Werken: „Aber die für alle gleiche Vollkommenheit ist [...] die prinzipielle Vergebungsseligkeit, aus der das Tun der ‚neuen Person' frei hervorfließt"[236]. Doch eine Verknüpfung von christlicher Praxis und Vollkommenheit trifft für ihn die Sache nicht. Dabei geht Troeltsch allerdings davon aus, dass Luther bei einer – wie auch immer gearteten Verknüpfung von christlicher Praxis und Vollkommenheit – erneut Grenzziehungen zwischen solchen Christen befürchtet, die als vollkommen bezeichnet werden können und anderen, für die das gerade nicht gilt. Stattdessen kommt nach Troeltsch der Vollkommenheitsbegriff dem Glaubensbegriff selbst sehr nah: „Will man von einer christlichen Vollkommenheit sprechen, so besteht sie in Glaube und Vertrauen, in der Angenommenheit der Person bei Gott, aber nicht in einer aktiven Vollendung des christlichen Ideals. Die ist auf Erden unmöglich und wird uns erst im Jenseits beschert."[237]

In der Differenzierung zwischen Vollkommenheit und Vollendung schreibt Troeltsch also dem Begriff der Vollendung des christlichen Ideals die Funktion zu, das Erlangen eines höchsten und letzten Zustands zu beschreiben, die bei Luther – wie oben dargestellt – an vielen Stellen allerdings durchaus auch der Vollkommenheitsbegriff erfüllt. Die Gegenüberstellung von Vollkommenheit und Vollendung, wie sie Troeltsch markiert, ist also mindestens an diesem Punkt differenzierungsbedürftig.

Betrachtet man auch die hier vorgestellte Verwendung von Vollkommenheit als präsentisch-faktische Möglichkeit, dann zeigt sich, dass sie mit der sonst häufigeren Verwendung – im Sinne einer Vollkommenheit, auf die der Gläubige hinwächst – schwer vereinbar erscheint. Die Normativität des einen Verständnisses scheint mit dem deklarativen Duktus des anderen unvereinbar. Auch wenn die letztgenannte terminologische Füllung Luthers eher als untypische Ausnahme erscheint, bleibt diese Spannung offensichtlich erklärungsbedürftig.

Eine Möglichkeit, Luthers spannungsreiche Äußerungen zu erklären, könnte in seinen Schriften, die oft als Gelegenheitsschriften verfasst wurden, gefunden werden. Möglicherweise erschien – je nach Situation – eine andere Verwendung plausibler. Seine oftmals sehr bibelorientierte Theologie könnte ebenfalls eine Erklärung liefern: Da die biblischen Texte kein einheitlicher Vollkommenheitsbegriff verbindet, würde sich deren Vielfalt entsprechend auch in Luthers Vorlesungen und Predigten dazu wiederfinden.

Aber es soll hier neben diesen äußeren Erklärungsansätzen auch der Versuch unternommen werden, beide Verständnisse nicht in spannungsreicher Konkurrenz, sondern als verschiedene Akzente eines gemeinsam zugrundeliegenden und

---

[235] TROELTSCH, GS 1, 484.
[236] A.a.O., 442.
[237] A.a.O., 484.

in sich konsistenten Vollkommenheitsbegriffs zu interpretieren. Dies ist möglich, wenn man sich noch einmal Luthers Glaubensbegriff vergegenwärtigt. Diesen kann Luther – wie oben gezeigt – ebenso sowohl im Modus des Habens oder Nicht-Habens als auch als dynamischen Prozess verstehen. Einerseits *hat* der Christ den Glauben schon, andererseits soll er ihn „stetig üben und stärken"[238] und bleibt so immer noch auf dem Weg zu seiner Vollgestalt. Diese Struktur des *Schon-Jetzt und Noch-Nicht* des Glaubens lässt sich auch auf den Vollkommenheitsbegriff übertragen, sodass sich folgendes Verhältnis ergibt: Einerseits ist der Gläubige bereits vollkommen, da ihm im Glauben das ganze Heil zugesprochen wird. Andererseits hat er es noch nicht und kann in seiner Lebenspraxis immer nur darauf zugehen, da dieser Glaube und damit seine Liebe, sein Gehorsam für Gottes Willen immer gefährdet sowie nur fragmentarisch Wirklichkeit ist und der beständigen Vertiefung bedarf.

Für diese Interpretation sprechen auch einige Beobachtungen Karl Holls. In dessen Auseinandersetzung mit Luthers Römerbriefauslegung, in der er spätere Überzeugungen Luthers schon wesentlich angelegt sieht,[239] rekonstruiert Holl dessen Rechtfertigungsbegriff. Dieser weist eine ähnliche differenzierte Verwendungsweise auf, wie dies hier für den Vollkommenheitsbegriff dargestellt wurde, sodass auch Holl fragt, ob hinsichtlich des Rechtfertigungsbegriffs nicht von zwei unterschiedlichen Begriffen zu sprechen ist. Diese scheinbare Spannung wird von Holl dahingehend aufgelöst, dass im präsentischen Begriff aus göttlicher Perspektive das Ziel bereits vorweggenommen ist: „Was Gott beabsichtigt steht schon fertig vor ihm da."[240] Für Luther gleicht das Wirken Gottes damit dem Wirken eines Arztes, der einen Kranken heilt. Da der Arzt in der Lage ist, den Kranken sich bereits als Gesunden vorzustellen, kann er ihn auch als bereits gesund ansprechen. Auf die Frage der Gerechtigkeit übertragen bedeutet dies, dass der Sünder bereits als gerecht gelten kann, auch wenn der Weg der Rechtfertigung noch längst nicht abgeschlossen ist: „Damit aber, daß Gott den ganzen Verlauf der Entwicklung beherrscht, ist auch verbürgt, daß das Ziel erreicht wird. Gott bringt den Menschen durch die Macht seiner Gnadenbezeugung zur Vollkommenheit. Freilich geschieht das Letzte erst im Tod. Bei Lebzeiten wird niemand vor Gott gerecht."[241]

Auch wenn Holl im genannten Zitat den Vollkommenheitsbegriff selbst im futurischen Sinn verwendet, dürften sich seine Beobachtungen zur Rechtfertigung auch auf diesen übertragen lassen. Die angesprochene Perspektive des Schon-Jetzt beschreibt dann den Gläubigen als den Vollkommenen, der er aus Gottes Perspektive bereits ist. Das Noch-Nicht markiert hingegen den Weg der Ver-

---

[238] LUTHER, WA 7, 23,9.
[239] Vgl. z. B. KARL HOLL, Die Rechtfertigungslehre in Luthers Vorlesung über den Römerbrief mit besonderer Rücksicht auf die Frage der Heilsgewißheit, in: ZThK 20 (1910) 4, 245–291, hier 263.
[240] A. a. O., 259.
[241] A. a. O., 256.

wandlung, der bis zu diesem Ziel noch zurückzulegen ist. Der Gläubige ist somit beides zugleich: Ein Vollkommener aus der Perspektive Gottes, d. h. im Glauben, und derjenige, der auf seinem Glaubens- und Lebensweg zur Vollkommenheit hinwächst.

Ein Textauszug Luthers, der für diesen Versuch, beide Perspektiven zusammenzudenken, spricht, sind seine Gedanken zur Vollkommenheit in einer *Predigt zu Johannes 17* aus dem Jahr 1528.[242] Beide zunächst in paradoxer Spannung stehende Aspekte werden darin von Luther unmittelbar nebeneinander thematisiert und für diesen Zusammenhang erhellend miteinander verwoben:

> Darum bittet er, dass sie auch zunehmen und immer stärker werden im angefangenen Glauben und also vollkommen, rund und ganz werden in Christus. Also redet auch Sankt Paulus im Brief an die Kolosser. „Ihr seid vollkommen in ihm", das heißt: Ihr habt es ganz und gar in Christus, sodass ihr nicht weiter suchen dürft. An ihm mangelt nichts, es fehlt aber an unserem Glauben. Deshalb heißt, wer Christus hat, *consummatus* oder vollkommen, das heißt: Er hat einen völlig vollkommenen Schatz alles Guten, das er nur wünschen und begehren kann, ewiges Leben, Gerechtigkeit, Weisheit und alle göttlichen Güter und es fehlt ihm nichts, ohne das er allein zusehe und fest daran halte. Der Schatz liegt da auf einem Haufen, aber das Gefäß ist schwach, das etwas so Vollkommenes nicht behalten kann. Denn wir tragen (wie Paulus im 2. Kor 4 sagt) unsern Schatz in irdenen Gefäßen. Darum müssen wir täglich dahin arbeiten mit Beten, Predigen, Vermahnen; mit allerlei Leiden und Versuchungen, dass wir diesen herrlichen Schatz nicht verlieren, noch den Teufel nehmen lassen, der mit aller seiner Gewalt, Tücken und Listen darnach strebt; sondern ihn je länger desto stärker und gewisser fassen und bewahren, Leib, Leben und alle Ding darauf hin bewegen und zusetzen.[243]

---

[242] Luther hat diese Predigten zum Johannesevangelium, die von Caspar Cruciger gesammelt und abgedruckt wurden, selbst sehr geschätzt. Die Sammlung seiner Predigten zu Joh 14–17, mit der Auslegung von Jesu letzter Predigt im Abendmahl, hat er selbst wohl auch mit in die Kirche genommen und immer wieder gern darin gelesen, wie aus einer Äußerung von Johannes Mathesius, einem Tischgenossen Luthers, hervorgeht: "diß sey sein bestes buch, das er gemacht habe, wiewol ichs nit gemacht, sagt er, denn D. Caspar Creutziger hat sein grossen verstand und hohen fleyß dran beweyset, Diß soll nach der heiligen Biblien mein werdes vnd liebstes buch sein". Vgl. die Einleitung zu diesem Werk, WA 28,34.

[243] Übertragung und Hervorhebung C.S., im Original: „Darumb bittet er, das sie auch zunemen und jmer stercker werden jm angefangen glauben und also volkomen, rund und gantz eines werden jnn Christo. Also redet auch [Col. 2, 10] S. Paulus Coloss. ij. 'Jhr seit volkomen jnn jhm', das ist: jhr habts gantz und gar an Christo, das jhr nichts weiter suchen duerffet. An jhm mangelt nichts, es feilet aber an unserm glauben. Darumb, wer Christum hat, der heisset Consummatus odder volkomen, das ist er hatt ein volligen volkomen schatz alles guten, das er wuendschen und begeren kan, ewig leben, gerechtigkeit, weisheit und alle goettlicher gueter und feilet jhm nichts, on das er allein zusehe und fest daran hallte. Der schatz ligt da auff einem hauffen, aber das gefesse ist schwach, das nicht so volkomen behallten kan. Denn wir tragen (wie Paulus .ij. Cor. .iiij. sagt) unsern schatz jnn jrdenen gefessen. Darumb muessen wir teglich dahin erbeiten mit beten, predigen, vermanen, mit allerley leiden und versuchungen, das wir solchen herrlichen schatz nicht verlieren noch den Teuffel nemen lassen, welcher mit alle seiner gewallt, tuecken und listen darnach stehet, sondern jhe lenger jhe stercker und gewisser fassen und bewaren, leib leben und alle ding darauff wegen und zu setzen.", LUTHER, WA 28, 189,34–190,32.

Die paradoxe Struktur aus *Schon-Jetzt* und *Noch-Nicht* wird von Luther in dieser Predigt dahingehend aufgelöst, dass *theoretisch* Vollkommenheit im Glauben und in der Gemeinschaft „in Christus" als präsentisches Faktum wirklich ist. Insofern man „Christus hat", darf man sich im Zustand der Vollkommenheit wissen. So eindeutig er das im Anschluss an den Kolosserbrief konstatieren kann, so deutlich ist unmittelbar danach seine Einschränkung: *Praktisch* liegt dieser durch den Glauben verfügbare „Schatz" in einem „schwachen Gefäß", das den kostbaren Inhalt (noch) nicht „fassen und bewahren" kann. Das Bild des Gefäßes steht dabei für den Glauben: „[E]s fehlt aber an unserem Glauben". Sachlogisch geht Luther daher im Anschluss dazu über, nach Praktiken zu suchen, die aus seiner Sicht dabei helfen können, den Glauben zu stärken und dadurch den Schatz immer „*stärker und gewisser fassen und bewahren*". In diesem Zusammenhang nennt Luther für dieses mit „Leib, Leben und allen Ding" zu vollziehende „tägliche Arbeiten" das Gebet, die Predigt, (gegenseitige) Ermahnungen und das Ertragen von Leiden und Versuchungen. Den darin zu führenden Kampf betrachtet er als Kampf gegen die Macht des „Teufels". Insofern bleibt der Gläubige auf seinem Weg zu Vollkommenheit, Ewigem Leben etc. immer gefährdet durch dessen Umtriebe.

Insofern der Christ als Gläubiger angefangen hat zu glauben, kann er, Luther zufolge, Vollkommener genannt werden. Da er aber immer erst auf dem Weg zur Vollgestalt des Glaubens, inklusive aller beschriebenen Implikationen ethischen Handelns ist, bleibt Vollkommenheit ein Ziel, auf das er in täglicher Mühe und gegen alle Widerstände zustrebt und in das er hineinwächst.

1.4 Zusammenfassung und systematische Überlegungen zur Vollkommenheitsambivalenz

In Martin Luthers Neuprofilierung des Vollkommenheitsbegriffs spiegelt und konzentriert sich eine tiefgreifende Transformation spätmittelalterlicher Theologie und Frömmigkeit. Luthers Verwurzelung in der Tradition, seine sukzessive sich herauskristallisierende Kritik und seine schrittweise vollzogene Neugestaltung des Begriffs zwischen 1510 und 1520 konnten unter 1.2 nachvollzogen werden. Von seinem neuen, reformatorischen Vollkommenheitsbegriff lässt sich, wie oben begründet, ab dem Jahr 1520 sprechen.

In der Auseinandersetzung mit Martin Luthers Vorstellung von Vollkommenheit ist dabei deutlich geworden, dass mit dem Begriff unweigerlich seine Heiligungsvorstellung mitbetrachtet werden muss. Herausgearbeitet werden konnte dabei eine Verwendungsweise von Vollkommenheit in einer Struktur des Schon-Jetzt und Noch-Nicht. Dies wirkt in der Zusammenschau zunächst verwirrend und widersprüchlich. Nur lässt sich gegenüber Luther der Vorwurf einer unpräzisen Begriffsverwendung schwerlich erheben, da dieser seine Schriften oft auf bestimmte Anlässe hin zu unterschiedlichen Zeiten verfasste (Gelegenheitsschriften). Eine Zusammenschau seiner Äußerungen zur Vollkommenheitsthematik steht damit in gewisser Weise entgegen Luthers eigener Intention. Allerdings konnte gezeigt werden, dass sich die zunächst als Spannung erscheinende Begriffsverwendung bei genauerer Betrachtung in ein konsistentes Miteinander auflösen lässt. Vollkommenheit im präsentischen Sinn beschreibt dann *eine* Perspektive auf die gleiche Sache, die aus einer *anderen* Perspektive in einem futurischen Sinn zu beschreiben ist.

Das, was hier als die *Sache* benannt ist, lässt sich dabei mit verschiedenen Termini fassen. Der prominenteste ist wohl der der Gerechtigkeit. Die beiden Perspektiven auf die Vollkommenheit entsprechen damit den verschiedenen Perspektiven auf das *iustus*-Sein des Gläubigen. Gerecht ist dieser nach Luther im Glauben einerseits bereits voll und ganz – man denke nur an die mehrfach betrachtete *simul*-Formel. Zugleich bleibt andererseits der Prozess der Gerecht*werdung* ein im Alltag zu beschreitender Weg der fortwährenden Vertiefung, Verinnerlichung und des beständigen Kampfes gegen die Sünde. Mit dieser Figur werden auch die verschiedenen Vollkommenheitswendungen verständlicher. Vollkommenheit im präsentischen Sinne markiert das positive Urteil Gottes über den Menschen, der sich trotz der empirischen Mängel als Gerechter und damit Vollkommener wissen darf. Gleichzeitig wird mit Vollkommenheit im futurischen Sinne die Aufgabe beschrieben, im Kampf gegen die Sünde persönlich zu wachsen und sich so zu einem immer geistbestimmteren Menschen, d. h. vollkommenerem Menschen zu entwickeln. Beide Dimensionen, die sich auch als Zuspruch und Anspruch beschreiben lassen, sind in der von Wilfried Joest herausgearbeiteten und jüngst von Wilhelm Christe bestätigten Unterscheidung von Total- und Partialaspekt in der *simul*-Formel präzise zum Ausdruck gebracht.

In der tiefergehenden Analyse dessen, was Luther mit der Thematisierung von Vollkommenheit meint, wurden verschiedene Aspekte herausgearbeitet. Unter dem letzten Aspekt (h) wurde die angesprochene präsentische Perspektive von Vollkommenheit dargestellt. Die Entwicklungsperspektive der *vita christiana* auf einen futurischen Punkt hin, an dem der Gläubige völlig durchheiligt und daher vollkommen ist, konnte durch die Aspekte des Glaubens (c), der Liebe (d) und des Gehorsams (e) spezifiziert werden. Dass Luther dabei von der Möglichkeit des Wachstums ausgeht, wurde unter (g) gezeigt. Da die bleibende Sündhaftigkeit (f) diesseitig immer Teil der *conditio humana* bleibt, ist damit eine ständige Rückfallgefahr und bleibende Grenze dieses Wachstums markiert. Genau an dieser Stelle findet die Rede von der unüberwindbaren Nicht-Perfektibilität des Menschen ihren Anhalt.

Damit aber ist deutlich geworden, worin nach Luther die *perfectio hominis* besteht: Sie besteht in einer Wiederherstellung der Beziehung zwischen Gott und Mensch und einer damit verbundenen Heiligung des ganzen Menschen. Die vier Jahrhunderte später von Albrecht Ritschl (vgl. Kapitel I.5) eingeführte Unterscheidung zwischen Vollkommenheit in einem quantitativen und qualitativen Sinn, eröffnet dabei eine treffende Differenzierung. In seiner Darstellung von Luthers Vollkommenheitsbegriff hat Hans Hinrich Wendt diese Unterscheidung bereits 1882 übertragen. Luther, so Wendt, „fügt zwar hinzu, daß in das gegenwärtige Leben doch nur der Anfang jener Wiederherstellung [des paradiesischen Urbildes, C.S.] falle, während ihre Vollendung erst im Himmel eintreten werde."[244] „*Qualitativ*" ist diese Vollkommenheit „Bestand des diesseitigen Christenlebens"[245], d. h. in wesentlichen Grundzügen ist sie bereits im Glauben geschenkt. Deren „*quantitative* Vollendung [wird allerdings] erst im Jenseits"[246] erreicht. Damit wird bei Luther in der Orientierung an einer christlichen Vollkommenheit das Bewusstsein menschlicher Fragmentarität – um einen Begriff von Henning Luther aufzunehmen (vgl. I.7) – nicht aufgelöst, sondern gewahrt. Im Gegenteil kann die eigene Fragmentarität im Glauben gerade besser angenommen und akzeptiert werden, da das Subjekt die Fassade des Perfekten nicht braucht.[247]

In der Analyse von Luthers Vollkommenheitsbegriff hat sich außerdem etwas gezeigt, das gerade im Vergleich zu säkularen Konzepten der Neuzeit noch einmal hervorgehoben werden sollte. Menschliche Vollkommenheit ist für Luther immer nur christlich zu denken. Der Gottesbezug sowie der Erlösungsgedanke sind für das Gelingen menschlichen Daseins und den ‚Stand der Vollkommenheit' selbstverständlich konstitutiv. Nur im Glauben kann der ansonsten von Luther als *homo incurvatus in se* verstandene Sünder zu einem neuen Selbstverständnis gelangen, das in der Überzeugung, als Individuum von Gott angenommen zu sein, seine Voraussetzung findet.

Das geschenkte neue Selbstverständnis ist dabei, wie beschrieben, mit einer Wandlung des Menschen, seines Denkens, Wollens und Fühlens verbunden. Eine Formulierung Luthers aufgreifend, hat Hans-Martin Barth das treffend folgendermaßen formuliert: „In der Beziehung zu dem mich rechtfertigenden Gott bin ich so heilig wie ein Engel, der Qualität nach aber voll von Sünde. Der Glaube an Christus nimmt mich jedoch in einen Transformationsprozess hinein; die Dämmerung, die ich wahrnehme, hellt sich auf; es ist die Bewegung von der Nacht zum Morgen."[248] „Handelnd mache ich mich auf, meine Identität einzuholen. Werde, der du bist – im Glauben vor Gott!"[249]

Damit lässt sich für Luther im Blick auf die dargestellte *Vollkommenheitsambivalenz* (vgl. Einleitung 2.) ein Profil skizzieren. Einerseits ist bei Luther mit größtem Nachdruck die bleibende Ferne vom Ideal des Menschen festgehalten. Wie sehr auch immer der Mensch vom Heiligen Geist geleitet ist und in der Gerechtigkeit und Heiligkeit wächst, er bleibt ein *totus peccator* und erfährt sich auch immer wieder als solcher. Andererseits wird der Gläubige von diesem im *status corruptionis* nie aufzulösenden Differenzbewusstsein zwischen Ideal und

---

[244] WENDT, Die christliche Lehre, 134.
[245] A. a. O., 135.
[246] Ebd., Hervorhebung C.S.
[247] Vgl. ULF LIEDKE, Beziehungsreiches Leben. Studien zu einer inklusiven theologischen Anthropologie für Menschen mit und ohne Behinderung, Göttingen 2011, 560.
[248] BARTH, Theologie Luthers, 282.
[249] A. a. O., 283.

Faktizität dadurch entlastet, dass diese Differenz soteriologisch irrelevant ist. Indem der Gläubige sich als bleibender Sünder trotzdem als gerecht gesprochen erfährt und den Prozess seiner Verwandlung angefangen weiß, verliert dieses Differenzbewusstsein an Schärfe. Zwar bleibt es bestehen und holt den Gläubigen immer wieder ein. Aber je stärker das Rechtfertigungsbewusstsein im Glauben zunimmt, desto geringer wird es als belastende Erfahrung erlebt. Rechtfertigung als heilende Beziehung zwischen Gott und Mensch löst damit aber gerade das Leiden des Menschen an seiner Nicht-Perfektibilität auf. An die Stelle eines problematischen und die Perpetuierung sündhafter Strukturen förderndes *Perfektionsstrebens* kann so ein realistisches und entspannteres „Endlichkeitsmanagement zur Signatur christlicher Existenz"[250] werden.

Diese Entlastung noch verstärkend kann Luther, – wie oben gezeigt wurde – davon sprechen, dass sich der Gläubige trotz seiner Nicht-Perfektibilität bereits *Schon-Jetzt* als vollkommen erfahren kann, indem er sich von seiner Sünde freigesprochen weiß. Dieses präsentische Vollkommenheitsbewusstsein hängt allerdings von der Kräftigkeit seines Glaubensbewusstseins ab. Da gewissermaßen damit der Glaube in all seiner Fragmentarität und Gefährdung zum Träger des Vollkommenheitsbewusstseins wird, verschiebt sich die Ambivalenz, die mit dem Ziel der Vollkommenheit verbunden ist, hin zur Frage nach der Kräftigkeit des Glaubens. Anstatt darunter zu leiden, nicht der zu sein, der man sein könnte oder werden will, verlagert sich die lebenspraktische Herausforderung zu der Frage, ob auch geglaubt werden kann, was als Deutungsangebot in der christlichen Botschaft vorliegt.

Wenn es ‚gelingt' bzw. gegeben ist, die Perspektive des Glaubens einzunehmen, bleibt es nicht bei der grundlegend gewandelten inneren Perspektive auf sich und die eigenen Performanzen. Der veränderten inneren Perspektive folgt ein transformierter Weltumgang. Die Erfahrung der Freiheit, als die sich die entlastete Vollkommenheitsambivalenz auch charakterisieren lässt, begründet die Freisetzung von Energien, die sich insbesondere im Bereich der Ethik niederschlagen – man denke an Luthers häufig verwendetes Bild vom guten Baum, der gute Früchte trägt. Damit sind von Luther in der Neuprofilierung eines christlichen Lebens neue Potentiale des Weltengagements festgehalten. Im Blick auf den einzelnen Gläubigen ist damit aber gerade auch die Grundlage für ein – bei Luther immer *von Gott* gewirktes – Wachstum im Glauben und der Heiligung gelegt, das zwar niemals Vollkommenheit erreicht, aber sich als zunehmende Vervollkommnung darauf zubewegen kann. Da dieses Wachstums aber kein selbsterlösendes Streben nach eigener Idealität ist, sondern sich soteriologisch entlastet als zunehmend freies und geistgeleitetes Leben erfährt, haben sich die Vorzeichen gewissermaßen vollständig umgekehrt. Während das monastische Streben nach Vollkommenheit, wie es den jungen Luther in die Verzweiflung führte, einem beständigen ‚Du musst' folgte, ist an dessen Stelle ein ‚Du kannst'

---

[250] ROCHUS LEONHARDT, Moralische Urteilsbildung in der evangelischen Ethik, in: Zeitschrift für Evangelische Ethik 54 (2010) 3, 181–193, hier 189.

im doppelten Sinne getreten: Erstens im Sinne der Nicht-Notwendigkeit eines bestimmten gesetzlich festgelegten (monastischen) Lebensstils, der allein heilswürdig ist. Zweitens aber auch im Sinne eines ganz anderen Vermögens, das die Potentiale des befreiten Menschen erst wirklich zur Geltung bringt.

Abschließend soll ein Blick auf die *Wirkungsgeschichte* von Luthers Vollkommenheitsbegriff geworfen werden. Zunächst ist dabei festzuhalten, dass dieser in wesentlichen Zügen in den Bekenntnisschriften aufgenommen ist. Luthers positive Neuprofilierung wurde von Philipp Melanchthon aufgegriffen und hat sowohl in die *Confessio Augustana* als auch deren *Apologie* Eingang gefunden.[251] Interessanterweise entzieht sich die dortige Formulierung der entwickelten Unterscheidung von präsentischem und futurischem Vollkommenheitsbegriff. In CA 27, „Von den Mönchsgelübden", heißt es: „Christliche Vollkommenheit heißt Gott ernsthaft fürchten und zugleich darauf vertrauen, dass wir um Christi willen einen gnädigen Gott haben und in solchem Glauben zunehmen und üben, Gott anrufen, Hilfe von Gott erwarten in allen Sachen und äußerlich gute Werke tun, wie es Gott geboten hat, ein jeder nach seinem Beruf."[252] Damit ist zwar deutlich eine Entwicklungsperspektive angesprochen. Gleichzeitig erscheint diese Fortschrittsformulierung nicht als ein Wachstum zur Vollkommenheit hin, sondern gerade als Ausdruck davon.

Dass Luthers Gedanken zur Vollkommenheit immer im Kontext des Duals Glaube und gute Werke zu sehen ist, dürfte deutlich geworden sein. Dieses Verhältnis von Glaube und guten Werken blieb zu Luthers Lebzeiten und auch nach dessen Tod 1546, höchst umstritten. Erinnert sei hier an den Adiaphoristischen, den Majoristischen, und den Antinomistischen Streit, die sich in teilweise heftiger Manier alle in der ein oder anderen Weise mit der genannten Verhältnisbestimmung auseinandersetzten.[253] Inwiefern in diesen Kontroversen der Vollkommenheitsbegriff zum Gegenstand der Auseinandersetzungen wurde, kann an dieser Stelle nicht weiter verfolgt werden. Klar ist jedoch, dass in diesen Diskursen gewissermaßen immer *auch* Luthers Vollkommenheitsverständnis mit auf dem Spiel stand.

Als eine innerevangelische Strömung, die sich explizit auf die Frage der Heiligung und Vervollkommnung fokussierte und möglicherweise gerade darin ihr Kernanliegen fand, darf der Pietismus gelten. In dessen Selbstverständnis als Fortsetzung der Reformation kam natürlich auch der Reformator Luther immer wieder als Bezugspunkt in den Blick. Inwiefern dabei Luthers Erbe auch im Blick auf dessen Vollkommenheitsbegriff affirmativ oder korrigierend aufgenommen

---

[251] Auch Wendt sieht in der dort gefundenen Formulierung einen „Gedanke[n] Luthers" festgehalten, WENDT, Die christliche Lehre, 194.

[252] Übertragung C.S., im Original heißt es: „Christliche volkomenheit ist ernstlich Gott fürchten und doch vertrauen, das wir ein gnedigen Gott haben umb Christus willen und inn solchem glauben zunemen und ihn uben, Gott anruffen, hilff von Gott warten in allen sachen und eusserlich gute werck, so Got geboten hat, thun, ein jder nach seinem beruff.", BSELK, 176.

[253] Vgl. dazu ausführlich: LEONHARDT, Glaube und Werke.

wurde, wird in den folgenden Kapiteln an den Beispielen August Hermann Francke und John Wesley näher zu betrachten sein.

Überleitung: Das Thema der Vollkommenheit in Pietismus und Aufklärung

Mit dem Pietismus und dem christlichen Zweig der Aufklärung werden nun zwei äußerst einflussreiche kulturelle Strömungen des 18. Jahrhunderts in den Fokus gerückt. Während die Anfänge des Pietismus bereits im 17. Jahrhundert liegen, er seine volle Blüte aber erst im 18. Jahrhundert erreicht,[1] ist die Aufklärungstheologie voll und ganz ein Kind dieses kulturell nachhaltig prägenden Jahrhunderts, das sich mit den Stichworten Spätbarock, Deutscher Klassik in Literatur und Musik und nicht zuletzt der Philosophie Immanuel Kants verbindet. Da sich sowohl in pietistischen als auch in aufklärungstheologischen Veröffentlichungen parallel eine auffällige Hochschätzung des Vollkommenheitsbegriffs zeigt, liegt die Frage nach dem *Verhältnis* beider kultureller Formationen nahe. Eine solche Bestimmung eröffnet, so die Hoffnung, ein besseres Verständnis für die unübersehbare Hochkonjunktur des Vollkommenheitsbegriffs im 18. Jahrhundert.

Bevor dieser Frage näher nachgegangen werden kann, hier einige Bemerkungen zum Profil beider Strömungen.

Der Pietismus im weiteren Sinne, als eine sozial greifbare religiöse Erneuerungsbewegung – im Unterschied zu einem engeren Verständnis, das ihn als vorrangig literarisch greifbare Frömmigkeitsrichtung versteht[2] – beginnt mit Johann Arndt und seinem vielgedruckten,[3] weitverbreiteten und generationenübergreifend frömmigkeitsprägenden Erbauungswerk *Vier Bücher vom Wahren Christentum*, dessen erster Band 1605 erschien.[4] Bei Arndt ist um 1600 eine Verschiebung von der Lehre auf das Leben zu erkennen – einem für den Pietismus insgesamt kennzeichnenden Zug. Diese Verlagerung dürfte ihrerseits Indiz einer tiefgehenden Frömmigkeitskrise in der Zeit der altprotestantischen Orthodoxie sein, auf die der Pietismus zuerst durch Johann Arndt, dann vor allem mit Philipp Jacob

---

[1] Vgl. zu dieser Unterscheidung JOHANNES WALLMANN, Der Pietismus, Göttingen 2005, 26.

[2] Vgl. ebd.

[3] MARTIN H. JUNG, Reformation und Konfessionelles Zeitalter (1517–1648), Göttingen/Stuttgart 2012, 251.

[4] Auch wenn eine Reihe typischer Merkmale späterer pietistischer Lehre bei Arndt noch nicht vorliegen, für den „Pietismus als einer Frömmigkeitsausrichtung kann man bei Arndt die Anfänge konstatieren", WALLMANN, Pietismus, 33.

Spener als dem ‚Vater des Pietismus'[5] – seine *Pia Desideria* erscheinen erstmals 1675 – reagiert. Arndt greift zur Bewältigung dieser Krise vor allem auf altkirchliche und mittelalterliche mystische Schriften zurück, insbesondere auf Johann Taulers *Theologia deutsch*, aber auch auf Johann von Staupitz und die franziskanische Mystik der Angela da Foligno, die er in seinen Erbauungsschriften rezipiert.[6] Seine Mystik ist aber keine *Heils*mystik, sondern lässt sich treffender als *Heiligungs*mystik beschreiben. Das Heil wird also nicht auf mystischem Wege gesucht und erlangt, vielmehr verhilft seine *praxis pietatis* zu einer vollen Aneignung des bereits in Taufe und Rechtfertigung ergriffenen Heils.[7]

Arndts Verständnis der zu korrigierenden Frömmigkeitskrise kommt in der Gegenüberstellung zum Ausdruck, dass Christus zwar „viele Diener, aber wenig Nachfolger"[8] habe, womit er innerhalb der Kirche zwischen solchen Christen unterscheidet, die nur mit dem Mund und anderen, die auch mit dem Herzen glauben. Arndts mystisch geprägte Theologie bleibt insofern in reiner Betrachtung und im Erleben nicht stehen, bei ihm wird „aus dem mystischen Weg zur Gotteserkenntnis eine den Rechtfertigungsglauben voraussetzende, ihn aber überbietende Heiligungsfrömmigkeit"[9]. Welche Bedeutung Arndts Hauptwerk hatte, kann man an der Einschätzung Speners ermessen, der das *Wahre Christentum* später „mit seiner Anleitung zum Wachstum in der Frömmigkeit und zur näheren Vereinigung mit Gott für das beste Buch nächst der Bibel"[10] erklärte.

Mit der von Arndt initiierten Verschiebung von der Lehre auf das Leben war eine Richtung eingeschlagen, die in der Folge in das pietistische Selbstverständnis einer Fortsetzung der Reformation mündete, welche zwar im 16. Jahrhundert *theologisch* Entscheidendes geleistet habe, aber im Blick auf die *Lebenspraxis* unvollendet geblieben sei.[11]

Mit diesem lebenspraktischen Fokus, der seinen treffendsten Ausdruck im Begriff der zunehmenden *Heiligung* des gläubigen Subjekts findet, wird auch die Funktion des Vollkommenheitsbegriffs als Ziel- und Abschlussfigur dieses angestrebten Prozesses erahnbar.

Dass eine so tiefgreifende Erneuerungsbewegung, die sich noch dazu im explizit kritischen Impetus von der vorherrschenden Theologie und Kirchenpraxis distanzierte, ihrerseits nicht von Kritik verschont blieb, überrascht kaum. Die behauptete Abweichung von der evangelischen, insbesondere lutherischen Lehre, die teilweise sehr scharf von orthodoxer Seite artikuliert wurde, entzündete sich im Kern vor allem am Verhältnis von rechtfertigungstheologischem Gnadenbewusstsein und dem gerade angedeuteten pietistisch dezidiert eingeforderten

---

[5] Vgl. a. a. O., 68.
[6] A. a. O., 37f.
[7] A. a. O., 38.
[8] Zitiert nach: a. a. O., 39.
[9] Ebd.
[10] A. a. O., 69.
[11] Vgl. a. a. O., 21.

ethisch-frömmigkeitspraktischem Heiligungsimperativ. Ausdruck fand diese Kritik immer wieder in dem Vorwurf, der Pietismus lehre eine Art von Perfektionismus, verpflichte den Menschen also auf eine als möglich erachtete stetige Höherentwicklung. So zählt beispielsweise Albrecht Christian Roth, ein Vertreter der Hallenser Orthodoxie, in einer anonym veröffentlichten Schmähschrift von 1691 – ein Jahr bevor August Hermann Francke in die Stadt kam – „einen falschen Perfektionismus"[12] zu den größten Irrtümern der Pietisten.

In der Epoche der Aufklärung, die Kant in seinem Vorwort zur *Kritik der reinen Vernunft* als das „Zeitalter der *Kritik*, der sich alles unterwerfen muß"[13] bezeichnet, wird deren theologischer Zweig häufig in drei Phasen unterteilt: Die Übergangs- bzw. Eklektische Theologie zu Beginn des 18. Jahrhunderts, die noch sehr stark von der Leibniz-Wolff'schen Schulphilosophie geprägt ist, die *Neologie* ab der Mitte des Jahrhunderts und der *theologische Rationalismus* bzw. *Supranaturalismus* ab etwa 1790, in der Kants Vernunftkritik verarbeitet wird. Diese Einteilung beschreibt dabei, wie häufig bei solchen Markierungen, „nicht distinkte Wesensbestimmungen", sondern wird „lediglich in heuristisch-pragmatischem Sinne gebraucht"[14].

Nach Emanuel Hirsch können als die wichtigsten Einflüsse der Aufklärungstheologie insgesamt, neben der bereits genannten Wolff'schen Philosophie, die deistischen und antideistischen Schriften englischer Herkunft und zahlreiche pietistische Schriften gelten.[15]

Die *Neologie*, die als die zentrale Phase der Aufklärungstheologie in dieser Studie besonders im Blick ist, wird bereits seit dem 18. Jahrhundert als solche bezeichnet. Der Name war dabei zunächst eine polemische Fremdbezeichnung, die sich nach und nach als allgemein übernommenes Label etablieren konnte. Johann Salomo Semler notiert 1786: Mit Neologie werde die „Abweichung von der theologischen Tradition als schädlichen Neuerung"[16] gemeint. „Heterodoxie, Neologie oder Paradoxie"[17] werden dann auch gern einmal in einem Atemzug genannt. Umgekehrt hat der Berliner Verleger und Schriftsteller Friedrich Nicolai das Anliegen der Neologie folgendermaßen auf den Punkt gebracht: „Die christliche Lehre muß von ungegründeten und widersinnigen Dogmen, so man ihr beygemischt hat, je länger je mehr gereinigt werden, weil sie Schaden thun und die Kraft der göttlichen Wahrheit bey vielen Gemüthern schwächen. Dies

---

[12] A.a.O., 114.
[13] IMMANUEL KANT, Kritik der reinen Vernunft. Werke in sechs Bänden II, Darmstadt 1998, 13 (A XI).
[14] ALBRECHT BEUTEL, Aufklärung in Deutschland, Göttingen 2006, 163.
[15] Vgl. EMANUEL HIRSCH, Geschichte der neuern evangelischen Theologie 4, Gütersloh 1952, 6.
[16] JOHANN SALOMO SEMLER, Neuer Versuch die gemeinnüzige Auslegung und Anwendung des neuen Testaments zu befördern, Halle 1786, 98.
[17] HEINRICH GOTTLIEB ZERRENNER, Volksaufklärung. Uebersicht und freimüthige Darstellung ihrer Hindernisse nebst einigen Vorschlägen denselben wirksam abzuhelfen; Ein Buch für unsre Zeit, Magdeburg 1786, 69.73.91.

wollen die Neologen"[18]. Dieser kritische Reinigungsprozess beließ es aber nicht beim Zurückstellen oder der Verabschiedung nicht mehr zeitgemäß erscheinender Glaubensüberzeugungen. Treffender muss er als eine theologische Transformationsphase begriffen werden, in der grundlegende Neubestimmungen christlich-evangelischer Theologumena eingeführt und entwickelt wurden.

Eine entscheidende Weiterentwicklung der Neologie im Verhältnis zur vorherigen Phase der wolffianisch geprägten eklektischen Theologie wurde von Karl Aner in einem anderen Verständnis von *Vernünftigkeit* erblickt:

> So war es im tiefsten Grunde die Erweiterung des Vernunftbegriffs, was den Übergang vom Wolffianismus zur Neologie herbeiführte. Nicht mehr der Verstand allein füllte diesen Begriff; das Gemüt und das moralische Bewußtsein waren hinzugekommen. Und weniger vor dem intellektuellen als vor dem emotionalen Teil der Vernunft hatte sich nunmehr das Dogma auszuweisen.[19]

Die Neologie wäre also missverstanden, würde man sie auf eine rein rationale Theologie reduzieren, das wird schon an dieser Bemerkung deutlich.

Zweifellos zutreffend hingegen ist ein starker Fokus auf der Tugendhaftigkeit und Moralität des (gläubigen) Menschen, der als ein Charakteristikum der Aufklärung überhaupt gelten kann.[20] Ganz im Geiste der Aufklärungsanthropologie und -ethik wurde auch in der Theologie der moralischen Weiter- und Höherentwicklung des Menschen besondere Aufmerksamkeit geschenkt. Dass dabei – ähnlich wie für den Pietismus angedeutet – notwendig der Blick auch auf ein höchstes Ideal bzw. letztes Ziel fallen musste, liegt gewissermaßen apriorisch in der Denkbewegung selbst.

Vor dem Hintergrund dieser Skizze lässt sich im Folgenden präziser nach dem Verhältnis von Pietismus und Aufklärung fragen.

In der Forschung gab es in den vergangenen Jahrzehnten zahlreiche Bemühungen, die Verwandtschaft zwischen Pietismus und Aufklärungstheologie genauer, d. h. weniger holzschnittartig zu bestimmen, als das so manche historischen Selbstbilder langfristig wirksam zu vermitteln verstanden.[21] Auch wenn die Einschätzung Johann Hinrich Claussens, dass das Verwandtschaftsverhältnis

---

[18] FRIEDRICH NICOLAI, Rez. Betrachtungen über die neue Religionsverbesserung und vorgegebene Berichtigung des Lehrbegrifs der protestantischen Kirche, in: FRIEDRICH NICOLAI (Hrsg.), Allgemeine Deutsche Bibliothek 28/1, Berlin/Stettin 1776, 132–140, hier 136.

[19] KARL ANER, Die Theologie der Lessingzeit, Halle (Saale) 1929, 152.

[20] Man denke nur an den Kategorischen Imperativ Kants. Aber auch Schillers Über die ästhetische Erziehung des Menschen liegt – um noch ein anderes Beispiel zu nennen – dieser Grundgestus zugrunde. Im vierten Brief heißt es: „Jeder individuelle Mensch, kann man sagen, trägt, der Anlage und Bestimmung nach, einen reinen idealistischen Menschen in sich, mit dessen unveränderlicher Einheit in allen seinen Abwechselungen übereinzustimmen, die große Aufgabe seines Daseins ist.", dafür bedarf es nach Schiller der charakterlichen und moralischen Formung, FRIEDRICH SCHILLER, Über die ästhetische Erziehung des Menschen, Leipzig 1935, 165f.

[21] Vgl. KONSTANZE BARON u. CHRISTIAN SOBOTH, Einleitung, in: KONSTANZE BARON/ CHRISTIAN SOBOTH (Hrsg.), Perfektionismus und Perfektibilität. Streben nach Vollkommen-

zwischen beiden „noch nicht wirklich erforscht"[22] ist, auf der Makroebene immer noch zutreffend sein dürfte,[23] sollte inzwischen zumindest klar sein, dass das Bild zweier theologisch und frömmigkeitspraktischer Antagonisten von der historischen Wirklichkeit weit entfernt ist. Das gilt sowohl für die Bestimmung beider Kulturströmungen in sich, die national, regional und temporal jeweils eine hochdifferenzierte Vielfalt in sich vereinen als auch im Verhältnis zueinander, das bei allen Unterschieden durch viele Querverbindungen, punktuelle Überschneidungen und gegenseitige Beeinflussungen geprägt ist,[24] sodass die Neologie auch schon als die „Zwillingsschwester"[25] des Pietismus etikettiert werden konnte. Völlig überraschend sind diese Beziehungsgeflechte aber schon deshalb nicht, da beide das gemeinsame Grundmovens eint, sich von der als ungenügend empfundenen altprotestantisch-orthodoxen Schullehre und der Anstaltskirche emanzipieren zu wollen.[26] Den damit gemeinsam markierten Bruch hat Ernst Troeltsch später als Ende des Alt- und Beginn des Neuprotestantismus bezeichnet.[27]

---

heit in Aufklärung und Pietismus, Hamburg 2018, 9–28, hier 9, dort findet sich auch eine Reihe verschiedener Übersichten zum Verhältnis von Pietismus und Aufklärung.

[22] JOHANN HINRICH CLAUSSEN, Glück und Gegenglück. Philosophische und theologische Variationen über einen alltäglichen Begriff, Tübingen 2005, 278.

[23] Auf der Mikroebene gab es hingegen verschiedene Bemühungen das Verhältnis präziser zu bestimmen, vgl. z. B. KONSTANZE BARON/CHRISTIAN SOBOTH (Hrsg.), Perfektionismus und Perfektibilität, Hamburg 2018.

[24] Als *ein* Beispiel, dass diese Verbindungen auch damals gesehen und thematisiert wurden, sei auf die Rezension Schleiermachers zu Spaldings *Lebensbeschreibung* verwiesen. Darin rückt Schleiermacher, in dessen Theologie sich selbst aufklärerische und pietistische Einflüsse miteinander verbinden, den Aufklärungstheologen Spalding in die Nähe zum Pietismus: Es „war, dem Charakter nach, seine [Spaldings] Religiosität und die jener Christen [der evangelischen Brüdergemeinen, vgl. 30,17] ganz dieselbe, diejenige nämlich, welche die Richtung ganz nach innen nimmt, und alles im Gemüth in Übereinstimmung zu bringen sucht, nicht aber selbstthätig schaffend vom Mittelpunkt immer weiter nach außen geht.", FRIEDRICH SCHLEIERMACHER, Rezension von Johann Joachim Spalding: Lebensbeschreibung, in: HERMANN PATSCH (Hrsg.), Schriften aus der Hallenser Zeit, 1804–1807, Berlin/New York 1995, 29–38, hier 30,32–31,4.

[25] HORST STEPHAN, Der Pietismus als Träger des Fortschritts in Kirche, Theologie und allgemeiner Geistesbildung. [Vortrag, verkürzt gehalten auf der Theologischen Konferenz in Hessen am 6. Januar 1908] 1908, 49, Anm.1.

[26] Deutlich wird das beispielsweise bei einem Blick in die *Pia Desideria*: Die in drei Teile gegliederte Schrift beginnt mit einer negativen Diagnose des aktuellen Zustands der Kirche, prognostiziert im zweiten Teil eine zukünftige Verbesserung und reflektiert im dritten Teil die Mittel und Wege, die zum Erreichen dieser Verbesserung notwendig sind, vgl. WALLMANN, Pietismus, 80ff., deutlich wird in diesem Reformprogramm auch die Einforderung einer (stärkeren) christlichen Praxis an Stelle einer Fokussierung auf das Wissen, vgl. a. a. O., 83.

[27] „Der Aufklärungs-Protestantismus war nicht bloß eine von der pietistischen Zersetzung unterstützte Episode zwischen der alten und neuen gläubigen Periode des Protestantismus, auch nicht bloß der Restbestand einer einst volleren und zuversichtlicheren Frömmigkeit, der den Anfang vom Ende des Christentums bildete. Er ist in aller Unbehilflichkeit ein tiefgreifender Wandlungsprozeß der christlichen Idee, eine ungeheure Reduktion und Vereinfachung des christlichen Gedankenstoffes, eine Abwerfung alter Formen und Hüllen und eine neue Gestaltung und Akzentuierung des Wesentlichen, dessen, was nun gegenüber einer die alte Dogmatik

Mit dem Begriff der Vollkommenheit ist bereits auf eine dieser inhaltlich-strukturellen Gemeinsamkeiten verwiesen worden. Denn sowohl pietistische als auch aufklärerische theologische Ansätze verbindet die Vorstellung, dass „man in dem, was man macht und was man ist, im Laufe der Zeit *besser* werden könne"[28]. Der Bezugspunkt, der mit dem „dichten semantischen Feld von Besserung, Verbesserung, Vervollkommnung, Perfektionierung, Perfektibilität und Perfektionismus"[29] beschrieben ist, spielt dabei in beiden Strömungen gleichermaßen eine prominente Rolle. In diese sich terminologisch niederschlagenden geistesgeschichtlichen Entwicklungen gehört auch der bis heute unheimlich wirkmächtige Kollektivsingular *Fortschritt*, der in den Wörterbüchern erstmals um die Wende zum 19. Jahrhundert auftaucht und wahrscheinlich zuerst von Christoph Martin Wieland im Jahr 1770 gebraucht wurde.[30] Das 18. Jahrhundert darf insofern als das Jahrhundert gelten, in dem nicht nur der Vollkommenheitsbegriff selbst eine Hochkonjunktur erlebte, sondern in dem auch die moderne Fortschrittsidee geboren wurde. Legt man die Definition Kants zugrunde, der Fortschritt als „Fortschritt vom Schlechteren zum Besseren" und damit letztlich als „Fortschreiten zur Vollkommenheit"[31] fasst, dann zeigt sich, wie beide Begriffe der Sache nach auch miteinander verbunden werden konnten.[32]

Ein weiteres Indiz für das große Interesse an diesen Fortschritts- und Vollendungsfiguren ist auch die rasche Verbreitung des aus dem Französischen entlehnten *Perfektibilitätsbegriffs* innerhalb weniger Jahrzehnte, allerdings ohne dass deswegen die älteren deutschen Äquivalente wie „Vervollkommnungsfähigkeit" oder „Vervollkommnung" völlig verschwunden wären.[33] Während um die Mitte des 18. Jahrhunderts „zunächst eindeutig der *anthropologische* und *ethische* P.[erfektibilitäts]-Begriff"[34] dominiert, geschieht innerhalb der zweiten Hälfte des 18. Jahrhunderts „eine Verlagerung der Gewichte vom Einzelnen weg und zum Gat-

---

zerschlagenden und die alte Ethik sprengenden Welt als das Wesentliche erscheint.", ERNST TROELTSCH, Protestantisches Christentum und Kirche in der Neuzeit (1906/1909/1922). KGA 7, Berlin/New York 2004, 435f., vgl. auch 480ff.

[28] BARON/SOBOTH, Einleitung, 9, Hervorhebung im Original.
[29] A. a. O., 9f.
[30] Vgl. JOACHIM RITTER, Art. Fortschritt, in: JOACHIM RITTER (Hrsg.), HWPh 2, Basel/Stuttgart 1972, 1032–1059, hier 1052, konkret in seinen Betrachtungen über J.J. Rousseau's ursprünglichen Zustand des Menschen.
[31] IMMANUEL KANT, Mutmaßlicher Anfang der Menschengeschichte, in: Schriften zur Anthropologie, Geschichtsphilosophie, Politik und Pädagogik VI, Wiesbaden 1983, 83–102, hier 92 (A 13).
[32] Vgl. auch RITTER, Art. Fortschritt, 1048.
[33] Vgl. GOTTFRIED HORNIG, Art. Perfektibilität II., in: JOACHIM RITTER/KARLFRIED GRÜNDER (Hrsg.), HWPh 7, Basel 1989, 241–244, hier 241.
[34] Ebd.

tungswesen Mensch"³⁵, aber auch hin zu anderen überindividuellen Phänomenen wie Christentum, Kultur und Wissenschaften, Kirche und Staat.³⁶

Für das Thema dieser Studie sind – neben diesen für das ganze 18. Jahrhundert charakteristischen Entwicklungs- und Abschlussfiguren – noch weitere Gemeinsamkeiten ebenso bemerkenswert, die sowohl für den Pietismus als auch für die Aufklärungstheologie kennzeichnend sind. So genießt in beiden religiösen Erneuerungsbewegungen die individuelle Aneignung des Glaubens einen hohen Stellenwert. Dabei kommt jeweils der emotionalen Komponente der Glaubensaneignung besondere Bedeutung zu.³⁷ Zudem zeichnet beide ein hohes Interesse an den ethischen Implikationen des Glaubens aus. Ein Standard-Vorwurf gegenüber der Aufklärungstheologie galt insbesondere diesem ethischen Interesse, das als Verkürzung des Glaubens auf Fragen der Moral wahrgenommen wurde. Aber auch den Pietismus hat diesbezüglich immer wieder die Kritik verfolgt, seine Betonung der praktisch-ethischen Dimension des Glaubens sei ein Abfall von der reinen Rechtfertigungslehre Luthers.³⁸

Grundlegende Unterschiede, die auch im Blick auf die jeweilige Füllung des Vollkommenheitsbegriffs gravierende Differenzen hervorbringen, sind beispielsweise in den sehr differierenden Menschenbildern angelegt. Während im Pietismus die Lehre von der Erbsünde des Menschen nicht nur tradiert, sondern teilweise noch systematisch und existentiell ausgebaut wurde, hat sich die Neologie grundsätzlich davon verabschiedet und geht daher von einem sehr viel positiveren Menschenbild aus. Zum Ausdruck kommt das in der unterschiedlichen Thematisierung menschlicher Sündhaftigkeit und der negativ bzw. positiv bewerteten Entfaltung menschlich-natürlicher Anlagen. Auch der Glücksbegriff erfährt sehr verschiedenen Umgang. Kurz gesagt, wird er von Pietisten tendenziell skeptisch betrachtet, von Seiten der Neologie hingegen gerade als höchstes Ziel menschlichen Daseins theologisch integriert und funktionalisiert.³⁹

Diese skizzenhaften Notizen sollen als zeitgeschichtlicher Hintergrund genügen, um nun anhand zweier typischer Vertreter beider Bewegungen – August Hermann Francke und Johann Joachim Spalding – zu betrachten, welche Bedeutung ganz konkret dem Vollkommenheitsbegriff in ihrem jeweiligen theologischen System zukommt. Durch den jeweils knappen Vergleich mit der bereits

---

[35] NORBERT HINSKE, Die tragenden Grundideen der deutschen Aufklärung. Versuch einer Typologie, wiederabgedruckt, in: RAFFAELE CIAFARDONE/NORBERT HINSKE/RAINER SPECHT (Hrsg.), Die Philosophie der deutschen Aufklärung. Texte und Darstellung, Stuttgart 1990, 407–458, hier 426.

[36] Vgl. HORNIG, Art. Perfektibilität II, 242.

[37] Vgl. die oben erwähnte Abgrenzung der Neologie von der Übergangstheologie, die er durch die Erweiterung des Vernunftbegriffs auf emotionale Elemente begründet.

[38] Dass dieser Vorwurf durchaus auf zumindest einige pietistische Positionen zutraf, wird dort leicht einsichtig, wo an Stelle der lutherischen Rechtfertigungslehre bewusst eine mystisch-spiritualistische Wiedergeburtslehre gesetzt werden sollte, vgl. WALLMANN, Pietismus, 45.

[39] Vgl. CLAUSSEN, Glück, 279.

dargestellten Position Luthers werden dabei langfristige vollkommenheitsreflexive Entwicklungslinien sukzessive offengelegt.

Mit John Wesley, dem Begründer des Methodismus, wird aber noch ein dritter Vertreter des 18. Jahrhunderts auf seinen Vollkommenheitsbegriff hin befragt. Wesley entstammt der anglikanischen Kirche und gründete gemeinsam mit seinem Bruder, Charles Wesley und George Whitefield aus dieser heraus eine äußerst erfolgreiche Erweckungsbewegung. Das theologisch-frömmigkeitspraktische Profil der sich damals zunehmend verselbstständigenden Freikirche steht zwar in enger Verwandtschaft mit dem kontinentalen Pietismus, geht aber als Spielart davon theologisch eigene Wege.

Auf die sehr enge Beziehung zwischen Pietismus und Methodismus wird im Wesley-Kapitel selbst eingegangen. An dieser Stelle soll lediglich bereits darauf hingewiesen werden, dass Wesley selbst für einige Zeit in Herrnhut geweilt hat, mit Zinzendorf in einem – gerade für die Vollkommenheitsfrage sehr aufschlussreichen – diskursiven Austausch stand und es auch sonst eine Reihe von persönlichen und theologischen Berührungspunkten gab. Wesley und die von ihm mitbegründete Bewegung sind von daher nicht nur als Kinder des 18. Jahrhunderts interessant, zu deren damals gegründeter Kirche heute weltweit etwa 40 Millionen Mitglieder gehören,[40] sondern vor allem als eine weitere nachhaltig wirksame theologische Spielart, in der dem Vollkommenheitsbegriff eine äußerst bedeutsame Stellung zukommt.

---

[40] Die Zahlen stammen vom World Methodist Council, wurden zwischen 2011 und 2016 erhoben und umfassen sämtliche Kirchen methodistischer Tradition sowie mit ihnen unierte und vereinigte Kirchen, vgl. https://worldmethodistcouncil.org/statistical-information/, Stand: 23.10.2023.

2. „So wird das Herz zum Himmel gemacht."[1] – Vollkommenheit bei August Hermann Francke

2.1 Hinführung und Forschungsstand

Mit August Hermann Francke (1663–1727) rückt nun zweifelsohne einer der prägendsten Vertreter des Pietismus in den Blick. Schon diese herausragende Bedeutung innerhalb jener vollkommenheitsaffinen Phase[2] religiöser Erneuerung weckt natürlich im Zusammenhang der vorliegenden Studie Interesse. Eine eingehende Auseinandersetzung mit dem vor allem als Gründer der nach ihm benannten Stiftungen in Halle an der Saale bekannten Theologen und Reformpädagogen verspricht aber auch deshalb aufschlussreich zu werden, weil ihm Zeit seines Lebens das Etikett angeheftet wurde, eine problematische Vollkommenheitslehre zu vertreten. Schon während seines Studienaufenthaltes in Hamburg im Jahr 1688 sah sich Francke mit dem schwerwiegenden Vorwurf konfrontiert, er propagiere eine perfektionistische Lehre – eine Anschuldigung, die ihn innerhalb weniger Jahre zu mehreren Ortswechseln zwang und selbst in seiner Hallenser Zeit noch verfolgte.

Eine Analyse von Franckes Vollkommenheitsbegriff kann an diese Auseinandersetzungen unmittelbar andocken. Nachfolgend soll daher zunächst ein kurzer Blick auf die kirchenpolitischen Auseinandersetzungen, in die sich Francke verwickelt sah, die Bedeutung der Vollkommenheitsfrage in der damaligen Zeit illustrieren (2.2). Anschließend wird Franckes theologische Positionierung in diesem Topos anhand einer Reihe von Äußerungen genauer unter die Lupe genommen (2.3). Dabei wird sich zeigen, wie bei Francke grundsätzlich Luthers Vollkommenheitsbegriffs aufgenommen, aber anders, nämlich mit einer ganz spezifisch pietistischen Schwerpunktverlagerung, neujustiert wird (2.4). Die damit verbundenen Konsequenzen zum Umgang mit der Vollkommenheitsambi-

---

[1] Im Zusammenhang heißt es: „So wird nun also das Herz eines wahrhaftigen Jüngers Christi zum Himmel gemacht, in welchem die ganze hochgelobte Dreieinigkeit, Gott Vater, Sohn und Heiliger Geist ihre Wohnung haben und ihre Herrlichkeit und Seligkeit ausbreiten.", AUGUST HERMANN FRANCKE, Wo die Liebe aufgeht in den Herzen der Menschen. Predigt (1697), in: ERICH BEYREUTHER (Hrsg.), Selbstzeugnisse August Hermann Franckes, Marburg an der Lahn 1963, 141–145, hier 144.
[2] Vgl. MARTIN SCHMIDT, Pietismus, Stuttgart ³1983, 14.16.51.57.

valenz werden abschließend in einigen systematischen Überlegungen betrachtet (2.5).

Anknüpfen kann die hier vorliegende Darstellung an eine Reihe anderer einschlägiger Arbeiten, in denen der Vollkommenheitsbegriff Franckes entweder explizit fokussiert oder zumindest am Rande gestreift wird.

Zur Theologie Franckes liefern nach wie vor die *Studien zur Theologie August Hermann Franckes* von Erhard Peschke in zwei Bänden, erschienen 1964 und 1966, eine gute Einführung.[3] Auch wenn der Vollkommenheitsbegriff selbst nur punktuell thematisch wird, sind darin die mit ihm unmittelbar verbundenen theologischen Loci, insbesondere der Heiligungs- und Wachstumsgedanke, erhellend zur Darstellung gebracht.

Aus der Perspektive der Kirchengeschichte hat sich mit dem Thema der Vollkommenheit im Pietismus Ryoko Mori auseinandergesetzt. Unter dem Titel *Begeisterung und Ernüchterung in christlicher Vollkommenheit. Pietistische Selbst- und Weltwahrnehmungen im ausgehenden 17. Jahrhundert*[4] hat sie 2004 zwar eine Studie vorgelegt, die die „Konventikelbewegung *zwischen* Spener und Francke"[5], insbesondere die Jahre 1689–1694, in den Blick nimmt. Da Francke allerdings konkret in den sog. ‚Leipziger Unruhen', auf die gleich näher einzugehen sein wird, eine ganz maßgebliche Rolle spielte, ist ihre Untersuchung auch für die Rekonstruktion von *dessen* Theologie durchaus hilfreich. Auf den, auch im Titel ihrer Studie aufgenommenen Vollkommenheitsbegriff und dessen zentrale Bedeutung in dem theologischen Grundkonflikt der Leipziger Kontroversen, wird gleich näher einzugehen sein.

Eine detailliert recherchierte kirchengeschichtliche Darstellung der ‚Leipziger Unruhen', in denen Francke die maßgebliche Rolle spielte, hat außerdem Klaus vom Orde ebenfalls 2004 unter dem Titel *Der Beginn der pietistischen Unruhen in Leipzig im Jahr 1689*[6] vorgelegt.

Mit dem Gebiet der theologischen Anthropologie, in welche die Debatten um den Vollkommenheitsbegriff mindestens in jener Zeit zu verorten sind, hat sich außerdem Martin Brecht auseinandergesetzt. In seinem Aufsatz *Zwischen Schwachheit und Perfektionismus. Strukturelemente theologischer Anthropologie im Pietismus*[7] aus dem Jahr 2009 zeigt er vor allem an den Beispielen Spener und Francke inwiefern „[d]ie religiöse Wahrnehmung des eigenen Ichs sowie

---

[3] ERHARD PESCHKE, Studien zur Theologie August Hermann Franckes I, Berlin 1964; DERS., Studien zur Theologie August Hermann Franckes II, Berlin 1966.

[4] RYOKO MORI, Begeisterung und Ernüchterung in christlicher Vollkommenheit. Pietistische Selbst- und Weltwahrnehmungen im ausgehenden 17. Jahrhundert (Hallesche Forschungen Bd. 14), Tübingen 2005.

[5] A.a.O., 1, Hervorhebung C.S.

[6] KLAUS VOM ORDE, Der Beginn der pietistischen Unruhen in Leipzig im Jahr 1689, in: HANSPETER MARTI/DETLEF DÖRING (Hrsg.), Die Universität Leipzig und ihr gelehrtes Umfeld. 1680–1780 (Bd. 6), Basel 2004, 359–378.

[7] MARTIN BRECHT, Zwischen Schwachheit und Perfektionismus. Strukturelemente theologischer Anthropologie im Pietismus, in: UDO STRÄTER (Hrsg.), Alter Adam und neue Krea-

des Menschen überhaupt [...] eines der organisierenden Zentren pietistischen Existierens und Agierens"[8] ausmacht. Dabei nimmt die schon im Titel genannte Perspektive auf den religiösen *Perfektionismus* eine zentrale Stellung ein, der im Pietismus häufig mit dem Gedanken von einem neuen Leben bzw. der Erneuerung des Wiedergeborenen verbunden ist.

Die Verbindungen insbesondere des jungen Francke zum sog. Radikalen Pietismus haben außerdem Veronika Albrecht-Birkner und Udo Sträter untersucht.[9] Deutlich wird dabei, dass Franckes Neigung zu solchen Positionen, die in jener Zeit immer wieder unter Perfektionismus-Verdacht standen, besonders in Kreisen radikaler Pietisten beheimatet war. Mit diesen kam Francke beispielsweise in Hamburg in Berührung. In dem Beitrag werden nicht nur wesentliche Kennzeichen dieser pietistischen Randströmung herausgearbeitet, sondern auch deren Wiederkehr in der theologischen und kirchlichen Entwicklung Franckes aufgezeigt. Ebenso sind aber auch eine Vielzahl von dessen frühen Weggefährten im Blick, die nicht selten entweder freiwillig oder nach Vorkommnissen unterschiedlicher Art außerhalb amtskirchlicher Strukturen landeten.

Die jüngste Publikation zu diesem Thema stammt von Claudia Drese, die 2018 unter dem Titel *Der Weg ist das Ziel – Zur Bedeutung des Perfektionismus für die frühe pietistische Theologie*[10] einen Aufsatz veröffentlicht hat, in dem sie u. a. auch Franckes Affizierung mit diesem Thema, insbesondere seine Verwicklung in die Auseinandersetzungen in Erfurt darstellt.

Die klarste Darstellung zur Vollkommenheitsfrage von Francke selbst ist dessen Text *Von der Christen Vollkommenheit*. Die aus 15 Thesen zur Vollkommenheit bestehende Schrift verfasste Francke 1691 im Zusammenhang der gleich zu skizzierenden Erfurter Ereignisse und veröffentlichte sie selbst das erste Mal 1695 als Anhang seiner *Lebensregeln*.[11] Auf dieser Grundlage wurden sie von Erhard Peschke innerhalb der *Werke in Auswahl*[12] abgedruckt. Die Thesen sind auf dem Höhepunkt der theologischen und kirchenpolitischen Auseinandersetzungen in Erfurt entstanden, geben also die Position des jungen Francke im Alter von

---

tur. Pietismus und Anthropologie ; Beiträge zum II. Internationalen Kongress für Pietismusforschung 2005 (Hallesche Forschungen, 28,1), Tübingen 2009, 63–85.

[8] A. a. O., 63.

[9] VERONIKA ALBRECHT-BIRKNER u. UDO STRÄTER, Die radikale Phase des frühen August Hermann Francke, in: WOLFGANG BREUL/LOTHAR VOGEL/MARCUS MEIER (Hrsg.), Der radikale Pietismus. Perspektiven der Forschung (Arbeiten zur Geschichte des Pietismus 55), Göttingen 2010, 57–84.

[10] CLAUDIA DRESE, Der Weg ist das Ziel – Zur Bedeutung des Perfektionismus für die frühe pietistische Theologie, in: KONSTANZE BARON/CHRISTIAN SOBOTH (Hrsg.), Perfektionismus und Perfektibilität. Streben nach Vollkommenheit in Aufklärung und Pietismus, Hamburg 2018, 31–52.

[11] Vergleiche die Rekonstruktion der Publikationsgeschichte von Erhard Peschke, in: AUGUST HERMANN FRANCKE, Von der Christen Vollkommenheit, in: ERHARD PESCHKE (Hrsg.), Werke in Auswahl, Berlin 1969, 356–359, hier 356.

[12] A. a. O.

28 Jahren wieder. Da Francke diese Thesen später selbst immer wieder heranzog, um seine Position darzulegen und übertriebene Anschuldigungen auszuräumen, kann aber davon ausgegangen werden, dass auch der ältere Francke seine Position darin gut zum Ausdruck gebracht sah.[13] Aus jener konfliktreichen Entstehungszeit der Thesen, in der sich Francke immer wieder mit dem Perfektionismus-Vorwurf konfrontiert sah, sind außerdem eine Vielzahl an Niederschriften erhalten, in denen Einschätzungen anderer Zeitgenossen – Weggefährten sowie Gegnern – aber auch von Francke selbst dokumentiert sind. Diese sind von Gustav Kramer unter dem Titel *Beiträge zur Geschichte August Hermann Francke's*[14] im Jahr 1861 gesammelt und herausgegeben worden.

Um diese frühe Darstellung durch spätere Äußerungen Franckes zum Thema zu ergänzen, wird besonders auf verschiedene Predigtabschnitte aus der Zeit in Glaucha und Halle einzugehen sein. Eine Vielzahl an *Schriften und Predigten* wurde ab 1981 ebenfalls von Erhard Peschke in mehreren Bänden herausgegeben.[15]

Ergänzend hinzugezogen werden außerdem Adolf Sellschopps *Neue Quellen zur Geschichte August Hermann Franckes* von 1913.[16]

2.2 Francke und der Vorwurf einer perfektionistischen Lehre

In den Verdacht, eine heterodoxe Lehre zu vertreten, kam Francke bereits 1688, nur ein Jahr nach seinem prägenden Lüneburger Bekehrungserlebnis.[17] Damals studierte er für zehn Monate mit einem Stipendium in Hamburg. Während dieser Zeit in Hamburg – in theologischer Hinsicht als Stadt damals ohnehin ein „explosives Gemisch von jugendlichem Eifer bis Übereifer"[18] – kam Francke offensichtlich auch mit radikalpietistischem und quietistischem Gedankengut in Berührung.[19] Unter diesem Einfluss äußerte Francke angeblich auch die biografisch folgenreiche Ansicht, dass ein Wiedergeborener die Möglichkeit habe, das Gesetz zu erfüllen und entsprechend nicht mehr zu sündigen.[20] Ob diese Position von

---

[13] Vgl. S.17.

[14] GUSTAV KRAMER (Hrsg.), Beiträge zur Geschichte August Hermann Francke's, Halle 1861.

[15] Hier herangezogen werden vor allem: AUGUST HERMANN FRANCKE, Schriften und Predigten 9. Predigten I (Texte zur Geschichte des Pietismus Abt. II), Berlin 1987; DERS., Schriften und Predigten 10. Predigten II, Berlin/New York 1989.

[16] ADOLF SELLSCHOPP (Hrsg.), Neue Quellen zur Geschichte August Hermann Franckes, Halle/Saale 1913.

[17] Zu Franckes Bekehrung vgl. WALLMANN, Pietismus, 108–110.

[18] VOM ORDE, Pietistische Unruhen, 361.

[19] Vgl. MARTIN BRECHT, Der Pietismus vom siebzehnten bis zum frühen achtzehnten Jahrhundert (Geschichte des Pietismus Bd. 1), Göttingen 1993, 447.

[20] Erwähnt wird diese Äußerung von Johann Friedrich Mayer in einem Brief vom 9. Mai 1690 an den Erfurter Pfarrer Jacobi, nachdem sich dieser, auf der Suche nach kompromittierendem Material, bei ihm nach den Hamburger Vorfällen während Franckes Anwesenheit und

Francke so in Hamburg geäußert wurde, ist alles andere als bewiesen.[21] Klar ist hingegen dreierlei: Erstens, dass Francke ab diesem Zeitpunkt der Vorwurf, eine perfektionistische Lehre zu vertreten, so fest anhing, dass auch alle Ortswechsel nichts daran ändern konnten. Genauso deutlich ist zweitens, dass Francke den Vorwurf, einen solchen Standpunkt zu vertreten, immer entschieden von sich wies.[22] Ungeachtet dieser Zurückweisung bleibt aber drittens die Frage der Vollkommenheit spätestens ab diesem Zeitpunkt für Francke lebenslang ein bedeutsames Thema.

Unabhängig von der schwer zu beantwortenden Frage, was Francke in Hamburg genau dachte und äußerte, lässt sich sehr präzise sagen, dass Francke mit diesem Verdacht in theologisch und kirchlich sensibles Terrain geraten war.[23] Denn aus orthodoxer Sicht war mit der Frage der Erfüllbarkeit des Gesetzes das entscheidende Schibboleth erreicht, an dem sich die orthodox-lutherische Lehre von anthropologisch und rechtfertigungstheologisch problematischen Heterodoxien schied.

1689 kehrte Francke nach einem zweimonatigen Aufenthalt bei Philipp Jakob Spener, damals Oberhofprediger in Dresden,[24] nach Leipzig, seinen früheren Studienort, zurück. Aus den maßgeblich von Francke und einigen Freunden organisierten Erbauungsversammlungen entwickelten sich im Laufe des Jahres 1689 Ereignisse, die als sogenannte ‚Leipziger Unruhen' in die Geschichte eingingen. In deren Kontext entstand auch der zunächst als Spottname verwendete Begriff der ‚Pietisten'.[25] Nüchtern betrachtet entstand diese Unruhe in Leipzig vor allem dadurch, dass sich die von Francke und seinen pietistischen Freunden abgehaltenen theologisch-pädagogischen Versammlungen – formal in der philosophischen Fakultät – so großer Beliebtheit erfreuten, dass sich nicht nur Theologiestudenten und Magister dort versammelten, sondern auch Teile des Leipziger Bürgertums

---

dessen Rolle dabei erkundigt hatte, vgl. KRAMER, Beiträge, 114, vgl. dazu auch BRECHT, Pietismus, 447.

[21] Sowohl bei vom Orde als auch bei Drese bleibt das offen, VOM ORDE, Pietistische Unruhen, 362; DRESE, Perfektionismus, 38.

[22] Die exegetischen Kontroversen bezogen sich dabei vor allem auf Röm 7. Francke äußerte angeblich die Überzeugung, dass sich die dort von Paulus ausgeführten Gedanken lediglich auf Menschen *vor* ihrer Wiedergeburt bezögen, nicht aber für Wiedergeborene gälten, vgl. a. a. O., 37f.

[23] Zweifelsfrei ist die Auseinandersetzung Franckes mit theologischen Ansätzen, die von den damaligen kirchlichen Autoritäten als häretisch eingestuft wurden. Dazu zählt Miguel de Molinos' quietistisches Werk *Guia espiritual*, das von Francke sogar selbst übersetzt wurde, vgl. a. a. O., 39f.

[24] Bei diesem Besuch setzten sich beide vermutlich ebenfalls mit der Perfektionismus-Frage auseinander, vgl. a. a. O., 41.

[25] Vgl. JOHANNES WALLMANN, Art. Pietismus, in: JOACHIM RITTER/KARLFRIED GRÜNDER (Hrsg.), HWPh 7, Basel 1989, 972–974, hier 973.

inklusive Frauen.²⁶ Diese Irritation der üblichen universitären,²⁷ vor allem aber städtischen Ordnung²⁸ verband sich mit dem Vorwurf einer heterodoxen Lehre. Auch in Leipzig eilte Francke schnell jener in Hamburg bereits aufgekommene Ruf voraus, einen menschlich erreichbaren Idealzustand für möglich zu halten, in dem der Gläubige ganz dem Gesetz entsprechend und ohne Sünde, also perfekt, leben könne.²⁹ Nur wenige Monate nach seiner Ankunft in Leipzig mussten sich Francke, weitere Magister und einige Studenten im Frühherbst des Jahres 1689 vor den Professoren der Universität und dem Stadtgericht verteidigen.³⁰ Zur Anklage der falschen Lehre zählte der Vorwurf, einen Perfektionismus gelehrt zu haben. Unter der Frage Nummer 33 wurden alle Studenten befragt, „[o]b sie nicht gelehret / daß ein regenitus Gottes Gesetz vollkömmlich halten / und ohne Sünde leben könne"³¹.

In der Befragung fügte einer der durchweg mit Nein auf diese Frage antwortenden Studenten, Gotthard Fonne, die interessante Bemerkung hinzu: Die Magister „machten auch distinction inter phrasin: Das Gesetz halten und erfüllen / halten könne man es wohl / aber nicht erfüllen"³².

Mit dieser Unterscheidung, die wenig später in der Magisterbefragung auch von Magister Andreas Friedel so bestätigt wurde, war eine terminologische Differenzierung angesprochen, an der sich im weiteren Verlauf der Debatte die Gemüter immer wieder entzünden sollten. Auch Francke selbst, der auf diese Frage übrigens lediglich mit einem Nein antwortete, hat diese Differenzierung später immer wieder genutzt um den Unterschied zwischen dem zurückgewiesenen Perfektionismus und seiner selbst vertretenen Vollkommenheitslehre deutlich zu machen.³³

---

²⁶ Vgl. VOM ORDE, Pietistische Unruhen, 366.

²⁷ Francke brachte nicht nur seine Geringschätzung für Logik und Metaphysik deutlich zum Ausdruck. Inhaltlich setzte er sich vor allem mit neutestamentlichen Briefen auseinander, was die theologische Fakultät als Übergriff in ihren Bereich verstand. Zudem schloss sich an die eigentlichen Kollegs ein Kolloquium an, in dem vom Lateinischen ins Deutsche gewechselt wurde. Die formal akademischen Veranstaltungen wandelten sich so zu erbaulichen Versammlungen, vgl. BRECHT, Pietismus, 447f.

²⁸ Vgl. VOM ORDE, Pietistische Unruhen, 370.

²⁹ Vgl. DRESE, Perfektionismus, 41.

³⁰ Dass der Verdacht des Perfektionismus nicht ganz unbegründet war, wenn er auch von Francke selbst nicht vertreten wurde, zeigt das Beispiel des Medizinstudenten Gaulicke, einem Zuhörer Franckes. Dieser verstand die Vollkommenheit des Wiedergeborenen durchaus im Sinne möglicher Sündlosigkeit. Christus sei nur für die Vergebung der Erbsünde gestorben, nicht aber für die einzelnen Tatsünden, vgl. ALBRECHT RITSCHL, Geschichte des Pietismus 2. Der Pietismus in der lutherischen Kirche des 17. und 18. Jahrhunderts. Erste Abteilung, Bonn 1884, 172f.

³¹ Gerichtliches Leipziger PROTOKOLL [...]. O. O. 1692, in: ERHARD PESCHKE (Hrsg.), Streitschriften, Berlin/New York 1981, 1–71, hier 41.

³² A.a.O., 41f.

³³ Vgl. z.B. AUGUST HERMANN FRANCKE, Der Fall und die Wiederaufrichtung der wahren Gerechtigkeit, in: ERHARD PESCHKE (Hrsg.), Schriften und Predigten 9. Predigten I (Texte zur

In der Analyse der Protokolle zu jenen Leipziger Befragungen wird deutlich, dass inhaltlich der Vorwurf einer perfektionistischen Lehre im Zentrum der Anklage stand und dabei als „theologischer Kristallisationspunkt des allgemeinen antipietistischen Vorwurfsprofils fungierte"[34]. Diese von den Pietisten selbst zurückgewiesene Kritik schien innerhalb der ‚neuen Lehre', die man politisch und theologisch wieder einzufangen suchte, aus orthodoxer Sicht besonders von der lutherischen Tradition abzuweichen und wurde daher bekämpft. Im Kern steckte in dieser – übrigens weder in Leipzig noch in einer ganz ähnlichen Untersuchung zur gleichen Zeit im hinterpommernschen Zirchow nachweisbaren – Anklage der Vorwurf pelagianischer Vermengung göttlicher und menschlicher Heilsaktivität. Die Betonung bestimmter Elemente des *ordo salutis*, wie der Wiedergeburt und der Heiligung, wurde als Einschränkung der göttlichen Rechtfertigung betrachtet. Einher ging dieses Abrücken von der lutherischen Lehre, so der Vorwurf den Pietisten gegenüber, mit einer Verlagerung von einer forensischen hin zu einer effektiven Interpretation der Rechtfertigungslehre.

Als in den Jahren 1689 und 1690 viele von der pietistischen Lehre affizierte Studenten sich als eine „von Leipzig ausbreitende[] pietistische[] Welle"[35] in alle Himmelsrichtungen verstreuten[36], wurden sie so zu Trägern der Lehre christlicher Vervollkommnung.[37]

Mit der Befragung in Leipzig war der Perfektionismusverdacht gegenüber Francke jedoch keineswegs aus der Welt. Vielmehr verfolgte er ihn auch nach Erfurt, wohin er zu Beginn des Jahres 1690 übersiedelte, um dort eine Diakonatsstelle an der Augustinerkirche anzutreten, was einer zweiten Pfarrstelle entsprach.

Als Francke in Erfurt eintraf, gärte in der Stadt bereits der Streit um die Frage, ob ein vervollkommneter Gläubiger das Gesetz wenn nicht erfüllen, dann zumindest halten könne. Die Fronten innerhalb der gespaltenen Erfurter Pfarrerschaft waren dabei erheblich verhärtet. So konnte es nicht überraschen, dass sich in dieser Situation gegen die Ordination der Kontroversfigur Francke erhebliche Widerstände formierten. Nachdem Francke schließlich im April 1690 die Examination trotz Protesten von einigen Erfurter Geistlichen erfolgreich bestehen und daraufhin einige Wochen später, am 2. Juni 1690, in der Augustinergemeinde ordiniert werden konnte[38], musste er, neben den üblichen Reversalien allerdings

---

Geschichte des Pietismus Abt. II), Berlin 1987, 38–77, hier 69f.
[34] DRESE, Perfektionismus, 42.
[35] MORI, Begeisterung, 25.
[36] Detailliert namentlich und geographisch nachgezeichnet a. a. O., 25–36.
[37] Vgl. a. a. O., bes. 25–101.
[38] Nachdem sich die Gemeinde nach Franckes Probepredigt für ihn ausgesprochen hatte, wurde schon drei Tage später, am 24. April 1690 eine Examination Franckes vorgenommen, bei der er allerdings von den vier vertretenen Predigern für orthodox befunden wurde. Die übrigen Prediger legten beim Rat Protest gegen dieses Examen ein, konnten an dessen Ergebnis allerdings nichts mehr ändern, sodass Francke gegen den Widerstand eine Großteils des Ministeriums am 2. Juni 1690 ordiniert werden konnte, vgl. DRESE, Perfektionismus, 48.

auch versichern, dass „bey dem mit mir angestellten publico Examine auf Articulos de justificatione, Bonis operibus, impletione Legis de Perfectione bin befragt worden, und davon mein bekendn[is] öffentlich daselbst also abgestattet, daß ich in keinen derselben p[uncten] wieder erwehnte unsere Libros Symbolicos icht [sic!] was hegete sondern meine selbst eigene Seligkeit nicht anders denn durch den Glauben allein hoffete"[39].

Damit waren die Konflikte jedoch keineswegs beigelegt. Die allererste Amtshandlung einer vom Erfurter Rat ähnlich wie in Leipzig eingesetzten Untersuchungskommission bestand dann auch darin, Francke jegliche Privat-Informationen und Hausbesuche zu untersagen. Befürchtet wurde ganz offensichtlich eine gefährliche Indoktrination von Studenten und anderen Gläubigen.

Zur offiziellen Anklage gegen Francke kam es schließlich jedoch erst rund ein Jahr nach seiner Ordination im Juni 1691, nachdem dessen Gemeinde um Wiedererlaubnis für dessen semi-private Predigtwiederholungen gebeten hatte und die Kommission in ihren Untersuchungen erneut auf angeblich perfektionistische Lehrelement bei Francke gestoßen war.

Die zehn Fragen, die von der Kommission im Fortgang ihrer Arbeit an ausgewählte Prediger, selbstverständlich auch an Francke, versandt wurden, kreisen im Kern wiederum um die Frage, ob ein Wiedergeborener in diesem Leben die zehn Gebote „vollkommen halten und erfüllen könne"[40] und ob der Artikel *de lege* so auszulegen sei, dass dort *halten* und *erfüllen* Synonyme seien. Im Schreiben der anklagenden Erfurter Geistlichen, auf das Francke dann auch reagiert, heißt es: „Die dogmata belangend hat man nebst dem, daß M. Francke seine politischen lebens-Regeln als Articulos fidei bey den seinen austheilet, von nichts mehr gehöret, als ein Wiedergebohrner könne daß moralische Gesetz halten, und hätten die vorfahren geirret, als welche gelehret, daß man die Geboth Gottes nicht halten könnte. Welches zwar alles mit einiger distinction [...] Sie entschuldigen wollen, aber doch in der Wahrheit nichts anders, denn den perfectionismum zu inculciren gesuchet"[41]. Francke weist in seinem Antwortschreiben darauf hin, dass in erwähnter Kontroverse um die Fähigkeiten der Wiedergeborenen eigentlich nicht er, sondern andere Protagonisten im Mittelpunkt des Konflikts stünden[42]. Den ebenfalls geäußerten Vorwurf, er habe Kritik an „den vorfahren"[43] geübt, weist er als unwahr zurück.[44]

---

[39] Revers A.H. Francke, Erfurt 1690, AFSt/ D 84 : 20–22, hier: 21, zitiert nach: a. a. O., 48f.
[40] 10 Fragen der Untersuchungskommission, Frage 5, AFSt/H A 124 : 26r-v, zitiert nach: a. a. O., 46.
[41] KRAMER, Beiträge, 127.
[42] Konkret verweist er auf den orthodoxen Rektor des Ratsgymnasiums, Zacharias Hogel III. und seinen pietistisch beeinflussten Schüler, Johann Christian Machenhauer, ausführlicher zum Konflikt vgl. Anm. 419.
[43] A. a. O., 137.
[44] Vgl. z. B. ebd.

In einem Schreiben an den Senior des Predigerministeriums, Joachim Justus Breithaupt, der grundsätzlich zu den Unterstützern Franckes zählte,[45] äußerte sich dieser noch einmal zum Erfurter Konflikthergang und verteidigte seine eigene Position. Trotzdem sah er sich genötigt, dem Schreiben 15 theologische Thesen zum Thema der Kontroverse beizulegen, die er mit der Absicht seine „gründliche meinung zu exprimieren aufgesetzet"[46] habe. Diese Thesen wurden später unter dem bereits erwähnten Titel *Von der Christen Vollkommenheit* veröffentlicht und von Francke auch selbst später wiederverwendet. Als ihn beispielsweise 1707 der orthodoxe Theologe und erklärte Pietistengegner Johann Friedrich Mayer aus Greifswald einer „thörichten Vollkommenheit"[47] bezichtigte, legte Francke seinem Antwortschreiben auf diesen Vorwurf auch wieder seine Lehrsätze von der Vollkommenheit bei.

Die Zeit in Erfurt endete für Francke schließlich im September 1691. Nachdem sich zu Beginn des Monats die kurmainzische Regierung in den städtischen Konflikt eingeschaltet hatte, wurde Francke am 18. September seines Amtes enthoben und kurz darauf aus der Stadt verwiesen.

Wenige Monate später, im Januar 1692, eröffnete sich ihm durch das Betreiben Speners die Möglichkeit einer Pfarrstelle in Glaucha, die mit einer Professur für griechische und orientalische Sprachen an der neugegründeten Universität in der benachbarten Stadt Halle an der Saale verbunden war. Bis zu seinem Tod 1727 konnte Francke an jenem Ort die Glaucha'schen Anstalten – seit dem Ende des 18. Jahrhunderts als Franckesche Stiftungen bekannt – aufbauen. Die Konflikte insbesondere mit der Orthodoxie, die innerhalb der Halleschen Pfarrerschaft stark vertreten war, ebbten allerdings zunächst nicht ab. Der Vorwurf, dass Francke einen Perfektionismus lehre, wurde dabei von orthodoxer Seite auch in Halle immer wieder ins Feld geführt. 1699 erneuerte eine einberufene Kommission – neben dem Vorwurf, die Heiligung werde zur Vorbedingung der Rechtfertigung – auch den Vorwurf des Perfektionismus.[48]

---

[45] Breithaupt wirkte in Erfurt „im Einklang mit dem dort eingetretenen Francke, zog dieselben Gegenwirkungen auf sich wie dieser" und wechselte daher gleichzeitig mit ihm nach Halle über, wo er die Berufung zum Professor und Magdeburgischen Consistorialrath annahm, vgl. RITSCHL, Geschichte des Pietismus II, 385.

[46] KRAMER, Beiträge, 138.

[47] Mit Mayer führte Francke eine längere Auseinandersetzung, deren Höhepunkt und zugleich Abschluss Franckes Schrift *Verantwortung [...]* von 1707 bildet, der er seine Thesen zur christlichen Vollkommenheit beilegte. Für „thöricht" hielt Mayer nicht die konkrete Ausformung von Franckes Vollkommenheitsvorstellung, sondern die Lehre an sich. Francke zitiert ihn mit den Worten: „[D]ie wahre Evangelische Kirche wolle von keiner thörichten Vollkommenheit in dieser Welt / weil es alles [...] wider Gottes Wort lauffe / nichts wissen.", zitiert nach: AUGUST HERMANN FRANCKE, Verantwortung [...] Halle 1707, in: ERHARD PESCHKE (Hrsg.), Streitschriften, Berlin/New York 1981, 267–381, hier 347.

[48] Vgl. dazu MARIANNE TAATZ-JACOBI, Erwünschte Harmonie. Die Gründung der Friedrichs-Universität Halle als Instrument brandenburg-preußischer Konfessionspolitik – Motive, Verfahren, Mythos (1680–1713) (Hallische Beiträge zur Geschichte des Mittelalters und der Frühen Neuzeit 13), Berlin 2014, insbes. 235–249.

Umgekehrt hat auch Francke mit Kritik an dem aus seiner Sicht weit verbreiteten laschen Christentum, dem Verfall der Kirche mit der von den Geistlichen verbreiteten Lehre billiger Seligkeit und Bestärkung in „weltlichen Lüsten"[49] nicht gespart und gefordert, im Blick auf die mögliche Vollkommenheit der Christen zu differenzieren.[50]

2.3 Theologische Klärung: Franckes Vollkommenheitslehre

In den beschriebenen Ereignissen in Hamburg, Leipzig, Erfurt und Halle ist deutlich geworden, dass der Perfektionismusverdacht Francke sein Leben lang begleitete. Im Folgenden wird es nun darum gehen, aus Franckes eigenen Äußerungen zu einer Einschätzung zu gelangen, inwiefern diese Kritik tatsächlich zutreffend war, m.a.W.: Welche Lehre von der christlichen Vollkommenheit Francke in besagten 15 Thesen zur Vollkommenheit, aber auch in anderen Schriften, insbesondere seinen Predigten, tatsächlich vertreten hat.

Als Ausgangspunkt soll dazu zunächst ein gründlicher Blick auf Franckes klarste und pointierteste Äußerung zu dieser Frage geworfen werden, die er in den 15 Thesen seiner Schrift *Von der Christen Vollkommenheit*[51] von 1691 vorgelegt hat.

In These 1 steigt Francke mit der Gerechtsprechung des Sünders *sola gratia* und *sola fide* ein – eine klassische Wiedergabe der lutherischen Rechtfertigungslehre. In These 2 wird diese von ihm mit der Frage nach Vollkommenheit folgendermaßen in Verbindung gebracht:

> Durch diese Rechtfertigung / welche durch den Glauben geschieht / wird der gerechtfertigte Mensch als gantz und gar vollkommen / ja als die Gerechtigkeit Gottes selbst angesehen [...]. Gleichwie nun GOTT den HERRN Christum ansieht *als Sünde* (weil ihm unsere Sünden zugerechnet werden:) allso siehet er den Sünder an *als gerecht und gantz vollkommen* / weil er dem Sünder die Unschuld und Gerechtigkeit Christi schencket und zurechnet als sein eigen.

Vollkommenheit entspricht nach *dieser* These dem Status des vor Gott Gerechtfertigten. Sie ist Ausdruck eines forensisch-imputativen Rechtfertigungsverständnisses, durch das der Mensch als „gantz vollkommen" vor Gott erscheint. In These 3 wird konsequenterweise noch einmal zugespitzt, dass diese Art der Vollkommenheit nichts anders ist als „Glauben an den HERRN JESUM" und die damit verbundene Seligkeit. An dieser Art der Bestimmung hätte innerhalb der Orthodoxie sicher niemand Anstoß genommen.

Mit These 4 wird anschließend das Problemsetting, das den Thesen 4 bis 9 zugrunde liegt, artikuliert. Dieses nimmt die Entwicklung des Christen *nach* dem

---

[49] BRECHT, Pietismus, 457.
[50] Vgl. a.a.O., 457.459.
[51] Vgl. zum Folgenden: FRANCKE, Vollkommenheit, 356–359.

Zeitpunkt des begonnenen Rechtfertigungsbewusstseins in den Blick, das im zweiten Satz der These mit „aber" eingeführt wird.

> Wenn aber nun der Mensch gerechtfertigt ist / so kann er seiner Seeligkeit gantz gewiß sein; Aber er findet bald die Schwachheit des Fleisches und die angebohrne sündliche Unarth. [...] [E]r befindet daß die Erb-Sünde sich in seinem Fleische reget / und ihm bald allerhand Zweiffel und böse Gedancken / bald böse Reitzungen des Willens verursachet.

Nach der Darstellung dieses hamartiologischen Negativbefunds auch für die Zeit nach der Bekehrung, verdeutlicht Francke in These 5, dass ein Wiedergeborener die Kraft hat, sich seiner sündhaften Neigungen entgegenzustemmen, da er sich von der Zurechnung der Sünden befreit weiß. In These 6 kann er daher formulieren:

> Daher wenn der wiedergebohrne Christ solches Gebrechen seines Fleisches erkennet / so streitet er mit allen Ernst wider das böse / das sich in seinem Fleische herfür thut / und zwar nicht durch eigenes Vermögen oder Krafft / sondern *tödet durch den Geist des Fleisches Geschäffte* / und verläst sich auf die Krafft Jesu Christi / welcher ihm von GOTT gemacht ist zur Heiligung / und in ihm das böse überwindet.

Mit dieser Bestimmung sind zentrale Termini der Franckeschen Theologie genannt. An Spener anschließend legte er großen Wert auf das Ereignis der Wiedergeburt. Diese von Francke in ihrem Hergang detailliert ausgearbeitete Lebenswende wurde im Grunde von einem jeden Christen erwartet. In den Glauchaer Anstalten wurde daher in Erziehung und Verkündigung nachdrücklich auf die Notwendigkeit eines solchen mit Buße und Sündeneingeständnis verbundenen biografischen Einschnitts gedrungen. Der ebenfalls in These 6 erstmals verwendete Begriff der Heiligung schließt sich dann an das Ereignis der Wiedergeburt an. Durch das Wirken des Heiligen Geistes, auf dessen Gegenwart im Wiedergeborenen Francke großen Wert legt[52] vermag sich der erneuerte Mensch nicht nur gegen „das böse" – klassisch mit dem paulinischen Begriff des Fleisches verknüpft – zu wehren, sondern er „überwindet" es sogar, zumindest partiell. Damit ist der entscheidende Gedanke eines Wachstums im Guten und in der Heiligkeit bereits vorbereitet, den Francke in der folgenden These 7 anhand verschiedener Stufen christlicher Reife entfaltet:

> In solchen seinen sündlichen Gewohnheiten und Gebrechen bleibet aber der gerechtfertigte Mensch nicht allemahl gleich stehen / sondern leget durch Gottes Gnade das böse immer mehr und mehr ab / und wächset auch von Tage zu Tage im Glauben und in der Liebe; gleich wie man im leiblichen Alter erstlich ein Kind ist / darnach ein Jüngling / darnach ein Mann wird.

Wenn dieser Prozess des Wachstums im „Glauben und in der Liebe" sich aber tagtäglich fortsetzt, steht die Frage nach einem höchsten Abschlusspunkt dieser Entwicklung geradezu zwangsläufig im Raum. Francke nimmt sie in These 8 wieder auf, indem er betont, dass dieser Weg der Heiligung niemals an sein höchs-

---

[52] Vgl. PESCHKE, Studien I, 57–61.

tes Ziel gelangen kann, das hier wieder durch den Begriff der „Vollkommenheit" markiert wird:

> In solchem Wachsthum aber mag der Mensch so weit kommen / als er immer will / wird er dennoch nie gantz vollkommen / sondern kann wachsen und zunehmen im Glauben / so lang er lebet. Und wer sich in dem Verstande der Vollkommenheit rühmet / betreugt sich selbst und andere.

Durch diese Art der Begriffsverwendung stehen nach der hier nicht in Gänze zu zitierenden neunten These ganz offensichtlich zwei verschiedene Vollkommenheitsbegriffe vor Augen. Dem Zuspruch, durch die Rechtfertigung bereits „gantz und gar vollkommen" zu sein (These 2), steht die Anspruchsperspektive der Heiligung gegenüber, in der der Gläubige „nie gantz vollkommen" sein wird (These 9). Diese Spannung expliziert Francke selbst in These 10, um beide Begriffe nebeneinanderstehen zu lassen:

> Daraus erfolget / daß es beydes wahr sey / im gewissen Verstande: Wir sind vollkommen / und wir sind nicht vollkommen / nämlich wir sind vollkommen durch Christum und in Christo durch unsere Rechtfertigung und nach der zugerechneten Gerechtigkeit Jesu Christi. Wir sind aber und werde nicht gantz vollkommen / daß wir nicht mehr solten wachsen können nach der Ablegung des Bösen und Annehmung des Guten / oder Heiligung.

Dieser doppelte Vollkommenheitsbegriff thematisiert nach Francke also zwei unterschiedliche Dimensionen einer christlichen Glaubensbiografie. Beide spiegeln dabei auf unterschiedliche Weise das Verhältnis des Menschen zur Sünde. Einerseits wird ihm diese „nicht zugerechnet um Christus willen". Andererseits bleibt sie entsprechend der klassisch lutherischen simul-Struktur dem Gerechtfertigten immer auch „nach der Erneuerung [...] anklebe[n]". „Rechtfertigung" und „Erneuerung oder Heiligung" sind daher, das verdeutlicht Francke in These 11, „wohl [zu] unterscheiden".

Bevor in den Thesen 13–15 die hier nicht näher zu beschreibenden christlich-praktischen Konsequenzen dieser Situation für Gebet, Buße, Beichte und Abendmahl angesprochen werden, stellt Francke beide Aspekte hinsichtlich der Sünde in These 12 noch einmal klar gegenüber: „Ein Gerechtfertigter hat *keine Sünde* / nemlich nach der Rechtfertigung / und *hat Sünde* nach der Erneuerung; Denn was dem Menschen noch anklebet / wird ihm nicht zugerechnet umb Christus willen."[53]

Um das Profil des Franckeschen Vollkommenheitsbegriffs weiter zu schärfen, soll zunächst vor dem Hintergrund der betrachteten Schrift der Konflikt zwischen Francke und seinen Gegnern präziser bestimmt werden. Deutlich wird in der Betrachtung von Franckes Thesen, dass sich die Kritik von jenen lediglich auf den Vollkommenheitsbegriff im futurischen, uneingelösten Sinn bezieht. Denn auch wenn der Begriff der Vollkommenheit an dieser Stelle unkonventionell angemutet haben mag, dürfte es kaum zur Erregung der Gemüter genügt haben, dem *sola gratia* gerechtfertigten Sünder dieses – auch in den Bekenntnis-

---

[53] Hervorhebung in dieser These C.S.

schriften verwendete (vgl. I.1.4) – Prädikat zuzusprechen. Genauer lässt sich der Konflikt demnach erfassen, indem nach Qualität und Charakter der *Erneuerung* des Wiedergeborenen als Bedingung von Vollkommenheit im zweiten Sinne gefragt wird. Die Frage lautet daher: Woran genau entzündet sich aus orthodoxer Sicht die Kritik an Franckes Bild eines *renatus*, inklusive der damit verbundenen ethisch-lebenspraktischen Konsequenzen?

Der Vorwurf an der unter Häresieverdacht stehenden *Lehre des Perfektionismus* lässt sich zunächst so wiedergeben, dass dem Gläubigen aus pietistischer Sicht nach Bekehrung und Wiedergeburt angeblich viel größere Potentiale im Kampf gegen die Sünde zugetraut werden, als das orthodox vertretbar schien. M.a.W.: Franckes Bild des Bekehrten schien aus orthodoxer Sicht zu idealistisch und drohte damit zur Grundlage einer neuen Selbstüberschätzung bzw. Leistungsgerechtigkeit zu werden.

Das aber ist genau der Kern der Kontroversen um die zunächst vielleicht als kuriose Spitzfindigkeit erscheinende Differenzierung zwischen dem Halten und dem Erfüllen der Gebote. Diese Unterscheidung entpuppt sich bei Lichte besehen als geradezu zwangsläufige Konsequenz des pietistischen Zentralgedankens der Wiedergeburt als Ereignis persönlicher Glaubensapplikation.[54] Da das Ziel diesseitiger Wiedergeburt immer mit einem „Sichtbarkeitspostulat"[55] verbunden war, das Widerfahrnis der Wiedergeburt m.a.W. nicht folgenlos und auch nach außen hin nicht unsichtbar bleiben konnte, bedurfte es eines Kriteriums, woran diese Sichtbarkeit zu bemessen sei.

Mit diesem Sichtbarkeitspostulat bewegte man sich aber ganz offensichtlich im Bereich der Werke und damit lag entsprechend der biblischen Orientierung die Frage nach dem Gesetz als moralisch-ethischer Explikation göttlichen Willens auf dem Tisch. Da nun das Interesse der pietistischen Vertreter einerseits dahin ging, einen gewissen Realisierungsgrad der biblisch-gesetzlichen Normen, insbesondere natürlich der zehn Gebote bei einem Renatus, nicht nur für möglich zu halten, sondern auch zu erwarten, andererseits verständlicherweise davor zurückgeschreckt wurde, die Möglichkeit absoluter Umsetzbarkeit der Gebote Gottes zu behaupten, ergab sich geradezu folgerichtig eine Stufung, wie sie in den Begriffen Halten und Erfüllen ausgedrückt ist. *Halten* meint nach dieser Differenzierung die grundsätzliche, relative Möglichkeit lebenspraktischer Realisierung der Gebote, während das Erfüllen ein „vollkommenes Halten der Gebote Gottes"[56], d. h. eine makellose und absolute Umsetzung des Gesetzes impliziert.[57]

---

[54] Vgl. zum Zusammenhang zwischen Wiedergeburt und der Differenzierung zwischen halten und erfüllen: Drese, Perfektionismus, 47.
[55] Ebd.
[56] J.J. Breithaupt an Z. Hogel, AFSt/H D 84 : 81v, zitiert nach: a. a. O., 45.
[57] Zu dem von einzelnen Protagonisten energisch geführten und im Rückblick durchaus auch amüsanten Erfurter Konflikthergang vergleiche die Darstellung a. a. O., 43–51, in der wunderbar detailliert beschrieben ist, wie der Konflikt zwischen dem Rektor des Ratsgymnasium, Zacharias Hogel III. und einem seiner offensichtlich pietistisch beeinflussten Schüler, Johann Christian Machenhauer, immer weiter eskaliert. Hogel III. und Machenhauer fochten den

Diese Differenzierung macht sich auch Francke mit Verweis auf eine Vielzahl von Bibelstellen und die Bekenntnisschriften zu eigen, wenn auch im letzteren Falle ohne konkreten Textbezug.[58]

Es zeigt sich, dass die vorausgesetzte Möglichkeit, die Gebote zumindest graduell erfüllen zu können, ein entscheidendes Fundament des pietistisch-theologischen Gedankengebäudes markiert. Denn nur so konnte ein wirklich sichtbar veränderter, heiligerer Lebenswandel biblisch begründet eingefordert werden. Was aus pietistischer Sicht auf dem Spiel stand, je nachdem, ob sich ein Gläubiger um einen solchen heiligen Lebenswandel bemüht oder nicht, wird beispielhaft in einer Predigtäußerung Franckes aus dem Jahr 1697 deutlich – bei der tatsächlich fraglich ist, ob sie noch auf dem Boden lutherischer Theologie steht –:

> Wenn aber ein Mensch, wenn er auch gleich bei der Religion bleibt, die Kraft des Heiligen Geistes nicht bei sich wirken lässet, lässet aber die Sünde bei sich herrschen, so fällt er aus dem Stand der Gnaden und aus seiner Wiedergeburt. So kann ihm die Heilige Taufe kein Zeugnis sein, daß er noch in dem Stand der neuen Geburt stehe, wo er nicht der Heiligen Taufe würdig durch Christi Kraft wandelt.[59]

Ein ernsthaftes Bemühen den Heiligen Geist „bei sich wirken" zu lassen, sodass die Sünde nicht „herrschen" kann, sondern – wie Francke an anderen Stellen immer wieder verdeutlicht – immer weniger Macht hat, bildet also die unaufgebbare Pflicht des Christen, wenn er nicht aus dem „Stand der Gnaden" herausfallen will. Francke kann in diesem Zusammenhang auch von einem mit Gott geschlossenen „Vertrag"[60] sprechen, den der Mensch aufkündigt, wenn er sich nicht um ein sündenfreies Leben bemüht. Auch wenn dabei quasi axiomatisch immer gesetzt bleibt, dass der „Glaube ein *göttlich* Werk in uns ist, das uns wandelt und neu gebiert"[61], eignet der pietistischen Theologie damit natürlich ein hochgradig appellativer Charakter, der den Wiedergeborenen in die Pflicht nimmt, die durch Bekehrung und Rechtfertigung erschlossenen Potentiale der Vervollkommnung lebenspraktisch zu entfalten.

---

theologischen Diskurs in Erfurt gewissermaßen an vorderster Front miteinander aus. In seinem Bericht an die Inspectores berichtet Hogel über den emotionalen Höhepunkt dieser Ausfechtungen, in der der Schüler Machenhauer immer weiter wiederholte „man könne das Gesetz Gottes halten, halten und erfüllen wäre zweyerley" folgendermaßen: „[W]orüber ich endlich aus Ungeduld herausgefahren: Solches wäre erstunken und erlogen, er sollte sich entweder weisen laßen, oder von meinen Augen gehen, welches letztere er denn ohngesäumt mit diesen Worten trotzlich ergriffen; Er könnte wohl gehen, stund mit zusammengerafften Büchern von seinem Ort auf, und ohngeachtet ihm P. Förster nachrief: ob er also aus seinem Gehorsam treten wolte? fortgieng, noch in der Thür wiederholete, halten und erfüllen wäre Zweyerley; dabey in transitu per auditorium Primanorum sich vernehmen laßen: der Rector hätte ihn heißen gehen [...].", Z. Hogel an die Inspectores, AFSt/H D 84 : 85r, zitiert nach: a. a. O., 45f.

[58] Vgl. FRANCKE, Gerechtigkeit, 69f.
[59] DERS., Von der Wiedergeburt. Predigt (1697), in: ERICH BEYREUTHER (Hrsg.), Selbstzeugnisse August Hermann Franckes, Marburg an der Lahn 1963, 31–44, hier 36.
[60] A. a. O., 37.
[61] A. a. O., 38, Hervorhebung C. S.

Vor diesem Hintergrund einer so hochstufigen Heiligungserwartung auf Seiten der Pietisten kann es kaum überraschen, dass sich auch heftige Kritik an realer Verkündigung und Praxis der orthodox geprägten Kirche ergab. Es ist bemerkenswert, dass dazu auch in dieser Kritikrichtung immer wieder der Vollkommenheitsbegriff herangezogen wurde. So warnt Francke beispielsweise in seiner Predigt *Von den falschen Propheten* aus dem Jahr 1698 vor den Vertretern der Orthodoxie, die nicht besser seien als ein „Wolff, dessen Hertz voll Eigennutz und mit Geitz durchtrieben ist"[62], auch wenn sie sich stets in den „Schafs-Peltz des Berufs, der Orthodoxie und des Eifers für dieselbe"[63] kleideten. Unter anderem erhebt Francke unter Heranziehung von Mt 5,48 in diesem Zusammenhang die Kritik, dass jene stets vor dem Streben nach Vollkommenheit warnten, „da doch die Menschen noch wol tausend Meilen entfernet sind von der Christlichen und nach dem Evangelio möglichen Vollkommenheit"[64]. Mangelnde Glaubensaktivität und Trägheit würden – so der Vorwurf in Richtung Orthodoxie – argumentativ mit dem Verweis auf die unabänderbare menschliche „Schwachheit und Unvollkommenheit"[65] legitimiert. Die eigentlich notwendigen Impulse zur stetigen Besserung, d.h. zum Bemühen, ein zunehmend christliches Leben zu führen und darin nie nachzulassen[66] verkehrten sich so in der Kirche seiner Zeit gerade in ihr Gegenteil. Seine 1696 in zweiter Auflage[67] erschienene Schrift *Kurze und einfältige, jedoch gründliche Anleitung zum Christentum* kann Francke sogar mit dem zugespitzten Urteil beginnen: „*ES ist nicht ein jeder* ein Christ / der sich einen Christen nennet;"[68] – ein Urteil, das aus Franckes Sicht vermutlich auch auf so manchen Kirchenvertreter zugetroffen hätte.

Die Debatte um den sog. Perfektionismus entpuppt sich so im Kern als Auseinandersetzung um die menschliche Potentialität zum Guten. Der biografische

---

[62] DERS., Von den falschen Propheten. Predigt (1698), in: ERHARD PESCHKE (Hrsg.), Schriften und Predigten 9. Predigten I (Texte zur Geschichte des Pietismus Abt. II), Berlin 1987, 438–484, hier 458,51.

[63] A.a.O., 458,49f.

[64] A.a.O., 457,83–85.

[65] A.a.O., 458,89.

[66] Vgl. z.B. seine Äußerung aus einer Predigt aus dem Jahr 1716: „[D]aß sie [als geistliche Söhne Abrahams, gemeint sind alle Christen, C.S.] sich nimmer für fromm genug halten sondern vielmehr täglich, auch noch in ihrem Alter einen neuen Anfang machen, und sich immer aufs neue ermuntern solten, den allmächtigen GOTT in stets grünender Glaubenskraften zu erkennen, ihren gantzen Wandel als vor seinem Angesicht zu führen, und der Vollkommenheit nachzustreben", DERS., Von der gründlichen und hertzlichen Frömmigkeit. Predigt (1716), in: ERHARD PESCHKE (Hrsg.), Schriften und Predigten 10. Predigten II, Berlin/New York 1989, 118–139, hier 120,50–54.

[67] Im Vorwort zur Schrift weist Peschke darauf hin, dass das früheste erhaltene Exemplar vermutlich Teil der zweiten Auflage ist. Wann die erste erschien ist hingegen nicht bekannt, sicher aber frühesten 1692, vgl. E. Peschkes Vorwort zu Franckes Schrift, DERS., Kurtze und Einfältige Jedoch gründliche Anleitung zum Christenthum. Anno 1696, in: ERHARD PESCHKE (Hrsg.), Werke in Auswahl, Berlin 1969, 360–364, hier 360.

[68] Ebd.

Einschnitt von Bekehrung und Wiedergeburt markiert aus Franckes Perspektive eine Lebenswende, auf die ein anderes, geistgeleitetes Leben mit völlig anderen Entwicklungspotentialen folgt. Gerade aber dieser Bruch mit den Bedingungen des alten Lebens und damit partiell auch mit dem alten Adam wurde von orthodoxer Seite aus bestritten.

Deutlich wird dieser Darstellung, dass das Ziel der Vollkommenheit sowohl von Francke und seinen Mitstreitern als auch von seinen orthodoxen Widersachern herangezogen wurde, um den defizitären und gefährlichen Charakter der jeweils anderen Theologie offenzulegen. Der Vollkommenheitsbegriff erscheint insofern als ein Kristallisationspunkt der opponierenden theologischen Programme. Materialdogmatisch verortet handelt es sich dabei um eine Kontroverse am Ort des *ordo salutis*. Im Vergleich zu klassisch orthodoxen Dogmatiken zeigt sich bei Francke eine besondere Hervorhebung der Aspekte *conversio*, *regeneratio* und *sanctificatio*.[69]

Der von Francke immer wieder mit Nachdruck eingeforderte Heiligungsprozess zielt dabei auf ein Wachstum, resp. eine Einübung im Guten ab. So soll der bekehrte Gläubige immer mehr ins „Geheimniß der Gottseligkeit" eindringen und sich dadurch „dem Geheimniß der Boßheit immer gründlicher und inniger auszuwickeln suchen"[70]. Geistliches Wachstum meint für Francke fortwährende Arbeit am Herzen – immer hat man „daran zu bessern/ [denn] es wird nicht auff einmal in den Stand gesetzt/ darinne es vor GOtt stehen soll"[71]. Der Glaube ist dabei Ausgangspunkt und Bedingung der Möglichkeit des „Wachstums alles übrigen Guten"[72], in dem – ähnlich wie bei Luther – die Liebe besondere Hervorhebung erfährt.[73] Damit sind sämtliche Facetten des Glaubenslebens gemeint: Die Liebe zu Gott und dem Nächsten, der Gehorsam gegen die göttlichen Gebote und die Demut. Hinzu kommt die wachsende Erkenntnis der göttlichen Wahr-

---

[69] Vgl. z. B. TAATZ-JACOBI, Erwünschte Harmonie, 235.
[70] Sonn- und Fest-Tags-Predigten I, Halle 1704, 250f., zitiert nach: PESCHKE, Studien I, 105.
[71] Sonn- und Fest-Tags-Predigten I, Halle 1704, 250f., zitiert nach: ebd.
[72] Sonn- und Fest-Tags-Predigten I, Halle 1704, 166, zitiert nach: a. a. O., 106.
[73] „[N]achdem GOtt sein Elend angesehen und geheilet, den Grund in seinem Hertzen wohl geleget, und ihn auf den unbeweglichen Felsen und Eckstein, CHristum Jesum, erbauet hat. So gehet er denn hin in eben demselbigen Glauben, GOtt zu Lobe und Preise für die grosse Gnade und Barmherzigkeit, welche er ihm erzeiget hat; […]. Er gehet hinab gerechtfertigt in das Hauß seines Hertzens; […] und freuet sich über das Heil, welches demjenigen heute wiederfahren ist; Er gehet hin und begegnet seinem Nechsten mit hertzlicher und brünstiger Liebe.", AUGUST HERMANN FRANCKE, Vom Rechtschaffenen Wachsthum des Glaubens/ Oder: Von der wahren Glaubens-Gründung/Kräftigung/Stärckung/ und Vollbereitung. Predigt (1691), in: ERHARD PESCHKE (Hrsg.), Schriften und Predigten 9. Predigten I (Texte zur Geschichte des Pietismus Abt. II), Berlin 1987, 5–34, hier 18,25–34, später wird der Zusammenhang von Glaube und Liebe als korrelativ dargestellt: „Je mehr nun die Erfahrung den *Glauben* stärcket, ie mehr stärcket und vermehret sich auch durch den Glauben die *Liebe*, daß sie in grösserer Maaß ausfliesse gegen den Nächsten, damit er auch, wenn es möglich wäre, oder GOtt von ihm erfordern sollte, sein eigen Leben mittheilen würde.", a. a. O., 21,79–22,82.

heiten als Teil dieser Entwicklung.[74] Francke kann dabei in mystisch gefärbten Wendungen von zunehmender Erleuchtung sprechen.[75] So habe beispielsweise Johann Arndt die Stufe völliger Erleuchtung auf seinem Totenbett erleben dürfen und Gott von Angesicht zu Angesicht geschaut.[76]

Francke zieht als Vergleich dieser Entwicklung das Wachstum eines Baumes heran, bei dem aus einem kleinen Zweiglein schließlich „ein schöner lustiger Baum wird"[77]. An anderen Stellen, man denke beispielsweise an die siebente seiner 15 Thesen[78], vergleicht Francke den seelischen Reifungsprozess mit biografischen Entwicklungsstufen vom Kind über den Jüngling bis hin zu Mann.[79]

Der Fluchtpunkt dieser Heiligungsentwicklung liegt in der Imagination einer absoluten Überwindung sündhafter Neigungen, die der völligen Angleichung von Eigen- und Gotteswillen entspricht. Genau das aber wird mit dem Begriff der menschlichen Vollkommenheit identifiziert. Insofern der Gläubige in diesen Wachstumsbemühungen immer höher streben soll, muss bei Francke zweifelsfrei von einem Perfektions*streben* gesprochen werden. Da er aber immer wieder darauf insistiert, dass dieser Zustand niemals tatsächlich realisiert werden kann, geht der ihn fortwährend verfolgende Vorwurf des *Perfektionismus* genau genommen an seiner Theologie vorbei.[80] Als ein Beispiel, in dem dieses Bewusstsein *expressis verbis* zum Ausdruck kommt, sei auf eine Predigt verwiesen, in der er sich mit diesem Vorwurf auseinandersetzt:

In der Erneuerung oder Heiligung aber werden wir immer und von Tage zu Tage vollkommener, nemlich völliger im Glauben, brünstiger in der Liebe, gewisser in der Hoffnung, und solches bis an unser Ende, und erreichen doch nicht den höchsten Grad der Vollkommenheit, also, daß wir ohne Fehl und Gebrechen wären, sondern fühlen noch wol die irdische Hütte, so lange wir darinnen wallen, 2 C. V, 4. und sehnen uns und seufzen nach unsers Leibes Erlösung [...].[81]

---

[74] Vgl. zum Wachstumsgedanken in seinen verschiedenen Facetten und die Bedeutung von Gebet und Sakramenten in diesem Entwicklungsprozess PESCHKE, Studien I, 104–115.
[75] AUGUST HERMANN FRANCKE, Die Lehre von der Erleuchtung. Predigt (1698), in: ERHARD PESCHKE (Hrsg.), Schriften und Predigten 9. Predigten I (Texte zur Geschichte des Pietismus Abt. II), Berlin 1987, 380–399.
[76] Vgl. Sonn- und Fest-Tags-Predigten I, Halle 1704,152, zitiert von: PESCHKE, Studien I, 108f.
[77] Sonn- und Fest-Tags-Predigten I, Halle 1704, 152, zitiert nach: a.a.O., 106.
[78] Vgl. S.17.
[79] Vgl. AUGUST HERMANN FRANCKE, De Studio Renovationis. Oder: Kurtzer Unterricht von der Erneuerung. Predigt (1709), in: ERHARD PESCHKE (Hrsg.), Schriften und Predigten 10. Predigten II, Berlin/New York 1989, 374–402, hier 390.
[80] Vgl. BARTH, Pietismus, 153.
[81] FRANCKE, Gerechtigkeit, 70.

Interessanterweise bezeichnet Francke in der Unterscheidung verschiedener „Classen"[82] von Menschen und Christen[83] trotzdem einige als „Vollkommene"[84]. In seiner Predigt *De Studio Renovationis. Oder: Kurtzer Unterricht von der Erneuerung* führt er in einer Auslegung von Phil 3 aus,[85] was er darunter versteht:

[N]icht als ob man einem Menschen zuschriebe, daß nun die Sünde von ihm und aus dem sterblichen Fleische gantz und gar hinweg genommen wäre; und er davon nicht mehr Anfechtung zu befahren hätte, sondern weil er in den Wegen GOttes geübter ist, als ein Anfänger. So redet die Heil. Schrift davon.[86]

Unterschieden wird von Francke also – jenseits der bereits beschriebenen Differenzierung zwischen präsentischer und futurischer Vollkommenheit – zwischen einer *relativen* und *absoluten* Vollkommenheit hinsichtlich der zu erlangenden, futurischen Vollkommenheit. Francke spricht von der relativen auch als „Vergleichungs-Vollkommenheit"[87]. Als Vollkommener kann dann auch ein relativ weit Fortgeschrittener genannt werden, selbst wenn er Sündenfreiheit und entsprechend vollständige Übereinstimmung mit Gottes Willen in einem absoluten Sinne (noch) nicht erreicht hat. Als Beispiel verweist Francke in der Predigt auf Paulus,[88] der an genannter Stelle im Philipperbrief für sich selbst genau jenen Doppelstatus des Schon-Jetzt und Noch-Nicht als adäquaten Ausdruck seiner Heiligkeit und Vollkommenheit in Anspruch nimmt.

2.4 Franckes pietistische Justierung des reformatorischen Vollkommenheitsbegriffs

Vergleicht man die Vollkommenheitsbegriffe von Francke und Luther, so fällt einerseits eine Übereinstimmung in wesentlichen Grundzügen, andererseits eine entscheidende Schwerpunktverlagerung auf, in der ein spezifisch pietistisches Anliegen greifbar wird. Die Ambivalenz des menschlichen Daseins, wie sie im Vollkommenheitsstreben zum Ausdruck kommt, erfährt im Vergleich zu Luther daher eine erhebliche Verschiebung.

Zunächst zu Franckes theologischem Selbstverständnis. Francke sah sich selbst gerade in der Auseinandersetzung mit der lutherischen Orthodoxie als „recht-

---

[82] Vgl. DERS., Vom Rechtschaffenen Wachsthum, 24ff.
[83] Vgl. zu den drei Klassen von Christen, die von Francke unterschieden werden, PESCHKE, Studien I, 71f.
[84] FRANCKE, De Studio Renovationis, 388.
[85] „Nicht, dass ich's schon ergriffen habe oder schon vollkommen sei; ich jage ihm aber nach, ob ich's wohl ergreifen könnte, weil ich von Christus Jesus ergriffen bin. [...] Wie viele nun von uns vollkommen sind, die lasst uns so gesinnt sein. Und solltet ihr in einem Stück anders denken, so wird euch Gott auch das offenbaren.", Phil 3,12.15.
[86] A.a.O., 389,60–64.
[87] A.a.O., 389,83f.
[88] Vgl. a.a.O., 389.

mäßigen Erben und Anwalt der Reformation"[89]. Sein theologisches Programm betrachtete er als den Versuch, die Kirche von den Verdunklungen vergangener Generationen zu befreien und wieder auf den von Luther bereiteten Weg zurückzuführen: „Also nennen sich viele nach Luthero Lutheraner; es ist aber keine Wahrheit darinne: darumb daß der Geist Lutheri nicht in ihnen wohnet"[90]. Kritikwürdig erscheinen Francke zahlreiche dogmatische Positionen und praktische Phänomene der Orthodoxie.[91] Deren scheinbares heiligungspraktisches Desinteresse gehört – das wird nach dem oben Dargestellten kaum überraschen – zu den ganz gravierenden Vorwürfen. Mit Luther hingegen wähnt sich Francke in der Verknüpfung von Rechtfertigung und Heiligung sowie deren inhaltlicher Ausformung einig. Immer wieder finden sich Referenzen auf ihn. So verweist er beispielsweise in seiner Predigt *Von der Wiedergeburt* von 1697 ausdrücklich auf Luthers *Vorrede zum Römerbrief*[92], um an die dort hergestellte Verbindung von Glauben und guten Werken anzuknüpfen:

„Denn der Glaube ist nicht irgend so ein bloßer Gedanke, sondern wie abermal Luther sagt: ein lebendig, geschäftig, mächtig, tätig Ding, daß es unmöglich ist, daß er nicht ohne Unterlaß sollte Gutes wirken."[93]

Dieses Selbstverständnis der völligen Übereinstimmung mit Luther greift in dieser Absolutheit recht offensichtlich zu kurz. Gerade im Blick auf das Verhältnis von Rechtfertigung und Heiligung fallen erheblich andere Akzente ins Gewicht, sodass für den Vollkommenheitsbegriff, in dem sich diese Differenzen konzentrieren, durchaus von einer Neujustierung gesprochen werden muss.[94]

Das gilt weniger für den dahinter liegenden Gedanken der Rechtfertigung – erinnert sei an die oben betrachteten Thesen zur Vollkommenheit – und stärker für Franckes Konzept der Heiligung.

Zu Recht betrachtet Francke ein Rechtfertigungsverständnis, das auf eine den Gläubigen tatsächlich *wandelnde Wirkung* abzielt, als ein Anliegen, das er mit Luther teilt. Das unterscheidet ihn von dem vor allem durch Melanchthon geprägten forensischen Rechtfertigungsverständnis, wie es in der Orthodoxie seiner Zeit vorherrschend war. Und auch der Gedanke des Wachstums im Glauben inklusive aller religiösen und ethischen Implikationen als Kern der Heiligung ist zwar durchaus eine – vor allem über Arndt vermittelte – Figur, die vor allem beim jungen Luther anknüpfen kann.[95] In der von Francke so nachdrücklich ein-

---

[89] PESCHKE, Studien I, 142.
[90] Zitiert nach: a. a. O., 143, Original in: Buß-Predigten I, Halle 1706, 243.
[91] Vgl. dazu a. a. O., 143ff.
[92] Zur besonderen Bedeutung von Luthers *Vorrede zum Römerbrief* (erstmals 1522 in seinem Septembertestament abgedruckt) im Pietismus vgl. MARTIN SCHMIDT, Luthers Vorrede zum Römerbrief im Pietismus, in: Wiedergeburt und neuer Mensch, Witten-Ruhr 1969, 299–330.
[93] FRANCKE, Wiedergeburt, 39.
[94] Vgl. PESCHKE, Studien I, 152.
[95] Vgl. a. a. O., 154.

geforderten religiös-praktischen Heiligung wird allerdings auch ein anderer Akzent sichtbar, in dem offensichtlich der Einfluss reformierten Gedankenguts zum Tragen kommt.[96]

Diesen Gedanken hat bereits Albrecht Ritschl geäußert. In seiner *Geschichte des Pietismus* hält er zwar fest, dass Francke in den Vollkommenheitsthesen „das Verhältnis zwischen Rechtfertigung und Heiligung ganz correct bestimmt"[97] habe. Die „Fortsetzung des christlichen Lebens", die der Bekehrung folgt, habe er aber „mit gesetzlichen Zumuthungen umgeben, welche mit dem Calvinismus zusammentreffen"[98]. Allerdings muss einschränkend hinzugefügt werde, dass diese Übereinstimmung mit dem Calvinismus für Ritschl schon dann geradezu unvermeidbar ist, wenn „die Aufgabe des Lebens positiver gefaßt werden sollte, als in der fahrlässigen Satzung, daß die guten Werke des Wiedergeborenen nun einmal immer unvollkommen bleiben"[99]. Nichtsdestotrotz ist Ritschl der Überzeugung, dass Francke mit seiner Konzeption des Verhältnisses von Rechtfertigung und Heiligung sowie der Reaktivierung des Vollkommenheitsbegriffs zu Recht annimmt, auf dem Boden der reformatorischen Theologie zu stehen. Im Blick auf die *inhaltliche* Ausformung des Vollkommenheitsbegriffs gilt dies allerdings nur eingeschränkt. Denn die „Pietisten verbinden mit dem reformatorischen Grundsatz vom Glauben als Heils*erfahrung*" aus Ritschls Sicht zwar die „richtige Ahnung von dem Fehler in der herrschenden Theologie […]. Allein sie haben den Weg zu dem lutherischen Begriff der Vollkommenheit nicht gefunden"[100].

Ritschls Vollkommenheitsbegriff ist im Rahmen dieses Bandes ein eigenes Kapitel gewidmet, in dem dessen Bestimmung und Aufnahme des reformatorischen Begriffs eigens dargestellt ist (vgl. I.5). Insofern ist diese These hier nicht detailliert zu betrachten. Hingewiesen sei an dieser Stelle lediglich darauf, dass Ritschl das pietistische Defizit, speziell bei Francke, im Verhältnis zur Reformation vor allem darin erkennt, dass das Verhältnis zur Welt negativ und daher abgrenzend, nicht aber positiv und daher weltbeherrschend bestimmt sei und so im Pietismus ein geradezu monastisch anmutendes Lebensideal wiedererweckt wurde.[101] Zur Tragik der theologischen Auseinandersetzungen jener Zeit gehört es aus Ritschls Sicht, dass dieses Missverständnis beispielsweise von einem Valentin Ernst Löscher, der als einer der letzten großen Vertreter der Orthodoxie gilt, deswegen nicht in angemessener Weise kritisiert werden konnte, weil auch ihm der frühere reformatorische Vollkommenheitsbegriff unbekannt war. Dieses Vergessen im Rahmen der theologischen Auseinandersetzung – nicht aber in der Frömmig-

---

[96] Vgl. a. a. O., 151 ff.
[97] RITSCHL, Geschichte des Pietismus II, 262.
[98] A. a. O., 261.
[99] A. a. O., 262.
[100] A. a. O., 423, Hervorhebung C.S.
[101] Vgl. a. a. O., 423 f.

keit (!) – sei über lange Zeit hinweg das eigentliche „Verhängnis der lutherischen Kirche"¹⁰² gewesen.

In jüngerer Zeit hat auch Martin Brecht in seiner historischen Darstellung des Pietismus auf viele Gemeinsamkeiten zwischen Franckes und Luthers Theologie hingewiesen. Gerade hinsichtlich der menschlichen Mitwirkung im Prozess der Heiligung bzw. Vervollkommnung sieht er allerdings eine entscheidende Differenz. Denn stärker als es aus seiner Sicht Luther jemals gekonnt hätte, legt Francke bei allem vorausgehenden Wirken Gottes dabei Wert auf die Mitwirkung des Menschen.¹⁰³ Das hält Brecht übrigens nicht davon ab, Franckes Lehre der Vollkommenheit als „biblisch fundierte, ausgewogene Position"¹⁰⁴ zu würdigen.

Tatsächlich dürfte Brechts Beobachtung einen wichtigen Unterschied markieren. Zwar wird das *sola gratia* und das göttliche *prae* auch von Francke immer wieder betont. Gleichzeitig fallen jedoch terminologisch immer wieder kooperative Wendungen auf. Vor Formulierungen wie jener, dass „wir der Wirckung Gottes / und seines guten Geistes *in uns Raum und Platz geben* damit unser Glaube immer grösser und stärcker werde"¹⁰⁵, hätte Luther vermutlich zurückgeschreckt um den Eindruck zu vermeiden, der Mensch könne in der Entstehung oder im Wachstum des Glaubens irgendetwas selbst leisten.¹⁰⁶

Diesen „Gedanken der Kooperation"¹⁰⁷ hat auch Erhard Peschke in seinen Francke-Studien herausgearbeitet. Nach Peschke schwingt in diesem Aspekt Gegensätzliches mit. Einerseits ist die „lutherische Frömmigkeit […] [dadurch] vertieft, verinnerlicht und aktiviert"¹⁰⁸, während sie andererseits durch Gedanken „mystisch-spiritualistischer und calvinistisch-gesetzlicher Herkunft, in bedenklicher Weise getrübt"¹⁰⁹ wird, denn diese hätten *„synergistisch deutbaren Elementen*

---

¹⁰² A. a. O., 424.

¹⁰³ Vgl. BRECHT, Pietismus, 466.

¹⁰⁴ A. a. O., 449.

¹⁰⁵ Im größeren Zusammenhang heißt es bei Francke: „Ja wir haben ferner daraus gar eigentlich in acht zunehmen / daß eben derselbe Glaube von Gott selber gefördert / vermehret und erhalten werden müsse; Und weil Gott solchen Wachsthum unsers Glaubens gewiß verheissen hat / so lieget es daran / daß wir der Wirckung Gottes / und seines guten Geistes in uns Raum und Platz geben damit unser Glaube immer grösser und stärcker werde / und wir aus Glauben in Glauben / aus Klarheit in Klarheit gehen / und nimmer im Glauben stille stehe / sondern in demselbigen immer näher zum Ziel kommen das himmlische Kleinod zuergreiffen.", FRANCKE, Vom Rechtschaffenen Wachsthum, 10,13–21, Hervorhebung C.S.

¹⁰⁶ An anderer Stelle schreibt Francke: „So nun Jemand der Wirckung seines Heil. Geistes nicht widerstrebet/ sondern Raum giebet/ so wird der Glaube in ihm/ als ein himmlisches Licht angezündet/durch welches er das Hertze GOttes in CHristo erblicket/ CHristum ergreiffet/ Leben und Seligkeit in ihm empfähet", zitiert nach: PESCHKE, Studien I, 56, Original in: Sonn- und Fest-Tags-Predigten I, Halle 1704, 319.

¹⁰⁷ A. a. O., 155.

¹⁰⁸ Ebd.

¹⁰⁹ Ebd.

Eingang in die Theologie Franckes verschafft und damit das lutherische simul peccator – simul iustus überdeckt."[110]

Sowohl Ritschl als auch Brecht und Peschke stimmen also darin überein, dass der menschlichen Mitwirkung bei Francke eine größere Bedeutung zugewiesen wird als bei Luther. Der Modus der Mitwirkung ist dabei sowohl für Ritschl als auch für Peschke durch ein gesetzliches Element reformierter Provenienz beeinflusst. Für Ritschl schien das unumgänglich. Peschke hingegen problematisiert es als eine ‚Eintrübung' lutherischer Frömmigkeit.

Der divergierende heiligungspraktische Befund zwischen Luther und Francke hat dabei verschiedene Ursachen. Ein wesentlicher Grund liegt sicher darin, dass beide von unterschiedlichen anthropologischen Axiomen hinsichtlich von Willensfreiheit und Prädestination ausgehen.[111] Im Vergleich zu Luther haben sich bei Francke beide geradezu umgekehrt. Francke geht im Unterschied zu Luther davon aus, dass es dem Menschen möglich sei, sich für oder gegen den Glauben zu entscheiden. Damit ist aber auch der Gedanke der Prädestination obsolet. Führt man sich diese veränderten Axiome vor Augen kann es kaum überraschen, dass Francke die Fähigkeiten religiöser Selbstbestimmung ungleich größer einschätzt als Luther.

Diese entfalteten Beobachtungen zum Verhältnis von Rechtfertigung und Heiligung bei Francke und Luther erscheinen konzentriert in der Betrachtung des Vollkommenheitsbegriffs. Auch hier zeigen sich grundlegende Gemeinsamkeiten bei nicht unerheblichen Unterschieden. Francke und Luther verbindet zunächst die zweifache Verwendung von Vollkommenheit. Bei beiden wird sie einerseits als Prädikat dem im Rechtfertigungsgeschehen befreiten Sünder zugesprochen: Vollkommen *ist* bereits der Gerechtfertigte, da er sich in einer lebendigen und intakten Gottesbeziehung weiß. Andererseits markiert Vollkommenheit gleichzeitig den Abschluss eines Entwicklungsprozesses, den sowohl Luther als auch Francke grundsätzlich als das anzustrebende, aber diesseits nicht erreichbare Ziel einer christlichen Existenz verstehen. Eine graduelle *Vervollkommnung* kann dann sinnvoll nur in zweiterem Sinne virulent werden. Festzuhalten ist: In Franckes Theologie findet sich im Blick auf Vollkommenheit also die gleiche Doppelstruktur des Schon-Jetzt und Noch-Nicht, wie sie bereits in der Theologie Luthers gezeigt werden konnte (vgl. I.1.3h).

Gemeinsam ist beiden zudem die hervorgehobene Rolle des Glaubens als Dreh- und Angelpunkt jeglichen Wachstums in Richtung von Vollkommenheit. Aber wie bei Luther ist auch bei Francke der Glaube aktuos und wird häufig in der dualen Verbindung mit Liebe thematisch. Dabei ist eine Zunahme in der Liebe immer als Effekt einer vertieften Glaubenshaltung gedacht. Auch die anderen Tugenden wie Gehorsam, Demut etc. lassen sich bei Luther in ähnlicher Weise finden wie bei Francke. Wachstum in diesen Tugenden ist dabei immer die Kehrseite der Abkehr von der Sünde, gegen die der Gläubige lebenslang kämpft. Die

---

[110] Ebd., Hervorhebung im Original.
[111] Vgl. BRECHT, Pietismus, 466.

völlige Verwirklichung von Vollkommenheit erblicken beide in Jesus Christus, der dem Gläubigen als Vorbild vor Augen steht. Francke spricht davon, dass es für den Menschen „vonnöten [ist], daß er wiedergeboren werde und zum Ebenbild Jesu erneuert werde"[112].

„Prinzipiell anders"[113] als Luther hat Francke in der Frage der Vollkommenheit also nicht gedacht. Trotzdem haben sich – wie Ulrich Barth es beschreibt – „die Gewichte gewaltig verschoben"[114]. Auch Barth ist grundsätzlich der Ansicht, dass Francke „zu Recht für sich in Anspruch nehmen konnte[], mit der reformatorischen Theologie und den Bekenntnisschriften in Einklang zu stehen"[115]. Das gilt auch für das christliche Leben, in dem „ein stetiges Wachstum"[116] die immer bleibende Unvollkommenheit zunehmend überwindet. Trotzdem kommt, so Barth, der Wachstumsgedanke in Luthers Theologie in einer viel geringerer Potenz zum Tragen, da er durch die Notwendigkeit der fortwährenden Buße letztlich „psychologisch neutralisiert"[117] wird. M.a.W.: Der zentrale Gedanke Luthers, dass sich Rechtfertigung und Buße im Leben eines Gläubigen tagtäglich abwechseln, durchkreuzt psychologisch die Möglichkeit einer heiligungspraktischen Höherentwicklung. So gefordert und notwendig die *bona opera* als *fructus fidei* sind, so taugen sie doch nicht als Grundlage religiöser Sicherheit. So „fällt sich der in die Tat übergehende Glaube immer wieder gleichsam selbst in den Rücken"[118] und blockiert ein mögliches Selbstbewusstsein wachsender Heiligung.

Bei Francke – so lässt sich nun anknüpfen – stehen Heiligung und Buße in einem anderen Verhältnis, sodass die von Barth beschriebene psychologische Neutralisierung bei ihm im Unterschied zu Luther nicht greift. Natürlich nimmt die Bußgesinnung des Gläubigen auch in Franckes Theologie eine wichtige Stellung ein. Allerdings ist bei ihm die einmalige Buße im Prozess der Bekehrung von der lebenslang notwendigen täglichen Buße[119] zu unterscheiden.[120] Letztere lähmt oder neutralisiert nun den Heiligungsprozess nicht, sondern treibt ihn im Gegenteil immer weiter voran. Da dieser alltäglichen Bußgesinnung ein weniger total-existentieller Charakter eignet, zeigt sich darin ein nicht unerheblicher Unterschied zu Luther. Von diesem Gesichtspunkt her erschließt sich die These Martin Brechts, der das *simul iustus et peccator* bei Francke dahingehend eingeschränkt sieht, dass das peccator-Sein bei Francke weniger radikal gedacht sei

---

[112] FRANCKE, Wiedergeburt, 43.
[113] BARTH, Pietismus, 152.
[114] Ebd.
[115] Ebd.
[116] Ebd.
[117] Ebd.
[118] Ebd.
[119] Vgl. AUGUST HERMANN FRANCKE, Vom Kampff eines bußfertigen Sünders. Predigt (1695), in: ERHARD PESCHKE (Hrsg.), Schriften und Predigten 10. Predigten II, Berlin/New York 1989, 15–41, hier 22ff; DERS., Send-Schreiben vom erbaulichen Predigen, in: ERHARD PESCHKE (Hrsg.), Schriften und Predigten 10. Predigten II, Berlin/New York 1989, 3–14, hier 6.
[120] Vgl. dazu: PESCHKE, Studien I, 63f.

als bei Luther. Francke hebe – so Brecht – „die Statusveränderung des Bekehrten hervor und schwächt dessen bleibendes Sündersein ab"[121]. Total- und Partial-Aspekt[122] des *simul* werden so bei Francke gewissermaßen verzeitlicht. Während der Totalaspekt im Moment der Bekehrung zum Tragen kommt, folgt das nachfolgende Leben des Wiedergeborenen der Logik des Partial-Aspekts. Für die Vervollkommnung im Sinne der Heiligung ergibt sich daraus ein viel dynamischerer Modus als bei Luther. Während sich bei diesem „der in die Tat übergehende Glaube immer wieder gleichsam selbst in den Rücken"[123] fällt – um noch einmal die Formulierung von Barth aufzunehmen – und sich stattdessen immer wieder dem göttlichen Zuspruch von Rechtfertigung und Vollkommenheit *sola gratia* zu versichern hat, ist diese heiligungspraktische Selbstlähmung bei Francke aufgehoben.

Mit dieser Schwerpunktverlagerung von der zugesprochenen auf die zu erstrebende Vollkommenheit ist der wesentliche Unterschied zwischen Luther und Francke markiert. Deutlich wird darin das pietistische Grundanliegen eines dezidiert praktischen Christentums mit dem Ziel individueller, kirchlicher und gesellschaftlicher Verbesserung. Auch wenn Francke an Luthers Rechtfertigungserkenntnis niemals gerüttelt hat, ist es doch vor allem seine neugefasste Heiligungslehre, die seinem Vollkommenheitsbegriff dessen wesentliche Prägung gab. Das Profil von Franckes Heiligungskonzeption beruht dabei auf anthropologischen Voraussetzungen, die unter der Voraussetzung der Wiedergeburt (!) deutlich positiver erscheinen als bei Luther. Von daher kann Francke die Freiheitspotentiale zum Guten, die Sichtbarkeit der *fructus fidei*, ein reales Wachstum zur Vollkommenheit und das tatsächliche Absterben der Sünde ganz anders hervorheben als Luther das gekonnt hätte.

Das dürfte auch der historisch-biografisch bedingten Interessenlage geschuldet sein. Während Luther sich vor allem von einem aus seiner Sicht falschen Vertrauen auf religiöse Eigenleistungen abgrenzen wollte, sah sich Francke von einer lutherischen Orthodoxie umgeben, die Luthers *sola gratia* und dessen tiefe Skepsis gegenüber allen menschlichen Werken so tief verinnerlicht hatte, dass Francke sie „zur anderen Seite hinaus gefallen"[124] sah. Ihm ging es entsprechend um die Erinnerung an ein Glaubensverständnis, das er als das eigentlich lutherische verstand und in dem die guten Werke nicht als Gefahr, sondern als Ausdruck eines lebendigen Glaubens verstanden werden. Im Vergleich zu Luther haben sich bei ihm die frömmigkeitspraktischen Vorzeichen gewissermaßen umgekehrt.

---

[121] Vgl. BRECHT, Pietismus, 445.466.

[122] Wilfried Joest hat für Luthers *simul iustus et peccator* die Unterscheidung zwischen einem Total- und Partialaspekt überzeugend herausgearbeitet. Während der Totalaspekt den bleibenden Status des Menschen als Sünder und Gerechter zum Ausdruck bringt, ist mit dem Partialaspekt das Potential zur dynamischen Entwicklung, d. h. zur Veränderbarkeit des lebenspraktischen *Verhältnisses* von Sünde und Gerechtigkeit thematisiert, vgl. JOEST, Gesetz und Freiheit, vgl. dazu auch I.1.3g.

[123] BARTH, Pietismus, 152.

[124] Sonn- und Fest-Tags-Predigten I, 1019, Halle 1704, zitiert nach: PESCHKE, Studien I, 145.

Allerdings dürfen, was Francke betrifft, auch die teilweise durchaus problematischen Erscheinungen nicht unerwähnt bleiben, die die Annahme realer Vervollkommnungsfähigkeit mit sich brachte. Die von Ritschl erwähnte Weltdistanzierung mit geradezu neomonastischen Zügen ist nur eine davon. Der ethische Rigorismus, insbesondere auch die strenge Ablehnung von indifferenten ‚Mittel-Dingen' wie Essen, Trinken, Theater, Kleidung, Tanz sind ein weiterer Wesenszug,[125] der im Pietismus – auch bei Francke – deutlich hervortritt. [126] Die heftige Kritik am „katholisierenden Pietisten"[127] Francke von Seiten des konfessionellen Luthertums erscheint so nicht völlig aus der Luft gegriffen. Auch die Unterteilung der Kirche in wahre Christen und andere, denen ihr Christ-sein abgesprochen wird,[128] m.a.W. eine Bewertung der qualitativen Christlichkeit an äußeren Verhaltensweisen, muss im Vergleich zu Luther als Rückfall eingeordnet werden.[129] All diese Begleiterscheinungen sind zwar kaum als *notwendige* Implikationen von Franckes Vollkommenheitsbegriff zu verstehen. Vielmehr ist dieser in seiner Grundstruktur frei von derlei inhaltlichen Ausgestaltungen. Zumindest aber dürfte die historisch begründete Vermutung angemessen sein, dass ein Vollkommenheitsbegriff, der seinen maßgeblichen Schwerpunkt auf der im Lebensprozess zu steigernden Vollkommenheit hat, schnell in eine Nähe zu Moralisierungen, Gesetzlichkeit, ethischem Rigorismus und unter bestimmten Gegebenheiten auch zu Welt- und Leibfeindschaft gerät.

2.5 Systematische Überlegungen zur Vollkommenheitsambivalenz

Auch für den Umgang mit der Vollkommenheitsambivalenz zeichnet sich damit bei Francke ein anderes Bild als bei Luther. Grundsätzlich ist die Vollkommenheitsambivalenz genau wie bei jenem in einem Schon-Jetzt und Noch-Nicht begrifflich ausgedrückt. Das wurde bei Francke insbesondere in seiner Schrift Von der Christen Vollkommenheit sehr gut greifbar. Der Gläubige wird einerseits bereits in seiner gegenwärtigen Gestalt als Sünder vollkommen genannt, ohne dieses Prädikat an bereits vorausgesetzte Leistungen zu knüpfen (Schon-Jetzt). Andererseits wird er darauf verpflichtet, sich durch eine fortschreitende Abwendung von einem sündhaften Leben zunehmend zu vervollkommnen (Noch-Nicht). Francke nutzt dafür immer wieder das Bild eines christlichen Reifungsprozesses, bei dem sich der Mensch vom Kind, zum Jüngling und schließlich zum Mann

---

[125] Vgl. August Hermann Francke, Die Lehre von dem Aergerniß. Predigt (1697), in: Erhard Peschke (Hrsg.), Schriften und Predigten 9. Predigten I (Texte zur Geschichte des Pietismus Abt. II), Berlin 1987, 303–327, hier 308ff.
[126] Vgl. dazu Peschke, Studien I, 138ff.
[127] A.a.O., 149.
[128] Vgl. zu den verschiedenen „Klassen" von Christen auch: a.a.O., 71ff.
[129] Peschke sieht an diesem Punkt die „reformatorische Linie verlassen.", a.a.O., 156.

entwickelt.[130] Zunächst scheint das Problem der Vollkommenheitsambivalenz, dass jedes Selbst-Ideal sowohl positive als auch negative Implikationen in sich birgt (vgl. Einleitung 2.) bei Francke daher eher gemildert. Der Zuspruch, im Glauben an Christus unabhängig eigener Leistungen vollkommen zu sein, wirkt zweifelsohne psychologisch entlastend und stabilisierend.

Aufgelöst ist die Ambivalenz aber von daher nicht, da Vollkommenheit andererseits im Sinne des *Noch-Nicht* im Laufe des Lebens in den Strukturen des Alltags erst noch verwirklicht, d. h. ihr eben doch nachgestrebt werden muss. Für Luther galt nun, dass diese Gleichzeitigkeit durch eine andere Gleichzeitigkeit überlagert wird, nämlich durch seine Annahme Sünder und Gerechter in seinem *totalen* Sinne zu sein und zu bleiben. Da nun bei Francke die letztere Gleichzeitigkeit zwar nicht beseitigt, aber eben doch so herabgestuft ist, dass sie die Vollkommenheitsambivalenz nicht mehr überlagert, tritt diese in Franckes Theologie stärker hervor als bei Luther. Der wiedergeborene Christ steht bei Francke in der Pflicht, die in der Bekehrung zugeeignete Vollkommenheit Tag für Tag stärker zu verwirklichen. Die beschriebene Schwerpunktverschiebung von der zugesprochenen auf die zu erstrebende Vollkommenheit erzeugt so einen deutlich höheren Erfüllungsdruck als bei Luther. Das *simul iustus et peccator* ist dabei eher in seinem *partialen* Sinn fokussiert.

Damit rücken bei Francke einerseits die eigenen *konkreten* hamartiologischen Defizite in viel stärkerem Maße ins Bewusstsein als bei Luther. Dies ist genau Ausdruck des pietistischen Anliegens, die Reformation in ihrer lebens-, d. h. heiligungspraktischen Dimension zu ergänzen und zu vervollständigen. Eine Vielzahl von Franckes Predigten sind Ausdruck davon.[131] Andererseits werden bei Francke Entwicklungsräume frei, die bei Luther durch sein nachdrückliches Bußverständnis verdeckt sind. Das kann sich potentiell als ein positives Freiheits- und Gestaltungsbewusstsein äußern, solange es nicht als Überforderung erfahren wird. In dem Maße, in dem dieses Streben nach Vollkommenheit aber als innerer oder äußerer Druck bzw. gar als Zwang zur fortwährenden Besserung empfunden wird, verschärft sich die Erfahrung der Vollkommenheitsambivalenz mit möglicherweise problematischen Folgen. Im schlimmsten Fall sieht sich der Gläubige mit einer ähnlich heiligungspraktischen Überforderung konfrontiert, wie sie bereits der junge Luther durchlebte (vgl. I.1.2). Die Gefahren, die dort lauern, wo der Weg der Vervollkommnung in präzise Anforderungen und konsequent zu befolgende und gegebenenfalls zu sanktionierende Regeln übersetzt wird, wurden unter I.2.4 bereits thematisiert. Einen architektonischen Niederschlag fand dieses Ziel einer rigorosen Vervollkommnungspraxis beispielsweise in den bewusst nah zueinander gebauten Gebäuden der Franckeschen Stiftungen, die eine gegenseitige Überwachung der Bewohner nicht nur ermöglichen, sondern geradezu erzwingen sollten. Die insbesondere psychischen Gefahren einer solchen Konstellation sind offensichtlich.

---

[130] Vgl. z. B. FRANCKE, De Studio Renovationis, 390,12ff.

[131] Ein typisches und eindrückliches Beispiel bietet bereits zitierte Predigt: a. a. O.

Franckes eindrückliches Bild, dass das „Herz eines wahrhaftigen Jüngers Christi zum Himmel gemacht [wird] in welchem die ganze hochgelobte Dreieinigkeit, Gott Vater, Sohn und Heiliger Geist ihre Wohnung haben und ihre Herrlichkeit und Seligkeit ausbreiten"[132], erscheint so in einem zweifachen Licht. Im Sinne des *Zuspruchs* geradezu als das Versprechen, die Vollkommenheitsambivalenz in einer Vergöttlichung des Menschen heilsam und beglückend aufzulösen. Im Sinne des *Anspruchs* an den Menschen, dieses Ziel durch ein konsequent christliches Leben kooperativ zu realisieren, impliziert eine solche Perspektive aber ein hochgradiges Potential in einen Modus der Gesetzlichkeit, des moralischen Rigorismus und der Frustration zu verfallen.

---

[132] DERS., Selbstzeugnisse August Hermann Franckes, Marburg an der Lahn 1963, 144.

3. Simul iustus et sanctus – Vollkommenheit bei John Wesley

3.1 Hinführung und Forschungsstand

Um die immense Bedeutung des Vollkommenheitsgedankens in der Theologie John Wesleys sowie in ihrer bis in die Gegenwart reichenden Rezeption zu verstehen, genügt ein Blick auf die *Stellungnahme*, die der *Weltrat der Methodistischen Kirchen* 2006 veröffentlichte. Diese Stellungnahme wurde anlässlich der Unterzeichnung der *Gemeinsamen Erklärung zur Rechtfertigungslehre* (im Folgenden: GE) durch die Methodistische Kirche vorgelegt.[1] Ganz offensichtlich wurde sie in der Absicht verfasst, der grundsätzlichen Zustimmung zu der 1999 vom *Lutherischen Weltbund* und der *Römisch-Katholischen Kirche* unterzeichneten Erklärung einige interpretatorische und ergänzende theologische Bemerkungen hinzuzufügen. Damit sollte der besondere Charakter der methodistischen Perspektive auf die Frage nach Rechtfertigung deutlich herausgestellt werden.

Die so artikulierte Positionierung dürfte insofern auch als Impuls für die weitere Verständigung der Unterzeichner gedient haben, auf die man sich bereits 1999 trotz des gefundenen „Konsens[es] in Grundwahrheiten der Rechtfertigungslehre"[2] festgelegt hatte, um sich in Zukunft weiterhin darum zu „bemühen, das gemeinsame Verständnis zu vertiefen und es in der kirchlichen Lehre und im kirchlichen Leben fruchtbar werden zu lassen"[3].

Die Herausstellung des methodistischen Profils fügt sich damit in die, auch in der GE selbst artikulierten, unaufgelösten Differenzen zwischen katholischer und evangelischer Position ein. Denn trotz der festgehaltenen „Grundwahrhei-

---

[1] WELTRAT METHODISTISCHER KIRCHEN, Die Zustimmung zur „Gemeinsamen Erklärung zur Rechtfertigungslehre". Methodistische Stellungnahme, in: FRIEDRICH HAUSCHILDT/UDO HAHN/ANDREAS SIEMENS (Hrsg.), Die Gemeinsame Erklärung zur Rechtfertigungslehre. Dokumentation des Entstehungs- und Rezeptionsprozesses, Göttingen 2009, 1079–1083.

[2] GE 5, LUTHERISCHER WELTBUND/VATIKAN, Dritte und endgültige Fassung der Gemeinsamen Erklärung zur Rechtfertigungslehre, in: FRIEDRICH HAUSCHILDT/UDO HAHN/ANDREAS SIEMENS (Hrsg.), Die Gemeinsame Erklärung zur Rechtfertigungslehre. Dokumentation des Entstehungs- und Rezeptionsprozesses, Göttingen 2009, 273–285, hier 275.

[3] GE 43, a.a.O., 284f.

ten"[4] wurde auch schon 1999 den „verbleibenden Unterschieden in der Sprache, der theologischen Ausgestaltung und der Akzentsetzung"[5] Raum zugemessen.

Die besonderen methodistisch-rechtfertigungstheologischen Konturen werden dabei in fünf Punkten dargestellt, unter denen Punkt vier am umfangreichsten ausfällt. In diesem wird gleich zu Beginn auf das Selbstverständnis hingewiesen, dass in der methodistischen Version der Rechtfertigungslehre nicht nur reformatorische, sondern auch andere „Elemente der Rechtfertigungslehre festgehalten [sind], die zur katholischen Tradition der frühen Kirche sowohl im Osten wie im Westen gehören"[6]. Erst diese Kombination „hat ihrer eigenen Lehre von der Rechtfertigung ihr bestimmtes Profil gegeben"[7]. Geoffrey Wainwright, einer der Mitverfasser der Stellungnahme, bezeichnete sich im Blick auf diese zwei Quellen,[8] aus denen sich der Methodismus speist, auch einmal als „methodistischen Wechselwähler"[9], der einmal mehr katholisch und ein anderes Mal mehr evangelisch denkt.[10] Ausgehend von der anfangs betonten anthropologischen Voraussetzung, dass das Festhalten an der Lehre von der Erbsünde „unverzichtbarer Teil"[11] methodistischer Theologie sei und der Mensch in seiner „Verderbtheit"[12] voll und ganz auf die „universale Verfügbarkeit der vorauslaufenden Gnade"[13] angewiesen ist, wird deutlich ausgewiesen, dass insofern jeder Glaube und jede Antwort niemals als eine menschliche Eigeninitiative verstanden werden kann.[14] Allerdings wird dem Menschen eine – gleich noch näher zu betrachtende – Kooperationsfähigkeit zugesprochen, indem darauf verwiesen wird, dass diese Gna-

---

[4] GE 40, a. a. O., 284.
[5] GE 40, ebd.
[6] Stellungnahme 4., WELTRAT METHODISTISCHER KIRCHEN, Zustimmung zur GE, 1080.
[7] Stellungnahme 4., ebd.
[8] Vgl. dazu auch: KARL HEINZ VOIGT, Konsens in der Rechtfertigungslehre. Nach Lutheranern und Katholiken jetzt auch Methodisten im Boot, in: MdKi 57 (2006), 109–111, hier 109.
[9] GEOFFREY WAINWRIGHT, Rechtfertigung: lutherisch oder katholisch? Überlegungen eines methodistischen Wechselwählers, in: Kerygma und Dogma 45 1999, 182–206, hier 182.
[10] Vgl. a. a. O.
[11] Stellungnahme 4.1, WELTRAT METHODISTISCHER KIRCHEN, Zustimmung zur GE, 1080.
[12] Stellungnahme 4.1, ebd.
[13] Stellungnahme 4.1, ebd.
[14] Der Abschnitt lässt sich in Teilen auch als historisches Referat über die Theologie John Wesleys lesen. Im Kontext der insgesamt recht knappen Bestimmung einer gegenwärtig verantworteten methodistischen Position darf aber davon ausgegangen werden, dass der so beschriebenen Position eine bleibende Normativität für die methodistische Theologie zugesprochen wird, sofern keine explizite Distanz dazu festgehalten wird. Eine solche Distanzierung findet sich im Dokument kaum. Einzig im Unterpunkt 4.4 wird die Normativität von Wesleys Theologie für die methodistische Kirche behutsam durch die Bemerkung relativiert, dass seine Lehre von der „,christlichen Vollkommenheit' oder der ,völligen Heiligung' [...] verschiedene Auslegungen in der Geschichte der methodistischen Bewegung" gefunden hat. Trotzdem wird auch in diesem Punkt die Relativierung sofort wieder dadurch relativiert, dass bei aller verschiedentlichen Auslegungen in diesem Lehrstück „fünf Dinge immer klar geblieben" sind, die dann in der Folge dargestellt werden.

de zwar die „menschliche Antwort"[15] „unterstützt"[16], aber nicht „erzwingt"[17]. Schon an dieser Stelle wird im Vergleich zum lutherischen Rechtfertigungsverständnis ein methodistisches Spezifikum angedeutet.

Unter Punkt 4.2 der *Stellungnahme* wird die Differenzierung zwischen „Vergebung der Sünden und Gerecht*machung*, zwischen Rechtfertigung und *Heiligung*"[18] als „entscheidend"[19] gewürdigt und in der Folge näher entfaltet. Mit dieser klaren Differenzierung zwischen einer i.d.R. forensisch verstandenen Rechtfertigungslehre und dem Stichwort der *Heiligung* ist ein zentrales Kernelement methodistischer Theologie benannt.

Die ‚menschliche Antwort' bzw. die heiligungspraktisch gezogenen Konsequenzen des Gläubigen werden nun – das ist eine entscheidende Pointe – selbst aber auch wieder als gott- bzw. geistgewirkt verstanden. Beide, sowohl die Rechtsprechung, als auch die Erneuerung des Menschen, werden als „ein zweifaches Handeln der Gnade Gottes"[20] beschrieben und nicht – wie man denken könnte – als Wirken Gottes einerseits und Wirken des Menschen andererseits ausgelegt. Konsequenterweise werden alle lebenspraktischen Folgen in 4.3 als das Werk Gottes herausgestellt: „Aus Glauben überlassen wir uns selbst dem rettenden, erlösenden, heilenden und erneuernden Werk der Gnade und der Liebe Gottes in unserem Leben. […] Weder Glaube noch Liebe sind das Ergebnis menschlichen Bemühens"[21].

Trotz dieser Betonung der völligen Angewiesenheit auf die Gnade Gottes, die allein in ihrer Redundanz bereits interpretationsbedürftig erscheint, bleibt der imperativische Charakter des Heiligungsgedankens an die Adresse des Menschen in diesem Dokument ein auffälliger Befund. Einerseits soll ganz offensichtlich der Verdacht abgewehrt werden, der Methodismus propagiere eine menschliche Eigenleistung jenseits des Wirkbereichs Gottes. Andererseits wird mit den Begriffen Heiligung und Vollkommenheit gerade ein Höchstmaß an menschlicher Aktivität und Disziplin eingefordert.

Das Ziel eines so angedeuteten Lebens, als der bleibenden und entscheidenden Grundaufgabe einer christlichen Existenz, wird mit den gegenseitig austauschbaren Begriffen „[v]öllige Heiligung" und „christliche Vollkommenheit"[22] markiert.

---

[15] Stellungnahme 4.1, ebd.
[16] Stellungnahme 4.1, ebd.
[17] Stellungnahme 4.1, ebd. Die beiden zitierten Verben verweisen auf Wesleys Predigt The General Spread of the Gospel, in: ALBERT C. OUTLER (Hrsg.), The Works of John Wesley 2. Sermons 2, Nashville 1985, 485–499.
[18] Stellungnahme 4.2, WELTRAT METHODISTISCHER KIRCHEN, Zustimmung zur GE, 1080, Hervorhebung C.S.
[19] Stellungnahme 4.2, ebd.
[20] Stellungnahme 4.2, ebd.
[21] Stellungnahme 4.3, a.a.O., 1081.
[22] Stellungnahme 4.4, ebd.

In These 4.4 wird mit Verweis auf Röm 6,22[23] und 1 Thess 5,23[24] dieses Lehrstück als jenes ausgewiesen, das Wesley selbst als „das Herz der methodistischen Lehre"[25] erachtete. Da das Lehrstück der „christlichen Vollkommenheit" auch in der *Stellungnahme* selbst den größten Umfang einnimmt und unter 4.4 mit insgesamt fünf Aspekten verhältnismäßig umfangreich entfaltet wird,[26] darf wohl geschlussfolgert werden, dass diese Lehre auch gegenwärtig ein Herzensanliegen geblieben ist, das von methodistischer Seite in den Diskurs zur Rechtfertigungslehre eingebracht werden soll. Die Frage nach Vollkommenheit führt somit, das wird in der *Stellungnahme* unübersehbar, zum Zentrum methodistischer Theologie.

Die vorliegende Untersuchung kann an eine thematisch breite Forschungslage zu Wesley, der zentralen Gründergestalt des Methodismus, anknüpfen. Da die Wurzeln des Methodismus in England liegen und er eine sehr starke Verbreitung in den USA erfahren hat, sind die meisten Arbeiten der letzten Jahrzehnte im englischsprachigen Raum erschienen. Trotz der vergleichsweise geringen Mitgliederzahl im deutschsprachigen Raum[27], wurden jedoch insbesondere an der Theologischen Hochschule Reutlingen innerhalb der letzten Jahrzehnte auch auf Deutsch eine Vielzahl an einschlägigen Publikationen veröffentlicht.

John Wesleys Werke werden in englischer Sprache seit 1984 in dem lang angelegten *The Wesley Works Editorial Project*[28] neu ediert und herausgegeben. Bis jetzt sind von den geplanten 35 Bänden insgesamt 22 erschienen.[29] Bei den noch nicht herausgegebenen Texten kann auf die ältere Gesamtausgabe von Thomas Jackson, zuerst erschienen zwischen 1829–1831, zurückgegriffen werden.

Eine Reihe von Wesleys Texten liegt auch auf Deutsch vor. Insbesondere seine Predigten wurden in verschiedenen Sammlungen herausgegeben.[30] So auch seine

---

[23] „Nun, da ihr aber von der Sünde frei und Gottes Knechte geworden seid, habt ihr eure Frucht, dass ihr heilig werdet; das Ende aber ist das ewige Leben", Stellungnahme 4.4, ebd.

[24] Dort fällt – in der Übersetzung des Dokuments – der Begriff der „völligen Heiligung": „Αὐτὸς δὲ ὁ θεὸς τῆς εἰρήνης ἁγιάσαι ὑμᾶς ὁλοτελεῖς, καὶ ὁλόκληρον ὑμῶν τὸ πνεῦμα καὶ ἡ ψυχὴ καὶ τὸ σῶμα ἀμέμπτως ἐν τῇ παρουσίᾳ τοῦ κυρίου ἡμῶν Ἰησοῦ Χριστοῦ τηρηθείη", Hervorhebung C.S., in der Elberfelder Übersetzung lautet der Vers dann: „Er selbst aber, der Gott des Friedens, *heilige* euch *völlig*; und vollständig möge euer Geist und Seele und Leib untadelig bewahrt werden bei der Ankunft unseres Herrn Jesus Christus", Hervorhebung C.S.

[25] Stellungnahme 4.4, ebd.

[26] Stellungnahme 4.4, a. a. O., 1081f.

[27] Ende 2022 waren es in Deutschland knapp 45000 Mitglieder, https://www.emk.de/nc/emk-presseinformationen/statistische-zahlen/, Stand: 23.10.2023, in Österreich und der Schweiz sind es jeweils einige Tausend Mitglieder.

[28] Vgl. https://wesley-works.org.

[29] Stand: 23.10.2023.

[30] Z. B. JOHN WESLEY, Die 53 Lehrpredigten 1, hrsg. im Auftrag des Europäischen Rates der Evangelisch-methodistischen Kirche, Karsten W. Mohr u. a., Stuttgart 1986; DERS., Die 53 Lehrpredigten 2, hrsg. im Auftrag des Europäischen Rates der Evangelisch-methodistischen Kirche, Karsten W. Mohr u. a., Stuttgart 1986.

in dieser Studie besondere Aufmerksamkeit erfahrende Predigt *Die Christliche Vollkommenheit*[31].

Einen detaillierten Einblick in das Leben und Wirken von John Wesley bieten nach wie vor die beiden Bände des Pietismusforschers Martin Schmidt.[32]

Mit dem Verhältnis von *Pietismus und Methodismus*, betrachtet am Beispiel von August Hermann Francke und John Wesley, hat sich in jüngerer Zeit auch Thomas Kraft in einem kleineren Band befasst.[33]

Für einen Vergleich von Luther und Wesley ist die jeweilige Verhältnisbestimmung von Rechtfertigung und Heiligung von entscheidender Bedeutung. Dieser Zentraltopos wurde aus lutherischer Perspektive von Jürgen Moltmann in *Der Geist des Lebens*[34] beleuchtet. Aus methodistischer Perspektive wurde er in jüngerer Zeit von Roland Gebauer, emeritierter Professor an der methodistischen Theologischen Hochschule in Reutlingen unter die Lupe genommen.[35] Für eine stark an Wesley orientierte Theologie der Gegenwart ist die von dem früheren Bischof der Evangelisch-methodistischen Kirche, Walter Klaiber und Manfred Marquardt – beide emeritierte Professoren der TH Reutlingen und ausgewiesene Wesley-Experten – veröffentlichte Monografie *Gelebte Gnade. Grundriss einer Theologie der Evangelisch-methodistischen Kirche*[36] sehr erhellend. Darin findet sich eine ausführliche Literaturübersicht der Schriften Wesleys sowie der theologischen Auseinandersetzungen mit seinem Werk.[37]

Angesichts der prominenten Stellung des Vollkommenheitsbegriffs in Wesley Theologie kann an dieser Stelle auf eine Reihe anderer Untersuchungen zurückgegriffen werden. Den Vollkommenheitsbegriff Wesleys untersucht hat beispielsweise der schwedische Theologe Harald Lindström in seiner Schrift *Wesley and*

---

[31] DERS., Christian Perfection, in: ALBERT C. OUTLER (Hrsg.), The Works of John Wesley 2. Sermons 2, Nashville 1985a, 99–124; DERS., Die christliche Vollkommenheit. Wesley-Predigten, Heft 9, Bremen 1950.

[32] MARTIN SCHMIDT, John Wesley I. Die Zeit vom 17. Juni 1703 bis 24. Mai 1738, Zürich 1953; DERS., John Wesley II. Das Lebenswerk John Wesleys, Zürich 1966.

[33] THOMAS KRAFT, Pietismus und Methodismus. Sozialethik und Reformprogramme von August Hermann Francke (1663–1727) und John Wesley (1703–1791) im Vergleich, Stuttgart 2001.

[34] JÜRGEN MOLTMANN, Der Geist des Lebens. Eine ganzheitliche Pneumatologie, Gütersloh 2016.

[35] ROLAND GEBAUER, Rechtfertigung und Heiligung bei Luther und Wesley. Eine Verstehensbemühung mit biblisch-theologischem Ausblick, in: VOLKER SPANGENBERG (Hrsg.), Luther und die Reformation aus freikirchlicher Sicht, Göttingen 2013, 89–106; im selben Band hat sich außerdem Manfred Marquardt mit dem Verhältnis zwischen Luther und Wesley auseinandergesetzt, MANFRED MARQUARDT, Zur Bedeutung Luthers für John Wesley und die Evangelisch-methodistische Kirche, in: VOLKER SPANGENBERG (Hrsg.), Luther und die Reformation aus freikirchlicher Sicht, Göttingen 2013, 107–128.

[36] WALTER KLAIBER u. MANFRED MARQUARDT, Gelebte Gnade. Grundriss einer Theologie der Evangelisch-methodistischen Kirche, Stuttgart 1993.

[37] A.a.O., 435ff., die neueste Auflage stammt aus dem Jahr 2006.

Sanctification[38], die 1946 auf Englisch erschien und 1961 in deutscher Übersetzung vorgelegt wurde. In den letzten Jahren hat der Puerto-ricanische Theologe Edgardo Antonio Colón-Emeric eine vergleichende Studie unter dem Titel *Wesley, Aquinas, and Christian Perfection: An Ecumenical Dialogue*[39] vorgelegt. Anlässlich des 250. Jubiläums der Erstveröffentlichung von *A Plain Account of Christian Perfection* im Jahr 2016 hat sich in jüngster Zeit der südafrikanische Theologe Dion Angus Forster mit dieser Schrift und dem darin entfalteten Vollkommenheitsbegriff auseinandergesetzt.[40]

3.2 Biografische Notizen zum Leben von John Wesley

Die theologische Entwicklung des ursprünglich anglikanischen Theologen John Wesley (1703–1791) ist ohne seine persönliche Glaubensbiografie kaum zu verstehen. Seine tiefe Frömmigkeit verbunden mit einem großen Interesse an einer Heiligungspraxis hat ihren Ursprung bereits in seinem hochreligiösen Elternhaus. In Oxford, wo Wesley Theologie studierte, gehörte er gemeinsam mit seinem jüngeren Bruder Charles dem sog. ‚Heiligen Club' an, dessen Leiter Wesley bald wurde. Aufgrund der sehr strukturierten und disziplinierten Frömmigkeitsform haftete der Gruppe bald der Spottname ‚Methodisten' an. Der Fokus dieser Gruppe lag auf einem intensiven Studium und einem zunehmend heiligen Lebenswandel. Beides sollte durch hohe persönliche Disziplin, umfangreiche Lektüre theologischer Schriften, regelmäßiges Gebet, Predigt, Sakramentsteilnahme und Dienst an Armen, Gefangenen und Kindern verwirklicht werden. Als Wesley von seinem alternden Vater gebeten wurde, zu ihm nach Epworth, Wesleys Geburtsort, zurückzukehren, lehnte er dies mit der Begründung ab, dass er Oxford als das „Theater der Heiligung"[41] nicht verlassen wolle.

Spirituell und theologisch prägend waren für Wesley seine Begegnungen mit den Herrnhutern. Der erste Kontakt ereignete sich auf einer Schiffsreise nach Georgia, wohin Wesley 1735 in missionarischer Absicht unterwegs war. Als das Schiff auf hoher See in gefährliche Wetter geriet, beobachtete Wesley beeindruckt die gemeinsamen Gesänge und Gebete der Herrnhuter Missionsgruppe, die dem möglichen Tod mit Fassung und Glaubensgewissheit entgegensah.[42]

---

[38] HARALD LINDSTRÖM, Wesley und die Heiligung, Frankfurt am Main 1961.
[39] EDGARDO ANTONIO COLÓN-EMERIC, Wesley, Aquinas And Christian Perfection. An Ecumenical Dialogue, Waco 2009.
[40] DION ANGUS FORSTER, On the 250th Anniversary of A Plain Account of Christian Perfection: A Historical Review of Wesleyan Theological Hybridity and its Implications for Contemporary Discourses on Christian Humanism, in: SHE 44 (2018) 1.
[41] Vgl. WILLIAM REGINALD WARD, Art. Wesley, in: TRE 35, Berlin/New York 2006, 657–662, hier 658.
[42] Vgl. HANS-CHRISTOPH HAHN/HELLMUT REICHEL (Hrsg.), Zinzendorf und die Herrnhuter Brüder, Hamburg 1977, 422.

Sowohl in Georgia, als auch nach seiner Rückkehr nach England hielt Wesley engen Kontakt zu den Herrnhutern. Lange seelsorgerliche Gespräche mit Peter Böhler, der sich als Herrnhuter Missionar auf dem Weg nach Amerika befand, dürfen als Hintergrund von Wesleys sog. *Aldersgate-Street-Erfahrung*[43] angesehen werden: Am 24. Mai 1738 erlebte Wesley beim Anhören von Luthers *Vorrede zum Römerbrief* ein präzise auf 20.45 Uhr datierbares Bekehrungserlebnis.[44] Kurz darauf reiste er nach Frankfurt am Main, Marienborn und Herrnhut und zeigte sich vom Wirken der Herrnhuter an diesen Orten tief beeindruckt,[45] auch wenn sich in seine Begeisterung ebenso Bedenken und Irritationen mischten.[46] Auch Halle und insbesondere das dortige Franckesche Waisenhaus besuchte er zwei Mal und traf bei dieser Gelegenheit den Sohn August Hermann Franckes, Gotthilf August Francke.[47] Bei allem Eindruck, den auch der Hallische Pietismus bei ihm hinterließ, blieb aber zunächst (!) eine deutlich größere Nähe zu den Herrnhutern bestehen,[48] die sich vor allem in zahlreichen Kontakten in London niederschlug, wo die Herrnhuter längst Fuß gefasst hatten. Die Beschreibung einer „frühmethodistisch-herrnhutische[n] Bewegung"[49] erscheint also durchaus angemessen.

An der Auseinandersetzung mit den Herrnhutern in den folgenden Jahren, namentlich mit Graf Zinzendorf, lässt sich allerdings auch das theologische Spannungspotenzial zwischen Wesleys vollkommenheitsorientierter Heiligungspraxis einerseits und herrnhutischer Rechtfertigungslehre lutherischer Orientierung andererseits deutlich herauslesen. Die Konflikte zwischen Methodisten und Herrnhutern – die nachfolgend näher beschrieben werden – kulminierten schließlich in einem letzten Gespräch zwischen Wesley und Zinzendorf am 3.

---

[43] Inwiefern im Hintergrund einer solchen Bekehrungserfahrung konkrete theologische oder frömmigkeitspraktische Einflüsse stehen, ist naturgemäß schwer zu sagen. Die Deutung jener Erfahrung als Bekehrung spricht aber zumindest für einen Zusammenhang mit den herrnhutischen, aber auch hallisch-pietistischen Einflüssen jener Jahre, vgl. KRAFT, Pietismus und Methodismus, 58; HAHN/REICHEL, Zinzendorf, 422.

[44] WILLIAM REGINALD WARD, Art. Methodistische Kirchen, in: TRE 22, Berlin/New York 2000, 666–680, hier 666.

[45] An seinen Bruder Charles schrieb er begeistert: „Der Geist der Brüder übertrifft unsre höchsten Erwartungen. Ob jung, ob alt, strömen sie zu jeder Zeit und an jedem Ort nur Glauben und Liebe aus.", zitiert nach SCHMIDT, Wesley I, 246.

[46] Wesley störte sich schon damals an dem patriachalischen Auftreten Zinzendorfs, der aus seiner Sicht ein zu hohes Maß an Autorität genoss. Dass Wesley im Unterschied zu seinem Begleiter Ingham vom Abendmahl in Marienborn ausgeschlossen wurde, da man ihn als „homo perturbatus", d.h. als wirren Menschen, wahrnahm, dürfte bei ihm ebenfalls nicht nur Sympathien geweckt haben, vgl. HAHN/REICHEL, Zinzendorf, 423.

[47] Über Francke äußerte Wesley: „I then thought of sending in a note to Professor Francke, the son of that August Hermann Francke whose name is indeed as precious ointment. Oh may I follow him, as he did Christ, and by manifestation of the truth commend myself to every man's concience in the sight of God!", zitiert nach: KRAFT, Pietismus und Methodismus, 58.

[48] A.a.O., 57f.

[49] SCHMIDT, Wesley II, 48.

September 1741 in London, nachdem sie im Streit insbesondere über die Frage nach einer christlichen Vollkommenheit auseinandergingen.[50]

Wesley begann nach seiner Rückkehr aus Deutschland eine enorme evangelistische Tätigkeit. Insgesamt soll er in seinem Leben etwa 250.000 Reisemeilen zurückgelegt und etwa 40.000 Predigten gehalten haben. Das Ziel christlicher Vollkommenheit entwickelte sich dabei, wie oben bereits genannt, zum Kern- und Schlüsselbegriff seiner Verkündigung. 1741 veröffentlichte er eine längere Predigt mit dem Titel *Die christliche Vollkommenheit (Christian Perfection)*[51]. Vorausgegangen war diesem Abdruck ein recht freundlich verlaufenes Verhör mit dem damaligen anglikanischen Bischof von London, Edmund Gibson, der ihn, wie Wesley später schrieb, u. a. zu seiner Vollkommenheitslehre befragte und ihn mit dem Satz, „Herr Wesley, wenn das alles ist, was Sie darunter verstehen, dann machen Sie es in aller Welt bekannt"[52], nicht nur vom Häresievorwurf entlastete, sondern quasi zur Publikation ermunterte.

Innere und äußere Konflikte um diese Lehre lösten sich aber längst nicht immer so harmonisch auf. Die 1742 verbreitete Flugschrift *The Character of a Methodist*[53], in der er sich mit der Vollkommenheitsthematik beschäftigte, veröffentlichte er nur deshalb nicht unter einem entsprechenden Titel, da er mit Vorurteilen und Ablehnung rechnete.[54]

Fortwährende Auseinandersetzungen schlugen sich unter anderem in der wiederkehrenden Thematisierung auf verschiedenen methodistischen Predigerkonferenzen nieder. Schon auf der ersten Konferenz dieser Art im Jahr 1744 diskutierte man die zu predigende Lehre von der Vollkommenheit. Ein Jahr später widmete man sich ihr noch ausführlicher. Auch 1759 kehrte sie als Diskussionsthema wieder. Tatsächlich stellt die Ablehnung der Vollkommenheitslehre für Wesley ein Schibboleth dar, an dem sich eine mögliche Mitarbeit in der methodistischen Bewegung entschied.[55]

Aber auch von außen wurde dieses methodistische Lehrstück immer wieder kritisch angefragt – die mehrfachen Gespräche mit Bischöfen sind jeweils nur als Höhepunkte wiederkehrender Spannungen zu begreifen.[56]

---

[50] A. a. O., 60f.
[51] JOHN WESLEY, Christian Perfection, in: ALBERT C. OUTLER u. a. (Hrsg.), The Works of John Wesley 2. Sermons II, Nashville 1986, 99–124.
[52] DERS., Die christliche Vollkommenheit, 1.
[53] DERS., The Character of a Methodist, in: RICHARD P. HEITZENRATER (Hrsg.), The Methodist Societies, History, Nature, and Design 9, Nashville 1989, 31–46.
[54] Vgl. DERS., Die christliche Vollkommenheit, 1.
[55] Vgl. KLAIBER/MARQUARDT, Gelebte Gnade, 296.
[56] Neben dem bereits erwähnten Gespräch mit Bischof Edmund Gibson wurde er auch mehrfach von Bischof Joseph Butler zum Gespräch zitiert, das erste Mal am 16. August 1739. Die Gespräche verliefen dabei oft äußerst konfrontativ und waren von zunehmendem Misstrauen geprägt. In der Folge beauftragte Butler einen seiner Mitarbeiter mit der Abfassung einer „antimethodistischen Streitschrift", vgl. SCHMIDT, Wesley II, 38ff.

Nachdem die methodistische Bewegung im Jahr 1762 in London überraschend stark gewachsen war, sah sich Wesley 1763 schließlich erneut zu einem Traktat über diese Frage veranlasst.[57] *A Plain Account of Christian Perfection* erschien schließlich im Jahr 1766. Darin schildert Wesley in autobiografisch-historischer Form die Entwicklung dieser Lehre im Austausch und in Auseinandersetzung mit Weggefährten und Gegnern. Mehrfach revidierte Wesley diese Schrift und gab sie bis zu seinem Tod insgesamt vier Mal heraus. Die vierte Auflage versah er mit dem Untertitel: „Wie sie von dem Rev. Mr. John Wesley geglaubt und gelehrt wurde von 1725–1777"[58]. Mit diesem Bogen über 50 Jahre hinweg ist angezeigt, dass zumindest Wesley selbst für seine Lehre Kontinuität in Anspruch nahm.[59]

Den hohen Stellenwert dieses Lehrstücks, das die *Methodistische Stellungnahme* entsprechend treffend als „das Herz der methodistischen Lehre"[60] bezeichnet, unterstreicht nachdrücklich eine Äußerung Wesleys vom 8. Februar 1766. Einem seiner Prediger in Yarm, Mr. Merryweather, schrieb er damals in einem Brief: „Wo die Lehre von der christlichen Vollkommenheit nicht mit Nachdruck und ausführlich gepredigt wird, gibt es selten einen durchgreifenden Segen von Gott und infolgedessen wenig Zuwachs in der Gemeinde und wenig Leben bei deren Gliedern"[61]. Kurz vor seinem Tod notierte Wesley: „Diese Lehre [der christlichen Vollkommenheit, C.S.] ist das großartige Vermächtnis, das Gott den Leuten, die man Methodisten nennt, anvertraut hat; und hauptsächlich um dieses zu verbreiten, scheint er uns ins Leben gerufen zu haben."[62]

Damit ist erstens deutlich geworden, welche Bedeutung Wesley selbst dem Lehrstück der christlichen Vollkommenheit zumaß. Zweitens wurde insbesondere in der Darstellung der *Stellungnahme* gezeigt, dass dieses Lehrstück in der methodistischen Theologie ganz in der Tradition Wesleys bis heute einen hohen Stellenwert genießt. Im Folgenden ist nun genauer zu betrachten, auf welche Weise Wesley diesen *Topos* inhaltlich ausgeformt hat.

---

[57] A.a.O., 321.

[58] Übersetzung C.S., im Original: „As believed and taught by the Rev. Mr. John Wesley, from the year 1725 to 1765", JOHN WESLEY, A Plain Account of Christian Perfection, in: PAUL WESLEY CHILCOTE/KENNETH J. COLLINS (Hrsg.), The Works of John Wesley 13. Doctrinal and Controversial Treatises II, Nashville 2013, 132–191, hier 136,2–5.

[59] DAVID LERCH, Heil und Heiligung bei John Wesley, dargestellt unter besonderer Berücksichtigung seiner Anmerkungen zum Neuen Testament, Zürich 1941, 132.

[60] Stellungnahme 4.4, WELTRAT METHODISTISCHER KIRCHEN, Zustimmung zur GE, 1081.

[61] WESLEY, Die christliche Vollkommenheit, 1.

[62] Zitiert nach: LINDSTRÖM, Wesley, 85.

3.3 Wesleys Vollkommenheitsbegriff

In seiner 1741 abgedruckten Predigt *Die christliche Vollkommenheit* nennt Wesley zu Beginn das Ziel, erstens zu zeigen, in „welchem Sinn Christen nicht vollkommen sind" und zweitens, in „welchem Sinn sie es sind"[63].

In einem ausführlichen, biblisch fundierten Argumentationsgang zeigt er zunächst, dass Vollkommenheit keine absolute Freiheit von Schwächen oder aber den unüberbietbaren Endpunkt aller Entwicklungspotentiale meint:

> Christliche Vollkommenheit bedeutet [...] nicht – wie einige zu wähnen scheinen – eine Befreiung von Unwissenheit, Irrtum, Schwächen oder Versuchungen. Vollkommenheit ist nur ein andrer Name für Heiligung. [...] Wie groß auch immer die Errungenschaften eines Menschen sein mögen, wie hoch der Grad seiner Vollkommenheit, so hat er es doch noch nötig, in der Gnade zu wachsen und täglich zuzunehmen in der Erkenntnis Gottes, seines Heilandes.[64]

Trotz dieses stets bleibenden Potentials in der Gnade zu wachsen, vermag er aber auch von einer erreichbaren christlichen Vollkommenheit zu sprechen, die er mit „völliger Heiligung"[65] identifiziert. Heiligung, als „Frucht der Rechtfertigung" bedeutet für Wesley ganz grundsätzlich, dass der Menschen „tatsächlich gerecht und fromm gemacht"[66] wird. Die Überwindung eines sündhaften Lebens hielt Wesley daher nicht nur für eine theoretische Möglichkeit einiger weniger, sondern sieht darin die realistische und gebotene Perspektive aller Christen:

> In welchem Sinn sind sie dann vollkommen? Bedenke, wir sprechen jetzt nicht über Kleinkinder in Christus sondern erwachsene Christen. Aber sogar die Babys in Christus sind insoweit vollkommen, als sie nicht Sünden begehen. Das bestätigt Johannes ausdrücklich und es kann nicht durch die Beispiele des Alten Testaments widerlegt werden. Was sagt es, wenn die Heiligsten der alten Juden manchmal Sünden begangen haben? Wir können daraus nicht schlussfolgern, dass alle Christen auch Sünden begehen müssen so lange sie leben.[67]

---

[63] WESLEY, Die christliche Vollkommenheit, 3.

[64] Übersetzung C.S., im Original: „Christian perfection therefore does not imply (as some men seem to have imagined) an exemption either from ignorance or mistake, or infirmities or temptations. Indeed, it is only another term for holiness. [...]. So that how much soever any man hath attained, or in how high a degree soever he is perfect, he hath still need to ‚grow in grace', and daily to advance in the knowledge and love of God his Saviour", DERS., Christian Perfection, 104,20–105,2.

[65] DERS., The Scripture Way of Salvation, in: ALBERT C. OUTLER (Hrsg.), The Works of John Wesley 2. Sermons 2, Nashville 1985, 152–169, hier 160.

[66] Übersetzung C.S., im Original: „[I]t is evident from what has been already observed that it is not the being made actually just and righteous. This is *sanctification*; which is indeed in some degree the immediate *fruit* of justification, but nevertheless is a distinct gift of God, and of a totally different nature.", DERS., Justification by Faith. Sermon 5, in: ALBERT C. OUTLER (Hrsg.), The Works of John Wesley 1. Sermons 1, Nashville 1984, 181–199, hier 187,14–19, Hervorhebungen im Original.

[67] Übersetzung C.S., im Original: „In what sense then are they perfect? Observe, we are not now speaking of babes in Christ, but adult Christians. But even babes in Christ are so far perfect as not to commit sin. This St. John affirms expressly; and it cannot be ‚disproved' by the examples of the Old Testament. For what, if the holiest of the ancient Jews did *sometimes commit*

Sünde erscheint nach Wesley wie eine Krankheit, die den eigentlich guten bzw. gesunden Menschen befallen hat und die mit dem Beginn der Wiedergeburt allmählich abheilt. Vollkommenheit markiert den Zielpunkt dieses Prozesses – die völlige Genesung, um im Bild zu bleiben – an dem sich der Gläubige von der Sünde abgewendet hat. Ein in der Heiligung weit Fortgeschrittener ist insofern „vollkommen, dass er keine Sünde tut"[68]. Damit wird durchsichtig, dass für Wesley Vollkommenheit und Sündenfreiheit zwei Seiten derselben Medaille sind. Daher folgt zunächst ein genauerer Blick auf seinen Sündenbegriff.[69]

Mit Verweis auf Röm 6,1f. erklärt er, „daß selbst die Gerechtfertigten, die im niedrigsten Sinne des Wortes Wiedergeborenen, nicht in der Sünde beharren, nicht mehr darin leben können"[70]. Für den Gläubigen und Wiedergeborenen *ist* der sündige Leib mit Christus gekreuzigt. Entsprechend ist es dem Gerechtfertigten möglich, ohne Sünde, d.h. nach Gottes Willen, statt nach weltlichen Lüsten zu leben. Diese Überwindung eigener Sündhaftigkeit korreliert für Wesley mit der Fähigkeit eines gesetzeskonformen Daseins: „[D]as Geringste, was dieses Aufhören von Sünden bedeuten kann – im niedrigsten Sinne interpretiert –, wenn man es nur auf das äußere Verhalten anwendet, ist das Aufhören jeder sündigen Tat, jeder offenkundigen Übertretung des Gesetzes"[71]. Die Verbindung eines vollkommenen Lebens mit der Fähigkeit, das biblische Gesetz zu verwirklichen, nimmt eine klassisch pietistische Fragestellung auf. Bei Francke ist diese z.B. in den Diskussionen um die ‚Leipziger Unruhen' in der Unterscheidung begegnet, dass das Gesetz zwar *gehalten*, aber nicht *erfüllt* werden könne. (Vgl. I.2.2)

Tiefgreifende Überwindung der Sünde impliziert nach Wesley aber nicht nur die äußere Tat, sondern bereits die emotionalen und kognitiven Einstellungen, die den Gläubigen innerlich leiten. Daher kann Wesley sagen, dass nicht alle, die die äußere Sünde überwunden haben, vollkommen sind, sondern nur diejenigen, die auch von „bösen Gedanken und bösen Gemütsregungen"[72] befreit sind.

---

sin? We cannot infer from hence, that ‚all Christians do and must commit sin as long as they live.'", DERS., A Plain Account, § 12, 147,10–15, Hervorhebung im Original.

[68] Übersetzung C.S., im Zusammenhang heißt es: „It remains, then, that Christians are saved in this world from all sin, from all unrighteousness; that they are now in such a sense perfect as not to commit sin, and to be freed from evil thoughts and evil tempers", DERS., Christian Perfection, 120,26–29.

[69] Angesichts solcher Spitzenaussagen ist die Behauptung, Wesley habe den Begriff der „sinless perfection [...] selbst abgelehnt", schwer nachzuvollziehen, vgl. z.B. MOLTMANN, Geist, 179.

[70] Übersetzung C.S., im Original: „those who are justified, who are born again in the lowest sense, do not ‚continue in sin'; that they cannot ‚live any longer therein'", WESLEY, Christian Perfection, 106,4–6.

[71] Übersetzung C.S., im Original: „For this ‚ceasing from sin', if it be interpreted in the lowest sense, as regarding only the outward behaviour, must denote the ceasing from the outward act, from any outward transgression of the law", a.a.O., 106,22–24.

[72] Übersetzung C.S., im Original: „from evil thoughts and from evil tempers", DERS., Christian Perfection, 106,5f.

Allerdings muss noch einmal unterschieden werden zwischen Sünde als der willentlichen Übertretung eines bestimmten Gebotes und Sünde als unbewusst geschehende Verletzung eines solchen. Für Wesley ist der Sündenbegriff auf erstere beschränkt, d. h. entscheidend abhängig von der jeweiligen Intention des Gläubigen.[73]

Auch andere Defizite ändern nach Wesley nichts an der möglichen Vollkommenheit des Gläubigen. Auf den empirischen Einwand, dass alle Menschen Unwissenheit und Fehlern unterworfen sind und schon von daher kaum als vollkommen bezeichnet werden können, präzisiert Wesley sein Vollkommenheitsverständnis mit einer Differenzierung zwischen solchen Fehlern und Sünde:

Ich sehe hier keinen Widerspruch: ‚Ein Mensch kann mit reiner Liebe erfüllt sein und trotzdem zu Fehlern neigen.' Ich erwarte in der Tat nicht, jetzt ganz von Fehlern befreit zu werden, bis dieses Sterbliche die Unsterblichkeit anlegt. Ich bin der Überzeugung, dass dies eine natürliche Folge des Lebens in Fleisch und Blut ist. Denn unser ganzes Denken ist abhängig von der Funktion unserer Körperorgane, wie unser restlicher Körper. Und deshalb können wir manchmal nicht vermeiden Falsches zu denken, bis dieser sterbliche Leib die Unsterblichkeit angezogen hat. [...] Und tausend solcher Fehler können begangen werden und auch von denen, die sich im höchsten Stand der Gnade befinden. Doch wo jedes Wort und jede Handlung der Liebe entspringt, ist ein solcher Irrtum nicht wirklich eine Sünde. Trotzdem können solche Fehler vor der Gerechtigkeit Gottes nicht bestehen und brauchen das sühnende Blut Christi.[74]

Mit dem Verweis auf Christus ist eine nicht unerhebliche historische Trennlinie gezogen. Alle biblischen Belege, die mit den sündhaften Übertretungen der ‚heiligen Männer'[75] des Alten Testaments argumentieren, weist Wesley dadurch zurück, dass sie *vor* Christi Heilswerk und damit unter die Bedingungen des Alten Bundes fallen. Erst im Neuen Bund wird durch Christi Übernahme menschlicher Schuld ein sündenfreies Leben möglich.[76]

Der Prozess der Heiligung ist also negativ dadurch bestimmt, dass sowohl sündhaftes Handeln als auch sündhaftes Denken überwunden werden. Positiv besteht er darin – das ist ebenfalls im gerade angeführten Zitat deutlich geworden –, dass der Gläubige aus der Liebe lebt, durch die sein Denken und Handeln motiviert werden. In seiner späteren Schrift, *A Plain Account on Christian Perfection*,

---

[73] Vgl. LINDSTRÖM, Wesley, 100.

[74] Übersetzung C.S., im Original: „I see no contradiction here. ‚A man may be filled with pure love, and still be liable to mistake.' Indeed I do not expect to be freed from actual mistakes till this mortal puts on immortality. I believe this to be a natural consequence of the soul's dwelling in flesh and blood. For we cannot now *think* at all but by the mediation of those bodily organs which have suffered equally with the rest of our frame. And hence we cannot avoid sometimes *thinking wrong*, till this corruptible shall have put on incorruption. [...] And a thousand such instances there may be, even in those who are in the highest that of grace. Yet where every word and action springs from love, such a mistake is not properly a *sin*. However, it cannot bear the rigour of God's justice, but needs the atoning blood.", WESLEY, A Plain Account, § 19, 168,8–24, Hervorhebungen im Original.

[75] Vgl. DERS., Die christliche Vollkommenheit, 11.

[76] Vgl. DERS., A Plain Account, 147.

in der er seine Gedanken immer wieder im Frage-Antwort-Schema darstellt, zitiert er in seiner Antwort auf die Frage, was christliche Vollkommenheit sei, den ersten Teil des Doppelgebots der Liebe bzw. den zweiten Satz des *Schma Israel* (Dtn 6,5):

> Frage: Was ist christliche Vollkommenheit?
> Antwort: Gott zu lieben von ganzem Herzen, mit dem ganzen Verstand, mit ganzer Seele und aller Kraft. Das bedeutet, dass keine falschen Wesenszüge mehr in der Seele verbleiben, die im Gegensatz zur Liebe stehen und dass alle Gedanken, Worte und Taten von reiner Liebe geleitet werden.[77]

Das Vorbild der Vollkommenheit ist natürlich kein anderer als Christus selbst. Der Weg der Heiligung wird so zur Angleichung mit dem, „der von keiner Sünde wusste"[78]. Wesley verweist diesbezüglich auch auf Lk 6,4: „Wer vollkommen ist, soll wie sein Meister sein"[79].

Dieses Ziel stellt Wesley dem Gläubigen aber nicht einfach abstrakt vor Augen. Ein besonderes Charakteristikum seiner vor allem in vielen Predigten vermittelten Theologie ist sein inständiges Bemühen um Konkretion in der Verwirklichung dieses Ziels. Wesley mahnt – das ist für ihn kein Widerspruch zu der eingeforderten Haltung der Liebe – daher zu Disziplinierung, ständiger Selbstbeobachtung und gegenseitiger Ermahnung.[80] Der Vervollkommnungsprozess ist dabei insbesondere eine Herzensumwandlung.[81] Deren Konsequenzen durchdringen aber sämtliche Bereiche des Lebens, die allesamt am Ziel der fortwährenden Heiligung gemessen und von daher beurteilt werden. Der Vollkommene ist nicht stolz und nicht selbstsüchtig, sondern sanftmütig, freundlich, geduldig und langmütig.[82] Die Verwirklichung dieser Tugenden im täglichen Leben mit dem Zentrum der Liebe entsprechen für Wesley genau dem, was in der Tradition des Alten Testaments als das Motiv des ‚reinen Herzens' zum Tragen kommt. Prägnant hält Wesley fest: „Mit Vollkommenheit meine ich die demütige, sanftmütige

---

[77] Übersetzung C.S., im Original: „Q. [1.] What is Christian Perfection? A. The loving God with all our heart, mind, sould, and strength. This implies that no wrong temper, none contrary to love, remains in the soul; and that all the thoughts, words, and actions, are governed by pure love.", a. a. O., § 19, 167,27–31

[78] 2 Kor 5,21.

[79] Übersetzung C.S., im Original: „For everyone that is perfect shall be as his master", DERS., Christian Perfection, 118,22f.

[80] Von dieser durchgetakteten, klar strukturierten *methodischen* Glaubens- und Lebensführung stammt auch der Name der Methodisten – ursprünglich, wie so häufig, ein Spottname. Jürgen Moltmann hat mit Blick auf diese auffällige Besonderheit der Methodisten die Verbindung zu den Strukturen und Normen der englischen Frühindustrialisierung gezogen und den Methodismus als „die Religion der entstehenden Industriegesellschaften" tituliert, MOLTMANN, Geist, 181.

[81] Vgl. WESLEY, Christian Perfection, 119f.

[82] Vgl. a. a. O., 117f.

und geduldige Liebe zu Gott und unserem Nächsten, die unsere Stimmungen, unsere Worte und Taten, das ganze Herz und das ganze Leben regiert."[83]

Die besondere, an die der Herrnhuter angelehnte Organisation der Methodisten in Banden und Klassen ist auch der angestrebten Realisierung dieses Ziels völliger Heiligung geschuldet. Es ist der Versuch, dem einzelnen Gläubigen als Teil einer festen, sich gegenseitig stützenden Gemeinschaft die bestmöglichen Bedingungen zu schaffen, die ihn auf seinem Heiligungsweg vorwärts tragen und zugleich auch kritisch gegenseitig aufeinander zu achten.

Im Blick auf die damit bereits thematisierten Unterschiede im Heiligungsprozess spricht Wesley immer wieder von verschiedenen Stufen christlicher Reife, die in den Differenzierungen zwischen Kindlein, Jünglingen und Vätern des Glaubens ihren Ausdruck finden – ähnlich wie das auch bei Francke begegnet ist.[84] Tatsächlich wuchs die Zahl derer, die von sich behaupteten, die Gabe der christlichen Vollkommenheit empfangen zu haben, um 1760 an – ein Umstand, der Wesley entsprechend faszinierte, da diese Selbstzeugnisse seine dahingehenden theologischen Gedanken empirisch zu verifizieren schienen.[85]

Wesley wäre allerdings missverstanden, wenn man dieses Bemühen, das er zweifelsohne vom Gläubigen einfordert, vorschnell in die Kategorie einer neuen Werkgerechtigkeit einordnet. Sowohl die Rechtfertigung des Sünders als auch der Prozess der Heiligung bzw. der Vervollkommnung selbst wird von Wesley immer als Gnadenwirken Gottes markiert. Diese oben in Bezug auf die *Methodistische Stellungnahme* bereits thematisierte Pointe wird auch von Wesley immer wieder betont. Apologetisch hält er in *A Plain Account* fest:

[D]ass mein Bruder und ich vertraten, dass (1.) diese christliche Vollkommenheit die Liebe zu Gott und unserem Nächsten ist, welche die Befreiung von *aller Sünde* impliziert. (2.) Dass sie nur durch *den Glauben* empfangen wird.[86]

Heiligung ist dabei der Prozess, der im Moment der Wiedergeburt einsetzt. Rechtfertigung und Wiedergeburt wiederum beschreiben für Wesley unterschiedliche

---

[83] Übersetzung C.S., im Original: „By perfection, I mean the humble, gentle, patient love of God and man ruling all the tempers, words, and actions, the whole heart and the whole life.", DERS., A Plain Account, 190,3f.

[84] Vgl. a. a. O., § 12, 147,11–15.

[85] RICHARD P. HEITZENRATER, John Wesley und der frühe Methodismus, Göttingen 2007, 250; kritisch kann gegen eine solche Stufung eingewendet werden, dass mit der Hervorhebung vollkommen geheiligter Christen eine problematische Hierarchie entsteht, in der zwischen völlig Geheiligten und noch sündigenden Gläubigen getrennt wird, vgl. zum Beispiel Martin Honecker: „Im religiösen Verständnis wird die persönliche Heiligung, die Selbstheiligung hervorgehoben. Dies führt zur Trennung und Unterscheidung zwischen vollkommenen Christen (,Geheiligten') und unvollkommenen Christen (,Sündern')", MARTIN HONECKER, Einführung in die Theologische Ethik. Grundlagen und Grundbegriffe, Berlin/New York 1990, 88.

[86] Übersetzung C.S., im Original: „my brother and I maintained 1) that Christian perfection is that love of God and our neighbour which implies deliverance from *all sin*; 2) that this is received merely *by faith*;", WESLEY, A Plain Account, § 18, 167,5–8, Hervorhebungen im Original.

Perspektiven auf das zeitlich gleiche Geschehen.[87] Während Rechtfertigung den Aspekt der *Beziehungsänderung* zwischen Gott und Mensch zur Sprache bringt, wird im Begriff der Wiedergeburt der *Einschnitt im Leben des Gläubigen* ausgedrückt, für den der Moment der Rechtfertigung den Anfang eines neuen Lebens „und die Umgestaltung seines Wesens"[88] bedeutet. Diese Umgestaltung ist wiederum maßgeblich durch die neue Kraft der Liebe strukturiert. Im Augenblick der Wiedergeburt wird dem Menschen die Liebe ins menschliche Herz gesenkt,[89] die den Prozess der Heiligung maßgeblich motiviert und bestimmt.[90] Heiligung wird von Wesley dabei auch als die Wiedererlangung der Ebenbildlichkeit Gottes begriffen.[91] Wie die Sünde im Laufe dieses Prozesses immer weiter schwindet, das Wirken des Heiligen Geistes immer stärker wird und der Gläubige durch dieses Wirken immer tiefer von der Kraft der Liebe erfüllt wird, so leuchtet darin das Bild der Gottebenbildlichkeit sukzessive immer heller auf.[92]

Wesley konnte die Rechtfertigung des Sünders daher auch als das Eingangstor verstehen, hinter dem der eigentliche Weg der Heiligung erst folgt:

Frage: Wann beginnt die innere Heiligung?
Antwort: In dem Moment, in dem ein Mensch gerechtfertigt ist. Und doch bleibt die Sünde in ihm, ja, der Same aller Sünde, bis er *durch und durch geheiligt* ist. Von da an stirbt ein Gläubiger der Sünde immer mehr und wächst in der Gnade.[93]

Wesley wäre aber auch missverstanden, wenn man diesen immer wieder nachdrücklich eingeforderten Weg der Heiligung im Sinne einer asketischen Verzichtsethik als die Absage an Lebensfreude und persönliches Glück verstünde. Ausdrücklich – und in durchaus ähnlichen Wendungen wie bei Johann Joachim Spalding (vgl. I.4) – *ist* der Weg der Vervollkommnung zugleich die Zunahme an persönlichem Glück. Allerdings wird der Modus des Glücks gegenüber sinnlich-weltlichen Ansätzen grundlegend unterschieden und abgegrenzt. Die wahre

---

[87] Vgl. z. B. Wesleys Predigt Das große Vorrecht der Wiedergeborenen (Predigt 19), DERS., Die 53 Lehrpredigten I, 347; DERS., The Great Privilege of Those That Are Born of God. Sermon 19, in: ALBERT C. OUTLER (Hrsg.), The Works of John Wesley 1. Sermons 1, Nashville 1984, 431–443.

[88] DERS., Die 53 Lehrpredigten I, 347.

[89] Der zunächst vielleicht überraschende Vergleich zwischen Wesley und Thomas von Aquin gewinnt mit gedanklichen Figuren wie der Einsenkung der Liebe in das Herz des Menschen im Moment der Rechtfertigung bzw. Wiedergeburt natürlich an Plausibilität. Eine gründliche Untersuchung dieser gedanklichen Nähen zwischen beiden hat unternommen: COLÓN-EMERIC, Christian Perfection.

[90] Vgl. LINDSTRÖM, Wesley, 95.

[91] Vgl. KLAIBER/MARQUARDT, Gelebte Gnade, 285.

[92] Vgl. SCHMIDT, Wesley II, 276.

[93] Übersetzung C.S., im Original: „Q. When does inward sanctification begin? A. In the moment we are justified. Yet sin remains in him, yea, the seed of sin, till he is *sanctified throughout*. From that time a believer gradually dies to sin, and grows in grace.", WESLEY, A Plain Account, § 17, 159,23–26, Hervorhebung im Original.

Quelle des Glücks wird so beispielsweise nicht in sinnlichen Freuden, sondern in der Gottesliebe erkannt:

> Frage: Aber können diejenigen, die ein reines Herz haben, wohlschmeckendes Essen anderem Essen vorziehen, oder sich irgendeiner Sinnesfreude hingeben, die nicht unbedingt notwendig ist? Und wenn ja, wie unterscheiden sie sich dann von anderen Menschen?
> Antwort: Der Unterschied zwischen diesen und anderen ist: Sie brauchen von diesen Dingen nichts um glücklich zu sein; denn sie tragen eine Quelle des Glücks in sich selbst. Sie sehen und lieben Gott. Daher freuen sie sich allezeit und sagen Dank in allen Dingen.[94]

Damit ist der Vollkommenheitsbegriff Wesleys in seinen wesentlichen Grundzügen dargestellt. Im nächsten Schritt wird nun das Verhältnis von Wesleys und Luthers Vollkommenheitsvorstellung bestimmt.

3.4 Wesleys Vollkommenheitsbegriff als Kontrapunkt zu Luthers Verständnis

Deutlich wird in den dargestellten Gedankengängen, dass Wesley von einem *simul iustus et peccator* im Sinne Luthers weit entfernt ist. Definiert man das lutherische *simul iustus et peccator* als *conditio sine qua non* lutherischer Theologie, dann verlässt Wesley an dieser Stelle qua Definition lutherischen Boden. Denn seine Bestimmung von Vollkommenheit, als die zu realisierende Möglichkeit tatsächlicher Sündenfreiheit, ist gerade Ausdruck eines anzustrebenden lebenspraktischen *solus iustus,* resp. bei Wesley noch treffender eines *simul iustus et sanctus.*

Diese Wahrnehmung wird von methodistischen Theologen bestätigt. Der frühere Bischof der Evangelisch-methodistischen Kirche in Deutschland und profilierte Wesley-Forscher, Walter Klaiber, schreibt über diesen Zusammenhang:

> Er [Wesley] leugnet nicht, dass auch gläubige Christen immer wieder sündigen. Aber er möchte festhalten, dass die Gnade Gottes stärker ist als die Macht der Sünde. Das zeigt sich nicht nur darin, dass Gott immer wieder vergibt. Die Gnade schenkt auch die Kraft, nicht mehr zu sündigen. Christen müssen nicht sündigen – auch nicht, um vor der Gefahr der Selbstgerechtigkeit bewahrt zu bleiben. Wesley nahm sogar an, dass es Christen gibt, denen es geschenkt ist, zumindest eine gewisse Zeit zu leben, ohne zu sündigen.[95]

Ein Blick in die bereits eingangs betrachtete methodistische *Stellungnahme* zeigt, dass auch darin die lutherische *simul*-Formel erstens nicht vorkommt und zweitens inhaltlich kaum konsistent einzufügen wäre. Zwar wird unter 4.4d festge-

---

[94] Übersetzung C.S., im Original: „Q. But can anyone who has a pure heart prefer pleasing to unpleasing food? Or use any pleasure of sense which is not strictly necessary? If so, how do they differ from others? A. The difference between these and others in taking pleasant food is: 1) They need none of these things to make them happy; for they have a spring of happiness within. They see and love God. Hence the ‚rejoice evermore', and ‚in everything give thanks'.", a. a. O., § 19, 172,35–41.

[95] WALTER KLAIBER, Gerecht und Sünder zugleich. URL: https://www.emk.de/meldungen-2017/gerecht-und-suender-zugleich/ (Stand: 23.10.2023).

halten, dass die „Gefahr des Rückfalls" lebenslang virulent bleibt und die, welche „durch Gottes Gnade gerechtfertigt und geheiligt sind, […] ihr ganzes Leben lang mit Versuchung und Sünde zu kämpfen haben" (4.4e). Doch die ontologische Kategorie, dass der Gerechtfertigte zugleich auch Sünder bleibt, wird ganz offensichtlich bewusst vermieden.

Für einen Vergleich mit Luther ist dieser spezifisch wesleyanische Akzent in der Rechtfertigungslehre natürlich ganz entscheidend. Wie erwähnt, versteht Wesley darunter das Moment der Gerecht*sprechung*, aber nicht den für ihn viel wesentlicheren Prozess der Gerecht*machung*. Mit Joest gesprochen kennt er (a) nur den *Total-Aspekt* des lutherischen *simul*, nicht jedoch den *Partialaspekt* und (b) lehnt er im Blick auf diesen Total-Aspekt die bleibende Sündhaftigkeit des Menschen auch nach der Rechtfertigung ab.[96] Hinsichtlich des zweiten Aspekts (b) liegen seiner Theologie *andere anthropologische bzw. pneumatologische Annahmen* zugrunde, auf deren Basis er die Wandlungs- und Heilungspotentiale des Menschen deutlich größer einschätzt als Luther. Diese nachfolgend genauer zu untersuchenden Annahmen bedingen entscheidend auch Wesleys Urteil über Luthers Bestimmung von Rechtfertigung und Heiligung. Im Blick darauf (a) dürfte er Luther zwar – wie viele andere – in der *Reduktion seiner Rechtfertigungslehre auf ein forensisches Verständnis* missverstanden haben. Jenseits dieses Missverständnisses unterscheiden sich Luther und Wesley im Blick auf ihr Rechtfertigungsverständnis und die Relation von Rechtfertigung und Heiligung allerdings trotzdem nicht unerheblich. Vor dem Hintergrund dieser Unterschiede lässt sich dann auch verstehen, warum Wesleys Vollkommenheitslehre in grundlegender Weise von der lutherischen abweicht.

Im Folgenden wird nun zunächst ein Blick auf die *geistesgeschichtliche Situation* Wesleys geworfen, durch welche die angesprochenen Differenzen zwischen Wesley und Luther bedingt sind. Im Anschluss sind die unterschiedlichen Perspektiven auch auf materialdogmatischer Ebene genauer zu untersuchen. Dabei ist vor allem die Lehre der *Rechtfertigung* und das Verhältnis von *Rechtfertigung und Heiligung* im Fokus. Aber auch das jeweilige *Prädestinations- und Gnadenverständnis* sind dazu genauer zu betrachten.

Kelley Steve McCormick weist auf die grundlegend verschiedenen Fragestellungen zwischen beiden Theologen hin. Wesleys „predominant question was not Luther's ‚how can I be pardoned?' Wesley asked, ‚how can I be healed?'"[97]. Diese das jeweilige theologische Nachdenken antreibenden Fragestellungen dürften zum Teil einem persönlichen Interesse geschuldet sein, zum Teil aber auch durch die unterschiedliche *geistesgeschichtlich-theologische Situation* bedingt sein. Während Luther maßgeblich von der spätmittelalterlichen katholischen Kirche geprägt wurde (vgl. I.1.2), war die intellektuelle Großwetterlage in der anglikanischen Kirche zur Zeit Wesleys im 18. Jahrhundert eine grundlegend andere.

---

[96] Vgl. Joest, Gesetz und Freiheit, 57ff.

[97] Kelley Steve McCormick, Theosis in Chrysostom and Wesley: An Eastern Paradigm of Faith And Love, in: Wesleyan Theological Journal 26 (1991) 1, 38–44, hier 43.

Verschiedentlich wurde darauf hingewiesen, dass die anglikanische Kirche jener Zeit durch einen auffallenden Rückgriff auf frühkirchliches Gedankengut geprägt war. Jürgen Moltmann merkt z. B. an, dass in der Zeit Wesleys in der anglikanischen Theologie allgemein ein Zurücktreten juridischer Kategorien in der Rechtfertigungslehre zu konstatieren sei und an deren Stelle ein Rückgriff auf die physischen Erlösungskategorien der frühen griechischen Kirchenväter stattgefunden habe.[98] Darauf hat jüngst auch Dion Angus Forster hingewiesen und sogar noch etwas zuspitzend formuliert: „[I]t can simply be noted that a purely Western theological reading of Wesley's theology would be inadequate"[99]. „[T]o more adequately understand Wesley's theology in general, and his notion of Christian perfection in particular, it is contended that one should not bracket his theology in exclusively Western or Eastern theological categories or approaches"[100]. Forster fordert daher einen „hybridist hermeneutic approach"[101], um sich Wesleys Theologie und insbesondere seinem Vollkommenheitsbegriff adäquat annähern zu können.

Während die zuletzt angedeutete *geistesgeschichtliche* Lage als Hintergrund von Wesleys Vollkommenheitslehre zu sehen ist, zeigt sich in dessen genannter Fragestellung – how can I be healed? – seine besondere theologisch-seelsorgerliche Motivation. Im Folgenden sollen die genannten materialdogmatischen Differenzen zwischen Luther und Wesley genauer unter die Lupe genommen werden, die für die jeweilige Ausformung der Vollkommenheitslehre maßgeblich sind.

Zunächst zur Frage der Rechtfertigungslehre. Schon früh hat sich Wesley an der lutherischen Ausformung der Rechtfertigungslehre gestoßen. Nach seinem ersten Deutschlandbesuch – bei dem er auch Herrnhut besuchte und sich nachweislich sehr beeindruckt davon zeigte – trat er der Fetter Lane Society bei – „einer Gesellschaft, die im Stil der brüderischen ‚Banden' zum Zwecke gegenseitiger Glaubensförderung organisiert war"[102] und im Geist der Herrnhuter in England aktiv war. Es dauerte, wie erwähnt, jedoch nicht lange, bis es zu Spannungen zwischen Mitgliedern der Society und Wesley kam. Während diese ihm vorwarfen, sich allmählich zum „offenen Gegner Christi"[103] zu entwickeln, da er alles selber machen wolle und in seinen Predigten Gesetz und Evangelium vermische, entzündete sich die Kritik Wesleys an deren angeblich „einseitiger Luther-Gefolgschaft"[104], in der sie die Rechtfertigungslehre zu stark betonten und dabei Gesetz und Heiligung des Lebens vergäßen. Vorausgesetzt ist bei Wesley dabei allerdings

---

[98] Vgl. MOLTMANN, Geist, 179.
[99] FORSTER, Anniversary, 4.
[100] A. a. O., 7.
[101] Ebd.
[102] HAHN/REICHEL, Zinzendorf, 423.
[103] Ebd.
[104] Ebd.

gerade ein rein forensisches Rechtfertigungsverständnis, das eher an Melanchthon und weniger an Luther orientiert ist, wie wiederholt deutlich wird.[105]

Ein weiterer Anstoß Wesleys an Luthers Rechtfertigungslehre entzündet sich an dessen scheinbarer Überzeugung, es mit einem stabilen Rechtfertigungs*zustand* zu tun zu haben. Die tiefe Skepsis gegenüber einem sicheren Zustand gilt für Wesley aber nicht nur hinsichtlich der Rechtfertigung, sondern genauso im Blick auf Heiligung und Vollkommenheit. 1789, nur zwei Jahre vor seinem Tod, fragt Wesley am Ende der Niederschrift einer methodistischen Konferenz:

> Kann nicht in unvorsichtiger Weise von einem Zustand der Rechtfertigung oder Heiligung zu reden irreführend wirken, indem es die Menschen dazu verführt, sich auf das Ereignis *eines Augenblicks* zu verlassen, während wir in Wirklichkeit *jeden Augenblick* mit unseren Werken Gott gefallen und mißfallen, je nach der Ganzheit unserer inneren Gemütsverfassung und unseres äußeren Verhaltens in der Gegenwart?[106]

Nicht nur Rechtfertigung, sondern auch Vollkommenheit darf für Wesley nicht als fester Zustand missverstanden werden, den der Gläubige erreichen kann, sondern ist lediglich etwas, das *„augenblicklich* gegeben wird, von einem Moment auf den anderen". Jedoch soll auch „nicht erst im Tode" damit gerechnet werden, sondern vielmehr bereits in *„jedem Augenblick"*[107] im Hier und Jetzt.

Die leitende Sorge Wesleys dürfte darin begründet sein, dass das Bewusstsein eines geschenkten oder erreichten *Zustands* den Gläubigen zur Erschlaffung seiner eigenen Bemühungen verleiten könnte und er so in seinem Heiligungsprozess stagniert oder gar zurückfällt. *Holy* oder sogar *perfect* zu werden bleibt für Wesley mit einem lebenslangen Kampf gegen die potentiell immer vorhandenen sündhaften Handlungen und Gedanken verbunden. Niemals in einem *Zustand* der Heiligkeit oder Vollkommenheit zu sein, heißt für Wesley daher auch, dass eine fortwährende Verbindung mit Christus niemals verzichtbar, sondern stete Quelle menschlicher Heiligkeit ist. In Anspielung auf Joh 15 vergleicht er diese bleibende Abhängigkeit mit einer Rebe, die losgelöst vom Weinstock schnell dürr werden würde.

Allerdings scheint auch an diesem Punkt Luther nicht wirklich getroffen. Luther beschreibt das Verhältnis der Rechtfertigung als keinen bleibenden Zustand, sondern ein im Glauben immer wieder neu geschenktes und zu erneuerndes Zuspruchs- und Vertrauensgeschehen.

Auch wenn Luther in diesen Punkten nicht wirklich von Wesley getroffen ist, bleiben allerdings andere grundlegende theologische Differenzen. Dabei ist nachfolgend insbesondere das Verhältnis von *Rechtfertigung und Heiligung* genauer zu beleuchten.

---

[105] Vgl. z. B. die Predigt 43, WESLEY, Die 53 Lehrpredigten II, 826.

[106] Niederschrift der Konferenzverhandlungen Wesleys mit seinen Predigern, 1789 veröffentlicht, hier zitiert nach: DERS., Die christliche Vollkommenheit, 1f.

[107] Übersetzung C.S., im Original: „that it is given *instantaneously*, in one moment, 4) that we are to expect it (not at death, but) every *moment*", DERS., A Plain Account, § 18, 167,7–9, Hervorhebungen im Original.

Heftig prallen die Gegensätze zwischen Wesleys Position und einer maßgeblich von Luthers Theologie geprägten Position, wie sie Nikolaus Ludwig Graf von Zinzendorf und Pottendorf vertrat, in jenem bereits erwähnten Gespräch zwischen beiden am 3. September 1741 aufeinander. Da es für das Verhältnis zwischen wesleyanischer und lutherischer Theologie sehr aufschlussreich ist, folgt ein längerer Auszug daraus[108]:

Zinzendorf: […] [D]u sagst […], wahre Christen seien keine armen Sünder. Das ist völlig falsch. Die besten Menschen sind bis zum Tode ganz elende Sünder. Wenn sie etwas anderes sagen, sind sie durch und durch Betrüger oder teuflisch Verführte. Unsere Brüder, die Besseres lehren, hast du bekämpft […].
[…]
Wesley: Ich bin in Sorge, daß sie Falsches lehren über das Ziel unseres Glaubens in diesem Leben, also über die christliche Vollkommenheit, sodann über das, was unser (sic!) Kirche die Gnadenmittel nennt.
Z.: Ich erkenne keine innewohnende Vollkommenheit in diesem Leben an. Das ist der Irrtum aller Irrtümer. Ihn bekämpfe ich in der ganzen Welt mit Feuer und Schwert, ihn verfolge und vernichte ich. Allein Christus ist unsere Vollkommenheit. Wer eine innewohnende Vollkommenheit lehrt, der leugnet Christus.
W.: Ich aber glaube, daß Christi Geist im rechten Christen die Vollkommenheit schafft.
Z.: Keineswegs. Unsere ganze Vollkommenheit liegt in Christus. Alle christliche Vollkommenheit besteht im Vertrauen auf Christi Blut. Die ganze christliche Vollkommenheit ist imputiert [zugerechnet], nicht inhaeriert [einwohnend]. Wir sind vollkommen in Christus, in uns selbst niemals.
W.: Wir streiten – glaube ich – um Worte. Ist nicht jeder, der wirklich glaubt, ein Heiliger?
Z.: Aber ein Heiliger in Christus, nicht in sich.
W.: Aber lebt er nicht heilig?
Z.: Gewiß, er lebt heilig in allem.
W.: Und hat er nicht ein heiliges Herz?
Z.: Ganz gewiß.
W.: Folglich ist er doch heilig in sich?
[…]
Trägt er nicht in seinem Herzen die Liebe zu Gott und zum Nächsten, ja sogar das ganze Ebenbild Gottes?
Z.: Ja, aber das ist die gesetzliche Heiligkeit, nicht die evangelische. Die evangelische Heiligkeit ist der Glaube.
[…]
[Ein Heiliger, C.S.] ist nicht heiliger, wenn er mehr liebt, und nicht weniger heilig, wenn er weniger liebt.
W.: Was? Nimmt denn der Glaubende, der in der Liebe wächst, nicht gleichfalls in der Heiligkeit zu?
Z.: Niemals. Vielmehr in dem Augenblick, in dem er gerechtfertigt ist, wird er auch völlig bis ins Innerste geheiligt. Demnach ist er bis zu seinem Tode weder mehr noch weniger heilig.
W.: Also ist ein Vater in Christus nicht heiliger als ein Kind in Christus?

---

[108] Wesley selbst hat das Gespräch aus seiner Erinnerung lateinisch aufgezeichnet. Zinzendorf hat dessen Erinnerungen aber durch die Aufnahme in seine „Büdingische Sammlung" gewissermaßen autorisiert, vgl. HAHN/REICHEL, Zinzendorf, 423.

Z.: Nein. Die ganze Heiligung und Rechtfertigung sind in demselben Augenblick da, und keine wird mehr oder weniger.
[...]
W.: Ich meinte, wir sollten in der Gnade wachsen!
Z.: Sicherlich. Aber nicht in der Heiligkeit. Sobald nämlich jemand gerechtfertigt ist, wohnen Vater, Sohn und Heiliger Geist in seinem Herzen. Und sein Herz ist in jenem Augenblick so ganz rein, wie es jemals sein wird. [...]
[...]
W.: Was du gesagt hast, will ich mit Gottes Hilfe genau erwägen.[109]

Deutlicher als in diesem Gespräch lassen sich die unterschiedlichen Perspektiven auf die reale Wandelbarkeit des Gläubigen wohl nicht herauskristallisieren. Während Wesley schon fast verzweifelt appellativ den lebenspraktisch *heiligenden Effekt der Rechtfertigung* wiederholt zur Sprache bringt, weist Zinzendorf jegliche Veränderung des einzelnen Subjekts, die über dessen Glauben an die Erlösung durch Jesus Christus hinausgeht, scharf zurück. Der Gedanke einer veränderten Qualität des Gerechtfertigten in sich ist ihm fremd. Die *iustitia aliena* wird dem Gläubigen *expressis verbis* vielmehr imputativ zugerechnet, ohne dass diese Zurechnung etwas an der Qualität seines Menschseins ändert. Seine theologische Position liegt damit ganz auf der Linie der reformatorischen Differenzierung zwischen *peccator in re et iustus in spe*.

Für Wesley hingegen ist der Prozess der Verwandlung kein relational imputierter, also zugerechneter, sondern ein substantiell-ontologischer. Ihm wird nicht nur die Gerechtigkeit Christi *zugerechnet* (Zinzendorf), sondern sie *wohnt ihm ein* (Wesley) und transformiert sein ganzes Sein. Pointiert formuliert hat das Wesley an anderer Stelle mit der Unterscheidung, dass die Rechtfertigung Gottes Tat „für uns" bedeute – Heiligung hingegen sein Wirken „in uns"[110] sei. Die Transformation der Heiligung bleibt damit nicht *extra nos*, wie das Zinzendorf immer wieder einschärft, sondern geschieht vielmehr *in nobis*.

Ob Zinzendorf an dieser Stelle wirklich mit Luther übereinstimmt, kann bezweifelt werden. Wie im Lutherkapitel deutlich gemacht werden konnte, ging Luther durchaus von einer zunächst inneren, dann aber auch daraus folgenden äußeren Wandlung des Gläubigen aus – „ein guter Baum trägt gute Früchte" –, selbstredend ohne, dass dieser dadurch seinen bleibenden Status als Sünder überwinden könnte. Trotzdem zeigen sich in dem Dialog sehr deutlich zwei unterschiedliche theologische Akzente, die jeweils ein lutherisches und wesleyanisches Grundanliegen verdeutlichen. Während Zinzendorf – darin sicher nah bei Luther – die große Skepsis gegenüber der Zuversicht oder gar dem Stolz auf zumindest partiell selbstgeleistete Heiligungsfortschritte zum Ausdruck bringt, leitet Wesley ganz im Gegenteil die Sorge vor einem passiv und wirkungslos bleibenden religiösen Leben.

---

[109] A.a.O., 424–427.
[110] Das große Vorrecht der Wiedergeborenen, Predigt 19, WESLEY, Die 53 Lehrpredigten I, 347; DERS., The Great Privilege, 431f.

Deutlich wird Wesleys Befremden an Luthers Theologie aber auch in dessen eigenen Schriften. So z. B. in einer äußerst polemischen Äußerung über Luthers Bestimmung von *Glauben und guten Werken* in dessen *Galaterkommentar* von 1531, der sich offenbar in Wesleys Zeit einiger Beliebtheit erfreute:

Wie blasphemisch spricht er [Luther] von den guten Werken und dem Gesetz Gottes – beständig das Gesetz mit Sünde, Tod, Hölle oder dem Teufel verbindend; und lehrend, dass Christus uns von all dem befreit. Wohingegen es nicht mehr durch die Schrift bewiesen werden kann, dass Christus uns vom Gesetz Gottes befreit als von der Heiligkeit oder vom Himmel. Genau hier (begreife ich), ist die wirkliche Quelle des großen Fehlers der Herrnhuter.[111]

Dass Wesleys Bild von Luthers Rechtfertigungslehre dessen tatsächlicher Lehre nicht voll gerecht wird, ist bereits deutlich geworden. Da Wesley Rechtfertigung vor allem in ihrem forensischen Sinn versteht, scheint ihm das Thema Heiligung bei Luther völlig außer Acht gelassen. Jene Qualifizierung von guten Werken und dem Gesetz als sündhaft scheint ihm diesen Eindruck zu bestätigen. Die Ablehnung dieser Position dürfte den Kern von Wesleys Kritik zur Sprache bringen und auch die – von Wesley selbst angesprochenen – Auseinandersetzungen mit den Herrnhutern in ihrer theologischen Dimension erklären. Mit dieser Kritik knüpft Wesley an intensiv geführte Debatten des 16. Jahrhunderts selbst an, die sich letztlich in ähnlicher Weise um die Relation von Glaubensüberzeugung und Glaubenspraxis bewegten.[112]

Auf die Verbindung zu diesen Debatten weisen auch Walter Klaiber und Manfred Marquardt in ihrem *Grundriß einer Theologie der Evangelisch-methodistischen Kirche*[113] hin. Die aus methodistischer Sicht problematische Aufspaltung von Rechtfertigung und Heiligung, die mit einer tendenziellen Abwertung letzterer einhergeht, erfolgt aus ihrer Sicht nicht bei Luther, sondern erst durch

---

[111] Übersetzung C.S., das Zitat im größeren Zusammenhang: „I set out for London, and read over in the way that celebrated book, Martin Luther's Comment on the Epistle to the Galatians. I was utterly ashamed. How have I esteemed this book, only because I heard it so commended by other; or, at best, because I had read some excellent sentences occasionally quoted from it! But what shall I say, now I judge for myself, now I see with my own eyes? Why, not only that the author makes nothing out, clears up not considerable difficulty; that he is quite shallow in his remarks on many passages, and muddy and confused almost, on all; but that he is deeply tinctured with mysticism throughout, and hence often dangerously wrong…how blasphemously does he speak of good works and of the law of God – constantly coupling the law with sin, death, hell, or the devil; and teaching that Christ delivers us from them all alike. Whereas it can no more be proved by Scripture that Christ delivers us from the law of God than that He delivers us from holiness or from heaven. Here (I apprehend) is the real spring of the grand error of the Moravians [Herrnhuter Brüdergemeinde, C.S.]. They follow Luther, for better, for worse. Hence their ‚No works; no law; no commandments.' But who art thou that ‚speakest evil of the law, and judgest the law'?", zitiert nach: MANFRED MARQUARDT, John Wesleys „Synergismus", in: LORENZ HEIN (Hrsg.), Die Einheit der Kirche. Dimensionen ihrer Heiligkeit, Katholizität und Apostolizität, Wiesbaden 1977, 96–102, hier 96.

[112] Vgl. dazu LEONHARDT, Glaube und Werke.

[113] KLAIBER/MARQUARDT, Gelebte Gnade.

Melanchthon. Damit lässt sich Wesleys Perspektive auch als eine Fortsetzung innerlutherischer Streitigkeiten um das Verhältnis von Glaube und Werken und die damit verbundene Bedeutung des Gesetzes verstehen, die sich an Melanchthons Schriften um die Mitte des 16. Jahrhunderts anschlossen. Wesley nimmt nun innerhalb dieser Debatte eine Position ein, die einerseits das rechtfertigungstheologische *sola fide* ausdrücklich betont, andererseits aber den Nachweis der Echtheit und der Lebendigkeit des Glaubens auch in guten Werken explizit einfordert.[114] Zum Ausdruck kommt diese Verbindung in seiner Aussage, dass „wir – [...] gerechtfertigt durch seine Gnade – [...] ‚die Gnade Gottes nicht vergeblich empfangen haben'"[115]. Mit dieser Formulierung ist eine gravierende Differenz zu Luther angesprochen. An anderer Stelle verdeutlicht Wesley, auf welche Weise die Gnade Gottes „vergeblich empfangen" werden kann: „Zuerst, Gott wirkt in dir, und deshalb kannst du (auch) arbeiten und zweitens, Gott wirkt in dir, deshalb *musst* du arbeiten [...], andernfalls wird er aufhören zu wirken"[116].

Einerseits ist im ersten Satz das grundsätzlichen *Prae* Gottes in seinem Gnadenwirken unterstrichen. Zuerst wirkt Gott, erst dann kann der Mensch in seiner Heiligung voranschreiten. Andererseits wird damit dem Menschen tatsächlich eine Kooperationsfähigkeit, im zweiten Satz gewissermaßen sogar eine Kooperationspflicht zugestanden, die Luther so nicht mitgesprochen hätte. Während Luther alle guten Werke allein dem Wirken des Heiligen Geistes im Gläubigen zusprechen würde, bleibt das Wirken des Geistes bei Wesley auf menschliche Mitwirkung *expressis verbis* angewiesen. Damit ist die vor allem von Calvin, aber auch von Luther vertretene, letztlich auf Augustin zurückgehende Lehre der *gratia irresistibilis* grundsätzlich zurückgewiesen.[117] Durch das gnadenhafte Wirken wird der menschliche Wille zum Guten befreit. Daher kann sich der Mensch der Gnade Gottes öffnen, aber auch verweigern. Wo er diesem Guten dann nicht folgt, findet die vorlaufende Gnade nicht zu ihrem Ziel. Damit steht aber auch immer der Glaube selbst mit auf dem Spiel. Wird er in Taten der Liebe geübt und praktiziert, geht damit eine vertiefende Glaubensstärkung einher. Geschieht dies nicht, verliert auch der Glaube selbst seine Kraft. Der lutherische Gedanke, dass die *guten Werke dem Glauben nachfolgen*, wird damit vom entlastenden Zuspruch zum Imperativ umakzentuiert. Der anfangs in der Analyse der methodistischen *Stellungnahme* auffallende imperativische Gestus dürfte genau hierin seinen theologischen Ursprung haben.

---

[114] Vgl. a. a. O., 263.

[115] Predigt 12, WESLEY, Die 53 Lehrpredigten I, 226.

[116] Übersetzung C.S., im Original: „First. God worketh in you; therefore, you can work" and „[s]econdly. God worketh in you; therefore you *must* work [...] otherwise he will cease working.", DERS., On Workin Out Our Own Salvation. Sermon 85, in: ALBERT C. OUTLER (Hrsg.), The Works of John Wesley 3, Sermons III, Nashville 1986, 199–209, hier 208, Hervorhebung C.S.

[117] Vgl. MARQUARDT, Wesleys „Synergismus", 100.

Die so veränderte Betrachtungsweise kann man als positive Wertschätzung der „Verantwortlichkeit des Menschen"[118] begrüßen. Man kann darin aber auch die Auflösung der entlastenden Rechtfertigungslehre Luthers erkennen, die potentiell zum Einfallstor menschlicher Selbsterlösungsbemühungen werden kann. Der Methodismus stand dann auch in seiner Geschichte stets in der Gefahr in einen „vulgär-methodistischen (semi-)pelagianischen Synergismus"[119] abzugleiten.

Die bereits genannte differierende Akzentsetzung in der Verhältnisbestimmung von Glaube und Werken dürfte mit jener von Moltmann und Forster thematisierten Verschiebung von juridisch-relationalen hin zu substanzontologischen Kategorien einhergehen. Insbesondere Gebauer weist darauf hin, dass die Neuwerdung des Menschen im *Rechtfertigungsgeschehen* im Unterschied zu Luther bei Wesley nicht relational, sondern substantiell gedacht wird.[120]

Die Notwendigkeit des Kooperationsgedankens zwischen Gott und Mensch ist aber auch eine Konsequenz von Wesleys Zurückweisung des *Prädestinationsgedankens*. Im Unterschied zu Luther (und Calvin) lehnte er den Gedanken einer soteriologischen Vorherbestimmung ab. Schon früh bezeichnete sich Wesley daher als Arminianer und gab eine Zeitung mit dem Titel *Arminian Magazine* heraus.[121] Da Gottes Eröffnung des Erlösungsgeschehens so gleichermaßen jedermann galt, verschob sich der Schwerpunkt von der göttlichen Prädestination hin zur menschlichen Kooperationsbereitschaft.[122]

Damit ist wiederum ein differenzierter *Gnadenbegriff* verbunden, der nicht nur an Luthers Rechtfertigungslehre inklusive ihrer effektiven Implikationen anknüpft, sondern auch an altkirchliche Lehrelemente, die das Weiterwirken der Gnade im Inneren des Gläubigen viel stärker betonen. Die in der methodistischen *Stellungnahme* angesprochenen vorreformatorischen und orthodoxen Lehrtraditionen werden an dieser Stelle deutlich sichtbar. Sowohl zum Gedanken einer *gratia infusa* als auch zur Vorstellung einer *Theosis* in ihrer orthodoxen Ausformung wird mindestens eine sachliche Nähe offensichtlich.

Bei Wesley erscheint der Gnadenbegriff daher in einer dreifachen Gestalt. Er spricht von einer zuvorkommenden (prevenient), einer rechtfertigenden (justifying) und einer heiligenden (sanctifying) Gnade. Durch die pneumatologisch gedachte *zuvorkommende* Gnade beginnt Gott in jedem Menschen zu wirken, weckt in ihm eine Sehnsucht nach Gott und ermöglicht die Erkenntnis eigener Sündhaftigkeit.[123] Die *rechtfertigende* Gnade spricht ihm die Vergebung seiner Verfehlung und den Beginn eines neuen Lebens zu. Doch erst die *heiligende* Gnade bewirkt die eigentliche Umwandlung und Neuschöpfung des Menschen.

---

[118] A.a.O., 101.
[119] Ebd.
[120] Vgl. GEBAUER, Rechtfertigung und Heiligung, 91.
[121] Vgl. HEITZENRATER, Wesley, 317f.
[122] Vgl. zu den u.a. publizistisch ausgetragenen Auseinandersetzungen Wesleys mit calvinistischen Positionen a.a.O., 316ff.
[123] Vgl. WESLEY, The Scripture Way, 156f.

Damit verbindet sich für ihn eine grundsätzlich optimistischere Erwartung, was die Fähigkeit des einmal so befreiten Willens betrifft. Zwar hält auch Wesley am Gedanken von der Erbsünde fest. Aber Augustins *non posse non peccare* wäre von ihm – wie oben gezeigt – nicht mitgesprochen worden. Der gerechtfertigte und im Heiligungsprozess begriffene Gläubige folgt vielmehr dem Ziel der Sündlosigkeit, zeichnet sich also gerade durch ein *posse non peccare* aus.

Luther hätte die Vorstellung eines sündenfreien Lebens rundweg abgelehnt. Aber auch der wesleyanischen Hervorhebung der *heiligenden* Gnade wäre von ihm so nicht zugestimmt worden. Bei Luther lag der Akzent vielmehr auf der *rechtfertigenden* Gnade. Das liegt auch daran, dass bei Luther im Unterschied zu Wesley ein „exzentrisches Personverständnis"[124] vorausgesetzt ist. Der gerechtfertigte Mensch erscheint so nicht selbst als das Subjekt, sondern umgekehrt ist Christus das Subjekt, in dessen Sein der Gläubige hineingenommen ist. Genau diese Figur tritt auch in der Argumentation Zinzendorfs im wiedergegebenen Dialog mit Wesley zu tage.

Die Diskrepanzen in der Lehre von der Vollkommenheit sind von den genannten theologischen Positionierungen geprägt. Bei allen Gemeinsamkeiten differieren die gesetzten Schwerpunkte punktuell erheblich. Der bei Luther immer im Schatten des rechtfertigungstheologischen Zuspruchs stehende Gedanke der fortwährenden Heiligung als Aufgabe des Gläubigen wird bei Wesley zum Zentralpunkt seines theologischen Systems. Daher rückt der Begriff der Vollkommenheit als Zielpunkt der Heiligung folgerichtig in das Zentrum seiner Theologie und Verkündigung. Während Luther von Vollkommenheit entweder als bereits geschenkter (Schon-Jetzt) oder noch zu erreichender (Noch-Nicht) sprechen konnte, wird der Begriff von Wesley lediglich in seinem zweiten, also futurischen Sinne entfaltet. Inhaltliche Profilierung sowie die systematisch-theologische Bedeutung unterscheiden sich daher sehr grundsätzlich. Die Heftigkeit, die Wesley Luther entgegen bringen konnte – man erinnere sich an seine Äußerungen zum Galaterkommentar – wäre umgekehrt von jenem, hätte er ihn je getroffen oder gelesen, möglicherweise erwidert worden.

Die Formulierung, Wesleys Vollkommenheitslehre als einen *Kontrapunkt zu den Gedanken Luthers* zu betrachten, bringt daher in etwas harmonischerer Weise diesen Befund zum Ausdruck. Wesley scheint mit Blick auf den Vollkommenheitsbegriff in der Geschichte des Protestantismus tatsächlich so etwas wie die Gegenbewegung zum großen Reformator zu sein.

---

[124] WILFRIED JOEST, Ontologie der Person bei Luther, Göttingen 1967, 269.

3.5 Systematische Überlegungen zur Vollkommenheitsambivalenz

In der Einleitung wurde Vollkommenheitsambivalenz als ein potentielles Neben- und Übereinander motivierender sowie selbstabwertender Erfahrungen beschrieben. Beides kann nacheinander oder gleichzeitig durch den Blick auf das Ideal ausgelöst werden, in dem sich das Subjekt als bessere Version seiner selbst erkennt (vgl. Einleitung 2.).

Wesley hat nun wie wenige andere dieses Ideal nicht nur als den Kern seiner eigenen und der sich daraus entwickelnden methodistischen Theologie herausgestellt, sondern eine Annäherung und zunehmende Verwirklichung dieses Gegenbildes für den Gläubigen zur heiligen Pflicht erklärt. Durch diese heiligungstheologische Hervorhebung eines vollkommenen bzw. vollkommen heiligen, d. h. sündenfreien Lebens in Theorie als auch Verkündigung werden bei Wesley auch die ambivalenten Implikationen eines solchen Ansatzes besonders deutlich erkennbar. In positiver Hinsicht werden dabei enorme Entfaltungs- und Hoffnungs*potentiale* stimuliert, die sich nicht nur als individuelles, sondern auch als gesellschaftliches Engagement niederschlagen können. In negativer Hinsicht birgt ein so steiler Vollkommenheitsbegriff die *Gefahren* in sich, dass sich das (gläubige) Subjekt als gestresst, überfordert und in seinem gegenwärtigen (möglicherweise unheiligen) Sein als erheblich abgewertet erfährt.

Diese *verschärfte* Vollkommenheitsambivalenz wird natürlich vor allem durch die Einforderung menschlicher Kooperation getragen. Indem, wie oben dargestellt, Wesley nicht nur von einer heiligungspraktischen Kooperationsfähigkeit, sondern -pflicht ausgeht, trägt der einzelne Gläubige eine erhebliche Verantwortung dafür. Die konkrete soziale Organisation dieses Prozesses in *Banden* und *Klassen*, in denen man sich gegenseitig nicht nur rechenschaftspflichtig war, sondern auch ausdrücklich ermahnen sollte, lässt die ambivalente Intensität des kollektiven Heiligungsstrebens deutlich werden. Dass sich in einem solchen Prozess schnell asketische Selbstdisziplinierung, rigorose Leidenschafts- und Lustkontrolle und ein gesetzliches Denken einstellen können, kann kaum überraschen. In gewisser Weise entspricht es – man denke an Wesleys positive Würdigung des Gesetzes – sogar gerade der ursprünglichen Intention. Der dem modernen Menschen häufig nachgesagte *Hang zum Machbarkeitswahn* wird zumindest aus einer lutherischen Perspektive auch schon bei Wesley und seinen Anhängern sichtbar. Einerseits wird durch die beschriebene vervollkommnungspraktische Pflicht die menschliche Fähigkeit, frei und selbstverantwortlich zu entscheiden gewürdigt. Andererseits drohen dadurch Muster der Überlastung, wie sie häufig auch in gegenwärtigen Selbstoptimierungsdiskursen problematisiert werden (vgl. II.3).

Daher sei noch einmal an Luther erinnert. Während sich bei diesem „der in die Tat übergehende Glaube immer wieder gleichsam selbst in den Rücken"[125]

---
[125] Barth, Pietismus, 152.

fällt – um die Formulierung von Ulrich Barth aufzunehmen – und stattdessen letztlich immer wieder Halt in der *sola gratia* geschenkten Annahme des Sünders sucht, droht bei Wesley diese Sicherheit gerade zu entgleiten. Zwar wird auch von ihm immer wieder an die unendliche Vergebungsbereitschaft Gottes erinnert. Aber eine Formulierung wie die bereits genannte – „Gott wirkt in dir, deshalb *musst* du arbeiten [...], andernfalls wird er aufhören zu wirken"[126] – bringt dem gegenüber auch einen anderen Akzent zum Tragen, der den Fokus vor allem auf die Performance des einzelnen Subjekts lenkt.

Bei Wesley fällt sich daher der in die heiligungsmotivierte Tat übergehende Glaube nicht selbst in den Rücken, wie das Barth bei Luther konstatiert, sondern treibt sich vielmehr so engagiert nach vorn, dass er entweder zu Höchstleistungen aktiviert – oder aber zu Fall bringt.

---

[126] WESLEY, Salvation, 208, Hervorhebung C.S.

4. Glück in der schönen Ordnung Gottes – Vollkommenheit bei Johann J. Spalding

4.1 Hinführung und Forschungsstand

> „Ein innres mächtiges Gefühl
> Verkündigt mir ein höher Ziel;
> Dieß Sehnen nach Vollkommenheit
> Ist sichrer Ruf zur Ewigkeit.
>
> Dich, Höchster, hab' ich hier erkannt,
> Voll Liebe: Vater, Dich genannt;
> In dieser Seelenwürde liegt
> Ein Hoffnungsgrund, der nimmer trügt.
>
> Wohl uns, daß Jesu Unterricht
> So trostreich hievon zu uns spricht!
> Wie herrlich wird der Menschheit Werth
> Durch diese Aussicht aufgeklärt!"[1]

Im Folgenden soll der Gedanke menschlicher Perfektibilität in der Neologie nachgezeichnet werden. Das Ideal individueller Vollkommenheit ließe sich dabei in dieser zum Neuprotestantismus durchbrechenden Transformationsphase[2] selbstverständlich an einer Vielzahl von Beispielen herausarbeiten. Dabei kämen die feinen Differenzierungen hinsichtlich inhaltlicher Füllung und Funktion des Begriffs zur Geltung. Ein solcher Überblick wäre mit Sicherheit lohnend, kann hier aber nicht geleistet werden. Daher soll, wie angekündigt, exemplarisch das Denken eines klassischen Vertreters der Aufklärungstheologie vorgestellt werden.

Dafür eignet sich Johann Joachim Spalding (1714–1804) in besonderer Weise. Sein 1748 erstmals publiziertes und bis 1794 in insgesamt elf Auflagen überarbeitetes und nachgedrucktes Hauptwerk *Betrachtung über die Bestimmung des Menschen* gilt als eine der populärsten theologischen Schriften des 18. Jahrhunderts und damit des Protestantismus überhaupt. Als einer der meistgelesenen Theologen seiner Zeit, aber nicht nur publizistisch, sondern auch kirchenpoli-

---

[1] JOHANN JOACHIM SPALDING, Kleinere Schriften 2: Briefe an Gleim. Lebensbeschreibung. Kritische Ausgabe I/6-2, Tübingen 2002, 111.
[2] Vgl. dazu TROELTSCH, KGA 7, 474ff.

tisch einflussreicher Berliner Probst und Oberkonsistorialrat – und damit oberstem geistlichen Repräsentanten des preußischen Luthertums –, darf er mit Recht als einer, wenn nicht als *der* Hauptvertreter der Neologie neben Johann Salomo Semler gelten. Die ihm angehefteten Epitheta, er sei die „Kulminationsgestalt"[3] seiner Epoche oder gar der „König der Neologen"[4], zumindest aber „das Haupt der *praktisch-kirchlich* gerichteten Neologie"[5] sind ihrerseits Ausdruck dieser Einschätzung.

Da der – so Fichte – „ehrwürdige Vater Spalding"[6] ein eher schmales Œuvre hinterlassen hat,[7] sind für die Herausarbeitung seines Vollkommenheitsbegriffs auch nur wenige Schriften Gegenstand der Untersuchung. Neben dem – schon vom Titel her einschlägigen – genannten Hauptwerk, sind das Über die Nutzbarkeit des Predigtamtes und deren Beförderung (1772) und sein Spätwerk *Religion, eine Angelegenheit des Menschen* (1797). Einige Predigten werden immer wieder ergänzend hinzugezogen.

Einen Hinweis darauf, dass der Vollkommenheitsbegriff bei Spalding nicht Randnotiz, sondern theologischer Zentralbegriff ist, liefert bereits das oben auszugsweise zitierte Lied, das aus Spaldings eigener Feder stammt und das auf dessen Wunsch zu seiner eigenen Beerdigung von der Trauergemeinde gesungen wurde. Man kann entsprechend davon ausgehen, dass Spalding darin zentrale Inhalte seines Glaubens ausgesprochen sah.

Jenes „innere mächtige Gefühl", in dem ein „Sehnen nach Vollkommenheit" erwacht, dürfte daher einen wesentlichen emotionalen Aspekt seines Glaubens widerspiegeln. Indem die Vollkommenheitssehnsucht in der vierten Zeile der ersten Strophe als „Ruf zur Ewigkeit" näherbestimmt ist, wird dieses Gefühl als ein transzendierendes, religiöses Gefühl durchsichtig. Da die „Sehnsucht zur Vollkommenheit" von dem lyrischen Ich zugleich als „Ruf" verstanden wird, ist sie Ausdruck des in-Beziehung-Seins mit der „Ewigkeit" selbst, die in der zweiten Strophe personifiziert als „Dich, Höchster und Vater" apostrophiert wird. Diese Beziehung, die noch dazu als eine Beziehung der „Liebe" beschrieben wird, ist ihrerseits nicht nur ein steter „Hoffnungsgrund", sondern zugleich das Fundament der eigenen „Seelenwürde" und in der Aussicht auf Vereinigung resp. im Erreichen von „Ewigkeit" und „Vollkommenheit" auch Aufklärung über der „Menschheit Werth" und damit natürlich des frommen Selbstbewusstseins selbst. „Jesu Unterricht" wird dabei als „trostreiche" und nährende Unterweisung dieser

---

[3] Albrecht Beutel in der Einleitung zu: JOHANN JOACHIM SPALDING, Die Bestimmung des Menschen. Kritische Ausgabe I/1, Tübingen 2006, XXI.

[4] WOLFGANG PHILIPP, Das Zeitalter der Aufklärung, Bremen 1963, 174.

[5] HIRSCH, Geschichte IV, 30.

[6] JOHANN GOTTLIEB FICHTE, Gesamtausgabe. Supplement zu Nachgelassene Schriften 4, Stuttgart-Bad Cannstatt 1977, 306.

[7] Neben fünf größeren Schriften zählen eine Vielzahl kleinerer Essays und Erbauungsschriften dazu, sowie seine häufig auch veröffentlichten Predigten und insgesamt sieben Übersetzungen, vgl. ULRICH DREESMAN, Aufklärung der Religion. Die Religionstheologie Johann Joachim Spaldings, Stuttgart 2008, 30.

„Aussicht" dankbar angenommen und wertgeschätzt – unterstrichen auch durch das einzige Ausrufezeichen in diesen drei Strophen.

Damit bekommt man bereits in dieser lyrischen Form Spalding'scher Theologie einen ersten Einblick in die existenzbestimmende, Glaubens- und Lebenssinn prägende Bedeutung der Suche nach Vollkommenheit, die als eine Grund*sehnsucht* zum Ausdruck kommt

Gleichzeitig brechen schon hier erste Rückfragen an Spalding auf, die im Folgenden zumindest ein Stück weit zu klären sind. Zunächst: Versteht Spalding dieses beschriebene Gefühl nur als Ausdruck seines individuellen Empfindens, oder spricht sich darin eine anthropologische Grundsehnsucht aus? Führt, zweitens, diese Vollkommenheitssehnsucht zwangsläufig zur Ewigkeit und dem göttlichen Höchsten oder kann sie sich auch auf andere, bedingte Ziele hin orientieren, möglicherweise auch dahingehend degenerieren? Und was sind, drittens, die Mittel und Wege, dieses Ziel zu erreichen, resp. was ist der Beitrag, den *Jesu Unterricht* dazu leistet?

Die Untersuchung dieser und weitergehender Fragen kann an einen insgesamt aktuellen und ausdifferenzierten Forschungsstand anknüpfen. In jüngerer Zeit sind eine ganze Reihe von Publikationen zu Spaldings Theologie erschienen, sodass von einer regelrechten Spalding-Renaissance gesprochen werden kann. Galt die Aufklärungstheologie noch vor etwa 30 Jahren als das „Stiefkind der [...] Kirchengeschichtsschreibung"[8], so sieht es inzwischen deutlich erfreulicher aus. Spaldings Gesamtwerk wurde innerhalb der letzten zwei Jahrzehnte von Albrecht Beutel neu herausgegeben und liegt inzwischen als vorzügliche *Kritische Ausgabe* mit erhellenden Einleitungen, weiterführenden Erläuterungen und hilfreichen Registern vollständig ediert vor.

Beutel ist darüber hinaus ausgewiesener Spaldingkenner und hat sich in verschiedenen Publikationen nicht nur mit der *Aufklärung in Deutschland*[9] insgesamt auseinandergesetzt, sondern wiederholt auch Leben und Werk Spaldings untersucht.[10]

---

[8] HARALD SCHULTZE, Evangelische Frauen in der deutschen Aufklärung. Desiderate kirchengeschichtlicher Forschung, in: BThZ 8 (1991), 59–75, hier 61.
[9] BEUTEL, Aufklärung in Deutschland.
[10] Z. B.: ALBRECHT BEUTEL, Aufklärer höherer Ordnung? Die Bestimmung der Religion bei Schleiermacher (1799) und Spalding (1797), in: ZThK 96 (1999), 351–383; DERS., Popularttheologie und Kirchenreform im Zeitalter der Aufklärung, in: PETER WALTER/MARTIN H. JUNG (Hrsg.), Theologen des 17. und 18. Jahrhunderts. Konfessionelles Zeitalter – Pietismus – Aufklärung, Darmstadt 2003, 226–243; DERS., Elastische Identität. Die aufklärerische Aktualisierung reformatorischer Basisimpulse bei Johann Joachim Spalding, in: ZThK 111 (2014) 1, 1–27; nach Georg Raatz lassen sich dabei in den Arbeiten Beutels zu Spalding zwei hauptsächlich leitende Forschungsperspektiven erkennen: a) der Vergleich Spaldings mit anderen klassischen neuprotestantischen Konzepten sowie theologische Debatten mit berühmten Zeitgenossen und b) die Analyse von Spaldings Predigten unter frömmigkeits- und homiletikgeschichtlicher Betrachtungsweise, vgl. GEORG RAATZ, Aufklärung als Selbstdeutung. Eine genetisch-systemati-

Ausführlich analysiert wurde die Theologie Spaldings außerdem in der 2008 erschienenen Monografie von Johann Hinrich Claussen unter dem Titel *Glück und Gegenglück. Philosophische und theologische Studien zu einem alltäglichen Begriff*[11]. Darin wird Spalding als ein prominenter Glückstheoretiker des 18. Jahrhunderts gewürdigt und mit anderen einschlägigen Geistesgrößen von Aristoteles über Augustin, Meister Eckhart und Martin Luther bis Immanuel Kant hinsichtlich ihrer Glückskonzeptionen ins Verhältnis gesetzt.

Ebenfalls 2008 erschien unter dem Titel *Aufklärung der Religion. Die Religionstheologie Johann Joachim Spaldings* eine Monografie von Ulrich Dreesmann, der sich aus praktisch-theologischer Perspektive, aber mit dem Interesse, „Spaldings Beitrag zum aufklärerischen Diskurs über Religion historisch auszuloten und systematisch zu konstruieren"[12], Spaldings Religionsbegriff zuwendet.

Noch etwas jüngeren Datums ist die Untersuchung Caroline Tippmanns mit dem Titel *Die Bestimmung des Menschen bei Johann Joachim Spalding*[13] aus dem Jahr 2011. Die darin unternommene Analyse der verschiedenen Auflagen von Spaldings Jugendschrift nimmt, wie der Titel verrät, insbesondere dessen Bestimmungsbegriff unter die Lupe.

Die jüngste einschlägige Monografie stammt aus der Feder von Georg Raatz und erschien 2014 unter dem Titel *Aufklärung als Selbstdeutung. Eine genetisch-systematische Rekonstruktion von Johann Joachim Spaldings „Bestimmung des Menschen" (1748)*. Raatz stellt in seiner Analyse das genannte Werk als eine Programmschrift der Anthropologischen Wende im 18. Jahrhundert mit weit darüber hinausgehender paradigmatischer Bedeutung vor, das sich durch die darin vorausgesetzten Anthropologisierungs-, Ethisierungs- und Subjektivierungsentwicklungen als Wegweiser einer modernekompatiblen Theologie erweise,[14] wobei er insbesondere mit dem Einfluss Shaftesburys auf Spalding die vielschichtigen Abhängigkeiten vom englischen Deismus aufzeigt.

Auch jenseits der Theologie hat Spalding in den letzten 35 Jahren Aufmerksamkeit erfahren. Zu nennen sind vor allem die Fachphilosophie und die Germanistik bzw. Literaturwissenschaft, in denen eine Auseinandersetzung mit Spalding stattgefunden hat.[15]

Dass die genannten Arbeiten, insbesondere jene auf die Bestimmungsschrift fokussierten, den Vollkommenheitsbegriff zumindest immer wieder streifen, wird angesichts der gleich darzustellenden zentralen Bedeutung des Begriffs kaum überraschen. Explizite Studien dazu sind hingegen bisher Mangelware. Einige

---

sche Rekonstruktion von Johann Joachim Spaldings „Bestimmung des Menschen" (1748), Tübingen 2014, 21.

[11] CLAUSSEN, Glück, 275–325.
[12] DREESMAN, Aufklärung der Religion, 51.
[13] CAROLINE TIPPMANN, Die Bestimmung des Menschen bei Johann Joachim Spalding, Leipzig 2011.
[14] Vgl. RAATZ, Aufklärung, 7.
[15] Vgl. a. a. O., 9f.

kurze Bemerkungen dazu finden sich in der Rezeptionsskizze zu Leibniz' Vollkommenheitskonzeption von Stefan Lorenz, in der er neben Lessing, Schiller und Goethe auch auf Spalding eingeht.[16] Abgesehen davon gibt es jedoch keine einschlägigen Arbeiten, sodass in dieser vorliegenden Untersuchung Spaldings Theologie aus einem neuen, hoffentlich aufschlussreichen Blickwinkel betrachtet wird.

Nachfolgend wird nun zunächst Inhalt und Funktion des Vollkommenheitsbegriffs in Spaldings System bestimmt, wobei eine enge Orientierung an der Bestimmungsschrift leitend ist (4.2). Anschließend soll Spaldings besondere Profilierung des Vollkommenheitsbegriffs noch einmal pointiert herausgestellt und historisch eingeordnet werden (4.3). In einem weiteren Schritt soll der herausgearbeitete Spalding'sche Vollkommenheitsbegriff mit der bereits in Kapitel I.1 dargestellten Begriffscharakteristik Martin Luthers verglichen werden (4.4). Abschließen werden auch dieses Kapitel einige systematische Überlegungen zur Vollkommenheitsambivalenz im theologischen Werk Spaldings (4.5).

4.2 Rekonstruktion des Vollkommenheitsbegriffs in Spaldings Bestimmungsschrift

In seiner *Betrachtung über die Bestimmung des Menschen*, die in ihrer ursprünglichen Fassung gerade einmal 26 Seiten umfasst, mit den Überarbeitungen und Neuauflagen aber zunehmend an Umfang gewann und deren Titel von Spalding ab der siebenten Auflage auf *Die Bestimmung des Menschen* verkürzt wurde, formuliert der Verfasser anfangs das Ziel, die „ernsthafteste Ueberlegung" darauf zu richten „worauf mein eigentlicher Wehrt und die ganze Verfassung meines Lebens ankömmt"[17]. Vorangestellt ist dieser „Untersuchung"[18] ein programmatisches Zitat aus den Satiren des römischen Dichters Persius: „Quid sumus? et quidnam victuri gignimur?"[19] – Was sind wir und zu welcher Art Leben geboren?

Die Frage nach Bestimmung und Zweck menschlicher Existenz geht für Spalding, wie für andere Theologen der Neologie, einher mit der Suche nach Glückseligkeit: „Als Ausgangspunkt wählt Spalding – in Einklang mit der Anthropologie Wolffs, Shaftesburys und der gesamten humanistischen Tradition seit der Antike – das natürliche Glücksstreben des Menschen"[20]. Als eine Theologie, die von

---

[16] Vgl. STEFAN LORENZ, Leibniz als Denker der Vollkommenheit und der Vervollkommnung. Mit Hinweisen zur Rezeption, in: KONSTANZE BARON/CHRISTIAN SOBOTH (Hrsg.), Perfektionismus und Perfektibilität. Streben nach Vollkommenheit in Aufklärung und Pietismus, Hamburg 2018, 75–98, hier 90f.
[17] SPALDING, KA I/1, 42,16–19.
[18] A.a.O., 44,14.
[19] A.a.O., 42,1.
[20] ULRICH BARTH, Mündige Religion – selbstdenkendes Christentum. Deismus und Neologie in wissenssoziologischer Perspektive, in: ULRICH BARTH (Hrsg.), Aufgeklärter Protestantismus, Tübingen 2004, 201–224, hier 222.

der Suche nach Glück geleitet ist – übrigens einem „Schlüsselbegriff des Zeitalters"[21] – nimmt die Neologie in der Geschichte des Protestantismus eine Sonderrolle ein. Sie ist bisher die einzige Phase der evangelischen Theologie- und Frömmigkeitsgeschichte, in deren Zentrum des Denkens der Glücksbegriff stand.[22]

Spalding beginnt seine Betrachtung mit dem traditionsreichen Bild des stürmischen Meeres[23], in das der Mensch geworfen ist. Diesem metaphorischen Zustand existentieller Unruhe und Orientierungslosigkeit stellt Spalding die Perspektive eines geschützten Hafens der „Gewißheit und Ruhe"[24] gegenüber. Dieser Friedensort wird erreicht, wenn „ein System des Lebens bey sich feste"[25] gesetzt wird, an das man sich „zu allen Zeiten halten"[26] kann. Dafür muss ein Ziel bestimmt werden, in dem die fragmentarischen Bedürfnisse und Erfahrungen zu einer Einheit zusammenfließen. Das so explizierte *telos*, als elementarem Bezugspunkt des ganzen *Systems*, bildet dann die Grundlage, auf der der Weg des Menschen gelingen und in innerer Ruhe beschritten werden kann.

Der Mensch steht im Blick auf ein solches System vor verschiedenen Möglichkeiten. Die irdische Zeit des Menschen kann, so das literarische Ich, nach „ganz verschiedenen Grundregeln"[27] zugebracht werden. Jeder Mensch ist also in der Pflicht und in der Not, zu wählen, nach welchen Grundregeln er sein Leben gestalten will. Insofern ist es „der Mühe werth, zu wissen, warum ich da bin, und was ich vernünftiger Weise sein soll"[28].

Die fünf Abschnitte der Schrift – *Sinnlichkeit, Vergnügen des Geistes, Tugend, Religion* und *Unsterblichkeit* – die von Spalding erst ab der siebenten Auflage auch als solche explizit durch Überschriften gekennzeichnet wurden, markieren dabei verschiedene Lebensperspektiven, denen sich das Ich in seiner Betrachtung zu-

---

[21] FRANK GRUNERT, Die Objektivität des Glücks. Aspekte der Eudämonismusdiskussion in der deutschen Aufklärung, in: FRANK GRUNERT/FRIEDRICH VOLLHARDT (Hrsg.), Aufklärung als praktische Philosophie, Tübingen 1998, 351–368, hier 352.

[22] Vgl. CLAUSSEN, Glück, 275.

[23] Das Bild des Menschen inmitten des Meeres auf der Suche nach dem sicheren Hafen wurde auch schon in der griechischen Antike verschiedentlich verwendet und theologiegeschichtlich prominent von Augustinus zu Beginn von De beata vita aufgegriffen: „Führte zum Hafen der Philosophie, durch den man Zugang hat zum Festland des Glücks, ein von Vernunft bestimmter Kurs und reiner Wille, ich weiß nicht, ob ich dann ohne weiteres sagen dürfte, daß weit weniger Menschen dort ankämen, gelangen doch auch jetzt, wie wir sehen, nur ganz wenige ans Ziel. Hat uns aber Gott oder Natur, Notwendigkeit oder Neigung, etwas davon miteinander oder alles zugleich [...] in diese Welt wie in ein stürmisches Meer geworfen [...], wie wenige könnten da erkennen, woran sie sich halten und auf welchem Wege sie zurückkehren müssen.", AUG., beat. vit., I.1, Übersetzung in: AUGUSTINUS, De beata vita. Über das Glück, Deutsch-Lateinische Ausgabe, Übersetzung von Ingeborg Schwarz-Kirchenbauer und Willi Schwarz, Stuttgart 2011, 5.

[24] SPALDING, KA I/1, 40,22.

[25] A.a.O., 40,17.

[26] A.a.O. (9.–11. Auflage), 40,18.

[27] A.a.O., 42,4.

[28] A.a.O., 44,1f.

wendet. In der Form einer Art Selbstgespräch werden dabei in einem *vernunft*geleiteten und *erfahrungs*basierten Gedankengang die jeweiligen Lebensaspekte selbstreflexiv geschaut, geordnet und gestuft, sodass sich nach und nach ein höchstes Grundideal herauskristallisiert.[29] Die Abschnitte der Untersuchung beschreiben insofern Möglichkeiten des lebenspraktischen Fortschritts: Möglichkeitsstufen der Verwirklichung dessen, was als das wahrhaft Menschliche bestimmt wird. Das bedeutet jedoch nicht, dass sich die einzelnen Dimensionen als Alternativen verschiedener Lebensentwürfe gegenüberstehen. Das Ich schreitet vielmehr die vorherigen Stufen integrierend weiter nach oben und ordnet sie in das entstehende Gesamtsystem ein.[30]

Vernunft – als der „edelste[] Vorzug[] der Menschheit"[31] und „Erfahrung"[32] rekurrieren dabei immer auf die *wahre und „ganze Natur"*[33] des Menschen, die er entweder „unterdrücken"[34] oder aber entfalten kann. Die Argumentation appelliert insofern beständig an den Nachvollzug des Lesers, der die Betrachtungen des literarischen Ichs selbstreflexiv und biografisch prüfen, bestätigen und danach lebenspraktisch beherzigen soll. Spaldings Projekt lässt sich insofern als eine Selbstaufklärung des Menschen beschreiben, die zu gesteigerten Einsichten der Selbsttransparenz im Blick auf das eigene Wesen und die eigene Natur führen soll.

Den Gang entlang der diversen Facetten menschlicher Existenz beginnt Spalding im ersten Abschnitt mit der Betrachtung *sinnlicher Genüsse*. Diese werden zwar als etwas temporär Erfreuliches, potentiell aber auch Gefährliches, zudem immer zeitlich Bedingtes und daher letztlich Ungenügendes qualifiziert. Die glei-

---

[29] In der Begründung der natürlichen Anlage des Menschen zu einem tugendhaften Leben, das notwendig auch das Glück des Mitmenschen umfasst, appelliert Spalding zunächst auf die in innerer Selbstschau nachvollzogene Zustimmung des Lesers. Sollten die Bedürfnisse dort aber nicht nachvollzogen werden, so rekurriert Spalding als zweiter Instanz auf die „Erfahrung" (DERS., Die Bestimmung des Menschen (7.–11. Auflage). Kritische Ausgabe I/1, Tübingen 2006, 87,1,) aus der sein Beweisziel ersichtlich werden soll, vgl. a. a. O., 85,33–87,5; an anderen Stellen begründet er seinen Gedankengang durch den Verweis auf die Vernunft, die aus der sinnlich verursachten „Benebelung" herauszuführen vermag, z. B. DERS., KA I/1, 6,12.

[30] Als ein Beispiel sei exemplarisch folgende Äußerungen über die sinnlichen Freuden aus dem Religionskapitel zitiert: „Selbst die ganze sinnliche Natur liegt noch vor mir ausgebreitet mich zu erfreuen; und meine Erhebung zu jenem ewigen Urbilde des Schönen hindert mich nicht, auch das niedrigere Schöne der Körperwelt, gleichsam den Schatten von ihm, in dem Maaße zu genießen, als es mich an den besseren Befriedigungen nicht hindert. Ich werde freylich nicht mit angestrengter Begierde an den hinreißenden Bewegungen der Sinnlichkeit haften müssen; ich werde nicht daran arbeiten müssen, die Empfindung von dieser, vermittelst einer vorsetzlichen Verdunkelung des vernünftigen nachdenkenden Urtheils, so klar und durchdringen zu machen, als sie immer werden kann. Dieß würde mir die unvermeidliche Gefahr zuziehen, in die völlige Knechtschaft der sinnlichen Eindrücke zu gerathen, und alles Geschmacks an edleren Gegenständen beraubt zu werden.", DERS., KA I/1 (7.–11. Auflage), 137,21–139,4.

[31] A. a. O., 73,6f.
[32] Z. B. a. a. O., 87,1.
[33] DERS., KA I/1, 98,25.
[34] A. a. O., 106,3.

che Ambivalenz wird auch dem *Vergnügen des Geistes*[35] attestiert, bei allen „Vorzüge[n] und Kräfte[n] des Geistes"[36] gegenüber dem bloß sinnlichen Vergnügen. Zudem werden beide Arten des Vergnügens als durch und durch selbstzentriert problematisiert. Rhetorisch fragt Spalding entsprechend am Ende des zweiten Abschnitts, ob es denn jenseits dieser selbstbezüglichen Freuden „keine andere natürliche Begierde in meiner Seele, als meinen Nutzen, meine eigene Vollkommenheit"[37] gebe.

Eine zentrale Stellung im Blick auf Spaldings ganzen Entwurf der menschlichen Bestimmung nimmt – diese rhetorische Frage beantwortend – der Begriff der *Tugend* ein, mit dessen Einführung im dritten Abschnitt auch der Begriff der Vollkommenheit als Möglichkeit menschlichen Lebens stärker in den Fokus rückt.

Nach Spalding eignet dem Menschen eine tugendhafte Disposition, durch die er von Natur aus auf das hin orientiert ist, was als „edel und schön"[38] bezeichnet werden kann. Die Anlage der Tugend beschreibt Spalding als „Empfindungen der Güte und der Ordnung [...], ursprüngliche und unabhängige Triebe meiner Sele zu dem, was sich schickt, zu dem, was anständig, großmüthig und billig ist, zu der Schönheit, Uebereinstimmung und Vollkommenheit überhaupt"[39].

Dabei ist auf dieser Stufe kennzeichnend, dass kein der schlichten Eigenliebe verpflichtetes Egoprogramm anvisiert ist. Gerade im Gegenteil werden Sozialität und das Glück des Mitmenschen als integraler Bestandteil humaner Selbstentfaltung herausgestellt und die im Vergleich zu sinnlichen und geistigen Genüssen dauerhafteren Glücksgewinne hervorgehoben:

> So ist es mir doch nun aus der Erfahrung offenbar, daß die wirklich vorhandenen Anlagen der menschlichen Natur, die zu einer größern Vollkommenheit entwickelt werden können, dieser Entwicklung, ordentlicher Weise, nie ohne Gesellschaft und Umgang würden theilhaftig geworden sein [...] Ich fühle es, daß ich, bey dem unläugbaren Streben meiner Natur nach größerer Vollkommenheit, mir selbst nicht genug bin, sondern dazu auch fremder Hülfe bedarf.[40]

Das „unläugbare[] Streben meiner Natur nach größerer Vollkommenheit", das bereits oben im eingangs betrachteten Gedicht begegnet ist, wird damit in der Bestimmungsschrift als allgemein-anthropologisch gesetzt qualifiziert. Dieses Streben impliziert einen konstitutiv sozialen Bezug, sodass der Prozess der Selbstvervollkommnung nur mit, durch und am anderen gedacht werden kann. Das Glück des Einzelnen – so die zugrundeliegende These – kann sich dauerhaft niemals nur in der Erfüllung eigener Interessen und Bedürfnisse einstellen, sondern entsteht in der Verwirklichung tugendhaften Handelns dort, wo der Mensch sich „selbst sagen kann: ich thue das, was ich thun soll; ich bin das, was ich seyn

---

[35] Ders., KA I/1 (7.–11. Auflage), 65,1.
[36] Ders., KA I/1, 62,12f.
[37] Ders., KA I/1 (7.–11. Auflage), 73,3–5.
[38] Ders., KA I/1, 96,13.
[39] A.a.O., 80,18–26.
[40] Ders., KA I/1 (7.–11. Auflage), 85,35–87,5.20–23.

soll"[41]. Glück resultiert also auch aus gelebter Normativität, die den Anderen notwendig mit umfasst.[42]

Diesen Gedanken hat Spalding auch an anderen Stellen mehrfach deutlich gemacht. Ergänzend soll hier auf seine Schrift *Ueber die Nutzbarkeit des Predigtamtes und deren Beförderung* (1772) verwiesen werden, in der er diesen Gedanken aufgreift und sowohl das wechselseitige Verhältnis zwischen „Tugend"[43] und „innerlichem Glücke"[44] als auch das Ziel der „Verbesserung"[45] hin zur „Vollkommenheit unsers Wesens"[46] beschreibt:

> Es ist nämlich die Einrichtung Gottes in unserer Natur, daß dasjenige, was wir rechtmäßige, tugendhafte Gesinnung nennen, so wohl in dem unmittelbaren Bewußtseyn, als auch in seinen Folgen, an und für sich allemal etwas angenehmes bey sich führet, daß es eine Art von Verbesserung, Erhöhung und grösserer Vollkommenheit unsers Wesens schafft; und diese Verbindung zwischen Tugend und innerlichem Glücke, als Ursache und Wirkung, bleibt so lange, als wir Menschen bleiben.[47]

Wie in diesem Zitat bereits deutlich wird, sieht Spalding den Menschen dabei – ganz im Geist der Aufklärungsphilosophie – in einem Entwicklungs- und Entfaltungsprozess, den es zu formen, zu gestalten und auf literarischem Weg auch vorzuzeichnen gilt. Auch diese Idee eines fortwährenden Wachstums kann als eine Art Leitgedanke gelten, der bereits die Bestimmungsschrift maßgeblich prägt. Stellt man die Frage, was den Einzelnen an einem solchen Wachstumsprozess hindert, dann stößt man immer wieder auf schädliche Einflüsse von außen, insbesondere aber auch menschliche *Leidenschaften* und eine „träge weichliche Sinnlichkeit"[48] aus dessen Innerem heraus, die die Vernunft des Menschen vernebeln und das Individuum so von seinem eigentlichen Lebensweg weglenken. Das Subjekt findet sich also stets in einem Kampf zwischen der Vernunft und seinen Leidenschaften. Dazu sei als Beispiel ein Zitat aus seinem Alterswerk, *Religion, eine Angelegenheit des Menschen*[49], genannt:

---

[41] DERS., KA I/1, 124,9–126,1.

[42] Im 20. Jahrhundert hat den Gedanken des Menschen als eines Beziehungswesens prominent Martin Buber ausformuliert. Spaldings hier vorgestellte anthropologische Annahme, dass das Ich immer nur in der Beziehung zu anderen, in Bubers Sprache zu einem „Du", gedacht werden kann und der individuelle Entfaltungsprozess ohne diese Dimension der Sozialität gar nicht vorstellbar ist: „Ich werde am Du; Ich werdend spreche ich Du. Alles wirkliche Leben ist Begegnung.", MARTIN BUBER, Ich und Du, Stuttgart 1995, 12.

[43] JOHANN JOACHIM SPALDING, Ueber die Nutzbarkeit des Predigtamtes und deren Beförderung. Kritische Ausgabe I/3, Tübingen 2002a, 127,10.

[44] A.a.O., 127,10f.

[45] A.a.O., 127,8.

[46] A.a.O., 127,9.

[47] A.a.O., 127,3–12.

[48] DERS., KA I/1 (7.–11. Auflage), 91.

[49] In der 1797 in Leipzig erschienenen Schrift, die trotz ihrer Anonymität schnell dem Autor zugeordnet werden konnte, entfaltet Spalding nicht nur sein persönliches theologisches „Testament"(JULIUS AUGUST WAGENMANN u. KARL RUDOLF HAGENBACH, Art. Spalding, Jo-

Unter dem Schutze und der Leitung eines heiligen innerlichen Gesetzes findet sich dann gewissermaaßen der Mensch aus den Nebeln und Stürmen unwürdiger Leidenschaften, die seine Vernunft verunehren, in eine reine Luft versetzt; sieht da die Wahrheit, die für ihn gehöret, wie sie ist; wird sich der edleren Anlagen klärer bewußt, nach welchen er das werden kann, was er seyn soll; fühlet sich, durch die hellesten und herrlichsten Aussichten gedrungen, zu diesem Ziele immer weiter hinzustreben und so sich, durch Verähnlichung, dem hohen Ursprunge mehr und mehr zu nähern, dem er jene Anlagen und Kräfte allein zu danken hat.[50]

Dieser Weg der Vervollkommnung ist nun allerdings als ein in diesem Leben unabschließbarer Aufstieg gedacht. Die Perspektive reicht stattdessen über die Grenze des Todes hinaus. „Ich spüre Fähigkeiten in mir, die eines Wachsthums ins Unendliche fähig sind,"[51] ruft das Ich der Bestimmungsschrift regelrecht enthusiastisch aus und öffnet damit eine Entwicklungsperspektive „zu einer größern Vollkommenheit"[52], die auf die im letzten Abschnitt der Bestimmungsschrift betrachtete *Unsterblichkeit* des Menschen hinführt.[53]

Deutlich ausgeführt hat Spalding diese Perspektive, die das Leben nach dem Tod mit umgreifend, in einer *Predigt*, in der er die größere Erfüllung und Verwirklichung des auch im Diesseits bereits Angestrebten und fragmentarisch Erlebten beschreibt:

Dann lernet der wahre Christ Gott nach seinem Wesen und nach seinen Werken in einem so viel nähern und hellern Lichte kennen, wornach er hier schon so eifrig gestrebt hat. Dann ist er zu der genauesten Gemeinschaft mit dem jesu fähig, der ihm hier schon so über alles theuer gewesen. Dann empfindet er einen so viel geschwindern Wachsthum in der Vollkommenheit und in der Vollbringung des Guten an sich, um welchen es ihm hier schon unter so vielen Schwürigkeiten zu thun gewesen. Dann hat er tausend neue Gelegenheiten, sich an dem

---

hann Joachim, in: ALBERT D. HAUCK (Hrsg.), RE³ 18, Leipzig 1906, 553–557, hier 556), sondern bietet damit auch eine Zusammenfassung klassischer Aufklärungstheologie. Spalding sah sein Spätwerk, das er als über Achtzigjähriger verfasste, selbst als eine Fortführung, Zusammenfassung und punktuelle Korrektur theologischer Grundgedanken, die ihn durch sein Leben begleitet hatten. Den *Vorbericht* zu seiner, dann unter seinem Namen veröffentlichen, 2. Auflage (1798) beginnt er mit dem wunderbaren Satz: „Da ich in der ruhigen Muße eines hohen Alters natürlicherweise desto häufiger, ununterbrochener und überhaupt gewissermaßen vertrauter in meinen Gedanken mit den Grundsätzen umging, die mich bisher, wie ich aus Erfahrung wußte, so zuverlässig angewiesen und so wohlthätig beruhiget hatten, so ward daraus in der Folge eine Art von förmlicher, stufenmässiger Revision derselben; und das Resultat davon verbürgte mir aufs Neue, zu meiner erfreulichen Bestärkung und Aufmunterung, die Sicherheit des Weges, den ich gegangen war, und auf welchem mir nun hier nur noch so wenige Schritte zu thun übrig blieben". JOHANN JOACHIM SPALDING, Religion, eine Angelegenheit des Menschen. Kritische Ausgabe I/5, Tübingen 2001, 1, was den Vollkommenheitsbegriff insgesamt betrifft, liegt Spaldings Religionsschrift im Wesentlichen ganz auf einer Linie mit der hier vor allem betrachteten Bestimmungsschrift, vgl. z. B. a. a. O., 27f.

[50] A. a. O., 47.
[51] DERS., KA I/1, 170,19.
[52] A. a. O., 170,25f.
[53] Vgl. DERS., KA I/1 (7.–11. Auflage), 169ff., in der 11. Auflage verschiebt Spalding die Überschrift eine Seite nach vorn.

Wohlergehen andrer zu erfreuen, und dazu beyzutragen, welche Freude er hier nur so sparsam genießen konnte.⁵⁴

Die Aussicht auf diesen postmortalen Seelenzustand kann dann aber auch schon im diesseitigen Leben „einen Himmel in der Seele des gläubigen und tugendhaften Menschen ausmachen"⁵⁵.

Der Begriff der Vollkommenheit taucht wie in dieser Beschreibung himmlischer Erfüllung sehr regelmäßig an den Stellen auf, an denen der dabei anvisierte Abschlusspunkt, das *telos* menschlichen Strebens, in den Fokus rückt. Auch wenn das Ziel nur postmortal voll erreichbar ist, dreht sich auch alles irdisch-prämortale Streben um dieses Ziel aller Ziele. Notwendigerweise kommt Spalding in seiner Untersuchung der Bestimmung des menschlichen Lebens immer wieder auf dieses letzte Ideal zurück.

Da, nach Spalding, auch das erlebte Glück zunimmt, je näher der Mensch diesem Ideal rückt, markieren Vollkommenheit und Glück Facetten derselben Sache. Während jene sachlich-objektiv die absolute Einlösung humaner Potentialität benennt, bringt dieses das dabei subjektiv erlebte positive Grundgefühl zum Ausdruck. Dadurch sind Glück und Vollkommenheit nicht nur eng miteinander verwoben. Bei Spalding erscheinen sie sogar als Korrelationsbegriffe, die lebenspraktisch gar nicht losgelöst voneinander zu denken sind.

Für die Rekonstruktion des höchsten Ziels, auf das sich der Mensch hin entfalten soll und entfalten kann, bedarf es aber der Integration weiterer, wechselseitig aufeinander bezogener Begriffe, die von Spalding in diesem Zusammenhang verwendet werden und die einen gemeinsamen semantischen Hof konstituieren. Sie sind allesamt Aspekte ein und desselben Ziels, auf das der Mensch aus seiner Natur heraus hin orientiert ist:

So wie die Glückseligkeit mit der Vervollkommnung, das heißt, einem zunehmend tugendhaften Lebensgestaltung wächst und damit Ausdruck einer zunehmenden Selbstwerdung ist, zeichnet sich dieser Prozess ebenso durch Gewinne an *Harmonie, Ordnung* und *Schönheit* aus.⁵⁶ Im übergreifenden Abschlussbegriff der Vollkommenheit fließen also ästhetische, moralische und glückstheoretische Kategorien ineinander und verschmelzen zu einem Universalbegriff.

---

⁵⁴ *Der Zustand des zukünftigen Lebens, als eine eigentliche Folge des gegenwärtigen (Lk 16,19–31)*, erstmals von Spalding 1765 publiziert, hier zitiert nach: DERS., Predigten. Kritische Ausgabe II/1, Tübingen 2010, 197, 19–31.

⁵⁵ A.a.O., 198,3–5.

⁵⁶ Besonders pointiert wird diese Verknüpfung zum Beispiel in einer Ausführung dargestellt, die Spalding in der 11. Auflage eingefügt hat: „Seitdem ich angefangen habe, auf jede Spur der Ordnung und Regelmäßigkeit mit Theilnehmung zu achten, und vornehmlich in mir selbst eine damit übereinstimmende Regelmäßigkeit anzurichten und zu unterhalten, finde ich den Reichthum dieser natürlichen Annehmlichkeiten unerschöpflich in Allem, was ich um mich sehe. Insonderheit hat es für mich etwas überaus Erhebendes und Feyerliches, mir das Ganze des Weltalls in einer durchgängigen Zusammenstimmung und Abzweckung zur Vollkommenheit zu denken […]. Ich freue mich der Vorstellung – oder wenn man will, des Traumes – daß, im Grunde, Alles harmonisch gut seyn werde", DERS., KA I/1 (7.–11. Auflage), 129,21–131,3.

Als Maßstab der Vervollkommnung kann dabei der jeweilige Grad an *Ordnung* herangezogen werden. Moral als das, „was sich schickt"[57], darf ebenso als von diesem strukturgebenden Begriff geprägt gelten, wie auch die Schönheit dort erkannt wird, wo Gebilde der Ordnung in „Proportion[en]"[58] sich zu etwas Einheitlichem oder Ganzem fügen.

Vollkommenheit ist für Spalding also letztlich nichts anderes als die Verwirklichung des Ideals absoluter Ordnung, die vom Betrachter oder Verursacher in ästhetischer Hinsicht als Schönheit und emotional als Glück empfunden wird.

Für diese These spricht auch der mehrfach in diesem Kontext gebrauchte Begriff der „Uebereinstimmung"[59], der auf eine Idealstruktur resp. Ordnung verweist, mit der die Handlungen oder Wahrnehmungen entweder in eins fallen oder aber abweichen können. Deutlich wird dieses Ineinander der beschriebenen Termini an einer Textstelle, in der Spalding nach einem gemeinsamen Bezugspunkt aller als *gut* erkannten Orientierungen sucht:

> Ich bemühe mich, diese mannichfaltigen Gattungen dessen, was ich auf solche Art billige und für gut erkenne, diese verschiedenen Gegenstände des moralischen Vergnügens, unter einem allgemeinen Begriffe zusammen zu fassen, und mir selbst zu sagen, was sie unter sich gemein haben, das auf mein Herz diese große und angenehme Wirkung thut; und ich weiß solches nicht anders zu benennen, als daß es, so wie in andern Dingen, die mein Vergnügen erwecken, als auch in den Gesinnungen und Handlungen freyer verständiger Wesen eine Wahrheit und Schicklichkeit, eine Vollkommenheit, Uebereinstimmung, Ordnung und Schönheit giebt, für welche meine Seele gemacht ist; deren Eindruck ich, bey einem freyen und richtigen Gebrauch meiner Vernunft nie verläugnen kann, so wenig sie auch meine Sinnen treffen, oder als Mittel zur Befriedigung derselben dienen; und die sich mir beständig, als das Höchste und Würdigste in meiner Natur darstellen.[60]

An anderer Stelle hält Spalding fest, dass diese Übereinstimmung sich nicht nur auf das Äußere bezieht, sondern dass sie auch im Inneren erreicht oder eben verfehlt werden kann. Daraus resultiert im ersteren Fall „eine Wollust"[61], im anderen Fall hingegen „Verfolgungen einer innerlichen Anklage"[62], die auch durch den „dicksten Schwarme körperlicher Belustigungen"[63] nicht aufgehoben werden kann.

Es kann und muss dieser Aufzählung der mit Vollkommenheit verbundenen Aspekte aber ein weiterer – im Zitat bereits angeklungener – hinzugefügt werden, der nur vor dem Hintergrund der Einführung des Religions- und Gottesbegriffs in seiner Bestimmungsschrift verständlich wird und den man am treffendsten als ‚Vergöttlichung' fassen kann.

---

[57] Ders., KA I/1, 112,4.
[58] Z. B. a. a. O., 126,21.
[59] A. a. O., 98,7f.
[60] Ders., KA I/1 (7.–11. Auflage), 91,32–93,12.
[61] Ders., KA I/1, 98,11.
[62] A. a. O., 98,17f.
[63] A. a. O., 98,16f.

Dieser Überschritt zur Religionsthematik erfolgt geradezu *en passant* zu Beginn des Religionskapitels, in dem das literarische Ich sich im „lebendigen Glanz der wahrhaftig schönen Welt"[64] geradezu verliert. Die beobachtete, mit staunender „Bewunderung" und „einer höhern Art der Liebe"[65] wahrgenommene Schönheit und Ordnung der Welt führt gedanklich, scheinbar unweigerlich zu einer höheren „Quelle der Ordnung":

> Indem ich aber diesen Gedanken, die mich so hoch führen, immer weiter folge so gerathe ich auf einen Begriff, der mich zu einer noch weit erhabenern Bewunderung hinreisset. – Wesen, die schon in ihren Einschränkungen so schön sind; Welten, die in ihren Theilen und in ihrer Verbindung so viel Richtigkeit haben; ein Ganzes voller Ordnung, von dem kleinesten Staube an bis zu der unermeßlichsten Ausdehnung, voller Regelmäßigkeit in allen seinen Gesetzen, der Körper sowol, als der Geister, ein Ganzes, das so mannichfaltig, und doch durch den genausten Zusammenhang *Eines* ist; dieß giebt mir die Vorstellung von einem Urbilde der Vollkommenheiten, von einer ursprünglichen Schönheit, von einer ersten und allgemeineren Quelle der Ordnung. – Welch eine Gedanke![66]

Der in einem klassisch physikotheologischen Argumentationsgang eingeführte Gottesgedanke – hier als „Urbilde der Vollkommenheiten" bezeichnet, an anderer Stelle auch als „Ursprung und Wesen der Vollkommenheiten"[67] oder schlicht als „höchste Vollkommenheit"[68] metaphorisch eingekleidet – wird so geradezu zum Synonym von Vollkommenheit überhaupt.[69] Vom „ästhetischen Weltbewusstsein"[70] und den damit geweckten Gedanken und Empfindungen schwingt sich das Ich zur Annahme eines Ursprungs all dieser Ordnung und Schönheit hinauf.

Der auf dem Weg der Tugend bzw. der Moral emporsteigende Mensch gleicht sich diesem „Urbild der Vollkommenheiten" immer weiter an, in dem er den in sich vorfindlichen Gesetzmäßigkeiten entsprechend zu handeln lernt. Die ganze von Spalding entworfene Stufung menschlicher Strebens- und Existenzformen als ideale Leiter menschlicher Vervollkommnung mündet an ihrem oberen Ende in die Sphäre absoluter Vollkommenheit, die nichts anderes als Gott selbst ist. Deutlich wurde das auch in der oben zitierten Predigt, in der die volle Gemeinschaft mit Gott und Jesus und die damit erreichte absolute Vollkommenheit erst jenseitig als erfüllbar vorgestellt wurde. Der menschliche Entwicklungsprozess kann insofern auch als ein Prozess der Gott-ähnlich-Werdung resp. der *Deificatio* oder *Theosis* verstanden werden.[71] Des Menschen „Abhängigkeit von Gott und

---

[64] A. a. O., 128,3f.
[65] DERS., KA I/1 (7.–11. Auflage), 129,14f.
[66] DERS., KA I/1, 134,1–15, Hervorhebung im Original.
[67] A. a. O., 136,14f.
[68] DERS., KA I/1 (7.–11. Auflage), 195,5f.
[69] Der argumentativ nicht unproblematische Überschritt vom Gottesgedanken zur Annahme seiner Existenz, der später auch Spalding selbst beschäftigt hat, soll hier nur am Rand vermerkt werden, vgl. DREESMAN, Aufklärung der Religion, 91.
[70] RAATZ, Aufklärung, 394.
[71] Mit dieser Figur stellt sich Spalding traditionsgeschichtlich in eine große und weitzurückreichende Linie, die bis Platon zurück verfolgt werden kann. Es dürfte eine der wesentlichen

seine Glückseligkeit in demselben"[72] – man denke an das eingangs zitierte Gedicht Spaldings – und sein Potential zu Angleichung und Vergöttlichung kennzeichnet überhaupt dessen wahre Würde[73] und führt ihn zu einem Ziel, in dem die Bedeutung eigener Individualität fast schon irrelevant wird:

> Nur das macht mich noch zu etwas, daß ich die Ordnung empfinden, und in derselben bis zu dem Anfange aller Ordnung hinaufsteigen kann. Zu einer solchen Hoheit bin ich bestimmt, und der will ich immer näher zu kommen suchen. Ich will nicht eher stehen bleiben, als bis ich der Schönheit bis zu ihrer ersten Quelle gefolget bin. Da soll denn meine Seele ruhen. Da soll sie, in allen ihren Fähigkeiten beschäftiget, in allen ihren Trieben vergnüget, satt von göttlichem Lichte, und entzückt in den Verehrungen und Anbetungen der obersten allgemeinen Vollkommenheit, alles niedere und sich selbst vergessen.[74]

Die im eigenen Inneren erkannte und gespürte Anlage der Tugend wird so durchsichtig als Explikation höherer Macht, die im eigenen Inneren, konkret im „Gewissen"[75] hörbar wird. Anders als bei Christian Wolff vermag aus Spaldings Sicht jedoch nicht nur die emotionslose, nüchtern reflektierende Vernunft moralische Urteil zu treffen. Spalding geht im Unterschied zu diesem von einem „unmittelbar gegebenen, intuitiven Wissen um das Gute und das Böse"[76] aus, in dem der Wille Gottes erkannt wird: „Die grosse Empfindung des Guten und Bösen, des Rechts und Unrechts, die ich in mir erkannt habe, rühret nicht weniger von demjenigen her, der seine mächtigen Einflüsse überall ausbreitet. Es ist also eine

---

Leistungen der altkirchlichen Apologeten im 3. und 4. Jahrhundert gewesen sein, Platons Gedanken der homoiosis-theo mit dem biblischen Gedanken der Ebenbildlichkeit verbunden zu haben. Über Pico della Mirandola und den Florentiner Platonismus, in dem dieses Gedankengut der alexandrinischen Religionsphilosophie wieder aufgegriffen wird, gelangt das Theorem der Gottverähnlichung nach Oxford und Cambridge und damit zu Shaftesbury. Shaftesbury, dessen Schriften von Spalding nicht nur ins Deutsche übersetzt wurden, sondern auch eine starke Prägung hinterließen, wird so zum „Brückenpfeiler für jene Brücke, die von der italienischen Renaissance zum deutschen Humanismus des 18. Jahrhunderts führt" (ERNST CASSIRER, Die platonische Renaissance in England und die Schule von Cambridge, in: Gesammelte Werke 14, herausgegen von Birgit Recki, Darmstadt 2002, 223–380, hier 380), der Gedanke der *Deificatio* dürfte auf diesem Weg also auch Spalding erreicht und so Eingang in seine Konzeption der Bestimmung des Menschen gefunden haben, vgl. RAATZ, Aufklärung, 399ff., zum Einfluss Shaftesburys und Spaldings Übersetzungstätigkeit vgl. auch DREESMAN, Aufklärung der Religion, 32ff.; zu Shaftesburys Philosophie vgl. RAATZ, Aufklärung, 269–334.

[72] SPALDING, KA I/1 (7.–11. Auflage), 201,12f., im Zusammenhang mit dem Begriff der Abhängigkeit sei angemerkt, dass Spalding in seiner Bestimmungsschrift zwei zentrale Gedanken Schleiermachers vorweggenommen hat: Einerseits taucht der dann bei Schleiermacher so prominent entfaltete Gedanke des Abhängigkeitsverhältnisses hier bereits auf. Andererseits entwickelt Spalding den Gottesgedanken über die – durch die Betrachtung der Natur – ausgelösten Empfindungen, was an die berühmte Formulierung Schleiermachers in den *Reden* erinnert, in der er Religion als „Anschauung und Gefühl" einsichtig zu machen versucht, vgl. TIPPMANN, Spalding, 52.

[73] Vgl. RAATZ, Aufklärung, 375–380, insbesondere 379.
[74] SPALDING, KA I/1, 150,6–152,2.
[75] A.a.O., 154,2.
[76] DREESMAN, Aufklärung der Religion, 77.

göttliche Stimme, es ist die Stimme der ewigen Wahrheit, die in mir redet"[77]. An anderer Stelle ruft er aus: „Wahrlich, er belebt mich, er wirket in mir!"[78]

Albrecht Beutel hat Spalding daher als den eigentlichen Vertreter einer ‚Gewissensreligion' bezeichnet.[79] Vergegenwärtigt man sich die gerade dargestellte Verankerung des moralischen Gesetzes im Gewissen des Menschen und verdeutlicht sich die sich daraus ergebende besondere Bedeutung des Gewissens als dem Ort, an dem der Mensch den Willen Gottes wahrnehmen kann, dann scheint diese Einschätzung durchaus einleuchtend. Mit dieser Verknüpfung wird greifbar, inwiefern eine immer stärkere Orientierung an einem tugendhaften Leben und eine zunehmende Vergöttlichung zwei Seiten derselben Medaille sind. Auf den Punkt bringt Spalding die Nähe zwischen Gottesbild und Tugend, die dann geradezu als dasselbe Ziel geliebt und angestrebt werden, in der elften Auflage der Bestimmungsschrift (1794), in der er ergänzt: „So wird mir nun dieses Urwesen auch das Urbild der Tugend, nach welchem ich mich sehnete. […] Meine Tugendliebe fließet nun mit der Liebe zu Gott zusammen, und beide werden im Grunde Eines und dasselbe"[80].

Auch wenn die Pflicht moralischen bzw. tugendhaften Handelns unabhängig von Religion bereits aus den natürlichen Zusammenhängen abgeleitet werden kann, verleiht ihm das Bewusstsein eines Gottesverhältnisses letztlich Ziel und Motivation. Im „Gefühl von der Gottheit"[81], also dem Glauben, erblickt er „das eigentliche Schwungrad der Tugendmotiven, das Principium, welches sie alle umfaßt und begleitet"[82]. Religion rückt so einerseits funktional in den Dienst der Moral.[83] Umgekehrt gilt aber auch, dass im Modus einer tugendhaften Existenz die Sphäre der Schönheit und Vollkommenheit und damit der Gottesnähe bzw. sogar Gotteseinheit angestrebt und realisiert wird. Tugendhaft zu leben heißt immer auch das ästhetische und kosmologische Sensorium zu verfeinern und

---

[77] SPALDING, KA I/1, 152,9–14.
[78] A.a.O., 135,26f.
[79] Nach Beutel gilt das für Spalding viel eher als für Luther: „Mit ungleich größerem Recht, als dies Karl Holl einst für Luther in Anspruch nahm, dürfte in Spalding der klassische Vertreter einer spezifisch neuzeitlichen ‚Gewissensreligion' zu erkennen sein", BEUTEL, Elastische Identität, 15.
[80] SPALDING, KA I/1, 143,38–145,4.
[81] DERS., Vertraute Briefe, die Religion betreffend. Kritische Ausgabe I/4, Tübingen 2004, 40,1f.
[82] A.a.O., 40,3–5.
[83] In *Religion, eine Angelegenheit des Menschen* beschreibt Spalding Religion und den damit verknüpften Gottesgedanken als eine „Stütze" der Tugend, deren Fehlen sich als „Verlust für sich selbst" schmerzhaft auswirken würde: „[W]enn ihr [der Seele, C.S.] das Gefühl der Religion, der große Gedanke von einer heiligen Gottheit fehlte […]. Die Tugend hätte dann eine ehrenvolle Stütze weniger; und einer solchen Stütze gleichgültig entbehren zu *wollen* – welcher Verlust für sich selbst, und überdieß welche vorsetzliche Erniedrigung der Denkungsart!", DERS., Religion, 28,15–25, Hervorhebung im Original.

immer sensibler die „Spur der Schönheit und Regelmäßigkeit"[84] in der Natur zu erspüren, die letztlich auf ihren ersten Ursprung als absolute Schönheit, verweist. Das Christentum als eine positive Form von Religion sieht Spalding – recht verstanden – als eine Anleitung und Hinführung zu genau jenem höchsten Ziel, weshalb er es auch gerade in jener von ihm so beschriebenen Zeit „des Verfalls"[85] als „unentbehrlich"[86] bewertet. Für den Prozess der Besserung spricht Spalding auch von einer Zunahme der „Wahrheit und des Rechts"[87]. Beide hängen wiederum am Begriff der Ordnung, sind jeweils also Ausdruck dieser moralischen Ordnung und kennzeichnen einen Grad der Übereinstimmung mit ihr, wie in folgendem Zitat deutlich wird:

> Endlich lasse man auch den eigenthümlichen Lehren des Christenthums Gerechtigkeit wiederfahren. Sie gehen, wenn man sie recht kennet, durchgehends und augenscheinlich auf den größten und letzten Zweck aller Religion, nämlich, den Menschen besser und glücklich zu machen, und sind ohne Zweifel in dem itzigen Zustande des Verfalls unentbehrlich. […] Ein Mensch, der durch seine Abweichungen von dem Wege der Wahrheit und des Rechts in das größte Unglück gerathen, dessen eigentlich die menschliche Natur fähig ist, der darüber zu sich selbst kömmt, der seine innerliche Häßlichkeit, den Streit seiner ganzen Seele mit der allgemeinen Ordnung, und seine frevelhafte Empörung gegen das unendliche Urbild aller Ordnung, in einem nicht zu vermeidenden und nicht zu überwältigenden Lichte einsieht und empfindet, und der dabey mit der Kraft, die ihm die Erkenntnisse der Vernunft darreichen, vergebens ringet, sich von der Knechtschaft unregelmäßiger und unwürdiger Begierden loszuwickeln; ein solcher Mensch muß natürlicher Weise einem ausnehmend bittern Gefühle von Unmuth und Scham, von Reue und Furcht unterworfen seyn.[88]

Die Sehnsucht nach Nähe und Einheit mit der „Quelle der Vollkommenheiten", dem „Urbild aller Ordnung" wird so zum höchsten und letzten Ziel menschlicher Existenz. Mit diesem Gedanken, der als die Antwort auf die Frage nach der Bestimmung des Menschen und seiner Suche nach Glückseligkeit gelten darf, beschließt Spalding seine Untersuchung:[89]

> Ich will also mein ganzes Gemüth immer mehr mit der trostvollen Vorstellung erfüllen, […] daß ich also einmal, nach einer völligen Befreiung von den Thorheiten sowol als den Plagen dieses Lebens, mich auf ewig mit der Quelle der Vollkommenheit vereinigen, die ganze Wollust richtiger Gesinnungen unvermischt und ungestört genießen, und also das große Ziel desto mehr erreichen werde, dazu ich durch meine Natur und von meinem Urheber bestimmt bin, nämlich rechtschaffen und in der Rechtschaffenheit glückselig zu seyn.[90]

---

[84] DERS., KA I/1, 126,18.
[85] Anhang zu: DERS., KA I/1 (7.–11. Auflage), 205,19.
[86] Ebd.
[87] Anhang zu: a. a. O., 207,6.
[88] Anhang zu: a. a. O., 205,13–207,19.
[89] Diesem letzten Satz lässt er noch ein Zitat Ciceros folgen: „Omnium, quae in hominum doctorum disputatione versantur, nihil perfecto est praestabilius, quam plane intelligi, nos ad iustitiam esse natos.", DERS., KA I/1, 194,1–3.
[90] A. a. O., 192,3–16.

4.3 Das besondere Profil von Spaldings Vollkommenheitsbegriff

In der bisherigen Darstellung hat sich gezeigt, dass dem Vollkommenheitsbegriff in Spaldings Theologie eine äußerst zentrale Stellung eignet. Der Begriff ist nicht nur rekurrent, sondern erfüllt als Beschreibung des höchsten Ziels sowohl christlicher als auch allgemein-menschlicher Selbstentfaltung eine eminent wichtige Funktion. Deutlich wird dabei, dass Spalding „das ekklesiologische Perfektibilitätsmotiv […] in anthropologische Universalität transformiert"[91] hat. Die prominente Stellung des Vollkommenheitsbegriffs in seinem theologischen System deutet aber auch darauf hin, dass es sich um ein geistesgeschichtliches Erbe Wolff'scher Philosophie handeln könnte. Der Begriff wurde immerhin auch schon „als Schlüsselbegriff von Wolffs philosophischer Architektonik"[92] beschrieben.[93] Dass Spalding sich intensiv mit dem philosophischen Werk Wolffs und dem theologischen Wolffianismus beschäftigt hat,[94] ist aus seinen Selbstzeugnissen hinreichend bekannt.[95]

Spaldings Vollkommenheitsbegriff zeichnet sich unter anderem dadurch aus, dass die Annäherung und graduelle Realisierung seiner Anforderungen als etwas dem Menschen Erreichbares präsentiert werden. Auch wenn die Verwirklichung von Vollkommenheit in ihrer ganzen Fülle erst als postmortale Möglichkeit präsentiert wird, bleibt eine biografische Konvergenz zu diesem Zustand auch prämortal realistisch und geboten. Dies ist Ausdruck der zugrunde liegenden anthropologischen Voraussetzungen, die sich – wie so häufig – im jeweiligen Profil des Vollkommenheitsbegriff widerspiegeln. Dazu einige grundsätzliche Bemerkungen.

Entscheidend in diesem Zusammenhang ist zunächst ein – für die Neologie insgesamt – kennzeichnendes Spezifikum, das wohl am treffendsten als *Verabschiedung der Erbsündenlehre* beschrieben ist. Emanuel Hirsch hat die Auseinandersetzung mit der dahinterstehenden Frage nach der wahren Natur des

---

[91] Beutel, Elastische Identität, 18.
[92] Clemens Schwaiger, Wolffs Vollkommenheitsbegriff im Kreuzfeuer pietistischer Kritik, in: Konstanze Baron/Christian Soboth (Hrsg.), Perfektionismus und Perfektibilität. Streben nach Vollkommenheit in Aufklärung und Pietismus, Hamburg 2018, 53–74, hier 53.
[93] Inwiefern hier Christian Wolffs Philosophie tatsächlich im Hintergrund steht, muss an dieser Stelle nicht geklärt werden. An anderer Stelle wurde, ebenfalls von Clemens Schwaiger, als Hintergrund von Spaldings Bestimmungsschrift allerdings eine „enge Symbiose von Leibniz-Wolff'schen Elementen einerseits und Grundauffassungen Shaftesburys" andererseits herausgearbeitet, ders., Zur Frage nach den Quellen von Spaldings ‚Bestimmung des Menschen'. Ein ungelöstes Rätsel der Aufklärungsforschung, in: Norbert Hinske (Hrsg.), Die Bestimmung des Menschen, Hamburg 1999, 7–19, hier 17.
[94] Nachweislich z.B. durch Georg Bernhard Bilfinger und Israel Gottlieb Canz, vgl. Dreesman, Aufklärung der Religion, 31.
[95] Vgl. Johann Joachim Spalding, Lebensbeschreibung, in: Albrecht Beutel/Jersak, Tobias (Hrsg.), Kleinere Schriften 2: Briefe an Gleim. Lebensbeschreibung. Kritische Ausgabe I/6-2, Tübingen 2002, 107–240, hier 118.121.

Menschen und dem großen augustinisch-reformatorischen Erbe, durch das diese Bestimmung über Jahrhunderte hinweg fundamental geprägt war, als eines der wesentlichen theologischen Probleme jener Zeit charakterisiert. Während viele andere *Loci* lutherischer Dogmatik von den Aufklärungstheologen entweder schlicht in den Hintergrund gerückt wurden oder eine kritische Umformung erfuhren, sieht Hirsch – bei aller Mühe, die in der Neologie auf dieses Problem verwendet wurde – die Lehre von der Erbsünde völlig verabschiedet:

> Wir stoßen damit auf das schwerste theologische Fragmal, das sich der Neologie auf den Weg gepflanzt hat. Jeder Theolog dieser Gruppe hat sich mit ihm geplagt. Es scheint ihnen unbedingt geboten, das evangelische Christentum zu befreien aus der Verstrickung in die augustinische Lehre von Erbschuld, Erbsünde und die darauf gebaute Lehre von der wunderhaften prädestinatianischen Gnadeneingießung, die den Menschen ohne sein Zutun sittlich ändert.[96]

Nicht mehr reformulierbar schien dieses Lehrstück aus zwei Gründen. Erstens schien die Vorstellung, dass der Mensch als schlecht oder gar verdammungswürdig zu betrachten sei, *bevor* er zu einem verantwortlichen Handeln überhaupt in der Lage ist, schlicht undenkbar. Ein ähnliches Befremden und eine daraus folgende Zurückweisung des Prädestinationsgedanken war bereits bei John Wesley begegnet.

Damit verband sich ein Unbehagen hinsichtlich der problematischen Implikationen im Blick auf das Bild Gottes, der als *dort* strafend in Erscheinung tritt, wo überhaupt keine einzige Verfehlung vorliegen kann.

Zweitens drohte die individuelle Motivation, dem Guten nachzustreben – einem Grundgedanken jener Zeit – durch dieses theologische Motiv desavouiert zu werden. Die Gefahr, dass auf den Versuch, gut zu sein und gut zu werden, angesichts dieses negativen Menschen- und Gottesbildes – das auch in Predigten vermittelt wurde – völlig verzichtet würde, schien aufklärungstheologisch regelrecht bedrohlich.[97]

Karl Aner hat das Anstößige, das die Erbsündenlehre für die Theologen der Aufklärung bedeutet haben muss, daher sogar noch etwas emotionaler als Hirsch zugespitzt und auf das Spannungsverhältnis mit dem Begriff der *Menschenwürde* hingewiesen: „Augustin war im Zeitalter der Neologie der meistgehasste Mann. Schien er doch der Idee der Menschenwürde am meisten Abbruch getan zu haben […]. Die Erbsündenlehre schien als erste mit dem Glauben an die Menschenwürde unvereinbar."[98] Da die Konsequenz in einer weitgehenden Verabschiedung der Erbsündenlehre bestand, kann insofern völlig zu Recht von einem „radikalen Umbau der lutherischen Anthropologie"[99] in der Neologie gesprochen werden.

In Spaldings Bestimmungsschrift wird das Problem der menschlichen Erbsünde zwar nicht explizit thematisiert, doch kann der anthropologisch-theologische

---

[96] HIRSCH, Geschichte IV, 29.
[97] Vgl. a. a. O., 28f.
[98] ANER, Lessingzeit, 162f.
[99] ANSELM SCHUBERT, Das Ende der Sünde. Anthropologie und Erbsünde zwischen Reformation und Aufklärung, Göttingen 2002, 173.

Entwurf insgesamt durchaus als „Indikator für die tiefgreifende Erschütterung der lutherischen Erbsündenanthropologie einerseits und die korrespondierende Aufwertung der menschlichen Natur und Würde andererseits"[100] betrachtet werden. Allerdings bemühte sich Spalding um eine eigene, funktional differenzierende Position, denn völlig abschaffen wollte er sie eigentlich keineswegs.[101] Auch schien es ihm einsichtig, dass die „Empfindung seiner gänzlichen Abhängigkeit von Gott"[102] ihre Voraussetzung in der Demut des Menschen habe. Fremd war ihm hingegen die Vorstellung, persönlich unverschuldet schuldig sein zu können.[103]

Die tiefere Ursache eines solchen – den Gedanken eines *peccatum primum* ablehnenden – Paradigmenwechsels dürfte bei Spalding, wie bei anderen Theologen seiner Zeit, mit denen er in diesem „neologischen Fundamentalkonsens"[104] in der Ablehnung der Erbsündenlehre teilt, in einer grundlegend positiveren Sicht auf das Wesen der menschlichen Natur zu finden sein. Diese wird bei Spalding – darin einem Gedankengang Shaftesbury folgend[105] – nicht mehr als grundsätzlich korrumpiert und moralunfähig betrachtet, sondern in ihr wird nun ganz im Gegenteil die grundsätzliche Fähigkeit zur Verwirklichung des Guten, der Moral, der Schönheit und in diesem allen eben auch der Vollkommenheit erkannt. Alle an den Menschen angelegten ethischen Forderungen müssen vor diesem Hintergrund nicht mehr *gegen* dessen Natur errungen werden, sondern können gerade bei dieser ansetzen und ihr zur freien Entfaltung verhelfen.[106] Diese Hochschätzung der menschlichen Natur ist dabei eingebettet in ein äußerst positives Verständnis der Natur insgesamt. Mehrfach wird deren bewunderungs- und liebenswürdige Schönheit gepriesen,[107] und deren „Vortrefflichkeiten"[108] als so hoch gewürdigt, dass selbst die „Kunst [...] keinen wahren Zusatz"[109] zu ihr leisten kann, sondern immer nur „etwas von dem Schönen [...] nachahmet"[110].

Bei aller Wertschätzung der Natur wäre Spalding allerdings missverstanden, wenn man ihn auf die Wahrnehmung aller positiven Potentialitäten des Menschen reduzieren würde. Er war durchaus „kein naiver anthropologischer Optimist"[111], sondern wusste sehr genau auch um das Phlegma, die Versuchungen

---

[100] RAATZ, Aufklärung, 377.
[101] Vgl. BEUTEL, Elastische Identität, 15–19.
[102] SPALDING, KA I/3, 200,20f.
[103] Vgl. z. B. DERS., Ueber die Nutzbarkeit des Predigtamtes und deren Beförderung. Kritische Ausgabe I/3, Tübingen 2002b, 194.
[104] BEUTEL, Elastische Identität, 16.
[105] Vgl. DREESMAN, Aufklärung der Religion, 74–78.
[106] Vgl. CLAUSSEN, Glück, 287.
[107] Vgl. z. B. SPALDING, KA I/1 (7.–11. Auflage), 233,10ff.
[108] A. a. O., 69,2.
[109] A. a. O., 69,1.
[110] A. a. O., 69,2–4.
[111] ANDREAS URS SOMMER, Sinnstiftung durch Individualgeschichte. Johann Joachim Spaldings „Bestimmung des Menschen", in: ZNThG (2001) 8, 163–200, hier 185.

und die potentiellen Abgründe der menschlichen Natur – das wurde im oben thematisierten Kampf zwischen Leidenschaften und Vernunft bereits sichtbar.[112]

Dass er mit diesem anthropologischen Ausgangspunkt im Kontrast zur augustinisch-lutherischen Lehre stand, dürfte ihm durchaus bewusst gewesen sein. Auch wenn eine direkte Auseinandersetzung mit der theologischen oder auch biblischen Tradition von ihm nicht verfolgt wird und geradezu eine „stillschweigende Verabschiedung der pessimistischen Anthropologie der lutherischen Orthodoxie"[113] vollzogen wurde, lesen sich manche Formulierungen durchaus als Kommentare zu ihr. So benutzt er im Blick auf den Menschen mehrfach den Begriff der „ursprüngliche[n] Einrichtung"[114], der sich geradezu als Gegenbegriff zur Ursprünglichkeit der Sünde liest:[115] „Ich spüre Empfindungen in mir, dabey ich mich selbst vergesse, die nicht mich und meinen Vortheil, [...] sondern ganz etwas anders zum Zweck haben; Empfindungen der Güte und der Ordnung, die mein blosser Wille nicht gemacht hat"[116].

Emanuel Hirsch hat „[d]ie Auflösung der widernatürlichen Ehe zwischen augustinischer und reformatorischer Theologie [...][als] ein wirkliches Verdienst der Neologie"[117] bezeichnet, da aus seiner Sicht die „augustinische Erbsünden- und Gnadenlehre in der Tat eine Anschauung vom Willkürgott und einen Restbestand urtümlicher Magie mit sich führt, die alle beide unterchristlich und mit den tiefsten Einsichten der Reformation im Widerstreite sind"[118]. Für Hirsch war dies allerdings mit dem Preis verbunden, dass bei Spalding wieder „pelagianische Gedanken an die Oberfläche steigen und das Evangelium moralisierend überdecken"[119]. Tatsächlich lässt sich dieser Befund – den Hirsch angesichts der Größe der Aufgabe, vor die sich die Neologen gestellt sahen, übrigens als fast unvermeidlich verteidigt[120] – durch einige Textbeobachtungen bestätigen. Zwar wird in der Bestimmungsschrift Gott als Schöpfer und „der grosse Urheber aller Dinge"[121] beschrieben, unter dessen „segnenden Augen dieses allgemeinen, Alles wirkenden und anordnenden Vaters"[122] der Mensch sich erlebt und weiß. Auch dessen Wunsch, „daß alle Dinge in ihrer Art und im Ganzen gut seyn mögen"[123] und der ein „Wohlgefallen an moralischer Güte"[124] hat, wird von Spalding wiederholt zum Ausdruck gebracht. Doch als handelnder Akteur rückt letztlich immer

---

[112] SPALDING, KA I/1 (7.–11. Auflage), 255,10ff.
[113] SOMMER, Sinnstiftung, 176.
[114] Z. B. SPALDING, KA I/1, 98,19.
[115] RAATZ, Aufklärung, 389.
[116] SPALDING, KA I/1, 80,14–20.
[117] HIRSCH, Geschichte IV, 30.
[118] Ebd.
[119] Ebd.
[120] Vgl. ebd.
[121] SPALDING, KA I/1, 174,1f.
[122] DERS., KA I/1 (7.–11. Auflage), 161,23–25.
[123] DERS., KA I/1, 152,5f.
[124] DERS., KA I/1 (7.–11. Auflage), 143,27f.

wieder auch der Mensch selbst in den Fokus. Deutlich wird dieser Kooperationsgedanke beispielsweise in folgenden Zeilen:

> In seiner [Gottes, C.S.] Hand allein stehen auch meine Schicksale, und wenn ich mich nicht, durch meine Abweichung von den unveränderlichen Fürschriften des Wahren und Guten, der glückseligen Wirkungen seiner Fürsorge unfähig mache, wenn der Richter, den er in mir verordnet hat, mich nicht verdammet, so wird nichts von dem, was mir widerwärtig dünkt, mir wahrhaftig schaden können.[125]

Auch wenn der Mensch sich allgemein unter der Gnade und Güte Gottes weiß, hängt sein Wohlergehen und seine Glückseligkeit letztlich auch von seiner Eigenleistung ab, also davon, wie er es vermag, sich aus seinen eigenen Leidenschaften und Begierden zu lösen und sich stattdessen an die göttliche Ordnung des Guten und Wahren zu halten. Dabei stehen irdisches Glück und die „rechtmäßigen Vergnügungen der Welt"[126] und das Heil in der Ewigkeit auch nicht in spannungsreicher Konkurrenz.[127] Sowohl für die irdische Glückseligkeit als auch das jenseitige Heil ist ein moralischer Lebenswandel entscheidende Voraussetzung, sodass irdisches Glück und jenseitiges Heil nicht gegeneinander abgewogen werden müssen:

> Dem gemäß [, dass Moralität die entscheidende Richtschnur des Lebens ist, C.S.] gehe ich also, für diese und jene Welt, den Einen geraden gleichförmigen und sichern Pfad. Denn wenn ich […] nach meinem besten Vermögen die Kräfte meiner Seele übe und stärke, […] wenn ich ein wirklich guter, vor mir selbst achtungswürdiger Mensch, ein rechtschaffener Bürger schon dieser Welt seyn will, – so arbeite ich damit auch zugleich ganz eigentlich mit für die Ewigkeit.[128]

Das Vermögen, die Kräfte der eigenen Seele auszuschöpfen, wird so zu einem gemeinsamen Wirken zwischen Gott und Mensch. Gott wirkt als die mahnende und rufende Stimme des Gewissens und wirkt so auf eine Hinführung des Menschen zu seiner guten, insbesondere moralischen Ordnung hin. Aber es ist der Mensch selbst, der die Kraft aufbringen muss, der Stimme des Gewissens und seiner Vernunft zu folgen, statt den „[s]türmische[n] und gewaltsame[n] Begierden"[129] zu erliegen.

Andererseits warnt Spalding auch vor einem selbstgerechten Vollkommenheitsdünkel[130] und bezeichnet den Stolz auf eigene Fähigkeiten und Vorzüge, in dem der eigentliche Ursprung alles Guten vergessen wird, als „unvernünftigste und unseligste Abgötterey"[131].

Damit ist der Gnadengedanke, der bei Luther eine alles fundierende Rolle spielt, zwar nicht aufgelöst, aber in seiner Bedeutung doch deutlich zurückgestuft. Hirsch hat im Blick auf den Gnadenbegriff festgehalten:

---

[125] Ders., KA I/1, 164,6–13.
[126] Ders., KA I/1 (7.–11. Auflage), 185,16f.
[127] Vgl. a. a. O., 185f.
[128] A. a. O., 187,3–20.
[129] A. a. O., 261,6.
[130] Vgl. ders., KA II/1, 50,1ff.
[131] A. a. O., 51,9f.

Es ist Spaldings Bemühen, [...] der gegenwärtigen Beziehung der Erlösung das reformatorische ‚allein aus Gnaden' zu erhalten. Dies gelingt ihm aber nur durch den Rückgriff auf die semipelagianische Anschauung von der Gnade. Indem der Mensch demütig seine völlige Abhängigkeit von Gott dem Schöpfer und Weltregierer erkennt und zugleich seine Hilfsbedürftigkeit, sein Angewiesensein auf eine göttliche Belehrung und eine göttliche Verzeihung für seine tathaften Verschuldungen tief empfindet, wird ihm sowohl dies, daß er mit Erkenntnis und Willen sich Gott ergibt und das Gute rechtschaffen zu vollbringen trachtet, d. h. daß er die Umkehr erschwingt, als auch dies, daß Gott seine Umkehr und den aus ihr fließenden Gehorsam annimmt und die Schuld verzeiht, d. h. daß es in der Umkehr für ihn einen Frieden des Gewissens mit Gott und eine Hoffnung der ewigen Seligkeit gibt, zu einem Erweis der göttlichen Vaterliebe.[132]

Den Begriff der Gnade sucht man in der ersten und zweiten Auflage tatsächlich vergeblich. Erst mit der dritten Auflage (1749) fügt Spalding der Schrift einen Anhang hinzu, in der er auf die Kritik eingeht, seine Darstellung könne dahingehend missverstanden werden, dass es jenseits der „Natur"[133] keinerlei „Offenbarung"[134] mehr bedürfe und in dem er auch auf den Begriff der Gnade und des „allgemeinen Opfer[s] für die Sünden der Menschen"[135] durch den „Mittler"[136] zu sprechen kommt, m.a.W. sich dahingehend verteidigt, christliche Glaubensüberzeugungen *de facto* überflüssig zu machen. Aber auch bei jener Erwähnung gilt die Gnade wiederum (nur) jenen, „die mit Aufrichtigkeit von ihren unseligen Verwirrungen zu ihm umkehren"[137].

Übrigens reflektiert Spalding selbst die Frage, ob er mit seiner Bestimmung von „der evangelischen Gnade und [der] *Qualification* der Menschen"[138] in Übereinstimmung mit den biblischen Zeugnissen steht, was er – ohne an dieser Stelle „eine exegetische und dogmatische Abhandlung"[139] geben zu wollen – für sich klar bejaht.

Vor dem Hintergrund der gerade beschriebenen anthropologischen Verschiebungen in klarer Differenz zu altprotestantischen Entwürfen, fällt noch einmal ein anderes Licht auf die Frage nach Vollkommenheit. Wenn die Verwirklichung der eigentlichen Bestimmung des Menschen potentiell in seiner Natur angelegt ist und als grundsätzlich erreichbar gedacht wird, kommt notwendig dem so gesuchten Ideal theologisch-systematisch ein prominenter Status zu. Vollkommenheit, als Beschreibung dieses höchsten Ideals menschlichen Lebens, erscheint so als die andere Seite derselben Medaille, auf deren Vorderseite sämtliche positiven Potentialitäten des Menschen thematisiert sind.

Der Vollkommenheitsbegriff Spaldings ist insofern selbst Ausdruck einer positiven Anthropologie und einer positiven Ethik aufklärerischer Provenienz. Der

---

[132] HIRSCH, Geschichte IV, 27f.
[133] SPALDING, KA I/1, 198.
[134] Ebd.
[135] A. a. O., 208,17f.
[136] A. a. O., 208,16ff.
[137] A. a. O., 208,13–15.
[138] DERS., KA I/3, 180,23f.
[139] A. a. O., 180,15f.

verfolgte Zweck, den Menschen, oder zumindest die Leserschaft in geradezu enthusiastischem Duktus über dessen eigenes Vermögen aufzuklären und so über sich selbst hinaus und damit überhaupt erst zu sich selbst zu führen, prägt nicht nur die Bestimmungsschrift, sondern ist auch in anderen Schriften Spaldings immer wieder deutlich zu greifen.

Die Verknüpfung von *Vollkommenheit und Glück* darf als ein weiteres Charakteristikum in Spaldings System gelten. Gerade im Vergleich mit zumindest einigen theologischen Spielarten pietistischer Provenienz sticht diese Spezifik besonders ins Auge. Während in dieser Strömung die Glücksthematik entweder gar nicht, oder wenn, dann eher im Schatten anderer Aspekte thematisiert wird, spielt die Kategorie des Glücks bei Spalding eine ausgesprochen prominente Rolle.[140] Das Streben nach Glück wird bei Spalding anthropologisch als völlig selbstverständlich und entsprechend auch als legitim vorausgesetzt. Die gesuchte Bestimmung des Menschen und dessen Bemühungen inkludieren die Suche danach entsprechend ganz explizit. Dabei kann sich – das ist gewissermaßen eine der Grundpointen bei Spalding – ein tugendhaftes und ein glückliches Leben niemals gegenseitig einschränken, im Gegenteil: Wie gezeigt, bedingen sie sich gegenseitig, sodass dem Glücksstreben ein grundsätzlicher Altruismus notwendig immanent ist.

Auch das ästhetische Moment darf im Vergleich zu den bisher betrachteten Positionen als Kennzeichen seines Vollkommenheitsbegriffs gelten. Die geschaffene Ordnung selbst, samt Natur und moralischer Interaktion, in die sich der Mensch selbst eingewebt vorfindet, und die er vom „ewigen Urbilde des Schönen"[141] gewirkt weiß, ist in sich selbst eine Struktur der Schönheit und kann als solche vom Betrachter voll Freude angeschaut werden. Ähnliche Gedanken finden sich auch in Predigten Spaldings, in denen er beispielsweise vom „Genuss der höchsten Vollkommenheit"[142] sprechen kann. Vollkommenheit wird für Spalding nicht nur in ethisch-tugendhaften Sinne angestrebt und im Ringen mit eigenen Leidenschaften graduell verwirklicht. Vollkommenheit wird auch ästhetisch erlebbar. Damit wird eine weitere Besonderheit von Spaldings Vollkommenheitsbegriff ersichtlich, in dem nicht nur tugendethische und glückstheoretische, sondern eben auch ästhetische Aspekte ineinanderfließen.

---

[140] Der Protestantismus muss als dasjenige Reflexionssystem gelten, das bis heute die größte Distanz zur Glücksthematik einnimmt. Claussen vermutet dafür drei wesentliche Gründe: die radikale Konzentration evangelischer Theologie auf die Soteriologie, die starke – gerade auch im Pietismus deutlich betonte – Aktualisierung der Erbsündenlehre und dann im 18. Jahrhundert der anti-eudämonistische Einspruch Kants. Die evangelische Aufklärungstheologie bildet mit ihrer gerade bei Spalding gut zu sehenden Thematisierung menschlichen Glücks damit innerhalb des Protestantismus eine große Ausnahme. Im 20. Jahrhundert kann Tillich als einer der wenigen Theologen genannt werden, die sich ebenfalls der Frage nach dem Glück zugewendet haben, vgl. CLAUSSEN, Glück, 26f.
[141] SPALDING, KA I/1 (7.–11. Auflage), 137,28.
[142] DERS., KA II/1, 203,4.

4.4 Spaldings Vollkommenheitsbegriff als neologische Fortschreibung lutherischer Theologie

Vergleicht man diese Grundgedanken von Spaldings Vollkommenheitsbegriff mit den in Kapitel I.1.3 herausgearbeiteten Aspekten der Vollkommenheitsvorstellung Luthers, so ergeben sich bei allen sprachlichen Differenzen sachlich-theologisch eine Vielzahl von Übereinstimmungen, aber auch einige bemerkenswerte Unterschiede. Von diesen Gemeinsamkeiten und Differenzen sollen die wichtigsten hier aufgegriffen werden. Zuvor aber noch eine Bemerkung zur Frage, inwiefern Spalding überhaupt als Lutheraner zu verstehen ist.

Dass Spalding sich selbst sein Leben lang als Lutheraner verstand, daran kann kein Zweifel bestehen.[143] Geboren im vorpommerschen Tribsees und als Sohn eines Schulrektors und späteren Pfarrers, wuchs er in einer lutherischen Landeskirche auf und studierte an der lutherischen, damals noch stark von der altprotestantischen Orthodoxie geprägten Fakultät in Rostock Theologie. Über diese Rostocker Studienzeit bemerkte Spalding später in Anspielung auf Johann Friedrich König, einen Vertreter der altprotestantisch-orthodoxen Lehre und dessen lange einflussreiches Lehrbuch *Theologia positiva acroamatica*: „Wir lernten die Schulwörter des *König* verstehen, (eine nicht geringe Kunst!) und die Pietisten und Unionisten verabscheuen"[144].

1763 trat er in Berlin die Stelle des lutherischen Propstes und Oberkonsistorialrates an. Dass Spalding kein konfessionalistischer Lutheraner war, der die Schranken zur reformierten Tradition eher hochziehen als abbauen wollte, darf schon aus seinem viel grundsätzlicher gelagerten Interesse geschlussfolgert werden, wie es in der Intention der Bestimmungsschrift deutlich wird. Spalding ist zeitlebens bemüht, das „Wesentliche des ‚rechtverstandenen' *Christentums*"[145] herauszuarbeiten und so die Inhalte des christlichen Glaubens mit dem Erleben im tiefsten Inneren der Menschen neu in Berührung zu bringen.[146] Einzelne dogmatische Traditionsbestände traten dabei häufig samt den damit verbundenen Kontroversen mit reformierten Theologen in den Hintergrund.[147] Aber auch die

---

[143] Vgl. Beutel, Elastische Identität, 3.

[144] Spalding, Lebensbeschreibung, 117,2–4, Hervorhebung im Original.

[145] Hirsch, Geschichte IV, 16, Hervorhebung im Original.

[146] Vgl. ebd.

[147] Gleiches gilt allerdings nicht für das Verhältnis zur römisch-katholischen Kirche. Hier dürften die folgenden Zeilen Hirschs den tiefen Graben deutlich markieren: „Es versteht sich von selbst, daß Spalding wie alle deutschen Aufklärungstheologen *entschlossener Protestant ist und jegliche hierarchisch-sakramentale* Anschauung von Kirche und geistlichem Amt *verwirft*. Herrschaft der Kirche oder der Geistlichen im öffentlichen Leben, Vollmacht des Amtsträgers über das Gottesverhältnis des Einzelnen, besondre Weihe- oder Losspruchgewalt des ordinierten Geistlichen, Lehransehn der Geistlichen, welches das religiöse Urteil der Nichtgeistlichen bindet oder deren Mündigkeit auch nur einschränkt, all das ist ihm mit dem Geist der Religion und des Christentums in Widerspruch stehende Entartung.", a. a. O., 18 f., Hervorhebungen im Original.

Freundschaft und Zusammenarbeit mit dem reformierten Berliner Hofprediger August Friedrich Wilhelm Sack dürfte Ausdruck dieser innerprotestantischen Offenheit gewesen sein. Sie gipfelte in der konfessionsübergreifenden Vermählung ihrer Kinder – einem damals aufsehenerregenden und entsprechend als demonstrativem Ausdruck religiöser Toleranz interpretierten Schritt[148] – der öffentlich aufmerksam wahrgenommen und sogar dichterisch verarbeitet wurde.[149]

Seine Gedanken entfaltete Spalding also stets als Theologe der lutherischen Kirche, wenn auch – zumindest innerprotestantisch – als ein interkonfessionell um Annäherung bemühter. Seine Theologie darf daher als eine prominente neologische Übersetzung und Weiterentwicklung lutherischer Theologie des 18. Jahrhunderts beschrieben werden.

Für Luther wurden im Kapitel I.1.3 zentrale Aspekte seines Vollkommenheitsbegriffs herausgearbeitet. Im Folgenden sollen diese Aspekte ins Verhältnis zum dargestellten Spaldingschen Vollkommenheitsbegriff gesetzt werden. Zur Erinnerung werden dazu auch die Buchstaben der verschiedenen Aspekte wieder aufgegriffen.

Die herausgearbeiteten Aspekte bei Luther ließen sich kompakt folgendermaßen fassen: Vollkommenheit als egalitäres christliches Ziel (a), wird vom Gläubigen angestrebt, letztlich aber vom Heiligen Geist im Inneren des Menschen (b) gewirkt, entspringt im Glauben (c), verwirklicht sich in der Liebe (d), geht einher mit dem freien Gehorsam gegenüber Gottes Willen (e), überwindet damit zunehmend die Neigung zur Sünde (f), manifestiert sich als allmähliches Wachstum (g) an dem gesellschaftlichen Ort, an den der Mensch von Gott gestellt ist und wird begleitet von einem Gefühl der Freude. An manchen Stellen kann Luther aber auch von Vollkommenheit als einem bereits präsentisch-faktischen Zustand (h) des Gläubigen sprechen.

Offensichtlich ist zunächst die Übereinstimmung mit Luther hinsichtlich der angenommenen Zielgruppe derer, die nach Vollkommenheit streben. Wie für Luther ist auch bei Spalding dieses Wachstum hin zur Vollkommenheit keine Angelegenheit irgendeiner religiösen Elite, sondern die Bestimmung eines jeden Menschen (a). Da Religion und der christliche Glaube als eine Form wenn nicht *die* Verwirklichungsform wahren Menschseins ausgewiesen werden – so jeden-

---

[148] Vgl. DREESMAN, Aufklärung der Religion, 36.
[149] Die sowohl mit Sack als auch Spalding befreundete Lyrikerin A.L. Karsch besingt in einer Dichtung anlässlich der Hochzeit Martin Luther und Johannes Calvin als zwei „Söhne, die von einer Mutter / Zu gleicher Zeit gebohren sind" und lässt im Folgenden Luther schwärmerisch bekunden: „Mein Bruder, mein Calvin, wir beyde, / Erfahren künftig hin durch irgendeinen Geist, /Daß unsre Brüder dort auf Erden / Vereint durch veste Banden werden / Die keine List, und keine Macht zerreißt.", Karsch: Ode an den Herrn Oberhofprediger Sack, https://digital.staatsbibliothek-berlin.de/werkansicht?PPN=PPN1041128851&PHYSID=PHYS_0020&DMDID=DMDLOG_0002, S. 12.14, Stand: 23.10.2023, vgl. zu den Umständen der Hochzeit auch: MARK POCKRANDT, Biblische Aufklärung. Biographie und Theologie der Berliner Hofprediger August Friedrich Wilhelm Sack (1703–1786) und Friedrich Samuel Gottfried Sack (1738–1817), Berlin 2003, 115f.

falls Spaldings Anspruch – zielt sein Vollkommenheitsanspruch letztlich egalitär auf alle Menschen. Die unterschiedlichen (Vernunft-)Begabungen sind dabei, wie oben beschrieben, kein Hindernis. Für Spalding ist jeder Mensch gleichermaßen auf dem Weg von Tugend und Religion zur Vollkommenheit berufen und hinreichend befähigt.

Während Luther dies binnenreligiös, immer aus der Perspektive des Christen ausformuliert, wird dieses Anliegen bei Spalding universalisiert und als ein allgemein-menschliches deklariert.

Für Spalding wie für Luther gilt, dass dieses höchste Ideal allerdings prämortal als nicht vollständig erreichbar angenommen wird. Beide sind sich darin einig, dass es die Aufgabe des Menschen ist, auf diesen höchsten Zustand menschlicher Existenz hinzustreben. Bei Spalding steht der Gedanke des Wachstums (h) hin zur Vollkommenheit allerdings noch viel stärker als bei Luther im Mittelpunkt seines Denkens. Übereinstimmend halten beide fest, dass die volle Verwirklichung dieses höchsten Ziels durch das Wesen der menschlichen Natur prämortal versperrt bleibt und daher irdisch über den Modus des Fragmentarischen nicht hinauskommt.

Während sich bei Spalding die Funktion des Vollkommenheitsgedankens im anzustrebenden Höchstziel menschlicher Existenz erschöpft, markiert sie bei Luther nur eine von zwei Seiten. In der Theologie Luthers konnte im Blick auf den Vollkommenheitsbegriff eine Struktur des Schon-Jetzt und Noch-Nicht herausgearbeitet werden. Zuspruch und Anspruch finden sich bei ihm in der Ambivalenz des Vollkommenheitsbegriffs miteinander verbunden. Bei Spalding bleibt davon lediglich ein Anspruch, auch wenn dieser stets im Duktus des Glück versprechenden Zuspruchs transportiert wird. Ein Schon-Jetzt der Vollkommenheit im Sinne einer göttlichen Vergebungsgewissheit kennt Spalding hingegen nicht. Aus seiner Sicht ist der Mensch immer erst auf dem Weg dorthin. Das dürfte – ohne, dass das hier detailliert ausgeführt werden könnte – an der grundsätzlich herabgestuften Stellung des Rechtfertigungsgedanken bei ihm liegen.

Weitere Differenzen entstehen auch im Blick auf den Modus der Annäherung. Spalding verweist für den Weg zu diesem Ziel auf die natürlichen Anlagen des Menschen, denen mit Hilfe eines vernunftgeleiteten Lebens zur vollen Entfaltung verholfen werden soll. Das natürliche Glücksstreben des Menschen führt ihn, ernsthaft und klug verfolgt, zwangsläufig auf dieses Ziel hin.

Luther hätte dem so natürlich nicht zustimmen können. Bei ihm hätte weder die Kategorie des Glücks – trotz des Gefühls der Freude, das von ihm immer wieder hervorgehoben wird –, noch die der Vernunft und erst recht nicht die der natürlichen Anlagen eine solch bedeutende Rolle in diesem Wachstumsprozess spielen können, wie das bei Spalding der Fall ist. Für Luther ist es, wie er immer wieder betont, das Wirken des Heiligen Geistes, das den Gläubigen aus seinen sündhaften Verstrickungen zumindest partiell zu lösen vermag, aber nicht dessen eigenes Bemühen, auch wenn dies trotzdem von ihm gefordert bleibt. Für Luther ist ebenso klar, dass die fleischliche menschliche Natur gerade das Problem, nicht aber die Lösung im Sinne einer Rückbesinnung auf den menschlichen Ursprungscharakter, ist. Spalding auf der anderen Seite hält eine anthropologische Analyse für unzureichend, die in der menschlichen Natur vor allem nur die Anlage zum *amor sui* erkennt und durch die Prämissen von Erbsünde und Prädestination geprägt ist. Indirekt scheint er auf diese Art der Tradition, in die Luther einzuordnen ist, zu verweisen, wenn er auf andere Facetten der menschlichen Natur verweist: „So ist also gewiß eine Art von Neigungen eine Quelle der Handlungen in mir, die von meiner Eigenliebe wesentlich unterschieden ist, und doch ebenso wesentlich zu meiner Natur gehöret."[150] Im Unterschied zu Luther steht die menschliche Existenz also nicht unter dem Totalverdikt der Sünde, die als Begriff bei Spalding ohnehin nur eine marginale Rolle spielt, sondern droht ‚nur' in ein sündhaftes Leben abzugleiten. Auch Spalding kennt die Gefahr auf der Stufe eines *amor sui* hängen zu bleiben, doch gehört es für ihn – wie dargestellt – gerade zu den zu erschließenden natürlichen Anlagen, auch den Mitmenschen, die ganze Schöpfung und den Schöpfer selbst zu lieben.[151]

Grundlegende Übereinstimmung besteht hingegen im Verhältnis von Vervollkommnung und dem Wachstum in der Liebe (d). Dieses Moment ist bei Spalding schon verschiedentlich angeklungen. Die höheren Potentiale der Seele zu entfalten und so auf dem Weg der Vervollkommnung fortzuschreiten, verbindet Spalding mit der Einübung und Zunahme einer „höhern Art der Liebe"[152] gegenüber den Mitmenschen, der Natur und auch dem Schöpfer selbst: „Ich will dahin trachten, daß die Neigung der Güte und der wohlthätigen Liebe, die mir eingepflanzet ist, immer mehr gestärket, und auf alle mögliche Weise befriediget werde."[153] Dem hätte Luther gerade in der bei Spalding betonten doppelten Richtung gegenüber Gott und den Mitmenschen rundweg zustimmen können.

Der im Vergleich mit Luther auffallende anthropologische Optimismus Spaldings bleibt ohne die bereits dargestellte, neologische Verabschiedung der Erbsündenlehre natürlich unverständlich. Diese fundamentale anthropologische Differenz führt, das wird an dieser Stelle sehr deutlich, zu weitreichenden Konsequenzen auch in vollkommenheitsdiskursiver Hinsicht. Da der Mensch, nach Spalding, in ganz anderem Maße aus seinen eigenen Möglichkeiten schöpfen kann, bzw. es vor allem darauf ankommt, diese überhaupt erst wieder zu entdecken, kommt auch der Angewiesenheit auf das gnadenhafte Handeln Gottes eine deutlich geringere Bedeutung zu. Zwar weist auch Spalding gelegentlich darauf hin, dass letztlich alles, was der Mensch vermag, von Gott geschenkt ist, aber der Hauptfokus liegt bei ihm darauf, den Menschen selbst aktivierend zu seiner eigenen Bestimmung zu führen.

Das wird noch deutlicher, wenn man sich die Unterschiede in der Christologie vor Augen führt. Bei Luther steht das *solus christus* absolut im Zentrum

---
[150] SPALDING, KA I/1, 96,22–25.
[151] DERS., KA I/1 (7.–11. Auflage), 95,16–23; DERS., KA I/1, 200,12–23.
[152] A.a.O., 128,14f.
[153] A.a.O., 107,19–22.

der Soteriologie. Einzig der vertrauensvolle Blick auf Christus vermag den *homo incurvatus* aus seinem *amor sui* zu befreien. Bei Spalding hingegen erfüllt die Christologie eher eine Vorbild- und Motivationsfunktion und wird so zum Vehikel individuellen Vollkommenheitsstrebens.[154] Daher kann festgehalten werden, dass Spalding den „christologischen Erlösungsgedanken unmittelbar in das aufklärerische Perfektibilitätskonzept einzeichnete und die ‚Erlösung Jesu Christi' schlicht auf ‚ein beständiges Hinaufsteigen der Kräfte und Vollkommenheiten'"[155] abgezweckt ist. Nicht das in Christus geschehene Erlösungsereignis wird so zum Zentrum menschlicher Freiheit, die in einer anschließenden Vervollkommnung immer tiefer realisiert wird, sondern der Vervollkommnungsprozess selbst rückt in dieses Zentrum, in dessen Dienst die Anschauung von Christi Leben samt „der Kraft seiner ganzen Lehre"[156] steht.

Entsprechend spielt auch der *Glaubensbegriff* (c) im Vergleich zu Luther systematisch eine andere Rolle. Wie bei Luther findet sich in Spaldings Glaubensbegriff ein starkes Fiduzialmoment. Der religiöse Mensch vertraut auf das Wirken Gottes und nimmt auch Schicksalsschläge geduldig in der Zuversicht an, dass sie einen tieferen, möglicherweise erst später, jenseitig erkannten Sinn in sich tragen. Bei Spalding ist die *fiducia* in die göttliche Vorsehung aber anders als bei Luther – wie gerade schon angedeutet – nicht mit der Aufgabe des eigenen Willens verknüpft. Während bei Luther der Gedanke der Hingabe mit dem Loslassen eigener, fleischlich-sündhaft infizierter Intentionen verbunden ist, bleibt bei Spalding das Ideal einer Konvergenz oder gar Übereinstimmung zwischen menschlichem und göttlichem Willen, in das sogar alle Leidenschaften und Begierden *maßvoll* integriert werden können.

Aber auch der Gegenstand des Glaubens ist ein anderer. Zu glauben, bedeutet für Spalding, sich des Verhältnisses zum *Urbild der Vollkommenheiten* bewusst zu sein: „So unüberdenkbar auch die Höhe ist, in welcher das Wesen [Gott, C.S.] über mir steht, so finde ich mich doch, wegen jenes sittlichen Verhältnisses, in einer ganz andern und näheren Verbindung mit ihm als deren sich die übrige vernunftlose Schöpfung rühmen kann."[157]

Die Gewissheit dieser *Verbindung* nimmt in einem wiederum korrelativen Verhältnis mit dem Tun des Guten zu. Glaube und Werke stehen – um es in den Termini der Reformation auszudrücken – in einem dialektischen, sich gegenseitig verstärkenden Verhältnis. Schon bei Shaftesbury heißt es – das *homoiosis*-Motiv aufgreifend – in seiner *Untersuchung über die Tugend*, die Religion lehre das Streben nach der „Vollkommenheit und Würde [Gottes, C.S.] in der Meinung, ihm nachzuahmen und zu gleichen sei die Vollendung der Natur"[158].

---

[154] Vgl. z. B. DERS., KA I/3, 250f.
[155] BEUTEL, Elastische Identität, 18.
[156] SPALDING, KA I/3, 251,27.
[157] DERS., KA I/1 (7.–11. Auflage), 149,39–151,4.
[158] SHAFTESBURY, Untersuchung über die Tugend, ins Deutsche übertragen und mit einer Einleitung versehen von Paul Ziertmann, Leipzig 1905, 84; vgl. CLAUSSEN, Glück, 292.

Nicht das Heilswerk Christi ist bei Spalding der Gegenstand des Glaubens, sondern die Verbindung zur *Quelle aller Vollkommenheit* und die Möglichkeit sich ihr immer stärker anzugleichen. Luther hätte an dieser Stelle das *solus christus* vermutlich längst verabschiedet gesehen und im Vertrauen auf die Verwirklichung eines tugendhaften Lebens als Annäherung an die im Menschen angelegte Vollkommenheit einen Rückfall in einen Modus der Werkgerechtigkeit erblickt.

Insgesamt wird damit einsichtig, dass zwischen Luthers und Spaldings Vollkommenheitsvorstellung zwar eine Reihe von Gemeinsamkeiten bestehen, ebenso deutlich wird aber auch, dass Spaldings Emanzipation vom Konfessionsgründer in vielerlei Hinsicht weit fortgeschritten war. Darin schlagen sich natürlich die vielschichtigen Transformationen der Zwischenzeit, insbesondere aber der Aufklärung nieder, unter deren Bedingungen Spalding denkt. Gerade aber mit der zuletzt thematisierten Verschiebung des theologischen Zentrums von dem Rechtfertigung wirkenden Heilswerk Christi hin zur Aufdeckung menschlicher Entwicklungspotentiale mit Vollkommenheitsperspektive, ist aber eine ganz grundlegende Differenz offensichtlich geworden. Auch was Inhalt und Funktion des Vollkommenheitsgedankens betrifft, schlägt sich die von Georg Raatz anfangs erwähnte Verortung Spaldings als einem wegweisenden Akteur der Anthropologischen Wende des 18. Jahrhunderts darin voll nieder.

4.5 Systematische Überlegungen zur Vollkommenheitsambivalenz

Wenn im Folgenden auch Spaldings Verarbeitung des Vollkommenheitsbegriffs auf seinen Umgang mit der damit spezifisch aufbrechenden Ambivalenz befragt wird, dann ist das Augenmerk zunächst auf dessen besonderen theologischen Duktus zu lenken. Denn gerade vor dem Hintergrund der bisher betrachteten drei Theologen fällt dieser auffällig aus der Reihe.

Vollkommenheitsambivalenz wurde in der Einleitung als die gegenläufige Erfahrung von hoffnungsstiftend und motivierend einerseits bzw. deprimierend und hemmend andererseits als Folge der Orientierung an einem Ideal-Ich beschrieben (vgl. Einleitung 2.). Während insbesondere bei Francke und Wesley beide Aspekte nachdrücklich zum Ausdruck kamen, stimuliert die Spaldingsche Verwendung des Vollkommenheitsgedankens diese Ambivalenz deutlich weniger. Bei Spalding schlägt sich theologisch ein geradezu klassisch aufklärerischer Enthusiasmus nieder, der die negative Perspektive auf das gegenwärtige Ich fast unsichtbar werden lässt. Im Gegenteil wird bei Spalding individuelle Vervollkommnung regelrecht lustvoll als Entfaltungschance inszeniert, die dem Subjekt möglicherweise lediglich geahnte Entwicklungs- und Glücksräume erschließt. Das schließt ein Framing mit ein, das diese Potentiale des humanen Höheren nicht als eine religiöse Pflicht beschreibt, wie das bei Francke und Wesley deutlich wurde, sondern als eine vielversprechende Perspektive eröffnet, die dem individuellen Wohlergehen zugutekommt. Erst recht sind Spalding Gedanken pietistischer Provenienz fremd, dass eine solche Höherentwicklung vor allem auf dem Weg der Buße und des Bußkampfs zu erreichen ist. Ebenso fern liegt ihm die pietistische Unterscheidung zwischen den Kindern Gottes und den Kindern der Welt.

Dies ist natürlich auch der besonderen Orientierung Spaldings am Glücksbegriff geschuldet – immerhin darf seine Bestimmungsschrift als erster protestantischer Versuch gelten, in dem die Darstellung des christlichen Glaubens am Begriff des Glücks orientiert ist.[159] Durch die beschriebene Verknüpfung von irdischem Glück und ewiger Seligkeit eignet dem Spaldingschen Ansatz kein streng mahnender Charakter, sondern eine heitere Gelassenheit, die nach Räumen gelingenden Lebens jenseits des gegenwärtigen Horizonts Ausschau hält. Irdische Freuden und Vergnügungen werden dabei nicht *per se* argwöhnisch als gefährliche Irrwege qualifiziert, sondern grundsätzlich gerade begrüßt. Anders als vor allem bei Wesley und Francke, aber (auch als bei Luther) wird bei Spalding entsprechend die Perspektive eines tugendhaften Lebenswandels konsequent nicht mit Verzicht, Einschränkungen oder Askese in Verbindung gebracht, sondern als vertiefte Glückserfahrung entworfen. Der Ansatz bei den natürlichen Anlagen des Menschen sowie die Befreiuung einer erbsündentheologischen Skepsis sich selbst gegenüber eröffnet einen deutlich positiveren Selbstbezug. Tiefe – und das bedeutet natürlich auch religiöse – Selbstverwirklichung wird gewissermaßen das Programm, im Unterschied zu einer Heiligung, die mindestens partiell gegen eigene, als sündhaft qualifizierte, Neigungen und Bedürfnisse ankämpft.

Der christliche Glaube wird entsprechend als ein Lebenskonzept beschrieben, das nicht von Angst, Scham oder einem schlechten Gewissen motivational geleitet ist, sondern von der Aussicht auf ein natürlicheres, tieferes und glücklicheres Dasein. Damit wird zwar auch bei Spalding die Ambivalenz zwischen dem gegenwärtig-faktisch erlebten Ich und einem als Möglichkeit geahnten höheren Ich eröffnet und theologisch-literarisch in seinen Schriften implementiert. Allerdings mit dem besonderen Profil, dass nicht die gegenwärtig defizitäre Verfassung des Subjekts in den Fokus gerückt wird, sondern über die viel lebendigeren und positiveren Potentiale aufgeklärt wird, die dem Individuum innewohnen und die eine Entwicklung in immer größerer Übereinstimmung mit der Vollkommenheit Gottes anregen sollen.

---

[159] Vgl. a. a. O., 282.

5. Ein Ganzes in seiner Art – Vollkommenheit bei Albrecht Ritschl

5.1 Hinführung und Forschungsstand

Albrecht Ritschl gilt zu Recht nicht nur als einer der einflussreichsten Theologen des 19. Jahrhunderts, sondern zugleich mit Sicherheit als derjenige evangelische Denker, dessen Theologie in jenem Jahrhundert am stärksten mit dem Begriff der Vollkommenheit verbunden ist. Ausgelöst durch die prominente Stellung, die dem Vollkommenheitsgedanken in seinem theologischen System zukommt, hat er eine begriffliche Hochkonjunktur ausgelöst, die genauso erklärungsbedürftig ist, wie deren Ende zu Beginn des 20. Jahrhunderts.

Ritschl war die von ihm ausgelöste Begriffsrenaissance durchaus bewusst – auch wenn er selbst das einzig Überraschende darin erkannte, dass die zentrale theologische Stellung des Begriffs in der evangelischen Kirche überhaupt als etwas Ungewöhnliches wahrgenommen wurde. In der *Selbstanzeige* zum zweiten und dritten Band seines Hauptwerks *Die christliche Lehre von der Rechtfertigung und Versöhnung* (im Folgenden: *RuV*), sowie seinem *Vortrag* zur christlichen Vollkommenheit erkennt er entsprechend darin einen wichtigen Beitrag: „Ich glaube mir ein Verdienst gerade um das lutherische Kirchenthum erworben zu haben, indem ich den Begriff Luthers von der christlichen Freiheit und evangelischen Vollkommenheit in die wissenschaftliche Theologie wieder eingeführt habe"[1].

Damit werden bereits mehrere Punkte deutlich. Erstens knüpft Ritschl in seiner Aufnahme des Vollkommenheitsbegriffs *expressis verbis* bei den Anfängen der Konfession resp. bei den Reformatoren und hier besonders bei Luther an, um von daher den Begriff wieder aufleben zu lassen. Zweitens weist seine Bemerkung zur „wissenschaftliche[n] Theologie" darauf hin, dass Ritschl den Begriff zwar in der Universitätstheologie für weitgehend vergessen bzw. missverstanden erachtet, gleiches aber aus seiner Sicht für das kirchliche Leben, insbesondere das evangelische Liedgut, nicht zutrifft. Indem er diese Neuentdeckung gewissermaßen einem *ad fontes et a fontibus* folgend als ein eigenes Verdienst hervorhebt, ist

---

[1] ALBRECHT RITSCHL, Selbstanzeige von RuV II, III und Die christliche Vollkommenheit (1874), in: FRANK HOFMANN (Hrsg.), Albrecht Ritschl: Kleine Schriften, Waltrop 1999, 28–40, hier 35.

drittens unmissverständlich deren eigentlich unverzichtbare systematische Stellung behauptet. Entsprechend sagt er an anderer Stelle:

Die Vollkommenheit jedoch, welche in der evangelischen Auffassung des Christentums als Aufgabe gestellt ist, ist ein Gedanke, der nicht blos zufällig durch seine Mißdeutung auf das Mönchthum hervorgerufen ist, sondern der für die Vollständigkeit des Christenthums nothwendig ist. Er muß aufrecht erhalten werden ungeachtet der vielen Unvollkommenheiten, die wir in unseren religiösen Functionen wie unseren sittlichen Leistungen wahrnehmen.[2]

Die besondere Bedeutung Ritschls für die Wiederentdeckung des Vollkommenheitsbegriffs wurde u. a. von Adolf von Harnack würdigend hervorgehoben:

„Es ist Ritschl's hohes Verdienst, die Bedeutung der Reformation – man darf sagen, zum ersten Mal – klar und siegreich an der Umstimmung des Ideals religiöser und sittlicher Vollkommenheit nachgewiesen zu haben."[3]

Für die Herausarbeitung von Ritschls Vollkommenheitslehre sind die frühen 70er Jahre des 19. Jahrhunderts besonders interessant. Insbesondere das Jahr 1874 markiert zweifellos einen Höhepunkt im publizistischen Werk Ritschls.[4] In jenem Jahr hielt Ritschl nicht nur seinen gleich näher zu betrachtenden Vortrag *Die christliche Vollkommenheit* vor dem Göttinger Frauenverein. In den Jahren 1870–1874 erschien auch sein umfangreiches Hauptwerk *RuV*, dessen hier besonders relevanter dritter Band – *Die positive Entwicklung der Lehre* – ebenfalls 1874 veröffentlicht wurde. Die Arbeit am *Vortrag* und dem dritten Band erfolgte also parallel und führte zu wechselseitiger Beeinflussung. An seinen Verleger Adolph Marcus in Bonn schrieb Ritschl am 11. März 1874 in Bezug auf die Publikation des dritten Bandes:

Ich habe Gelegenheit gehabt, noch zu rechter Zeit erhebliche Verbesserungen in dem Manuskript, welches demnächst zum Satz kommt, vorzunehmen. In dieser Hinsicht ist mir die Ausarbeitung des Vortrages [...] sehr vortheilhaft gewesen. Indem ich ihn nämlich aus dem Vollen heraus geschöpft habe, was der Ertrag der langjährigen Arbeit gewesen ist, sind mir gewisse Ideen erst vollständig klar geworden, welche die Fäden des großen Werkes bilden.[5]

An anderer Stelle meint Ritschl, der *Vortrag* enthalte den *praktisch-religiösen Ertrag* seiner Theologie, also auch das Ergebnis der Versöhnungslehre.[6]

Neben diesen beiden Werken wird auch der 1875, also ein Jahr später, veröffentlichte *Unterricht in der christlichen Religion* heranzuziehen sein. Ritschl be-

---

[2] DERS., Die christliche Lehre von der Rechtfertigung und Versöhnung 3, Bonn ⁴1895, 615.
[3] HARNACK, Dogmengeschichte, 831.
[4] Ritschl selbst schreibt im Rückblick: „Das Jahr 74 ist für mich so bedeutsam gewesen durch die verschiedenen Publicationen, die ich in demselben gemacht habe, und die wohl die Höhe dessen bezeichnen, was ich überhaupt zu leisten vermag. Von jetzt an werde ich mich vielleicht noch ausbreiten, aber in mir selbst keine erheblichen Fortschritte in der Wissenschaft machen. Und deshalb bezeichnet der jetzige Jahreswechsel für mich eine erhebliche Epoche.", zitiert nach: OTTO RITSCHL, Albrecht Ritschls Leben. Zweiter Band. 1864–1889, Freiburg im Breisgau und Leipzig 1896, 258.
[5] Zitiert nach: a. a. O., 156.
[6] Vgl. a. a. O., 156f.

absichtigte damit eine gut verständliche Kurzform seiner Dogmatik vorzulegen, die auch im Religionsunterricht verwendet werden könnte. Auch wenn das Büchlein für diese praktische Umsetzung letztlich nicht in der erhofften Breite genutzt wurde, lohnt es sich, die pointierte Kurzdogmatik für die Erarbeitung des Vollkommenheitsbegriffs ergänzend zu betrachten.[7]

In späteren Jahren hat Ritschl eine umfangreiche *Geschichte des Pietismus*[8] geschrieben, die zwischen 1880 und 1886 veröffentlicht wurde. Wie bereits dargestellt, erfuhr der Vollkommenheitsbegriff auch im Pietismus eine konjunkturelle Hochphase. Ritschl, der dem Pietismus grundsätzlich eher kritisch gegenüberstand, hat sich entsprechend auch mit den pietistischen Gedanken zur Vollkommenheit befasst. Die Wahrnehmung dieser Ansätze in seiner Pietismusstudie hat also einerseits begriffsschärfende Funktion, andererseits zeigen sich darin theologiegeschichtlich interessante Querverbindungen. Daher wird punktuell darauf verwiesen.

Punktuell ergänzend lohnt es auch Ritschls *Vorlesung „Theologische Ethik"*[9] heranzuziehen, die 2007 von Rolf Schäfer herausgegeben wurde. Diese beruht im Wesentlichen auf Ritschls eigenen Manuskripten aus den Jahren 1858/59 und 1862/63 sowie auf Nachschriften verschiedener Hörer.[10]

Angesichts des hohen Stellenwertes, den der Vollkommenheitsbegriff in Ritschls System einnimmt, wird der Begriff in der Auseinandersetzung mit seiner Theologie häufig aufgegriffen. Entsprechend kann die vorliegende Studie an eine Reihe anderer Untersuchungen anknüpfen.

Zur Entstehungs- und Entwicklungsgeschichte des *Vortrags* und der *Unterrichtsschrift* sind die einleitenden Vorbemerkungen von Cajus Fabricius sehr aufschlussreich.[11] Dieser gab die genannten Schriften anlässlich des 50-jährigen Jubiläums des *Vortrags* 1924 neu heraus und versah beide mit einer detaillierten historischen und systematischen Einordnung.

Ebenfalls bereits etwas älteren Datums, aber für die Einordnung von Ritschls Lutherdeutung durchaus aufschlussreich, ist Otto Wolffs 1938 herausgegebene Darstellung *Die Haupttypen der Neueren Lutherdeutung*. Den Typus, den Wolff hinsichtlich der Lutherinterpretation Ritschls herausarbeitet, bezeichnet er als

---

[7] Die Unterrichtsschrift wurde in jüngerer Zeit neu hrsg. und ediert von Christine Axt-Piscalar: ALBRECHT RITSCHL, Unterricht in der christlichen Religion. Studienausgabe nach der 1. Auflage von 1875 nebst den Abweichungen der 2. und 3. Auflage, Tübingen 2002.

[8] Hier werden die Bände zwei und drei herangezogen, in denen Ritschl sich mit dem Pietismus in der lutherischen Kirche auseinandersetzt: DERS., Geschichte des Pietismus II; DERS., Geschichte des Pietismus 3. Der Pietismus in der lutherischen Kirche des 17. und 18. Jahrhunderts. Zweite Abteilung, Bonn 1886.

[9] DERS., Vorlesung „Theologische Ethik" (AzKG 99), Berlin 2007.

[10] Vgl. a. a. O., XVff.

[11] CAJUS FABRICIUS, Vorbemerkungen des Herausgebers, in: CAJUS FABRICIUS (Hrsg.), Die christliche Vollkommenheit. Unterricht in der christlichen Religion, Leipzig 1924, V–XXVII.

den „Typ der idealistisch-reformatorischen Synthese in seiner Selbstauflösung"[12]. In seiner Darstellung von Ritschls theologischem System vergleicht er in einem Unterpunkt auch dessen Gedanken zur christlichen Vollkommenheit mit Luthers Konzeption.[13]

Den Versuch einer Wiedererinnerung und Würdigung von Ritschls Theologie unternahm Rolf Schäfer in seiner 1968 veröffentlichten Habilitationsschrift.[14] Ritschls Theologie beschreibt er im Vorwort als „zugleich verschollen und gegenwärtig"[15]. An Ritschl selbst werde häufig – vermutlich vor allem unter dem Einfluss der dialektischen Theologie – als „alle Verkehrtheit seines Jahrhunderts vollendenden Ketzervaters"[16] erinnert. In seinem Versuch dieser verdammenden Sichtweise eine positive Betrachtung Ritschls Theologie entgegenzusetzen, in der „die kostbarsten Güter unserer zeitgenössischen Theologie ausgebreitet"[17] seien, nimmt er auch den Vollkommenheitsbegriff gründlich unter die Lupe.[18]

Ebenfalls eine „Neubewertung"[19] unternimmt wiederum zehn Jahre später der britische Theologe James Richmond, der diese als Teil einer um sich greifenden Ritschl-Renaissance begreift.[20] Auch er sieht seine hohe Wertschätzung im scharfen Kontrast zu geltenden Urteilen seiner Zeit, insbesondere Karl Barths. Barths „herablassenden Äußerungen über Ritschl"[21] setzt Richmond daher eine andere Perspektive entgegen, ohne dass er diese als eine „Art Attacke oder Diskreditierungsversuch gegen [seinen] [...] verstorbenen Lehrer"[22] Barth verstanden wissen möchte. In Richmonds Rekonstruktion wesentlicher Aspekte von Ritschls Theologie fokussiert er auch dessen Vollkommenheitsbegriff.[23]

Eine Untersuchung, die sich explizit der Ethik Ritschls zuwendet, wurde 1992 von Helga Kuhlmann unter dem Titel *Die Theologische Ethik Albrecht Ritschls* vorgelegt. Darin verfolgt Kuhlmann das Ziel, dessen theologische Ethik zu explizieren und systematisch zu rekonstruieren.[24] Da sich dessen Ethik „am Begriff der Vollkommenheit entwickeln"[25] lässt, wird auch dieser „Zentralbegriff seiner

---

[12] Vgl. zu diesem Typ das Kapitel: OTTO WOLFF, Die Haupttypen der neueren Lutherdeutung (TSSTh 7), Stuttgart 1938, 121–236.
[13] Vgl. a.a.O., 191–195.
[14] ROLF SCHÄFER, Ritschl. Grundlinien eines fast verschollenen dogmatischen Systems (BHTh 41), Tübingen 1968.
[15] A.a.O., VI.
[16] Ebd.
[17] Ebd.
[18] Vgl. insbesondere a.a.O., 143–149.
[19] JAMES RICHMOND, Albrecht Ritschl. Eine Neubewertung (GTA 22), Göttingen 1982.
[20] Vgl. Kapitel I, Die Ritschl-Renaissance, a.a.O., 13–38.
[21] A.a.O., 8.
[22] Ebd.
[23] Vgl. a.a.O., 175ff.
[24] Vgl. HELGA KUHLMANN, Die theologische Ethik Albrecht Ritschls (BEvT 112), München 1992, 11.
[25] A.a.O., 188.

Ethik"[26] sowohl in seiner funktionalen Dimension als auch in seiner materialen Ausformung untersucht.[27]

Insbesondere für einen Vergleich mit der Theologie Luthers ist die 1998 erschienene Dissertation von Frank Hofmann interessant und hilfreich, in der *Albrecht Ritschls Lutherrezeption*[28] beleuchtet ist. In einem gründlichen Durchgang durch Ritschls Schriften werden dabei jeweils die Bezüge zu den verschiedenen Schriften des Reformators aufgezeigt und in knapper Form reflektiert.

Dem bei Ritschl mit dem Begriff der Vollkommenheit verbundenen Aspekt der Vorsehung widmet sich eingehend Arnulf von Scheliha in seiner 1999 erschienenen Monografie *Der Glaube an die göttliche Vorsehung*.[29] Dabei wird der genannte Aspekt neben anderen philosophischen, theologischen und soziologischen Perspektiven auch in der Fassung Ritschls rekonstruiert. Der Begriff der Vollkommenheit wird dabei kaum einmal genannt. Da von Scheliha neben Ritschls Fassung des Vorsehungsglaubens allerdings auch die tugendhaften Habitualisierungen *Geduld, Demut* und *Gebet* betrachtet, werden von ihm inhaltlich maßgebliche Facetten des Ritschl'schen Vollkommenheitsbegriffs in ihren jeweiligen Relationen reflektiert.[30]

Eine weitere Studie, an die hier angeknüpft werden kann, ist die Habilitationsschrift von Markus Mühling *Versöhnendes Handeln – Handeln in Versöhnung. Gottes Opfer an die Menschen*[31]. In dieser systematischen Untersuchung analysiert Mühling verschiedene Zugriffe auf den Versöhnungsbegriff und kommt in diesem Zusammenhang auch ausführlich auf Ritschls „Zurechtbringungslehre"[32] zu sprechen. Dabei thematisiert er auch dessen Vollkommenheitsbegriff in seinen diversen Funktionen.[33]

Im Rahmen seiner Habilitationsschrift *Tätigkeit und Erfüllung. Protestantische Ethik im Umbruch der Arbeitsgesellschaft*[34] hat Torsten Meireis insbesondere den Berufsbegriff Ritschls einer kritischen Analyse unterzogen.[35] Da Ritschls Berufsbegriff in dessen Vorstellung eines guten christlichen Lebens eingebettet ist und dieses wiederum durch die Vorstellung von Vollkommenheit näherbestimmt wird, kommt Meireis immer wieder auch auf Ritschls Vollkommenheits-

---

[26] Ebd.
[27] Vgl. a. a. O., 188–192.
[28] FRANK HOFMANN, Albrecht Ritschls Lutherrezeption (LKGG 19), Gütersloh 1998.
[29] ARNULF VON SCHELIHA, Der Glaube an die göttliche Vorsehung. Eine religionssoziologische, geschichtsphilosophische und theologiegeschichtliche Untersuchung, Stuttgart 1999, 213–274.
[30] Vgl. insbesondere a. a. O., 263–270.
[31] MARKUS MÜHLING, Versöhnendes Handeln – Handeln in Versöhnung. Gottes Opfer an die Menschen (FSÖTh 107), Gottingen/Bristol 2005.
[32] Vgl. a. a. O., 48–83.
[33] Vgl. a. a. O., 78ff.
[34] TORSTEN MEIREIS, Tätigkeit und Erfüllung. Protestantische Ethik im Umbruch der Arbeitsgesellschaft, Tübingen 2008.
[35] Vgl. insbesondere a. a. O., 92–131.

begriff zurück. Vor allem im Blick auf Ritschls Berufskonzeption als Teilaspekt der christlichen Vollkommenheit kann in der vorliegenden Untersuchung an die genannte Studie angedockt werden.

Auch Ulrich Barth kommt in seinem Aufsatz *Das gebrochene Verhältnis zur Reformation. Bemerkungen zur Luther-Deutung Albrecht Ritschls*[36] am Rande auf den Vollkommenheitsbegriff zu sprechen. Seine Untersuchung ist für die vorliegende Studie aber insbesondere für das darin thematisierte Verhältnis zwischen Luthers und Ritschls Theologie relevant.

Den Vollkommenheitsbegriff Ritschls gezielt betrachtet und in knapper Form dargestellt hat Rochus Leonhardt in seinem bereits erwähnten Aufsatz *Vollkommenheit und Vollendung*[37]. An den darin herausgearbeiteten „paradoxen Charakter"[38] der Vollkommenheit in Ritschls Theologie – in dem zentrale Gedanken Luthers wiederkehren – kann im Folgenden vertiefend angeknüpft werden.

Auch die Darstellungen von Schäfer, Richmond und Kuhlmann werden als Referenzpunkte immer wieder herangezogen. Im Unterschied zu den genannten Arbeiten wird der Vollkommenheitsbegriff in diesem Band allerdings in den Mittelpunkt gerückt. Zudem wird auch in diesem Kapitel explizit nach dem Verhältnis von Luthers und Ritschls Vollkommenheitsvorstellung gefragt. Diese Perspektive ist lediglich in Hofmanns Buch zur *Albrecht Ritschls Lutherrezeption* eingenommen, dort aber nicht auf den Vollkommenheitsbegriff eingegrenzt.

Wenn im Folgenden Ritschls Vollkommenheitsbegriff herausgearbeitet werden soll, so bietet sich als Ausgangspunkt der bereits zitierte, thematisch einschlägige *Vortrag* an. Da einige der wesentlichen Gedanken darin allerdings recht kompakt zusammengefasst sind, lohnt zur Vertiefung selbstverständlich ein gründlicher Blick insbesondere in seine ausführliche dogmatischen Darstellung *RuV*, aber auch in seine knappe dogmatische Darstellung der *Unterrichtsschrift*. Auch aus der *Geschichte des Pietismus* lassen sich aufschlussreiche Ergänzungen ableiten, auf die gelegentlich verwiesen wird.

Zunächst sollen unter dem Stichwort der *Wiederbelebung des Vollkommenheitsbegriffs* einige grundsätzliche Gedanken zum Thema entfaltet werden (5.2). Dabei werden insbesondere Ritschls verschiedene theologiehistorische Bemerkungen zur Entwicklung der Lehre innerhalb des Protestantismus gebündelt dargestellt. Anschließend wird Ritschls Begriff zumindest in groben Strichen im Kontext seines Gesamtsystems verortet und auf dessen *Funktion* hin befragt (5.3). Die *materiale Ausformung seiner Vollkommenheitslehre* in ihren einzelnen Aspekten erfolgt anschließend (5.4). Unter dem Stichwort *Modernisierung als produktive Aneignung* wird Ritschls Profilierung des Begriffs mit Luthers Vollkommenheitsbegriff ins Verhältnis gesetzt (5.5). Abschließende *Systematische*

---

[36] ULRICH BARTH, Das gebrochene Verhältnis zur Reformation. Bemerkungen zur Luther-Deutung Albrecht Ritschls, in: ULRICH BARTH (Hrsg.), Aufgeklärter Protestantismus, Tübingen 2004, 125–148.
[37] LEONHARDT, Vollkommenheit.
[38] A. a. O., 50.

Überlegungen zur Vollkommenheitsambivalenz ordnen Ritschls Ansatz ebenfalls in den größeren Zusammenhang des vorliegenden Bandes ein (5.6).

5.2 Ritschls Wiederbelebung des Vollkommenheitsbegriffs

Ritschl eröffnet seinen *Vortrag* über *Die christliche Vollkommenheit* mit dem Eingeständnis, ein zumindest in evangelischen Kreisen irritierendes Thema gewählt zu haben:

Indem ich die Frage nach der christlichen Vollkommenheit aufwerfe, bin ich mir wohl bewußt, einen Ton anzuschlagen, welcher in dem Ohre evangelischer Christen befremdend klingt. Wir sind in der evangelischen Kirche zu der Bescheidenheit oder der Demut erzogen uns des Anspruches auf irgend eine Vollständigkeit unserer Leistungen im praktischen Leben zu enthalten.[39]

Gleichzeitig hält er den Begriff der christlichen Vollkommenheit erstens biblisch für so prominent, dass ein Verzicht in einer Konfession, die sich dem *sola–scriptura*-Prinzip verpflichtet weiß, kaum zu rechtfertigen wäre. Zweitens verweist er auf die Anfänge der Reformation, in deren Begriffstradition er sich mit seinen Gedanken stellen will. Und drittens hält er ihn auch systematisch für so tragend, dass ihm eine Wiederbelebung insbesondere in seiner reformatorischen Gestalt als ein geradezu notwendiges Unterfangen erscheint.[40]

Das Anliegen eines positiven christlichen Vollkommenheitsbegriffs legitimiert Ritschl am Anfang des *Vortrags* zunächst durch Verweis auf den „Stifter" (Mt 5,48) und die „ältesten Zeugen unserer Religion"[41] (Jak 1,4; 1 Kor 2,6; Phil 3,10–15), die den Begriff zwar nicht einheitlich, aber jeweils positiv im Sinne eines Zuspruchs oder anzustrebenden Ziels verwenden. Jesus habe den Begriff in der Bergpredigt vor allem im Blick auf das Gebot, auch die Feinde zu lieben, verwendet. In dieser allumfassenden Liebe bilde sich die Vollkommenheit Gottes auch beim Menschen nach. Im Jakobusbrief werde vor allem die Geduld im Leiden als Inhalt von Vollkommenheit herausgestellt. Und bei Paulus hebt Ritschl

---

[39] RITSCHL, Vollkommenheit, 44.

[40] Ritschl ist sich dessen bewusst, dass der Begriff auch im Protestantismus niemals völlig verschwunden war. Das wird schon allein in seiner umfangreichen Pietismus-Studie deutlich. Trotzdem fällt sein Resümee im Blick auf den Vollkommenheitsbegriff für die gesamte Geschichte des Protestantismus negativ aus (vgl. ebd., 44). Von einer *Wiederbelebung* des „befremdend, störend, verwirrend" (ebd.) erscheinenden Begriffs bei Ritschl zu sprechen, wie es dem Duktus des *Vortrags* entspricht, erscheint aus zwei Gründen sachgerecht: Erstens, da der Begriff trotz seiner gelegentlichen Verwendung (insbesondere im Pietismus) keineswegs als ein üblicher dogmatischer oder in der kirchlichen Praxis verwendeter Begriff erschien. Zweitens wurde, wenn er Verwendung fand, kaum an den reformatorischen Begriff Luthers und Melanchthons angeknüpft, wie das bei Ritschl der Fall ist. Die Formulierung einer Wiederbelebung des Begriffs im Allgemeinen, insbesondere aber in seiner reformatorischen, lutherisch-melanchthonischen Ausformung scheint daher angemessen.

[41] A. a. O., 46.

einerseits dessen Rede von den bereits „vollkommenen Christen"[42] (1 Kor 2,6) hervor, die Paulus offensichtlich kennt, und verweist gleichzeitig darauf, dass Paulus selbst sich als jemand charakterisiert, der „das Ziel noch nicht erreicht"[43] hat, ihm aber nachjagt und sich bereits in diesem Streben als vollkommen begreift (Phil 3,10–15).

Von diesem knapp angerissenen biblischen Befund spannt Ritschl den Bogen zur Zeit der Reformation. Hier verweist er zitierend auf die zentrale Äußerung aus *CA 27*:

> Christliche Vollkommenheit besteht in der Ehrfurcht vor Gott und dem auf Christus gegründeten Vertrauen, daß Gott uns gnädig ist, in der Anrufung Gottes, in der sichern Erwar[tung] seiner Hülfe bei allen Unternehmungen in unserem Berufe, zugleich in dem Fleiß zu guten Werken im Dienste unseres Berufes. In diesen Leistungen besteht die wahre Vollkommenheit und der wahre Gottesdienst, nicht in Ehelosigkeit, in Betteln oder in schmutzigem Kleide.[44]

Die Definition der *CA* verbindet Ritschl mit einem Satz aus Luthers Schrift *De votis monasticis*, in der dieser schreibt: „Der Stand der Vollkommenheit besteht darin, daß man mit muthigem Glauben Verächter des Todes und Lebens, des Ruhms und der ganzen Welt, und daß man in glühender Liebe dienstbar gegen alle sei."[45] (Vgl. I.1.3c).

An diese Sätze knüpft Ritschl auch seine eigene Bestimmung an, indem er die wesentlichen Begriffe der genannten Textstellen miteinander verbindet und zu einem eigenen System verknüpft:

> Ich erlaube mir, diese Sätze so zu gruppieren, daß ich die Ehrfurcht und das Vertrauen auf Gott in die *Demuth* zusammenziehe, daß ich für die Erwartung der Hilfe Gottes und die Verachtung von Tod und Welt *den Glauben und die Ergebung in Gottes Vorsehung* setze; dazu kommt die *Anrufung und der Dank gegen Gott im Gebet*, endlich die *Treue in dem gemeinnützigen sittlichen Beruf*. In diesen Leistungen besteht die christliche Vollkommenheit, welche für jeden die Aufgabe bildet.[46]

Mit der Demut, dem Glauben und der Ergebung in Gottes Vorsehung, dem Gebet und der Berufstreue sind vier zentrale Termini von Ritschls Vollkommenheitsbegriff genannt. Hinzu kommt an späterer Stelle im *Vortrag* mit der *Geduld*

---

[42] Ebd.
[43] Ebd.
[44] Zitiert nach: a. a. O., 49.
[45] Zitiert nach: a. a. O., 50, Ritschl zitiert noch weiter: „Aber kaum findet man Menschen, welche am Leben und Ruhm mehr hangen und an Glauben leerer sind, welche den Tod heftiger scheuen, als diejenigen, welche am meisten mönchisch sind".
[46] Ebd.

noch ein fünfter Aspekt.⁴⁷ Damit stimmen auch die Aufzählungen in *RuV*⁴⁸ und der *Unterrichtsschrift*⁴⁹ überein.⁵⁰ Letztlich dürfte Ritschl also eine 4+1-Struktur vor Augen gehabt haben, in der den vier religiösen Aspekten die Ausübung des Berufs als die sittliche Dimension von Vollkommenheit gegenüber steht.⁵¹ Die sittliche Dimension erfährt in der *Unterrichtsschrift* allerdings auch noch einmal eine Ergänzung, wenn Ritschl dort vom „pflichtmäßigen Handeln[] im besonderen Beruf, *und* der Tugendbildung"⁵² spricht. Nimmt man diesen Aspekt der Tugendbildung mit hinzu, dann ergibt sich entsprechend sogar eine 4+2-Struktur, in der den vier religiösen zwei sittliche Aspekte gegenüber stehen. Da aber von Ritschl sowohl im *Vortrag* als auch in *RuV 3* die 4+1-Struktur vorgetragen ist und der Tugendbegriff ohnehin auch in diesen Aspekten mitgeführt ist, wird in dieser Studie der dort dargestellten Struktur gefolgt.⁵³

Deutlich wird in Ritschls Bestimmung, dass er begriffsgenetisch eine Linie von der neutestamentlichen Tradition über die wieder daran anknüpfende – wenn

---

⁴⁷ Die Tugend der Geduld fehlt in zitierter Aufzählung, wird aber einige Seiten später plötzlich mit in die Reihe aufgenommen und dürfte daher für die Zuhörer recht überraschend gefallen sein: „Hiedurch aber wird [jenseits des Berufs, C.S.] überhaupt die Aufmerksamkeit auf die andere Gruppe von Beziehungen der christlichen Vollkommenheit gerichtet, auf die Demuth, auf den Glauben an Gottes Vorsehung und die Geduld in allen Lebenshemmungen und Leiden, endlich auf das Gebet.", a. a. O., 57. Der Begriff der Geduld fand vor dieser Nennung im gesamten *Vortrag* ein einziges Mal nur an der Stelle Erwähnung, an der sich Ritschl kurz mit dem biblischen Befund zur Vollkommenheit auseinandersetzt und an der er die Verwendung im Jakobusbrief als „Geduld im Leiden" charakterisiert, a. a. O., 46.

⁴⁸ In RuV 3 wird das schon bei einem Blick auf das Inhaltsverzeichnis deutlich: Das neunte und abschließende Kapitel ist so strukturiert, dass auf die grundsätzlichen Gedanken zur „religiösen Weltbeherrschung" (§ 62) in den § 63–66 die vier religiösen Tugenden (Glaube, Geduld, Demut, Gebet) entfaltet sind, die unter dem Titel der „christlichen Vollkommenheit" in § 67 zusammengefasst sind. Das sittliche Handeln, das sich am Ort des Berufs konkretisiert, folgt dann als die andere Dimension der Vollkommenheit als letzter Paragraf (§ 68) nach, vgl. DERS., RuV 3, 575–634.

⁴⁹ Vgl. DERS., Unterricht, § 58.

⁵⁰ In der zeitlich früheren Vorlesung zu Ethik hingegen fehlt der Aspekt der Geduld. Unter der Überschrift „Die Gotteskindschaft" behandelt Ritschl dort die Aspekte Glaube an die Vorsehung Gottes, Demut und Gebet. Die Geduld scheint er als Tugend erst später in diese Gruppe mit aufgenommen zu haben, vgl. DERS., Vorlesung „Theologische Ethik", 131–140.

⁵¹ Auch an anderen Stellen ist diese 4+1-Struktur nicht immer konsequent beibehalten. So fehlt in einer Aufzählung in RuV 3 beispielsweise das Gebet, vgl. DERS., RuV 3, 612; sehr deutlich ist diese Struktur hingegen auch in den zusammenfassenden Stichpunkten am Ende des Kapitels von *RuV* wiederzufinden: a. a. O., 634; auch bei Richmond sind die genannten fünf Elemente im Zusammenhang von Vollkommenheit aufgeführt, vgl. RICHMOND, Albrecht Ritschl, 175–182; Matthias Neugebauer spricht hingegen nur von vier – es fehlt der Aspekt der Geduld, vgl. MATTHIAS NEUGEBAUER, Arbeit und Beruf – Albrecht Ritschls Auffassung von der Arbeit, in: GEORG NEUGEBAUER/CONSTANTIN PLAUL/FLORIAN PRIESEMUTH (Hrsg.), Gott gebe Wachstum. Historische und systematische Studien zur protestantischen Wirtschaftsethik nach Max Weber, Berlin/Boston 2021, 93–124, hier 120.

⁵² RITSCHL, Unterricht, § 59, 80, Hervorhebung C.S.

⁵³ Vgl. die Bemerkungen zum Tugendbegriff bei SCHÄFER, Ritschl, 146.

auch darüber hinausgehende[54] – Reformation, insbesondere Luther und Melanchthon, bis zu seiner eigenen Entfaltung des Begriffs zieht. Die Reformatoren knüpfen dabei nach Ritschl eher an die jesuanische Bestimmung von Vollkommenheit als eine an „alle Christen"[55] „aufgestellte Forderung"[56] an, auch wenn der von ihnen profilierte Begriff in seiner reformatorischen Reflexionsgestalt weder vom Religionsstifter noch sonst im Neuen Testament entfaltet ist. Die römisch-katholische Bestimmung, wie sie insbesondere im Mittelalter leitend war, sieht Ritschl hingegen als eine verzeichnende Aufnahme der Spur, wie sie in den genannten Briefen des Neuen Testaments vorgegeben ist.[57]

Im Blick auf den reformatorischen Begriff weist Ritschl darauf hin, dass Luthers und Melanchthons Vollkommenheitsbestimmung im Wesentlichen auf einer Linie liegen und jeweils das reformatorische Verständnis mustergültig zum Ausdruck bringen. Besondere Hochschätzung erfährt dabei jene Bestimmung „der christlichen Vollkommenheit, welcher Melanchthon in der Augsburgischen Confession den glücklichsten Ausdruck verliehen hat"[58].

Mit dieser expliziten Anknüpfung an die reformatorische Begriffsfassung stellt sich aber die Frage nach der Lehrentwicklung *zwischen* Reformation und Ritschls eigener Bestimmung in der zweiten Hälfte des 19. Jahrhunderts. Ritschl zieht im Blick auf diese reichlich 350 Jahre Protestantismusgeschichte ein überwiegend negatives Resümee. Die Ursache dafür sieht er schon bei den Reformatoren selbst angelegt.

Denn so entscheidend einerseits deren Kritik an dem „pharisäischen Religionsfehler"[59] gewesen ist, wie er im monastisch eingeengten Begriff der Vollkommenheit zum Ausdruck kommt, der nach Ritschl nichts weniger als „die höchste mögliche Verderbniß der christlichen Religion"[60] darstellt, so wenig konsequent waren die Reformatoren darin, den so wieder neugewonnenen Vollkommenheitsbegriff „in deutlichem Lichte zu erhalten"[61]. Zwar sieht er diesen, wie erwähnt, an unterschiedlichen Stellen in wünschenswerter Klarheit formuliert. Doch blieb die positive Herausstellung der neugebildeten Lehre nach Ritschl letztlich viel zu defensiv. So versäumte es Melanchthon beispielsweise in der CA den Vollkommenheitsbegriff bereits in CA 4 ins entsprechende Verhältnis mit der Rechtfertigungslehre zu setzen. Auch in CA 20 sei er lediglich angedeutet nicht aber angemessen ausgeführt. Die einzig wirklich konstruktive Neufassung finde sich nur in der bereits zitierten Passage aus CA 27 und damit an jener Stelle, wo es unter der Überschrift „Von den Klostergelübden" primär um eine Ab-

---

[54] Vgl. Ritschl, RuV 3, 611.
[55] A.a.O., 612.
[56] A.a.O., 613.
[57] Vgl. a.a.O., 611.
[58] A.a.O., 163.
[59] A.a.O., 620.
[60] Ebd.
[61] Ebd.

grenzung vom Missbrauch der Lehre in der vorreformatorischen Tradition geht. Abgesehen von der *CA* und ihrer *Apologie* hat die neugefasste Lehre zudem in kein weiteres Glaubensbekenntnis Eingang gefunden, sodass sie bekenntnistheologisch letztlich nicht den Stellenwert einnehmen konnte, der ihr nach Ritschl hätte eingeräumt werden müssen.

Damit war die Grundlage dafür gelegt, dass in den folgenden Jahrzehnten und Jahrhunderten nicht nur die Vollkommenheitslehre selbst, sondern auch die Lehre von der Rechtfertigung in der Dogmatik regelrecht „verkrüppelt"[62] ist. Die „kirchliche Theologie" mit ihrer Orientierung an „der dogmatischen Ueberlieferung"[63] hat es in der Folge nicht vermocht, eine „Formel des Zusammenhanges zwischen der Rechtfertigung aus dem Glauben und den Functionen der christlichen Vollkommenheit"[64] zu artikulieren und so das ursprünglich angelegte reformatorische Erbe weiterzutradieren. Interessanterweise konnte der Inhalt der evangelischen Vollkommenheitslehre so zwar nicht in der Dogmatik und in der sich an ihr orientierenden maßgeblichen kirchlichen Lehre weitergereicht werden. An anderer Stelle lässt sich nach Ritschl jedoch ein Traditionsstrom identifizieren, der die Lehre im kollektiven konfessionellen Gedächtnis zu halten vermochte. Ritschl sieht in der „asketischen Literatur"[65] und im evangelischen Liedgut[66] zwei entscheidende Träger, in denen die Gedanken von „Vorsehungsglauben, Demuth und Geduld"[67] – und damit wesentliche Elemente der Vollkommenheitslehre – theologisch fortwirken konnten.[68]

Allerdings gab es vor allem mit dem Pietismus und der Aufklärungstheologie auch im Protestantismus Phasen, in denen der Vollkommenheitsbegriff nicht nur in der asketischen Literatur und dem Liedgut weitertradiert wurde, sondern auch theologisch intensiv aufgegriffen wurde (vgl. I.2–4). Diese Konjunkturphasen des Begriffs hat Ritschl vor allem in seiner *Geschichte des Pietismus* gründlich beleuchtet. Die positive Wertschätzung dieser ersten Wiederbelebung verbindet Ritschl jedoch mit einer Kritik an den Defiziten des profilierten Begriffs:

[D]ie Pietisten verbinden mit dem reformatorischen Grundsatz vom Glauben als Heilserfahrung die richtige Ahnung von dem Fehler in der herrschenden Theologie, welche die Abirrung

---

[62] Ebd.
[63] Ebd.
[64] Ebd.
[65] Ebd.
[66] A.a.O., 620, vgl. auch 623: „[D]ie christliche Vollkommenheit […], […]welche ihre fortwährende Nahrung aus den kirchlich gewordenen Liedern zieht, in denen sich die gesundeste Ueberlieferung des evangelischen Christenthums zu erkennen giebt".
[67] A.a.O., 620.
[68] Ähnliches gilt auch für den Gedanken der „sittlichen Vollkommenheit", deren Verwirklichung von den Reformatoren aus Ritschls Sicht in der hervorgehobenen Bedeutung des weltlichen Berufs dargestellt ist. Auch dieses Erbe sei „trotz der Auctorität der Augsburgischen Confession mehr in der Sitte des Protestantismus wirksam geblieben", als daß es „in der öffentlichen Lehre zu der ihr gebührenden Geltung gekommen wäre", a.a.O., 629; vgl. auch DERS., Vorlesung „Theologische Ethik", 132f.

von jenem Grundsatz verschuldet. Allein sie haben den Weg zu dem lutherischen Begriff der Vollkommenheit nicht gefunden. Sie blieben vielmehr selbst im Banne der Schultradition befangen. Denn sie vermochten nicht zu erkennen, daß der Glaube die Erfahrung von der Versöhnung aus Gott macht, indem er zugleich seine Stellung zur Welt nimmt, nicht in der negativen Absicht, sie überhaupt zu verleugnen, sondern in der positiven Absicht, sie zu beherrschen, auch wenn er in einer Menge von Beziehungen auf sie verzichtet."[69]

Die grundsätzliche Kritik Ritschls bezieht sich dabei vor allem auf das aus seiner Sicht problematische und zugleich unreformatorische sittlich-religiöse Weltverhältnis.[70] Damit war insbesondere ein mystisches Christentumsverständnis im Blick, das sich als Fortsetzung der katholischen Frömmigkeit einer Bernard von Clairvaux'schen Prägung quasi als Privatverhältnis mit dem Heiland von der Welt abwendet, anstatt diese positiv zu gestalten.

Zudem sieht Ritschl im Pietismus den reformatorischen Vorsehungsglauben bekämpft und verachtet, da dieser als ein zu kritisierendes Element des Rationalismus galt.[71] Damit fehlt für Ritschl aber eines der fünf zentralen Elemente, die für ihn unverzichtbarer Bestandteil eines evangelischen Vollkommenheitsbegriffs sind.

Als wesentliches Problem der Weitertradierung der reformatorischen Vollkommenheitsvorstellung wird von Ritschl die Begriffsvergessenheit der protestantischen Orthodoxie des 17. Jahrhunderts identifiziert. Diese habe den eminent wichtigen Unterschied zwischen einem *quantitativen* und einem *qualitativen* Verständnis von Vollkommenheit aus dem Blick verloren, sodass auch im Pietismus diese grundlegende Differenzierung weitgehend unbekannt blieb.

Johann Arndts theologische Vollkommenheitsreflexionen z. B. fallen aus Ritschls Sicht auf ein vorreformatorisches Level zurück. Seine Gedanken „sind im Mittelalter heimisch"[72], da er nichts weiß „von der Vollkommenheit, welche die Augsburgische Confession lehrt"[73], sodass „Luthers Reformation gar nicht stattgefunden zu haben"[74] brauchte. Derselbe Befund gilt in ähnlicher Weise für Zinzendorf. Auch dieser sei dem Vollkommenheitsbegriff in einigen Facetten zwar recht nahe gekommen, habe dabei aber nicht die „Functionen" erreicht, „welche Melanchthon in der Confession und der Apologie aus der Versöhnung durch Christus ableitet und unter dem Titel der Vollkommenheit ordnet"[75].

Vor diesem Hintergrund mussten auch die positiven Ansätze, die Ritschl einigen anderen Pietisten, z. B. Spener, durchaus attestieren kann letztlich immer verzerrt und missverständlich bleiben:

---

[69] DERS., Geschichte des Pietismus II, 423f.
[70] Vgl. a. a. O., 424.
[71] Vgl. DERS., Rechtfertigung und Versöhnung, 3. Die positive Entwicklung der Lehre, Bonn ⁴1895, 623.
[72] DERS., Geschichte des Pietismus II, 48.
[73] Ebd.
[74] Ebd.
[75] DERS., Geschichte des Pietismus III, 406.

Jedoch gerade bei diesem Punkte darf man nicht unbeachtet lassen, wie verhängnißvoll die herrschende Lehrweise dazu gewirkt haben muß. Denn in dieser wurde der Begriff der christlichen Vollkommenheit immer nur quantitativ gedeutet, und deren Möglichkeit in diesem Sinn mit Recht verneint. Der qualitative Begriff derselben, obgleich in der Augsburgischen Confession und deren Apologie bezeugt, war in der rechtgläubigen Theologie völlig verschollen. Wurde nun dieser Sinn des Begriffs von Spener in seiner Weise wieder aufgestellt, so vermochten Theologen ihn gerade deswegen nicht zu verstehen, oder sie verstanden ihn falsch, weil ihre Vorstellung durch die ausschließliche Geltung des quantitativen Begriffes vorweg genommen war.[76]

So konnte auch Spener letztlich nicht zur Höhe des reformatorischen Begriffs zurückfinden. Zwar hat er aus seiner Kenntnis der CA einerseits eine „quantitative Vollkommenheit"[77] in Übereinstimmung mit der dort festgehaltenen Definition abgelehnt. Andererseits aber habe er – und darin sieht Ritschl die problematische Abweichung – gelehrt, dass die guten Werke zur „Versicherung des Gnadenstandes"[78] dienen könnten. Das aktive Leben des Gläubigen habe so doch wieder eine Bedeutung erlangt, in der das sola fide der Bekenntnisschriften nicht uneingeschränkt gegolten habe, sodass Ritschl bei Spener davon spricht, dieser habe letztlich „zwei Völker im [sic!] seinem Schooße"[79].

Im Blick auf seine Gegenwart diagnostiziert Ritschl hinsichtlich der Vollkommenheitslehre die oben bereits angesprochene Divergenz von dogmatisch orientierter Kirchentheologie und praktisch gelebtem Christentum. Diese haben sich aus seiner Sicht derart voneinander entfernt, dass „wie im Mittelalter eine doppelte Form der Religion" entstanden sei, in der sich das „Laienchristenthum des undogmatischen Vorsehungsglaubens, und die vollkommene Frömmigkeit des Dogmenglaubens"[80], wie er sie auch auf Kanzeln vertreten sieht, gegenüberstehen.[81] Somit ist auch klar, dass die dogmatische Predigt in der Regel „nichts zur Verständigung darüber beiträgt, was zur evangelischen Vollkommenheit gehört"[82]. Für Ritschl ist diese Spaltung auch wesentlicher Grund für die erlahmende kirchliche Teilnahme der Laien. Deren Bedürfnisse seien – so Ritschl – letztlich im Kontext „ihrer Privatüberzeugungen sicherer gestellt"[83]. Diesem Befund entsprechend ist es Ritschls Anliegen, den reformatorischen Vollkommenheits-

---

[76] DERS., Geschichte des Pietismus II, 173.
[77] A.a.O., 116.
[78] A.a.O., 115.
[79] A.a.O., 116.
[80] DERS., RuV 3, 623.
[81] Eine aus heutiger Sicht eher irritierende Einschätzung soll hier zumindest am Rande erwähnt werden: Ritschl fordert von den kirchlichen Vertretern seiner Zeit auf dogmatisch korrekte Predigten zu verzichten, zumindest aber die Frauen damit zu verschonen. Denn obwohl diese nicht über die „Klarheit dogmatischer Erkenntniß" verfügen, übten sie „die christliche Vollkommenheit meistens in musterhafter Weise", a.a.O., 624., ob mit dieser positiven Einschätzung eine besondere geschlechtsspezifische Vollkommenheitsdisposition gemeint ist oder anhand der Frauen nur verdeutlicht werden soll, dass für die Vollkommenheit des einzelnen Christen keine dogmatistischen Predigten hilfreich sind – eher im Gegenteil –, wird aus den wenigen Zeilen jedoch nicht ganz deutlich, vgl. ebd.
[82] Ebd.
[83] Vgl. a.a.O., 623.

begriff auch in der Dogmatik sowohl in seiner systematischen Bedeutung als auch in seiner materialen Bestimmung zu respristinieren.

5.3 Die Funktion des Vollkommenheitsbegriffs in Ritschls System

Bevor die fünf Kennzeichen der christlichen Vollkommenheit detailliert dargestellt werden, lohnt an dieser Stelle die Frage nach der Funktion des Vollkommenheitsbegriffs innerhalb von Ritschls theologischem System. Für Ritschl ist „das Christentum [...] nicht einer Kreislinie zu vergleichen, welche um einen Mittelpunkt liefe, sondern einer Ellipse, welche durch zwei Brennpunkte beherrscht ist"[84]. Mit diesen beiden Brennpunkten ist die *Rechtfertigungs- und Versöhnungslehre* auf der einen und die ethisch-religiöse Totalitätsidee des *Reiches Gottes* auf der anderen Seite gemeint. Das Profil von Ritschls Vollkommenheitsbegriff und dessen systematische Funktion ist am besten zu begreifen, indem diese beiden Brennpunkte folgend kurz skizziert werden.

Zum besseren Verständnis beider Brennpunkte muss zunächst auf Ritschls Distinktion zwischen religiöser und sittlicher Funktion bzw. – was sachlich das gleiche ist – Kirche und Reich Gottes verwiesen werden. Diese entspricht der zweifachen Relation, in der sich der Mensch vorfindet: Der Beziehung zu Gott einerseits und der Beziehung zu seinen Mitmenschen andererseits. Die Beziehung zu Gott wird in der religiösen, die zu den Menschen in der sittlichen Funktion thematisch. *Versöhnung* und damit der Erwerb des Bewusstseins ewigen Lebens ist zumindest primär innerhalb der *religiösen* Dimension verortet.[85] Die Vorstellung des ewigen Lebens, als reflexive „Weltanschauung und Selbstbeurtheilung"[86], fungiert dabei als *religiöse* Vorzeichnung dessen, was auf *sittlicher* Ebene im Begriff des *Reiches Gottes* zu stehen kommt. Denn die Idee des ewigen Lebens trägt die Vorstellung vom Wert des Einzelnen als eines Ganzen in sich, da in ihr zum Ausdruck kommt, „daß man in der wirklichen Gemeinschaft mit dem wahren geistigen Gott sich als ein Ganzes über der Welt erlebt, indem man den geistigen Werth seiner Individualität an der Herrschaft über alle möglichen Hemmungen aus der getheilten und natürlichen Welt erprobt."[87] Das *Reich Gottes* ist aus der Perspektive des Gläubigen hingegen eine Frage der *sittlichen* Dimension. Die christliche Vollkommenheit umfasst – das wird gleich deutlich werden – beide genannten Dimensionen.

Entscheidend für den Zusammenhang dieser Studie ist außerdem Ritschls Unterscheidung von dogmatischer und ethischer Perspektive. Die dogmatische Perspektive bringt den Willen Gottes hinsichtlich der Welt zum Ausdruck und

---

[84] DERS., Rechtfertigung und Versöhnung, 1. Die Geschichte der Lehre, Bonn 1870, 6.
[85] DERS., RuV 3, 78.101f.491.
[86] A.a.O., 474.
[87] Ebd.

benennt, was sie aus göttlicher, d. h. alles Zeitliche übersteigender Sicht, bereits *ist:* Die verwirklichte Gestalt des Reiches Gottes. Die ethische Perspektive beschreibt hingegen die menschliche Erfahrung, dass dieses Reich erst *im Werden* ist und daher vor allem „gemeinschaftliche Aufgabe"[88] ist.

Zunächst soll der erste Brennpunkt der *Rechtfertigungs- und Versöhnungslehre* betrachtet werden. Dafür ist zunächst Ritschls Differenzierung zwischen *Rechtfertigung* und *Versöhnung* zu betrachten. Diese werden von Ritschl dergestalt unterschieden, dass erstere den Akt Gottes der Sündenvergebung beschreibt,[89] letztere hingegen die Wirkung dieses Geschehens als erlebte Wiederherstellung der Gemeinschaft zwischen Gott und dem Menschen zum Ausdruck bringt. Rechtfertigung ist somit auf den *Willen* Gottes bezogen, Versöhnung hingegen beschreibt den *tatsächlichen Erfolg* dieses Willens im Erleben des Subjekts.[90] Die Versöhnung des Menschen umfasst dabei beide Relationen. Einerseits die religiöse, in der das Verhältnis zu Gott eine Verwandlung erfährt, andererseits die sittliche, in der auch das Verhältnis zu den Mitmenschen einen veränderten Charakter annimmt. Während die erste Dimension als unmittelbare bezeichnet werden kann, ist die zweite von ihr abgeleitet.[91]

Der Modus der Versöhnung besteht als ein erlebter eher in „Gefühlsstimmungen als in Verstandesreflexionen"[92]. Die genannten fünf Kennzeichen christlicher Vollkommenheit werden nun von Ritschl als Funktionen der Versöhnung mit Gott durchsichtig gemacht, in denen diese konkret *erlebbar* wird. Im *Vortrag* bezeichnet Ritschl die religiösen Tugenden der christlichen Vollkommenheit als die „verschiedenen Spiegelungen der religiösen Gewißheit der Versöhnung mit Gott durch Christus"[93]. In *RuV* schreibt er sogar zugespitzt:

Es giebt keine andere Art, sich von seiner Versöhnung mit Gott durch Christus zu überführen, als daß man die Versöhnung erlebt in dem activen *Vertrauen auf Gottes Vorsehung*, in der *geduldigen Ergebung* in die von Gott verhängten Leiden als die Mittel der Erprobung und Läuterung, in dem *demüthigen* Lauschen auf den Zusammenhang seiner Fügung unseres Schicksals, in dem Muthe der Unabhängigkeit von den menschlichen Vorurtheilen, gerade auch sofern sie die Religion regeln sollen, endlich in dem täglichen *Gebete* um die Sündenvergebung unter der

---

[88] A. a. O., 30.

[89] A. a. O., 61f.

[90] „Die Sünder werden durch den Begriff der Rechtfertigung lediglich passiv bestimmt, und in ihm ist keine Auskunft darüber enthalten, welchen Reiz die göttliche Verfügung auf dieselben ausübt. Hingegen ist es in dem Begriffe der Versöhnung ausgedrückt, daß diejenigen, welche bisher in activem Widerspruch gegen Gott begriffen waren, durch die Verzeihung in die zustimmende Richtung auf Gott, zunächst in die Uebereinstimmung mit seiner dabei gehegten Absicht versetzt worden sind. Unter diesem Gesichtspunkte ist darauf zu rechnen, daß die von Gott mit Erfolg ausgeübte Rechtfertigung in bestimmten Functionen der versöhnten Subjecte ihre Erscheinung und Erwiderung findet.", a. a. O., 76.

[91] Zum Verhältnis der beiden Dimensionen zueinander vgl. MÜHLING, Versöhnendes Handeln, 73–76.

[92] RITSCHL, RuV 3, 617.

[93] DERS., Vollkommenheit, 57f.

Bedingung, daß man durch die Uebung der Versöhnlichkeit seine Stellung in der Gemeinde Gottes bewährt.[94]

Versöhnung ist demnach kein feststehender Zustand, sondern muss sich in diesen genannten Dimensionen immer wieder neu „erweisen"[95]. Die christliche Vollkommenheit wird so erkennbar als das *Bewusstsein der Versöhnung* in der von Ritschl ausdifferenzierten Gestalt, das der Gläubige bei sich nicht einfach stabil voraussetzen kann, sondern zu dem er sich immer wieder selbst „überführen" und führen lassen muss. Einerseits erlebt der Gläubige in der Vollkommenheit so „seine persönliche Gewißheit der Versöhnung"[96] – Ritschl kann in Anknüpfung an Melanchthons *Apologie* von ihnen auch als „Proben der Versöhnung"[97] sprechen. Andererseits benennen die genannten „Leistungen"[98] der Vollkommenheit die entscheidenden Verwirklichungsformen um erst zum wahren „Genuss der Versöhnung"[99] hindurchzudringen. Die genannten Kennzeichen stärken umgekehrt also auch das Versöhnungsbewusstsein, sodass die christliche Vollkommenheit als Inhalt des daraus „entspringenden religiösen Lebens"[100] jenes wiederum befestigen und bestätigen. Das gewandelte religiöse Leben, das sich in den Tugenden Glaube, Demut und Geduld entfaltet und im Gebet reflektiert bzw. eingeübt wird, ist also nichts anderes als Ausdruck und gleichzeitig unmittelbare Konsequenz des Versöhnungsbewusstseins. Da es sich dabei, wie erwähnt, nicht um eine Form des rationalen Schließens handelt, gelingt dies nur durch ein fortwährendes Erfahren und Einüben.[101] Angedeutet findet Ritschl diesen Zusammenhang von Versöhnung und dem im Begriff der Vollkommenheit zusammengefassten christlichen Lebenswandel in *CA 20*, wo es heißt: „Wer da weiß, daß ihm durch Christus der Vater gnädig ist, der erkennt Gott richtig und weiß, daß Gott um ihn Sorge trägt und ruft Gott an"[102]. „*[A]usführlich und erschöpfend*"[103] dargestellt sieht Ritschl diesen Zusammenhang hingegen in Luthers *Freiheitsschrift*.

---

[94] Ders., RuV 3, 616f., Hervorhebungen C.S.
[95] A.a.O., 617.
[96] A.a.O., 634.
[97] A.a.O., 617.
[98] Z.B. ebd.
[99] Ebd.
[100] A.a.O., 616.
[101] Mit Johann Gerhard vergleicht Ritschl den Prozess der Heilsgewisswerdung mit der Gewinnung der Sicherheit ein Mensch und kein Gespenst zu sein. Auch davon könne man sich nicht durch eine Form rationalen Schließens überzeugen, sondern allein dadurch, dass man „als Mensch auf menschliche Weise thätig ist". Genauso verhalte es sich mit der „Gewißheit der Begnadigung", die man nur dadurch erreicht, „daß man das Vertrauen des Kindes zu Gott als dem liebenden Vater übt, und daß man mit Demuth und Geduld in seine anregenden wie seine einschränkenden Fügungen eingeht", a.a.O., 618.
[102] CA XX, §24, BSLK 79,16–18, zitiert nach: Ders., Vollkommenheit, 58.
[103] A.a.O., 58, Hervorhebung C.S.

Nun zum zweiten Brennpunkt der von Ritschl konstatierten Ellipse des Christentums: Dem *Reich Gottes*. Deren systematische Verknüpfung zum Vollkommenheitsbegriff erschließt sich von folgender Definition der *Unterrichtsschrift* her:

[D]ie christliche Vollkommenheit [besteht] in der Erzeugung des sittlichen Lebenswerkes und in der Ausbildung des sittlichen und religiösen Charakters. Darin ist eingeschlossen, daß man sein Handeln auf den Endzweck des Reiches Gottes in einem besonderen sittlichen Berufe ausübt, und daß man seine Gotteskindschaft und Herrschaft über die Welt in den besonderen Lebensbedingungen bewährt, in welche man hineingestellt wird.[104]

Die zentralen Begriffe dieser Bestimmung – sittliches Lebenswerk, Ausbildung eines sittlichen und religiösen Charakters und sittlicher Beruf – müssen gleich noch genauer betrachten werden. Deutlich wird in dem zitierten zweiten Satz, der den ersten Satz näherbestimmt, dass ein Leben in der christlichen Vollkommenheit immer ganz entscheidend auf das Ziel der Verwirklichung des Reiches Gottes hin orientiert ist resp. sein muss. Initiiert durch die Erfahrung der Versöhnung mit Gott, liegt die Aufgabe des Gläubigen fortan in der Angleichung seines menschlichen Willens an den göttlichen, der auf das Ziel des völlig verwirklichten Reiches Gottes ausgerichtet ist.[105] Dieses beschreibt den „überweltlichen Endzweck Gottes in der Welt"[106], auf das entsprechend auch die christliche Religion abgezweckt ist.[107] Aus menschlicher Perspektive verwirklicht sich dieses Streben nicht anders als durch das gute Handeln, das sich in einem „einheitlichen guten Lebenswerk"[108] manifestiert.[109] An der Ausrichtung auf das Reich Gottes entscheidet sich letztlich der Charakter, ob ein „Werk[], sinnenfälliges Handeln und Reden"[110], also wirklich gut oder schlecht ist.[111] Als Ziel steht dabei vor Augen, dass „die sittliche Gemeinschaft des Menschengeschlechtes der Endzweck in der Erscheinungswelt der Zweck über aller Natur ist."[112] Das „durchgehende Motiv"[113] bildet hierin die Liebe als das offenbare Wesen Gottes und prägendes Charakteristikum der Verbindung aller Glieder im Reich Gottes. Das letzte Ziel Gottes ist also die verwirklichte Gestalt einer Liebesgemeinschaft, in der seine

---

[104] DERS., Unterricht, § 57; vgl. dazu auch die ganz grundsätzliche Äußerung von Ulrich Barth: „Ritschl entfaltete sein Programm [...] als Reich-Gottes-Theologie, das seine anthropologische Entsprechung im Begriff der christlichen Vollkommenheit fand", BARTH, Pietismus, 150.
[105] Vgl. RITSCHL, RuV 3, 633.
[106] A.a.O., 482.
[107] Vgl. a.a.O., 481.
[108] A.a.O., 628.
[109] Der Begriff der „guten Werke" ist für Ritschl als Beschreibung der ethischen Seite des Christentums aus mehreren Gründen ungenügend, vgl. a.a.O., 627f., vgl. auch NEUGEBAUER, Arbeit und Beruf, 105f.
[110] RITSCHL, RuV 3, 481.
[111] Vgl. ebd.
[112] A.a.O., 581.
[113] A.a.O., 481.

Liebe gegenüber den Menschen von jenen selbst in gleicher Weise untereinander praktiziert wird.[114]

Diese allgemeine Maxime der Liebe muss lebenspraktisch aber permanent in individuell realisierbare Handlungsmaximen übersetzt werden. Im Sittengesetz sind folglich die entsprechenden „Zwecke, Gesinnungen, [und] Handlungen"[115] festgehalten, die dem allgemeinen Gebot der Liebe konkrete ethische Gestalt geben. Der „Grundsatz der allgemeinen Menschenliebe"[116] abstrahiert dabei, so Ritschl, von allen natürlichen Motiven und durchbricht damit auch alle sonst prägenden „Merkmale der Verschiedenartigkeit"[117] wie Familie, Stand oder Volk.[118] Bei dieser Arbeit am Reich Gottes denkt Ritschl – im Gegensatz beispielsweise zu seinem Zeitgenossen Franz Overbeck – nicht an eine weltverneinende Haltung.[119] Vielmehr zeichnet sich sein Ansatz gerade durch ein weltgestalterisches Element und der positiv konnotierten Aufgabe der „Weltbeherrschung"[120] aus. Denn trotz der gleich noch darzustellenden Unabhängigkeit von der Welt, die der Mensch in seinem Verhältnis zu Gott erfährt, bleibt er mit seiner „sinnlichen Seite"[121] immer auch ein Teil derselben und ist daher genötigt diese auf irgendeine Weise mitzugestalten.

Versöhnung am Ort der Kirche und das Mitwirken im Reich Gottes sind aus Ritschls Sicht auch ausgedrückt im doppelten Amt Christi in seiner priesterlichen und prophetischen Funktion. Durch sein *priesterliches* Wirken ermöglicht Christus die Befreiung von Sünde und Schuld. Diese konstituiert die Versöhnung zwischen Gott und Mensch. Durch das *prophetische* Wirken Christi ist hingegen eine Gemeinschaft entstanden, in der das Reich Gottes bereits verwirklicht wird. Kirche und Reich Gottes sind so deutlich voneinander unterschieden, ohne dass jedoch eines davon wegfallen könnte. Stattdessen dienen sie sich gewissermaßen gegenseitig als Beweis ihrer jeweiligen Echtheit. Ohne den Versöhnungsglauben wäre das Christentum lediglich eine anspruchsvolle Variante einer Morallehre. Ohne das am Liebesgebot ausgerichtete sittliche Handeln bliebe das Versöhnungsbewusstsein eine vom Leben in der Welt gelöste Hülle. Zwischen beiden Funktionen besteht daher eine Wechselbeziehung. Versöhnung wird so zur Grundlage der Möglichkeit zu lieben,[122] aber umgekehrt wird der Versöhnungs-

---

[114] Vgl. ausführlicher zum Begriff des Reiches Gottes: CHRISTINE AXT-PISCALAR, Das gemeinschaftliche höchste Gut. Der Gedanke des Reiches Gottes bei Immanuel Kant und Albrecht Ritschl, in: WERNER THIEDE (Hrsg.), Glauben aus eigener Vernunft? Kants Religionsphilosophie und die Theologie, Göttingen 2004, 231–255.
[115] RITSCHL, RuV 3, 481.
[116] A.a.O., 482.
[117] A.a.O., 483.
[118] Vgl. DERS., Vollkommenheit, 56.
[119] Vgl. DERS., RuV 3, 578.
[120] Vgl. zur Frage der „Weltbeherrschung" a.a.O., 575ff.
[121] A.a.O., 578.
[122] Vgl. a.a.O., 489.

glaube auch erst in der Liebe „wirksam"[123] und erreicht die „Vollendung des Heiles"[124] im Beruf.

5.4 Ritschls materiale Bestimmung der christlichen Vollkommenheit

Die christliche Vollkommenheit erfasst nun begrifflich den Modus der *Realisierung von Versöhnung* als auch die *Mitwirkung am Reich Gottes*. Deutlich wird diese zweifache Orientierung in den bereits genannten fünf „Merkmalen der christlichen Vollkommenheit"[125], die sowohl auf die religiöse als auch auf die sittliche Dimension bezogen sind. Einerseits jene vier Funktionen, die der religiösen Dimension, d. h. der Sozialform der Kirche zugeordnet sind und andererseits das Wirken im Beruf als einer sittlichen Dimension, das der Mitwirkung am Reich Gottes zugeordnet ist.

Vollkommen zu sein, wird von Ritschl dabei als „Aufgabe"[126] beschrieben, die dem Gläubigen lebenslang gestellt ist. Das bedeutet jedoch nicht, dass die genannten Kennzeichen jeweils in einem Höchstmaß praktiziert werden müssen. Vollkommen ist ein Mensch dann, wenn jene überhaupt praktisch existent sind. Eine defizitäre Verwirklichung dieser Tugenden ändert nichts an der Vollkommenheit des Gläubigen in seinem qualitativen Sinn. Gerade der Glaube, der um seine Begrenztheit weiß und diese zu überwinden sucht, wird daher von Ritschl als vollkommen gewürdigt: „Der Glaube, welcher in die Bitte ausbricht: Herr hilf meinem Unglauben, ist in seiner Art vollkommen."[127]

Ritschls Vollkommenheitsbegriff ist daher frei von perfektibilistischen Momenten. Die Verwirklichung der Aufgabe der Vollkommenheit darf nach Ritschl keinesfalls als der aussichtslose Versuch verstanden werden, ethisch absolut korrekt zu leben: „Vergleichen wir mit dem Sittengesetz unsere wirklichen guten Werke, so werden wir auch im besten Falle immer Lücken und Flecken an unseren Absichten wahrnehmen, also niemals eine Vollkommenheit unserer sittlichen Leistungen behaupten können"[128].

Damit ist deutlich, dass Ritschl den Begriff keinesfalls dergestalt profiliert, dass damit eine Art vollendete Tugendpraxis oder gar Freiheit von Sünden gemeint wäre. Sowohl Sünde als auch tugendpraktische Defizite sind für ihn *expressis verbis* Teil der unüberwindbaren *conditio humana*, nach welcher der Mensch

---

[123] A. a. O., 490.
[124] A. a. O., 633.
[125] A. a. O., 624.
[126] A. a. O., 615.
[127] A. a. O., 616.
[128] DERS., Vollkommenheit, 44.

immer „geschaffen, beschränkt, [...] im Werden, [...] nie fertig ist [und] [...] nie Gott gleichkommt"[129].

Ein Vollkommenheitsbegriff, der diese *conditio humana* zu unterlaufen sucht, wäre einem *quantitativen* Ansatz verpflichtet, den Ritschl als unangemessen und höchst problematisch zurückweist. Denn das Streben nach Vollkommenheit darf nach Ritschl nicht „mit dem vergebliche[n] [...] Haschen nach effectiver Unsündlichkeit"[130] identifiziert werden. In einer solchen quantitativen Interpretation erkennt er – wie oben dargestellt – gerade den Irrweg des römischen Katholizismus, der evangelischen Orthodoxie und weiter Teile des Pietismus. Seinen eigenen Ansatz versucht er daher als einen *qualitativen* Vollkommenheitsbegriff von solchen Normierungen strikt abzugrenzen. Demnach zielt die *vita christiana* nicht auf ein messbares Höchstmaß an guten Werken o.ä., sondern ist nach Ritschl auf bestimmte Grundvollzüge verpflichtet, welche die Qualität der Vollkommenheit in sich tragen. Wo diese Grundvollzüge real werden, kann der Gläubige als ein *Ganzes in seiner Art* beschrieben werden.

Mit dem Begriff der *Ganzheit* wird ein für Ritschls Vollkommenheitsvorstellung zentraler Bestandteil thematisch. Denn trotz der uneinholbaren Differenz zwischen Mensch und Gott ist dabei ein analoges Element angesprochen, das für Ritschls Fassung der *perfectio hominis* kennzeichnend ist. Dieses Analogon besteht darin, dass beide die Qualität eines „Ganzen"[131] haben, resp. haben können. Ein „Ganzes in seiner Art"[132] und vollkommen zu sein, verwendet Ritschl geradezu äquivalent: „Die Vollkommenheit, wie sie Jesus, Jakobus und Paulus vorschreiben und behaupten hat den Sinn, daß die Christen in dem religiösen Glauben und dem sittlichen Handeln jeder ein *Ganzes in seiner Art* sein oder werden soll"[133]. An anderer Stelle hält Ritschl fest: „Die Vollkommenheit *ist* das Merkmal eines Ganzen"[134]. Diese Ganzheit ist die eigentliche „Bestimmung eines Jeden"[135] und insofern als Teil christlicher Frömmigkeit unverzichtbar. Doch wie genau fasst Ritschl den Begriff eines Ganzen und wie wird diese Ganzheit konstituiert?

Ritschl entfaltet diesen systematischen Zentralbegriff im Zusammenhang der drei Elemente Gott, Mensch und Welt. Ganz maßgeblich entscheidet dieser Begriff dabei über den Wert des Menschen – beides hängt unlösbar miteinander zusammen. Ritschl geht in der Entwicklung dieses Gedankens von der „elende[n]" Erfahrung des Menschen aus, „nur ein winziger Bruchteil der Welt"[136] zu sein und damit im Wert scheinbar nicht höher zu stehen als ein anderes in der Welt. Im Hintergrund dieses Gedankengangs scheint erstens die – durchaus diskutier-

---

[129] A.a.O., 50.
[130] DERS., RuV 3, 629.
[131] DERS., Vollkommenheit, 51.
[132] Ebd.
[133] A.a.O., 50f., Hervorhebung im Original.
[134] DERS., RuV 3, 626, Hervorhebung C.S.
[135] DERS., Vollkommenheit, 51.
[136] Ebd.

bare – Prämisse zu stehen, dass der Mensch sein Dasein als Teil der Natur per se als belastend und problematisch empfindet. Aufgrund dieses Bewusstseins *nur* Teil eines größeren Zusammenhangs zu sein, kann er zweitens sich selbst keinen Wert zusprechen resp. empfinden. Dieses Bewusstsein der Partikularität können nach Ritschl einzig die Religionen überwinden und unter diesen ist es das Christentum, in dem dieser Gedanke – im Unterschied zu allen heidnischen Religionen – klar gefasst ist. Denn für die Konstituierung des Menschen als Ganzes muss zunächst die Vorstellung eines „Weltganzen" begriffen werden. Diese aber ist nach Ritschl wirklich „klar und deutlich"[137] nur im Christentum gedacht. Dabei basiert diese Vorstellung auf zwei Voraussetzungen: Erstens auf dem Gedanken vom Schöpfergott und zweitens auf der „Werthschätzung unserer geistigen Lebensbestimmung"[138], wie sie von Jesus in dessen Botschaft festgehalten ist, „daß das Leben des einzelnen Menschen einen höheren Wert hat als die ganze Welt"[139]. Der Mensch ist und bleibt damit Teil der Welt und „doch unterscheidet er als Geist sich von der Welt" und „gewinnt durch die Gottesidee die Vorstellung von seinem Werth gegen die Welt"[140]. Anders gesagt: In der Erfahrung des Abhängigkeitsverhältnisses von Gott erfährt der Gläubige zugleich ein Unabhängigkeitsverhältnis zu der ihm nun als Ganzheit erscheinenden Welt, deren Teil er zwar ist, die er aber als „geistiges Ganzes"[141] zugleich transzendiert. Diese von Jesus gestiftete Überzeugung, dass der Individualwert des Menschen den Wert der Welt übersteigt, ist nun wiederum aber kein lediglich zu verinnerlichendes Urteil, sondern erfordert praktische „Erprobung […] in dem sittlichen Reiche Gottes"[142]. Mit dieser fortwährend zu leistenden Erprobung ist aber nichts anderes als die Verwirklichung der genannten Kennzeichen christlicher Vollkommenheit gemeint.[143] Es ist daher nur konsequent, dass Ritschl in seiner Beschreibung des Christen als eines Ganzen immer wieder in den Imperativ übergeht und davon wiederholt als „Aufgabe"[144] spricht.

Bei der Aufgabe, ein Ganzes zu sein resp. zu werden, lässt sich dabei noch einmal differenzieren zwischen der genannten Unterscheidung von religiöser und sittlicher Dimension. Damit sind einerseits die vier religiösen Kennzeichen der Vollkommenheit – Glaube an die Vorsehung Gottes, Demut, Geduld und Gebet – gemeint und andererseits, als Kennzeichen der sittlichen Seite, das Wirken im Beruf. Das Bewusstsein der Ganzheit kann nach Ritschl sowohl in sittlicher als auch in religiöser Hinsicht gewonnen werden. Innerhalb der sittlichen Dimension wird aus christlicher Perspektive Ganzheit erreicht indem das gläubige

---

[137] A.a.O., 52; vgl. DERS., RuV 3, 584ff.
[138] DERS., Vollkommenheit, 53.
[139] A.a.O., 52; DERS., RuV 3, 585f.
[140] A.a.O., 585.
[141] A.a.O., 577.
[142] DERS., Vollkommenheit, 52.
[143] Vgl. ebd.
[144] A.a.O., 53.

Subjekt im Beruf ein zusammenhängendes Lebenswerk und dadurch wiederum „die Bestimmung zum sittlichen Charakter erreicht"[145]. Die darin erreichte Ganzheit hat aber das *religiöse* Bewusstsein zur Voraussetzung, dass – wie oben dargestellt – der Mensch im Unterschied zur Welt den Wert eines Ganzen besitzt. Der religiös erfahrene Perspektivwechsel führt also zu einer lebenspraktisch veränderten Einstellung bzw. „Haltung"[146] den weltlichen Aktivitäten gegenüber, die auch darin zu einem Bewusstsein von Ganzheit führt. Beides ist dabei notwendigerweise aufeinander bezogen und bedingt sich gegenseitig, wenn es in „authentischer Weise"[147] gelebt werden soll. Damit greift Ritschl den reformatorischen Gedanken der unlösbaren Verbindung von Glaube und Liebe auf.[148]

Die genannten religiösen Funktionen sind dabei die „eigentliche Bethätigung der in der christlichen Religion vollzogenen Versöhnung und der Gotteskindschaft"[149]. Diese sind allerdings nicht unabhängig zu realisieren, sondern hängen jeweils voneinander ab. Das Wechselverhältnis umfasst dabei nicht nur die religiösen Funktionen, sondern sowohl religiöse als auch sittliche Funktionen der christlichen Vollkommenheit.

Im Folgenden werden die einzelnen Kennzeichen der christlichen Vollkommenheit genauer betrachtet. Zunächst zum Handeln im Beruf.

5.4.1 Beruf

Einen Umgang mit der Aufgabe ein Ganzes zu werden, eröffnet das Wirken im sittlichen Beruf. Das Grundproblem, das durch den Beruf gelöst wird, skizziert Ritschl zunächst dadurch, dass das allgemeine Sittengesetz eigentlich unendlich viele gute Werke fordert: „Die Regel des *allgemeinen* Sittengesetzes ist so gemeint, daß Jeder in jedem Zeitmoment in allen möglichen Lebensbeziehungen das Gute vollbringen soll"[150]. Dies ist dem Menschen in seiner Endlichkeit jedoch schon logisch unmöglich. Als Eingrenzungsstruktur bewältigt nun der Beruf dieses Problem, indem er diesen Grundimperativ von einer unendlichen Breite auf ein realisierbares Aufgabenfeld reduziert. Damit eröffnet sich dem Einzelnen die Möglichkeit, ein „zusammenhängendes einheitliches Lebenswerk"[151] bzw. „sittliches Lebenswerk"[152] zu verwirklichen. Dieses entsteht, indem der Einzelne seine Arbeit im besonderen Beruf auf das „Gemeinwohl des menschlichen Geschlechtes richtet"[153].

---

[145] DERS., RuV 3, 473.
[146] Z. B. a. a. O., 474.
[147] A. a. O., 632.
[148] Vgl. a. a. O., 632f.
[149] A. a. O., 611.
[150] DERS., Vollkommenheit, 54.
[151] Ebd.
[152] A. a. O., 56.
[153] Ebd.

Mit der Treue im Beruf stellt sich der Christ zugleich in die Nachfolge Christi. Dessen Vorbildfunktion fasst Ritschl in deutlicher Abgrenzung zum Ideal der „abstracten Selbstverleugnung"[154], wie er es im Mittelalter und der altprotestantischen Orthodoxie für vorherrschend sieht, „als das der vollkommenen Berufstreue"[155].

Die grundsätzliche Vorstellung ist dabei, dass jeder Mensch im Zuschnitt des Berufs einen bestimmten Beitrag zum Reich Gottes leisten kann. Berufspflichten sind letztlich nichts anderes als „Liebespflichten"[156]. Im Rekurs auf Schleiermacher beschreibt Ritschl den spezifischen Beruf Jesu als die *Einführung* des Reiches Gottes.[157] Der bürgerliche Beruf des Gläubigen hingegen ist dessen individueller Beitrag zu einer sittlichen *Verwirklichung* des Reiches Gottes. Die *imitatio Christi* besteht daher vor allem im Berufs*gehorsam*. Damit ist aber nicht nur das allgemeine Sittengesetz zu einer realisierbaren Form transformiert, sondern zugleich dem Einzelnen die Möglichkeit eröffnet, den „sittlichen Charakter als ein Ganzes"[158] zu gewinnen. Die Ausübung eines Berufs erfüllt also einen zweifachen Zweck. Einerseits leistet sie einen gesellschaftlichen Beitrag, der mittelbar auf die Verwirklichung des Reiches Gottes hin orientiert ist. Andererseits werden in der *vita activa* die verschiedenen Tugenden[159] geschult, sodass der Gläubige darin selbst als sittlicher Charakter reifen kann.[160]

Ritschl verweist hinsichtlich dieses Gedankengangs sowohl auf Paulus als auch auf Luther.[161] Luther habe dem paulinischen Gedanken vom Lebenswerk als eines Ganzen vor allem in seiner *Adelsschrift* zu Recht wieder neue Geltung verschafft.[162] Vor allem aber habe er dem Wirken im Beruf seinen profanen Charakter genommen und es vielmehr als Aktivität der „geistlichen Person"[163] und damit als Teil der christlichen Vollkommenheit gewürdigt.

---

[154] DERS., RuV 3, 630.
[155] Ebd.
[156] DERS., Unterricht, §71, 94.
[157] Vgl. a. a. O., §21, 35.
[158] DERS., RuV 3, 632.
[159] Ritschl hat innerhalb der Tugenden drei Gruppen unterschieden: a) Tugenden, die die Unterordnung der Triebe unter das Reich Gottes betreffen (Selbstbeherrschung und Gewissenhaftigkeit), b) Tugenden, die „die systematische Anordnung der Ergebnisse des Willens in diesem Kontext betreffen" (MEIREIS, Tätigkeit, 120), (Weisheit, Besonnenheit, Entschlossenheit, Beharrlichkeit), c) Tugenden, die sich auf die Hinordnung der Gesinnung auf die anderen Mitglieder des Reiches beziehen (Güte, Dankbarkeit, Gerechtigkeit), RITSCHL, Unterricht, §65–§68, 88–92, vgl. dazu auch MEIREIS, Tätigkeit, 120.
[160] Vgl. RITSCHL, Unterricht, §70, 94.
[161] Zu den Verschiebungen des Berufsbegriff in der Zeit zwischen Luther und Ritschl, insbesondere der Transformation in der Zeit der Aufklärung vgl. MEIREIS, Tätigkeit, 92ff.; zu Luthers Berufsvorstellung vgl. LUTHER, WA 15, 92ff.
[162] Vgl. RITSCHL, RuV 3, 629.
[163] Ebd.

5.4.2 Vorsehung

Über den Glauben an die „väterliche Vorsehung Gottes"[164] kann Ritschl sagen, dieser sei „die christliche Weltanschauung in verkürzter Gestalt"[165]. Zutreffend scheint daher das Urteil, dass „[i]m Vorsehungsglauben [...] Ritschls Christentumsverständnis"[166] kulminiert. Im Glauben an die Vorsehung Gottes, den Ritschl auch als „Stimmung"[167] beschreiben kann, konzentriert sich die Überzeugung „als Kind Gottes ein Gegenstand besonderer Fürsorge"[168] zu sein. Dieser Perspektivwechsel erscheint dabei zunächst als „ein Urteil"[169], das aber selbstredend nicht aus den empirischen Zusammenhängen der Welt[170] abgeleitet, sondern nur selbst erfahren werden kann.[171] Mit dem Bewusstsein, ein Ganzes unabhängig von der Welt zu sein, verbindet sich dabei der Glaube daran, dass den Gläubigen „alle Dinge [...] zum Guten dienen"[172]. Erfahrene Übel werden so für den Gläubigen als charakterbildende pädagogische Prüfungen deutbar, da der Gläubige darauf vertraut, dass „alles Übel wie alles Gute in zweckmäßiger Weise für unsere Erziehung geordnet"[173] ist. Im Gegensatz zum Misstrauen im Stand der Sünde impliziert der Stand des Glaubens im Vertrauen auf Gott und Christus einen affektiven Wandel hin zu den „Merkmalen der Beruhigung, der innern Befriedigung, [und] des Trostes"[174]. Daraus folgt auch ein veränderter Umgang mit den Kontingenzen des Lebens: „Wir vertrauen auf Gottes Hilfe, Schutz und Erziehung, indem wir im Voraus nicht deutlich erkennen, wie und wohin wir im Leben geführt werden"[175]. Dieser Glaube an die Vorsehung Gottes ist damit die entscheidende Voraussetzung der Herrschaft über die Welt.[176] Nur in der „Unterordnung unter Gott"[177] können die beständigen „Hemmungen unserer Freiheit"[178] aufgewogen werden und ein freiheitliches Leben gelingen. Nur in der christlichen Heteronomie ist – anders gesagt – nach Ritschl ein autonomes Leben innerhalb der Welt überhaupt möglich.

---

[164] DERS., Unterricht, § 60, 82.
[165] Ebd.
[166] WOLFF, Haupttypen, 187.
[167] RITSCHL, RuV 3, 588.
[168] A.a.O., 583.
[169] Ebd.
[170] DERS., Vollkommenheit, 58.
[171] DERS., RuV 3, 583; DERS., Vollkommenheit, 58; In diesen Zusammenhang gehört für Ritschl auch die Ablehnung der natürlich Religion: „[D]ie natürliche Religion ist eine Einbildung.", ebd.
[172] DERS., RuV 3, 590.
[173] DERS., Vollkommenheit, 58.
[174] DERS., RuV 3, 135.
[175] DERS., Vollkommenheit, 60.
[176] Vgl. DERS., RuV 3, 583.
[177] DERS., Vollkommenheit, 60.
[178] A.a.O., 59.

5.4.3 Demut

Eng verbunden mit dem Glauben an Gottes Vorsehung ist für Ritschl die „religiöse Tugend"[179] der *Demut*. Entsprechend bezeichnet Ritschl sie als „die *Stimmung* der Unterordnung unter Gott"[180] . Damit ist sie Ausdruck der oben beschriebenen heteronomen Abhängigkeit inklusive der erschlossenen Freiheitsgewinne und steht damit im Gegensatz zu einem Streben nach „Hohem oder […] [einer] falschen Selbständigkeit"[181]. Diese Bestimmung leitet Ritschl vom neutestamentlichen *tapeinos* als der *Furcht Gottes* her.[182] Damit ist „der von Seligkeit begleitete Antrieb der offenen Anerkennung der Ehre Gottes" gemeint.[183] Der Aspekt der Seligkeit verweist auf das dabei empfundene Gefühl der Freude und der Lust, mit welcher der Gläubige auch die Übel und Hemmungen des Lebens erträgt.[184]

Die Tugend der Demut kann dabei nicht durch „bewußten Entschluß"[185] initiiert oder gefördert werden, sondern ist lediglich zu „üben"[186]. Sie gleicht – so Ritschl – daher in der Regel dem Auge, das um sich selbst gar nicht weiß und wenn es anfängt, um sich zu wissen, bereits auf ein Problem – in der Regel ein Missen der Demut – hinweist.[187]

In Anknüpfung an das Neue Testament ist die „Bescheidenheit" gegen die Menschen der Demut verwandt und wird nach Ritschl als „regelmäßiges Merkmal derselben"[188] auftreten. Damit ist angesprochen, dass darin eine besondere Achtung des Anderen ihren Ausdruck findet. Erstens, weil man gemeinsam einem höheren Zweck – der Verwirklichung des Reiches Gottes dient – und zweitens aus dem Respekt vor der besonderen Weise, in der die andere Person diesem Zweck dient.[189] Diese Verpflichtung findet allerdings ihre Grenze dort, wo der andere sich selbst nicht als bescheiden zeigt, denn dort wird diese Haltung durch das höhere Gut der gebotenen „Wahrhaftigkeit"[190] zumindest partiell aufgehoben.

Ritschl verknüpft diese Bestimmung der Demut mit einer Kritik am Pietismus, welcher der Demut als Tugend ebenfalls eine hohe Bedeutung zumisst. Die pietistische Bestimmung enge diese jedoch auf ein bestimmtes defizitäres Verständnis ein, da Demut vor allem als Enthaltung von verschiedenen weltlichen Dingen verstanden wird. Der Demut wird so „eine specifische Erscheinung" [191]

---

[179] A.a.O., 61.
[180] Ebd., Hervorhebung C.S.
[181] Ders., RuV 3, 601.
[182] Vgl. Ritschls Darstellung des biblischen Befundes, a.a.O., 597–599.
[183] A.a.O., 600f.
[184] Vgl. zu der von Ritschl als ein „Oscilliren zwischen Lust und Unlust" beschriebenen Fassung des Stimmungsbegriffs auch ders., Vorlesung „Theologische Ethik", 137.
[185] Ders., RuV 3, 600.
[186] Ebd.
[187] Ebd.; ders., Vollkommenheit, 61.
[188] Ders., RuV 3, 602.
[189] Vgl. ebd.
[190] A.a.O., 603.
[191] A.a.O., 605.

zugedacht und von den Gläubigen eingefordert. Ritschl kritisiert dieses pietistische Verständnis nicht nur wegen dieser, aus seiner Sicht unangemessenen, häufig asketischen Einengung, sondern auch wegen der Gefahr eines neu entstehenden Hochmuts, der geradewegs auf die Irrwege des katholischen Mönchtums zurückzuführen droht.

5.4.4 Geduld

Gewissermaßen das Gegenstück zur Demut bildet die *Geduld*. Beide sind „erworbene Gemüthsstimmungen"[192] resp. „Kräfte", die „den Willen motiviren und lenken"[193]. Während mit der Demut die Unterordnung unter Gott thematisch wird, beschreibt die Geduld das Verhältnis des Gläubigen zu den permanent auftretenden Herausforderungen der „widerstrebenden Welt"[194]. Beide Tugenden sind jedoch jeweils Ausdruck davon, die Geschicke der Welt als Fügungen Gottes zu betrachten bzw. zu erleben.

Von einer stoisch motivierten Apathie unterscheidet sich die Geduld dabei dadurch, dass sie den Schmerz, den die Schwierigkeiten in der Welt auslösen – Ritschl nennt als Beispiele körperliche Leiden und die Erziehung von Kindern[195] – nicht zu beseitigen sucht. Durch das Aushalten des Schmerzes aber lässt sich allein von Geduld sprechen. Einerseits wird die Geduld und damit indirekt der Schmerz von Ritschl als Bereicherung beschrieben, die aus dem inneren Kampf der Geduld gegen den Schmerz resultiert.[196] Andererseits wird der Schmerz jedoch durch die Tugend der Geduld durchaus relativiert, indem diese eine „positive[] Gegenwirkung"[197] entfalten kann. Die andernfalls praktizierte „Gleichgültigkeit"[198], hält Ritschl für so „wenig sittlich normal"[199], wie er sie gleichzeitig sehr verbreitet praktiziert sieht.

Auch die Geduld lässt sich weder durch bewussten Vorsatz oder Suggestion einfach herstellen. Wie die Demut ist auch sie in verschiedenen lebenspraktischen Formen einzuüben – durch einen voluntativen Akt hingegen lässt sich weder Demut noch Geduld herstellen.[200] Hinsichtlich der Geduld räumt Ritschl dabei dem Beruf eine hervorgehobene Stellung ein. Denn weder im „Stillesitzen" oder in „unthätiger Meditation"[201] wird die Tugend entsprechend verinnerlicht, sondern allein „in der Wechselwirkung mit der geordneten Arbeit"[202].

---

[192] A.a.O., 602.
[193] Ebd.
[194] Ebd.
[195] Vgl. a.a.O., 595.
[196] Vgl. a.a.O., 596.
[197] A.a.O., 593.
[198] A.a.O., 596.
[199] Ebd.
[200] Vgl. DERS., Vollkommenheit, 62.
[201] DERS., RuV 3, 595.
[202] Ebd.

Sowohl Geduld als auch Demut sind daher Ausdruck aber auch Bewährungsprobe des Glaubens. Denn sowohl die Demut als auch die Geduld können biografisch zu unterschiedlichen Zeitpunkten in besonderer Weise geprüft werden. Während im Falle großen Erfolgs die Haltung der Demut besonders gefährdet ist, gilt für den umgekehrten Fall, den großen Misserfolg, das Gleiche für die Tugend der Geduld.[203]

5.4.5 Gebet

Während der Glaube an die väterliche Vorsehung Gottes den zentralen Inhalt des christlichen Glaubens artikuliert, Demut und Geduld die beiden Tugenden sind, in denen sich dieser lebenspraktisch auslebt und bewährt, markiert das Gebet als viertes Kennzeichen religiöser Vollkommenheit die damit verbundene Praxis. Für Ritschl ist das Gebet der Modus, in dem der Glaube „sich kundgiebt und befestigt"[204]. An anderer Stelle beschreibt er das Gebet als das „specifische Mittel [...] durch das die Uebereinstimmung des Selbstgefühls mit dem erkannten göttlichen Willen absichtlich bewirkt wird"[205]. Es wird „als directe Folge der Versöhnung mit Gott in der Anerkennung seiner Vorsehung"[206] geübt, um sich darin praktisch immer wieder zu vergewissern und dem Glauben daran Ausdruck zu verleihen. Zugleich ist damit vor allem die Tugend der Demut angesprochen. Die Praxis des Gebets unterscheidet sich von der Demut durch ihren explizierenden Charakter. Während die Demut sich, wie beschrieben, ihrer selbst nicht bewusst ist und der Gläubige sie eher als „undeutliche[] Vorstellung"[207] erlebt, wird im Gebet der „Entschluss" zur Unterordnung unter Gott und zur Demut ihm gegenüber „zur deutlichen Vorstellung gebracht"[208].

Dies bedeutet jedoch nicht, dass das Gebet als Willensentschluss von Ritschl in klarer Abgrenzung zum Vorsehungsglauben als Erkennen und zur Demut als Gefühl konzeptualisiert wird. Vielmehr haben alle diese Persönlichkeitsaspekte jeweils Anteil aneinander und sind jeweils voneinander abhängig, sodass eine solch distinktive Zuordnung an der Sache vorbeiginge. Trotzdem markiert die Zuordnung ein Wahrheitsmoment, da nach Ritschl der jeweils genannte Aspekt in der jeweiligen religiösen Funktion vorherrschend ist.[209]

Das Gebet wird dabei vor allem aus zwei Gründen praktiziert: Erstens, um den Glauben darin immer wieder gegen einschränkende weltliche Wirkungen abzusichern und zweitens, wenn es öffentliches Gebet ist, um die religiösen Funktionen auch gemeinschaftlich zu praktizieren.[210]

---

[203] Vgl. a. a. O., 602.
[204] A. a. O., 616.
[205] DERS., Vorlesung „Theologische Ethik", 138f.
[206] DERS., Vollkommenheit, 62.
[207] DERS., RuV 3, 606.
[208] Ebd.
[209] A. a. O., 607.
[210] Vgl. ebd.

Im Rekurs auf Paulus, insbesondere Phil und 1 Thes, erkennt Ritschl dabei das eigentliche Wesen des Gebets im *Dankgebet*. Dies entspricht seinem Charakter als unmittelbarer Konsequenz der Versöhnung und des daraus erwachsenden Vertrauens. Auch das Bittgebet ist für ihn daher letztlich immer eine abgeleitete Form des Dankgebets.[211] Wäre Gebet primär Bittgebet, stünde es nach Ritschl in der Gefahr der Verzerrung, in der vor allem egoistische Motive zum Tragen kämen. Diese Gefahr erkennt er in der Profilierung des Gebets bei Schleiermacher und in pietistischen Kreisen und grenzt sich entsprechend davon ab.[212] Gebet wäre dann nicht mehr Ausdruck von Vertrauen in die Vorsehung und explizierende Übung der Demut, sondern stärker Artikulation eigener Wünsche.[213]

Im Anschluss an die Charakterisierung der fünf Kennzeichen christlicher Vollkommenheit muss noch auf einen *emotionalen Aspekt* von Vollkommenheit hingewiesen werden, der bisher lediglich angeklungen ist. Ritschl betont sowohl in *Vortrag* als auch in *RuV*, dass die „Freude [...] das Gefühl der Vollkommenheit"[214] ist. Damit ist sie emotionales Begleitmoment und Ausdruck der erlebten Versöhnung und damit der Werdung eines Ganzen, in der sich der Gläubige als den Schwierigkeiten und Bedrohungen seines natürlichen Lebens enthoben erfährt.[215] Dieses grundsätzlich – wiederum mit Verweis auf Paulus biblisch verankerte[216] – als angemessen und „empfohlen"[217] charakterisierte „Merkmal"[218] erscheint daher als regelrecht notwendige Erscheinung im versöhnten Gläubigen. Natürlich weiß auch Ritschl darum, dass die Freude wie auch die dargestellten Aspekte von Vollkommenheit lebenspraktisch nicht in gleichem Maße stabil bleiben. Auch hier ist entsprechend keine bestimmte Quantität gemeint. Vielmehr wird die Freude in qualitativer Hinsicht als emotionaler Bezugspunkt herausgestellt, der sich selbst im Leid und allen wechselhaften Lebensumständen immer wieder bewähren soll.[219]

Abschließend soll an dieser Stelle die Frage nach einem möglichen *Wachstum* gestellt werden. Die Frage legt sich nahe, da Ritschl trotz seiner zunächst qualitativen und damit von quantitativen Veränderungen unabhängigen Vollkommenheitsfassung wiederkehrend Schwankungen in den einzelnen Aspekten der christlichen Vollkommenheit thematisiert. Zusätzlich legen immer wieder verwendete Termini wie ‚Aufgabe' oder zu übenden ‚Leistungen' die Perspektive nahe, die als Vollkommenheit charakterisierte *vita christiana* auf ihr Entwicklungspotential hin zu befragen.

---

[211] Vgl. a. a. O., 608.
[212] Vgl. a. a. O., 607.
[213] Vgl. DERS., Vollkommenheit, 62f.
[214] DERS., RuV 3, 615; vgl. DERS., Vollkommenheit, 63; in der *Unterrichtsschrift* spricht er hingegen vom „Gefühl der Seligkeit", DERS., Unterricht, § 76, 101.
[215] Vgl. DERS., Vollkommenheit, 63.
[216] Vgl. DERS., RuV 3, 615.
[217] DERS., Vollkommenheit, 63.
[218] DERS., RuV 3, 615.
[219] Vgl. DERS., Vollkommenheit, 63.

Wenn Ritschl von der „Uebung der Vollkommenheit"[220] spricht, scheint daher tatsächlich an eine Praxis gedacht, in der es Potentiale sowohl der Progression als auch der Degression gibt. Allerdings verneint Ritschl – wie gezeigt – gerade den Rückschluss, dass sich aus diesem Mehr oder Weniger eine graduelle Abstufung hinsichtlich der Vollkommenheit zeigt. Mit Blick auf die Aufgabe der Vollkommenheit, die für jeden Christen gilt, hält er fest: „Wenn Abstufungen in dieser Beziehung zwischen verschiedenen Menschen in die Augen fallen, so sollen dieselben nicht einen Klassenunterschied begründen; sondern sie folgen nur dem Gesetz des Werdens, daß einer näher am Ziele ist, als der andere."[221]

Tatsächlich aufschlussreich ist an dieser Bemerkung, dass Ritschl trotz der Qualifizierung aller in diesem Prozess stehenden Gläubigen als ‚vollkommen' einen Entwicklungsprozess anspricht, der durch ein ‚Ziel' näherbestimmt wird. Mit dem biografischen Beginn des Glaubens, der zugleich Anfang der christlichen Vollkommenheit ist, tritt letztere zugleich als *Aufgabe* in den Blick, die auf ein bestimmtes Ziel fokussiert ist. Sie ist daher, wie Ritschl in *RuV* festhält, immer eine „christliche Vollkommenheit im Werden"[222]. Ritschls Vollkommenheitsbegriff weicht damit begriffslogisch von einer Bestimmung ab, die den Zustand der Vollkommenheit dadurch definiert, dass darin „nichts [fehlt], wodurch es optimiert werden könnte"[223].

Entscheidend für die Qualität der Vollkommenheit ist für Ritschl – wie gezeigt – der Charakter eines Ganzen. Dieses Ganze wiederum darf und soll auch in seiner Quantität auf ein Wachstum hin orientiert sein. Zum Wirken im Beruf, aber auch den religiösen Leistungen der Vollkommenheit sagt Ritschl daher: „Allein das Ganze bleibt eben in seiner Art, ob es kleiner oder größer an Umfang ist; nur stehen wir nothwendig auch unter dem Antriebe, einen immer größern Umfang für unser Wirken zu gewinnen"[224]. Auf die Frage der Vollkommenheit als Aufgabe eines Werdens, kommt Ritschl auch ganz am Ende seines *Vortrags* noch einmal zu sprechen. Dort verweist er seine Zuhörerinnen (und Zuhörer) darauf, dass für ein christliches Leben „wohl wird die stete Bereitschaft erforderlich sein, auch in diesen Merkmalen der christlichen Vollkommenheit zuzunehmen und größer zu werden, um nicht zurückzugehen und ärmer zu werden"[225].

Die verschiedenen religiösen und sittlichen Aspekte des Glaubens und der Vollkommenheit gilt es daher immer wieder zu „erwecken oder zu stärken oder zu befestigen"[226]. Niemals werden diese Tugenden und Stimmungen in irgendeiner Weise abgeschlossen oder durch äußere Einwirkungen unveränderbar sein. Doch folgt das christliche Leben auch bei allen wahrnehmbaren Einschränkun-

---

[220] A.a.O., 62.
[221] A.a.O., 50.
[222] Ders., RuV 3, 615.
[223] Moxter, Art. Vollkommenheit (Gottes, 1199.
[224] Ritschl, Vollkommenheit, 63.
[225] A.a.O., 64.
[226] Ebd.

gen, wie „Sprödigkeit des Vorsehungsglaubens", „momentaner Ungeduld im Leiden, kurz [...] Glaubensschwäche, Mangel an Freudigkeit im religiösen Leben"[227] etc. immer dem Vorsatz gegen alle „Hemmungen und Störungen"[228] anzukämpfen mit dem Ziel, diese zu überwinden.

Durch seine Unterscheidung eines quantitativen und qualitativen Verständnisses hat Ritschl den Begriff der christlichen Vollkommenheit unübersehbar von der Frage nach dem gegenwärtigen Zustand dieser Entwicklung entlastet. Das Bemühen des Gläubigen um ein Zunehmen in dem, was traditionell mit dem Begriff der Heiligung beschrieben wird, ist deswegen aber auch bei Ritschl keineswegs aufgelöst. Vielmehr denkt auch er die *vita christiana* als einen Entwicklungsprozess mit Höhen und Tiefen, der auf ein Ziel hin orientiert ist – allerdings ohne die Utopie, dass dieses Ziel uneingeschränkt verwirklicht werden könnte. Nur so lässt sich für Ritschl der Gedanke der Vollkommenheit mit den vielfältigen menschlichen Begrenzungen bzw. die Vollkommenheit des in vielerlei Hinsicht immer unvollkommen Bleibenden zusammendenken.[229]

5.5 Modernisierung als produktive Aneignung – Ritschls Anknüpfung an Luthers Vollkommenheitsbegriff

Welche Bedeutung die Theologie Luthers für Ritschl hatte, dürfte bereits recht deutlich geworden sein. Nicht nur hinsichtlich des Vollkommenheitsbegriffs, sondern ganz grundsätzlich verstand Ritschl sein Denken als bewusste Anknüpfung und Fortführung der reformatorischen Theologie.[230] Von den Reformatoren nahm dabei zweifellos Luther als der eigentliche Anfang der Reformation den höchsten Rang ein.[231] Diese Rückbindung insbesondere an Luther war aber nicht nur durch eine theologiehistorische Wertschätzung motiviert. Ritschl erkannte bei Luther vielmehr modernetaugliche theologische Grundlinien und die Begründung eines Frömmigkeitsstils,[232] an den sich gerade für Ritschls Gegenwart

---

[227] DERS., RuV 3, 615.
[228] A.a.O., 616.
[229] Vgl. LEONHARDT, Vollkommenheit, 50.
[230] Hinsichtlich des Vollkommenheitsbegriffs hält auch Leonhardt fest, dass Ritschl „Luthers Ansatz einerseits weiterführt, dabei aber auch verändert hat.", a.a.O., 48.
[231] Jede Protestantismusdeutung hängt für Ritschl maßgeblich an der Ausweisbarkeit des vorausgesetzten Lutherbildes. Calvin und etwas eingeschränkt auch Zwingli zählt er bereits zur Wirkungsgeschichte Luthers, vgl. zu diesem Sachverhalt BARTH, Gebrochenes Verhältnis, 128f.
[232] Mit dem Begriff des *Frömmigkeitsstils* lässt sich am besten erfassen, was für Ritschl einzig als Ergebnis der Suche nach dem Protestantischen Prinzip zum Zweck protestantischer Selbstklärung herausgearbeitet werden kann. Der Begriff beschreibt damit eine Alternative zu den – zu Ritschls Zeiten üblichen – Versuchen das Wesen des Protestantismus formal durch das Prinzip der Bibelautorität und material durch das Prinzip der Rechtfertigungslehre zu profilieren. Diese Versuche sind mit ihrem Fokus auf kirchlicher und schulmäßiger *Lehr*kontinuität aus Ritschls Sicht jedoch viel zu eng. Vielmehr müssen dafür politische, soziale und

gut anknüpfen ließ.²³³ Diese Wahrnehmung aus historischer Distanz entspricht durchaus auch Ritschls Selbstbild. Ritschl wusste sich nicht nur als Lutheraner, der in seinem dogmatischen System immer wieder die Rückbindung an Luther suchte,²³⁴ sondern meinte sich – zu Recht – Verdienste in der Herausarbeitung verschiedener Stücke lutherischer Theologie erworben zu haben.²³⁵

Ritschl sah sich – so lässt sich treffend festhalten – als „authentischer Sachwalter der Theologie Luthers in seiner Zeit"²³⁶. Dabei war sein Anliegen ein anverwandelnd-produktives. Ritschls Lutherbild repräsentiert – auch wenn sich kein Vorzug des „jungen" oder „alten" Luthers feststellen lässt – sicher nicht die gesamte Breite von Luthers Theologie, sondern ist eine selektiv zusammengesetzte Rekonstruktion mit dem Ziel der modernisierenden Vergegenwärtigung.²³⁷ Was dabei stört, wird von Ritschl ignoriert und ausgeschieden. Anknüpfung und Weiterentwicklung impliziert daher durchaus nicht Abwesenheit von Kritik.²³⁸

Hinsichtlich der Inhalte erachtete Ritschl bei dieser wiederentdeckenden Vergegenwärtigung, wie eingangs erwähnt vor allem Luthers Freiheitsbegriff, die Rechtfertigungslehre und dessen Gedanken zur christlichen Vollkommenheit als wesentlich.²³⁹ Dass er mit den Gedanken zur christlichen Vollkommenheit kein hübsches Bonbon aus Luthers Werk, sondern zentrale systematische Gedanken wiederentdeckt zu haben meinte, illustrieren die bereits zitierten Äußerungen

---

mentale Deutungsmuster ebenso einbezogen werden. Ein solch weiter und integrativer Ansatz lässt sich dann besser mit dem Begriff des Frömmigkeitsstils beschreiben. Vgl. a. a. O., 126–129. Das ist in diesem Zusammenhang von besonderen Interesse, da – wie oben dargestellt – die reformatorischen Gedanken zur christlichen Vollkommenheit zwar in der maßgeblichen Lehrbildung nicht weitertradiert wurden, an anderen Orten, insbesondere in der asketischen Literatur und in der Lieddichtung, jedoch schon.

²³³ Dass Ritschl in konfessioneller Hinsicht kirchenpolitisch und theologisch ein Mann der Union war, steht dabei in keinerlei Widerspruch. Jeder Form eines lutherischen Konfessionalismus mit einer starken Fixierung des Bekenntnisses stand Ritschl zutiefst kritisch gegenüber, vgl. CHRISTINE AXT-PISCALAR, Albrecht Ritschl. Eine Würdigung seiner theologischen Grundanliegen aus Anlass seines 125. Todestags, in: Kerygma und Dogma 60 (2014), 285–302, hier 286f.

²³⁴ Vgl. dazu die ausführliche Darstellung von Frank Hofmann, der chronologisch alle wichtigen Werke Ritschls auf deren Lutherbezug untersucht und kritisch Ritschls Lutherrezeption analysiert hat, HOFMANN, Ritschls Lutherrezeption.

²³⁵ Durch seine energische Hinwendung zu Luthers Theologie kann er zu Recht und trotz der Kritik, die seine Lutherrezeption u. a. von Theodosius von Harnack erfahren hat als ein Wegbereiter der Lutherrenaissance gelten, vgl. a. a. O., 261f.

²³⁶ A. a. O., 259.

²³⁷ Vgl. dazu ausführlich a. a. O., 255–262.

²³⁸ Frank Hofmann hat die These aufgestellt, dass Ritschl ganz grundsätzlich „die dynamische Struktur von Luthers Denken nicht hinreichend erfaßt" habe. „Die Polaritäten, die für Luthers theologisches Denken konstitutiv" seien, hätte Ritschl nicht in ihrer Spannung aufnehmen können, sondern versucht, sie aufzulösen und einzuebnen. So bleibe der Prädestinationsgedanke beispielsweise unberücksichtigt, auch das Verhältnis von Gesetz und Evangelium habe Ritschl nur relativierend und damit verzeichnend in seinem System aufnehmen können. a. a. O., 258.

²³⁹ Vgl. Anm. 780.

zur Rechtfertigungslehre, die aus Ritschls Sicht nie ohne den Bezug zur christlichen Vollkommenheit gedacht werden kann und wo es doch geschah, letztlich nur „verkrüppelt" zurückbleiben konnte.[240] Die Lehren von Rechtfertigung und christlicher Vollkommenheit müssen nach Ritschl immer aufeinander bezogen werden, ohne eine solche Abstimmung blieben letztlich beide defizitär.

Es kann daher nicht als Widerspruch zum bereits Dargestellten erscheinen, dass Ritschl den Gedanken der Rechtfertigung allein aus Glauben ins Zentrum seiner Theologie stellt.[241] Allerdings verstand er den Rechtfertigungsakt mit Luther als ein Handeln Gottes, das auf die Neuschöpfung des Sünders und eine ethische Neuwerdung abzielt.[242] Insofern lässt sich zu Recht sagen: „Die ethischen Fragen stehen also für Ritschl in der entscheidenden Mitte, oder anders gesagt: die Rechtfertigung Gottes am Sünder und das aus ihr folgende Leben"[243]. Der gelegentlich Ritschl gegenüber erhobene Vorwurf, seine Theologie in problematischer Weise auf die Ethik zu fokussieren, erscheint vor diesem Hintergrund unzutreffend. Es kann vielmehr gerade als Grundanliegen Ritschls verstanden werden, religiöse und sittliche Aussagen, m.a.W. Glaube und Handeln in ein angemessenes und bereits bei Luther angelegtes Verhältnis zu bringen.

Festgehalten hat Ritschl den Zusammenhang zwischen Rechtfertigung und christlicher Vollkommenheit in expliziter Anknüpfung an Luther in der bereits zitierten *Selbstanzeige* – auch wenn der Begriff der Vollkommenheit selbst nicht fällt, sondern lediglich dem Inhalt nach dargestellt ist:

> Was Luther in den Schriften de libertate christiana (1520) und de votis monasticis (1521) ausgeführt hat, bezeichnet die praktische Zweckbeziehung seines Gedankens von der Rechtfertigung durch Christus im Glauben, nämlich daß man auf Grund der so vermittelten Versöhnung und Gemeinschaft mit Gott in die Machtstellung Christi über die Welt eingeht, d.h. daß man in dem Glauben an Gottes specielle Leitung, in Demuth und Geduld, die Empfindung aller aus der Welt hervorgehenden Uebel überwindet, und daß man durch die Uebung der Treue in dem speciellen sittlichen Beruf, oder aus der Erfahrung der Freiheit im Sittengesetze heraus seinen Beitrag zur sittlichen Gemeinschaft der Menschen leistet.[244]

Damit dürfte Ritschl selbst die beiden Schriften Luthers genannt haben, die für sein Verständnis von Luthers Vollkommenheitsbegriff besonders maßgeblich sind. Ganz grundsätzlich lag der Schwerpunkt der von Ritschl rezipierten Luthertexte auf den Hauptschriften von 1520,[245] auch wenn allein schon die in sei-

---

[240] Vgl. auch seine Bemerkung in der Selbstanzeige: „Ich mache mir keinen Ruhm daraus, die Rechtfertigungslehre in ihrem ursprünglichen Zusammenhang im Sinne von Paulus und Luther hergestellt zu haben; denn die Freude über die Lösung des Problems wird mir wahrlich durchkreuzt durch den Verdruß darüber, daß ich dieses nicht schon längst von Anderen gelernt habe.", RITSCHL, Selbstanzeige, 36.
[241] Vgl. auch WOLFF, Haupttypen, 181.
[242] Vgl. ebd.
[243] A.a.O., 183.
[244] RITSCHL, Selbstanzeige, 35.
[245] Vgl. HOFMANN, Ritschls Lutherrezeption, 32f.

nen Schriften benutzte Literatur eine große Breite von Luthers Werk umfasst.[246] Besonders schätzte Ritschl Luthers *Freiheitsschrift*, die er – allerdings nur in ihrer lateinischen Fassung [247] – als „das Programm der Reformation Luthers"[248] herausstellen konnte. In dieser Schrift habe „Luther sich selber übertroffen, indem er einen Zusammenhang aufgestellt hat, dessen Bedeutung ihm selber nicht dauernd gegenwärtig geblieben ist"[249]. Das sich-selbst-Übertreffende dürfte für Ritschl aber gerade darin liegen, dass Luther Rechtfertigung nicht nur nach ihrer negativen, sondern auch nach ihrer positiven, d.h. Freiheitspotentiale erschließenden Seite entfaltet hat.

Anknüpfend an diese eher grundsätzlichen Beobachtungen zu Ritschls Lutherrezeption nun ein genauerer Blick auf Gemeinsamkeiten und Differenzen hinsichtlich des Vollkommenheitsbegriffs.

Auch Luthers Vollkommenheitsbegriff wird von Ritschl nicht einfach übernommen, sondern in seinem eigenen Sinne neuakzentuiert. Inhaltlich stimmt er mit Luther durchaus überein, dass das Entscheidende mit der Rechtfertigung für den Gläubigen Schon-Jetzt begonnen ist, sich aber in der Glaubens- und Lebenspraxis verwirklichen und wachsen muss. Dies wird von Ritschl durch die Zurückweisung einer quantitativen zu Gunsten einer qualitativen Profilierung des Begriffs ausgedrückt. Auch Ritschl spricht – wie oben gezeigt – davon, dass die „christliche Vollkommenheit im Werden"[250], d.h. in Modus zunehmender Verwirklichung, zu denken ist. Trotzdem tritt bei ihm das für Luther herausgearbeitete Moment des Noch-Nicht zurück. Indem Ritschl den Begriff der Vollkommenheit klar als Qualifizierung der Glaubensgegenwart in ihren verschiedenen Spiegelungen bestimmt, verblasst die bei Luther immer auch als uneinholbar profilierte Vorstellung von Vollkommenheit. Die zahlreichen Bemerkungen Luthers, „dass unser keiner ganz vollkommen ist"[251] scheint Ritschl nicht wahrgenommen zu haben oder zu Gunsten des Vollkommenheitsbegriffs, wie er ihn in *de votis monasticis* profiliert sieht, zurückgestuft zu haben. Die christliche Vollkommenheit wird so bei Ritschl zur im Glauben konkret gewordenen und bereits erlebten Realität, die jedoch stets in einem dynamischen Prozess zu immer tieferer Verwirklichung drängt. Das Noch-Nicht der christlichen Vollkommenheit ist damit begrifflich aufgelöst in das bereits bestehende Schon-Jetzt.

Was auf den ersten Blick als tiefgreifende Differenz erscheint, relativiert sich bei genauerer Betrachtung. Denn auch Ritschl ist ja wie Luther an einer zunehmenden Realisierung der verschiedenen Kennzeichen christlicher Vollkommen-

---

[246] Einen hervorragenden Überblick bietet: a.a.O., 236–246.
[247] Die deutsche Übersetzung hingegen hielt er gegenüber dem lateinischen Original nicht nur für verkürzt, sondern sogar „in den Hauptsachen völlig undeutlich", Ritschl, Selbstanzeige, 36.
[248] Ebd.
[249] Ritschl zitiert nach Wolff, Haupttypen, 185.
[250] Ritschl, RuV 3, 615.
[251] Luther, WA 15, 502,36.

heit interessiert. Die entscheidende Pointe bei Ritschl ist nun aber, dass zwar eine Vertiefung im Vorsehungsglauben, an Tugenden wie Demut und Geduld, in Gebetspraxis und Berufstreue wünschenswert und daher anzustreben ist, dass aber der Vollkommenheitsbegriff von all diesen lebenspraktischen Entwicklungen entkoppelt ist. Er beschreibt lediglich das Faktum, *dass* der Gläubige in all diesen zentralen Charakteristika christlicher Vollkommenheit unterwegs ist, d. h. dass sie überhaupt vorhanden sind.

Die Gegenwärtigkeit christlicher Vollkommenheit profiliert Ritschl im Vergleich zu Luther aber in der dargestellten 4+1-Struktur deutlich ausdifferenzierter und systematischer. Diese Ausdifferenzierung entspricht dabei einerseits dem systematischen Interesse Ritschls. Andererseits ist sie aber auch Ausdruck der theologischen Aufwertung des Begriffs, wie sie gegenüber Luther zweifelsohne der Fall ist. Auch wenn der Begriff, wie in Kapitel I.2.3 dargestellt, bei Luther durchaus immer wieder thematisch wird, gibt es – im Unterschied zu Ritschl – keinerlei Hinweise darauf, dass die Lehrstücke von Rechtfertigung und Vollkommenheit in der gleichen Weise systematisch gleichwertig gegenübergestellt werden müssten. Insofern ist an dieser Stelle eine erhebliche Differenz zu attestieren.

5.6 Systematische Überlegungen zur Vollkommenheitsambivalenz

Der Zuspruch, dass der Gläubige „dazu *bestimmt und befähigt* wird, in seiner geistigen Art ein Ganzes"[252], damit vollkommen zu *sein* und es nicht erst werden zu müssen, dürfte psychologisch vor allem als Entlastung erlebt werden. Die Ambivalenz von Vollkommenheit – ein anderer werden zu wollen bzw. zu müssen, dies aber gleichzeitig als Abwertung des gegenwärtigen Selbst zu empfinden – wird von Ritschl damit beispielsweise gegenüber den betrachteten pietistischen Ansätzen deutlich gemildert. Da der Gläubige sich Schon-Jetzt als ein Ganzes und entsprechend als vollkommen wissen darf, dürfte er sich mit Ritschls Theologie gegenüber der Vollkommenheitsambivalenz als regelrecht resilient erleben. Dass Ritschl – wie gesehen – die Freude bzw. Seligkeit als das Gefühl der Vollkommenheit hervorhebt, fügt sich in diese Beobachtung ein: Der Gläubige beurteilt sich in der Versöhnung mit Gott als Geschöpf von eigenem, hohem Wert und erfährt sein Leben daher grundsätzlich als gelingend und freudvoll.

Allerdings ist Ritschls Theologie an diesem Punkt weniger lebensfern, als es zunächst erscheinen mag. Denn auch Ritschl thematisiert innerhalb des Glaubens und Vollkommenheitsbewusstseins die unter 5.4 betrachteten Schwankungen in den verschiedenen Kennzeichen der Vollkommenheit. Zwar stellen diese Einschränkungen grundsätzlich weder den Glauben noch den Wert eines Ganzen und damit die Qualität der Vollkommenheit in Frage. Im Gegenteil: Gerade

---

[252] RITSCHL, RuV 3, 615, Hervorhebung C.S.

im Bewusstsein um die eigenen Defizite bewährt sich der Glaube dadurch, dass er sich in seinem Unvermögen Gott anvertraut. Erst in dem Moment, in dem der Mensch außerhalb der Perspektive, resp. der Erfahrung des Glaubens steht, holen ihn die von Ritschl beschriebenen Leiden, Zweifel und Ambivalenzen wieder viel stärker ein. Der von Ritschl gezeichneten *vita christiana* eignet deshalb trotzdem durchaus etwas vom Kampf gegen die Sünde, wie ihn Luther beschreibt.[253] Denn auch die verschiedenen *Leistungen* bzw. *Aufgaben* der Vollkommenheit, die Ritschl beschreibt, bedürfen der fortwährenden Erneuerung und Stärkung gegenüber anderen Einflüssen, denen sich der Gläubige ausgesetzt sieht. Gerade dies dürfte der Grund sein, weshalb Ritschl neben Tugenden und Überzeugungen mit dem Gebet und dem Beruf auch dezidiert praktische Dimensionen des Mensch-Seins in seinen Vollkommenheitsbegriff integriert. Das Einüben von bestimmten religiösen Haltungen, Stimmungen und Tugenden bedarf konkreter Praktiken und Sozialformen. Mit Gebet und Beruf sind von Ritschl dafür zwei Orte markiert.

Dass dabei mit dem Beruf gerade ein zunächst völlig unreligiös erscheinender Ort von ihm fokussiert wird, kann als typisches Kennzeichen seiner Theologie beschrieben werden. Das schon bei Luther herausgearbeitete *Weltengagement* als Kontrastprogramm zur Weltflucht, zu dem der Christ befreit aber auch verpflichtet ist, kehrt damit auch bei Ritschl pronociert wieder. Es dürfte ein wesentliches Anliegen Ritschls gewesen sein, dieses theologische Motiv aufzugreifen und in seiner Theologie entsprechend religiöse und sittliche Dimension aufeinander zu beziehen. Sein Vollkommenheitsbegriff, in dem sich die religiösen und sittlichen Kennzeichen von Vollkommenheit gegenseitig bedingen, ist insofern selbst Ausdruck dieses Programms.

Mit den Stichworten Bestimmung und Befähigung ist aber noch auf einen weiteren, letzten Aspekt hinzuweisen. Ohne, dass der Gläubige sich seines Wertes unsicher werden müsste, sind ihm die Potentiale der eigenen Persönlichkeit bewusst, sodass sich ihm trotzdem oder gerade deswegen eine Entwicklungsperspektive eröffnet. In den geübten Tugenden und im sich entwickelnden religiös-sittlichen Charakter kann er *gerade* aus der erschlossenen Freiheitserfahrung – als ein Ganzes seiner Art vor Gott der Welt an Wert überlegen zu sein – ein Wachsen erfahren. Auch der Gläubige erfährt so immer wieder eine Differenz, zwischen dem, der er sein könnte und seinem empirisch-faktischen Ich, sodass auch sein Leben nicht frei von der Ambivalenz der Vollkommenheit ist. Aber im Unterschied zur Perspektive des Unglaubens, in der sich der Mensch seines eigenen Wertes permanent unsicher ist, erlebt der Gläubige diese Ambivalenz nach Ritschl im Gefühl einer grundsätzlichen Gelassenheit.

---

[253] Auch Ritschl kann durchaus in diese Kampf-Rhetorik einstimmen: „Mag man auch in diesen Leistungen an sich selbst noch so viele Mängel wahrnehmen, so kommt bei der Bekämpfung derselben uns immer zu Gute, daß wir uns in dem durch Christus eröffneten Gebiete der Gnade Gottes bewegen.", a.a.O., 618.

6. Das Ziel des Neuen Seins als Prozess – Vollkommenheit bei Paul Tillich

6.1 Hinführung und Forschungsstand

Mit Paul Tillich (1886–1965) wird im Folgenden einer der überragenden theologischen Denker des 20. Jahrhunderts in den Blick genommen. Der Gedanke der Vollkommenheit ist dabei sicher keiner, der unmittelbar mit dessen Theologie assoziiert wäre. Ein genauer Blick in Tillichs theologisches Werk, insbesondere in sein *opus magnum,* die *Systematische Theologie,* zeigt aber nicht nur eine wiederkehrende Verwendung des Begriffs, sondern lässt auch die systematische Bedeutung in Tillichs Theologie erahnen.

Tillich bemühte sich zeitlebens darum, den christlichen Glauben so darzustellen und zu übersetzen, dass er für seine modernen Zeitgenossen verstehbar bleiben bzw. werden konnte. Seine grundlegende *Methode der Korrelation,* die die Notwendigkeit wechselseitiger Bezugnahme von Botschaft und Situation beschreibt, ist methodischer Ausdruck dieses Anliegens. Die Umsetzung dieser Zielsetzung bestand nun für Tillich vor allem in einer sensiblen und präzisen Arbeit am Begriff, die für ihn die Grundlage alles Verstehens bildete. Sich selbst konnte er daher auch als Begriffsretter verstehen: „Begriffe mußt du retten, ehe du Seelen retten kannst"[1], – natürlich immer unter der Voraussetzung, dass ein Begriff überhaupt rettbar erscheint.

Fragt man nach dem inhaltlichen Ziel einer solchen Begriffs- und Seelenrettung, dann dürfte es Tillich v.a. um eine Wiedererschließung der *Dimension der Tiefe* und einen neuen *Mut zum Sein*[2] gegangen sein. Beide Stichworte markieren für ihn zentrale Bestandteile der christlichen Botschaft. Zugleich erachtet er sowohl die Dimension der Tiefe als auch den Mut zum Sein letztlich als unverzichtbar für das Gelingen menschlicher Existenz. Heinz Zahrnt hat daher das Grundanliegen von Tillich in der Wiedergewinnung der heilsamen Qualität der christlichen Botschaft erkannt: „Heilung' ist daher für Tillich das Wort, das die wichtigste Seite der christlichen Erlösungsbotschaft für unsere Zeit ausdrückt,

---

[1] Zitiert nach Heinz Zahrnt, Tillich als Gestalt des 20. Jahrhunderts, in: Hermann Fischer (Hrsg.), Paul Tillich. Studien zu einer Theologie der Moderne, Frankfurt am Main 1989, 13–36, hier 20.

[2] Vgl. dazu Paul Tillich, Der Mut zum Sein, Berlin/München/Bosten ²2015.

und ‚Heiland' für ihn daher der zeitgemäßeste Titel für Jesus Christus. Tillich versteht sich selbst in seiner theologischen und philosophischen Arbeit als ein ‚Therapeut'."[3]

Damit dürfte angesprochen sein, wie der moderne Mensch des 20. Jahrhunderts aus Tillichs Sicht mit der grundlegenden Frage des Lebens umgeht. Diese wird von Tillich folgendermaßen auf den Punkt gebracht: „Es ist die Frage nach einer Wirklichkeit, in der die Selbstentfremdung unserer Existenz überwunden wird, nach einer Wirklichkeit der Versöhnung und Wiedervereinigung, nach schöpferischer Kraft, Sinnhaftigkeit und Hoffnung."[4] Der so von Tillich beschriebenen Sehnsucht steht häufig bei dem „heutige[n] Menschen […] Zerrissenheit und Zwiespalt, Selbstzerstörung, Sinnlosigkeit und Verzweiflung in allen Lebensbereichen"[5] gegenüber. Liest man Tillichs Werk als den Versuch, intellektueller Wegbereiter der Wiedergewinnung einer solchen Wirklichkeit zu sein, dann kann dessen Grundintention mit Zahrnt in der Tat als eine *heilende* beschrieben werden.[6]

Innerhalb von Tillichs System ist es insbesondere die Pneumatologie, in der die transformative Kraft des christlichen Glaubens thematisch wird, da an diesem Ort Theologie und Christologie, ‚essentielles Sein' und ‚Existenz', so die Tillich'sche Diktion, in ihrer komplexen Realität miteinander vermittelt sind.[7] Innerhalb der Pneumatologie ist bei Tillich auch der in dieser Studie einschlägige Themenkomplex der *Heiligung* verortet. Im Bereich der „Heiligung als Heilung des Menschenlebens"[8] kommt auch der hier besonders im Fokus stehende Begriff der Vollkommenheit als Ideal menschlichen Lebens zum Tragen und dient dabei als ein Ziel- und Abschlussbegriff des Heiligungsprozesses.

Mit der *Systematischen Theologie*, insbesondere mit Teil vier: *Das Leben und der Geist*, ist der wichtigste Bezugspunkt in Tillichs theologischem Werk bereits genannt. Hier wird vor allem *III., Der göttliche Geist und die Zweideutigkeiten des Lebens*, und darin wiederum *3.b, Der Einzelne in der Kirche und die Erfahrung*

---

[3] ZAHRNT, Tillich, 19.

[4] PAUL TILLICH, Systematische Theologie I/II, Berlin/New York 1987 I, 61.

[5] Ebd.

[6] Vgl. Tillichs Bemerkung: „Das Wort Heilung als eine Seite der Erlösung ist besonders wichtig für das Verständnis des Neuen Seins in der Situation unserer Zeit. Wenn man das Wort Heilung verwendet, was für Predigt und Unterricht durchaus zu empfehlen ist, kann man es beschreiben als Überwindung des Zwiespaltes in der menschlichen Situation." Tillich betont dabei auch das interdisziplinäre Potential des Begriffs, insbesondere hinsichtlich von Medizin und Psychologie, ST II, 181.

[7] In der *Systematischen Theologie* entspricht diese Dreiteilung den Teilen II–IV: Zweiter Teil: Sein und Gott, Dritter Teil: Die Existenz und der Christus, Vierter Teil: Das Leben und der Geist.

[8] Vgl. zum Verhältnis von Heiligung und Heilung Kims Ausführungen unter der zitierten Überschrift, PAN-HO KIM, Heiligungslehre im Werk Paul Tillichs. Tillichs Heiligungslehre als Interpretation seiner Gesamttheologie in anthropologischer und pneumatologischer Perspektive, Aachen 2005, 266ff.

des Neuen Seins, genauer zu betrachten sein. Innerhalb dieses Kapitels findet sich ein Abschnitt (c), den Tillich mit *Bilder der Vollkommenheit* überschreibt. Von diesem Abschnitt her wird Tillichs Vollkommenheitsbegriff in der vorliegenden Studie entfaltet. Dies kann aber nur in der genauen Betrachtung des größeren Kontextes gelingen. Vor allem muss dazu der Prozess der Heiligung genau dargestellt werden, der durch Glaube und Liebe, sowie vier, von Tillich herausgearbeiteten Prinzipien näherbestimmt wird.

Die Thematik menschlicher Vollkommenheit taucht bei Tillich aber nicht nur in der *Systematischen Theologie* auf. Auch an anderen Stellen seines Werks kommt er punktuell darauf zu sprechen. Zu nennen sind hier insbesondere Tillichs Berliner Vorlesungen, die er in den Jahren 1951–1958 vortrug. Aber auch ein Blick beispielsweise in seinen Vortrag, *Die Kunst und das Unbedingt-Wirkliche*[9], den er im Museum of Modern Art in New York hielt, lohnt im Zusammenhang der Fragestellung.

Der Vollkommenheitsbegriff Tillichs wurde als solcher in der Forschung noch nicht eingehender untersucht. Natürlich findet er an entsprechenden Stellen in der Sekundärliteratur Erwähnung oder wird punktuell knapp reflektiert. Aber mit der besonderen Fokussierung auf diesen Begriff und dem Versuch, ihn als Element in Tillichs theologischem System zu erschließen, geht diese Studie ein Stück weit neue Wege.

Dabei kann an eine Reihe anderer Arbeiten angeknüpft werden. So wurden die einschlägigen Kapitel der *Systematischen Theologie* in zwei unterschiedlichen Gesamtpublikationen genauer unter die Lupe genommen. 1989 publizierte Hermann Fischer den Sammelband *Paul Tillich. Studien zu einer Theologie der Moderne*[10]. Darin hat sich Joachim Ringleben unter der Überschrift „Der Geist und die Geschichte"[11] mit dem Band III der *Systematischen Theologie* auseinandergesetzt. In jüngerer Zeit hat Christian Danz 2017 einen Kommentar herausgegeben, der es sich zur Aufgabe gemacht hat, *Paul Tillichs ‚Systematische Theologie'*[12] als Gesamtwerk kapitelweise in werk- und problemgeschichtlichem Horizont zu untersuchen. Der entsprechende Abschnitt zur Frage der Heiligung, in dem auch der Vollkommenheitsbegriff behandelt wird, wurde von Danz selbst unter der Überschrift „Die Gegenwart des göttlichen Geistes und die Zweideutigkeit des Lebens (III 134–337)"[13] verfasst. Sowohl Ringleben als auch Danz zeichnen jeweils wesentliche Linien des betrachteten Ausschnitts nach. Bei Ringleben

---

[9] PAUL TILLICH, Die Kunst und das Unbedingt-Wirkliche, in: PAUL TILLICH (Hrsg.), Die religiöse Substanz der Kultur. Gesammelte Werke IX, Stuttgart 1967, 356–368.

[10] HERMANN FISCHER (Hrsg.), Paul Tillich, Frankfurt am Main 1989.

[11] JOACHIM RINGLEBEN, Der Geist und die Geschichte (Systematische Theologie III), in: HERMANN FISCHER (Hrsg.), Paul Tillich. Studien zu einer Theologie der Moderne, Frankfurt am Main 1989, 230–255.

[12] CHRISTIAN DANZ (Hrsg.), Paul Tillichs ‚Systematische Theologie', Berlin/Bosten 2017.

[13] DERS., Die Gegenwart des göttlichen Geistes und die Zweideutigkeiten des Lebens (III 134–337), in: CHRISTIAN DANZ (Hrsg.), Paul Tillichs ‚Systematische Theologie'. Ein werk- und problemgeschichtlicher Kommentar, Berlin/Bosten 2017, 227–256.

kommen dabei notwendig nur sehr grundlegende Aspekte in den Blick, da er auf gerade einmal 26 Seiten Einblick in die gesamten Teile vier und fünf der *Systematischen Theologie* zu geben versucht. Danz hingegen widmet sich auf 30 Seiten lediglich dem zweiten, dritten und vierten Kapitel des vierten Teils. Seine Darstellung vermag daher Tillichs Gedankengang detaillierter nachzuvollziehen. Aber auch Danz kommt in seiner kompakten Rekonstruktion nicht explizit auf die Frage der Vollkommenheit zu sprechen. Beide Publikationen sind aber jeweils für das Verständnis des größeren Kontextes hilfreich, in dem die einschlägigen Kapitel stehen.

Eine systematisch-theologische Untersuchung von Tillichs Anthropologie und deren humanwissenschaftliche Kontextualisierung hat 1998 Hans Anzenberger unter dem Titel *Der Mensch im Horizont von Sein und Sinn. Die Anthropologie Paul Tillichs im Dialog mit Humanwissenschaften (Rupert Riedl, Erich Fromm und Viktor E. Frankl)*[14] vorgelegt. Darin rekonstruiert Anzenberger knapp, aber sehr textnah die Passagen der *Systematischen Theologie* zur „Gegenwart des göttlichen Geistes im menschlichen Geist"[15]. Dabei wird von Anzenberger auch das dort von Tillich entworfene „Ideal menschlichen Lebens"[16] unter die Lupe genommen.

Eine Untersuchung, die sich ebenfalls mit der Anthropologie Tillichs auseinandersetzt, wurde von Martin Fritz unter dem Titel *Menschsein als Frage. Paul Tillichs Weg zur anthropologischen Fundierung der Theologie*[17] verfasst. Darin zeichnet er Tillichs Entwicklung von einer sinntheoretischen zur anthropologischen religionsphilosophischen Grundlegung in den Jahren zwischen 1919 und 1935 nach. Die darin herausgearbeitete anthropologische Religionsphilosophie steht dann natürlich auch im Hintergrund von Tillichs in Amerika verfasstem *opus magnum*, der *Systematischen Theologie*.

Ebenfalls eher am Rande hat sich Petr Gallus mit dem Thema der Heiligung beschäftigt. In seiner 2007 erschienenen Studie *Der Mensch zwischen Himmel und Erde. Der Glaubensbegriff bei Paul Tillich und Karl Barth* fokussiert er, wie im Titel bereits ersichtlich, Tillichs Glaubensbegriff und kommt dort im Rahmen des Kapitels „Die Geburt des Glaubens"[18] auf Wiedergeburt, Rechtfertigung und Heiligung zu sprechen. Dabei wird der Vollkommenheitsbegriff zwar kurz gestreift,[19] aber nicht eingehender untersucht.

---

[14] HANS ANZENBERGER, Der Mensch im Horizont von Sein und Sinn. Die Anthropologie Paul Tillichs im Dialog mit Humanwissenschaften (Rupert Riedl, Erich Fromm und Viktor E. Frankl), St. Ottilien 1998.

[15] A.a.O., 180–189., dabei konzentriert er sich vor allem auf ST III, 130–164 und dann 250–281.

[16] A.a.O., 188.

[17] MARTIN FRITZ, Menschsein als Frage. Paul Tillichs Weg zur anthropologischen Fundierung der Theologie (Tillich research 16), noch ungedruckte Habilitationsschrift, Berlin voraussichtlich 2024.

[18] PETR GALLUS, Der Mensch zwischen Himmel und Erde. Der Glaubensbegriff bei Paul Tillich und Karl Barth, Leipzig 2007, 150–172.

[19] Vgl. a.a.O., 170.

Ebenso als einschlägig erwähnt werden soll die von Pan-Ho Kim im Jahr 2005 veröffentlichte Untersuchung zur *Heiligungslehre im Werk Paul Tillichs. Tillichs Heiligungslehre als Interpretation seiner Gesamttheologie in anthropologischer und pneumatologischer Perspektive.* Auch wenn darin der Vollkommenheitsbegriff weder eigens dargestellt noch analysiert wird, sind doch die Zusammenhänge, in denen er in Band III der *Systematischen Theologie* auftaucht, insbesondere der Kontext des Heiligungsgedankens ausführlich dargestellt und analysiert.

Der nun zu entfaltende Gedankengang wird folgendermaßen strukturiert: Ausgehend von dem Vierten Teil seiner *Systematischen Theologie* III wird für das Verständnis von Tillichs Heiligungslehre dessen Differenzierung von *drei Erfahrungsweisen des Neuen Seins* (6.2) zumindest kurz zu skizzieren sein. Dies dürfte für die Einordnung des Heiligungs- und des Vollkommenheitsgedankens bei Tillich nützlich sein. Daran anknüpfend soll *Tillichs konfessionshistorische Wahrnehmung* (6.3) hinsichtlich der Verwendung des Vollkommenheitsbegriffs im Protestantismus ausgeführt werden. In den von Tillich herausgearbeiteten Differenzen zwischen Luthertum, Calvinismus und radikaler Geist-Bewegung treten bereits grundlegende Fragestellungen zu Tage, die auch in Tillichs eigener Entwicklung der Frage nach menschlicher Vollkommenheit immer wieder als Leitmotive erscheinen. Im Abschnitt *„Bilder der Vollkommenheit" als Illustration des Heiligungsideals* (6.4) wird sowohl eine Formulierung Tillichs als auch ein Gedankengang aus dem 4. Teil seiner *Systematischen Theologie* aufgegriffen, der im Rahmen der hier behandelten Fragestellung der zentralste und wichtigste ist. Die Darstellung leitet über zu der Frage nach *Fragmentarität und Vollendung* (6.5) und thematisiert damit zwei Begriffe, die unbedingt ins Verhältnis zum Vollkommenheitsbegriff gesetzt werden müssen. Hinzu tritt mit dem Begriff der *Reife* ein weiterer, bei Tillich häufig wiederkehrender Terminus, der die heiligungspraktischen Entwicklungspotentiale des geistgeleiteten Menschen zur Sprache bringt. Das *Wachstum zur Reife* (6.6) wird dabei nach Tillich maßgeblich durch vier Prinzipien geprägt, die jeweils eigens darzustellen sind. Danach soll parallel zu den bisher betrachteten Theologen Tillichs Vollkommenheitsbegriff ins Verhältnis zu dem von Luther profilierten gesetzt werden (6.7). Abschließend werden einige systematische Überlegungen zur Vollkommenheitsambivalenz entfaltet (6.8).

6.2 Die drei Erfahrungsweisen des Neues Seins

Der Begriff der Vollkommenheit wird bei Tillich wie auch bei anderen bereits betrachteten Theologen im Kontext der Heiligung thematisch. Der Prozess der Heiligung ist dabei einer von drei näher zu betrachtenden Aspekten der *Verwirklichung des Neuen Seins* im und am einzelnen Menschen. Zur Einordnung dieses Zentralbegriffs der Theologie Tillichs folgen daher einige skizzenhafte Bemerkungen.

Sämtliche Lebensprozesse des Menschen sind nach Tillich bestimmt durch ein essentielles und ein existentielles Element, die die Gleichzeitigkeit von „geschaffene[r] Gutheit und Entfremdung"[20] widerspiegeln. Diese Gleichzeitigkeit in jedem menschlichen Leben ist die „Wurzel seiner Zweideutigkeit"[21]. Die Zweideutigkeit des Lebens lässt sich demnach, wie in der Hinführung bereits angedeutet, als Trennung und Entfremdung des Menschen von seinem schöpferischen Grund und damit von seinem eigentlichen Wesen und seinen vollständig verwirklichten essentiellen Möglichkeiten verstehen. Wie alle anderen Geschöpfe sehnt sich der Mensch nach der Verwirklichung dieser Potentiale.[22] Aber nur der Mensch als „Träger des Geistes"[23] erfährt die Zweideutigkeit seines Daseins *bewusst* und stellt daher „die Frage nach unzweideutigem Leben"[24]. Die Erfahrung nichtverwirklichter Essentialität kann aber durch das Wirken des göttlichen Geistes zumindest partiell überwunden werden, indem dieser den Menschen in und durch Glauben und Liebe „in die transzendente Einheit unzweideutigen Lebens"[25] hineinführt. Dadurch wird dem glaubenden Menschen das „Neue Sein jenseits der Spaltung von Essenz und Existenz und folglich jenseits der Zweideutigkeiten des Lebens"[26] eröffnet. Da die Menschheit von Gott nie alleingelassen ist, sondern ständig unter dem Einfluss des göttlichen Geistes steht, „ist zu allen Zeiten Neues Sein in der Geschichte"[27]. Die im Neuen Sein eröffnete Partizipation an der transzendenten Einheit unzweideutigen Lebens bleibt allerdings – das wird gleich näher zu betrachten sein – stets „fragmentarisch"[28].

Innerhalb des Christentums verkörpert Jesus Christus das Neue Sein, als dessen „Träger" Tillich ihn auch bezeichnet. Die Exzeptionalität Jesu besteht nach Tillich darin, dass er unter den Bedingungen der Existenz niemals seine Essenz, d. h. seine uneingeschränkte Verbindung mit Gott verloren hat. Damit reformuliert Tillich den Gedanken, dass Jesus „vollkommen vom göttlichen Geist ergriffen"[29] war. Obwohl auch er den Seins-Polaritäten unterworfen war, gilt für ihn, dass er trotz der existentiellen Bedingungen nicht im Modus der Entfremdung lebte.[30] Das Neue Sein ist dabei nicht etwa in einem bestimmten Charakterzug Jesu Christi zu erkennen. Damit grenzt sich Tillich kritisch von christologischen Ansätzen ab, die jeweils einzelne Aspekte seines Wesens, beispielsweise seine

---

[20] TILLICH, ST III, 130.
[21] Ebd.
[22] Vgl. ebd.
[23] Ebd.
[24] Ebd.
[25] A. a. O., 165.
[26] Ebd.
[27] A. a. O., 166.
[28] Ebd.
[29] A. a. O., 171.
[30] Vgl. dazu GEORG NEUGEBAUER, Die Wirklichkeit des Christus (II 107–194), in: CHRISTIAN DANZ (Hrsg.), Paul Tillichs ‚Systematische Theologie'. Ein werk- und problemgeschichtlicher Kommentar, Berlin/Bosten 2017, 171–196, hier 184f.

„Worte", „Taten", „Leiden" oder sein „inneres Leben"[31] als spezifischen Grund seines Christus-Seins beschrieben haben. Das Neue Sein ist vielmehr in der „Totalität seines Seins"[32] zu erkennen. Dieses, sein Sein, macht ihn zum Christus.[33]

Bezogen auf den einzelnen Gläubigen ist es die Gegenwart des göttlichen Geistes, die das Neue Sein schafft und ihn in die transzendente Einheit unzweideutigen Lebens erhebt.[34] Diese Erfahrung wird von Tillich in Band III seiner *Systematischen Theologie* innerhalb des Abschnitts „Der Einzelne in der Kirche und die Erfahrung des Neuen Seins"[35] in einer Dreier-Figur ausdifferenziert. Grundsätzlich unterschieden wird dabei zwischen Wiedergeburt, Rechtfertigung und Heiligung. Diese Unterscheidung ist von Tillich bereits am Ende von Band II als „[d]er dreifache Charakter der Erlösung"[36] eingeführt. Dieser Trias ordnet Tillich dabei die Begriffe Teilnahme, Annahme und Umwandlung zu.[37] Erstens verweist der Gedanke der Wiedergeburt auf die Erfahrung der Teilnahme am Neuen Sein. Zweitens verweist der Gedanke der Rechtfertigung auf die Annahme des Unannehmbaren, nämlich auf die Bejahung des Bejahtseins.[38] Und drittens verweist der Gedanke der Heiligung auf die darauf folgende und vom göttlichen Geist gewirkte tatsächliche Umwandlung des Menschen. Mit diesen drei Erfahrungen des Neuen Seins korrespondieren, ohne dass dies hier für die ersten beiden Erfahrungen näher entfaltet werden muss, auch die in Band III zugeordneten Begriffe Schöpfung (Wiedergeburt), Paradox (Rechtfertigung) und Prozess (Heiligung).[39]

Innerhalb des längsten und hier zu beleuchtenden dritten Abschnitts, der in der Diktion Tillichs mit „Die Erfahrung des Neuen Seins als Prozess (Heiligung)" überschrieben ist, wird entsprechend dargestellt, wie der Lebenslauf des Gläubigen, der der Erfahrung von Wiedergeburt und Rechtfertigung folgt, Gestalt gewinnen kann.[40]

In diesen Zusammenhang gehört die Frage nach menschlicher Vollkommenheit bzw. die von Tillich geprägte Formulierung der „Bilder der Vollkommenheit". Bevor er seinen eigenen Vollkommenheitsbegriff entfaltet, unterzieht er verschiedene konfessionelle Spielarten der Reformation – Luthertum, Calvinis-

---

[31] TILLICH, ST II, 132.
[32] Ebd.
[33] Ebd.
[34] Vgl. DERS., ST III, 165.
[35] A. a. O., 254–279.
[36] DERS., ST II, 189.
[37] Vgl. a. a. O., 189.190.193.
[38] Vgl. DERS., ST III, 258–260; vgl. zum Verhältnis von „Bejahung des Bejahtwerdens und Selbstbejahung" bei Tillich: CHRISTIANE TIETZ, Freiheit zu sich selbst. Entfaltung eines christlichen Begriffs von Selbstannahme (FSÖTh 111), Göttingen 2005, 23–33.
[39] TILLICH, ST III, 254.257.263.
[40] Die von Tillich sehr stark akzentuierte Umwandlung des Menschen durch das Neue Sein, sowie der damit verbundenen Überwindung aller Zweideutigkeiten hat dazu geführt, dass Anzenberger die Möglichkeit vorschlägt, seine Anthropologie als eine *„pneumatologische"* zu bezeichnen, Vgl. ANZENBERGER, Mensch, 192.

mus und radikale Geistbewegung – einer knappen Analyse, wie diese das Ziel der Vollkommenheit theologisch jeweils aufgenommen haben. Diese Differenzierung soll nachfolgend wiedergegeben werden. Durch die Rekonstruktion von Tillichs Wahrnehmung kommen mit dem Calvinismus und der radikalen Geist-Bewegung zwei Strömungen der Reformation in den Blick, die in dem vorliegenden Band ansonsten nur punktuell betrachtet sind und weiten dahingehend die binnenkonfessionelle Perspektive. Vor allem dürfte die Darstellung auch aufschlussreich für die Selbstverortung der von Tillich vertretenen und profilierten Position sein.

6.3 Tillichs konfessionshistorische Wahrnehmung

In der Wahrnehmung der unterschiedlichen reformatorischen Spielarten (ST III, insbesondere 263–266) unterscheidet Tillich lutherische und calvinistische Theologie, sowie die Theologie der „radikalen Geist-Bewegung"[41]. Die theologischen Differenzen zwischen diesen drei Strömungen hinsichtlich ihres Verständnisses von „christlichem Leben"[42] haben sowohl religiös als auch kulturell verschiedene Ausprägungen erfahren, die bis in die Gegenwart hinein einflussreich sind. Diese Differenzen entspringen der verschiedenen Ausbildung der *Lehre vom Gesetz*. Im Blick auf die dritte Funktion des Gesetzes haben Luther und Calvin bekanntlich unterschiedlich votiert. Die darauf aufbauenden ethischen Ansätze beschreibt Tillich auf der einen Seite als „realistischer" und „besser geeignet, das Fundament für eine ethische Theorie abzugeben und ein diszipliniertes Leben der Heiligung zu unterstützen"[43] (calvinistisch), auf der anderen Seite als „ekstatischer, aber ungeeignet als Fundament für eine protestantische Ethik, jedoch voll schöpferischer Möglichkeiten für das persönliche Leben"[44] (lutherisch).

Die Kirchen der *radikalen Geist-Bewegung* übernahmen vom Calvinismus die Lehre von der dritten Funktion des Gesetzes, verloren aber „das Verständnis für den paradoxen Charakter der Kirchen und des Lebens des Einzelnen in der Kirche"[45]. Sie vertraten daher in radikaler Weise die Auffassung von der tatsächlichen Realisierbarkeit des Gesetzes und damit der Heiligung.

Führt man sich diesen Optimismus vor Augen, der allerdings mit der Leugnung des „großen ‚trotzdem' im Prozeß der Heiligung"[46] erkauft ist, dann überrascht es nicht, dass es Tillich für diese theologische Strömung als kennzeichnend ansieht, dass sie die Vollkommenheit sowohl für den Einzelnen als auch für (erwählte) Gruppen für erreichbar erachtet und entsprechend einfordert.

---

[41] TILLICH, ST III, 263.
[42] Ebd.
[43] A.a.O., 264.
[44] Ebd.
[45] Ebd.
[46] Ebd.

Tillich erkennt in dieser perfektionistischen Position[47] – der beispielsweise auch die unter I.3 untersuchte Theologie John Wesleys zuzuordnen ist – eine Rückkehr zur „asketisch-katholischen Tradition"[48]. Mit der Transformation der Bewegung hin zu etablierten großen Kirchen wurde – so Tillich – die problematische Gleichsetzung von Erlösung und moralischer Vollkommenheit des Einzelnen kirchen- und frömmigkeitspraktisch institutionalisiert.[49] Eine strukturelle Parallele zur Ethik der radikalen Geist-Bewegung erkennt Tillich im „asketischen und liberalen Protestantismus". Auch diese verstehen nach Tillich Erlösung vor allem als „Überwindung spezieller Sünden und stetige moralische Vervollkommnung", während die Gewinnung des Ewigen Lebens dem gegenüber eher in den Hintergrund tritt.[50]

Der *Calvinismus* zeichnet sich im Unterschied dazu dadurch aus, dass sich der Mensch der Vollkommenheit zwar annähern, diese aber niemals erreichen kann. Der Prozess der Heiligung ist entsprechend mit der Vorstellung einer beständigen Aufwärtsbewegung verbunden, die durch eine Zunahme an Glaube und Liebe angetrieben wird. Durch diese Zunahme wird „die Macht des göttlichen Geistes im Einzelnen"[51] beständig vergrößert. Dem Calvinismus attestiert Tillich daher zwar keinen reinen Perfektionismus zu lehren, aber durchaus „starke perfektionistische Elemente"[52] als Teil einer auf fortschreitende Heiligung abzielenden Ethik zu enthalten. Historisch verstärkten sich diese Tendenzen nach Tillich immer dann, wenn sich die perfektionistischen Elemente (des Calvinismus) mit dem Perfektionismus der „radikalen Reformatoren'"[53] vereinigten. Vor Augen dürfte Tillich dabei beispielsweise der „puritanische Calvinismus"[54] amerikanischer Provenienz gestanden haben. Die davon geprägten Gemeinschaften forderten häufig nicht nur „einen gewissen Grad von moralischer und religiöser Vollkommenheit"[55] als Aufnahmebedingung,[56] sondern waren in ihrer ganzen religiös-moralischen Orientierung auf ein solches Ziel hin ausgerichtet.

---

[47] Vgl. a.a.O., 265.
[48] A.a.O., 264.
[49] Vgl. a.a.O., 264f.
[50] Vgl. DERS., ST II, 179.
[51] DERS., ST III, 264.
[52] A.a.O., 265.
[53] Ebd.
[54] DERS., Die Bedeutung der Kirche für die Gesellschaftsordnung in Europa und Amerika, in: Gesammelte Werke III, Stuttgart 1965, 107–119, hier 111.
[55] A.a.O., 112.
[56] Tillich unterscheidet an dieser Stelle einen sakramentalen und einen theokratischen Religionstyp. Ob eine Kirche oder christliche Gemeinschaft zu dem einen oder anderen Typ gehört, entscheidet sich vor allem an der Frage der Eintrittsbedingungen. Während im sakramentalen Typ die Mitgliedschaft durch die Taufe und damit häufig quasi als Geburtsrecht erworben wird, gelten im theokratischen Typ die „freie Entscheidung und Streben nach Vollkommenheit" (112) als Zugangsvoraussetzungen. Die europäischen Kirchen rechnet Tillich überwiegend dem sakramentalen Typ zu, die amerikanischen hingegen eher zum theokratischen. Als theologischen Grund dieser Differenz arbeitet Tillich ein unterschiedliches Verständnis des *Heiligen*

Im Gegensatz zur radikalen Geist-Bewegung sieht Tillich im *Luthertum* nicht nur die Wahrnehmung des „*paradoxen Elementes* in der Erfahrung des Neuen Sein[s]", sondern sogar eine prägende „Betonung"[57] davon. Nach Tillich konnte so der Heiligungsgedanke niemals im Sinne wachsender Selbstvervollkommnung verstanden werden. Aus lutherischer Sicht wird das Leben stattdessen als ein fortwährendes „Auf und Ab von Ekstase und Angst, von Ergriffensein durch die *agape* und Zurückgeworfensein in die Entfremdung und Zweideutigkeit gesehen"[58]. Tillich verknüpft diese Charakteristik mit dem biografischen Erleben von Luther selbst, der abwechselnd Momente von Mut und Freude und Augenblicke von Zweifel und Verzweiflung erlebte, die Luther selbst als dämonische Anfechtungen interpretierte.

Durch die starke Betonung des bleibend paradoxen Erlebens des christlichen Lebens und die in viel geringerem Maße vorhandene Kirchenzucht sieht Tillich das Ideal der Heiligung im Luthertum „viel weniger ernst genommen"[59] als im Calvinismus. Die Auflösung von Moral und religiösem Leben in der Zeit der Orthodoxie, wie sie dann auch durch den Pietismus beklagt wurde, sieht Tillich als unmittelbare Folge dieser Voraussetzungen. Luthers am eigenen Leibe erfahrene Kraft des Dämonischen hat aber im Luthertum auch zu einer bleibenden Sensibilität und einem tiefen Verständnis für die dämonischen Elemente im Leben und in der Religion im Besonderen geführt. Für Tillich konnte sich nur auf Grundlage dieser kulturellen Voraussetzungen eine Epoche, wie die der Romantik entwickeln. Sie ist Ausdruck und Teil einer Kultur, „die von lutherischer Tradition durchdrungen war"[60].

Tillichs eigene Konzeption einer Heiligungslehre knüpft partiell an die skizzierten frühreformatorischen Typen an, insbesondere an Luther und Calvin. Diese Anknüpfung ist aber dem grundsätzlichen Interesse untergeordnet, einen gegenwartstauglichen „neuen Typus"[61] der Heiligungslehre herauszuarbeiten. Diese Notwendigkeit resultiert aus Tillichs eigener Gegenwartsanalyse, nach der sich der „Gegensatz zwischen den verschiedenen Typen, in denen der Prozeß der Heiligung gesehen und erlebt wird, [...] unter dem Einfluß der profanen Kritik, die sie alle in Frage stellt"[62], ohnehin vermindert. Die damit angesprochene außertheologische Kritik nivelliert aber nicht nur die binnentheologischen Differenzen, sondern motiviert Tillich gerade auch zu der Suche „nach neuen Krite-

---

heraus. Während es in den Kirchen des sakramentalen Typs „in erster Linie Realität" und erst in zweiter Linie „auch Forderung" (110) ist, gilt im theokratischen Typ gerade das Umgekehrte. In den Kirchen dieses Typs ist das Heilige nicht gegeben, „sondern hängt von der Entscheidung und Vervollkommnung des Menschen ab" (111). Vgl. a. a. O., 109–112.

[57] DERS., ST III, 265, Hervorhebung C.S.
[58] Ebd.; zum Begriff der Ekstase vgl. z. B. ANZENBERGER, Mensch, 181ff.
[59] TILLICH, ST III, 265.
[60] Ebd.
[61] A. a. O., 266.
[62] Ebd.

rien für das ‚Leben in der Gegenwart des göttlichen Geistes'"[63]. Tillich versucht in seiner Neugestaltung des Lehrstücks diesen säkularen Anfragen durch eine große geistige Weite und die Integration anderer intellektueller Entwicklungen seiner Zeit insbesondere aus dem Bereich der Psychologie zu begegnen.[64] Diese Ausrichtung ist daher der Versuch, den Prozess der Heiligung innovativ zu durchdenken bzw. neu zu erschließen und dabei moralistische[65], traditionalistische, insbesondere auch lustfeindliche Engführungen zu vermeiden, die längst nicht nur dort, aber sehr prominent in den Vereinigten Staaten seiner Zeit dominierend waren.[66]

Im Folgenden wird nun zunächst – und entgegen der originalen Reihenfolge in der *Systematischen Theologie* – die Bedeutung der „Bilder der Vollkommenheit" herausgestellt. Erst im Anschluss daran sollen die konkreten Prinzipien von Tillichs Heiligungskonzeption, die auf das Ideal der Vollkommenheit hinzielen, entfaltet werden.

6.4 „Bilder der Vollkommenheit" als Illustration des Heiligungsideals

Im Rahmen einer christlichen Vollkommenheitslehre liegt es nahe, das Ideal einer *perfectio hominis* schöpfungstheologisch zu entfalten und im Symbol des Menschen vor dem Fall zu verorten. Auch Tillich folgt dieser Spur und diskutiert entsprechend die Frage, ob Adams Stand im *status integritatis* als der Stand der Vollkommenheit zu verstehen ist. Da Tillich Adams Stand als Symbol reiner Potentialität interpretiert, muss er diese Frage verneinen. Nichtaktualisierte Potentialität, die Tillich metaphorisch als „träumende Unschuld"[67] beschreibt, sei strikt von Vollkommenheit zu unterscheiden. Stattdessen ist „[n]ur die bewusste

---

[63] Ebd.

[64] Tillich verweist mehrfach auf die Ergebnisse der *Tiefenpsychologie* (266.267.279) und der *analytischen Psychologie* (269.276). Insbesondere wird von ihm die Einsicht in die psychologischen Mechanismen der Verdrängung hervorgehoben, die für eine Neugestaltung der Heiligungslehre unbedingt zu berücksichtigen ist, vgl. a. a. O., 276; vgl. zum Verhältnis Tillichs zur Psychologie auch TERRY D. COOPER, Paul Tillich and psychology. Historic and contemporary explorations in theology, psychotherapy, and ethics (Mercer Tillich studies), Macon, GA 2006.

[65] Für moralistische Festlegungen dürfte u. a. gelten, was Tillich hinsichtlich spezifischer Gesetze im Heiligungsprozess geltend macht: Diese können sich – wenn sie auch die Weisheit der Vergangenheit enthalten mögen – in der Gegenwart als gerade unspezifisch und daher in der konkreten Situation als unangemessen erweisen, vgl. TILLICH, ST III, 267.

[66] Dabei ist z. B. an die auch im 20. Jahrhundert in den USA durchaus prominente Holiness-Bewegung zu denken, die sich mindestens zu großen Teilen in der Tradition John Wesleys auf ein möglichst sündenfreies Leben konzentriert und dieses – ganz anders als Tillich – anhand sehr konkreter, insbesondere lustkritischer Handlungsweisen durchbuchstabiert.

[67] Vgl. DERS., ST II, 39ff.

Einheit von Existenz und Essenz [...] Vollkommenheit."⁶⁸ Der „Übergang von der Essenz zur Existenz"⁶⁹ ist aber genau im Symbol des Falls ausgedrückt. Das Potential seiner Menschlichkeit muss vom Menschen also tatsächlich gelebt werden, d. h. er muss sich den Bedingungen der Existenz unterwerfen, um allein dort zur vollen Reife des Menschseins gelangen zu können. Da dieses Ineinander von Essenz und Existenz dem tatsächlichen Dasein des Menschen entspricht, markiert die bei Tillich entzeitlichte Paradiesvorstellung also letztlich nichts anderes als ein „unreales Abstraktum"⁷⁰. Auf die Frage, wie diese „bewusste Einheit von Existenz und Essenz" zu erreichen ist, wird gleich zurückzukommen sein. Zuvor sei aber noch auf einen anderen, damit verwandten Aspekt hingewiesen, den Tillich im Rahmen seiner Verhältnisbestimmung von Tier und Mensch entfaltet.

Tillich spricht von den „anderen Geschöpfen" neben dem Menschen als „untermenschlich"⁷¹, da in ihnen – im Unterschied zum Menschen – die „ontologischen Elemente"⁷² nicht vollzählig vorhanden sind. Für diese Hierarchisierung lehnt Tillich aber die Beschreibung ab, dass ein Tier „weniger *vollkommen* als der Mensch"⁷³ sei. Im Gegenteil kann sich der Mensch als das „wesensmäßig bedrohte Geschöpf"⁷⁴ mit der „natürlichen Vollkommenheit"⁷⁵ der anderen Geschöpfe nicht messen. Der Unterschied zwischen Mensch und Tier ist also vielmehr ontologischer Art. Durch die diversen Annäherungen an die Qualität der Vollkommenheit ist er hingegen nicht beschreibbar. Definitorisch hat Tillich das in seiner *Berliner Vorlesung* von 1958 auf den Punkt gebracht: „Vollkommen ist eine Wirklichkeit, in der das, was potentiell in ihr ist, aktuell dem Potentiellen so nahe wie möglich verwirklicht ist."⁷⁶ Diesem Kriterium folgend gilt für Tillich im Verhältnis zwischen Mensch und anderen Geschöpfen gerade das Gegenteil. Der Mensch ist das Wesen, das in seiner Freiheit eine Unvollkommenheit in sich verwirklichen kann, „die viel tiefer geht als irgendeine Unvollkommenheit in der Natur"⁷⁷. Er kann, im Unterschied beispielsweise zu einem Tier, das in seiner Art vollkommen ist, viel stärker in Widerspruch zu seinem eigenen Wesen geraten,

---

⁶⁸ A. a. O., 41.
⁶⁹ A. a. O., 36.
⁷⁰ STEFAN DIENSTBECK, Die Existenz und die Erwartung des Christus (II 25–106), in: CHRISTIAN DANZ (Hrsg.), Paul Tillichs ‚Systematische Theologie'. Ein werk- und problemgeschichtlicher Kommentar, Berlin/Bosten 2017, 143–170, hier 153.
⁷¹ TILLICH, ST I, 299.
⁷² Ebd.
⁷³ Ebd., Hervorhebung C.S.
⁷⁴ Ebd.
⁷⁵ Ebd.
⁷⁶ DERS., Die Zweideutigkeit der Lebensprozesse (1958), in: ERDMANN STURM (Hrsg.), Berliner Vorlesungen III (1951–1958). Ergänzungs- und Nachlassbände zu den Gesammelten Werken von Paul Tillich XVI, Berlin/New York 2009, 335–412, hier 344.
⁷⁷ Ebd.

d. h. er kann sich von sich selbst entfremden oder gar selbst zerstören.[78] Damit sieht Tillich das Faktum angesprochen, das theologisch traditionell unter dem Stichwort der ‚Erbsünde' verhandelt wird.

In Band III der *Systematischen Theologie* thematisiert Tillich die Frage nach menschlicher Vollkommenheit, wie oben dargestellt, im Kontext der Heiligung als prozesshafte „Erfahrung des Neuen Seins"[79]. In diesem Zusammenhang kommt Tillich im Abschnitt c) auf die *„Bilder der Vollkommenheit"*[80] zu sprechen.

Schon diese Überschrift eröffnet erste Rückfragen. Erstens ist zu klären, warum Tillich hier den Begriff des Bildes verwendet. Zweitens ist zu diskutieren, warum dieser im Plural gebraucht wird.

Für die erste Frage legt sich eine Annäherung über eine Bestimmung der *Funktion* des Bildbegriffs nahe. Diese wird von Tillich nicht eigens thematisiert. Wenn Tillich jedoch zu Beginn des Abschnitts über die „Bilder der Vollkommenheit"[81] davon spricht, dass „[d]ie Verschiedenheiten in der Beschreibung des christlichen Lebens [...] zu Verschiedenheiten in der Beschreibung des Ideals, dem der Prozess der Heiligung zustrebt"[82] führen, dann scheint damit die Bedeutung der Beschreibung eines solchen Ideals angesprochen.[83] Der Prozess der Heiligung wird durch die Herausstellung eines Ideals, auf das dieser zusteuert, klarer profiliert. Ohne eine zumindest angedeutete Darstellung des höchsten Ziels bliebe er in seiner Entwicklungsrichtung eigentümlich unbestimmt. Eine wie auch immer realisierte Ausformung dieses Ideals erscheint daher für die Charakterisierung eines christlichen Lebens geradezu notwendig. Damit dürfte deutlich sein, worauf Tillich hinauswill. Vollkommenheit ist nichts anderes als das *Ideal*, auf das der Heiligungsprozess hinzielt und ihm dadurch eine Richtung gibt. Der Begriff des Bildes scheint nun daher gewählt, da im Bild dieses Ideal als konkrete Anschauungsform lebendig wird. Oder umgekehrt: Im Zusammenhang gelebter Religion dürfte diesem Ideal gerade der Charakter der Bildlichkeit am ehesten entsprechen.

Die Antwort auf die zweite Frage ist vermutlich empirisch begründet. Tillich benennt und vergleicht im betreffenden Abschnitt verschiedene Konzeptionen resp. Imaginationen des höchsten Ideals des Heiligungsprozesses, die er als „Bil-

---

[78] Angedeutet ist dieser Gedankengang auch im Kapitel „Die Vieldimensionale Einheit des Lebens", DERS., ST III, 27f. und ausführlicher dargestellt im Kapitel „Die Selbst-aktualisierung des Lebens und ihre Zweideutigkeiten", a. a. O., 48f.

[79] A. a. O., 263ff.

[80] A. a. O., 272–279, Hervorhebung C.S.

[81] A. a. O., 272.

[82] Ebd.

[83] Der Struktur nach entspricht das beim frühen Tillich der Bedeutung der Utopie als Orientierungspunkt einer Fortschrittsidee. Auch die Utopie lässt sich nie vollends geschichtlich realisieren, aber in der Auseinandersetzung mit ihr entsteht nach Tillich eine Umgestaltungsenergie und damit verknüpft die Idee des Kairos, vgl. DERS., Kairos II. Ideen zur Geisteslage der Gegenwart, in: RENATE ALBRECHT (Hrsg.), Gesammelte Werke VI. Schriften zur Geschichtsphilosophie, Stuttgart 1963, 29–41, hier 34f..

der" bezeichnet. Da diese naturgemäß inter- oder auch binnenkonfessionell differieren, liegt es nahe, von Bildern im Plural zu sprechen. So diskutiert Tillich u. a. auch die Vorstellung einiger Vertreter der protestantischen Orthodoxie sowie des Pietismus, bei denen der Prozess der Heiligung mit der *unio mystica* abgeschlossen werden kann – Vollkommenheit daher im Moment mystischer Vereinigung erreicht wird.[84] Überschneidungen zeigt diese Position nach Tillich mit dem römischen Katholizismus. Nach Ansicht der Ritschl'schen Schule hingegen sei jegliche Mystik ein Irrweg – das Ziel der Heiligung vielmehr frei davon, eine „persönliche Verbindung mit Gott"[85] zu beschreiben. Gegen eine solche Position, wie sie Ritschl vertritt, dürfte wiederum Tillichs eigene Positionierung abzielen, wenn er die „Tatsache" feststellt, dass „der Protestantismus seine Beziehung zur Mystik nicht verstanden"[86] habe.[87] Ähnliche Kontroversen um das Bild der Vollkommenheit nimmt Tillich im Blick auf die Frage des Zweifels und die Modi der Liebe auf.[88] Diese werden im nachfolgenden Abschnitt über das *Wachstum zur Reife (e)* darzustellen sein.

Die skizzenhafte Diskussionswiedergabe zur Mystik mag an dieser Stelle aber genügen, um zu verdeutlichen, dass es aus Tillichs Perspektive in der Vorstellung von einem angemessenen Bild der Vollkommenheit bereits binnenkonfessionell kontroverse Differenzen und Auseinandersetzungen gab und gibt. Das *eine* konsistente Bild der Vollkommenheit lässt sich so nicht herausarbeiten. Vielmehr stößt der theologische Beobachter auf eine Pluralität sich überlappender, unterscheidender und – wie gerade gesehen – auch zueinander in Spannung stehender *Bilder*. Diese historisch-empirische Vielzahl vor Augen habend, dürfte der Grund für Tillichs schon in der Überschrift aufgenommene Rede der „Bilder der Vollkommenheit" sein.

Da es sich um die persönliche Entwicklung von Menschen handelt, kommen als ein solches bildhaft dargestelltes Ideal natürlich auch konkrete historische Persönlichkeiten zumindest in Betracht. Die Frage lautet dann, ob für die von Tillich eingeführten *Bilder der Vollkommenheit* historische oder gegenwärtige, in jedem Fall *reale* Personen taugen, oder ob diese Bilder notwendig davon abstrahieren. Sollte bei diesen Bildern der Vollkommenheit an reale Persönlichkeiten gedacht sein, wäre die Frage, inwiefern sich dieser „Heilige[] im Sinne der vollkommenen christlichen Persönlichkeit"[89] von einem Heiligen im Sinne der römisch-katholische Tradition unterscheidet.

---

[84] Vgl. DERS., ST III, 277f.
[85] A. a. O., 277.
[86] A. a. O., 278.
[87] Die Entgegensetzung von Glaube und Mystik hält Tillich für eine unsachgerechte Konstruktion. Mystik ist aus seiner Sicht vielmehr Bestandteil *jeder* religiösen Erfahrung, vgl. a. a. O., 277–279.
[88] Vgl. a. a. O., 274–276.
[89] A. a. O., 272.

Zunächst eine Annäherung über den Begriff des *Heiligen*. In einem kurzen historischen Überblick zum Begriff des Heiligen verweist Tillich dabei zunächst auf das Neue Testament, in dem ursprünglich alle Glieder der Gemeinde als heilig galten – ungeachtet ihres konkreten Lebenswandels. Dieses Verständnis ging nach Tillich allerdings bereits in der frühen Kirche verloren. In dem Moment, in dem der Begriff des Heiligen auf Asketen und Märtyrer eingeengt und nur ihnen besondere Heiligkeit zugesprochen wurde, hörte die breite Masse der Kirchenmitglieder auf, heilig zu sein. Einer solchen Stufung von Heiligkeit, die dem für alle Menschen gleichermaßen betreffenden Paradox der Rechtfertigung zu widersprechen schien, konnten die Reformatoren bekanntlich nicht zustimmen (Vgl. I.1). Erst recht nicht, wenn die so Herausgehobenen anschließend als Objekte des Kultus inszeniert werden.[90] Tillich hält daher fest: „Der Protestantismus erkennt keine Heiligen [im römisch-katholischen Sinne, C.S.] an, aber er erkennt Heiligung an"[91].

Dieser protestantischen Tradition folgt auch Tillich in seiner Konzeption von Heiligkeit und Heiligung. Abgelehnt wird von ihm, wie von den Reformatoren, die konkrete Statuierung maximaler Heiligkeit im Sinne eines besonderen Grades von Heiligkeit im Blick auf einen einzelnen Menschen. Da das Bild der Vollkommenheit aber dem Ideal des Heiligungsprozesses Ausdruck verleiht, können die Bilder der Vollkommenheit konsequenterweise nicht mit real-historischen Persönlichkeiten verknüpft sein. Entsprechend scheint bei den Bildern der Vollkommenheit nicht an die (Erinnerungs-)Gestalt konkreter Menschen gedacht. Sie sind vielmehr als Imaginationen zu begreifen, in denen bestimmte Haltungen zu sich selbst, Gott und den Mitmenschen ausgedrückt, kurz gesagt, bestimmte Selbst- und Weltverhältnisse konzentriert sind.

Das bedeutet nach Tillich aber nicht, dass sich nicht an einzelnen Persönlichkeiten bestimmte *Aspekte* des Bildes der Vollkommenheit identifizieren lassen und von ihnen verkörpert werden. Tillich stellt explizit heraus, dass sich an konkreten Personen das Wirken des göttlichen Geistes feststellen lässt und diese entsprechend als Repräsentanten „der Kraft des göttlichen Geistes"[92] gelten können. Etwas später kann Tillich diese Personen auch als „Repräsentanten der Kraft des Neuen Seins"[93] bezeichnen, die für das stehen, „an dem alle teilnehmen, die vom Geist ergriffen sind"[94], d.h. essentiellem Sein. Diese Repräsentanten erlangen zwar dadurch keinen höheren *Grad* an Heiligkeit als andere Glieder der Geistgemeinschaft, aber „sie repräsentieren die anderen [Glieder der Geistgemeinschaft, C.S.] als Symbole der Reife im Prozeß der Heiligung"[95]. Ohne, dass Tillich konkrete historische Beispiele nennt, ist insofern klar, dass diese „Symbole der Reife"

---

[90] Vgl. a.a.O., 273.
[91] Ebd.
[92] Ebd.
[93] A.a.O., 274.
[94] Ebd.
[95] A.a.O., 273.

Beispiele für die Verwirklichung des Neuen Seins im persönlichen Leben und „als solche von großer Bedeutung für das Leben der Kirche"[96] sind. Terminologisch werden diese aber gerade nicht aus der Vielzahl derer, die ebenfalls vom Geist ergriffen sind – und als Geistgemeinschaft Kirche konstituieren[97] – herausgehoben und als *Heilige* im Unterschied zu den Unheiligen geadelt. Heilige sind vielmehr alle Glieder, die Teil der Geistgemeinschaft sind: „Heilige sind Menschen, die transparent sind für den Seinsgrund, der durch sie offenbart wird, und fähig sind, als Medien in die Offenbarungskonstellation einzutreten."[98] Demnach ist „[j]eder Gläubige […] insofern ein Heiliger, als er zu der Gemeinschaft der Heiligen gehört, zu der neuen Wirklichkeit, die in ihrem Ursprung heilig ist; und jeder Heilige ist ein gewöhnlicher Gläubiger, sofern er zu denen gehört, die der Sündenvergebung bedürfen."[99] Heilig bzw. ein Heiliger ist also jeder, der als Teil der Geistgemeinschaft von der „Kraft des Geistes in ihm"[100] geleitet ist. Als solche sind Heilige von denen zu unterscheiden, die Tillich als *Repräsentanten der Kraft des Neuen Seins* bzw. *Symbole der Reife* tituliert.

Nach der Klärung der Frage, *wer* als Träger von Heiligkeit nach Tillich zu begreifen ist, soll daran anschließend präziser dargestellt werden, *wodurch* Heiligkeit und daran anknüpfend auch Heilung charakterisiert ist. Dieser Thematik widmet sich Tillich in Band III der *Systematischen Theologie*. „Der Stand der Heiligkeit" ist demnach „ein Zustand, in dem der Mensch transparent ist für den göttlichen Grund. Es ist der Zustand, in dem er durch Glauben und Liebe bestimmt ist."[101] Heiligkeit darf nach Tillich also nicht mit einem moralischen Lebenswandel, erst recht keinem asketisch-enthaltsamen missverstanden werden – das wären Engführungen, von denen sich Tillich gerade abgrenzen will. „[E]ine realistische Lehre vom Menschen" muss es vielmehr schaffen, dass sich „das moralische und das tragische Element"[102] die Waage halten. Der Einspruch des Humanismus gegen die Lehre von der Erbsünde ist insofern zu bejahen und dessen Verteidigung einer „geschaffenen Vollkommenheit" des Menschen gegen die Einsprüche naturalistischer oder existentialistischer Kritik zu unterstützen. Gleichzeitig muss die Lehre von der Erbsünde neu interpretiert werden, „indem sie die existentielle Selbstentfremdung" und damit jenes tragische Moment des

---

[96] Ebd.
[97] Vgl. a.a.O., 254.
[98] Ders., ST I, 147. Unmittelbar davor schreibt Tillich: „Heiligsein ist nicht persönliche Vollkommenheit." (146) – Das scheint auf den ersten Blick im Widerspruch zu der hier dargestellten Interpretation zu stehen. Allerding scheint Tillich an der zitierten Stelle im Band I mit „persönliche[r] Vollkommenheit" ein auf individuelle Leistung abzielendes Vollkommenheitsverständnis im Blick zu haben, das eine absolute Erfüllung asketischer, religiöser, moralischer o.ä. Maßstäbe impliziert. Damit liegt dieses Vollkommenheitsverständnis quer zum oben dargestellten, das solche Leistungsmaßstäbe gerade ablehnt.
[99] Ebd.
[100] Ders., ST III, 273.
[101] A.a.O., 250.
[102] Ders., ST II, 46.

Mensch-Seins darstellt. Dadurch werden auch die existentialistischen Analysen der menschlichen Situation ernst genommen.[103] Ein theologisch angemessenes Verständnis von Heiligkeit muss eine so skizzierte ‚realistische Lehre vom Menschen' notwendig zur Voraussetzung haben.

Diese Bedingung ist in einer der zentralen inhaltlichen Bestimmungen Tillichs aufgenommen, durch die sich das von Tillich gezeichnete *Bild der Vollkommenheit* inhaltlich präziser profilieren lässt: „Das Bild der Vollkommenheit zeigt uns der Mensch, der auf dem Kampfplatz zwischen göttlichen und dämonischen Mächten den Sieg über das Dämonische davonträgt, wenn auch nur fragmentarisch."[104]

Damit ist der entscheidende Kerngedanke Tillichs aufgenommen, dass eine realistische Anthropologie das tragische Element des Menschen, d.h. seine Entfremdung und seine göttlich-dämonische Zweideutigkeit nicht verdrängen darf.[105] Wie in der Kritik am Humanismus, aber auch an großen Teilen der theologischen Anthropologie bereits angemerkt, distanziert sich Tillich von einem „Ideal harmonischer Selbst-Verwirklichung", das er als das kennzeichnende Ideal des Humanismus erachtet.[106] Der von Tillich verwendete Begriff des ‚Kampfplatzes' scheint diesem Harmonieideal geradezu diametral entgegengesetzt. Auch wenn der Mensch durch die Gegenwart des göttlichen Geistes dazu in der Lage ist, das dämonische Element seines Lebens zu besiegen,[107] verlässt er doch – da dieser Sieg niemals endgültig und immer nur fragmentarisch ist – gewissermaßen niemals die Arena. Oder m.a.W.: Der durch existentielle Entfremdung geprägten Zweideutigkeit resp. Ambivalenz seines Lebens entkommt auch der vom göttlichen Geist geleitete und geprägte Mensch zu keinem Zeitpunkt.[108]

---

[103] Vgl. ebd.

[104] DERS., ST III, 277; vgl. das englische Original: DERS., Systematic Theology III. Life and the Spirit History and the Kingdom of God, Chicago 1963, 241, warum in der deutschen Übersetzung das Moment der *Antizipation* weggelassen wurde bleibt schleierhaft.

[105] Zum Begriff des Dämonischen bei Tillich vgl. CHRISTIAN DANZ, Das Göttliche und das Dämonische. Paul Tillichs Deutung von Geschichte und Kultur, in: International Yearbook for Tillich Research 8 (2013) 1, 1–14; CHRISTIAN DANZ/WERNER SCHÜSSLER (Hrsg.), Das Dämonische, Berlin/Bosten 2018; DIES., Die Wirklichkeit des Dämonischen. Eine Einleitung, in: CHRISTIAN DANZ/WERNER SCHÜSSLER (Hrsg.), Das Dämonische. Kontextuelle Studien zu einer Schlüsselkategorie Paul Tillichs, Berlin/Boston 2018, 1–10; CHRISTIAN DANZ, Das Dämonische. Zu einer Deutungsfigur der modernen Kultur bei Georg Simmel, Georg Lukács, Leo Löwenthal und Paul Tillich, in: CHRISTIAN DANZ/WERNER SCHÜSSLER (Hrsg.), Das Dämonische. Kontextuelle Studien zu einer Schlüsselkategorie Paul Tillichs, Berlin/Bosten 2018, 147–184; vgl. dazu auch MARTIN FRITZ, Menschsein als Frage. Paul Tillichs Weg zur anthropologischen Fundierung der Theologie , erscheint voraussichtlich 2023, 96ff.

[106] Zum Begriff der *Selbstverwirklichung* vgl. in dieser Untersuchung *Systematischer Ertrag* (1.).

[107] Vgl. TILLICH, ST III, 277.

[108] Vgl. zum Begriff der Zweideutigkeit auch RINGLEBEN, Geist und Geschichte, 238ff.

Dieser Kampf impliziert auch das Ziel, „die Tiefen der menschlichen Natur"[109] anzuerkennen und sie „in die Sphäre des Geistes hineinzuziehen"[110]. Diese Tiefe lässt sich, nur durch Integration, nicht aber durch Unterdrückung menschlicher Vitalität erreichen – auch das muss als ein besonderer Akzent von Tillichs Heiligungslehre hervorgehoben werden. Im Fall der künstlichen Abspaltung oder Ignoranz, wie sie Tillich in Teilen der Theologie gefordert sieht[111], geht mit dem Versuch, die dämonische Seite des Menschen loszuwerden, letztlich auch die göttliche Seite verloren. Übrig bleibt allein eine „trügerische Sicherheit zwischen beiden"[112]. Auf die Frage nach einer angemessenen Integration der Vitalität in den Liebesbegriff wird ebenfalls im nächsten Abschnitt (6.5) zurückzukommen sein.

Daran anschließend stellt sich die Frage nach der Bedeutung der wiederkehrenden Formulierung, dass der Sieg über das Dämonische immer nur *fragmentarischer* Natur sein kann.

6.5 Fragmentarität und Vollendung

Der Begriff der *Fragmentarität* begegnet im Kapitel „Die Erfahrung des Neuen Seins als Prozess (Heiligung)"[113] an insgesamt vier Stellen. Fragmentarität beschreibt – kurz gesagt – den Modus, in dem der geistgeleitete Mensch mit seinem wahren Sein wiedervereinigt werden kann. Dass die „Wiedervereinigung mit unserem wahren Wesen nur fragmentarisch"[114] geschieht, bezeichnet also den Umstand, dass diese Wiedervereinigung zwar reale Möglichkeit ist, aber niemals in einem absoluten Sinne verwirklicht wird. Das entspricht der Differenzierung, dass im Heiligungsprozess zwar nicht das absolute Ideal der Vollkommenheit, sondern lediglich ein „Zustand der Reife"[115] zu erreichen ist, da der Gläubige seiner existentiellen Entfremdung und seiner Veranlagung zum Dämonischen niemals endgültig entkommt.[116] Damit einher geht die Frage, ob das „Transzendieren der Subjekt-Objekt-Spaltung"[117] – das meint die stets gegebene Zuwendung

---

[109] TILLICH, ST III, 277.

[110] Ebd.

[111] Tillich erläutert dies beispielhaft an der zumindest in seiner Zeit in Predigt und Seelsorge verwendeten Formulierung der „unschuldigen Freuden des Lebens". Eine solche Formulierung suggeriere die unzutreffende Vorstellung, dass es im Leben unschuldige und schuldbehaftete Freuden gebe. Dagegen versucht Tillich deutlich zu machen, dass die „Zweideutigkeit von Schöpferischem und Zerstörerischem" nicht allein bestimmten, sondern sämtlichen Vergnügen, sowie auch allen „ernsten Tätigkeiten" eigen ist, vgl. a. a. O., 276f.

[112] A. a. O., 277.

[113] A. a. O., 263–279.

[114] A. a. O., 267.

[115] A. a. O., 272.

[116] Vgl. a. a. O., 277.

[117] A. a. O., 278.

des Subjekts zu sich selbst auch im Modus des Objektzugriffs[118] – in der existentiellen Situation des Menschen, z. B. innerhalb einer mystischen Erfahrung, möglich ist. Tillich bejaht diese Frage, allerdings eingeschränkt durch die Bemerkung, dass dies nur „in den Grenzen menschlicher Endlichkeit und Entfremdung, d. h. fragmentarisch, antizipatorisch und bedroht durch die Zweideutigkeiten der Religion"[119] möglich ist. Fragmentarität beschreibt hier also die Bedingungen von Endlichkeit und Entfremdung, die für den Menschen unüberwindbar bleibt.

Fragmentarität impliziert aber auch die Kategorie der Zeitlichkeit. Die Gegenwart des göttlichen Geistes bzw. das Neue Sein oder auch der Begriff der *agape* stehen allesamt für etwas Unzweideutiges, genauer für die unzweideutige transzendente Einheit.[120] Im Glauben und in der Liebe partizipiert der Gläubige an dieser, d. h. er überwindet und transzendiert sein eigentlich zweideutiges Leben. Dies geschieht jedoch nur in zeitlich begrenzter Weise. Tillich kann davon sprechen, dass eine vom göttlichen Geist ergriffene Gruppe für einen „Augenblick zu einer heiligen Gemeinschaft"[121] wird. Dies gilt aber immer nur für diesen Moment und ist darin eine Antizipation dessen, was in seiner Vollgestalt zukünftig bleibt, denn „[d]ie *vollendete* transzendente Einheit ist ein eschatologischer Begriff."[122] Aber auch der „Akt der Bejahung und der Hingabe"[123] und damit sämtliche religiöse Praxis ist selbst den Zweideutigkeiten des Lebens unterworfen. M.a.W. formuliert Tillich an dieser Stelle das Paradox, dass das Neue Sein die Zweideutigkeiten des Lebens überwindet, indem es sich ihnen unterwirft.[124] Es ist ein Zeichen der Reife, sich dieser Paradoxie bewusst zu sein.[125]

Damit aber ist bereits angeklungen, dass *Vollendung* den Gegenbegriff zum Fragmentsbegriff bildet. Während der Mensch durch die Gegenwart des göttlichen Geistes in die transzendente Einheit unzweideutigen Lebens zeitlebens immer nur *fragmentarisch* und *antizipatorisch* hineingenommen werden kann, beschreibt der Begriff der Vollendung die eschatologische Endgültigkeit und absolute Überwindung aller Zweideutigkeiten. Dieser Gedankengang wiederum wirft die Frage auf, inwiefern Tillich zwischen *Vollendung* und *Vollkommenheit* differenziert. Hinzu kommt mit dem bereits mehrfach genannten Begriff der *Reife* ein dritter Begriff, dessen systematische Zuordnung zu den anderen beiden Termini zu klären ist.

---

[118] Vgl. a. a. O., 269f.
[119] A. a. O., 278.
[120] Vgl. a. a. O., 166f.
[121] A. a. O., 167.
[122] A. a. O., 166f., Hervorhebung C.S.
[123] A. a. O., 167.
[124] Dieses Paradox, in expliziter Anknüpfung an Paulus (vermutlich spielt Tillich auf 1 Kor 13 an) wird von Tillich folgendermaßen formuliert: „Es gehört zum Wesen des Neuen Seins, daß es seine eigene Verwirklichung in Raum und Zeit dem Kriterium unterwirft, mit dem es selbst die Zweideutigkeit des Lebens richtet. Das ist der Weg, auf dem das Neue Sein diese Zweideutigkeiten überwindet, wenn auch fragmentarisch.", ebd.
[125] Vgl. ebd.

Zunächst zur Vollendung. Diese markiert ganz eindeutig das im Leben unerreichbare Ziel, auf das der Heiligungsprozess zusteuert. Der „Zustand der Vollendung" des christlichen Lebens ist nach Tillich *expressis verbis* „niemals" zu erreichen.[126] Unerreichbar dürfte er deswegen sein, weil in ihm jegliche Entfremdung und Zweideutigkeit überwunden und damit *a priori* ein Stand erreicht wäre, der die Bedingungen menschlicher Existenz transzendiert. Die christliche Sicht weiß – auch im Unterschied zum humanistischen „Ideal harmonischer Selbst-Verwirklichung"[127] – „um den unentschiedenen Kampf zwischen dem Göttlichen und Dämonischen in jedem Menschen"[128].

Davon zu differenzieren ist der Begriff der Reife. Der Zustand der Reife beschreibt im Unterschied zur Vollendung einen lebenspraktisch erreichbaren Zustand, der dem Ideal des Heiligungsprozesses zumindest recht nahekommen kann. Heiligung wird von Tillich begrifflich auch gefasst als „Bewegung zur Reife"[129]. Deutlich ist damit, dass diese Reife zumindest graduell, wenn auch eben immer nur fragmentarisch erreicht werden kann. Die spezifischen Kriterien, durch die Tillich diesen Reifungsprozess geprägt sieht, werden im nächsten Unterpunkt (6.6) dargestellt.

Als drittes ist nun zu klären, wie der Begriff der Vollkommenheit den anderen beiden Begriffen zuzuordnen ist.[130] Zu differenzieren ist hier zunächst zwischen Reife und Vollkommenheit. Während Tillich konkrete historische Personen als „Symbole der Reife" bezeichnen kann, erscheint der Begriff der Vollkommenheit stets als Norm, die jedoch auch von den geistbestimmtesten „Beispiele[n]"[131] – den erwähnten *Repräsentanten der Kraft des göttlichen Geistes* – nicht erreicht wird. Vollkommenheit markiert also, wie oben dargestellt, das *Ideal* des Heiligungsprozesses, das allerdings im Heiligungsprozess nie voll und ganz erreicht werden kann.

Damit jedoch ist offensichtlich, dass sich Vollkommenheit und Vollendung auf die gleiche Sache beziehen. Beide thematisieren das angestrebte Ideal des Heiligungsprozesses. Während Vollendung dabei den (unerreichbaren) *Akt* der Realisierung benennt, bringt der Begriff der Vollkommenheit den dabei anvisierten *Zustand* einer „vollkommenen christlichen Persönlichkeit"[132] zum Ausdruck. Der Begriff des *Bildes*, den Tillich mit dem Begriff der Vollkommenheit, nicht aber mit dem der Vollendung verbindet, fügt sich in diese Differenzierung ein. Denn das Bild ist das Medium des entzeitlichten Zustands auf den der Heiligungsprozess zusteuert und markiert damit einen Endpunkt, an dem der Akt der Verwirklichung (Vollendung) abgeschlossen ist.

---

[126] Vgl. a.a.O., 272.
[127] A.a.O., 277.
[128] Ebd.
[129] A.a.O., 272.
[130] Zum Vollkommenheitsbegriff vgl. insbesondere die Seiten a.a.O., 264–279.
[131] A.a.O., 273.
[132] A.a.O., 272.

6.6 Wachstum zur Reife

6.6.1 Glaube und Liebe als Schöpfungen des göttlichen Geistes

Als ein in der *Systematischen Theologie* im Zusammenhang der Heiligung wiederkehrender Schlüsselbegriff erscheint der bereits thematisierte Terminus der *Reife*[133]. Er fungiert bei Tillich, wie gerade dargestellt, als realisierbare Annäherung an das Ideal des Heiligungsprozesses. Damit ist er Ausdruck einer heiligungspraktischen Wachstumsperspektive und zugleich selbst Ausdruck der von Tillich vorausgesetzten tatsächlichen Entwicklungs*fähigkeit* des Menschen im Sinne eines zunehmenden oder abnehmenden Grades christlichen Lebens. Allerdings konstatiert Tillich, dass dieser Prozess nicht linear, sondern eher in Wellenbewegungen verläuft – wenn auch durch diese wechselhafte Entwicklung zur Reife hin: „Das christliche Leben erreicht niemals den Zustand der Vollendung, es bewegt sich immer auf und ab, aber trotz seiner Veränderlichkeit ist es eine Bewegung zur Reife, wie fragmentarisch der Zustand der Reife auch sein mag."[134]

Der Heiligungsprozess als umwandelnde Partizipation am Neuen Sein wird damit von Tillich näher bestimmt „als die Entwicklung zur Geistbestimmten [sic!] Reife"[135]. Heiligung ist daher präzise als geistgeleitete Reifung des Menschen beschrieben. Tillich kann „Reife" sowohl als Entwicklungsbegriff in dem Sinne verwenden, dass jemand *reifer* wird, als auch im Sinne eines Status, dass eine gewisse *Reife* verwirklicht ist. Dass Reife als eine bestimmte Qualität christlichen Lebens erreicht wird, bleibt aber nach Tillich eher die Ausnahme, denn als erreichter „Zustand" ist „Reife […] etwas sehr Seltenes"[136]. Aber auch wenn dieser Zustand erreicht ist, wird er von Tillich nicht als unverlierbarer Status des Einzelnen angesehen. Menschlichem Leben eignet unüberwindbar ein dynamisches Element, in dem auch der Mensch, der als „Symbol der Reife" das Neue Sein im persönlichen Leben auf besondere Weise repräsentiert, immer zugleich wiedervereint wie entfremdet ist und damit in der Spannung von göttlichen und dämonischen Kräften steht. Als Orientierungspunkt und „Ziel der Reife"[137] steht dabei, wie oben dargestellt, das „Bild der Vollkommenheit" vor Augen.

Im Folgenden sind nun prägende Charakteristika darzustellen, die diesen Reifungsprozess kennzeichnen. In Tillichs eigener Konzeptualisierung des Wachstums zur Reife ist einerseits der bereits bei Luther in Kapitel I.1 als virulent herausgearbeitete Dual, Glaube und Liebe, aufgenommen. Glaube und Liebe als die „Schöpfungen des göttlichen Geistes"[138] „bestimmen […] den Prozeß der Heili-

---

[133] Auf den Seiten a. a. O., 267–273, fällt der Begriff als Adjektiv oder Substantiv insgesamt 15 Mal, vgl. aber auch a. a. O., 167.
[134] A. a. O., 272.
[135] A. a. O., 269.
[136] A. a. O., 267.
[137] Z. B. a. a. O., 270.
[138] A. a. O., 268.

gung"¹³⁹, durch sie wird das „Bild der Vollkommenheit [...] geformt"¹⁴⁰. Andererseits unternimmt Tillich den Versuch, diese beiden Begriffe durch vier Prinzipien näher zu bestimmen, die mindestens zum Teil dem Gebiet der Tiefenpsychologie entlehnt sind.¹⁴¹ Diese sind: a) Wachsendes Bewusst-Werden, b) wachsendes Frei-Werden, c) wachsendes Verbunden-Sein und d) wachsende Selbst-Transzendierung.

Bevor diese Elemente einer einzelnen Betrachtung unterzogen werden, noch eine Vorbemerkung hinsichtlich der Frage nach der *Notwendigkeit* dieser anschließend detaillierter zu skizzierenden Entwicklung. Für Tillich impliziert die Erfahrung des göttlichen Geistes nicht zwangsläufig auch eine persönliche Umgestaltung, wie sie im Wachstum zur Reife zum Tragen kommt. In den traditionellen Begriffen hieße das: Wiedergeburt und Rechtfertigung führen nicht notwendigerweise zum Prozess der Heiligung. Wenn Menschen am Neuen Sein teilhaben, sind sie, so Tillich, in „eine neue Wirklichkeit eingetreten, die sie zu neuen Wesen machen *kann*"¹⁴². Die modale Bestimmung des Könnens weist aber darauf hin, dass es sich um keine notwendige Folge handelt. Zu fragen wäre dann, von welchen Parametern die Verwirklichung dieser Möglichkeit abhängt. Dies kann im Rahmen dieser Untersuchung allerdings allenfalls angedeutet werden.

An dieser Stelle kann nun auch weder der Glaubens- noch der Liebesbegriff Tillichs vollumfänglich rekonstruiert werden. Zumindest jedoch sollen wesentliche Charakteristika beider Begriffe dargestellt werden, die für das Verständnis des Heiligungsprozesses nach Tillich aufschlussreich sind.

Glaube muss nach Tillich sowohl formal wie material bestimmt werden.¹⁴³ In formaler Hinsicht definiert Tillich einen seiner weiteren Schlüsselbegriffe aufnehmend: „Glaube ist Ergriffensein durch das, was uns unbedingt angeht"¹⁴⁴. Da es nach Tillich zum Wesen des Menschen gehört, auf etwas Unbedingtes bezogen zu sein, ist es in dieser *formalen* Hinsicht unmöglich, völlig ohne Glauben zu sein. In *materialer* Hinsicht ist der Glaube bestimmt durch das Neue Sein. Er ist „der Zustand des Ergriffenseins durch das Neue Sein, wie es in Jesus als dem Christus erschienen ist"¹⁴⁵. Geistgewirkt eröffnet sich dem Menschen in dieser konkreten Weise „die transzendente Einheit unzweideutigen Lebens"¹⁴⁶. Damit ist von

---

¹³⁹ Ebd.
¹⁴⁰ A. a. O., 274; im Original heißt es: „The image of perfection is patterned after the creations of the Spirit, faith and love, and after the four principles determining the process of sanctification–increasing awarenes, increasing freedom, increasing relatedness, increasing transcendence.", der englische Begriff des „patterns" scheint dabei als ein strukturierendes Moment des Heiligungsprozesses noch etwas greifbarer als die deutsche Übersetzung „geformt", DERS., Systematic Theology III, 238.
¹⁴¹ Vgl. DERS., ST III, 266f.
¹⁴² A. a. O., 255, Hervorhebung C.S.
¹⁴³ Vgl. a. a. O., 155.
¹⁴⁴ Ebd.
¹⁴⁵ A. a. O., 156.
¹⁴⁶ Ebd.

Tillich ein Glaubensverständnis beschrieben, das weder mit einer bestimmten Geistesfunktion des Menschen – sei es „Intellekt, Wille oder Gefühl"[147] – gleichgesetzt, noch im Sinne intellektueller Zustimmung zu bestimmten Aussagen oder als voluntaristischer Akt verstanden werden kann. Auch ein Glaubensverständnis, das in den Bereich des Gefühls „verbannt"[148] wird, bleibt für Tillich ungenügend, auch wenn Glaube als „Ausdruck der ganzen Person auch emotionale Elemente"[149] enthält.

Verursacht wird Glauben entsprechend dem, was Tillich als das ‚protestantische Prinzip'[150] benennt, allein durch das Unbedingte. Von sich aus ist der Mensch durch keine seiner geistigen „Funktionen" dazu in der Lage. Der Glaube bleibt so „der annehmende Akt, und dieser Akt ist selbst eine Gabe der Gnade."[151]

Nur am Rande sei bemerkt, dass Tillich daher scharfe Kritik an der theologisch irreführenden Wendung „Rechtfertigung durch Glauben" übt und stattdessen die Formulierung „Rechtfertigung durch Gnade im Glauben"[152] als sachlogisch klarer präferiert.

Im Blick auf den Inhalt des Glaubens unterscheidet Tillich drei Elemente: a) Geöffnet-Werden, b) das Aufnehmen des göttlichen Geistes und c) die „Erwartung der endgültigen Teilnahme an der transzendenten Einheit unzweideutigen Lebens".[153] Diese drei Elemente sind nicht als Reihe einer zeitlichen Abfolge zu verstehen, vielmehr liegen sie ineinander verschränkt, sind aber immer alle drei dort gegenwärtig, wo Glaube ist. Damit beschreiben sie a) den Aspekt der „reine[n] Passivität"[154] des Glaubens, b) dessen paradoxen Charakter und damit den Mut am „Ja des Glaubens"[155] festzuhalten, trotz allem, was ihm widerspricht und c) dessen Hoffnung auf Verwirklichung dessen, was im Glauben antizipiert ist.[156] Wichtig für diesen Zusammenhang ist, dass diese Dreier-Figur parallel zu den Begriffen *Wiedergeburt*, *Rechtfertigung* und *Heiligung* liegt, auf die oben bereits verwiesen wurde.

Im Zusammenhang mit dem Glaubensbegriff ist an dieser Stelle auf Tillichs Gedanken zum *Zweifel* hinzuweisen. Tillich erkennt in der römisch-katholischen, sowie in der evangelisch-orthodoxen und pietistischen Vollkommenheitsvorstellung ein Glaubensverständnis vorausgesetzt, in dem der Zweifel eliminiert

---

[147] Ebd.
[148] A.a.O., 157.
[149] Ebd.
[150] Vgl. zum protestantischen Prinzip bei Tillich JOHANNES KUBIK, Paul Tillich und die Religionspädagogik. Religion, Korrelation, Symbol und protestantisches Prinzip (Arbeiten zur Religionspädagogik 49), Göttingen 2011, 205–310.
[151] TILLICH, ST III, 258.
[152] Ebd.
[153] Vgl. a.a.O., 159.
[154] Ebd.
[155] Ebd.
[156] An anderer Stelle schreibt Tillich im Zusammenhang der Macht der *agape*, die Struktur des Neuen Seins sei „rezeptiv, paradox und antizipatorisch", a.a.O., 164.

ist.[157] Aus katholischer Perspektive zweifelt der Gläubige nicht an der absoluten Heiligkeit und Autorität der Kirche. Aus Sicht der Orthodoxie glaubt er im absoluten Vertrauen und ohne jeden Zweifel an die Wahrheit der Bibel bzw. die daraus abgeleiteten Lehrsätze des christlichen Glaubens. Der Pietismus weiß im Unterschied zur Orthodoxie über den aporetischen Charakter einer solchen Unterwerfung, sucht aber seinerseits nach Erfahrungen des Glaubens, in denen in einer momenthaften Vorwegnahme einer *unio mystica*, jegliche Zweifel beseitigt sind.

Für Tillich ist aber der Zweifel keine Folge eines schwachen oder mangelhaften Glaubens, sondern vielmehr dessen unvermeidliche Kehrseite. Diese Charakterisierung des Zweifels als dauerhafte Begleiterscheinung des Glaubens ergibt sich aus der unüberwindbaren Trennung von Subjekt und Objekt resp. zwischen endlichem Selbst und dem Unendlichem. Der Zweifel ist damit selbst Ausdruck der bleibenden Bedingung existentieller Entfremdung und der damit verbundenen „Schwankungen im Gefühl"[158]. Daher kann ein Mensch, der auf Grund starker religiöser Erfahrungen im Prozess der Heiligung weit vorangeschritten ist, den Zweifel durchaus stärker erleben als jemand, der darin (noch) nicht so weit gekommen ist.[159]

Liebe, als die zweite „Schöpfung des göttlichen Geistes", wird von Tillich zunächst folgendermaßen von Glauben unterschieden: „Während Glaube der Zustand des Ergriffenseins durch den göttlichen Geist ist, ist Liebe der Zustand des Hineingenommenseins in die transzendente Einheit unzweideutigen Lebens durch den göttlichen Geist."[160] Was hier nach zwei klar abtrennbaren Aspekten klingt, ist nach Tillich in Wahrheit aber nicht voneinander zu scheiden. Glaube geht der Liebe zwar logisch voraus, zugleich ist Liebe aber die „andere Seite"[161] der Wirkung des göttlichen Geistes, der in die transzendente Einheit unzweideutigen Lebens hineinnimmt. Die „essentielle Einheit von Glauben und Liebe"[162] wäre jeweils missverstanden, wenn Liebe entweder als *Folge* des Glaubens oder umgekehrt als *Voraussetzung* und Bedingung für die Gegenwart des göttlichen Geistes postuliert würde. Mit dem Begriff der „*Teilnahme* an der transzendenten Einheit unzweideutigen Lebens"[163] kann Tillich Glaube und Liebe daher auch unter einem Überbegriff zusammenziehen. Mit den Begriffen „Ergriffenseins" und „Hineingenommensein" ist aber jeweils ein passivisches Geschehen dargestellt.

Liebe kann ganz grundsätzlich als „der Drang nach Wiedervereinigung des Getrennten"[164] beschrieben werden. Auch Liebe darf daher wie der Glaube nicht auf ein Gefühl reduziert werden, da auch sie sich in allen Funktionen des Geistes

---

[157] A.a.O., 274f.
[158] A.a.O., 275.
[159] Vgl. ebd.
[160] A.a.O., 160.
[161] A.a.O., 161.
[162] Ebd.
[163] A.a.O., 164, Hervorhebung C.S.
[164] A.a.O., 160.

verwirklicht. Sie „ist die Bewegung des ganzen Seins einer Person auf eine andere Person hin mit dem Verlangen, die existentielle Trennung zu überwinden."[165] Damit ist ihr ein Willenselement inhärent, das auf die Vereinigung mit dem anderen abzielt.

Sie drängt aber nicht nur in ihren verschiedenen Dimensionen auf Wiedervereinigung hin, sondern realisiert diese zugleich – zumindest auf fragmentarische Weise. Damit ist Liebe die „Vorwegnahme der vollkommenen Einheit im ewigen Leben."[166] Das dabei *auch* vorhandene emotionale Element beschreibt Tillich als „das Mitschwingen des *ganzen* Menschen im Akt der Wiedervereinigung"[167].

Die Analyse dessen, was Liebe ist, führt Tillich zu einer binnenbegrifflichen Differenzierung, die er anhand der griechischen Begriffe *eros, philia, epithymia* (bzw. *libido*) und *agape* terminologisch fasst. Gemeinsam ist allen diesen Formen der bereits genannte „Drang nach Wiedervereinigung des Getrennten"[168], sei es mit einer anderen Person, mit dem Seinsgrund, oder auch mit sich selbst.[169] Tillich kritisiert einerseits die theologisch gängige radikale Trennung von *eros* und *agape*, wobei er unter den Begriff des *eros* auch *philia* und *epithymia* mit fasst.[170] Dabei würde *agape* häufig zum reinen Moralbegriff degradiert und *eros* auf eine rein sexuelle Bedeutung reduziert. Eine solche Einteilung wird nach Tillich aber dem Charakter der Liebe, die in all ihren Dimensionen am unzweideutigen Leben teilhat, nicht gerecht. Für Tillich ist das der Punkt um auf die Bedeutung menschlicher „Vitalität" hinzuweisen.[171] Von den Erkenntnissen der Psychoanalyse inspiriert, weist er die problematische Entgegensetzung von Vitalität und den „geistigen Funktionen" des Menschen als anthropologisch unangemessen zurück. Die Psychoanalyse habe vielmehr gezeigt, dass selbst „die höchsten geistigen Funktionen in den vitalen Strebungen der menschlichen Natur verwurzelt sind"[172]. Eine Abwertung der menschlichen Vitalität mit all ihren fatalen Konsequenzen, wie sie dem christlichen oder humanistischen Moralismus und damit häufig auch bestimmten Heiligungskonzepten eigen ist, geht daher am Wesen des Menschen und am Wesen der Liebe vorbei.[173] Eine solche Unterdrückung menschlicher Vitalität führt letztlich nur zu unreifen, „kindischen Formen"[174]

---

[165] A.a.O., 162.
[166] A.a.O., 183.
[167] A.a.O., 161, Hervorhebung im Original.
[168] A.a.O., 163.
[169] Vgl. zur Selbstliebe auch DERS., ST I, 324.
[170] DERS., ST III, 163.275f.
[171] Der Begriff „Vitalität" meint nach Tillich grundsätzlich die „Macht, die ein lebendiges Wesen am Leben erhält und wachsen läßt" (212). Im häufig verwendeten, engeren Sinne ist er aber allein dem Menschen vorbehalten und erscheint dabei als der eine Pol, dessen unabtrennbaren Gegenpol „Intentionalität" bildet. Damit repräsentieren Vitalität und Intentionalität die unmittelbare Erfahrung der Polarität von „Dynamik und Form", DERS., ST I, 212f.
[172] DERS., ST III, 276.
[173] Ebd.; DERS., ST I, 233f.
[174] DERS., ST III, 277.

des Ausbruchs dieser Kräfte. Der Prozess der Heiligung kann deshalb nicht mit einer „Abnahme an vitaler Selbst-Verwirklichung"[175] verbunden sein. Vielmehr muss die menschliche Vitalität als unverzichtbarer Bestandteil der Liebe in deren Hochschätzung und Förderung integriert werden. Das darf im Gegenzug nicht mit der Befreiung zur Disziplinlosigkeit verwechselt werden. Die Vorstellung, auf die Tillich hinzielt, lässt sich als Ausbalancierung eines Lebens beschreiben, das die „Integration möglichst vieler Seins-Elemente"[176], also auch der vitalen, realisiert.

Andererseits erkennt er das Wahrheitsmoment dieser Einteilung von *agape* und *eros* in der besonderen Stellung, die der *agape* zukommt. Sie „ist unzweideutige Liebe, und darum kann sie der menschliche Geist nicht aus eigener Kraft herbeiführen."[177] *Glaube* wie *agape* werden von Tillich als „ekstatische Teilhabe des endlichen Geistes an der transzendenten Einheit unzweideutigen Lebens"[178] gefasst. *Agape* ist daher theologisch in besonderer Weise qualifiziert, da sie im Unterschied zu den anderen Dimensionen der Liebe nie getrennt vom Glauben auftreten kann. *Agape* beschreibt als bedingungslose Bejahung und dem Wunsch der „persönliche[n] Vollendung des andern"[179] eine Form der Liebe, die unabhängig von allen Begehrensstrukturen, Sympathien und Antipathien ist. Damit ist sie die Form der Liebe, die dem Wesen Gottes entspricht. *Agape* ist die Liebe Gottes selbst, mit der er die Kreatur und in ihr sich selbst liebt.[180] Wenn über Gott gesagt wird, er sei die Liebe, dann ist daher die Form der *agape* gemeint.[181] Der gläubige Mensch kann nun auch zu dieser Form der *agape* finden, indem er die *agape* Gottes erfährt.[182] Insofern kann Tillich auch sagen, dass die Gemeinschaft des Neuen Seins bzw. die Geistgemeinschaft „auch die Gemeinschaft der Liebe"[183] ist.

Diese „Schöpfungen des göttlichen Geistes"[184], Glaube und Liebe, sind gegenwärtig, wo immer der göttliche Geist manifest wird. Ohne sie gibt es weder Wiedergeburt, Rechtfertigung noch Heiligung. Tillich belässt es allerdings im Blick auf den Prozess der Heiligung nicht bei der Entfaltung dieser beiden zentralen Wirkmächte, sondern spezifiziert deren Wirkung im Einzelnen mit Hilfe der genannten vier Prinzipien. Anhand dieser Prinzipien versucht Tillich ein zwar „nicht voll konkretisiertes, aber deutliches Bild des christlichen Lebens"[185] zu konturieren.

---

[175] A. a. O., 276.
[176] Ebd.
[177] A. a. O., 160.
[178] Ebd.
[179] Ders., ST I, 322.
[180] Vgl. ders., ST III, 164.
[181] Ders., ST I, 322.
[182] Vgl. a. a. O., 323.
[183] Ders., ST III, 183.
[184] A. a. O., 268.
[185] A. a. O., 266.

Die Verknüpfung zwischen Glaube und Liebe und den vier Prinzipien, mit deren „Hilfe"[186] Heiligung geschieht, ist von Tillich zumindest angedeutet: So ist das Prinzip des wachsenden Frei-Werdens „ohne den Mut, das Wagnis einer falschen Entscheidung in der Kraft des Glaubens an das Paradox der Rechtfertigung einzugehen"[187], nicht vorstellbar. Als zweites Beispiel nennt Tillich das Prinzip des wachsenden Verbunden-Seins. Dieses kann wiederum nicht „ohne die wiedervereinigende Macht der *agape*"[188] gedacht werden.

Im Folgenden ist die von Tillich herausgearbeitete Gestalt des christlichen Lebens darzustellen, wie sie durch die von ihm eingeführten vier Prinzipien charakterisiert wird.

6.6.2 Wachsendes Bewusst-Werden

Das erste Prinzip des Heiligungsprozesses, das Tillich als „wachsendes Bewußt-Werden"[189] bezeichnet, sieht er im 20. Jahrhundert besonders von der Tiefenpsychologie entdeckt und herausgearbeitet. Allerdings ist es nach Tillich, auch wenn es durch die tiefenpsychologische Forschung besondere Aufmerksamkeit erfahren hat, letztlich „so alt wie die Religion selbst"[190] und auch im Neuen Testament zum Ausdruck gebracht. Die Entwicklung, die der Mensch dabei vollzieht, wird von Tillich als zunehmende Erkenntnis seiner „aktuelle[n] Situation"[191] gefasst. Der reifende Mensch erkennt in wachsendem Maße die Fragen, die in seiner Situation enthalten sind, sieht aber auch die Antworten darauf. Es meint insbesondere eine Wahrnehmung aller Kräfte, die um ihn kämpfen und dabei „seine *humanitas* bedrohen"[192]. Damit dürfte nichts anderes gemeint sein, als das oben Dargestellte: Der Mensch erkennt die eigene Zweideutigkeit[193], seine eigene Entfremdung und das Spannungsverhältnis von Existenz und Essenz, das fortwährend sein Leben prägt. Heiligung bedeutet für Tillich daher, nicht das dämonische Element des eigenen Lebens auf irgendeine Art und Weise hinter sich zu lassen, zu ignorieren oder in stoischer Haltung zu distanzieren. Heiligung umfasst beides, die „Erfahrung des Dämonischen wie die des Göttlichen"[194]. Menschliche Existenz beinhaltet also stets vielfältige Erfahrungen der Ambivalenz – gerade auch im Blick auf den Seinsgrund. Damit einher geht die Fähigkeit, dieses Faktum seines Daseins nicht nur zu *er*kennen, sondern auch *an*zuerken-

---

[186] A.a.O., 268.
[187] Ebd., Hervorhebung im Original.
[188] Ebd., Hervorhebung im Original.
[189] A.a.O., 266.
[190] Ebd.
[191] Ebd.
[192] Ebd.
[193] Im Original spricht Tillich von „ambiguities of life", denen sich der (gläubige) Mensch bewusst werden kann, ohne sie in einem stoischen Sinne distanziert hinter sich zu lassen, DERS., Systematic Theology III, 231.
[194] DERS., ST III, 266.

nen und zu bejahen. Das ruft noch einmal die Formulierung ins Gedächtnis, dass das Bild der Vollkommenheit denjenigen zeigt, „der auf dem Kampfplatz zwischen göttlichen und dämonischen Mächten den Sieg über das Dämonische davonträgt, wenn auch nur fragmentarisch"[195]. Das schließt *expressis verbis* – und Tillich kommt wiederholt auf diesen Punkt zurück – gerade die vitalen Kräfte, seine Leidenschaften und Wünsche mit ein. Der Kampf mit und gegen das Dämonische bleibt, so ließe sich reformulieren, lebenslang unüberwindbarer Teil der *conditio humana*. Wachsende Heiligung besteht aber in der Anerkenntnis dieses bleibenden Kampfes und einer sich gerade dadurch eröffnenden Chance das Dämonische punktuell zu überwinden.

Das Prinzip des wachsenden Bewusstwerdens führt dabei zu einer zunehmenden Wahrnehmung der „Forderungen des eigenen Wachstums"[196] und zu einem immer sensibleren Erspüren des Mitmenschen – Tillich hebt hier die „verborgenen Hoffnungen und Enttäuschungen in anderen"[197] hervor, für das spezifische Moment einer konkreten Situation und die „Echtheit im geistigen Leben"[198] bei sich, aber auch bei anderen. Deutlich wird in diesen Elementen das situative und individuelle Moment von Tillichs Heiligungskonzeption. Im Unterschied zu traditionellen Ansätzen, die häufig die Verwirklichung des Gesetzes als Heiligungselement beschreiben, betont Tillich die Abhängigkeit der Heiligung von der konkreten Person und dem konkreten Moment. Damit einher geht Tillichs Beantwortung der Frage, wie ein solches Wachstum initiiert und gefördert werden kann. Die Elemente „Erziehung und Bildung"[199] weist er zur Förderung einer solchen Sensibilität ausdrücklich zurück. Nach Tillich entsteht es nur „unter der Einwirkung des göttlichen Geistes"[200], muss also, so scheint Tillich zu intendieren, selbst und individuell erfahren und gesucht werden. Voraussetzung ist allein die Offenheit für den göttlichen Geist. Damit aber kommt ein Element zur Geltung, das jeglichen z. B. kirchlichen Vermittlungsversuchen regelrecht entzogen ist, sondern nur individuell und frei erfahren und erlernt werden kann. Aber auch die Forderung, eigene Zweideutigkeit, tiefe innere Ambivalenz, z. B. auch den Zweifel als Teil des Glaubens im Heiligungsprozess zu akzeptieren, steht geradezu im Widerspruch zu vielen traditionellen, aber auch jüngeren Heiligungsvorstellungen – man denke nur an die rigorosen und institutionalisierten pädagogisch-heiligungspraktischen Maßnahmen eines August Hermann Francke oder John Wesley.

---

[195] A.a.O., 277.
[196] A.a.O., 266.
[197] Ebd.
[198] Ebd.
[199] A.a.O., 266f.
[200] A.a.O., 267.

6.6.3 Wachsendes Frei-Werden

Mit dem Prinzip des wachsenden Frei-Werdens steht insbesondere die Frage nach der Bedeutung historisch-religiöser Handlungsanleitungen, traditionell ‚dem Gesetz' auf dem Plan. Das Prinzip entspricht von der Grundbewegung wiederum dem tiefenpsychologischen Ansatz, Menschen von psychischen Zwängen zu befreien. Theologisch betrachtet kommt es als zunehmende Freiheit vom Gesetz zu stehen. Das ist gerade deshalb erklärungsbedürftig, da es ebenfalls quer zu vielen traditionellen Ansätzen liegt, die das Ziel der Heiligung in einer wachsenden Fähigkeit nach dem Gesetz zu leben, erkannten (vgl. z. B. bei August Hermann Francke, Kapitel I.2).

Das Gesetz interpretiert Tillich in seiner eigenen Diktion als das essentielle Sein des Menschen, das dem Menschen in seiner Situation der Entfremdung gegenübergestellt wird und ihm dadurch seine eigene Ferne von diesem Sein (schmerzlich) vor Augen führt. Diese Gesetzesfunktion entspricht der traditionellen Bestimmung des *usus elenchthicus*. Die Forderung des Gesetzes wird dabei von Tillich bestimmt als „die Wiedervereinigung mit unserem wahren Wesen, und das heißt, mit uns selbst, mit den anderen und mit dem Grund unseres Seins"[201]. Je stärker der Mensch im Prozess der Heiligung durch den Einfluss des göttlichen Geistes zur Wiedervereinigung mit seinem wahren Sein findet, umso freier wird er von der Forderung des Gesetzes. Wie oben dargestellt, gelingt diese Wiedervereinigung niemals abschließend, sondern immer nur fragmentarisch. Daher wird der Mensch auch nicht völlig frei von der Macht des Gesetzes. Tillich verdeutlich diesen Zusammenhang dadurch, dass der Mensch im Zustand (großer) Entfremdung ein „schlechtes Gewissen"[202] hat, dieses aber im Maße der Wiedervereinigung schwächer wird. Das heißt nichts anderes, als dass der durch göttlichen Geist geleitete und wiedervereinigte Mensch *aus Freiheit*, gewissermaßen intuitiv, das verwirklichen kann, was er essentiell ist und dadurch unabhängig von äußeren Vorgaben und Geboten wird. Dadurch wird ein viel adäquateres, situationsspezifischeres Handeln ermöglicht, als es das Gesetz je gewährleisten könnte, da sich dieses lediglich in der Vergangenheit als angemessene Handlungsoption erwiesen hat, nicht aber die gegenwartsspezifische Anpassung leisten kann. Die „gegebene Situation im Lichte der Gegenwart des göttlichen Geistes zu beurteilen und über die richtige Handlung zu entscheiden"[203] kann daher – so spitzt Tillich zu – gerade auch bedeuten, im Widerspruch zum allgemeinen Gesetz zu agieren.

Tillich sieht dieses Prinzip bei Paulus (Geist vs. Buchstaben) wie bei Luther (die Möglichkeit neue und bessere Gesetze aufzustellen als Mose), aber auch bei Nietzsche (Umwertung der Werte) und Heidegger (Befreiung des existierenden

---

[201] A. a. O., 314.
[202] A. a. O., 267.
[203] Ebd.

Selbst „aus der Sackgasse des Daseins"[204]) jeweils ausgedrückt. Als „Ziel der Heiligung"[205] kann er die Reife und Freiheit definieren, selbst neue Gesetze zu schaffen oder alte in neuer Weise gegenwartstauglich anzuwenden. Damit steht für Tillich verständlicherweise die Gefahr der Willkürlichkeit im Raum. Diese wird aber – so Tillich – nur dort ernsthaft zum Problem, wo der Mensch durch Entfremdung bestimmt ist und daher der Willkür als „Symptom der Entfremdung"[206] durch äußere Bedingungen oder innere psychologische Zwänge ausgeliefert ist. Reife zeichnet sich hingegen gerade durch eine Freiheit von beidem aus, sodass der geistgeleitete Mensch gerade nicht willkürlich entscheidet. Der Widerstand gegen solcherlei Zwänge und Schwächen kann selbstverständlich schwierig und daher mit „Askese und Martyrium"[207] verbunden sein. Das darf aber nicht damit verwechselt werden, dass beide Lebensformen selbst zu einem höheren Grad von Heiligkeit führen. Sie unterstützen lediglich die Intention, die gewonnene Freiheit zu bewahren und zu schützen.

6.6.4 Wachsendes Verbunden-Sein

Hier nun schlägt sich insbesondere die Wirkung der *agape* als der wiedervereinigenden Macht nieder. Sie überwindet „den Zustand des In-sich-eingeschlossenseins wenigstens fragmentarisch"[208]. Wachsendes Verbunden-Sein legt sich schon von der oben beschriebenen Wirkung des göttlichen Geistes nahe, der die Trennung und Entfremdung des Menschen überwinden kann und in den heilsamen Zustand der Beziehung zu sich selbst, seinen Mitmenschen und den Seinsgrund hineinführt. Die – zahlreich in Kunst und Dichtung dargestellten und wiederum von der Psychotherapie herausgearbeiteten[209] – Hemmnisse dieses Verbunden-Seins können im Prozess der Heiligung überwunden werden. Damit unterscheiden sich die Geist-bestimmten Beziehungen von allen anderen Formen menschlicher Beziehung. Letztere bleiben als zweideutige Beziehungen immer zugleich verbunden als auch entfremdet. Tatsächlich ist es nach Tillich allein der göttliche Geist, der dazu befähigen kann „Einsamkeit, Verschlossen-Sein und Feindseligkeit"[210] zu überwinden, indem er den Einzelnen „ekstatisch"[211] über sich hinaushebt und zu einer Verbindung mit einem anderen führt, wenn auch dieser sich ekstatisch über sich hinausheben lässt.

Das Prinzip des wachsenden Verbunden-Seins bildet damit das Gegenstück zum Prinzip wachsender Freiheit. Beide sind als Elemente des Heiligungsprozes-

---

[204] A.a.O., 268., die Wendung scheint im Blick auf Heideggers Philosophie etwas unglücklich gewählt, soll hier aber als Tillichs Formulierung wiedergegeben werden.
[205] Ebd.
[206] Ebd.
[207] Ebd.
[208] Ebd.
[209] Vgl. a.a.O., 269.
[210] Ebd.
[211] Ebd.

ses entscheidend und bewahren durch ihren komplementären Charakter davor, entweder in das Extrem der Verknechtung oder das Extrem der Isolierung zu geraten.

Selbst-Abgeschlossenheit bzw. „Introvertiertheit"[212] wird dabei nicht durch das Gegenteil, also Extrovertiertheit überwunden. Tillich kennt auch einen Zustand „schöpferischer Einsamkeit"[213], der für ihn gerade Kennzeichen von Reife ist. Die Fähigkeit zu einer solchen Einsamkeit wird dadurch erreicht, dass das „persönliche Zentrum"[214] in die Tiefe und Höhe hineingeführt wird. Das dürfte dem ekstatischen Charakter entsprechen, den Tillich als die Wirkung des göttlichen Geistes beschreibt. Nur diese vertikale Verbundenheit schafft auch die Voraussetzung um in der horizontalen, menschlich-sozialen Dimension Verbundensein verwirklichen zu können.

Damit bezieht sich das Prinzip wachsenden Verbunden-Seins, wie bereits angedeutet, auch auf die Beziehung zu sich selbst. Auch in diesem Verhältnis kann es Zustände von „Verlassenheit, Introvertiertheit und Feindseligkeit"[215] geben. Sie stehen so einer guten und reifen „Selbst-Bezogenheit"[216] im Weg. Als solche bezeichnet Tillich ein Verhältnis, das er als „paradoxe Selbst-Bejahung"[217] beschreibt. Diese schützt den Menschen vor einer problematischen „Selbst-Erhebung" oder auch „Selbst-Verachtung"[218], markiert also, was als ein gesundes Selbstbewusstsein bezeichnet werden kann. Um das zu erläutern differenziert er identitätstheoretisch zwischen einem Selbst als Subjekt und einem Selbst als Objekt. Im problematischen, also nicht-selbstbezogenen Zustand versucht das Selbst als Subjekt das Selbst als Objekt zu beherrschen und zu disziplinieren.[219] Das Selbst als Objekt versucht sich dem zu entziehen, verfällt zugleich in Mitleid und flieht vor sich selbst. Ein reifes und versöhntes Verhältnis der Selbst-Bezogenheit wird hingegen durch eine Transzendierung des Selbst als Subjekt und des Selbst als Objekt erreicht. In einer solchen Transzendierung kann das „essentielle Selbst jenseits von Subjekt und Objekt"[220] spontan bejaht werden. Dadurch wird das Ich im Prozess der Heiligung immer selbst-bejahender und spontaner.

Tillich erkennt in dem, was als ‚Suche nach Identität' beschrieben wird, genau das, was er als das Ziel der Selbst-Bezogenheit fasst. Auch dieser Suche gehe es

---

[212] Ebd.
[213] Ebd.
[214] Ebd.
[215] Ebd.
[216] Ebd.
[217] A.a.O., 270.
[218] Ebd.
[219] Diese Differenzierung ist sehr aufschlussreich hinsichtlich des im II. Hauptteil betrachteten Selbstoptimierungsphänomens. Tillich spricht mit dieser Definition von persönlicher Reife einen Aspekt an, der in vielen Formen von Selbstoptimierung gerade nicht gegeben scheint, da sich das Subjekt in vielen Lebensvollzügen mit dem Interesse zu kontrollieren und zu optimieren gerade selbst als Objekt gegenübertritt, vgl. insbesondere II.3.2.
[220] Ebd.

letztlich um nichts anderes als ein stabiles Selbst jenseits aller zufälligen Stadien der Entwicklung. Dieses stabile Selbst sei aber nichts anderes als das essentielle Selbst, das durch „alle Zufälligkeiten des existentiellen Selbst hindurchscheint"[221].

6.6.5 Wachsende Selbst-Transzendierung

Das vierte von Tillich genannte Prinzip des Heiligungsprozesses, die wachsende Selbst-Transzendierung, wurde bereits im Zusammenhang des wachsenden Verbunden-Seins thematisiert. Das ist nur folgerichtig, denn die drei bisher genannten Prinzipien können nicht ohne das Prinzip der Selbst-Transzendierung auf das Unbedingte hin, d. h. ohne „Partizipation am Heiligen"[222], verwirklicht werden. Selbst-Transzendierung ist immer dann realisiert, wenn die Gegenwart des göttlichen Geistes erfahren wird. Dies kann in ganz unterschiedlichen Kontexten und Vollzügen geschehen – Tillich nennt beispielhaft das Gebet und Meditation, Gespräch, Kulturgenuss, in der Arbeit oder in der Ruhe, in der Seelsorge oder in kirchlichen Feiern. Kennzeichnend ist jeweils eine „Erhebung über das Durchschnittsleben"[223], das Tillich als „Atmen einer anderen Luft"[224] metaphorisch umschreibt. Dabei darf sie nach Tillich nicht mit irgendeiner Art religiöser Praxis verwechselt werden. Diesem Missverständnis versucht er durch eine Differenzierung im Begriff des Heiligen bzw. dem Begriff der Religion vorzubeugen. Religion kann demnach in einem engeren und einem weiteren Sinne gefasst werden. Das Heilige ist einerseits vom Profanen unterschieden, gleichzeitig „umfaßt"[225] es andererseits aber auch das Profane. Religiöses Leben im engeren Sinne bezieht sich nur auf das Erste, religiöses Leben im weiteren Sinne auch auf das Zweite. Mit dem Prinzip der Selbst-Transzendierung ist aber beides, also auch der weitere Sinn des Heiligen im Blick. In einem Zustand von reifem, geistbestimmtem Leben kann die Gottesdienstteilnahme daher eingeschränkt oder sogar ganz abgelehnt werden. Religion im engeren Sinne kann, so spitzt Tillich zu, sogar aus der Perspektive der Religion im weiteren Sinne in Frage gestellt werden.

Im Laufe des Prozesses beobachtet Tillich dabei eine gegenläufige Bewegung von Bestimmtheit der Erfahrung und Ausdrucksformen. Während mit zunehmendem Reifegrad die Selbst-Transzendierung „bestimmter"[226], d. h. manifester und mit größerer Hingabe gelebt werde, verlören die dabei genutzten Ausdrucksformen religiöser Praxis oder religiöser Symbolisierungen eher an Bedeutung.

---

[221] Ebd.
[222] A. a. O., 271.
[223] A. a. O., 272.
[224] Ebd.
[225] A. a. O., 271.
[226] A. a. O., 272.

6.7 Tillichs Vollkommenheitsbegriff als psychoanalytisch inspirierte Aufnahme von Luthers Denken

Folgt man der von Tillich entfalteten Differenzierung der verschiedenen evangelischen Vollkommenheitslehren, dann sind in seiner eigenen Vollkommenheitslehre sowohl lutherische als auch calvinistische Elemente wiederzuerkennen.[227] Das von Tillich beschriebene beständig erlebte Auf und Ab des christlichen Lebens dürfte die lutherische Betonung des Paradoxes der Erfahrung des Neuen Seins aufnehmen. Dieses wurde von Tillich als ein beständiges Hin- und Hergeworfen sein zwischen Ekstase und Angst interpretiert. Der auf Wachstum hin orientierte Heiligungsgedanke – bei Tillich als Reifung beschrieben – nimmt hingegen ein wesentliches Motiv calvinistischer Theologie auf. Wie oben gezeigt, zeichnet sich dieser nach Tillich im Blick auf die *vita christiana* durch eine grundsätzliche Höherentwicklung aus. Lutherische und calvinistische Theorieelemente eines christlichen Lebens finden sich daher bei Tillich miteinander kombiniert, wohingegen die perfektionistischen Elemente der radikalen Geist-Bewegung nicht in seinen Ansatz eingeflossen sind. Diese sind durch den Verweis darauf ausgeschlossen, dass der Prozess der Heiligung den Zustand der Vollkommenheit und Vollendung niemals erreicht. Durch die Propagierung einer solchen Möglichkeit ist die Position der radikalen Geist-Bewegung aber gerade charakterisiert.

Damit ist deutlich, dass Tillich eine eigene, ihm zeitgemäß erscheinende Vorstellung von Heiligung bzw. der Entwicklung auf den Zustand der Vollkommenheit hin vorstellt, in der lutherische und calvinistische Elemente gleichermaßen aufgenommen sind. Sein eigener Entwurf kann daher als ein zwar an der Tradition orientierter, letztlich aber eigenständiger und vor allem von der Psychologie, insbesondere der Psychoanalyse inspirierter Versuch gelten, den Prozess der Heiligung unter den Bedingungen der Moderne neu und begrifflich innovativ zu reformulieren.

Plastisch wird diese Neujustierung in der Verbindung des in der Reformation hervorgehobenen Duals von Glaube und Liebe und den vier Prinzipien, mit denen Tillich beide Zentralbegriffe näherbestimmt. Die verarbeitete psychoanalytische Perspektive eröffnet Tillich damit die Möglichkeit, traditionelle theologische Ansätze sowohl zu bestätigen, analytisch zu vertiefen und damit zeitspezifische Resonanzräume zu erschließen.

Mit dem Dual von Glaube und Liebe als den wesentlichen Elementen, die den am Ideal der Vollkommenheit orientierten Heiligungsprozess bestimmen, ist bereits eine grundsätzliche Übereinstimmung zwischen Luther und Tillich hervorgehoben. Allerdings muss sofort hinzugefügt werden, dass Tillich die beiden Begriffe als Elemente des Heiligungsprozesses nicht bei Luther, sondern bei Calvin verortet.[228] Im Zusammenhang mit der lutherischen Theologie taucht beides bei

---

[227] So auch: KIM, Heiligungslehre, 265.
[228] Vgl. TILLICH, ST III, 266.

Tillich deswegen nicht auf, weil er die Heiligungstheologie des Luthertums voll und ganz von der „Betonung des paradoxen Elementes"[229] beherrscht sieht. Auch dieses paradoxe Element sieht Tillich zwar in seinem eigenen Verständnis des Heiligungsprozesses integriert. Die viel weitreichenderen Übereinstimmungen zwischen seiner eigenen und Luthers Theologie sind bei ihm allerdings nicht im Blick. Da er – wie oben dargestellt – davon ausgeht, dass das Bild der Heiligung im Luthertum von einem beständigen „Auf und Ab von Ekstase und Angst"[230] geprägt ist, kann er die Ähnlichkeit zwischen seinem eigenen und Luthers Ansatz mindestens im Kontext der *Systematischen Theologie* gar nicht hinreichend erkennen. Das liegt möglicherweise auch daran, dass Tillich sich vor allem auf das ‚Luthertum' als konfessionelle Strömung, auf Luther selbst aber nur sehr punktuell bezieht. Eine Differenz zwischen Luthers eigenem biografischen Erleben und damit verknüpften theologischen Reflexionen einerseits und der danach in der sich auf ihn beziehenden theologie- und kirchengeschichtlichen Tradition andererseits lässt Tillich – zumindest an dieser Stelle in der Systematischen Theologie – völlig außer Acht.[231] Tillichs Urteil, dass im Luthertum „das Ideal der Heiligung […] durch die Betonung des paradoxen Charakters des christlichen Leben *ersetzt* wurde"[232], trifft in dieser Radikalität zumindest für Luther selbst nicht zu.[233] Wenn seine Wahrnehmung der calvinistischen Position hinsichtlich deren Charakterisierung des Vollkommenheitsbegriffs stimmt, dann sind Luther und Calvin (bzw. der Calvinismus) an dieser Stelle näher beieinander, als das von Tillich in seiner Rekonstruktion dargestellt wird. Ein Stück weit gegen dessen eigene Wahrnehmung wird daher hier die These vertreten, dass Tillich hinsichtlich des Ziels der *perfectio hominis* in wesentlichen Grundzügen durchaus mit Luther übereinstimmt, obgleich auch einige Differenzen zu benennen sind.

Ähnlich wie Luther hält er den Menschen für ein grundsätzlich nicht-perfektibles Wesen. Vollkommenheit erscheint daher sowohl bei Luther als auch bei Tillich als das unerreichbare Ziel der Heiligung bzw. der Verwirklichung des Neuen Seins. Beide stimmen auch darin überein, dass dieser Prozess durch Glaube und Liebe maßgeblich geprägt ist und zu stetiger Vertiefung und Reifung führen soll. Beide gehen außerdem davon aus, dass dies kein geradliniger, ansteigender Pro-

---

[229] A. a. O., 265.
[230] Ebd.
[231] Das unterscheidet ihn mindestens an dieser Stelle in der *Systematischen Theologie* von der Differenzierung, wie sie z. B. Ernst Troeltsch zwischen den „Reformatoren und Reformbewegungen des 16. Jahrhunderts" und dem „Luthertum" und „Calvinismus" als Spielarten des „Altprotestantismus" getroffen hat, vgl. TROELTSCH, KGA 7, 134–307.
[232] TILLICH, ST III, 265, Hervorhebung C.S.
[233] Tillich differenziert zwar in seiner Darstellung immer wieder zwischen den Reformatoren Calvin und Luther selbst und den auf sie zurückgehenden Strömungen des Calvinismus und Luthertums. Indem er die Prägungen der verschiedenen Strömungen aber immer wieder an konkrete persönliche religiöse Erfahrungen und theologische Entscheidungen der Reformatoren zurückbindet, kann aber davon ausgegangen werden, dass Aussagen über die Strömung immer auch Aussagen über den am Anfang von ihr stehenden Reformator sind.

zess ist, sondern durch ein Auf und Ab gekennzeichnet ist. Gleichzeitig formulieren beide die Perspektive, dass in dieser Bewegung ein beständiges Wachstum bzw. Reifung stattfinden kann.

Im Unterschied zu Luther kommt bei Tillich Vollkommenheit jedoch nur als Zielbegriff zu stehen. Der bei Luther ebenfalls herausgearbeitete Aspekt (vgl. I.1), dass der Gläubige auch *Schon-Jetzt* vollkommen ist, wird bei Tillich nicht unter dem Begriff der Vollkommenheit verhandelt. Zwar finden sich auch bei Tillich ähnliche theologische Wendungen, dass der Gläubige fragmentarisch am unzweideutigen Leben Anteil hat, dass er geistgeleitet Neues Sein erfährt und eine heiligungspraktische Reife erreichen kann usw. – begrifflich wird Vollkommenheit jedoch auf der Seite der (diesseitigen) Unerreichbarkeit und damit als eschatologische Kategorie verortet. Die bei Luther zu Tage getretene Struktur des Schon-Jetzt und Noch-Nicht, die zwar als theologisch durchaus nachvollziehbar, gleichwohl aber auch mitunter als verwirrend erscheint, ist von Tillich in eschatologischer Richtung vereindeutigt. Damit ist bei ihm im Vergleich zu Ritschl gerade die gegenteilige Option gewählt, der den Begriff der Vollkommenheit im Sinne des *Schon-Jetzt* als Attribut des gläubigen Christen profiliert. (Vgl. I.5)

Mit seiner Systematik verschiedener Dimensionen der Liebe (*eros, philia, epithymia agape*), innerhalb derer die *agape* eine besondere theologische Qualifizierung erhält, ist von Tillich im Vergleich zu Luther nicht nur eine begriffliche Differenzierung geleistet. Sein mit Nachdruck vorgebrachtes Anliegen, dabei insbesondere auch die triebhafte, vitale Facette des Menschen nicht als *per se* sündhaft zu brandmarken, sondern sie in einen Modus der Liebe zu integrieren, der dem Menschen in seiner Ganzheit entspricht, dürfte im Vergleich zu Luther auch inhaltlich eine Verschiebung anzeigen, die Tillichs Auseinandersetzung mit der Psychologie, resp. Psychoanalyse geschuldet ist.

Natürlich könnte der Vergleich zwischen Luthers und Tillichs Vollkommenheitsbegriff an vielen weiteren Stellen im Detail fortgeführt werden. Ein solcher, vertiefender Vergleich würde bei allen sprachlichen und zeitbedingten Differenzen auf zahlreiche weitere Gemeinsamkeiten, aber auch unterschiedliche Akzente stoßen. Für den Zusammenhang dieser Studie genügen aber die beschriebenen grundsätzlichen Beobachtungen. Darin hat sich gezeigt, dass Tillichs Profilierung des Vollkommenheitsbegriffs als Teil seiner Charakterisierung von Heiligung in wesentlichen Punkten der Profilierung, wie sie bei Luther herausgearbeitet werden konnte, ähnlich ist. Teilweise wurde dies von Tillich in bewusster Anknüpfung an Luther auch expliziert. Gleichzeitig sind mit der eschatologischen Vereindeutigung des Begriffs bei Tillich und dem von ihm vertretenen Liebesbegriff auch einige Unterschiede sichtbar geworden.

6.8 Systematische Überlegungen zur Vollkommenheitsambivalenz

Auch Tillichs Gedanken lassen sich als ein bestimmter Modus des Umgangs mit der Ambivalenzerfahrung verstehen, wie sie mit dem Streben nach Vollkommenheit verbunden ist. Diese besteht gemäß der Beschreibung im Einleitungskapitel einerseits darin, ein anderer werden zu wollen bzw. zu müssen, dies aber gleichzeitig als Abwertung des gegenwärtigen Selbst zu erleben. Auch bei Tillich ist diese Ambivalenz in der Aufgabe der *Reifung* im Heiligungsprozess theologisch aufgenommen.

Ganz grundsätzlich erscheint Tillichs anthropologische sowie theologische Konzeption durchzogen von einem starken Ambivalenzbewusstsein. Dies hebt ihn von vielen traditionellen theologischen Ansätzen ab, die häufig auf die Überwindung lebenspraktischer Ambivalenzen abzielen. Tillichs Vorstellung von persönlicher und heiligungspraktischer ‚Reife' zeichnet sich demgegenüber gerade durch die Akzeptanz von Ambivalenz aus – erinnert sei nur an die Anerkennung der eigenen Zweideutigkeit (im Original „ambiguities"[234]) als Aspekt wachsenden Bewusst-werdens. So beschreibt Tillich beispielsweise die Furcht vor Bestrafung für Verfehlungen gegenüber dem moralischen Gesetz, oder sogar das „Verlangen nach Bestrafung"[235] als Ausdruck dieser Zweideutigkeit, die das Leben des Menschen, auch des Christen bestimmt. Gleichzeitig ist im Paradox des *simul iustus simul peccator*, das Tillich aufgreift, der Blick von Verfehlung und Strafe auf die Botschaft der Vergebung und Annahme gelenkt.[236] Gerade seine explizite Verteidigung der „Notwendigkeit des Zweifels"[237] als bleibendes Gegenstück des Glaubens zeigt aber, dass auch diese Lenkung auf Vergebung immer nur fragmentarisch gelingt. Die damit letztlich ein Signum der Endlichkeit bleibende Ambivalenz ist von Tillich außerdem anhand der Polarität von Entfremdung und Wiedervereinigung ausgedrückt. In dieser bleibenden Situation, die Tillich als *Existenz* beschreibt, befindet sich der Gläubige auf dem „Kampfplatz" zwischen dem Dämonischen und Göttlichen. Zwar kann er diesen punktuell durchaus als Sieger verlassen, aber er kann ihn nicht grundsätzlich verlassen. Die Situation des Kampfes von dämonischen und göttlichen Kräften, in den er verstrickt ist, bleibt lebenslang Bestandteil seines Wesens. Der Aspekt der Entfremdung lässt sich daher auch durch alle Formen der Wiedervereinigung nie völlig auflösen.

In der Heiligung, die Tillich als die Erfahrung[238] des Neuen Seins als Prozess beschreibt, spiegelt sich dieses Verhältnis *in nuce* wider. Das Ideal der Vollkommenheit als letztlich eschatologische Perspektive steht darin als Ziel des Heiligungs-

---

[234] DERS., Systematic Theology III, 231.
[235] DERS., ST III, 260.
[236] Vgl. ebd., den Begriff der „Annahme" schlägt Tillich als zeitgemäße und verständliche Entsprechung für den biblischen Begriff der „Rechtfertigung" vor, vgl. a. a. O., 258.
[237] A. a. O., 275.
[238] Vgl. zur Frage der Angemessenheit des Begriffs der „Erfahrung", a. a. O., 255.

prozesses unerreichbar vor Augen. Der *Status quo* ist damit immer vom Bild der Vollkommenheit unterschieden. Das Bewusstsein der Differenz markiert daher notwendig ein Ungenügen und Zurückbleiben. Gleichzeitig ist durch die Erfahrung des Neuen Seins als Schöpfung (Wiedergeburt)[239] und die Erfahrung des Neuen Seins als Paradox (Rechtfertigung)[240] eine tiefe Bejahung des Menschen auch in seiner gegenwärtigen Verfasstheit zu sich selbst möglich. Die Erfahrung des Ungenügens und der Selbstkritik ist dadurch zwar nicht aufgehoben oder gar überwunden, aber eingerahmt und relativiert durch die Erfahrung des Glaubens und der Liebe resp. *agape* Gottes, die das Leben des Gläubigen bestimmt.[241] Die rechtfertigungstheologische Bestimmung der Erfahrung, „daß ich – obwohl unannehmbar – angenommen bin"[242], bringt diese entlastende Wahrnehmung treffend zum Ausdruck, ohne die bleibende Spannung zwischen beidem aufzuheben.

Der einzelne Christ muss nach Tillich daher „begreifen, daß er trotz seiner Unheiligkeit ein Heiliger sein kann"[243]. Je stärker ihm dies gelingt bzw. geistgewirkt widerfährt, desto stärker löst sich die Ambivalenz der Vollkommenheit auf. Auch wenn die verändernde Wirkung des Neuen Seins als Prozess auch bei Tillich bedeutsamen theologischen Stellenwert erhält, wird so deutlich, dass auch bei ihm die Kraft des Glaubens letztlich zur relativen Neutralisierung der möglicherweise schmerzhaft erfahrenen Ambivalenz führt. Je stärker er das Urteil Gottes, als scheinbar Unannehmbarer angenommen zu sein, verinnerlichen und sich zu eigen machen kann, d. h. glaubt, desto geringer dürfte das Leiden unter seiner Vollkommenheitsdifferenz sein. Damit formuliert auch Tillich – ähnlich wie bei anderen betrachteten Theologen – eine Perspektive, in der Wachstum bzw. Reifung im Heiligungsprozess konstitutiver Bestandteil der *vita christiana* ist und durch ein entsprechendes Bild der Vollkommenheit auch theologisch motiviert wird. Die Frage des individuellen Wertes, der Selbstbejahung und einem Sein, das von der *agape* bestimmt ist, hängt aber von dieser Entwicklung und dem Grad der Reife gerade *nicht* als Bedingung ab. Der so beschriebene Heiligungsprozess wird vielmehr zur beständigen Vertiefung und Intensivierung der zuvor und unabhängig von der Performanz erlebten Erfahrung des Bejaht- und Angenommenseins.

---

[239] Vgl. a. a. O., 254–257.
[240] Vgl. a. a. O., 257–263.
[241] Vgl. a. a. O., 250.
[242] A. a. O., 256.
[243] A. a. O., 251.

7. Leben als Fragment – Vollkommenheit bei Henning Luther

7.1 Hinführung und Forschungsstand

Wie ein Einspruch zu Tillichs Konzept der wachsenden Reife erscheint der Standpunkt Henning Luthers (1947–1991). Vermutlich muss diese Kritik theologiegeschichtlich als einer der nachdrücklichsten Angriffe auf das Ziel der Vollkommenheit mindestens in jüngerer Zeit gelten.

Bei Henning Luther sind dabei insbesondere zwei Aufsätze im Blick. Zunächst sein wirkungsreicher Aufsatz *Identität und Fragment. Praktisch-theologische Überlegungen zur Unabschließbarkeit von Bildungsprozessen*[1] von 1985 – im Folgenden: *Identitätsaufsatz* –, in dem die Differenz zwischen Fragmentarität und Vollkommenheit das erste Mal thematisch wird. Luthers 1990 in Marburg gehaltener Vortrag *Leben als Fragment. Der Mythos von der Ganzheit*[2], der ein Jahr später als Aufsatz publiziert wurde – im Folgenden: *Lebensaufsatz* –, knüpft an den Gedankengang des Aufsatzes von 1985 an und führt die dort aufgeworfene Fragestellung weiter.

Es dürfte somit der *Identitätsbegriff* gewesen sein, an dem sich Luthers kritische Überlegungen entzündeten. Der in der Praktischen Theologie beheimatete Henning Luther gilt grundsätzlich als Vertreter einer Praktischen Theologie, die den Perspektivwechsel hin zu einer „subjekt- und lebensweltorientierten Theologie"[3] vollzogen hat. Die im Folgenden betrachteten theologischen Perspektiven spiegeln diese Beobachtung wider – entstammen sie doch ganz konkreten identitätstheoretischen und insbesondere religionspädagogischen Reflexionskontexten mit hoher praktischer Relevanz.

In seinem *Identitätsaufsatz* werden dabei mit Erik Homburger Erikson und George Herbert Mead die beiden Hauptprotagonisten eines scheinbar problematischen Identitätsbegriffs genannt. In der Tat bezieht sich Luther in diesem Aufsatz ausdrücklich auf Eriksons psychoanalytisch und ich-psychologisch be-

---

[1] LUTHER, Identität und Fragment.
[2] DERS., Leben als Fragment. Der Mythos von der Ganzheit, in: Wege zum Menschen 43 (1991) 5, 262–273.
[3] KRISTIAN FECHTNER u. CHRISTIAN MULIA, Einleitung, in: KRISTIAN FECHTNER/CHRISTIAN MULIA (Hrsg.), Henning Luther. Impulse für eine Praktische Theologie der Spätmoderne, Stuttgart 2014, 7–10, hier 7.

gründete Identitätstheorie und Meads Theorie des symbolischen Interaktionismus, der die Ich-Entwicklung als ständigen Wechselprozess von Selbst- und Fremdwahrnehmung versteht. Allerdings fallen beide als tatsächliche Zielpunkte der Kritik aus. Luthers Kritik zielt vielmehr, wie er in einer Fußnote bemerkt, auf einen bestimmten „populäre[n]"[4] Rezeptionsstrang beider Theoriemodelle ab. Beide Entwicklungspsychologen böten zwar auch „Anhaltspunkte"[5] für die von Luther geäußerte Kritik, jeweils aber auch „gegenläufige Tendenzen"[6]. Jedoch sieht er bei beiden bestimmte Formulierungen verwendet, die ein „Mißverständnis"[7] ihrer Theorien beförderten. Das eigentliche Missverständnis kommt nach Luther aber erst in den Positionen zum Tragen, die dem namentlich nicht näher konkretisierten Rezeptionsstrang beider Theorien zuzuordnen sind.[8] Das Grundproblem der angesprochenen Rezeption besteht dabei darin, dass der von Erikson und Mead entwickelte Identitätsbegriff nicht mehr als „regulatives Prinzip einer Entwicklung"[9], sondern stattdessen als ein „konstitutives *Ziel*"[10] dessen zu stehen kommt. Ein bestimmter Identitätsmodus wird so normativ aufgeladen und als Fluchtpunkt aller Ich-Entwicklungen herausgestellt – das ist als der entscheidende Hintergrund aller nachfolgend dargestellten Überlegungen Luthers zu beachten.

Führt man sich Luthers ersten Satz des *Identitätsaufsatzes* vor Augen, dann wird klar, dass es sich bei der angesprochenen Debatte um eine jüngere Entwicklung der damaligen Zeit handelt: „Der Begriff der Identität hat in der praktisch-theologischen Diskussion der letzten fünfzehn Jahre Karriere gemacht, besonders in der Religionspädagogik und der Seelsorge."[11] Der in dieser Diskussion offenbar prominent vertretene, aus Luthers Sicht problematische Identitätsbegriff bildet damit gewissermaßen den Anstoß für seine Kritik. Der von ihm alternativ in die Debatte eingebrachte Begriff des *Fragments* ist hingegen von Diskursen inspiriert, die in den 80er-Jahren im Bereich der Ästhetik geführt wurden.[12] Damit wird diskursanalytisch deutlich, dass Luther einen ursprünglich in der Ästhetik beheimateten Begriff in identitätstheoretische Kontroversen innerhalb der Praktischen Theologie einführt, die er ihrerseits als Verzerrungen resp. problematisch

---

[4] LUTHER, Identität und Fragment, 321, Anm. 11.
[5] Ebd.
[6] Ebd. Luther kann und will an dieser Stelle auch gar keine differenzierte Wahrnehmung von beiden Ansätzen leisten.
[7] A.a.O., 320.
[8] Luther verweist zu Beginn des Aufsatzes auf eine Vielzahl von Beiträgen zum Identitätsbegriff innerhalb und außerhalb der Praktischen Theologie. Welche er davon als Ursache und Ziel seiner Kritik im Blick hat, wird allerdings von ihm nicht hervorgehoben und kann auch im Rahmen dieser Studie nicht näher untersucht werden.
[9] Ebd.
[10] Ebd., Hervorhebung C.S.
[11] A.a.O., 317.
[12] Vgl. a.a.O., 322.

einseitige Wahrnehmungen entwicklungspsychologischer Theoriebildungen insbesondere von Mead und Erikson ansieht.

So groß die inhaltlichen Überschneidungen zwischen beiden Aufsätzen Luthers ausfallen – es lässt sich doch eine erhebliche Verschiebung in dessen Ausführungen über die Vollkommenheit des Menschen feststellen. Das spiegelt sich bereits im Titel wider. Während im *Identitätsaufsatz* der Begriff der *Identität* das Zentrum des Nachdenkens bildet, dem der Fragmentbegriff kritisch gegenübergestellt wird, bewegen sich Luthers Reflexionen im *Lebensaufsatz* zwischen den beiden Polen *Vollkommenheit* und *Fragment*. Der Vollkommenheitsbegriff, der im früheren Aufsatz nur am Rande, nämlich als „belastende[] Vollkommenheitsforderung[]"[13] in Bildungsprozessen thematisiert wird, erfährt im späteren Aufsatz so eine Aufwertung zum Ausgangs- und Angelpunkt des Aufsatzes. Das wird bereits in den ersten Sätzen des *Lebensaufsatzes* deutlich, in denen Luther festhält: „Das Ideal der Vollkommenheit fasziniert uns. An ihm messen wir viel – unsere Leistungen und unser Leben, uns selbst und andere. Und obwohl wir – wenn wir ehrlich sind – immer wieder scheitern, lassen wir ungern von diesem Ideal."[14]

Der Vollkommenheitsbegriff hätte aber, so wie Luther ihn im späteren Aufsatz verwendet, auch im früheren Aufsatz bereits stärkere Verwendung finden können. Denn wenn im früheren Aufsatz als Hauptproblem von Luther das Streben nach dem Ideal einer „*vollständigen, ganzen und integrierten* Identität"[15] genannt wird, dann schwingen dort bereits die gleichen assoziativen Momente mit, die im späteren Aufsatz den Vollkommenheitsbegriffs profilieren. Vollkommenheit wird dort näherbestimmt als das „runde[], abgeschlossene[] Ganze, das nichts zu wünschen übrig läßt, weil ihm nichts mehr fehlt"[16]. Mit den Begriffen Identität, Fragment und Vollkommenheit nähert sich Luther sachlich also aus unterschiedlichen Richtungen dem gleichen Problem. Warum sich Luther entscheidet, den Vollkommenheitsbegriff im späteren Aufsatz zum Ausgangs- und Angelpunkt aufzuwerten, ihn gewissermaßen des impliziten Charakters zu entkleiden und explizit ins Zentrum zu rücken, kann und muss an dieser Stelle nicht endgültig beantwortet werden. Für die Analyse seines Vollkommenheitsbegriffs und dessen anschließende Kontextualisierung als eine jüngere evangelische Auseinandersetzung mit dieser Frage scheint das nicht nötig. Eine naheliegende Möglichkeit besteht darin, Vollkommenheit schlicht als den passenden Gegenbegriff zum Fragmentbegriff zu vermuten. Der *Lebensaufsatz* wäre dann im Unterschied zum *Identitätsaufsatz* dem Identitätsdiskurs ein Stück enthoben und fokussiert stattdessen die Frage nach einem individuell-persönlichen Strebensziel.[17]

---

[13] A.a.O., 334.
[14] Ders., Leben als Fragment, 262.
[15] Ders., Identität und Fragment, 318, Hervorhebung im Original.
[16] Ders., Leben als Fragment, 262.
[17] Das dürfte auch dem Anlass geschuldet sein: Während sich der Aufsatz von 1985 vor allem als eine Äußerung in einer religionspädagogischen Debatte versteht, adressiert der Vortrag von 1990 seine Gedanken an die auch außeruniversitären Zuhörerinnen und Zuhörer einer

Henning Luther hat insbesondere in der Praktischen Theologie, aber auch in der Systematischen Theologie bis hin zur Philosophie in den letzten Jahrzehnten eine breite Aufmerksamkeit erfahren. Die nachfolgend dargestellten Überlegungen können daher an eine Reihe verschiedener Arbeiten anknüpfen.

Zu nennen ist der 2014 von Kristian Fechtner und Christian Mulia herausgegebene Sammelband *Henning Luther. Impulse für eine Praktische Theologie der Spätmoderne*[18]. Die darin gesammelten Beiträge decken ein breites Spektrum an Perspektiven auf die theologischen Ansätze Henning Luthers ab. Für den hier zu betrachtenden Kontext ist dabei vor allem der Beitrag von Andrea Bieler einschlägig, die unter dem Titel *Leben als Fragment? Überlegungen zu einer ästhetischen Leitkategorie in der Praktischen Theologie Henning Luthers*[19] bereits in der Überschrift auf den *Lebensaufsatz* verweist.

Auch Sabine Bobert, die sich ganz grundsätzlich einer von Henning Luther innerhalb der Praktischen Theologie initiierten Denkrichtung verbunden weiß, die sich insbesondere als „Reflexion individueller Sinnfindungsprozesse"[20] beschreiben lässt, hat sich entsprechend mit dessen Denken, u. a. mit seinem Fragmentbegriff, auseinandergesetzt.[21]

Innerhalb der Systematischen Theologie hat insbesondere Gunda Schneider-Flume Luthers Denken aufgenommen und weitergeführt. Genannt sei hier vor allem ihre Monografie *Leben ist kostbar. Wider die Tyrannei des gelingenden Lebens*[22], in der sie immer wieder auf Luther verweist.[23] Aber auch in anderen Publikationen von ihr scheint Luthers Denken im Hintergrund zu stehen, selbst wenn dieser nur punktuell namentlich erwähnt wird.[24]

Als eine weitere systematisch-theologische Studie, die sich im identitätstheoretischen Kontext mit Luthers Fragments- und damit auch Vollkommenheitsbegriff befasst, sei hier außerdem auf die 2010 erschienene Monografie von Chris-

---

Gesprächsreihe, der „Kernergespräche" in der lutherischen Pfarrkirche in Marburg. Zu diesem Adressatenkreis passt der persönlich-existentiellere Anredegestus, dessen sich Luther darin bedient.

[18] Kristian Fechtner/Christian Mulia (Hrsg.), Henning Luther, Stuttgart 2014.

[19] Andrea Bieler, Leben als Fragment? Überlegungen zu einer ästhetischen Leitkategorie in der Praktischen Theologie Henning Luthers, in: Kristian Fechtner/Christian Mulia (Hrsg.), Henning Luther. Impulse für eine Praktische Theologie der Spätmoderne, Stuttgart 2014, 13–25.

[20] Sabine Bobert, Selbsttransformationen als Tor zum Heiligen. Zur Praktischen Theologie des multiplen Selbst und seiner Transformationen in religiös und medial konstituierten Spielräumen, in: Eberhard Hauschildt/Ulrich Schwab/Andrea Bieler (Hrsg.), Praktische Theologie für das 21. Jahrhundert, Stuttgart 2002, 23–40, hier 24.

[21] Vgl. a. a. O., 24ff.

[22] Gunda Schneider-Flume, Leben ist kostbar. Wider die Tyrannei des gelingenden Lebens, Göttingen ³2008.

[23] Vgl. insbesondere a. a. O., 58ff.

[24] Vgl. z. B. dies., Perfektionierte Gesundheit als Heil? Theologische Überlegungen zu Ganzheit, Heil und Heilung, in: Wege zum Menschen 61 (2009) 2, 133–150.

topher Zarnow, *Identität und Religion*[25], verwiesen. Die Identitätsthematik zeigt bereits die thematische Nähe zu den beiden genannten Aufsätzen Henning Luthers an. Entsprechend wird an verschiedenen Stellen immer wieder auf ihn verwiesen. Die häufigsten Verweise finden sich dabei im Zusammenhang der Frage nach „Fragmentaritätsbewusstsein und Vollendungssehnsucht"[26], die Zarnow am Ende seiner Studie aufwirft.

Ebenso ist an dieser Stelle auf die Monografie von Ulf Liedke *Beziehungsreiches Leben*[27] hinzuweisen. Darin greift auch er Luthers Terminus der Fragmentarität auf und entfaltet unter diesem Überbegriff verschiedene Aspekte menschlicher Existentialität. Fragmentarität möchte Liedke aber gerade nicht nur in einem defizitären Sinne verstanden wissen, sondern als Bedingung der Möglichkeit von menschlichem Leben mit all seinen Grenzen aber auch Potentialen. Damit ist Fragmentarität für ihn Bestandteil einer „inklusive[n] Anthropologie"[28], die er in seinen Studien entfaltet.[29]

Aus philosophischer Perspektive hat sich beispielsweise Héctor Wittwer mit der Theologie Henning Luthers auseinandergesetzt, wenn auch vor allem in kritischer Absicht. In seiner Publikation *Ist unser Leben notwendig fragmentarisch, weil wir sterben müssen?*[30] wird dabei ebenfalls bereits im Titel auf den von Luther geprägten Begriff des Fragments verwiesen, der im Zentrum von Wittwers Betrachtungen über *Gelingendes Sterben* – so der Titel des Sammelbandes – steht.

Die Perspektive, die in diesem Band entfaltet werden soll, unterscheidet sich von den bisherigen Untersuchungen durch ihren Fokus auf Luthers Vollkommenheitsbegriff. Indem nicht wie sonst häufig der Fragment-, sondern vor allem der *Vollkommenheitsbegriff* genauer unter die Lupe genommen wird, eröffnet sich – so die Hoffnung – ein Bild davon, wie Luther es mit einem so beschriebenen Lebens-, bzw. Identitätsideal hält (7.2). Da Vollkommenheit und Fragmentarität bei Luther stark aufeinander bezogen sind, ist natürlich auch der genannte Gegenbegriff zu beleuchten. In einem Zwischenschritt zur *Rezeption von Luthers Gedanken* zur menschlichen Fragmentarität (7.3) werden sich in der Polarität von Vollkommenheit und Fragmentarität einige Aspekte einerseits vertiefen lassen. Andererseits zeigt sich gerade aus der hier verfolgten Perspektive eine Schieflage in Teilen der betrachteten Rezeption. Anschließend soll danach gefragt werden, ob mit der Ablehnung des Vollkommenheitsbegriffs bei Luther jegliche Perspektiven hinsichtlich eines *Persönlichkeitswachstums* negiert sind oder ob Luther nur

---

[25] CHRISTOPHER ZARNOW, Identität und Religion. Philosophische, soziologische, religionspsychologische und theologische Dimensionen des Identitätsbegriffs (Religion in philosophy and theology 48), Tübingen 2010.
[26] A. a. O., 344–349.
[27] LIEDKE, Beziehungsreiches Leben.
[28] A. a. O., 550.
[29] Vgl. a. a. O., 550–599.
[30] HÉCTOR WITTWER, Ist unser Leben notwendig fragmentarisch, weil wir sterben müssen?, in: OLIVIA MITSCHERLICH-SCHÖNHERR (Hrsg.), Gelingendes Sterben. Zeitgenössische Theorien im interdisziplinären Dialog (Grenzgänge 1), Berlin/Boston 2019, 129–152.

ein anderes Ideal vertritt, das allerdings nicht dem Begriff der Vollkommenheit verbunden werden darf (7.4). Eine *Rückbindung an die Theologie Martin Luthers* wird dessen Position zudem in einen größeren protestantischen Zusammenhang stellen (7.5). Abschließend soll parallel zu den bisher betrachteten Theologen auch danach gefragt werden, welcher spezifische Umgang mit dem Problem der *Vollkommenheitsambivalenz* sich aus Henning Luthers theologischer Position heraus ergibt (7.6).

7.2 Vollkommenheit als lebenshemmendes Ideal

Im *Identitätsaufsatz* buchstabiert Luther den Charakter des Fragmentarischen als Kritik an einem aus seiner Sicht problematischen Identitätsverständnis aus. Dabei wendet er sich, wie bereits oben angedeutet, gegen ein normativ aufgeladenes Identitätskonzept, das Identität im Sinne eines abschließbaren, *„vollständigen, ganzen und integrierten"*[31] Ideals versteht, das biografisch zunächst ausgebildet und dann bewahrt werden muss. Im Blick auf die beiden maßgeblichen entwicklungspsychologischen und identitätstheoretischen Denker schreibt er: „Während bei Mead die gelungene Identitätsbildung durch Vollständigkeit und Ganzheit gekennzeichnet wird, charakterisiert Erikson sie durch die Merkmale der – zeitübergreifenden – Einheitlichkeit und Kontinuität."[32] Mit dieser Zusammenfassung ist die Gegenposition einer stabilen identitätstheoretischen Totalitätsidee beschrieben, die es aus Luthers Sicht zu dekonstruieren gilt. Gegenüber dem damit propagierten Ideal, das durch die Begriffe Vollständigkeit, Ganzheit bzw. Einheitlichkeit und Kontinuität charakterisiert ist, gelte es den „dynamischen Aspekt"[33] des Lebens zur Geltung zu bringen und das immer Unfertige, Gebrochene und Widersprüchliche, sowie das immer Unplanbare, insbesondere den Tod,[34] und allen bleibenden Mangel[35] nicht zu verdrängen, sondern in die eigene Identität zu integrieren. Das Leben als „Fortschrittsprozeß"[36] zu betrachten blendet nach Luther notwendig immer die andere Hälfte der eigenen Geschichte, nämlich ihren fortwährenden Verlustprozess aus. Den Einspruch gegen eine solche lebensprägende Identitäts-Norm qualifiziert er dabei als einen spezifisch christlichen: „Das eigentümlich Christliche scheint mir nun darin zu liegen, davor zu bewahren, die prinzipielle Fragmentarität von Ich-Identität zu leugnen oder zu verdrängen. Glauben hieße dann, als Fragment zu leben und leben zu können."[37]

---

[31] LUTHER, Identität und Fragment, 318, Hervorhebung im Original.
[32] A.a.O., 320f.
[33] A.a.O., 321.
[34] Vgl. a.a.O., 324.
[35] Vgl. a.a.O., 325.
[36] Ebd.
[37] A.a.O., 329.

Im Rahmen der Entfaltung praktisch-theologischer Implikationen, die sich aus dem vorgeschlagenen Verhältnis von Identität und Fragment ableiten lassen, entwickelt Luther einige religionspädagogische Gedanken. Hinsichtlich des Religionsunterrichtes will er „den Bildungsprozeß von belastenden Vollkommenheitsforderungen befreien"[38], die für Luther mit einer „erdrückenden Gesetzlichkeit"[39] einhergehen. Damit ist ein Religionsunterricht anvisiert, der Religion nicht als einen besonderen Teilbereich des pädagogischen Kanons versteht, sondern vielmehr von der religiösen Dimension *innerhalb* aller Bildungsprozesse ausgeht. So verstanden erfüllt der Religionsunterricht eine schulkritische Funktion am Ort der Schule selbst. Diese Fundamentalfunktion heißt konkret auf einzelne Fächer angewendet aber wiederum die in den „fachspezifischen Kompetenz- und Leistungsforderungen mitschwingenden Vollkommenheitsstandards"[40] zu identifizieren, zu reflektieren und letztlich zu relativieren. Ein auf alle Lebensbereiche übergreifendes Totalisieren dieser Vollkommenheitsstandards wäre dann darüber hinaus im Sinne einer „seelsorgerlich-therapeutischen Funktion"[41] durch den Religionsunterricht kritisch aufzubrechen und zu reflektieren.

Im *Lebensaufsatz*, der mit der berühmt gewordenen Formel vom „Leben als Fragment" überschrieben ist, werden diese im ersten Aufsatz in den praktisch-theologischen Implikationen gestreiften Gedanken zum Vollkommenheitsbegriff ins Zentrum gerückt. Auffällig ist die inklusive Form der ersten Person Plural, in der Luther seine Gedanken darin zu Beginn entfaltet. Thetisch postuliert er, dass das Ideal der Vollkommenheit „uns"[42] fasziniert und „wir"[43] daran unsere „Leistungen und unser Leben"[44] messen. Über den berühmten Mythos Platons von den zerteilten Kugelmenschen, die fortan ihre verlorene Hälfte suchen, führt Luther zu der entscheidenden Frage, ob dieses Ideal „der Vollkommenheit und Ganzheit" nicht „letztlich zerstörerisch"[45] sei. In einer Reihe von Suggestivfragen steuert Luther auf diesem Weg zu der in Frageform ausformulierten These: „Ist der Mythos der Ganzheit nicht eine einzige Lebenslüge, die unsere schüchternen und unvollkommenen Tastversuche, unseren Versuch zu leben, im Keim erstickt und abtötet?"[46]

Vor diesem Hintergrund kommt Luther zu seinem Gegenvorschlag, nicht nach Vollkommenheit und Ganzheit zu streben, sondern vielmehr das Leben selbst als Fragment zu sehen: „Gegen das Ideal der Ganzheit und Vollkommenheit möchte ich die Vorstellung vom *Fragment* ins Spiel bringen"[47]. Damit, so

---

[38] A.a.O., 334.
[39] Ebd.
[40] Ebd.
[41] Ebd.
[42] Ders., Leben als Fragment, 262.
[43] Ebd.
[44] Ebd.
[45] A.a.O., 263.
[46] Ebd.
[47] Ebd., Hervorhebung im Original.

Luther, soll der Mensch nicht kleiner gemacht werden. Vielmehr soll dieser Perspektivwechsel „eine Befreiung sein, die uns von falschen Idealen erlöst"[48]. Zu Grunde liegt dieser Argumentation also die These, dass eine Orientierung am Ideal von Vollkommenheit, Ganzheit oder einer fertiggereiften, stabilen Identität zu psychologischen und lebenspraktischen Verbiegungen führt, die für das Subjekt letztlich nur fatal sein können. Umgekehrt befreie die Einsicht in die faktische Fragmentarität allen Lebens von solchen Irrwegen. Das bedeutet jedoch nicht die Abwesenheit von Leid. Vielmehr dürfte die eigene Fragmentarität auf verschiedene Weise immer wieder auch *erlitten* werden.[49] Trotzdem eröffnet die Akzeptanz dieser Dimension des Menschseins Freiheitspotentiale, die ein Leben, das in verschiedener, gleich näher zu entfaltender Hinsicht allein ein wirklich christliches und damit zugleich auch menschliches sein kann.

Den fragmentarischen Charakter des Lebens konkretisiert Luther auf drei verschiedenen Ebenen: a) im Blick auf die persönliche Vergangenheit, b) auf die persönliche Zukunft hin und c) im Blick auf das soziale Miteinander.

a) Insofern eine Biografie fortwährend dadurch gekennzeichnet ist, dass bestimmte Optionen ergriffen, andere hingegen verworfen werden müssen, käme es einer Verzerrung gleich, eine Biografie primär als Wachstumsgeschichte zu verstehen. Luther verweist demgegenüber darauf, dass es zwar *auch* eine Wachstums-, zugleich aber eben immer auch eine „Verlustgeschichte"[50] ist: „Wir sind [...] gleichsam Ruinen unserer Vergangenheit, Fragmente zerbrochener Hoffnungen, verronnener Lebenschancen, verworfener Möglichkeiten, vertaner und verspielter Chancen"[51].

b) Auf der zweiten Ebene gilt der Charakter des Fragmentarischen aber auch für die Zukunft. Dies gilt, insofern das Subjekt sich stets mit „Sehnsucht"[52] nach einer möglichen Vollendung in der Zukunft ausstreckt. Dies kann sowohl negativ wie auch positiv konnotiert sein. Entscheidend aber ist, dass sich das Subjekt nach Luther in der Gegenwart niemals als abgeschlossen und fertig erlebt, sondern stets als Fragment einer zukünftigen Gestalt. Umgekehrt ginge Zukunft dort verloren, wo sich das Subjekt als bereits vollkommen inszeniert.

c) Jenseits der beiden zeitlichen Ebenen schlägt der Charakter des Fragmentarischen sich auch auf sozialer Ebene nieder. Damit markiert Luther das ständige Angewiesen-Bleiben des Subjekts auf seinen Mitmenschen. Auch dem Mitmenschen gegenüber kann das Ich nie fertig und damit auch nie „autark"[53] entgegenübertreten. Jede wahre Begegnung muss nach Luther das Ich notwendigerweise irritieren und verunsichert damit dessen Selbstbewusstsein. Auch dem Anderen gegenüber bleibt das Subjekt also immer unvollendet und unabgeschlossen. In

---

[48] Ebd.
[49] Vgl. LIEDKE, Beziehungsreiches Leben, 582–591.
[50] LUTHER, Leben als Fragment, 267.
[51] Ebd.
[52] Ebd.
[53] Ebd.

Anknüpfung an Lévinas und dessen Überzeugung, dass „[e]inzig ein verletzliches Ich [...] seinen Nächsten lieben"⁵⁴ kann, wäre der Versuch einer vollständigen und gelingenden Ich-Identität nur um den Preis „des Verdrängens und der Verhärtung"⁵⁵ denkbar.⁵⁶

Damit kristallisieren sich auf diesen Ebenen drei für Luther entscheidende Konkretionen heraus, die den zerstörerischen Charakter von Vollkommenheit und Ganzheit präzisieren. Wird a) gegen die Fragmentarität aus Vergangenheit angelebt, geht das mit einem „Verzicht auf *Trauer*"⁵⁷ einher. Damit sind alle nichtgelebten Wünsche, aber auch Erfahrungen der Schuld und des Versagens im Blick. Wird b) gegen die Fragmentarität aus Zukunft angelebt, hieße dies einen „Verzicht auf *Hoffnung*"⁵⁸. Damit ist das Vorläufige und Unfertige der Gegenwart im Blick, das eine andere und bessere Zukunft herbeisehnen kann. Wird c) gegen die Fragmentarität im Sinne der Offenheit für den Anderen angelebt, bedeutet das letztlich einen „Verzicht auf *Liebe*"⁵⁹. Damit ist das irritierende Potential von Mitmenschen, insbesondere auch deren Leid und Schmerz im Blick. Dieser drei grundlegenden Dimensionen von Menschlichkeit beraubt, führt sich die Idee menschlicher Vollkommenheit und Ganzheit nach Luther selbst *ad absurdum*: „Vollkommenheit strahlt im kalten Glanz, durch den diese sich selbst dementiert"⁶⁰.

Vor diesem Hintergrund reflektiert Luther seine These im Kontext von insgesamt sechs biblisch-dogmatischen Topoi. Zunächst setzt er seinen Vorschlag, das Leben als Fragment zu betrachten, in den Zusammenhang mit der zunächst scheinbar quer liegenden Vorstellung der Gottebenbildlichkeit des Menschen. Die Frage lautet dann, ob nicht mit der Vorstellung dieser Ebenbildlichkeit göttliche Attribute wie „Vollkommenheit, Eindeutigkeit, Ruhe, Unwechselbarkeit"⁶¹ verbunden sein müssten. Luther dekonstruiert diese Vorstellung in drei unterschiedlichen Anläufen:

a) In einem ersten Argument nähert sich Luther der Frage über die historische Empfängersituation der priesterschriftlichen Rede von der Ebenbildlichkeit.

---

⁵⁴ Zitiert nach: a. a. O., 268.
⁵⁵ Ebd.
⁵⁶ Das erinnert an den Grundgedanken aus Luthers Aufsatz *Die Lügen der Tröster*. Darin warnt Luther vor einer insbesondere religiösen Sinn- und Trostsuche, die dabei die Trostlosigkeit und Verzweiflung des Anderen und in der Welt insgesamt übersieht und verdrängt: „[I]st es nicht trostlos, die Trostlosigkeit verdrängen zu müssen, sie nicht wahrhaben zu dürfen? Hat nicht die nicht verbotene, die zugelassene Verzweiflung mehr Trost als die wortreichen Beteuerungen von Sinn, als die zahlreich angepriesenen Techniken der Lebensbewältigung und des Lebensglücks?", DERS., Die Lügen der Tröster. Das Beunruhigende des Glaubens als Herausforderung für die Seelsorge, in: Praktische Theologie 33 (1998) 3, 163–176, hier 165.
⁵⁷ DERS., Leben als Fragment, 268, Hervorhebung im Original.
⁵⁸ A. a. O., 269, Hervorhebung im Original.
⁵⁹ Ebd., Hervorhebung im Original.
⁶⁰ Ebd.
⁶¹ Ebd.

Kennzeichnend dafür sei die „zerrissene und trostlose Lage"[62] der Israeliten im babylonischen Exil. Die Rede von der Gottebenbildlichkeit sei demnach nicht als Zustandsbeschreibung, sondern vielmehr als der Versuch zu lesen, in dieser verzweifelten Situation eine kontrafaktische Hoffnungsperspektive zu eröffnen.[63]

b) In einer zweiten Annäherung verweist Luther darauf, dass die Vorstellung der Gottebenbildlichkeit mit dem Bilderverbot verbunden ist. Es verweist auf das Moment des „Unbestimmten, Geheimnisvollen, Nicht-Festgelegten"[64], das der Idee der Ganzheit gerade widerspreche. Die Gleichzeitigkeit von Anwesenheit und geheimnisvoller Abwesenheit Gottes muss dann aber auch für den Menschen gelten. Das Bild von uns selbst und vom Anderen muss daher immer offen und unabgeschlossen bleiben.

c) In einem weiteren Anlauf nähert sich Luther der Frage von einer dritten Richtung, die allerdings mit den beiden ersten nicht als konsistent erscheinen. Interpretiert man Gott inkarnationstheologisch – und damit gerade nicht von der historischen Ursprungssituation der Ebenbild-Metapher her – entsteht, so Luther, kein Bild der Ganzheit, sondern der Gebrochenheit. Die Geburt Jesu im Stall zeigt das „unvollkommene, unfertige, hilfsbedürftige Wesen"[65]. Auch zu Ostern wird Gott als der „zerbrochene, gekreuzigte Mensch"[66] sichtbar, sodass „Schwäche und Unvollkommenheit kein Widerspruch gegen die Gottebenbildlichkeit, sondern ihr wesentlicher Kern"[67] sind.

Damit wird für Luther in diesen drei Anläufen deutlich, dass der Gedanke der Gottebenbildlichkeit, in dem er die Würde des Menschen begründet sieht, keinesfalls gegen sein Verständnis vom Leben als Fragment spricht. Eine genauere Betrachtung zeige vielmehr, dass umgekehrt gerade „Unvollkommenheit, Schwäche und Verletzlichkeit"[68] als Elemente der menschlichen Gottebenbildlichkeit zu begreifen sind.

Darüber hinaus skizziert Luther am Ende des *Lebensaufsatzes* fünf theologische Spuren, die sein Verständnis vom Leben als Fragment stützen resp. in denen er es jeweils bereits angelegt sieht. Auch diese Spuren sollen hier zumindest skizziert werden. Sie sind für diese Studie von besonderem Interesse, da sie bei anderen betrachteten Theologen teilweise gerade als Argumente *für* das Streben nach Vollkommenheit herangezogen wurden.

Einen ersten Gedanken leitet Luther aus dem *Sündenverständnis* ab. Sünde versteht Luther in dem Sinne, dass der Mensch so sein will wie Gott.[69] Das heißt zum einen, dass er seine eigene Individualität nicht anerkennen möchte, sondern

---

[62] Ebd.
[63] Vgl. zum Zusammenhang von Fragmentarität und Gottebenbildlichkeit LIEDKE, Beziehungsreiches Leben, 586–588.
[64] LUTHER, Leben als Fragment, 270.
[65] Ebd.
[66] Ebd.
[67] Ebd.
[68] Ebd.
[69] A.a.O., 271.

ein Anderer, nämlich Gott sein will. Zum anderen – und das ist das Entscheidende – verneint der Mensch damit seine eigene Fragmentarität. Gott steht in diesem Fall – und damit im Unterschied zu den gerade skizzierten Gedanken zur Gott*ebenbildlichkeit* – für „dauerhafte Ich-Identität [und] […] Ganzheit"[70]. Damit wird deutlich, dass Sünde gerade als der Versuch gesehen werden kann, das eigene Wesen der Fragmentarität zu verneinen und stattdessen Einheit und Ganzheit für sich in Anspruch zu nehmen, die allein Attribute Gottes sind.

Auch den Gedanken der *Rechtfertigung* des Sünders betrachtet Luther als Ausdruck menschlicher Fragmentarität. Denn nur der auf „Vollendung"[71] Angewiesene kann durch die Erfahrung der Rechtfertigung beschenkt werden. Selbst nach Ganzheit zu streben, verhindere ein solches Bewusstsein hingegen. *Simul iustus et peccator* sei die entsprechende reformatorische Wendung dieser Denkfigur. Denn sie verweist darauf, dass das Fragment als Fragment immer schon seine „Angewiesenheit auf Vollendung zum Ganzen"[72] bezeugt. Das Evangelium befreit daher davon, ganz sein zu wollen.

Der Verzicht auf Ganzheit und das Annehmen der Fragmentarität des Lebens ist nach Luther aber auch in der *Verkündigung Jesu* zu finden. Dies zeigt sich, so Luther, beispielsweise in den Logien zur Nachfolge[73]. Dort wird Nachfolge als Kreuzesnachfolge qualifiziert. Das bedeutet aber, eigene Schwäche annehmen zu können und auf Allmachtsfantasien zu verzichten. Daher wird derjenige, der sein Leben behalten will – Luther interpretiert: „[W]er Ganzheit und Vollkommenheit anstrebt"[74] –, es verlieren. Wer hingegen sich selbst verleugnet und eigene Schwäche eingesteht, der wird (ewiges) Leben gewinnen. Parallel liest Luther die Erzählung vom Blindgeborenen[75] als positive Würdigung von dessen „Nicht-Ganz-Sein"[76]. Auch diese Fragmentarität verweist wieder positiv auf eine noch ausstehende Vollendung, und eröffnet damit einen Raum für das Wirken Gottes.

Innerhalb der *Christologie* ist es vor allem jene bereits im Zuge der inkarnationstheologischen Gedanken angedeutete Figur der Fragmentarität Christi, die ihn zum Vorbild der Nachfolge werden lässt. Dessen Leben ist vor allem deshalb „exemplarisch"[77], weil es seinen End- und Fluchtpunkt in der Passion findet. Jesu Kreuzigung macht sein Leben geradezu paradigmatisch zu einem fragmentarischen. Daran ändert auch der Auferstehungsglaube nichts. Denn dieser korrigiert keinen „Betriebsunfall"[78], sondern bezeugt, dass gerade darin „allererst wahres

---

[70] Ebd.
[71] Ebd.
[72] Ebd.
[73] Luther verweist auf Mt 10,38f. und Mt 16,24–26.
[74] A.a.O., 272.
[75] Joh 9,3.
[76] LUTHER, Leben als Fragment, 272.
[77] Ebd.
[78] Ebd.

und gelingendes Leben zum Vorschein kommt"[79]. Jesus ist insofern exemplarisch, als in seinem Leben und Tod Fragmentarität angenommen und bejaht ist.

Mit dem Stichwort der *Vollendung* ist zudem ein eschatologischer Bezugsrahmen angesprochen, in dem Luther ebenfalls den Fragmentgedanken in der christlichen Tradition verwurzelt sieht. Im Bewusstsein von Fragmentarität verbindet sich der Schmerz über alles Unfertige und Vorläufige mit der Sehnsucht nach dessen letztgültiger Überwindung und verweist so über sich hinaus. Diese Spannung ist im sog. eschatologischen Vorbehalt ausgedrückt. Daher erscheint im Fragment schon jetzt, was erst in Zukunft seine volle Gestalt erreichen wird: „Im Fragment ist die Ganzheit gerade als abwesende zugleich auch anwesend"[80]. Vollkommenheit bzw. Ganzheit wird damit einzig an diesem Punkt auch als ein positiver Bezugspunkt thematisch, insofern diese Sehnsucht nach eschatologischer Ganz-Werdung aus der Sicht des Gläubigen eine Hoffnungsperspektive begründet.[81]

Im Anschluss an diesen Überblick kann nun erneut die Frage nach Luthers Vollkommenheitsbegriff gestellt werden. Deutlich herauskristallisiert hat sich in der Darstellung wesentlicher Gedanken der beiden Aufsätze, dass Vollkommenheit und Ganzheit für Luther ein Ideal beschreiben, das lebenshemmendes, wenn nicht lebensverhinderndes Potential in sich trägt. Ein Festhalten am Ideal von Vollkommenheit und Ganzheit führt nach Luther zur Verhinderung von Trauer, Hoffnung und Liebe – und damit zum Verlust fundamentaler Aspekte des Mensch-Seins. Diese fatale Verknüpfung beschreibt Luther letztlich als Konsequenz einer anthropologischen, selbstreflexiven Fehldeutung. Der nach Vollkommenheit und Ganzheit strebende Mensch übersieht nach Luther entscheidende seelische und biografische Facetten seines Daseins. Er übersieht potentiell und mindestens partiell eigene Gebrochenheiten, Schmerzen, Enttäuschungen und bisher uneingelöste Erwartungen. Statt diese als Bedingungen des eigenen Lebens zu akzeptieren, werden sie, um des anvisierten Ideals willen, verdrängt. Nur so kann sich der Mensch der Illusion hingeben ganz und vollkommen zu werden, oder es gar zu sein. Luther zeichnet damit das Bild eines beständig in Unruhe bleibenden Menschen, der seinen Schmerz und seine Sehnsucht niemals hinter sich lassen kann. Schon in der Begegnung mit Anderen brechen in einer Haltung der Offenheit und Empathie immer Rückfragen und Verunsicherungen auf, die das Subjekt zu Neubestimmungen der eigenen Identität bewegen. Das Bedürfnis nach identitärer Vollkommenheit bzw. Stabilität, Einheitlichkeit, Kontinuität und Vollständigkeit erscheint daher nach Luther als ein gefährliches Movens, das in die beschriebenen Fehldeutungen und Selbstverkrümmungen hineinführen kann.[82]

---

[79] Ebd.
[80] A. a. O., 273.
[81] Vgl. a. a. O., 269.
[82] Luther spricht, wie dargestellt, davon, dass sich Ideale der Ganzheit und Vollkommenheit zerstörerisch auf den Menschen auswirken, d. h. ihn krank machen können. Damit ist Luther

Damit wird deutlich, dass Luther dem Vollkommenheitsbegriff eine unkonventionelle Gestalt gibt. Durch die Debatten um ein mögliches Identitätsideal im Anschluss an Erikson und Mead kontextualisiert, kommt bei ihm Vollkommenheit als Ausdruck eines unveränderlichen und unehrlichen, gewissermaßen eingefrorenen und abgekapselten Ichs zu stehen.[83] Der Begriff der Vollkommenheit ist damit nicht etwa Ausdruck eines qualitativ durch nichts zu steigernden Lebens – wie es seinem üblichen Wortsinn entsprechen würde (vgl. Einleitung a) –, sondern wird auf eine Abart menschlichen Strebens reduziert, die nur als geradezu unmenschlich und damit eigentlich höchst unvollkommen beschrieben werden kann. Vor diesem definitorischen Hintergrund überrascht es nicht, dass Vollkommenheit nur in negativem Licht erscheinen kann. Luthers Profilierung muss daher in starkem Kontrast zu allen bisher betrachteten theologischen Ansätzen betrachtet werden, die allesamt am Begriff der Vollkommenheit in seinem eigentlichen Wortsinn orientiert sind.

Zur präziseren Erfassung von Luthers eigentümlichen Vollkommenheitsbegriff und dessen Genese erscheint es sinnvoll, nach dem Verhältnis der bisher meist in Kombination genannten Begriffe *Vollkommenheit* und *Ganzheit* zu fragen. Deren häufiges Nebeneinander ist im *Lebensaufsatz* äußerst auffällig. Allein auf Seite 263 wird diese Kombination vier Mal genannt. Während Luther am Anfang des Aufsatzes mit dem Begriff der Vollkommenheit einsteigt, überwiegt auf den letzten Seiten der Ganzheitsbegriff (271–273).

An diesem Punkt setzt die Kritik von Héctor Wittwer an.[84] Er kritisiert insbesondere Luthers Fragmentbegriff, der aus seiner Sicht nicht dem „üblichen Verständnis"[85], d.h. der Bestimmung in Wörterbüchern und Lexika entspricht.[86] In diesem – aus Wittwers Sicht – problematischen Fragmentbegriff sind die eigentlich zu unterscheidenden Aspekte *unvollendet* und *unvollkommen* aus dessen Sicht miteinander vermengt.[87] Damit zielt Wittwer darauf ab, dass der Fragment-

---

bereits bei der Frage des gleichnamigen Buches, *Idealität als Krankheit?*, das im zweiten Teil dieser Untersuchung unter II.3.6 näher betrachtet wird, vgl. FUNKE, Idealität als Krankheit?.
[83] Dazu passt die poetische Wendung Luthers aus seinem *Lebensaufsatz*: „Vollkommenheit strahlt im kalten Glanz, durch den diese sich selbst dementiert.", LUTHER, Leben als Fragment, 269.
[84] Vgl. HÉCTOR WITTWER, Leben, 144.
[85] A.a.O., 145.
[86] Vgl. a.a.O., 130.
[87] Wittwer beantwortet die Frage, ob ein Leben notwendig fragmentarisch ist, negativ. Sein Versuch, den Fragmentaritätscharakter des menschlichen Lebens in der Form eines formalen Schlusses als Selbstwiderspruch zu erweisen, beruht allerdings auf einem Fragmentbegriff, der gegenüber der Luther'schen Profilierung eine erhebliche Reduktion darstellt. Indem Wittwer die Fragmentarität lediglich auf die Möglichkeit eines „längeren Lebens" (134), das durch den Tod nicht eingelöst wird, beschränkt, ist seine Schluss, dass ein solches Leben nicht notwendigerweise fragmentarisch sein muss, auf dieser formalen Ebene regelrecht banal. Was auf formaler Ebene plausibel erscheinen mag, stimmt mit der bei Luther angesprochenen Erlebnisperspektive eines Menschen wohl kaum überein. Da der Tod in aller Regel in irgendeiner Form unerwartet kommt, betont Luther zu Recht die Nicht-Abgeschlossenheit menschlichen Daseins,

begriff bei Luther nicht nur das *Unvollständige* im Verhältnis zu einer Ganzheit, sondern auch etwas *qualitativ Mangelhaftes* impliziert.[88]

Wittwer argumentiert nun, dass genau diese beiden Aspekte auch Luthers Verständnis von Ganzheit und Vollkommenheit ausdrücken. Da Ganzheit und Vollkommenheit von Luther häufig in Kombination nebeneinandergestellt werden, vermutet Wittwer, dass mit dem Begriff der Vollkommenheit noch etwas anderes als etwas ‚Ganzes‘ gemeint sein muss. Dieses Andere dürfte nach Wittwer gerade in einer Form eines qualitativen Urteils liegen. Das heißt, zu der angesprochenen quantitativen Dimension, wie viel etwas von einem Ganzen realisiert ist (vollendet – unvollendet), tritt eine qualitative Beurteilungsdimension, was dies für den Wert einer Sache bedeutet (vollkommen – unvollkommen). Dieser Verbindung von Vollendung und Vollkommenheit stellt Wittwer allerdings die Gegenthese entgegen, dass etwas Unvollendetes nicht nur in einem künstlerischen Sinne durchaus gelungen, schön und eben auch vollkommen sein kann.[89]

Wittwers interpretative Differenzierung zwischen Ganzheit und Vollkommenheit erscheint hinsichtlich der einschlägigen Texte von Henning Luther jedoch allzu spekulativ. Zwar bleibt Luther eine Begründung schuldig, warum er häufig Ganzheit und Vollkommenheit nebeneinanderstellt. Unterschiedliche semantische Akzente müssen – da ist Wittwer zuzustimmen – daher vermutet werden und es ist als Schwachstelle in Luthers Texten anzusehen, dass die Begriffe an dieser Stelle nicht klarer profiliert werden. Eine aus anderen Quellen gespeiste Profilierung gewissermaßen künstlich aufzupropfen – wie es Wittwer tut – hilft an der Stelle allerdings kaum weiter.

Die einzige Stelle, an der die beiden Begriffe miteinander ins Verhältnis gesetzt werden, findet sich zu Beginn des *Lebensaufsatzes*. Dort wird Vollkommenheit von Luther als „das runde[], abgeschlossene[] Ganze"[90] bestimmt. Nähme man

---

da in den häufigsten Fällen eine Fremdbestimmung (der Eintritt des Todes) selbstbestimmte Lebenszusammenhänge unterbricht. Selbst wenn man dem noch nicht zustimmen wollte, ist Luthers Charakterisierung von Fragmentarität aber in einem viel tieferen existentiellen Sinne zu verstehen als es mit der Frage nach der *Dauer* eines Lebens von Wittwer angesprochen wird. ‚Vorzeitig‘ bzw. überhaupt plötzlich beendetes Leben ist zwar *eine* Dimension menschlicher Fragmentarität. Zugleich sind mit dem Fragmentbegriff aber von Luther noch andere Dimensionen angesprochen: Geplatzte Träume und Hoffnungen, bereute Entscheidungen und möglicherweise damit verbundene Schuldgefühle usw., vgl. a. a. O., 133f.

[88] Dass dieses Fragmentsverständnis im Anschluss an Luther verschiedentlich aufgenommen wurde, zeigen beispielsweise folgende Äußerungen: „Ein Fragment scheint unvollkommen, unvollständig, noch nicht fertig, bedarf der Vollendung. Wenn ich über einen Menschen sage, er sei ein Fragment, kann ich ihn verunsichern und entmutigen. Will ich nicht lieber das Vollkommene, das Ganze?", URSULA BALTZ-OTTO, „Leben als Fragment" (25.1.2011) (Wort zum Tag). URL: https://www.kirche-im-swr.de/?page=beitraege&id=9892 (Stand: 23.10.2023); oder auch die Verbindung von folgendem Über- und Untertitel: KRISTIAN FECHTNER, Leben als Fragment? Gegen den Zwang zur Vollkommenheit („frag-würdig"), Zürich 6.10.2015.

[89] Vgl. HÉCTOR WITTWER, Leben, 145f., Wittwer verweist beispielsweise auf die von vielen hochgeschätzte Qualität der Romanfragmente *Das Schloss* und *Der Prozess* von Franz Kafka.

[90] LUTHER, Leben als Fragment, 262.

diese Bestimmung als Grundlage, dann scheinen beide Termini im Grunde das Gleiche zu bedeuten.[91] Erklärungsbedürftig ist dann aber die Frage, warum Luther häufig eben doch beide Termini nebeneinanderstehen lässt, anstatt sich auf einen zu beschränken. Vermutlich erfassen beide – darin ist Wittwer zuzustimmen – aus Luthers Sicht doch zumindest in Nuancen unterschiedliche assoziative Facetten, die er jeweils mit in den Blick nehmen möchte. Da diese unterschiedlichen Nuancen von Luther aber an keiner Stelle explizit herausgestellt werden führt eine klare Differenzierung, wie sie Wittwer vorschlägt, zu weit. Eindeutig ist hingegen, dass beide als negative Gegenbegriffe zum Fragmentbegriff fungieren. Da Ganzheit und Vollkommenheit aber häufig in einem Atemzug genannt werden, bleibt dieses begriffliche Gegenteil von Fragmentarität allerdings etwas offen und flirrend.[92]

7.3 Zur Rezeption von Luthers Gedanken zu Vollkommenheit und Fragment

Die dargestellten Gedanken Luthers wurden in den letzten Jahrzehnten verschiedentlich rezipiert und weitergedacht. So wurde der Gedanke eines problematischen Vollkommenheitsstrebens beispielsweise in mehreren Texten von Gunda Schneider-Flume aufgenommen. Die Gesellschaft sieht sie geprägt durch den „Druck des Machbarkeits- und Vervollkommnungswahns"[93]. Dieser Druck wird aus ihrer Sicht in ganz verschiedenen Wert- und Entwicklungsfragen[94] sowie diversen ethischen Debatten argumentativ erkennbar.[95] Besonders beleuchtet wurde diese Problematik von ihr hinsichtlich eines Gesundheitsverständnisses, das

---

[91] Dafür spricht auch der dritte Abschnitt, den Luther mit „Fragment und Ganzheit" überschreibt (266–269): Darin verwendet er im Unterschied zu den ersten beiden Abschnitten immer nur den Begriff der *Ganzheit*. Sachlich scheint aber die gleiche Thematik fortgesetzt, die vorher immer im Dual *Vollkommenheit und Ganzheit* beschrieben wurde. In den letzten beiden Sätzen werden dann die beiden Begriffe parallel gesetzt, sodass hier davon ausgegangen werden muss, dass beide im Wesentlichen sachlich das Gleiche meinen.

[92] Das zeigt sich beispielsweise in folgenden zwei Sätzen, mit denen Luther die beschriebenen drei Ebenen menschlicher Fragmentarität abschließt: „Der ‚Ganzheit' fehlt also Entscheidendes: die Fähigkeit zu trauern, die Fähigkeit zu hoffen und die Fähigkeit zu lieben. Vollkommenheit strahlt im kalten Glanz, durch den diese sich selbst dementiert." Der zweite Satz scheint hier als eine (poetische) Reflexion auf den ersten Satz. Das, was für „Ganzheit" gilt, scheint auch für „Vollkommenheit" zu gelten. Beide können aus Luthers Sicht nicht einlösen, was sie versprechen, a.a.O., 269.

[93] SCHNEIDER-FLUME, Perfektionierte Gesundheit, 144.

[94] Vgl. hinsichtlich des Strebens nach einer stabilen Identität v.a. DIES., Leben ist kostbar, 49–81.

[95] Hier sind bei Schneider-Flume insbesondere ethische Debatten rings um das Thema Gesundheit und Krankheit, z.B. Präimplantationsdiagnostik, Sterbehilfe, Schönheitschirurgie, angesprochen, vgl. a.a.O., 82–113; vgl. DIES., Perfektionierte Gesundheit als Heil? Theologische Überlegungen zu Ganzheit, Heil und Heilung, in: Wege zum Menschen 61 (2009) 2, 133–150.

sie von einem problematischen Ganzheitsideal geprägt erachtet. Insbesondere im Blick auf „totale Optimierungs- und Perfektionierungswünsche der modernen Medizin"[96] sieht sie einen „heillosen Perfektionierungswahn"[97] am Werk. Die darin mehr oder weniger offen zu Tage liegenden quasi-religiösen Heilsversprechen[98] versucht sie von einem christlichen Heilsverständnis zu unterscheiden. Christliches Heil ist dabei nach Schneider-Flume im Modus der Relation zu verstehen. Insbesondere das Gottesverhältnis ist es aus ihrer Sicht, das wahres Heil verspricht: „Nach theologischem Verständnis wird die Ganzheit des Menschen durch das Gottesverhältnis konstituiert"[99]. Auf diese Weise führt das christliche Heilsverständnis zu einer korrigierenden Neujustierung „hypertropher Gesundheitsvorstellungen"[100]: „In Gottes Geschichte erschließt sich ein Heilsverständnis, das utopische Heilsvorstellungen heilsam relativiert und Menschen befreit von dem Zwang zur Perfektionierung und von der Fixierung auf eine Ganzheitsvorstellung, durch die sie sich von der Fülle des Lebens abschneiden."[101]

Bei aller regelrechter Popularität, die Luthers Gedanken zur menschlichen Fragmentarität erfahren haben, wurde sein Ansatz andererseits auch als zu einseitig wahrgenommen. Der Betonung menschlicher Fragmentarität wurde das ebenso vorhandene *Bedürfnis nach Kohärenz* gegenübergestellt, das es nicht nur abzuqualifizieren, sondern als solches auch positiv zu würdigen gelte.

So hält beispielsweise der Sozialpsychologe Heiner Keupp, der den Begriff der „Patchwork-Identität"[102] geprägt hat, im Blick auf gegenwärtige Identitätsarbeit fest, „dass unsere Identitäten und Lebensentwürfe unter den Bedingungen postmoderner Lebensverhältnisse etwas unheilbar Bruchstück-, Flickenhaftes oder Fragmentarisches haben."[103] Er belässt es allerdings nicht bei der Analyse, sondern fragt anschließend rhetorisch: „Sollte man das auch noch schönreden?"[104] In diesem Zusammenhang kommt er auf Henning Luther und dessen Fragmentbegriff zu sprechen. Dieser eröffne die Möglichkeit, mit eigener Fragmentarität, die für Keupp insbesondere in fragmentierten Identitätserfahrungen besteht, zurechtzukommen und diese positiv als etwas über sich selbst Hinausweisendes anzuerkennen. Jenseits dieser würdigenden Akzeptanz eigener Fragmentarität interessiert sich Keupp aber vor allem für den kreativen Prozess der Verknüpfung

---

[96] A.a.O., 149.
[97] A.a.O., 150.
[98] Vgl. Dietrich Rössler, Fortschritt und Sicherheit als Religion, in: Günter Rohrmoser/E. Lindenlaub (Hrsg.), Fortschritt und Sicherheit. Symposium Hotel Schloss Fuschl, Österreich, 25.–29. September 1979 ; 6 Tabellen (Symposia Medica Hoechst 15), Stuttgart/New York 1980, 187–197, hier 192f.
[99] Schneider-Flume, Perfektionierte Gesundheit, 146.
[100] A.a.O., 148.
[101] A.a.O., 145.
[102] Heiner Keupp, Fragmente oder Einheit? Wie heute Identität geschaffen wird. URL: http://www.ipp-muenchen.de/texte/fragmente_oder_einheit.pdf (Stand: 23.10.2023), 5.
[103] A.a.O., 30.
[104] Ebd.

verschiedener Teil-Identitäten, der in der Postmoderne vor allem individuell geleistet werden muss: „Gelingende Identitätsarbeit heißt, für sich selbst einen authentischen Lebenssinn zu finden, ein Gefühl der Kohärenz. Dieses [...] muß in einem selbstreflexiven Prozeß gefunden und entwickelt werden."[105] Diese Suche nach Kohärenz folgt im Verhältnis zu Luther gewissermaßen der umgekehrten Richtung.[106] Dessen Fragmentbegriff entstammt der *Absage* an eine Identitätsvorstellung, die in irgendeiner Form als ganz, stabil oder vollendet zu verstehen ist. Keupps Suche nach Strategien und Vorbildern der Kohärenzkreation in Identitätsprozessen erscheint demgegenüber als das Pendel, das wiederum in die andere Richtung schwingt, ohne dass deswegen ein Ideal wiederbelebt würde, wie es Luther in den 80er-Jahren in der Rezeption von Erikson und Mead propagiert sah.

An diesen Gedankengang Keupps knüpft auch Andrea Bieler in ihrer Auseinandersetzung mit Henning Luther an. Sie kritisiert explizit Luthers „einseitigen Fokus"[107], der aus ihrer Sicht in dieser Zuspitzung „bevormundend"[108] wirkt. Stattdessen gehe es aus ihrer Sicht auch darum, „wie Menschen die in ihrem Leben umherschwirrenden Fragmente in vielgestaltigen, vielleicht auch widersprüchlichen Weisen miteinander in Beziehung setzen"[109]. Als einen Ort, an dem solche Kohärenzstrategien kollektiv entwickelt und praktiziert werden können, sieht sie beispielsweise den Gottesdienst.[110]

Ähnlich formuliert das auch Sabine Bobert: „Ich distanziere mich [gegenüber Henning Luther, C.S.] jedoch davon, dieses fragmentierte Selbst in seiner Zerrissenheit festzuschreiben und ggf. Krisen nur noch mit dem religiösen Postulat der Notwendigkeit von Kontingenzerfahrungen zu überhöhen."[111] „Mir geht es [...] gegenüber Luther stärker um das Zulassen der Frage nach den Kohärenzprinzipien des Selbst, um das möglich werdende Spiel mit Teilidentitäten und schließlich um eine Entlastung der Religion von *totalen* Identitätsfunktionen (das Selbst entweder noch weiter zu erschüttern oder zum Trägerprinzip für die Fragmente zu werden)"[112].

Im Blick auf die dargestellte identitätstheoretische Auseinandersetzung, die sich um die Begriffe Fragmentarität und Kohärenzbedürfnis bewegt, ist allerdings zurückzufragen, ob darin nicht eine Diskursverschiebung gegenüber der ursprünglichen Intention Henning Luthers vorliegt. Kurz gesagt lässt sich diese Rückfrage mit der Differenz zwischen *fragmentarisch* und *fragmentarisiert* beschreiben. Während die zuletzt dargestellten Auseinandersetzungen Luther eher

---

[105] A.a.O., 34.
[106] Zu Keupps Kohärenzverständnis vgl. insbesondere a.a.O., 13ff.
[107] BIELER, Leben als Fragment, 24.
[108] Ebd.
[109] Ebd.
[110] Vgl. a.a.O., 24f.
[111] BOBERT, Selbsttransformationen als Tor, 24.
[112] Ebd.

im Kontext der v.a. von Keupp angestoßenen Debatte um Teilidentitäten und deren kohärente Verknüpfung verorten, sich also mit der Frage *fragmentarisierter* Identitäten beschäftigen, scheint die eigentlich von Luther verfolgte Frage stärker die nach einer *fragmentarischen* Identität zu sein, die sich der vielen Unvollkommenheiten ihres Lebens bewusst ist. Der Unterschied ist nicht unerheblich. Zwar wird auch bei Luther die Frage nach der „Einheitlichkeit"[113] von Identität thematisiert. Im Unterschied zum Diskurs um eine kohärente Integration differenter Teilidentitäten geht es Luther primär aber nicht um die Verknüpfung verschiedener Rollen und Identitätsmerkmale. Gerade vor dem Hintergrund des beschriebenen Vollkommenheitsbegriffs als dem Gegenbegriff zu Fragmentarität wird deutlich, dass es Luther viel stärker um die Kritik an einem Identitätsideal geht, das möglichst unverletzlich und stabil zu sein versucht. Entsprechend gilt sein Plädoyer in erster Linie nicht der Affirmation einer pluralen Identität oder gar Bemühungen der Kohärenzstiftung. Stattdessen plädiert er für ein offenes und veränderbares, damit auch verletzbares Selbst, das sich gerade darin als emotional lebendig (Liebe, Trauer, Hoffnung) und damit erst als wirklich menschlich und zugleich christlich zeigt.

Was bei Bieler, Bobert und Keupp mehr angerissen als ausgeführt ist, hat Christopher Zarnow in seiner Untersuchung über *Identität und Religion*[114] in kritischer Auseinandersetzung mit Henning Luther systematisch gründlicher entfaltet. Im Blick auf Luthers Plädoyer, eigene Fragmentarität anzunehmen, entgegnet Zarnow: „Fragmentaritätserfahrungen [erscheinen] doch nur deshalb als Krisenerfahrungen, weil das Individuum das Bewusstsein seiner Fragmentarität partiell zurückzudrängen und abzuwehren versucht, also gerade auf eine gewisse Stabilität und Sicherheit seiner Identität aus ist. Es wäre schlechte Theologie, dieses Stabilitätsbedürfnis in einem Handstreich unter dem Stichwort der Hybris bzw. des hybriden Wunsches des Menschen, ‚ganz sein' und darin ‚wie Gott sein' zu wollen, zu verbuchen."[115]

Auch wenn Luthers Gedanken vor allem darauf abzielen, eigene Fragmentaritätserfahrungen zu akzeptieren und dieser Aspekt erkennbar den Schwerpunkt seines Nachdenkens bildet, hätte dieser solch eine Zuspitzung als reine ‚Hybris' wohl auch selbst nicht vertreten. Luthers Kritik zielt ja gerade im Bewusstsein vorhandener Ganzheits*sehnsucht* (vgl. die Gedanken zur Vollendungssehnsucht unter 7.2) auf die Anerkenntnis von individuell-humaner Fragmentarität ab. Insofern muss es nicht zwangsläufig Luthers Wahrnehmung widersprechen, sondern bringt möglicherweise gerade dessen Anliegen zum Ausdruck, wenn Zarnow fortfährt: „[S]o konstituiert sich Identitätsbewusstsein in der Spannung von Fragmentaritätsbewusstsein und Ganzheitssehnsucht. Beides gehört untrennbar

---

[113] LUTHER, Identität und Fragment, 321ff.
[114] ZARNOW, Identität.
[115] A.a.O., 345.

zusammen: Das Bewusstsein der eigenen Fragmentarität ist der Schmerz über eine nur als abwesend anwesende Ganzheit"[116].

Im Anschluss an die dargestellte Wahrnehmung verschiedener Rezeptionen des Luther'schen Ansatzes soll nachfolgend der Frage nachgegangen werden, ob sich bei Luther trotz der Ablehnung eines Vollkommenheitsstrebens so etwas wie eine persönliche Wachstums- und Reifungsperspektive finden lässt.

7.4 Wachstum zur Reife bei Henning Luther?

Zur Frage eines persönlichen Wachstums ist zunächst zu bemerken, dass Henning Luther in keinem der beiden Aufsätze eine Entwicklungsperspektive ausführt. Seine Grundintention in den beiden betrachteten Aufsätzen verfolgt, wie dargestellt, eine Destruktion aus seiner Sicht problematischer Entwicklungsperspektiven bzw. -zwänge, die an einem Ganzheits- oder Vollkommenheitsideal orientiert sind. Im Umkehrschluss bedeutet dies jedoch nicht, dass sich bei Luther nicht durchaus Ansätze für eine solche Wachstumsperspektive erkennen lassen. Im *Identitätsaufsatz* hält er fest: „Beide Aspekte – die Subjektorientierung sowie die Beachtung des Entwicklungsgedankens – scheinen mir unaufgebbar zu sein, auch und vor allem für die praktisch-theologische Diskussion, und zwar um der damit verbundenen kritischen Funktion willen."[117] Die damit angesprochene kritische Funktion der (praktischen) Theologie dürfte sich allerdings nicht auf die Entwicklungsperspektive als solche, sondern auf bestimmte Modi davon beziehen. Luther selbst erachtet die Verteidigung des dynamischen Moments gegenüber „fixierenden Menschenbildern"[118], die auf ein stabiles und unveränderliches Selbst abzielen, als geradezu notwendig. Entscheidend ist es nach Luther, Individuen immer als sich „entwickelnde Subjekte"[119] zu betrachten. Sein Einspruch gegen ein Vollkommenheitsideal ist gerade dadurch motiviert: „Die Differenz, die das Fragment von seiner möglichen Vollendung trennt, wirkt nun nicht nur negativ, sondern verweist positiv nach vorn. Aus ihm geht eine Bewegung hervor, die den Zustand als Fragment zu überschreiten sucht."[120] Luther zielt also gewissermaßen auf eine Rückgewinnung der Zukunft, die sich im Spannungsfeld von Fragmentaritätsbewusstsein und Vollendungssehnsucht eröffnet. Gerade darin wird die „Begegnung mit dem (den) Anderen"[121] dann nicht mehr als potentiell Selbst-erschütterndes Problem und Risiko wahrgenommen, sondern als ein Ort,

---

[116] A. a. O., 346f.
[117] LUTHER, Identität und Fragment, 319.
[118] A. a. O., 320.
[119] Ebd.
[120] A. a. O., 325.
[121] A. a. O., 326.

an dem Identität gebildet und weiterentwickelt werden kann – gerade auch durch die Anteilnahme an den Erfahrungen von Leid und Schmerz.[122]

Von Luther selbst wird ein solcher Prozess nur am Rande thematisiert. Allerdings lässt sich – wenn man seinen Ansatz weiterdenkt – kaum eine lebenspraktische Perspektive vorstellen, die auf langfristige Entwicklungs- und Reifungsprozesse verzichtet. Wenn Luther von „unserem auf Leistung und Erfolg programmierten Denken"[123] spricht, das die Vorstellung eigener Fragmentarität kaum erträgt, dann scheinen grundsätzlich *langfristige* Prozesse der Selbsterkenntnis und Selbstannahme angesprochen. Zwar mag es auch den plötzlichen Bruch, die plötzliche Lebenswende geben, in der beispielsweise in einer Situation der Krise das falsche Ideal eigener Ganzheit und Vollkommenheit zugunsten eines Selbstbildes von Fragmentarität und auch Machtlosigkeit korrigiert wird. In der Regel dürften identitätstheoretisch mit der Frage nach Vollkommenheit und Fragmentarität aber dauerhafte und letztlich kaum abschließbare Selbstthematisierungen fokussiert sein. Die angesprochene Frage geht aber – wie erwähnt – über Henning Luthers Problemstellung hinaus. Ruft man sich allerdings noch einmal in Erinnerung, dass der ursprüngliche Problemhorizont, in dem Luther seine Kritik formuliert, als die entwicklungspsychologische Frage nach einem Identitätsideal rekonstruiert wurde, dann ist die Thematisierung der tatsächlichen Realisierbarkeit solcher Entwicklungsprozesse durchaus naheliegend.

Ein erster Akzent der von ihm vertretenen Entwicklungsperspektive liegt auf dem Gedanken *bleibender Dynamik*. Dass Menschen niemals irgendwo angekommen sind, niemals eine ganze und vollkommene Identität erreicht haben, wurde bereits oben deutlich gemacht. Sie als stabile, unveränderliche Subjekte zu behandeln geht daher am Charakter deren permanenter Wandlung vorbei. Insofern ist Luthers Kritik am Ideal einer stabilen Identität vor allem als ein Plädoyer für eine bleibende Entwicklungs*offenheit* zu verstehen, die allein das Wesen lebendiger Humanität garantieren kann.[124] Religionspädagogisch gewendet geht es dann beispielsweise im Konfirmationsunterricht vor allem um eine Befreiung von „Entscheidungsdruck und vom Zwang zur Festlegung"[125] und vielmehr um eine Ermutigung „zur Suche [und] zum Experimentieren"[126].

Jenseits dieser allgemeinen Beobachtung finden sich aber auch konkrete inhaltliche Bestimmungen bei Luther, welche Formen des persönlichen Wachstums er als gut und fördernswert erachtet. Dazu zählen das „Annehmen-Kön-

---

[122] Vgl. ebd.
[123] DERS., Leben als Fragment, 272.
[124] Dieses Anliegen lässt sich entsprechend z. B. in besonderer Weise in der christlichen Pädagogik verwirklichen: „Inhaltlich könnten die Religionspädagogik und der RU diese Funktion dadurch erfüllen, daß sie/er für die Erfahrung der Fragmentarität in den einzelnen biographischen Konkretionen offen und sensibel macht und vor allem dann – nicht zuletzt durch das Einbringen der christlichen Überlieferung – interpretationsfähig macht.", DERS., Identität und Fragment, 335.
[125] Ebd.
[126] Ebd.

nen eigener Schwäche"[127] bzw. – das ist gewissermaßen das Hauptanliegen – die Akzeptanz eigener „Unvollkommenheit, Schwäche und Verletzlichkeit"[128]. In der Anerkennung davon ist aus Luthers Sicht eigentlich menschliche Gottebenbildlichkeit begründet. Das Selbstverständnis der Fragmentarität und der damit verbundenen Vulnerabilitäten begründet so tatsächlich die Möglichkeit von etwas Neuem, das erst auf Grund dieser Anerkenntnis entstehen kann: Die Fähigkeit zu trauern, zu hoffen und zu lieben.[129] Da diese drei zentralen Aspekte des Mensch-Seins aber nicht einfach Eigenschaften sind, die entweder vorhanden oder aber nicht vorhanden sind, sondern gelernt und in ihrem Potential vertieft werden können, zeichnet Luther hier mehr am Rande eine Entwicklungsperspektive ein, die als Aufgabe für eine gesamte Lebensspanne taugt. Führt man sich Luthers hamartiologische Aussagen vor Augen, dann lässt sich dieses Bemühen auch als Abwendung von sündhaften Strukturen verstehen. Da Sünde von Luther als „das Aus-Sein auf vollständige und dauerhafte Ich-Identität, auf Ganzheit"[130] definiert wird – Eigenschaften „die allein Gott eignen"[131] – beschreibt die skizzierte Akzeptanz eigener Menschlichkeit einen wesentlichen Aspekt der Abwendung von solcherlei Formen der Hybris. Der menschliche Anspruch, an Gottes Stelle stehen zu wollen, die Ignoranz der Differenz zwischen Schöpfer und Geschöpf, ist demnach Kern eines sündhaften Selbstverständnisses. Mit Verweis auf 1Kor 1,25 ist Gottes Kraft im Gegenteil in den Schwachen mächtig. Mit Luther kann man wohl hinzufügen: Und damit in denjenigen, die sich ihre Schwachheit auch eingestehen. Diese Überzeugung untermauert Luther auch hinsichtlich von Karfreitag und Ostern: Der Osterglaube bezeugt aus seiner Sicht, dass im Karfreitagsgeschehen und damit in der maximal offensichtlich gewordenen Fragmentarität von Jesu Leben „wahres und gelingendes Leben zum Vorschein kommt"[132]. Jesus ist insofern „exemplarischer Mensch"[133], da in seinem Leben und Sterben Fragmentarität in unverstellter und bereitwillig akzeptierter Weise zum Ausdruck kommt.

Das spiegelt sich wiederum auch in Luthers Glaubensverständnis. Da er auch dieses vom Gedanken der Fragmentarität her versteht, kann er pointiert festhalten: „Glauben hieße dann, als Fragment zu leben und leben zu können."[134] Da dieser Glaube kaum in einer on-off-Dualität zu denken ist, sondern Luther ja emphatisch immer wieder das dynamische Element des Lebens betont, dürfte Glaube in einem prozessualen Sinn gedacht sein. Glaubensvertiefung bedeutet dann, eigene Fragmentarität immer stärker zu akzeptieren.

---

[127] DERS., Leben als Fragment, 272.
[128] A.a.O., 270.
[129] Vgl. ebd.
[130] A.a.O., 271.
[131] Ebd.
[132] A.a.O., 272.
[133] Ebd.
[134] DERS., Identität und Fragment, 329.

Insofern lässt sich auch im Blick auf Henning Luther durchaus von so etwas wie Entwicklung und Reifung sprechen – nur geschieht diese Reifung eben dadurch, dass sie die biografischen und existentiellen Gebrochenheiten, Verluste und Enttäuschungen sieht, durchlebt und letztlich annimmt. Als unangemessen und damit psychologisch problematisch zeigt Luther hingegen eine biografische Entwicklung auf, die auf eine Reduktion der eigenen Biografie als exklusive Erfolgsgeschichte aus ist.

Zu dieser Beobachtung passt auch Luthers positive Rezeption des Selbstverwirklichungsbegriffs: „Glaube und Leben aus Glauben bedeuten nicht die Negation von Selbstverwirklichung"[135], betont er ausdrücklich. Vielmehr gehe es um eine bestimmte Qualifikation dieses Vorgangs, die ihre Pointe in der beschriebenen Akzeptanz eigener Fragmentarität in ihren verschiedenen Dimensionen findet.

So unterschiedlich die Ansätze von Paul Tillich und Henning Luther insbesondere in ihrem Umgang mit dem Begriff der Reife bzw. Reifung erscheinen – so nahe scheinen sie sich vor diesem Hintergrund doch wieder zu sein. Führt man sich insbesondere noch einmal zwei der insgesamt vier Kriterien vor Augen, die nach Tillich das Neue Sein als Prozess bestimmen, dann wird diese Nähe greifbar. *Wachsendes Frei-Werden* und *wachsendes Bewusst-Werden* könnte mit Henning Luther auf das Signum der Fragmentarität übertragen werden. Wachsende Reife hieße dann, sich in zunehmendem Maße darüber bewusst zu sein, dass dem eigenen Leben unveränderbar der Charakter des Fragmentarischen anhaftet. Wachsendes frei-werden hieße dann, das ‚faszinierende' Ideal der Vollkommenheit und Ganzheit hinter sich zu lassen und dadurch Freiheitspotentiale zu erschließen, die vertieftes und erfülltes Leben ermöglichen.

7.5 Luther und Luther

An dieser Stelle soll der betrachtete Umgang Henning Luthers mit der Frage nach Vollkommenheit ins Verhältnis zu der bei Martin Luther erarbeiteten Position gesetzt werden. Als erste Beobachtung kann dabei festgehalten werden, dass Henning Luther die Frage nach Vollkommenheit (und Fragmentarität) stärker ins Zentrum seiner Theologie rückt als das beim Reformator der Fall ist. Wenn Henning Luther christlichen Glauben inhaltlich mit der Anerkenntnis und Annahme eigener Fragmentarität verknüpft, sowie Sünde und Unglaube mit dem Aus-Sein auf eine stabile Ich-Identität, Ganzheit und Vollkommenheit, dann wird offensichtlich, wie fundamental diese Polarität in der Theologie Henning Luthers verankert ist. Seine Kritik an dem Versuch, einen *status perfectionis* zu erreichen, gleicht dabei der kritischen Schärfe, die Martin Luther im Blick auf den *status perfectionis* seiner Zeit, das Mönchtum, zum Ausdruck bringt. Beide

---
[135] A.a.O., 328.

stimmen insofern auf einer grundlegenden Ebene überein, dass der menschliche Anspruch, Vollkommenheit durch eigene Bemühungen erreichen zu können oder diese sogar für sich zu reklamieren, ein höchst problematisches, lediglich auf Abwege führendes, d.h. sündhaftes Ansinnen darstellt. Dass dieses Ansinnen sündhaft ist, wird von beiden in ähnlicher Weise mit einer dabei eingenommenen Haltung der Hybris begründet, die eine realistische Selbstwahrnehmung insbesondere hinsichtlich eigener Leistungspotentiale hochgradig verfehlt. Während bei Martin Luther dabei die menschliche Fleischlichkeit und sein Streben nach Eigennutz als wesentliche Aspekte einer realistischen Selbstwahrnehmung angeführt werden (vgl. Kapitel I.1.2b), ist es bei Henning Luther der genannte Aspekt der Fragmentarität, durch den diese maßgeblich beschrieben ist. Bei Martin Luther führt eine solche ehrliche Selbsterkenntnis zu einer Haltung der fortwährenden Buße, die in ihrer demütigen Haltung der Angewiesenheit die Voraussetzung für die Erfahrung der Gnade ist. In ähnlicher Weise markiert bei Henning Luther die Akzeptanz eigener Unvollkommenheit die Voraussetzung sich ereignender Rechtfertigung und damit erst wahren und gelingenden Lebens, das Henning Luther insbesondere durch die Möglichkeit zu lieben, zu trauern und zu hoffen charakterisiert.[136]

Hinsichtlich der Verwendung des Vollkommenheitsbegriffs selbst könnte die Differenz zwischen Martin Luther und Henning Luther notwendigerweise kaum größer sein. Das ist durch das vorausgesetzte, erheblich divergierende Begriffsverständnis begründet. Während Martin Luther nur bestimmte Modi des Vollkommenheitsstrebens kritisiert, kann Henning Luther Vollkommenheit als Ideal der Persönlichkeitsentwicklung so nur rundherum ablehnen. Ruft man sich allerdings in Erinnerung, dass es implizit auch bei Henning Luther ein mehr oder weniger deutlich herausgearbeitetes Ideal menschlichen Lebens gibt und dass es, wie gerade gezeigt, auch aus seiner Sicht die Möglichkeit zunehmender Verwirklichung, d.h. Annäherung an dieses Ideal gibt, sind beide theologischen Ansätze deutlich näher beieinander als es auf begrifflicher Ebene zunächst den Anschein erweckt. Der zentrale Dual Martin Luthers, Glaube und Liebe, wird auch bei Henning Luther immer wieder positiv herausgestellt. Jesus erscheint bei beiden als ein Vorbild, da sie in seinem Leben und Sterben beides in tiefster Form verwirklicht sehen. Auch bei Henning Luther konnte aufgezeigt werden, dass er wahres Mensch-Sein mit der Abwendung von Sünde versteht – bei ihm vor allem als Verabschiedung fehlgeleiteter Ganzheits- und Vollkommenheitsansprüche interpretiert.

Betrachtet man die hervorgehobenen Gefühlszustände, zeigen sich hingegen weitere Differenzen. Während Martin Luther insbesondere das Gefühl der Freude als emotionales Begleitmoment zunehmender Vollkommenheit herausstellt, sind es Prozesse der Trauer über die Verluste und Abschiede, die Henning Luther als unabänderlichen Ausdruck eines tiefen Menschseins beschreibt. Andererseits

---

[136] Vgl. a.a.O., 330.

scheinen von ihm mit den Fähigkeiten zu lieben und zu hoffen gleichzeitig auch Gefühle der Freude angesprochen.

7.6 Systematische Überlegungen zur Vollkommenheitsambivalenz

Vor dem Hintergrund des bisher Beschriebenen legt sich die Vermutung nahe, dass Luther eine zunehmende lebensdienliche und lebenseröffnende Auflösung der Vollkommenheitsambivalenz anstrebt. Das gesetzte Ziel absoluter Akzeptanz eigener Fragmentarität hieße dann, dass sich mit dem verabschiedeten Ideal von Vollkommenheit auch die damit verbundene Ambivalenz auflöst. Die zu Beginn des *Lebensaufsatzes* geschilderte Ausgangsbeobachtung, dass das „Ideal der Vollkommenheit [uns] fasziniert"[137] beschreibt dann – so die hier vorgeschlagene Interpretation – ein zwar häufig geliebtes, aber letztlich zu überwindendes Ideal.

Dem steht allerdings Luthers Verteidigung der Vollendungssehnsucht gegenüber. Das Wesen des Fragments versteht er als „über sich hinausweisender Vorschein der Vollendung"[138]. Insofern ist dadurch doch eine bleibende Ganzheitssehnsucht beschrieben, die jedoch als eschatologischer Bezugspunkt qualifiziert und dadurch radikal von diesseitigen Bemühungen um eine solche Ganzheit unterschieden wird. Das Bewusstsein eigener Fragmentarität ist also nicht einfach als befreiende und entspannende Selbstbejahung gedacht. Im Gegenteil bleibt damit immer auch ein „Schmerz (über das Unfertige und Vorläufige)"[139] sowie eine „Sehnsucht"[140] verbunden. Tatsächlich verbindet Henning Luther damit eine Struktur des Schon-Jetzt und Noch-Nicht, wie sie bei Martin Luther hinsichtlich des Vollkommenheitsbegriffs aufgezeigt wurde: „[A]n uns als Fragmenten ist *schon* abwesend lesbar, was wir noch nicht sind, aber sein werden"[141]. Die mit den Stichworten „Schmerz", „Hoffnung" und „Sehnsucht"[142] assoziierten Erfahrungen sind demnach durchaus auch ambivalent. Nur müsste bei Henning Luther anstelle einer Vollkommenheitsambivalenz von einer Vollendungsambivalenz gesprochen werden. Als „eschatologischer Vorbehalt"[143] unterscheidet sich diese Vollendungssehnsucht aber von allen diesseitigen Bemühungen um Vollkommenheit auf gravierende Weise. Vollkommenheitsstreben im Sinne Henning Luthers versucht eigene Fragmentarität zu überwinden und damit eigentlich konstitutive Bedingungen des Mensch-Seins inklusive aller destruktiven Folgen hinter sich zu lassen. Vollendungssehnsucht hingegen ist sich in der Akzeptanz eigener Fragmentarität der Angewiesenheit auf eine noch kommende und nicht

---

[137] DERS., Leben als Fragment, 262.
[138] A. a. O., 273.
[139] Ebd.
[140] Ebd.
[141] Ebd. Hervorhebung im Original.
[142] Ebd.
[143] Ebd.

selbst zu leistende Erfüllung des bisher nur Geahnten bewusst. Für das Leben unter diesseitigen Bedingungen bedeutet dies zwar keine völlige Auflösung von Ambivalenzerfahrungen – im Gegenteil: Durch die eröffnete Vollendungssehnsucht bleibt die Zukunft ein verheißungsvoller und hoffnungsstiftender Ort. Der Modus der Ambivalenz ist allerdings ein völlig anderer. Im Unterschied zum (problematischen) Vollkommenheitsstreben ist die Verwirklichung der Vollendung dem eigenen Wirken gänzlich entzogen. Anstelle des verzweifelten Versuchs, Unvollkommenheit durch eine Stabilisierung eigener Ich-Identität zu überwinden, plädiert Luther daher für eine Haltung der heilsamen Annahme eigener Begrenztheit und eine entsprechende Offenheit für Erfahrungen der „Selbsttranszendenz"[144].

Allerdings können sich auch an anderer Stelle neue Ambivalenzherausforderungen ergeben. Mit dem vorgestellten und christlich imprägnierten Verständnis des eigenen Lebens als Fragment ist – das wurde oben bereits deutlich – von Luther ein Lebensideal beschrieben, das er als Alternative zum Vollkommenheitsideal in seinem Sinne profiliert. Dieses zeichnet sich insbesondere durch zunehmende Akzeptanz eigener Fragmentarität aus. Das, was in diese Studie als Vollkommenheitsambivalenz beschrieben wird, kann daher gewissermaßen auch in das Gegenteil umschlagen. Eine adäquate ‚Fragmentaritätsambivalenz' entstünde genau dann, wenn ein Mensch die Vorstellung, fragmentarisch zu sein, für angemessen und anstrebenswert hält, dies gleichzeitig aber als Abwertung seiner eigenen Persönlichkeit inklusive aller vertretenen Ideale erfährt.[145] Zu letzteren sind z. B. die von Luther selbst angesprochenen Ideale der Kontinuität, Einheitlichkeit und Ganzheit hinsichtlich der eigenen Identität zu zählen. Imaginiertes Entlastungspotential und schmerzhafte Verabschiedung möglicherweise tiefsitzender Identitätsmerkmale wäre dann Ausdruck der so erfahrenen ‚Fragmentaritätsambivalenz'.

Henning Luther würde eine solche Umkehrung von der Vollkommenheits- zur Fragmentaritätsambivalenz mit Sicherheit begrüßen und schon diese Umkehr theologisch als Abwendung von Sünde interpretieren.[146] Zweifelsohne ist ihm darin zuzustimmen, dass diese Abwendung von einem Ideal, wie es seiner Definition von Vollkommenheit entspricht, entlastend und lebenseröffnend sein kann. Auch kann ein solches Neuverständnis zu einer sich selbst transzendierenden Haltung führen, so wie das Fragment auf ein größeres Ganzes verweist, das es nicht selbst darzustellen vermag.[147] Henning Luther eröffnet damit eine Lebensperspektive, in der viele der lebensprägenden Ambivalenzen nicht aufgelöst, möglicherweise sogar eher noch getriggert werden. Sein nachdrückliches

---

[144] DERS., Identität und Fragment, 325.
[145] Die erfahrene Ambivalenz dürfte dann genau solche „Krisenerfahrungen" auslösen, wie sie Zarnow im Blick auf Luthers Fragmentaritätsbewusstsein anspricht, vgl. ZARNOW, Identität, 345.
[146] Vgl. LUTHER, Leben als Fragment, 271.
[147] Vgl. DERS., Identität und Fragment, 323.

Plädoyer für eine Annahme *eigener Fragmentarität* eröffnet jedoch die Möglichkeit eines notwendig ambivalenten Selbstverständnisses, das sich von Idealen des Perfektionismus, der Unveränderlichkeit, Unverletzbarkeit und stabiler Sinngewissheit[148] belastet sieht.

---

[148] Vgl. DERS., Lügen der Tröster, 168f.

8. Protestantische Vollkommenheitsvariationen – Zusammenfassung

An dieser Stelle soll nun zusammenfassend danach gefragt werden, inwiefern zwischen den sieben Einzeluntersuchungen (I.1–7) inhaltliche Schnittmengen zu verzeichnen sind, bzw. wo Differenzen in der Ausgestaltung der jeweiligen Vollkommenheitsvariation hervorstechen. Dabei wird anhand von vier Fragen folgendermaßen vorgegangen: Zunächst wird die jeweilige *systematischen Verortung* des christlichen Vollkommenheitsbegriffs verglichen. Handelt es sich um ein Prädikat bereits gegenwärtigen Glaubens oder fungiert er als eine ethisch-anthropologische Zielbestimmung? (Frage 1)

Als zweites soll gefragt werden, ob, für den Fall, dass der Begriff futurisch verstanden wird, eine *Annäherung* an das Ziel der Vollkommenheit für möglich gehalten (Frage 2a) und ein *Erreichen* prämortal als realistische Perspektive ausgewiesen wird. (Frage 2b)

Als drittes muss die inhaltliche Profilierung des Vollkommenheitsbegriffs in Erinnerung gerufen werden. Dabei stellt sich die Frage, ob es zwischen den untersuchten sieben theologischen Zugriffen *materiale Schnittmengen* oder sogar fortlaufende Kontinuitäten gibt und wo Unterschiede bzw. unterschiedliche Akzente liegen. (Frage 3)

Als ein roter Faden dieses gesamten Teils wurde die Frage nach dem Umgang mit *Vollkommenheitsambivalenz* stets mitgeführt (vgl. Einleitung 2.). Hier ist nun viertens und letztens zu fragen, ob sich dabei zwischen den betrachteten Denkern so etwas wie eine Konstante herauskristallisiert hat bzw. inwiefern die gewählten Optionen diesbezüglich differieren. Dabei wird das eingangs behauptete Gegenwartspotential eines evangelisch-lutherischen Vollkommenheitsbegriffs zumindest vorläufig zu explizieren sein, bevor sich dessen Belastbarkeit und interdisziplinäre Anwendbarkeit im II. Hauptteil vor dem darin beleuchteten Hintergrund des Selbstoptimierungs-Paradigmas erneut erweisen muss. (Frage 4)

Zunächst zu der Frage, ob ein gläubiger Christ bereits als vollkommen bezeichnet werden kann (Frage 1). Der Befund geht an dieser Stelle innerhalb der betrachteten Positionen deutlich auseinander. Bei Martin Luther hat sich hinsichtlich dieser Frage eine scheinbare Spannung gezeigt, die als ein *Schon-Jetzt* und *Noch-Nicht* zusammengefasst wurde. Diese paradoxe Formel konnte jedoch durch den Hinweis auf die unterschiedlichen Perspektiven, die der jeweils getroffenen Aussage zugrunde liegen, als inhaltlich durchaus konsistent aufgezeigt werden. Bezogen auf den faktischen *Status quo* ist der Gläubige aus Luthers Sicht weder vollkommen, noch ist dies überhaupt diesseitig zu erreichen. Dort, wo ein Gläubiger doch als vollkommen bezeichnet wird, ist dabei die Vollgestalt seines Transformations-, d. h. Heiligungsprozesses vor Augen, der als Explikation der göttlichen Sicht daher auch schon jetzt proleptisch dem Gläubigen zugesprochen wird – ähnlich der Sicht des Arztes auf den zukünftig geheilten Kranken.

An Luthers Position wird in dieser Form lediglich bei *August Hermann Francke* angeknüpft. Die bei Luther an unterschiedlichen Stellen seiner Texte auftauchenden Bedeutungen des Schon-Jetzt und Noch-Nicht sind in Franckes Thesen zur christlichen Vollkommenheit nicht nur inhaltlich aufgenommen, sondern explizit nebeneinandergestellt und ins Verhältnis gesetzt. Alle anderen theologischen Positionen lassen sich hingegen als Versuche der Vereindeutigung nach der ein oder anderen Seite einordnen. So sind sich Francke – auf diese Bedeutung liegt bei ihm trotz des angedeuteten Nebeneinanders deutlich der Schwerpunkt –, Wesley und Johann Joachim Spalding bei allen Unterschieden darin einig, dass es die Grundaufgabe des Menschen ist, dem Ziel der Vollkommenheit nachzustreben und näherzukommen. Auch Paul Tillich lässt sich dieser Position zuordnen, für den die ‚Bilder der Vollkommenheit' ein Ideal illustrieren, dem sich im Heiligungsprozess sukzessive angeglichen wird. *Albrecht Ritschl*, der sich in seiner Ausformung des Vollkommenheitsbegriffs stark an Luther orientierte, vereindeutigt hingegen in der anderen Richtung. Durch die von ihm eingeführte Differenzierung zwischen einer quantitativen und qualitativen Vollkommenheit eröffnet er die Möglichkeit, den gläubigen Christen im qualitativen Sinne schon in seinem gegenwärtigen Dasein als vollkommen zu bezeichnen. Als vollkommen wird von ihm ein jeder Christ bezeichnet, bei dem die von ihm herausgearbeiteten Glaubensüberzeugungen und Tugenden überhaupt und unabhängig vom Grad ihrer Verwirklichung *vorhanden* sind.

Im Vergleich zu den anderen Sichtweisen weicht *Henning Luthers* Position am stärksten ab. Bei ihm wird nicht nur die Überzeugung, dass irgendjemand bereits vollkommen sein könnte, sondern auch ein Streben nach diesem Ziel vehement abgelehnt. Im Verhältnis zu den anderen theologischen Ansätzen handelt es sich insofern um eine Sonderposition.

Die Frage, ob es innerhalb des Lebens eine *Form der Vervollkommnung* geben kann, wird mit Ausnahme von Henning Luther positiv beantwortet (Frage 2a). Von Martin Luther bis Tillich herrscht Einigkeit darüber, dass eine individuelle, geistgeleitet interpretierte Transformation des Menschen nicht nur möglich, sondern *Ziel eines jeden christlichen Lebens* ist. Der traditionell unter dem Stichwort der Heiligung beschriebene Prozess ist damit offensichtlich aufs Engste mit dem Gedanken der Vollkommenheit verknüpft, sodass Heiligung und Vervollkommnung häufig sogar das Gleiche meinen. Eine erste *Ausnahme* davon bildet Ritschl. Dieser kennt zwar auch die Vorstellung einer Verstärkung der entsprechenden Glaubensüberzeugungen und Tugenden – Glaube in die Vorsehung Gottes, Demut, Geduld, Gebet und das Wirken im weltlichen Beruf – sodass durchaus von einem Heiligungs*prozess* gesprochen werden kann. Da Ritschl den Begriff der Vollkommenheit jedoch bereits als gegenwärtiges Prädikat des Gläubigen führt, lässt sich bei ihm insofern nicht von einer weiteren *Vervollkommnung* sprechen. Vielmehr übt und vertieft der Gläubige praktisch die Überzeugungen und Tugenden, die für Ritschl Vollkommenheit in ihrer Summe kennzeichnen.

Eine noch stärker abweichende *Sonderstellung* scheint wiederum Henning Luther einzunehmen, der das Ziel der Vollkommenheit nicht als positives Ziel, sondern als Ausdruck von Sünde interpretiert. Allerdings hat sich losgelöst von diesem *begrifflichen* Befund gezeigt, dass auch bei ihm durchaus diverse Möglichkeiten der Vertiefung und Intensivierung christlichen Lebens angedeutet sind. Diese Möglichkeiten werden von Henning Luther jedoch gerade nicht mit dem Begriff der Vollkommenheit in Verbindung gebracht. Vielmehr basieren diese Möglichkeiten umgekehrt auf der Verabschiedung eines von ihm *a priori* als problematisch assoziierten Vollkommenheitsstrebens.

Da alle untersuchten Darstellungen von einer realen Transformation des Gläubigen ausgehen, die zumindest von fünf Denkern – Ritschl und Henning Luther ausgenommen – als Prozess der Vervollkommnung bezeichnet werden kann, stellt sich die Frage, ob diese Entwicklung dergestalt finalisiert werden kann, dass der Status einer *perfectio hominis* tatsächlich prämortal *erreicht* wird (Frage 2b). Ritschl und Henning Luther müssen dabei nicht näher betrachtet werden, da der Erstgenannte Vollkommenheit bereits als gegenwärtiges Prädikat des Glaubenden betrachtet und der Zweitgenannte es als Ziel ohnehin ablehnt.

Von den übrigen wird diese Möglichkeit mit der Ausnahme Wesleys jeweils verneint. Besonders scharf lehnt Martin Luther eine solche – in seiner Zeit geradezu selbstverständliche – Vorstellung ab, der immer wieder besonders nachdrücklich auf die bleibende Sündhaftigkeit und entsprechend notwendige Bußhaltung des Menschen bestanden hat. Aber auch Francke, Spalding und Tillich betonen diese Unmöglichkeit: „[W]er sich in dem Verstande der Vollkommenheit rühmet / betreugt sich selbst und andere"[1], heißt es beispielsweise bei Francke. Ähnlich könnten Spalding und Tillich formulieren. Bei Spalding konnte herausgearbeitet werden, dass er von der Möglichkeit gradueller, nicht aber absoluter Vervollkommnung ausgeht. Auch bei Tillich fungieren die ‚Bilder der Vollkommenheit' als ein regulatives Ideal, das niemals vollständig, sondern immer nur in einem gewissen Reifegrad verwirklicht werden kann. Bei Martin Luther, Francke, Spalding und Tillich lässt sich demnach von der Überzeugung menschlicher *Nicht-Perfektibilität* sprechen. Ritschl lässt sich in diese Reihe aufnehmen, denkt man an seine Ablehnung aller *quantitativen* Vollkommenheitsbestrebungen.

Bleibt die *Perspektive Wesleys*, die in diesem Fall als Sonderposition erscheint. Wesley geht im Unterschied zu den anderen davon aus, dass der Mensch durchaus auch in seinem diesseitigen Leben Vollkommenheit erreichen kann. Wie bei Martin Luther ist diese Frage auch bei Wesley mit dem Sündenbegriff verknüpft.

---

[1] FRANCKE, Vollkommenheit, 357.

Gerade aus dem Verständnis, dass Vollkommenheit die Abwesenheit von Sünde bedeutet, speist sich Luthers deutliche Ablehnung dieser Möglichkeit. Wesley stimmt zwar der definitorischen Verknüpfung beider Begriffe zu, votiert aber hinsichtlich der menschlichen Möglichkeiten anders. Da der Gläubige durch ein Leben in der Liebe durchaus zumindest phasenweise sündenfrei lebt, kann er aus seiner Sicht entsprechend auch als vollkommen bezeichnet werden. Wesley wehrt sich lediglich gegen die Vorstellung, der Gläubige erwerbe auf diesem Weg *dauerhaft* das Prädikat der Vollkommenheit. Dem gegenüber betont er, dass niemand permanent für sich in Anspruch nehmen könne, vollkommen zu sein. Das ändert aber nichts an der von ihm nicht nur herausgestellten, sondern motivational sogar als äußerst bedeutsam gewürdigten Fähigkeit des Gläubigen, den Zustand der *perfectio hominis* zumindest temporär erreichen zu können.

Im Folgenden sollen die inhaltlichen Profile christlicher Vollkommenheit, wie sie jeweils für die sieben untersuchten Theologen herausgearbeitet wurden, miteinander verglichen werden (Frage 3).

Als wiederkehrende zentrale Marker von Vollkommenheit sind dabei zunächst *Glaube* und *Liebe* hervorzuheben. Diese wurden in der Theologie *Martin Luthers* als Kern seiner Vorstellung einer christlichen Vollkommenheit identifiziert. Genauso konnte bei *Francke* die zentrale Bedeutung des in Liebe aktuos werdenden Glaubens für die Entwicklung zur Vollkommenheit aufgezeigt werden. Auch auf dem von Wesley gezeichneten Vervollkommnungsweg stehen Glaube und Liebe im Fokus. Da Rechtfertigung und Heiligung bei Wesley nicht voneinander zu trennen sind, hängen Glaube und Liebe ganz wesentlich voneinander ab. Vervollkommnung bedeutet daher nach Wesley insbesondere eine zunehmende, praktisch gelebte Haltung der Liebe Gott und den Mitmenschen gegenüber, die von sündhaften Handlungen möglichst ungetrübt bleibt.

Bei *Spalding* lassen sich beide Begriffe ebenso als Kennzeichen der Vervollkommnung wiederfinden, allerdings mit jeweils unterschiedlichem Gewicht. Während der Liebesbegriff in durchaus bedeutsamer Rolle zu stehen kommt, scheint dies hinsichtlich des Glaubensbegriffs weniger der Fall. Die menschliche Bestimmung, dem Ziel der Vollkommenheit näher zu kommen, wird von Spalding an verschiedenen Stellen als Einübung und Zunahme einer „höhern Art der Liebe"[2] beschrieben, die einerseits auf Gott und andererseits auf die Mitmenschen bezogen ist. Die Bedeutung des Glaubens scheint demgegenüber insbesondere in der *Bestimmungsschrift* etwas herabgestuft. Zwar taucht der Glaube als das Vertrauen auf Gott, dem „Urbilde der Vollkommenheiten"[3], immer wieder als zentrales Movens aller individuellen Entfaltung auf. Allerdings ist er beispielsweise gegenüber Luther inhaltlich insbesondere im anders gelagerten Verständnis von Christi Heilswerk deutlich differierend bestimmt und tritt gegenüber der Thematisierung individueller, natürlich-angelegter Potentiale hinsichtlich der Verwirklichung des Guten etwas in den Hintergrund. Diese Beobachtung dürfte

---

[2] Spalding, KA I/1, 128,14f.
[3] A.a.O., 134,12f.

der Analyse Hirschs entsprechen, der Spalding hinsichtlich der Bedeutung eigenmächtiger Vervollkommnungsbestrebungen „pelagianische Gedanken"[4] attestierte.

In *Ritschls* Darstellung der christlichen Vollkommenheit wiederum konnten sowohl *Glaube* als auch *Liebe* als prägende Kennzeichen seiner Konzeption herausgearbeitet werden. Glaube, der von Ritschl vor allem als Glaube an die Vorsehung Gottes näherbestimmt ist, beschreibt – neben Demut, Geduld und Gebet – die zentrale Bestimmung innerhalb der *religiösen* Funktion christlicher Vollkommenheit. Der Dienst der Liebe als die *sittliche* Funktion wird bei Ritschl insbesondere mit dem Wirken im Beruf verbunden, das dem allgemeinen Sittengesetz einen konkreten Verantwortungsrahmen gibt. Der *Glaube* ist so insbesondere in der *religiösen* Dimension der Vollkommenheit angesprochen. *Liebe* entspricht hingegen der Forderung der *sittlichen* Dimension. Im Sinne seines qualitativen Verständnisses christlicher Vollkommenheit kommt es dabei nicht auf einen bestimmten Grad oder gar ein Maximum in der Realisierung der genannten religiösen und sittlichen Funktion an. Vielmehr spricht Ritschl von der Qualität der Vollkommenheit, sobald die genannten fünf Aspekte überhaupt vorhanden sind. Gleichzeit betont er, dass ein christliches Leben darin besteht, alle diese Tugenden zu üben und zu vertiefen.

Bei *Tillich* sei an eine bereits zitierte Formulierung erinnert, in der er pointiert zum Ausdruck bringt, inwiefern das am Ende des Heiligungsprozesses stehende ‚Bild der Vollkommenheit' auf *Glaube* und *Liebe* bezogen ist: „Das Bild der Vollkommenheit wird geformt auf Grund der Schöpfungen des Heiligen Geistes, Glaube und Liebe, und darüber hinaus auf Grund der vier Prinzipien, die den Prozeß der Heiligung bestimmen"[5]. Die *Formung* dieses Bildes wird hier so verstanden, dass beide Lebensvollzüge – verbunden mit den von Tillich entwickelten vier Prinzipien – als kennzeichnende Charakteristika einer *perfectio hominis* zu stehen kommen, sie diesem also erst sein maßgebliches Profil geben und daher ebenso als zentrale Marker von Vollkommenheit gelten dürfen.

Auch wenn *Henning Luther* dem Begriff der Vollkommenheit ablehnend gegenübersteht, lässt er sich in die hier vorgestellte Reihe derer integrieren, für die das höchste Ideal menschlichen Lebens entscheidend durch Glaube und Liebe geprägt wird. Tatsächlich ist sein Plädoyer für die Verabschiedung des Strebens nach Vollkommenheit gerade durch die Wiedergewinnung der Fähigkeiten zu lieben, zu hoffen und zu trauern motiviert. Auch wenn der Glaube in dieser Reihe nicht mit genannt wird, ist seine hohe Bedeutung bei Henning Luther unstrittig. Glaube ist bei Henning Luther ja gerade Ausdruck der von ihm nachdrücklich propagierten Möglichkeit als Fragment, d.h. in der Annahme eigener Fragmentarität, leben zu können. Auch wenn der Vollkommenheitsbegriff selbst bei Henning Luther abgelehnt wird, so sind doch auch in seiner Konzeption eines anzustrebenden Lebensideals Glaube und Liebe zentrale Charakteristika.

---

[4] Hirsch, Geschichte IV, 30.
[5] Tillich, ST III, 274.

Dieser Durchgang hat gezeigt, dass vieles dafür spricht, *Glaube* und *Liebe* als Kontinuum und Kernstück zumindest einer evangelisch-*lutherischen* Vollkommenheitsvorstellung zu betrachten. Im so verstandenen christlichen Ideal des Menschen sind demnach eine vertikale und horizontale Dimension miteinander verschränkt.

Der *Glaubensbegriff* ist zum einen Indikator der *vertikalen* Dimension und damit Ausdruck eines Transzendenzbezugs, der jeweils als Gottesbeziehung zur Sprache gebracht wird. Bei allen Differenzen hinsichtlich der konkreten terminologischen und metaphorischen Fassung dieses Gegenübers, m.a.W. der Modi der Gottesbilder, ist der jeweils genannte göttliche Bezugspunkt eine Gemeinsamkeit aller betrachteten Positionen.

Mit dem *Liebesbegriff* wird zum anderen nicht nur, aber vor allem eine horizontale Dimension angesprochen, die insbesondere auf den Mitmenschen bezogen ist. Damit ergibt sich als Vollkommenheitsideal das Bild eines Menschen, der in maximaler Weise glaubt und liebt. Christliche Vollkommenheit ist daher einerseits durch einen konstitutiven Außenbezug – Glaube an einen gnädigen Gott – bestimmt, andererseits nie solitär, sondern immer in sozialen Bezügen gedacht. Damit lässt sich schlussfolgern, dass eine christliche Vollkommenheit – wie sie in den untersuchten Positionen zum Ausdruck kommt – stets von einem konstitutiven Beziehungsgedanken getragen wird. Der Glaube, der häufig insbesondere durch das Verhältnis des Vertrauens näherbestimmt wird, kommt als Beziehung zu Gott zu stehen. Der Aspekt der Liebe ist jeweils in der ein oder anderen Weise durch das Doppel- resp. Dreifachgebot der Liebe – Gott, den Nächsten, sich selbst – profiliert, wobei häufig besonders die Bedeutung des Nächsten akzentuiert wird.[6]

Vor diesem Hintergrund überrascht es nicht, dass *Jesus Christus* immer wieder als *exemplarischer Mensch* und *Bild der Vollkommenheit* vorgestellt wird. Abgesehen von Henning Luther, der dem Vollkommenheitsbegriff ablehnend gegenübersteht, wird Jesus Christus bei allen als ein Mensch mit den entsprechenden Attributen der Vollkommenheit oder überhaupt als vollkommener Mensch präsentiert. Dabei werden ihm die beiden genannten zentralen Aspekte von Vollkommenheit, Glaube und Liebe, in einem höchsten Realisierungsgrad zugeschrieben, sodass er als der vollkommen Glaubende und vollkommen Liebende erscheint. In der Regel korrespondiert diese Zuschreibung mit der Überzeugung, dass Jesus frei von Sünde war. Natürlich wird auch der jeweils zugrunde liegende Sündenbegriff ganz unterschiedlich profiliert, ohne dass dies an dieser Stelle stärker vertieft werden kann. Häufig jedoch – darauf kommt es hier an – wird diese Freiheit von Sünde entweder mit einem der beiden Zentralbegriffe oder sogar mit beiden verknüpft. Wachsende Freiheit von Sünde bedeutet dann, in der Stärke des Glaubensbewusstseins und in der Fähigkeit Gott, den Nächsten und sich selbst lieben zu können zuzunehmen.

---

[6] Man denke z. B. an die Ausführungen dazu von Albrecht Ritschl, vgl. I.5.4.

In einem weiteren Punkt wird nun vergleichend nach den unterschiedlichen Konsequenzen der verschiedenen Ansätze hinsichtlich der *Vollkommenheitsambivalenz* gefragt (Frage 4).

Dazu soll zunächst noch einmal in Erinnerung gerufen werden, dass weder ambivalente Erfahrungen noch das Bewusstsein davon, in diesem Fall also das Erleben von Vollkommenheitsambivalenz, problematisch sind. Es gibt pathologische Erfahrungen von Ambivalenz – so Klessmann im Anschluss an Gaetano Benedetti – wenn „jemand von ihr [der Ambivalenz, C.S.] gleichsam überfallen wird und sich von ihr gelähmt fühlt"[7]. In der Regel aber wird umgekehrt davon ausgegangen, dass „krankhaft [...] vielmehr die Unfähigkeit [ist], Ambivalenzen überhaupt wahrzunehmen und mit ihnen umzugehen"[8]. Die Brille, durch die gewissermaßen auf die verschiedenen Vollkommenheitsthematisierungen und ihre implizit oder explizit aufgeworfenen Ambivalenzerfahrungen und Ambivalenzverarbeitungen geblickt wird, ist also durch die These geformt, dass es – wie Klessmann formuliert – „als ein Zeichen psychischer Gesundheit und Reife gelten muss, Ambivalenz anzuerkennen und im Fühlen, Denken und Handeln entsprechend zu berücksichtigen"[9]. Vor diesem Hintergrund ist auch Klessmanns weitergehender These zuzustimmen, dass daher „Ambivalenztoleranz und Ambivalenzbereitschaft als notwendige Voraussetzung [erscheinen], um produktiv in postmodernen Lebensverhältnissen leben und arbeiten zu können. Man kann auch sagen: Ambivalenztoleranz bedeutet Autonomiegewinn und die wiederum ist ein wichtiger Bestandteil von Resilienz"[10].

Zugleich stellen diese Ambivalenzerfahrungen lebenspraktisch immer eine Herausforderung dar. Genau dadurch ist vermutlich der häufige Wunsch nach Vereindeutigung und Ambivalenzvermeidung begründet. Wie stark eine Ambivalenz als Leiden erlebt wird, hängt dabei von verschiedenen Faktoren ab. Einen ganz wesentlichen Faktor stellen die individuellen charakterlichen Dispositionen dar. In dieser Untersuchung sind hingegen nicht diese psychischen Dynamiken thematisiert, die dabei helfen, Ambivalenzen zu ertragen oder sogar zu begrüßen. Hier liegt der Fokus auf den theologischen Konzepten, die im Blick auf das Ideal der Vollkommenheit ein Maß an Ambivalenz eröffnen und damit ein bestimmtes Ambivalenzerleben nahelegen oder triggern. Die verschiedenen theologischen Ansätze konnten so als verhältnismäßig *verschärfte, ausbalancierte* oder *entspannte* Vollkommenheitsambivalenz eingeordnet werden.

Die Suche nach Ambivalenztoleranz und Ambivalenzbereitschaft bzw. einem geeigneten „Ambivalenzmanagement"[11] ist dabei *begrifflich* natürlich eine an die verschiedenen theologischen Perspektiven von außen herangetragene. Schon der

---

[7] KLESSMANN, Ambivalenz und Glaube, 81.
[8] A.a.O., 66.
[9] A.a.O., 68.
[10] A.a.O., 87.
[11] MALTE DOMINIK KRÜGER, Das Imaginäre in der Gesellschaft. Bildhermeneutische Überlegungen aus evangelischer Sicht, in: WzM 72 (2020), 128–139, hier 130.

Begriff der Ambivalenz dürfte – abgesehen von Tillich und Henning Luther – den anderen untersuchten Theologen unbekannt gewesen sein, die Suche nach *Ambivalenztoleranz* oder gar einem *Management* dieses Problems ohnehin. Das bedeutet jedoch nicht, dass die Frage *sachlich* unangemessen wäre. Natürlich hatte auch Martin Luther sowie alle anderen ein Bewusstsein für die evaluativen Gleichzeitigkeiten und Gebrochenheiten menschlicher Erfahrung. Luthers berühmte Wendung vom Gläubigen als „simul iustus et peccator" ist sicherlich eines der prominentesten Beispiele dafür.

Vollkommenheitsambivalenz wurde in der Einleitung (2.) als die häufig sowohl positive als auch negative Gefühle hervorrufende Erfahrung eingeführt, die durch die Differenz zwischen einem als vollkommen imaginierten Ideal-Ich und dem empirisch-faktischen Ich ausgelöst wird.

Da die Wahrnehmung diverser Ambivalenzen lebenspraktisch unvermeidbar ist, Akzeptanz und Umgang mit diesen folglich notwendige Bedingungen gelingenden Lebens sind, ist somit nicht eine solche Position besonders zu würdigen, die diese Ambivalenz aufzulösen versucht. Vielmehr kann eine (theologische) Position dann als besonders überzeugend gelten, wenn sie hinsichtlich des gezeichneten höchsten, vollkommenen Strebensziels und dem Umgang damit lebensförderlich-produktive, nicht aber überfordernd-destruktive Ambivalenzen zu triggern vermag.

Im Folgenden müssen die dazu bereits dargestellten Überlegungen der einzelnen Kapitel nicht noch einmal detailliert aufgerufen werden. Stattdessen sollen wesentliche Beobachtungen dazu nebeneinandergestellt und verglichen werden.

Grundsätzlich hat sich gezeigt, dass sich in den Texten aller untersuchten Theologen die genannte Ambivalenz auf die ein oder andere Weise thematisch niederschlägt. Allerdings gilt in der Zusammenschau für alle sieben Positionen, dass diese Ambivalenz durch eine *Abgrenzung von soteriologischen Fragestellungen* prinzipiell entlastet ist. Das jeweils Entscheidende, das in der Regel durch den Begriff der Rechtfertigung ausgedrückt wird, geht allen anvisierten Entwicklungsprozessen sachlich voraus – auch wenn die Entschiedenheit der Trennung v.a. bei Wesley und Spalding diskutabel ist. Damit ist die Vollkommenheitsambivalenz nicht aufgelöst, jedoch entscheidend eingegrenzt.

Im Einzelfall variieren die betrachteten Positionen jedoch. Im Vergleich zu Martin Luther erscheint die Vollkommenheitsambivalenz bei *Ritschl* noch stärker entlastet. Sein Konzept dürfte unter den in diesem Band betrachteten Positionen wohl als dasjenige mit der entspanntesten Vollkommenheitsambivalenz anzusehen sein. Denn indem der Gläubige nach Ritschl (im qualitativen Sinn) bereits als vollkommen zu betrachten *ist* und es ‚lediglich' auf eine Vertiefung der verschiedenen Vollkommenheitsaspekte ankommt, wird die Vollkommenheitsambivalenz regelrecht aufgelöst. Sie taucht bei Ritschl eher in der Frage auf, ob die fünf verschiedenen Aspekte – Glaube, Demut, Geduld, Gebet und das Wirken im Beruf – überhaupt jeweils verwirklicht sind und damit hinsichtlich des Gläubigen von einer christlichen Vollkommenheit gesprochen werden kann.

In seiner Kritik an einem (seiner Definition entsprechenden) Vollkommenheitsideal löst natürlich auch *Henning Luther* jegliche Vollkommenheitsambivalenz auf. Das Anliegen, ambivalente Erfahrungen zuzulassen ist aber bei ihm grundsätzlich in besonderer Deutlichkeit zu greifen, da er das Ideal der Vollkommenheit gerade als den problematischen Versuch interpretiert, die eigene Identität zu vereinheitlichen und deren biografische Entstehung lediglich als Erfolgsgeschichte zu charakterisieren. Insofern lässt sich bei Henning Luther zwar von einer positiven Beurteilung ambivalenter Erfahrungen als Teil einer lebendigen Biografie sprechen. Aspekte von *vollkommenheitsambivalenten* Erfahrungen sucht man hingegen vergeblich, da zumindest in den betrachteten Texten ein christliches Lebensideal lediglich angedeutet wird.

Ritschl und Henning Luther sind innerhalb der hier verglichenen Positionen *Francke* und *Wesley* gegenüber zu stellen. Deren Theologie zeichnet sich jeweils dadurch aus, dass die Vollkommenheitsambivalenz durch eine typisch pietistische Verpflichtung auf das jeweilige Heiligungsideal relativ stark ausfällt. Für Wesley gilt dies in noch größerem Maße als für Francke. Wesleys Überzeugung, dass ein vollkommenes, sündenfreies Leben zumindest phasenweise möglich ist, dürfte sowohl in hohem Maße motivierend als auch abwertend gewirkt haben. *Motivierend* dadurch, dass die vor allem in Predigten immer wieder zum Ausdruck gebrachte Erreichbarkeit der Vollkommenheit für jedermann als scheinbar reale Möglichkeit präsentiert wurde. *Abwertend* dadurch, dass gerade das (ständige) Scheitern an einem so hohen Anspruch trotz der ebenso vertretenen Vergebungsperspektive immer auch Versagens- und Enttäuschungserfahrungen mit sich gebracht bringt. Ähnliches dürfte – wenn auch in etwas schwächerem Maße – für Franckes Äußerungen zu diesem Thema gelten.

Bei *Spalding* scheint die Ambivalenz wiederum fast dadurch aufgelöst, dass er die Perspektive der Vollkommenheit, die bei ihm als ‚Bestimmung' des Menschen dargestellt wird, vor allem als positive Aussicht präsentiert. In geradezu typisch aufklärerischem Enthusiasmus wird von ihm die religiös imprägnierte Vorstellung der Verwirklichung der natürlichen Potenziale des Individuums gefeiert. Stärker ambivalente Implikationen bringt diese Perspektive nur dann mit sich, wenn eine solche Aussicht nicht mehr als enthusiastische Verheißung, sondern als überfordernder *Anspruch* verstanden wird.

Als eine Form der besonderen Ausbalancierung sollen hier die Ansätze von *Tillich* und *Martin Luther* in Erinnerung gerufen werden. Bei Tillich muss der Gläubige „begreifen, daß er trotz seiner Unheiligkeit ein Heiliger sein kann"[12]. In seiner bleibenden Unvollkommenheit kann der Gläubige somit auch immer stärker von Glaube und Liebe und den beschriebenen vier Prinzipien reifen und damit dem ‚Bild der Vollkommenheit' näherkommen. Damit ist einerseits ein Vollkommenheitsideal beschrieben, das eine Heiligungs- und Wachstumsperspektive eröffnet. Andererseits ist auch bei Tillich dieses Ideal klar losgelöst von soteriologischen Fragen und verbunden mit der Überzeugung bleibender Nicht-

---

[12] TILLICH, ST III, 251.

Perfektibilität. Damit liegt Tillich etwa auf einer Linie mit dem Ansatz Martin Luthers.

Bei Martin Luther hat sich in exemplarischer Weise gezeigt, dass Heiligung bzw. Annäherung an das Ziel der Vollkommenheit weder den Wert eines Menschen noch dessen Erlösung bedingen. In Luther Ansatz schafft vielmehr umgekehrt das Bewusstsein der Rechtfertigung *Freiheitspotentialen* Raum, die neue Möglichkeiten der *Selbsttransformation* und – was damit verbunden ist – des *Weltengagements* eröffnen.

Damit lässt sich Folgendes festhalten: Bei Luther ist die Vollkommenheitsambivalenz einerseits nicht aufgelöst. Die passiv erfahrene Gnade der Rechtfertigung führt zu keinem passiven Selbst- und Weltverhältnis, sondern zielt im Gegenteil aktivierend gerade auf Veränderung in beiderlei Hinsicht ab. Andererseits wird das gläubige Subjekt in diesem Streben durch die genannten Entlastungen hinsichtlich seiner Transformationsperformance nicht dergestalt unter Druck gesetzt, dass diese Entwicklungsperspektive überfordernd wirkt. Bei Luther scheint daher eine ausbalancierte Perspektive gezeichnet, in der sich aus dem dargestellten Vollkommenheitsbild lediglich moderate Ambivalenzen ergeben, welche Erfahrungen der Lebendigkeit und Freiheit nicht verhindern, sondern im Gegenteil gerade initiieren und fördern. Dies ergibt sich insbesondere daraus, dass in diesem Prozess der Selbstwert des Subjekts, sein Angenommen-Sein nicht begründet oder etabliert werden muss, sondern unabhängig davon im Glauben vorausgesetzt werden darf.

Damit ist ein Selbstverhältnis eröffnet, dass eigene Schwächen, Begrenzungen, Verwundungen und aus religiöser Sicht die eigene Anlage zur Sünde nicht zu verdrängen oder zu überwinden braucht, sondern diese akzeptierend in das Selbstbild zu integrieren vermag. Die Akzeptanz eigener Nicht-Perfektibilität, also der Überzeugung, dass ein vollkommen moralisches Handeln unmöglich ist, bietet somit die Voraussetzung eines realistischeren „Endlichkeitsmanagements"[13].

Da die Dimension des Glaubens vor allem als Modus des Vertrauens beschrieben werden muss, in der ganz Entscheidendes nur empfangen, nicht aber selbst bewerkstelligt werden kann, ergibt sich daraus eine erhebliche Entlastung, die einer *Haltung der Gelassenheit* förderlich ist. Indem der Mensch – theologisch klassisch gesprochen – seine Rechtfertigung nicht selbst leisten kann, sondern diese allein aus göttlicher Gnade empfängt, sind ihm grundlegende Möglichkeiten als auch potentielle Zwänge der Eigenleistung versperrt und ersetzt durch das Versprechen der gnadenhaften Gewährung. Die Erfahrung, „daß ich – obwohl unannehmbar – angenommen bin"[14] bzw. das eigene Leben sinnvoll ist und der Gläubige sich als anerkannt und wertvoll erfährt – wie auch immer der Kern der Rechtfertigungslehre in Worte gefasst wird –, befreit von dem praktischen Bemühen, sich diese Überzeugung erarbeiten zu müssen. Die auf diesem Wege passiv erfahrene Erfüllung eines Grundbedürfnisses bzw. die Beantwortung einer

---

[13] Vgl. zu diesem Begriff LEONHARDT, Ethik, 295ff.
[14] TILLICH, ST III, 256.

existentiellen Grundfrage führt daher im Blick auf andere Lebensfragen zu einer mehr oder weniger starken Gelassenheit.

Auf der anderen Seite führt gerade diese Gelassenheit nicht in eine quietistische Haltung, sondern umgekehrt zur Entfaltung neuer Potentiale des *Engagements*. Mit der Liebe zum Nächsten ist dem Gläubigen ein Ziel vorgegeben. Durch die Entlastung hinsichtlich existentieller Fragen im Glauben sind zudem Energien freigesetzt, über die im Blick auf das Ziel der Nächstenliebe verfügt werden kann. Bei Martin Luther wurde dieser Zusammenhang als Freisetzung *neuer Potentiale des Weltengagements* beschrieben (vgl. I.1.4).

Dieser Zusammenhang zwischen Rechtfertigung und den dadurch freigesetzten Energien, die nun nicht mehr dafür verwendet werden müssen, sich ‚selbst ein Ansehen' zu verschaffen, hat im Blick auf die Theologie Martin Luthers auch Wilfried Härle gezogen:

Wer sich von Gott gerechtfertigt, d. h. angenommen und anerkannt weiß, hat damit ein Fundament für sein Leben, das ihm Vertrauen und Zuversicht verleiht. Er wird damit aber auch frei, von dem Zwang oder der Versuchung, sich selbst behaupten und durchsetzen zu müssen, und er kann stattdessen seine Talente und seine Lebensenergie zur Ehre Gottes und zum Wohl seiner Mitmenschen einsetzen. Das ist dann eine Frucht oder Wirkung des Rechtfertigungsglaubens, die nicht (mehr) dazu dient, sich vor Gott und den Menschen selbst ein Ansehen zu verschaffen. Wenn die Energie, die Menschen normalerweise für ihre Selbstbehauptung und Selbstinszenierung benötigen, frei wird für das, womit man anderen Menschen – sei es als Privatperson, sei es durch Übernahme öffentlicher Aufgaben – nützlich und behilflich sein kann, dann ist das im Sinne der reformatorischen Rechtfertigungslehre Luthers die schönste irdische Konsequenz, zu der der Rechtfertigungsglaube führen kann. Und zu diesen Konsequenzen gehört es auch und nicht zuletzt, anderen gegenüber den Rechtfertigungsglauben zu bezeugen, von dem man selbst lebt.[15]

Als ein Beispiel, in der diese Verbindung von fröhlicher „Zuversicht", aber auch Lust „jedermann zu dienen" ausdrücklich auch von Luther selbst nebeneinandergestellt und psychologisch miteinander verschränkt wird, sei hier ein Auszug aus seinen *Vorreden zum Neuen Testament* wiedergegeben:

Glaube ist eine lebendige, verwegene Zuversicht auf Gottes Gnade, so gewiss, dass er tausendmal darüber stürbe und solche Zuversicht und Erkenntnis göttlicher Gnade macht fröhlich, trotzig und lustig gegen Gott und alle Kreaturen, welches der Heilige Geist tut im Glauben. Daher ohne Zwang willig und lustig wird, jedermann Gutes zu tun, jedermann zu dienen, allerlei zu leiden, Gott zu Lieb und Lob, der ihm solche Gnade erzeigt hat, also, dass es unmöglich ist, Werke vom Glauben zu scheiden, ebenso unmöglich, wie Brennen und Leuchten vom Feuer mag geschieden werden.[16]

---

[15] HÄRLE, Luthers Rechtfertigungsverständnis, 134.
[16] MARTIN LUTHER, Das Neue Testament. Vorrede auf die Epistel S. Pauli an die Römer, WA Dt. Bibel 7, 10,16–23, Übertragung C.S.

Eine so dargestellte Haltung, die hier durch die Wortverbindung der *engagierten Gelassenheit* zusammengefasst werden soll, dürfte aber gerade in erheblichem Kontrast zu vielen gegenwärtigen Formen der Selbstoptimierung stehen. Diese Frage wird im folgenden II. Hauptteil genauer zu betrachten und anschließend im *systematischen Ertrag* wieder aufzugreifen sein.

II. Hauptteil:
Selbstoptimierung als Phänomen der Spätmoderne

1. Hinführung am Beispiel des #thatgirl-Trends

„I never thought the system was equitable.
I knew it was winnable for only a small few.
I just believed I could continue to optimize
myself to become one of them."[1]
Anne Helen Petersen

„If the only tool you have is a hammer,
you tend to treat everything as if it were a nail."[2]
Abraham Maslow

Dieser vorliegende Band ist durch die Frage nach einer lebensdienlichen Persönlichkeitsentwicklung motiviert. Im I. Hauptteil wurden daher verschiedene theologische Perspektiven auf eine *perfectio hominis* und die darauf orientierten Wachstumsmöglichkeiten betrachtet. Im II. Hauptteil wird diesen protestantischen Vollkommenheitsvariationen ein spätmodernes Gegenwartsphänomen gegenübergestellt, das mit dem Label der Selbstoptimierung zur Sprache gebracht ist. Sowohl die Orientierung an einem *vollkommenen Selbst* als auch das Bemühen um *Selbstoptimierung* beschreiben auf unterschiedliche Weise den Versuch einer Verbesserung oder sogar Perfektionierung des individuellen Subjekts. Auf der Grundlage dieses gemeinsamen Anliegens können die verschiedenen theologischen und spätmodernen Wachstumsmodelle miteinander verglichen und in einen kritischen Diskurs gebracht werden.

In diesem II. Hauptteil wird daher in den ersten drei Kapiteln untersucht, welches Phänomen mit Selbstoptimierung genau beschrieben ist. Im Anschluss an diese *Hinführung* (1.) wird dazu der aktuelle *Forschungsstand* dargestellt (2.). Im dritten Kapitel werden dann verschiedene inhaltliche Aspekte und Perspektiven zusammengeführt. Nach einigen Bemerkungen *zur Geschichte des Begriffs*

---

[1] ANNE HELEN PETERSEN, How Millennials Became The Burnout Generation. I couldn't figure out why small, straightforward tasks on my to-do list felt so impossible. The answer is both more complex and far simpler than I expected., in: BuzzFeedNews (05.01.2019). URL: https://www.buzzfeednews.com/article/annehelenpetersen/millennials-burnout-generation-debt-work (Stand: 23.10.2023).

[2] ABRAHAM H. MASLOW, The Psychology of Science. A Reconnaissance (J. Dewey Soc. S) 1966, 15.

(3.1) wird eine ganz grundsätzliche Einordnung von *Selbstoptimierung als gegenwartsspezifisches Selbstverbesserungsprogramm* (3.2) versucht. *Selbstoptimierung zwischen extrinsischer und intrinsischer Motivation* differenziert dann genauer die individuellen und gesellschaftlichen Beweggründe (3.3). Diese Perspektive vertiefend werden unter der Überschrift *Singularisierung als Ziel der Selbstoptimierung* die intrinsischen Motive im Anschluss an Andreas Reckwitz genauer betrachtet (3.4). Die mit den Optimierungsbemühungen verbundenen Probleme lassen sich u. a. mit Hartmut Rosa resonanztheoretisch beschreiben. Dies wird im Abschnitt *Selbstoptimierung als resonanzhemmendes Weltverhältnis* (3.5) unternommen. Schließlich wird mit Dieter Funke auch eine psychologische Analyse aufgenommen, in der Selbstoptimierung in der Entwicklung *Vom Ideal-Ich zum Ich-Ideal* verortet wird (3.6). Im vierten und letzten Kapitel dieses Hauptteils werden mit Hans Joas, Michael Roth und Michael Klessmann drei theologische Sichtweisen auf den Themenkomplex der Selbstoptimierung zur Darstellung gebracht. Im abschließenden *systematischen Ertrag* werden alle betrachteten Analysen beider Hauptteile zusammengeführt. Der unter II.4 durch die Darstellung der Kritik von Joas, Roth und Klessmann eröffnete Vergleich zwischen einem christlich-theologischen Selbst- und Weltverhältnis und den dann betrachteten Selbstoptimierungsansätzen wird darin durch die Ergebnisse des I. Hauptteils vertieft und ergänzt.

Doch was motiviert zur Auseinandersetzung mit Selbstoptimierung?

Der Begriff der Selbstoptimierung ist in den letzten Jahren geradezu omnipräsent geworden. Eine Vielzahl an Artikeln, Blogeinträgen und anderen Publikationen zeigt, dass er von vielen als gesellschaftlicher Leitbegriff der Gegenwart verstanden wird. Dass heutzutage angeblich jeder ‚an sich arbeitet' resp. sich selbst optimiert, Selbstoptimierung zu einer allgemeinen sozialen Norm geworden ist und wir entsprechend als „Optimierungsgesellschaft"[3] im „Zeitalter der Selbstoptimierer"[4] leben, ist inzwischen eine weitverbreitete Meinung. Bisweilen wird sogar noch etwas stärker von einem ‚Optimierungsglauben' als quasi säkularer Religion gesprochen.[5] Zumindest aber scheint Selbstoptimierung so etwas wie „die neue erste Bürgerpflicht"[6]. All das zeigt den Stellenwert, den der Begriff als gesellschaftliches Gegenwartsphänomen inzwischen einnimmt.

Interessanterweise wird der Begriff dabei häufig noch mit dem Zusatz versehen, dass es sich bei dieser zeittypisch weitverbreiteten Grundaktivität um einen ‚Wahn' handelt. Der sonst häufig neutral als Gegenwartsphänomen oder positiv-

---

[3] Vgl. Anm. 9.
[4] CORINNA MÜHLHAUSEN u. PETER WIPPERMANN, Das Zeitalter der Selbstoptimierer. Healthstyle 2; ein Trend wird erwachsen, Hamburg 2013.
[5] Vgl. DAGMAR FENNER, Selbstoptimierung und Enhancement. Ein ethischer Grundriss, Tübingen 2019, 9.
[6] DIRK MAXEINER u. MICHAEL MIERSCH, Selbstoptimierung ist die neue erste Bürgerpflicht, in: Die Welt (13.03.2014). URL: https://www.welt.de/debatte/kolumnen/Maxeiner-und-Miersch/article125771182/Selbstoptimierung-ist-die-neue-erste-Buergerpflicht.html (Stand: 23.10.2023).

affirmativ als zu begrüßende Entwicklung betrachtete Trend bekommt durch die Charakterisierung als Selbstoptimierungs*wahn* ganz offensichtlich eine negative, problematisierende Färbung. In diesem Zuge wird dann von einer um sich greifenden „Volkskrankheit"[7] gesprochen, einem ‚gefährlichen', sich selbst beschleunigenden Imperativ mit Suchtpotential, der nicht nur gesundheitlich schwerwiegende Folgen mit sich bringen kann, sondern letztlich zu immer größerer Unzufriedenheit und damit zum Gegenteil dessen führt, was mit ihm eigentlich bezweckt wird. Mit der Überzeugung, dass dieser Begriff analytisch treffend einen gesellschaftlichen Trend abbildet, geht demnach in vielen Beiträgen ein gewisses Problembewusstsein einher. So häufig dieses begegnet, so erstaunlich ungenau ist es allerdings in der Regel erfasst. Das dürfte schon daran liegen, dass der Begriff der Selbstoptimierung seinerseits eher ein Sammelbegriff mit unklarem Profil ist, der möglicherweise ein mehr gefühltes als genau verstandenes Phänomen zur Sprache zu bringen versucht. Entsprechend schwierig ist es, die Grenze zu bestimmen, ab der das sich optimierende Selbst einem ‚Wahn' verfallen ist.

Als ein Beispiel sei an dieser Stelle auf einen jüngeren Trend verwiesen, der unter dem Hashtag #thatgirl firmiert. Damit wird ein überwiegend auf TikTok und Instagram ausgelebtes Kommunikationsgeschehen zusammengefasst, in dem eine Vielzahl vor allem junger Frauen per Video Einblick in ihr tägliches Leben, ihre Routinen, Überzeugungen, Produktverwendungen und ihr Konsumverhalten gibt.[8] Häufig handelt es sich bei den Produzentinnen der Videos um Influencerinnen mit teilweise erstaunlicher Reichweite,[9] die ihre teils äußerst zahlreichen Follower – vermutlich in der Regel junge Frauen und Mädchen – mit teils kommerziellen, teils unkommerziellen Tipps und Hinweisen versorgen. #Thatgirl – ‚dieses (eine) Mädchen' – verweist dabei auf ein zunächst nicht näher bestimmtes Idealbild eines Mädchens oder einer jungen Frau, an dem sich die jeweilige Influencerin orientiert und das sie durch die Optimierung ihres Alltags sukzessive zu werden versucht, um damit wiederum Vorbild all ihrer Follower zu sein. Einer der Klassiker besteht beispielsweise darin, die ersten Stunden des Tages in den bewusst reflektierten Routinen darzustellen. Zum Kanon wichtiger Empfehlungen gehören dann häufig: Frühes Aufstehen, Yoga, Zitronenwasser, ein Dankbarkeitsjournal, Spazierengehen oder Sport samt einem auf Gesundheit und Muskelwachstum abgestimmten Frühstück, Styling- und Schminktipps, Nutzung verschiedener (Haut-)Pflegeprodukte sowie eine zu erstellende To-do-

---

[7] ISABELL PROPHET, Selbstoptimierungswahn: Wie gut soll ich denn noch werden?, in: Emotion. URL: https://www.emotion.de/leben-arbeit/gesellschaft/selbstoptimierungswahn (Stand: 23.10.2023).

[8] Auf TikTok hat der Hashtag #thatgirl immerhin 8,2 Milliarden Aufrufe, vgl. NINA BRUGGER: Ein Lifestyle, der von Selbstoptimierung und Produktivität lebt. Darum ist der „That Girl"-Trend auf TikTok so gefährlich, in: Elle (28.12.2022). URL: https://www.elle.de/female-empowerment-tiktok-trend-that-girl-selbstoptimierung (Stand: 23.10.2023).

[9] Das Youtube-Video von Vanessa Tiiu wurde – Stand 23.10.2023 – inzwischen deutlich über sechs Millionen Mal angeklickt, VANESSA TIIU, The Ultimate Guide to Being „THAT Girl" 2021.

Liste, die dann im Laufe des Tages abgearbeitet wird. In den gelegentlichen und in der Regel eher kurzen Reflexionen, was eine Orientierung an #thatgirl konkret bedeutet, wird darauf verwiesen, dass dieses Ideal als ein völlig individuelles zu verstehen sei. Gesucht wird also einerseits vorgeblich kein bestimmtes, für alle gleichermaßen geltendes Lebensmodell, sondern es werden bestimmte Gewohnheiten und Überzeugungen dargestellt, die dabei helfen sollen, die ganz persönlich beste Version seiner selbst zu werden. Andererseits werden durchaus teils explizit, teils implizit, sehr konkrete Körper-, Verhaltens- und Moralnormen transportiert, die ganz offensichtlich in Spannung zur absoluten Offenheit möglicher Persönlichkeitsentfaltung stehen. Da es keine klaren Definitionen und nur bedingt explizite Reflexionen gibt, lässt sich das vermittelte #thatgirl-Stereotyp folglich nicht eindeutig bestimmen. Heuristisch kann aber durchaus ein ungefähres Profil dieses Bildes gezeichnet werden. #Thatgirl ist selbstbewusst, physisch und psychisch gesund, produktiv, äußerst eigenständig und selbstbestimmt, fühlt sich stets gut oder ist sogar glücklich. Durchaus zutreffend scheint daher die Beschreibung eines „lifestyle studio"[10], das unter der Überschrift „become who you were made to be" #thatgirl als „a woman or girl; fiercely intelligent; inherently creative; confident; brave; compassionate; speaks her truth; does what she needs + wants to do, regardless of convention"[11] beschreibt.

Der #thatgirl-Trend kann daher – auch ohne dass der Begriff bislang näher bestimmt worden ist – als passendes Beispiel für eine Form der Selbstoptimierung bezeichnet werden: Einerseits, da sich die Influencerinnen selbst an einem bestimmten Ideal orientieren, in das sie sich zunehmend hineinzuverwandeln trachten. Das Motto „being the ideal girl, that you have in your head"[12] scheint hier durchaus eine repräsentative Formulierung. Andererseits, da die Influencerinnen in einem pädagogischen Impetus ihre Follower zu einem Verhalten der Nachfolge motivieren und durch diese kommunizierten Impulse ihrerseits zu einer konsequenten Selbstoptimierung anleiten wollen.

Den bereits genannten Eigenschaften von #thatgirl entsprechend, geht es dabei nicht allein um die Maximierung eigener Produktivität im Sinne eines bestimmten (Work-)Outputs. Vielmehr spielen die eigene Gesundheit und persönliche Zufriedenheit durchaus eine wiederkehrende Rolle. Dabei fällt zunächst auf, dass auch Bereiche wie Wellness und Lebensgenuss immer dem höheren Zweck der Optimierung unterliegen. Ein Buch wird zwar nicht nur gelesen, um sich zu bilden und ‚neue Worte zu lernen' – wie in einem Video hervorgehoben –, sondern auch, um sich daran zu erfreuen und zu entspannen. Genuss und Entspannung stehen letztlich aber nicht als Selbstzweck für sich, sondern dienen wiederum dem letzten Ziel, eine ‚bessere Version von sich selbst' zu werden. Damit wird die intrinsische Motivation tendenziell desavouiert, aus der heraus etwas schlicht um seiner selbst willen getan wird, z. B. weil es gefällt. Stattdessen wird diese in-

---

[10] URL: https://thatgirlandco.com/ (Stand: 23.10.2023).
[11] Ebd.
[12] So z. B. im genannten Youtube-Video: Tiiu, The Ultimate Guide.

trinsische Motivation ihrerseits erst dadurch legitimiert, dass sie auf bestimmte Weise dem höchsten Zweck, der Optimierung des Selbst, dient. Das geht damit einher, dass die Güter Freude und Entspannung sich wie alles andere in einem Abwägungswettbewerb befinden, der vor dem Gericht des höchsten Zwecks ausgetragen wird. Am Ende muss sich demnach jedes Mädchen (und jeder Mensch) fragen, ob statt der Lektüre eines Buches dem höchsten Zweck nicht durch ein weiteres Workout, die Zubereitung eines Gerichts oder die Investition in die eigene Ausbildung besser gedient wäre.

Dass mit dem #thatgirl-Trend, der hier *pars pro toto* als ein aktuelles kulturell greifbares Selbstoptimierungsphänomen herangezogen wurde, leicht ein immenser Druck auf Mädchen und (junge) Frauen entstehen kann, ist offensichtlich. Zudem ist natürlich interessant, welche Facetten menschlichen Lebens in einer solchen Orientierung kaum integriert werden können und daher schnell übergangen, wenn nicht sogar tabuisiert werden.

Das Leiden, das daraus folgen kann, hat vor wenigen Jahren Anne Helen Petersen in einem viel beachteten Artikel auf BuzzFeedNews unter dem Titel *How Millennials Became The Burnout Generation*[13] thematisiert.[14] Ihre Grundthese lässt sich dabei auf die Vermutung zuspitzen, dass die behauptete besondere Neigung der Generation der Millenials zu Überforderung und Burnout ihren Grund in der von ihr selbstverständlich verinnerlichten Haltung permanenter Optimierung findet. Wie im oben angeführten Eingangszitat deutlich wird, sind diese Optimierungsbemühungen vor allem durch den gesellschaftlichen Wettbewerb um attraktive Jobs und Ressourcen angetrieben, in dem sich insbesondere die Millenials wähnen. Allerdings enden die fortwährenden Optimierungsbemühungen, so Petersen, längst nicht bei beruflichen Aspekten – wenn sich diese überhaupt (noch) vom Privaten abgrenzen lassen. Stattdessen dreht sich der Optimierungskreisel auch im privaten Bereich intensiv weiter, indem beispielsweise beim Sport, Yoga oder durch Beauty-Anwendungen wie z. B. Gesichtsmasken an einem attraktiveren, erholteren und auf Social Media besser präsentablen Selbst *gearbeitet* wird. Auf diese Weise entstehen ermüdende Kreisläufe, die dazu führen, dass scheinbar einfachste Tätigkeiten wie die Beantragung von Wahlunterlagen oder regelmäßige Haushaltsvorkehrungen nicht mehr geleistet werden und letztlich bis ins Burnout führen können, das von Petersen als das klassische Krankheitsbild der Millenials beschrieben wird.

Natürlich ist bei solchen Beobachtungen wie von Petersen immer kritisch zurückzufragen, inwiefern wirklich ein Phänomen getroffen ist oder ob hier lediglich medial etwas zugespitzt ist, das sich im realen gesellschaftlichen Leben weit weniger dramatisch darstellt und durch solche Zuschreibungen möglicherweise erst an Dynamik gewinnt.

---

[13] PETERSEN, How Millennials Became.
[14] Später veröffentlichte Petersen eine Monografie zu der Thematik unter dem fast gleichlautenden Titel DIES., Can't even. How millennials became the burnout generation, Boston 2020.

Es deutet aber neben der Flut an Artikeln und Äußerungen auch die intensivierte wissenschaftliche Debatte zu diesem Thema darauf hin, dass es sich keinesfalls um ein rein mediales Ereignis handelt, sondern ein realer gesellschaftlicher Transformationsprozess bzw. diverse solcher Prozesse angesprochen sind, die tatsächlich veränderten und empirisch wahrnehmbaren Bedingungen entsprechen. Dass damit aber tiefgehende gesellschaftspolitische, ethische und daher auch theologische Fragen angesprochen sind, liegt auf der Hand. Entsprechend hielten Corinna Mühlhausen und Peter Wippermann bereits 2013 fest: „[E]s [braucht] schon jetzt dringend eine öffentliche gesellschaftliche Debatte, um Indizien drohender negativer kultureller Entwicklungen möglichst frühzeitig erkennen und mittels geeigneter Forschungsstrategien oder politischer Regulierungsmaßnahmen korrigieren zu können."[15] Diese Notwendigkeit ist in den letzten Jahren keinesfalls geringer geworden, sondern hat sich ganz im Gegenteil eher noch verschärft.

---

[15] MÜHLHAUSEN/WIPPERMANN, Zeitalter der Selbstoptimierer, 10.

2. Forschungsstand

Seitdem der Begriff der Selbstoptimierung etwa seit Beginn dieses Jahrhunderts, verstärkt ab den 2010er-Jahren[1], zunehmende Popularität erfährt, hat auch die wissenschaftliche Auseinandersetzung mit dem Terminus und den damit angesprochenen Phänomenen in den letzten Jahren an Fahrt aufgenommen. Diese insbesondere in der Psychologie, Philosophie, den Erziehungswissenschaften, vor allem aber in der Soziologie beheimateten Untersuchungen knüpfen dabei ihrerseits an ganz unterschiedliche und zum Teil weit zurückreichende Diskurse an.[2] Da in der vorliegenden Studie insbesondere der Selbstoptimierungsbegriff im Fokus steht, wird vor allem an Darstellungen angeknüpft, die diesen explizit zum Gegenstand haben.

Zu nennen ist hier zunächst die Monografie *Selbstoptimierung und Enhancement*[3] der Philosophin Dagmar Fenner aus dem Jahr 2019. Darin entfaltet sie erhellende begriffliche Differenzierungen und eine präzise Abwägung verschiedener Konzepte, Positionen und zugrunde liegender Normen in systematisierendem Interesse. Sie verfolgt darüber hinaus die Absicht eines ausgewogenen „Abwägen[s] der wichtigsten Positionen und Pro- und Kontra-Argumente"[4] aus philosophisch-ethischer Perspektive. Ihr erklärtes Ziel ist es dabei, die – wie Fenner zu Recht anmerkt – häufig emotional geführte Debatte um Selbstoptimierung und Formen des Enhancements zumindest ein Stück weit zu versachlichen.[5]

Daneben ist außerdem die 2021 erschienene *Soziologie der Selbstoptimierung*[6] von Anja Röcke zu nennen. Darin leistet sie nicht nur eine präzise und umfassende Analyse des Begriffs und seines kulturell-soziologischen Deutungspotentials, sondern führt auch die historischen Voraussetzungen – zu nennen sind insbesondere Bildung, Fortschritt und Rationalisierung – vor Augen, die zu einer kul-

---

[1] Vgl. Röcke, Selbstoptimierung, 58.
[2] Gedacht ist dabei z. B. an den Diskurs um den Begriff der Selbstverwirklichung, die auf Max Weber zurückgehende Verknüpfung von Rationalität und Moderne oder aber auch Auseinandersetzungen rings um die Frage der Ökonomisierung des Sozialen, um nur einige Linien zu nennen.
[3] Fenner, Selbstoptimierung und Enhancement.
[4] A. a. O., 319.
[5] Vgl. ebd.
[6] Röcke, Selbstoptimierung.

turellen Form von Selbstverbesserung geführt haben, die es mindestens bis weit ins 19. Jahrhundert hinein so nicht gegeben hat.[7]

Intensiv mit dem Thema Selbstoptimierung beschäftigt hat sich in den letzten Jahren außerdem der Psychologe und Sozialwissenschaftler Jürgen Straub. Eine Reihe verschiedener seiner Aufsätze zu diesem Thema wurden von ihm 2019 unter dem Titel *Das optimierte Selbst. Kompetenzimperative und Steigerungstechnologie in der Optimierungsgesellschaft*[8] veröffentlicht.

Ebenso aktuell und für diese Studie äußerst interessant ist der 2021 von Vera King, Benigna Gerisch und Hartmut Rosa veröffentlichte Sammelband *Lost in perfection*[9], der ganz unterschiedliche Beiträge aus Soziologie, Psychologie und Psychoanalyse zum Thema (Selbst-)Optimierung zusammenführt. Die Publikation basiert dabei teilweise auf einem mehrjährigen interdisziplinären Forschungsprojekt, das unter der Leitung der drei Genannten „Aporien der Perfektionierung in der beschleunigten Moderne"[10] (kurz: APAS) – so der Titel des Projekts – herausgearbeitet und analysiert hat. Leitend war dabei „die Annahme eines spezifischen Zusammenhangs von Beschleunigung, Optimierung und Perfektionierung, dessen Untersuchung auf verschiedenen Ebenen des Sozialen"[11] aus Sicht der Autoren ausstand und daher multidisziplinär zumindest partiell geleistet wurde. Das permanente Ringen um Optimierung als „eine der gegenwärtig bedeutsamsten kulturellen Leitvorstellungen"[12] ist bei Rosa aber auch vor dem Hintergrund seiner Resonanztheorie zu betrachten. In seiner 2016 erschienen Monografie *Resonanz. Eine Soziologie der Weltbeziehung*[13] wird zwar das Thema Selbstoptimierung von Rosa selbst noch nicht eigens hervorgehoben, jedoch finden sich vielfältige Bezüge zu diversen (Selbst-)Optimierungspraktiken, die auf ihre resonanzfördernden bzw. resonanzhemmenden Auswirkungen befragt werden. Damit eröffnet Rosas Ansatz ein kritisches Potenzial, an das auch in diesem theologischen Zusammenhang angeknüpft werden kann.

Ein weiterer gegenwärtiger soziologischer Entwurf, der hier genauer betrachtet werden soll, ist die 2017 von Andreas Reckwitz veröffentlichte Darstellung zur von ihm postulierten *Gesellschaft der Singularitäten*[14]. Der darin als besonderes

---

[7] Vgl. a. a. O., 35.
[8] JÜRGEN STRAUB, Das optimierte Selbst. Kompetenzimperative und Steigerungstechnologien in der Optimierungsgesellschaft; ausgewählte Schriften (Diskurse der Psychologie), Gießen 2019.
[9] VERA KING/BENIGNA GERISCH/HARTMUT ROSA (Hrsg.), Lost in Perfection, Berlin 2021.
[10] Vgl. dazu DIES., Einleitung: Lost in Perfection, 11f.
[11] BENIGNA GERISCH, VERA KING u. HARMUT ROSA, Über APAS. Aporien der Perfektionierung in der beschleunigten Moderne. Gegenwärtiger kultureller Wandel von Selbstentwürfen, Beziehungsgestaltungen und Körperpraktiken. URL: https://www.apas.uni-hamburg.de/ueber-apas.html (Stand: 23.10.2023).
[12] ROSA u. a., Optimierte Lebensführung, 283.
[13] HARMUT ROSA, Resonanz. Eine Soziologie der Weltbeziehung, Berlin [4]2016.
[14] ANDREAS RECKWITZ, Die Gesellschaft der Singularitäten. Zum Strukturwandel der Moderne, Berlin [3]2017.

Kennzeichen zumindest großer Teile der spätmodernen Gesellschaft dargestellte Wunsch – mitunter auch Zwang – zur Singularisierung geht zwar nicht notwendig mit Selbstoptimierungsbemühungen einher, darf aber durchaus als entscheidendes Movens vieler solcher Anstrengungen vermutet werden. Daher lohnt sich eine Wahrnehmung dieses soziologischen Entwurfs, um die psychologischen Faktoren von Selbstoptimierung besser zu verstehen.

Aus psychologischer Perspektive hat sich Dieter Funke mit dem Thema auseinandergesetzt. In seiner 2016 erschienenen Darstellung *Idealität als Krankheit. Über die Ambivalenz von Idealen in der postreligiösen Gesellschaft*[15] geht er der Frage nach, ob die dauermobilisierte und einer permanenten Steigerungsdynamik folgende Gesellschaft tatsächlich – wie es das oft angenommene Versprechen zu sein scheint – zu mehr Lebensqualität führt oder nicht vielmehr ganz im Gegenteil krank macht.[16] Im Fokus steht dabei insbesondere die Bedeutung und Wirkung selbstgewählter oder übernommener Ideale, denen Subjekte in der Zeit weitgehend zusammengebrochener religiöser Normen nacheifern.

Eine fundierte *theologische* Auseinandersetzung mit dem Stichwort Selbstoptimierung liegt bisher nicht vor. Das ist einerseits nicht völlig überraschend, da die wissenschaftliche Untersuchung dieses Themas auch in anderen Disziplinen wie Psychologie, Soziologie und Philosophie erst in den letzten Jahren deutlich an Aufmerksamkeit gewonnen hat. Andererseits überrascht der übersichtliche Forschungsstand doch ein wenig. Ganz neu ist der gesellschaftliche und auch wissenschaftliche Diskurs inzwischen nicht mehr, wie oben deutlich wurde. Zudem dürfte die theologische Relevanz eines anthropologisch so tiefgreifenden Themas auf der Hand liegen, da darin stets wesentliche Wert- und Gestaltungsfragen persönlichen wie gesellschaftlichen Lebens auf dem Tableau sind. Es stellt sich daher der Eindruck ein, dass das Thema in der Theologie schlicht noch nicht so richtig angekommen ist. Das vorliegende Kapitel geht daher in der gründlichen Wahrnehmung von Selbstoptimierungskonzepten als theologische Perspektive neue Wege.

Dabei können einige kürzere theologische Auseinandersetzungen mit dem Thema der Selbstoptimierung aufgenommen werden. Eine theologische Kritik am Konzept der Selbstoptimierung hat der Mainzer Systematiker Michael Roth bereits 2015 in seinem Aufsatz *Selbstformung und Selbstoptimierung*[17] vorgelegt. Dieser Aufsatz erscheint trotz seines knappen Umfangs von zehn Seiten bisher als die substantiellste Auseinandersetzung mit dem hier betrachteten Thema aus evangelischer Perspektive. Allerdings erscheint der Aufsatz aus heutiger Sicht

---

[15] FUNKE, Idealität als Krankheit?
[16] Vgl. a. a. O., 11.
[17] MICHAEL ROTH, Selbstformung und Selbstoptimierung. Selbstkritische Überlegungen zum „Tanz" um das eigene Selbst, in: RUTH CONRAD/ROLAND KIPKE (Hrsg.), Selbstformung. Beiträge zur Aufklärung einer menschlichen Praxis (Schöningh, Fink and mentis Religious Studies, Theology and Philosophy E-Books Online, Collection 2013–2017), Münster 2015, 277–287.

etwas unspezifisch, da er keinen präzisen Selbstoptimierungsbegriff bestimmt, sondern diesen lediglich als Fortsetzung verschiedener ‚Selbst-Konzepte' wie Selbstverwirklichung, Selbstformung etc. betrachtet. Dies erscheint, das sei hier schon gesagt, aus heutiger Sicht nicht ganz sachgerecht. Trotzdem sind dabei von Roth nicht nur entscheidende Fragen aufgeworfen, sondern auch wesentliche Unterscheidungen dargestellt.

Empirisch vertieft, anhand einiger Graphen illustriert und religionspädagogisch erweitert wurden die im eben genannten Aufsatz entfalteten Gedanken von Michael Roth 2018 in einem gemeinsamen Aufsatz mit der Siegener Theologin, Religionspädagogin und Fachdidaktikerin Mirjam Zimmermann unter dem Titel *„Werde, der du sein willst!". Selbstoptimierung als Phänomen, seine Interpretation und religionspädagogische Strategien zum Umgang*[18]. Der theologische Kern dieser Darstellung entspricht aber im Wesentlichen dem zuerst genannten Aufsatz, daher wird der zweitgenannte lediglich ergänzend herangezogen.

Außerdem hat sich der Praktische Theologe Michael Klessmann mit dem Thema auseinandergesetzt und 2016 einen Aufsatz veröffentlicht, der den Titel *Selbst schuld. Der Zwang zur Selbstverwirklichung und das Risiko des Scheiterns. Praktisch-theologische Überlegungen*[19] trägt. Darin weist Klessmann auf die Aporien hin, die mit der Vorstellung einer grundsätzlichen Machbarkeit verbunden sind und stellt dem eine religiöse Perspektive gegenüber, in der das Leben vor allem als Gabe begriffen wird.

Hans Joas ist zwar Soziologe und Sozialphilosoph, soll aus inhaltlichen Gründen jedoch trotzdem mit in die Reihe theologischer Auseinandersetzungen aufgenommen werden. Sein 2022 erschienenes Buch *Warum Kirche? Selbstoptimierung oder Glaubensgemeinschaft*[20] lässt schon im Titel deutlich werden, dass er Selbstoptimierung in einem ekklesiologischen Rahmen diskutiert und die Potentiale insbesondere gemeinschaftsorientierter Religion als Alternative zur gegenwärtigen Kultur, in der „Selbstoptimierung zu einem dominanten Wert geworden ist"[21], intellektuell neu zu erschließen sucht.

---

[18] MIRJAM ZIMMERMANN u. MICHAEL ROTH, „Werde, der du sein willst!". Selbstoptimierung als Phänomen, seine Interpretation und religionspädagogische Strategien zum Umgang, in: Theo-Web. Zeitschrift für Religionspaedagogik 17 (2018) 1, 66–82. URL: https://www.theo-web.de/fileadmin/user_upload/TW_pdfs1_2018/07.pdf (Stand: 23.10.2023).

[19] MICHAEL KLESSMANN, Selbst schuld. Der Zwang zur Selbstverwirklichung und das Risiko des Scheiterns. Praktisch-theologische Überlegungen, in: Praktische Theologie 51 (2016) 3, 227–233.

[20] HANS JOAS, Warum Kirche? Selbstoptimierung oder Glaubensgemeinschaft, München 2022.

[21] A. a. O., 105.

3. Selbstoptimierung in der Analyse

3.1 Zur Geschichte des Begriffs

Michel Foucault hat einmal die Frage aufgeworfen, was es bedeutet, dass der Begriff der ‚Sexualität' erst spät, zu Beginn des 19. Jahrhunderts, aufgetaucht ist. Ganz offensichtlich beschreibt dieser phänomenologisch in der Geschichte der Menschheit nichts völlig Neues. Andererseits deutet sein Aufkommen doch auf irgendeine neue Perspektive bzw. veränderte Bedingungen hinsichtlich der Individuen jener Zeit hin, „ihrer Verhaltensführung, ihren Pflichten, ihren Lüsten, ihren Gefühlen und Empfindungen"[1]. So unangemessen es einerseits wäre, vom neuen Begriff auf ein völlig neues Phänomen zu schließen, so fahrlässig wäre es andererseits, damit überhaupt das Innovative und Epochenspezifische des neuen Terminus zu übersehen.

An diese Beobachtung Foucaults anknüpfend lässt sich die Frage auch auf den Begriff der Selbstoptimierung übertragen.[2] Zu fragen ist dann, inwiefern dieser Begriff auf ein wirklich neues, zeittypisches Phänomen verweist bzw. inwiefern sich lebensweltlich die Gegebenheiten und Bedingungen tatsächlich so verändert haben, dass sie die Genese des Begriffs begründet oder zumindest mitgeprägt haben. Außer Frage steht jedenfalls, dass die unbestreitbare Popularisierung dieser Wortverbindung zu einem „Leitbegriff der Gegenwart"[3] erklärungsbedürftig ist und im Blick auf kulturelle und gesellschaftliche Transformations- und Identitätsprozesse der Spätmoderne sehr aufschlussreich sein dürfte.

Um diese Frage zu beantworten, lohnt sich zunächst eine genauere Betrachtung des Begriffs der Selbstoptimierung (1) und die Geschichte seiner Verwendung (2).

1) Der Begriff des ‚Selbst' hat sich als ein vermutlich aus dem Englischen (the self) übernommenes Kunstwort im deutschen Sprachraum erst im Laufe des 18. Jh. herausgebildet.[4] Seine Bedeutung kann – so der Duden – als „das seiner selbst

---

[1] MICHEL FOUCAULT, Gebrauch der Lüste und Techniken des Selbst, in: DANIEL DEFERT/ FRANCOIS EWALD (Hrsg.), Schriften in vier Bänden. Dits et Ecrits. (4), Frankfurt am Main 2005, 658–686, hier 659.
[2] Vgl. dazu auch RÖCKE, Selbstoptimierung, 37.
[3] A. a. O., 38.
[4] Vgl. a. a. O., 37.

bewusste Ich"⁵ umschrieben werden. Die Thematisierung des ‚Selbst' impliziert also stets ein theoretisches Verhältnis zu diesem Selbst. Dieses Verhältnis wurde durch die Differenzierung zwischen einem ‚reinen Selbst' und einem ‚empirischen Selbst' ausgedrückt – so z. B. William James und George Herbert Mead. Im Englischen entspricht dies der Unterscheidung zwischen *I* und *Me*. Das sog. ‚reine Selbst' oder ‚erkennende Selbst' meint dabei die „mentale Fähigkeit, zu den charakterlichen, biographischen und situativen Gegebenheiten bewusst und reflexiv Stellung zu beziehen"⁶. Das ‚empirische Selbst' setzt sich hingegen aus dem ‚materiellen Selbst', Körper und Kleidung etc., dem ‚sozialen Selbst' in seinen sozialen Rollen etc. und dem ‚geistigen Selbst', d. h. mentalen und charakterlichen Eigenschaften etc. zusammen. Eine ‚Ich-Identität' bzw. eine ‚persönliche Identität' ergibt sich, wenn empirische Eigenschaften mit persönlichen reflexiven Bewertungen und Deutungen verknüpft sind. In diesem Prozess wird etwas drittes, ein Selbstbild bzw. ein Selbstkonzept benötigt, in dem die verschiedenen (scheinbaren) Eigenschaften zu einem Gesamtkonstrukt zusammengefügt werden – so bruchstückhaft oder selektiv dieses auch sein mag. Ohne dass dieser Gedankengang hier vertiefter betrachtet werden soll, sei abschließend auf die Differenzierung zwischen einem ‚deskriptiven' und einem ‚normativen' Selbstkonzept hingewiesen. Letzteres markiert dabei eine prospektive Imagination, die mehr oder weniger stark kontrastierend von dem deskriptiven Selbstbild abweicht und daher häufig als Entwicklungsideal angestrebt wird.

Der dem Lateinischen entlehnte Begriff des ‚*optimum*', einer Substantivierung von ‚optimus', dem Superlativ von ‚bonus' (= gut), kann daher am treffendsten als das ‚Beste' oder ‚Hervorragendste' übersetzt werden. Das deutsche ‚ung'-Suffix im Begriff der ‚Optimierung' verweist auf einen ‚Bewegungsbegriff', bringt also einen währenden Vorgang oder eine Tätigkeit zum Ausdruck.⁷

Die Zusammensetzung ‚Selbstoptimierung' meint dementsprechend eine Art Bearbeitung und Formung des sich seiner selbst bewussten Ichs mit dem Ziel, es dadurch zur besten und hervorragendsten Form (seiner Selbst) zu gestalten. Als Spezifikum kommt bei diesem wie bei verwandten Begriffen wie der Selbstverwirklichung, Selbstformung, Selbstwerdung, Selbstvervollkommnung oder Selbstentfaltung zum Tragen, dass in diesen Fällen Objekt und Subjekt zusammenfallen. Ein Subjekt tritt sich selbst als Objekt mit der Intention gegenüber, dieses und damit auch sich selbst zum Positiven und Besten zu verändern.

2) Der Begriff der Optimierung ist verhältnismäßig junger Natur, hat aber die letzten Jahrzehnte eine erstaunliche Karriere gemacht. Während der Begriff des

---

⁵ (das) Selbst, in: duden.de, zuletzt geprüft am 20.12.2022.
⁶ FENNER, Selbstoptimierung und Enhancement, 17.
⁷ Vgl. REINHART KOSELLECK, ›Neuzeit‹. Zur Semantik moderner Bewegungsbegriffe, in: Vergangene Zukunft. Zur Semantik geschichtlicher Zeiten (Suhrkamp-Taschenbuch Wissenschaft 757), Frankfurt am Main 1979, 300–348.

Optimums bereits zu Beginn des 20. Jahrhunderts – so z. B. bei Max Weber[8] – Eingang in die akademische Debatte gefunden hat,[9] taucht die dynamisierte Begriffsverwandte erstmals um die Mitte des 20. Jahrhunderts auf. Die Rede von der ‚Optimierung' wird aber schon ab Ende der 1950er-Jahre sukzessive immer häufiger.[10] Gleichzeitig erfährt der Begriff etwa in dieser Zeit eine zunehmende inhaltliche Einengung auf ein mathematisch-technisch-betriebswirtschaftliches Verständnis.[11] In diesem Sinne taucht er dann in den 1960er- und 1970er-Jahren erstmals in verschiedenen Lexika auf.[12] Die Bedeutung ändert sich erst um die Jahrtausendwende. Ab dann wird der Begriff vor allem in Deutschland, später aber auch in anderen Ländern entgegen der früheren Einengung wieder in einem semantisch weiteren Sinn verwendet, sodass damit nicht nur mathematisch-technisch-betriebswirtschaftliche, sondern auch andere gesellschaftliche sowie persönliche Entwicklungsprozesse angesprochen sind.[13] Auf wissenschaftlichem

---

[8] Weber beschreibt die Idee des Optimums als die Realisierung eines absolut Höchsten, sodass eine weitere Steigerung absolut ausgeschlossen ist. Dies setzt aber eine bestimmte, präzise bestimmte Abzweckung voraus, durch die eine solche Bewertung einzig möglich ist: „Er [der Begriff des Optimums, C.S.] taucht ersichtlich speziell da – es interessiert uns nicht: ob er überall und ob nur da – auf, wo wir, ausdrücklich oder stillschweigend, mit der Kategorie des ‚Zweckes' operieren. Und dies geschieht, indem wir einen gegebenen Komplex von Mannigfaltigkeit als eine Einheit denken, diese Einheit auf einen bestimmten Erfolg beziehen und [sie] alsdann an diesem konkreten Erfolg – je nachdem er erreicht, nicht erreicht, unvollständig erreicht, durch Aufwendung von wenig oder von viel Mitteln erreicht wird – als ‚Mittel' zur Erreichung seiner bewerten [...].", MAX WEBER, Die Grenznutzlehre und das ‚psychophysische Grundgesetz', in: HORST BAIER u. a. (Hrsg.), Verstehende Soziologie und Werturteilsfreiheit, MWG I/12, Tübingen 2018, 115–133, hier 132,8–16, originale Hervorhebungen weggelassen.

[9] Vgl. RÖCKE, Selbstoptimierung, 42f.

[10] Vgl. a. a. O., 46.

[11] Vgl. dazu auch a. a. O., 46ff.

[12] So zum Beispiel in der 17. Auflage des Brockhaus aus dem Jahr 1971: „Aufsuchen des kleinsten (*Minimierung*) oder größten (*Maximierung*) Wertes einer Funktion (Zielfunktion, Objektfunktion) in einem bestimmten, durch Nebenbedingungen, oft in Form von Gleichungen oder Ungleichungen beschriebenen (zulässigen) Bereich. Sind Zielfunktion, Gleichungen und Ungleichungen linear, so liegt eine *lineare Optimierungsaufgabe* vor. Das Optimum wird in einer Ecke des zulässigen Bereichs angenommen und kann mit numerischen Verfahren (*Simplex-Algorithmus*) berechnet werden. Optimierungsaufgaben haben große Bedeutung bes. in den Wirtschaftswissenschaften, so für die Maximierung des Gewinns bei beschränkten Produktionsfaktoren (Kapital, Maschinen, Arbeitskraft) oder für die Minimierung der Kosten. Da sie bei Planungsaufgaben von Bedeutung sind, spricht man auch von *Programmierungsaufgaben* (*programming*). In den *Wirtschaftswissenschaften* hat O. die Bedeutung von ‚bestmöglicher' Zielerreichung, wobei die Ziele unterschiedlich sein können, z.T. auch miteinander konkurrieren (Zielkonflikte), die O. kommt dann als Kompromiß zwischen mehreren Zielen zustande. Häufig besteht die O. aber entweder in der Maximierung einer ökonom. Zielgröße (Produktion, Umsatz, Gewinn) oder in der Minimierung einer solchen (Aufwand, Kosten).", Art. Optimierung, in: Brockhaus 13, Mot-Oss. Enzyklopädie in 20 Bänden, Wiesbaden 1971, hier 763, Hervorhebungen im Original.

[13] Vgl. zu dem gesellschaftlich-kulturellen Umfeld, vor dessen Hintergrund diese terminologische Entwicklung zu verstehen ist: RÖCKE, Selbstoptimierung, 51.

Gebiet lässt sich diese Begriffsweitung beispielsweise bei dem Soziologen Ulrich Bröckling, einem der wichtigsten Optimierungstheoretiker, nachvollziehen. Während er im Jahr 2000 den Begriff noch im betriebswirtschaftlichen Sinn verwendet,[14] schlägt sich bereits in seiner 2007 erschienenen Monografie *Das unternehmerische Selbst*[15] die weitere Begriffsfassung nieder.[16] In einer Rezension aus dem Jahr 2008 zu der ein Jahr zuvor erschienenen bioethischen Studie Michael Sandels *The Case Against Perfection*[17] konnte dann mit Verweis auf die Optimierung von Körper und Gehirn bereits von der These ausgegangen werden, dass „[d]er Zwang zur Optimierung [...] allgegenwärtig"[18] ist.

Etwa in dieser Zeit beginnt auch der rasante Aufstieg des Selbstoptimierungsbegriffs.[19] In der Analyse seiner Verwendungsmodi und -kontexte fällt dabei eine große Breite ganz unterschiedlicher Zugriffe auf, die von pejorativ-kritischen bis affirmativ-positiven Rezeptionen des Selbstoptimierungsbegriffs reichen. Während Anja Röcke beispielsweise für die Zeitung *Die Zeit* zeigen konnte, dass dort seit der Jahrtausendwende eine überwiegend negative Konnotation des Begriffs überwog, wird er in anderen Zusammenhängen, z. B. in manchen, sich als progressiv verstehenden Milieus, als positiv-affirmative Selbstbeschreibung verwendet.[20]

Inzwischen scheint jedenfalls der Begriff selbst sowie die damit gemeinte, gleich näher zu entfaltende, Grundhaltung gesellschaftlich zumindest in vielen Milieus völlig selbstverständlich. Entsprechend dieser Beobachtung halten beispielsweise die projektleitenden Initiatoren von APAS in der erwähnten Publikation fest:

Das Streben nach Optimierung kann als eine der bedeutsamsten Leitvorstellungen in gegenwärtigen Gesellschaften gelten. Wer in der zeitgenössischen, von Beschleunigung und Wettbewerb geprägten Welt nicht abgehängt werden will, hat kaum eine andere Wahl, als Leistung und Produktivität unaufhörlich zu steigern. Sich um Selbstverbesserung und Effizienzsteigerung zu

---

[14] Vgl. z. B. ULRICH BRÖCKLING, Totale Mobilmachung. Menschenführung im Qualitäts- und Selbstmanagement, in: ULRICH BRÖCKLING/SUSANNE KRASMANN/THOMAS LEMKE (Hrsg.), Gouvernementalität der Gegenwart. Studien zur Ökonomisierung des Sozialen (Suhrkamp-Taschenbuch Wissenschaft 1490), Frankfurt am Main 2000, 131–167.

[15] DERS., Das unternehmerische Selbst. Soziologie einer Subjektivierungsform, Berlin, Frankfurt am Main 2007.

[16] Zu den Gründen für diese Begriffsweitung befragt, antwortete Bröckling rückblickend im Jahr 2017, dass seiner Wahrnehmung nach eine Verwendung in der weiteren Fassung damals regelrecht in der Luft gelegen habe, vgl. RÖCKE, Selbstoptimierung, 51.

[17] MICHAEL SANDEL, The Case Against Perfection: Ethics in The Age of Genetic Engineering, Cambridge 2007.

[18] CHRISTIAN GEYER, Wie fit hätten Sie mich denn gerne?, in: Frankfurter Allgemeine Zeitung (28.4.2008), 39. URL: https://www.faz.net/aktuell/feuilleton/buecher/rezensionen/sachbuch/optimierung-des-koerpers-wie-fit-haetten-sie-mich-denn-gern-1539674.html (Stand: 23.10.2023).

[19] Vgl. auch die Wortverlaufskurve im Digitalen Wörterbuch der deutschen Sprache (DWDS), die sich vor allem auf die Zeitung *Die Zeit* stützt, in: RÖCKE, Selbstoptimierung, 53.

[20] Vgl. a. a. O., 55ff.

bemühen, erscheint den meisten als selbstverständlich. Optimierungsimperative in sämtlichen Lebensbereichen sind habituell und normativ mehr oder weniger verinnerlicht.[21]

An dieser Beobachtung sind mehrere Aspekte bemerkenswert. Erstens erscheint Selbstoptimierung hier vor allem als eine gesellschaftlich-systemische Notwendigkeit. Durch den Verweis auf den gesellschaftlichen Kontext und den Wunsch, dort ‚nicht abgehängt zu werden', wird eine eindeutig extrinsisch begründete Motivation beschrieben, die für das Individuum geradezu als Zwang erscheint. Da dieser Kontext, zweitens, durch die beiden Termini ‚Beschleunigung und Wettbewerb' näherbestimmt wird, die jeweils zumindest von vielen Zeitgenossen als problematisch, da potentiell stressverursachend, erfahren werden, erscheint dieses gesellschaftlich-systemische Umfeld tendenziell in negativem Licht. Drittens sind diese ursprünglich fremdinduzierten Imperative so weit verinnerlicht, dass sich bereits ein gesellschaftlicher Habitus herausgebildet hat, der weitgehend als normal und selbstverständlich wahrgenommen wird. Viertens sind mit der inhaltlichen Beschreibung von Selbstoptimierung durch die Begriffe ‚Leistung und Produktivität', sowie ‚Selbstverbesserung und Effizienzsteigerung' terminologisch zumindest an die Ökonomie angelehnte Prozesse angesprochen.

Konsultiert man den *Duden*, dann zeigt sich, dass diese von Rosa, King und Gerisch herausgearbeitete Perspektive durchaus der dort getroffenen Definition entspricht, denn darin wird Selbstoptimierung definiert als „[j]emandes [übermäßige] freiwillige Anpassung an äußere Zwänge, gesellschaftliche Erwartungen oder Ideale u.Ä."[22].

Dass diese zumindest tendenziell negative Einschätzung von Selbstoptimierung – in die sich auch die bereits genannte Qualifizierung solchen Bemühens als ‚Wahn' einfügt – längst nicht selbstverständlich ist, wurde oben bereits angedeutet. So stellt auch Röcke durchaus geschiedene Geister fest:

Während die einen darin [in der Selbstoptimierung] den Ausdruck von umfassender ‚Entfremdung' und ‚Verdinglichung' sehen, vermuten andere darin ein spezifisches ‚Glücksversprechen', das an eine Vorstellung von Freiheitsgewinnen und Emanzipation gebunden ist.[23]

Die Wahrnehmung dürfte dabei erheblich von individuell differierenden Grundeinstellungen, Werten und Wünschen abhängen, die Selbstoptimierung entweder in dem einen oder dem anderen Licht erscheinen lassen. Ganz zentral dürfte aber auch die eher unklar profilierte Begriffsverwendung sein, sodass der eine damit etwas ganz anderes verbindet als der andere. Nach der erfolgten terminologischen und begriffsgeschichtlichen Wahrnehmung gilt es daher im Folgenden danach zu fragen, wie Selbstoptimierung als ein gegenwartsspezifisches Selbstverbesserungsprogramm genauer zu fassen ist.

---

[21] KING/GERISCH/ROSA, Einleitung: Lost in Perfection, 7.
[22] Selbstoptimierung, in: duden.de, Stand: 23.10.2023.
[23] RÖCKE, Selbstoptimierung, 11.

3.2 Selbstoptimierung als gegenwartsspezifisches Selbstverbesserungsprogramm

Durch die Popularisierung des Begriffs in den letzten Jahren stellt sich die Frage nach dem damit beschriebenen gesellschaftlichen Phänomen bzw. den Phänomenen, auf die mit dem Ausdruck ‚Selbstoptimierung' – ob nun ablehnend, begrüßend oder schlicht beschreibend – verwiesen wird. Natürlich besteht theoretisch die Möglichkeit, dass hinter einem aufkommenden Begriff keine veränderte gesellschaftliche Realität steht, sodass der Begriff lediglich Ausdruck einer neuen, u.U. gerade modischen Perspektive auf Altbekanntes ist.[24] Dagegen sprechen aber eine Vielzahl zusammengetragener empirischer Anhaltspunkte aus dem Bereich der Soziologie und der Psychologie.[25] Daher wird mit Röcke, Fenner, Rosa, King, Gerisch und Funke – um nur die wichtigsten der hier betrachteten Referenzen zu nennen – auch in dieser Studie davon ausgegangen, dass der Begriff der Selbstoptimierung terminologisch auf ein gegenwartsspezifisches, gesellschaftlich äußerst prägendes *Phänomen* verweist.

Um diese These zu begründen, muss die Frage nach einer angemessenen Begriffsdefinition noch einmal aufgenommen werden. Denn in einem weiten Sinn kann Selbstoptimierung schlicht als *Selbstverbesserung* verstanden werden. Da allerdings vermutlich zu allen Zeiten in irgendeiner Form an bestimmten Modi der Selbstverbesserung[26] oder Vervollkommnung[27] gearbeitet wurde, wäre der Begriff der Selbstoptimierung in einem solchen Verständnis als zeitdiagnostisches Instrument kaum brauchbar. Das Gegenwartsspezifische, das die beschriebene Popularisierung des Begriffs mindestens zum Teil erklären dürfte, ist daher noch in etwas anderem zu suchen. Häufig wird dabei auf technisch oder medizinisch basierte Verbesserungsmöglichkeiten verwiesen.[28] Diese Spezifizierung entspricht

---

[24] Zur Frage nach dem grundsätzlichen Verhältnis eines aufkommenden Begriffs – in diesem Fall ‚Selbstoptimierung' – und einer damit verknüpften z.B. gesellschaftlichen Realität vgl. auch a.a.O., 60f.

[25] Vgl. dazu auch die Zusammenstellung verschiedener quantitativer Anhaltspunkte für die gesellschaftliche Relevanz des betrachteten Phänomens, die bei Röcke in vier verschiedenen Kategorien zusammengefasst sind: 1) Konsultation von Ratgebern; 2) Konsum leistungssteigernder Substanzen; 3) Durchführung von Schönheitsoperationen; 4) Praktiken der technisch basierten Selbstvermessung, a.a.O., 29–34.

[26] Peter Sloterdijks hat die These aufgestellt, dass der Mensch vor allem als *homo repetitivus* bzw. *homo artista* (und nicht als *homo faber* oder *homo religiosus*) zu verstehen ist und damit einen Beitrag zur Debatte zur ‚Wiederkehr der Religion' geleistet, die er als Missinterpretation eben dieser anthropologischen Konstante, dass der Mensch ein sich selbst Formender und daher immer (auch spirituell) Übender ist, begreift, vgl. PETER SLOTERDIJK, Du mußt dein Leben ändern. Über Anthropotechnik, Frankfurt am Main 2009, 12ff.

[27] Vgl. dazu ASSMANN/ASSMANN, Einführung, 15–17.

[28] Vgl. RÖCKE, Selbstoptimierung, 18f.

dem Begriff des *Enhancements*[29] und dürfte definitorisch wiederum zu eng sein. Fenner spricht von dieser Bestimmung als „Selbstoptimierung im engen Sinn"[30]. Auch Anja Röcke versteht das, was mit dem Begriff der Selbstoptimierung adressiert wird, nicht als anthropologische Konstante. Vielmehr sieht sie den Begriff als „Ausdruck und Ergebnis einer bestimmten Gesellschaftsformation"[31], in der bestimmte, gegenwärtig prägende, Grundwerte zum Tragen kommen. In ihrer Ausgangsthese ist Selbstoptimierung entsprechend innerhalb dieser Leitwerte verankert:

> Selbstoptimierung ist [...] eine wirkmächtige Tendenz der Gegenwart, die es wert ist, genauer betrachtet zu werden, denn sie ist inhärenter Bestandteil eines auf *Leistung, Erfolg und Selbstverwirklichung* ausgerichteten Wertekanons gegenwärtiger westlicher Gesellschaften.[32]

Vor dem Hintergrund dieses Wertekanons und der dadurch geprägten Gesellschaftsformation kann das Phänomen der Selbstoptimierung präziser bestimmt werden. Dieses ist zum einen durch eine besondere gesellschaftliche Erwartungshaltung (a) und zum anderen durch einen bestimmten Modus der Selbstverbesserung (b) charakterisiert. Die besondere, zeitspezifische *gesellschaftliche Erwartungshaltung* (a) ist dadurch geprägt, dass es in besonderem Maße als selbstverständlich gilt, sich um *permanente Verbesserung* zu bemühen. Dies gilt nicht nur auf kollektiver, z. B. unternehmerischer Ebene, sondern auch und eben ganz besonders auf individueller Ebene und auch zum Preis großer Anstrengungen und Verzichtsleistungen. Selbstoptimierung ist insofern immer „individuozentrisch"[33] und in besonderem Maße an einer Veränderung des faktischen Selbst zu einer positiv imaginierten anderen Version desselben interessiert und motiviert. Treffend hält Röcke fest:

> Gegenwärtig passt sie [die Selbstoptimierung] als Form der Selbstbeschreibung wie auch als Ausdruck einer nicht nur individuellen, sondern auch gesellschaftlichen Erwartungshaltung in die Zeit. Man soll aktiv und dynamisch sein, widrige Umstände als zu meisternde Herausforderung deuten und beständig an sich, seiner Performance, seinem Erfolg und seinem Äußeren arbeiten: nur nicht stehenbleiben, immer weitermachen, immer besser werden, vorhandene Potenziale verwirklichen, bestehende Grenzen überschreiten.[34]

---

[29] Enhancement wird bei Fenner definiert als „sämtliche Verbesserungen menschlicher Eigenschaften oder Fähigkeiten durch technologische bzw. biomedizinische Interventionen, die nicht dem Zweck einer Therapie von Krankheiten dienen, sondern über ein bestimmtes Maß an ‚Normalität' oder ‚normalem Funktionieren' eines Menschen hinausgehen", FENNER, Selbstoptimierung und Enhancement, 19.
[30] Ebd.
[31] RÖCKE, Selbstoptimierung, 78.
[32] A. a. O., 14, Hervorhebung C.S.
[33] JÜRGEN STRAUB u. OSWALD BALANDIS, Niemals genug! Selbstoptimierung und Enhancement. Attraktive Praktiken für verbesserungswillige Menschen?, in: Familiendynamik. Systemische Praxis und Forschung 43 (2018), 72–83, hier 79.
[34] RÖCKE, Selbstoptimierung, 61; Jürgen Martschukat illustriert diesen Aktivitätsimperativ am Beispiel des Laufens und hält fest, dass beispielsweise in den 1950er-Jahren „kaum jemand auf die Idee [gekommen wäre], abends noch eine Runde zu joggen und dabei gar seine Körper-

Aber auch der *Modus* der Selbstoptimierung als Selbstverbesserungsprogramm (b) entspricht der von Röcke attestierten besonderen Gesellschaftsformation. Das Zeitspezifische dieser Form der Selbstverbesserung wird von ihr durch mehrere Aspekte festgehalten:

> Bei der Selbstoptimierung kommen zur Idee der Verbesserung ein instrumenteller Selbstbezug sowie eine Form der Unabschließbarkeit und der infiniten Möglichkeiten zur Überbietung und möglicherweise vollständigen Transzendierung gegebener Parameter und Begrenzungen hinzu.[35]

Eine Definitionsfassung, welche die bei Röcke angesprochenen Aspekte mit integriert und daher besonders geeignet scheint, hat Dagmar Fenner vorgeschlagen. Bei ihr heißt es:

> ‚Selbstoptimierung' lässt sich ganz allgemein definieren als kontinuierlicher Prozess der ständigen Verbesserung der persönlichen Eigenschaften und Fähigkeiten mittels Selbstthematisierung, rationaler Selbstkontrolle und permanenter Rückmeldungen hin zur bestmöglichen persönlichen Verfassung.[36]

Damit ergeben sich insgesamt *vier prägende Charakteristika* von Selbstoptimierung, die nachfolgend aufgeführt werden. Leitend ist zunächst das bereits genannte – grundsätzlich ganz offene – gegenwärtig gesellschaftlich besonders verbreitete Ideal des *beständigen Besserwerdens* und des Bessermachens in Bezug auf sich selbst (1).

Zu diesem Verbesserungsbestreben tritt der genannte *instrumentelle Selbstbezug* (2). Das Subjekt nimmt sich selbst als Objekt zu seinem Gegenstand, tritt in Form einer Selbstdistanzierung, d. h. einer bewussten Trennung von Subjekt und Objekt sich selbst gegenüber, analysiert Gegebenheiten und Potentiale des Betrachteten und skizziert davon abgeleitet einen Veränderungspfad.

Zudem müssen die angestrebten Veränderungen immer wieder *evaluiert* werden (3) – entweder anhand subjektiver Selbstwahrnehmung oder mit Hilfe objektivierender technischer Geräte. Als eine Form subjektiver Überprüfung sei an die im Blick auf den #thatgirl-Trend genannte Praxis der Kontrolle morgens verfasster To-do-Listen erinnert. Die technischen Möglichkeiten umfassen eine Vielzahl unterschiedlichster Tracking-Apps, Fitness-Armbänder oder auch anderer Aufzeichnungstools, wie z. B. digital verknüpften Zahnbürsten, Kontaktlinsen oder Autositzen. In extremer Weise lässt sich das bei der sog. Quantified-Self-Bewegung beobachten,[37] die sich in besonderem Maße um eine teilweise geradezu

---

daten aufzuzeichnen, um sich fit zu halten", JÜRGEN MARTSCHUKAT, Das Zeitalter der Fitness. Wie der Körper zum Zeichen für Erfolg und Leistung wurde, Frankfurt am Main 2019, 103.

[35] RÖCKE, Selbstoptimierung, 9f.
[36] DAGMAR FENNER, Selbstoptimierung. URL: https://www.bpb.de/themen/umwelt/bioethik/311818/selbstoptimierung (Stand: 23.10.2023).
[37] Vgl. dazu ausführlich: STEFFEN MAU, Das metrische Wir. Über die Quantifizierung des Sozialen, Berlin 2017, 167–184.

vollständige Protokollierung und Überwachung des eigenen Körpers, aber auch eigener Stimmungen, sexueller Aktivitäten etc. bemüht.

Als viertes und letztes Signum ist zu nennen, dass der Prozess der Selbstoptimierung grundsätzlich *unabschließbar* ist (4). Potentiell abgeschlossen werden kann die Verbesserung einer konkreten Fähigkeit oder einer bestimmten Eigenschaft. Unabschließbar ist hingegen die Verbesserung des Selbst als Ganzem: „Es reicht nicht, gut zu sein, sondern es geht darum, immer besser zu werden, ‚alles herauszuholen, was geht', *ohne fixen Zielpunkt.*"[38] Röcke spricht daher auch vom Prozess einer nachdrücklich verfolgten „‚Selbst-Verbesserung'"[39] im Unterschied zu einer Selbstverbesserung, die demgegenüber deutlich gemäßigter erscheint.

Ganz ähnlich hält Reckwitz über die der Selbstoptimierung inhärenten Grundhaltung fest: „Das Subjekt will [...] nicht nur immer wieder ein anderes Selbst sein, es will ein Selbst sein, das an sich arbeitet, in seiner inneren und äußeren Wirkung in zunehmendem Maße befriedigend und attraktiv zu erscheinen – ein Prozess, der offenbar nie an ein Ende kommt."[40]

Im Blick auf die konkreten alltäglichen Verhaltensweisen und Praktiken ist es entsprechend kaum möglich, genau zu bestimmen, wo es sich um ‚schlichte' Verbesserungsbemühungen handelt und ab wann eine solche Praxis als Selbstoptimierungsstrategie zu verstehen ist.[41] Trotzdem erscheint das Profil der Selbstoptimierung durch die genannten vier Aspekte, die auf einer Linie mit den Definitionen von Fenner und Röcke liegen, hinreichend geschärft.

Im Anschluss an diese Profilierung sollen im Folgenden noch einige Gedanken zu den *kulturellen Ursachen* entfaltet werden. Denn auch hinsichtlich dieses spezifischen Selbstverbesserungsprogramms lässt sich natürlich nach den Wurzeln und Triebkräften fragen, die zu genau diesem gegenwärtigen Phänomen geführt haben. Die Entwicklung zu einer solchen gesellschaftlichen Lage dürfte mit Sicherheit nicht über Nacht entstanden sein. Vielmehr sind als Hintergrund der betrachteten spätmodernen Selbstoptimierungsbemühungen langfristige kulturelle und gesellschaftliche Entwicklungen zu vermuten. Deren Ursprünge sind einerseits weit vor den hier betrachteten Phänomenen zu suchen. Andererseits sind diese Entwicklungen gegenwärtig auch nicht abgeschlossen, sondern dürften in eine bisher nur zu erahnende Zukunft weiterwirken.

Dabei sind insbesondere drei Stichworte hervorzuheben. *Bildung*, *Fortschritt* und *Rationalisierung* charakterisieren nach Anja Röcke zentrale Elemente des „kulturellen Leitprogramm[s] der westlichen Moderne"[42]. Peter Sloterdijk sieht

---

[38] RÖCKE, Selbstoptimierung, 10, Hervorhebung im Original.
[39] Ebd.
[40] ANDREAS RECKWITZ, Die Gleichförmigkeit und die Bewegtheit des Subjekts: Moderne Subjektivität im Konflikt von bürgerlicher und avantgardistischer Codierung, in: GABRIELE KLEIN (Hrsg.), Bewegung. Sozial- und kulturwissenschaftliche Konzepte, Bielefeld 2004, 155–184, hier 179.
[41] Vgl. RÖCKE, Selbstoptimierung, 10.
[42] A. a. O., 81.

mit dem Beginn der Neuzeit ein „allesdurchdringende[s] Reizklima der Leistungssteigerung und der Fähigkeitsentfaltung"[43] angebrochen. Dass mit diesen kulturell prägenden Linien als Hintergrund gegenwärtiger Selbstoptimierungsphänomene weitreichende Transformationen angesprochen sind, ist offensichtlich. Der insbesondere in der Aufklärung herausgebildete *Bildungsbegriff* dürfte sich zwar in vielerlei Hinsicht vom Anliegen der Selbstoptimierung unterscheiden, mitunter geradezu diametral. So spielen einerseits beispielsweise die in dieser Studie für Johann Joachim Spalding (vgl. I.4) herausgearbeiteten Bemühungen insbesondere um eine moralisch-sittliche Vervollkommnung in Selbstoptimierungsdiskursen allenfalls eine untergeordnete Rolle. Andererseits ist mit der aufklärerischen Bildungsvorstellung ein Konzept individueller Entwicklung mit einem geradezu heilsartigen Glücksversprechen angelegt, das sich in abgewandelter Form auch im Projekt der Selbstoptimierung widerspiegelt.

Zum Verhältnis von Vervollkommnungsbemühungen und *Fortschrittsidee* wurden bereits in der Überleitung des I. Hauptteils einige Gedanken entfaltet. Schon dort wurde deutlich, dass es zwischen der Vorstellung individueller Vervollkommnung und der im 18. Jahrhundert entwickelten Vorstellung des Fortschritts ganz offensichtliche Parallelen gibt. Die Idee der Selbstoptimierung steht ihrerseits wiederum in der wirkmächtigen Fortschrittstradition. Es spricht viel dafür, dass dieser – lange Zeit auf die gesamte Gesellschaft oder die Geschichte als Ganzes bezogene – Begriff in den letzten Jahrzehnten einen starken Individualisierungsschub erfahren hat, sodass Fortschritt heute fast nur noch im Blick auf das einzelne Subjekt zu denken ist. Selbstoptimierung erscheint dann als „Endmoräne des Fortschritts"[44], in der allerdings viele Hoffnungen und Muster weitertradiert werden, die zuvor allein in kollektiven Prozessen gedacht wurden.[45]

Auch die *Rationalisierungstendenz,* die schon von Max Weber als eines der prägenden Kennzeichen der westlichen Moderne genannt wurde, ist in gegenwärtigen (Selbst-)Optimierungsprozessen deutlich wiederzuerkennen. Insbesondere zeigt sie sich in dem herausgearbeiteten Aspekt eines instrumentellen Selbstverhältnisses, in dem sich das Subjekt als Objekt gegenübertritt und die eigenen Entwicklungsfortschritte anhand messbarer Daten zu rationalisieren sucht. Aber auch in nicht so leicht quantifizierbaren Bemühungen um einen Lebensstil, der zumindest primär nicht nach dem eigenen Empfinden, eigenen Wünschen etc. fragt, sondern anhand äußerlicher Kriterien den eigenen Lebenswandel gestaltet – seien sie auf Gesundheit, körperliche Attraktivität, beruflichen Erfolg oder andere Ziele bezogen –, zeigt sich dieses rationale Ansinnen deut-

---

[43] SLOTERDIJK, Du mußt dein Leben ändern, 529.
[44] RÖCKE, Selbstoptimierung, 116.
[45] Vgl. a. a. O., 116–120; vgl. dazu auch die Bemerkung von Andreas Reckwitz, auf dessen *Gesellschaft der Singularitäten* unten näher eingegangen wird: „[I]n der Gesellschaft der Singularitäten [ist] die ‚große Erzählung' des politischen Fortschritts in mancher Hinsicht von den ‚kleinen Erzählungen' des (privaten) Erfolgs und des (privaten) guten Lebens abgelöst worden.", RECKWITZ, Gesellschaft der Singularitäten, 431.

lich. Während traditionelle Rationalisierungsbemühungen dabei früher stärker an einem „statischen Funktionieren"[46], z. B. einer Maschine orientiert waren, ist das selbstoptimierende Subjekt hingegen stets mit dynamischen äußeren Bedingungen konfrontiert.[47]

Mit diesen drei Stichworten sind die langfristigen kulturellen Linien, die im Hintergrund gegenwärtiger Selbstoptimierungsphänomene stehen, zumindest kurz angedeutet.

Erklärt ist damit allerdings noch nicht, *warum* sich ganz offensichtlich viele Zeitgenossen einem solchen Selbstoptimierungsprogramm *anschließen* bzw. vielfältige Praktiken ihres Alltags so gestalten, dass dieser in seiner individuellen Form genau dem entspricht, was hier als ein solches beschrieben wurde. Daher ist im Folgenden genauer nach der *gesellschaftlichen* und insbesondere *individuellen Motivation* zu fragen, die für diese besondere, gegenwartstypische Form der Selbstverbesserung verantwortlich ist.

3.3 Selbstoptimierung zwischen extrinsischer und intrinsischer Motivation

Hinsichtlich der Motivation ist dabei zunächst festzuhalten, dass Selbstoptimierung grundsätzlich nicht um ihrer selbst willen betrieben wird. Vielmehr ist sie zumindest primär Mittel zum Zweck. Der verfolgte Zweck ist dabei als ein angestrebter *Ertrag* zu beschreiben, der die „Form von ökonomischem, kulturellem, sozialem oder auch symbolischem Mehrwert"[48] haben kann. Ob dieses Ziel konkret ausbuchstabiert ist oder nebulös-vage bleibt, ändert dabei nichts an der Tatsache, dass dem Bemühen der Selbstoptimierung grundsätzlich diese instrumentelle Bestimmung eignet.

Die Motivlage selbstoptimierender Praktiken kann dabei sowohl durch intrinsische als auch extrinsische Faktoren begründet sein. Beide Dimensionen fließen, so haben Hartmut Rosa u. a. herausgearbeitet, häufig auf spezifische Art und Weise ineinander: „[D]ie organisatorischen Optimierungsvorstellungen [sind] das Ergebnis eines doppelten Vermittlungsprozesses zwischen dem subjektiven Streben nach Selbstvervollkommnung und Selbstverwirklichung und sozioökonomischen und politischen Anforderungen."[49] Damit sind nicht nur allgemein gesellschaftlich-ökonomisch geltende Normen im Blick, sondern auch konkrete Akteure in Jobcentern, Wohlfahrts-, Bildungs- und Coachingagenturen etc., wel-

---

[46] RÖCKE, Selbstoptimierung, 101.
[47] Vgl. ebd.
[48] A. a. O., 179.
[49] HARTMUT ROSA, DIANA LINDNER u. JÖRG OBERTHÜR, Missing Link: Wie Organisationen die Imperative dynamischer Stabilisierung und das individuelle Streben nach Selbstoptimierung zur Passung bringen, in: VERA KING/BENIGNA GERISCH/HARTMUT ROSA (Hrsg.), Lost in Perfection. Zur Optimierung von Gesellschaft und Psyche, Berlin 2021, 62–79, hier 71.

che die Imperative der Selbstoptimierung aktiv auch in solche gesellschaftlichen Gruppen tragen, die von sich aus keine oder nur eine geringe Affinität zu derlei Bemühungen zeigen. Wo eine solche Motivation auf individueller Ebene bereits vorliegt, wird sie entsprechend aufgegriffen:

> Anregungen zur (Selbst-)Optimierung ergeben sich aus der Sicht der Organisationsverantwortlichen also sozusagen aus beiden Sphären: Sie werden sowohl auf wirtschaftliche und institutionelle Anforderungen als auch auf individuelle Zielsetzungen zurückgeführt.[50]

Zu unterscheiden sind also stets zwei Ebenen, die sich allerdings auf komplexe und kaum zu differenzierende Weise miteinander amalgamieren: Einerseits die genannten sozioökonomischen und politischen Anforderungen bzw. ökonomischen Zwänge, welche die Subjekte zu sich selbst optimierenden Handlungen aktivieren wollen, andererseits die ganz individuellen Bemühungen um Selbstoptimierung oder Vervollkommnung mit ihren vielfältigen persönlichen Ertragshoffnungen.[51]

Hinsichtlich der *extrinsisch* induzierten Anforderungen haben Hartmut Rosa u. a. darauf hingewiesen, dass der durch Selbstoptimierung getragene „Modus der dynamischen Stabilisierung"[52] der auf Wachstum, Beschleunigung und Fortschritt gepolten ökonomischen Ordnung entspricht.[53] Damit ist die Beobachtung angesprochen, dass es sowohl auf ökonomischer Ebene als auch in der Entwicklung spätmoderner Subjekte einen regelrechten Zwang zum Wachstum gibt, das allein zumindest eine gewisse, möglicherweise auch nur scheinbare Stabilität verspricht – und dies bei teils höchst problematischen Kollateralschäden.

Dabei spielt insbesondere die alles prägende *Wettbewerbssituation* eine entscheidende Rolle, die von nahezu allen soziologischen Ansätzen, die in Rahmen dieser Untersuchung betrachtet werden, als prägendes gesellschaftliches Charakteristikum der Gegenwart hervorgehoben wird. Für das einzelne Subjekt bedeutet diese Wettbewerbssituation auf handlungspraktischer Ebene, dass es sich ökonomisch sowie gesellschaftlich immer wieder neu positionieren und vor allem flexibel halten muss.[54] In dem im Eingangszitat auch von Anne Helen Petersen

---

[50] A. a. O., 70.
[51] Vgl. dazu den anhand zweier verschiedener Fallstudien entfalteten Aufsatz: Vera King u. a., Optimierte Lebensführung – wie und warum sich Individuen den Druck zur Selbstverbesserung zu eigen machen, in: Martin Dust u. a. (Hrsg.), Menschenverbesserung – Transhumanismus (Jahrbuch für Pädagogik), Frankfurt am Main/Bern/Wien 2014, 283–300; sowie Hartmut Rosa u. a., Optimierung zwischen Zwang und Zustimmung. Institutionelle Anforderungen und psychische Bewältigung im Berufsleben, in: Psychosozial 38 (2015) III, 27–41.
[52] Rosa/Lindner/Oberthür, Missing Link, 62.
[53] Vgl. a. a. O., 64f.; vgl. dazu auch Rosa, Resonanz, 671–706.
[54] Vgl. dazu die exemplarische Äußerung eines Unternehmensberaters als ein Beispiel unter vielen, die im Rahmen des erwähnten APAS-Projekts zu der Frage beruflicher Notwendigkeit selbstoptimierender Praktiken interviewt wurden: „[…] das ist aus meiner Perspektive der Druck, den so diese Gesellschaft gerade ausmacht, also das heißt: irgendwie Arbeitsprozesse effizienter und effektiver zu gestalten, ein Stück natürlich Personaloptimierung zu betreiben, was letztendlich natürlich irgendwie darauf hinausläuft zu schauen: Passt es noch? […] eben auch

angesprochenen „relationalen Wettbewerb"[55] geht es aber aufgrund schwer abschätzbarer sozialer Entwicklungen viel stärker als in früheren Zeiten darum, den „Bestand der zur Verfügung stehenden Ressourcen auszubauen und für den Konkurrenzkampf zu nutzen"[56], als (lediglich) ein konkretes, „gesetztes Ziel zu verfolgen"[57]. Eine solche Orientierung bringt allerdings viel weitreichendere, permanente und eben – wie oben herausgestellt – nie abzuschließende Optimierungsbemühungen mit sich. Denn wer sich lediglich auf ein feststehendes Ziel fokussiert, kann in volatilen ökonomischen und gesellschaftlichen Kontexten schnell zurückfallen bzw. ökonomisches oder soziales Kapital verspielen.

Diese Hervorhebung der Wettbewerbssituation, in welcher der Einzelne sich wie auf einem Markt verhalten und durchsetzen muss, hat auch Ulrich Bröckling mit seiner Rede vom ‚unternehmerischen Selbst' aufgegriffen. Das Verhältnis von Markt und Subjekt charakterisiert er dabei als ein doppeltes: Einerseits befindet sich das Subjekt *auf* dem Marktplatz, andererseits lässt sich das Subjekt auch *als* ein Marktplatz beschreiben.[58]

Individuelle Optimierung wird von ihm vor allem in sozialer Hinsicht als Verbesserung im gesellschaftlichen Wettbewerb verstanden. Der Akzent liegt also auch bei Bröckling nicht auf der perfektionierten Entfaltung der eigenen Natur oder einer quantitativen und unendlichen Steigerung, die sich auf konkret bestimmte Teilziele bezieht,[59] sondern auf dem *relationalen* Wettbewerb und dem, „was sich [dort] verkaufen lässt und/oder Aufmerksamkeit bindet"[60]. Durch diesen „Zwang, sich von den MitbewerberInnen abzuheben"[61], gibt es folglich keine bleibenden Erfolge. Im Gegenteil kann das Subjekt in diesem niemals abgeschlossenen Wettlauf stets nur temporäre Spitzenpositionen einnehmen. Um diese zu erreichen oder abzusichern, gilt es, die eigenen Eigenschaften und Fähigkeiten permanent zu optimieren und das wiederum erfordert das von Bröckling beschriebene ‚unternehmerische' Handeln. Die Vorstellung des ‚unternehmerischen Selbst' versteht er dabei nicht als empirisch wahrnehmbare Gestalt. Vielmehr werden Subjekte sozial als solche adressiert, sodass das ‚unternehmerische Selbst' ein „hochwirksames Als-ob"[62] ist. Trotzdem schlägt sich ein solches Ver-

---

um sozusagen aus den Menschen noch mehr rauszuholen, dass sie noch effektiver arbeiten", ROSA u. a., Optimierung zwischen Zwang und Zustimmung, 30f.
[55] ROSA/LINDNER/OBERTHÜR, Missing Link, 64.
[56] Ebd.
[57] Ebd.; vgl. dazu auch ROSA, Resonanz, 17.
[58] Vgl. ULRICH BRÖCKLING, Das Subjekt auf dem Marktplatz, das Subjekt als ein Marktplatz, in: VERA KING/BENIGNA GERISCH/HARTMUT ROSA (Hrsg.), Lost in Perfection. Zur Optimierung von Gesellschaft und Psyche, Berlin 2021, 43–61, hier 46.
[59] Vgl. zu diesen ersten beiden Modi a. a. O., 43f.
[60] A. a. O., 44.
[61] Ebd.
[62] A. a. O., 46.

halten natürlich in vielfältiger Form auch empirisch nieder.[63] Dieser Adressierung ist dabei ein bestimmtes normatives Menschenbild inhärent, das eine „Vielzahl gegenwärtiger Sozial- und Selbsttechniken"[64] in sich aufnimmt. Dass die darin integrierten gesellschaftlichen Anforderungen und Erwartungen manchmal so widersprüchlich wie unerreichbar sind, gehört zu dem von Bröckling herausgearbeiteten Befund dazu: „Der Katalog von Schlüsselqualifikationen, wie ihn die Ratgeberliteratur gleichermaßen postuliert und zu vermitteln verspricht, muss selbst die ehrgeizigsten SelbstoptimiererInnen vor unlösbare Aufgaben stellen."[65] Dies gilt schon deswegen, weil die zu optimierenden Aspekte sowohl privater als auch beruflicher Natur sind und trotz aller Beschwörungen der Work-Life-Balance dadurch eine Vielzahl an miteinander konkurrierenden Maßnahmen ergeben.[66] In dem von vielen Ratgebern gezeichneten Ideal besteht dabei keinerlei Spannung zwischen extrinsischer und intrinsischer Motiven. Vielmehr bedingen und ergänzen sich ökonomischer Erfolg und Selbstverwirklichung scheinbar problemlos miteinander. Das gezeichnete Bild zeigt entsprechend ein zufriedenes, gesundes, leistungsstarkes und seine eigenen Ressourcen optimal einsetzendes Subjekt, das dann auch beruflich maximale Erträge einstreicht.[67]

Der von Bröckling hervorgehobene Charakter dieser Lebensperspektive ist vor allem prozessualer und – wie beschrieben – niemals abgeschlossener Art. Angetrieben durch die alles prägende Konkurrenzsituation befindet sich das unternehmerische Selbst immer „à venir – stets im Modus des Werdens, nie des Seins"[68].

Dass eine sich diesen geltenden Imperativen verweigernde Lebenshaltung zwar theoretisch möglich ist, aber zumindest potentiell mit erheblichen gesellschaftlich-ökonomischen Risiken behaftet sein kann, ist bereits mehrfach angeklungen und wird in den genannten Untersuchungen immer wieder hervorgehoben. So haben Rosa u. a. zeigen können, inwiefern die Bereitschaft zu permanenter Optimierung persönlicher Eigenschaften und Fähigkeiten geradezu zu einem Schibboleth auf dem Arbeitsmarkt geworden ist. Diejenigen, die sich nicht an

---

[63] Vgl. dazu die Fallstudie 1, „Optimierung als grandiose Erlösungsfiktion", in der der Lebensmodus des Florian K. geradezu als „Selbstverbetriebswirtschaftlichung" (289) beschrieben wird, KING u. a., Optimierte Lebensführung, 289–291; oder auch ROSA u. a., Optimierung zwischen Zwang und Zustimmung, 35–37.

[64] BRÖCKLING, Das Subjekt, 46.

[65] A. a. O., 55.

[66] Vgl. a. a. O., 55f.

[67] Als ein Beispiel für die „Inkorporation von Fremdzwängen" (292), die jedoch trotzdem regelrecht „lustvoll perzipiert" (ebd.) werden vgl. die Fallstudie 2, „Optimierte Flexibilisierung als rigide biographische Lösung", in der sich Beate M. zwar einerseits auf der Suche nach einer Festanstellung von bestimmten Arbeitsmarktmechanismen getrieben sieht, diese mit „Spaß an der Herausforderung" (292) gleichzeitig aber begrüßend verinnerlicht hat, KING u. a., Optimierte Lebensführung, 291–294.

[68] BRÖCKLING, Das Subjekt, 58.

den verbreiteten und in der Arbeitswelt häufig vorausgesetzten Optimierungsbemühungen orientieren, d. h. die extrinsischen Erwartungen nicht wunschgemäß internalisieren, werden auf dem Arbeitsmarkt häufig als schwer oder nicht vermittelbar abgewertet, mitunter sogar pathologisiert und entsprechend medikalisiert.[69] Die Pathologisierung derer, die sich nicht den allgemeinen Optimierungserwartungen unterwerfen wollen oder können, ist entsprechend als Kehrseite der „Normalisierung einer ständigen Selbstverbesserung"[70] zu begreifen.

Aber auch die Verinnerlichung einer selbstoptimierenden Lebenspraxis kann mit erheblichen, z. B. gesundheitlichen Folgen verbunden sein. So schreiben Rosa u. a.:

Von vielen AkteurInnen explizit durchaus bejaht, können Optimierungsdruck oder damit einhergehende perfektionistische Ambitionen in verschiedenen Bereichen der alltäglichen Lebenspraxis zugleich Überforderungen, Konflikte und Widersprüche erzeugen.[71]

Und auch Röcke hält fest:

Selbstoptimierende Praktiken können in bestimmten Fällen ungeheuer frustrierend sein und mittel- und langfristig negative psychische Folgen nach sich ziehen. In anderen Fällen sind sie hingegen äußerst motivierend und erhöhen die Selbstwirksamkeitserfahrung der Subjekte.[72]

Die für die Bewertung von Selbstoptimierungspraktiken notwendige Differenzierung zwischen „produktiven Verbesserungsbemühungen und destruktiven Idealisierungen"[73] ist daher äußerst diffizil. Gerade diese Schwierigkeit aber unterstreicht ihre gesellschaftliche und ethische Relevanz.

Es dürfte damit deutlich geworden sein, dass sich äußere und innere Beweggründe für die vielfältigen Formen von Selbstoptimierung kaum voneinander unterscheiden lassen und auf psychologisch komplexe Weise wechselseitig bedingen. Bisher wurden trotzdem vor allem extrinsische Faktoren herausgestellt. Im Folgenden soll entsprechend die *intrinsische* Motivation stärker fokussiert werden.

Das spätmoderne Subjekt sieht sich einerseits mit vielen Herausforderungen, insbesondere mit einer kaum vermeidbaren Wettbewerbssituation konfrontiert, andererseits aber auch mit vielfältigen Lebensoptionen beschenkt, die von einem großen Glücksversprechen überwölbt werden. In der ‚Optionsgesellschaft' gilt es lediglich, die richtigen Entscheidungen zu treffen und diesen konsequent nachzustreben, um letztlich ein erfülltes Leben zu genießen – wie auch immer das im Einzelnen erträumt wird. Diese Entscheidungen betreffen direkt oder indirekt das eigene Selbst, das sich einerseits um Gesundheit, Schönheit, Erfolg, Attraktivität etc. bemüht und gleichzeitig auch als Subjekt *gesehen* werden möchte, das all dies ‚hat'. Das große Versprechen scheint also genau das zu sein, was im Ein-

---

[69] Vgl. ROSA/LINDNER/OBERTHÜR, Missing Link, 73.
[70] Ebd.
[71] KING/GERISCH/ROSA, Einleitung: Lost in Perfection, 7.
[72] RÖCKE, Selbstoptimierung, 206.
[73] KING/GERISCH/ROSA, Einleitung: Lost in Perfection, 8.

gangszitat auch von Anne Helen Petersen zum Ausdruck gebracht wurde: Dass sich durch die notwendigen Optimierungen das Kapital einstellt, das als Bedingung eines glücklichen und erfüllten Lebens erscheint.

Dies verbindet sich mit dem Wunsch nach persönlicher Entwicklung. Ob dieser nun als Vervollkommnung, Selbstverwirklichung, Entfaltung o. ä. beschrieben wird, ist an dieser Stelle nicht entscheidend. Als anthropologische Konstante dürfte allerdings gelten, dass Subjekte in der Regel an einer Veränderung ihrer selbst, ihrem Unbehagen an sich selbst, ihrer persönlichen Situation, ihrem gesellschaftlichen Status etc. interessiert sind und daher nach individuellen Entwicklungsmöglichkeiten suchen, die ihnen diese Veränderung versprechen. Dieser Entwicklungswunsch und die sich daraus ergebenden Praktiken dürften in ihrer konkreten Ausgestaltung immer abhängig von den jeweiligen historisch-kulturellen Bedingungen sein. Selbstoptimierende Praktiken bieten demnach einen gegenwärtig dominierenden, wenn auch nicht den einzigen Modus, diesen Entwicklungswunsch auszuleben. Die damit angesprochene intrinsische Motivation ist entsprechend in weitgefasstem Verständnis zeitlos – zumindest jedenfalls in vielen Kulturen präsent – ihre gegenwärtige Formung als Selbstoptimierung hingegen spezifisch zeit- und kulturraumgebunden. Zudem ist innerhalb der entsprechenden Gesellschaften auch noch einmal nach Milieus zu differenzieren, wie sich nachfolgend unter II.3.4 im Anschluss an Andreas Reckwitz zeigen wird.

Aus dieser Perspektive werden auch die zahlreichen Hilfsmittel zur eigenen Vermessung begrüßt. Selbstoptimierung wird dann als Selbstdisziplinierung gesehen, als eine Form von Selbstbeherrschung, die dabei hilft, z. B. die angestrebten Werte Fitness und Gesundheit zu realisieren.[74] In diesen Zusammenhang gehört auch die Idee des *Lifehacks*. Diese ist ein weiteres Beispiel für eine optimierende Alltagsgestaltung, die dabei hilft, die eigene Tagesstruktur effizienter zu gestalten. Monotone Routinearbeiten werden dann beispielsweise an Roboter delegiert. Körperliche Notwendigkeiten wie die Nahrungsaufnahme werden durch Liquid Foods in ihrem zeitlichen Aufwand minimiert. Diverse Apps unterstützen eine optimale und effektive Schlafdauer.

Hinsichtlich aller Formen des *Bodystylings*, die sämtliche Bereiche umfassen, die Einfluss auf das äußere Erscheinungsbild haben und zu denen vielfältige Praktiken (Training, Ernährung, Schönheitsoperationen, Medikamente etc.) zu zählen sind, dürften zwei Motive leitend sein. Einerseits versucht das Subjekt dadurch, sich selbst gegenüber an Wertigkeit zu gewinnen – andererseits aber auch im Wettbewerb um attraktive Partner oder Positionen Vorteile zu erzielen, um daraus wiederum u. a. Anerkennung zu schöpfen.[75] Entsprechend geht es nicht

---

[74] Vgl. JUDY WAJCMAN, Fitter, glücklicher, produktiver: Zeitliche Optimierung mittels Technologie, in: VERA KING/BENIGNA GERISCH/HARTMUT ROSA (Hrsg.), Lost in Perfection. Zur Optimierung von Gesellschaft und Psyche, Berlin 2021, 83–100, hier 86.

[75] Vgl. RÖCKE, Selbstoptimierung, 69.

darum, sich einfach anzupassen und einzufügen. Stattdessen dürfte häufig der Wunsch leitend sein, optisch „mehr als der Durchschnitt zu erreichen"[76].

Die intrinsische Motivation für selbstoptimierende Praktiken ist damit natürlich längst nicht vollständig erfasst. Im Folgenden soll mit der Suche nach Singularisierung ein weiteres gegenwärtig gesellschaftlich leitendes Motiv vorgestellt werden, das ebenfalls Triebfeder vieler Selbstoptimierungsbemühungen sein dürfte.

3.4 Singularisierung als Ziel von Selbstoptimierungsbemühungen

Neben den verschiedenen Aspekten, die aus soziologischer Sicht kennzeichnend für den Selbstoptimierungstrend sind, fällt bei Röcke wiederholt auch ein inhaltliches Optimierungsziel, das bisher noch nicht näher thematisiert wurde. Es knüpft an die oben bereits genannte Beobachtung an, dass Selbstoptimierung grundsätzlich nicht um ihrer selbst willen verfolgt wird, sondern auf einen bestimmten Ertrag abzielt. Dieser angestrebte Ertrag kann grundsätzlich so unterschiedlich sein wie die Vielzahl der Akteure. Soziologisch zusammenfassen lassen sich allerdings viele dieser Bemühungen mit dem Begriff der Singularisierung bzw. mit dem Wunsch, etwas Besonderes zu sein. Entsprechend zielt „Selbstoptimierung […] immer auch darauf, etwas Besonderes aus sich zu machen, um sich im Wettbewerb gegenüber Dritten durchzusetzen."[77] Dieser Wettbewerb wäre zu eng verstanden, wenn er nur in einem ökonomischen Sinne, d. h. dem Ringen um Arbeitsplätze, Einkommen und Vermögen etc. verstanden würde. Mit dem Stichwort des Wettbewerbs dürften vielmehr auch kulturelle, gesellschaftliche und soziale Dimensionen angesprochen sein, in denen um Anerkennung, Aufmerksamkeit, soziales Kapital etc. gerungen wird. So hält auch Röcke fest: „Die ökonomische und die soziale Dimension gehen Hand in Hand. Selbstoptimierung steht in der Gegenwart für eine Form kompetitiver Subjektivität, die in wachsendem Maße auf quantifizierenden Formen des sozialen Vergleichs beruht"[78].

Das damit angesprochene Bemühen um Singularität wurde in den letzten Jahren vor allem von Andreas Reckwitz untersucht und in seiner Monografie *Die Gesellschaft der Singularitäten* detailliert entfaltet. Ohne dass dessen Analyse in diesem Zusammenhang ausführlich gewürdigt werden könnte, lohnt sich zumindest ein Blick auf einige Kerngedanken. Der gesellschaftliche Trend zur Selbstoptimierung der letzten Jahrzehnte ist – das wurde bereits deutlich – alles andere als selbstverständlich und damit hochgradig erklärungsbedürftig. Besonders im Fokus sind dabei die letztlich individuellen, natürlich aber gesellschaftlich stark

---

[76] Ebd., vgl. dazu auch Röckes Bemerkung: „Selbstoptimierung ist […] kein passives Sich-Bescheiden mit den bestehenden Unzulänglichkeiten, sondern der dezidierte Versuch, seinen Zustand zu verändern, sich zu verbessern, ja das Mittelmaß zu überschreiten.", a. a. O., 13.
[77] A. a. O., 112..
[78] A. a. O., 10.

geprägten Motive, welche die Dynamik fortwährender Selbstoptimierung befeuern. Zumindest teilweise dürften diese Motive durch den gesellschaftlich breit dominierenden Wunsch zur Singularisierung begründet sein. Daher soll dieser Zusammenhang im Folgenden näher erläutert werden.

Reckwitz zeigt in seiner Untersuchung, dass es in der Spätmoderne, also etwa seit den 1970er-, 1980er-Jahren[79] im Vergleich zur durch sie abgelösten „organisierte[n], industrielle[n] Moderne"[80], die nach seiner Einteilung etwa die Zeitspanne von den 1920ern bis Mitte/Ende der 1970er Jahre umfasst,[81] zu veränderten Valorisierungen kommt. Diese betreffen zwar nicht alle Milieus gleichermaßen, sind aber insbesondere innerhalb einer neuen akademischen Mittelklasse so wirksam, dass sie gesamtgesellschaftlich durchaus als prägend gelten können. Die Gesellschaft der Singularitäten sieht Reckwitz durch eine dominierende Logik des Singulären geprägt, der gegenüber die – zuvor in der industriellen Moderne dominierende – Logik des Allgemeinen deutlich untergeordnet ist. Damit gewinnt eine kulturelle Synthese die Oberhand, die zwei grundsätzlich sehr verschiedene Motive in sich vereint, die ursprünglich zwei geradezu antipodischen kulturellen Trägergruppen entstammen. Einerseits *Selbstverwirklichung* als insbesondere in der Romantik gelebter oder zumindest angestrebter Wert und andererseits *Erfolg* als zentraler Wert des Bürgertums. Hinsichtlich des ersten Wertes gilt daher zum einen: „Das Subjekt setzt sich hier als *befähigt* und *berechtigt* zur Selbstverwirklichung voraus; es sieht sich als Ort von Potenzialen und nimmt für sich gewissermaßen ein moralisches Recht in Anspruch, sich so zu entfalten, wie es ihm in seiner Besonderheit entspricht."[82] Daher die beständige Suche nach Singularisierung. Zum anderen genügt diese Verwirklichung des Eigenen und Individuellen nicht, sondern soll mit dem gleichzeitigen Gewinn gesellschaftlichen und monetären Erfolgs verbunden sein, sodass das Ideal der spätmodernen Akademikerklasse geradezu paradox anmutend als „erfolgreiche Selbstverwirklichung"[83] beschrieben werden muss. Die Verbindung aus beiden Werten – wie sie beispielhaft der erfolgreiche Künstler repräsentiert – stellt aus verschiedenen Gründen in der Regel ohnehin eine große Herausforderung dar. Erschwerend kommt in der Spätmoderne hinzu, dass die entscheidenden gesellschaftlichen Valorisierungen fluide geworden und entsprechend ständigen Veränderungen unterworfen sind.

Daher sind „[g]enerell […] [insbesondere in der akademischen Mittelklasse, C.S.] selbstunternehmerische und marktsensible Kompetenzen gefragt: Das Kreativsubjekt muss auch ein unternehmerisches Selbst sein, muss ständig die kulturellen Märkte beobachten, die dortigen Valori-

---

[79] Vgl. RECKWITZ, Gesellschaft der Singularitäten, 12.
[80] A.a.O., 100.
[81] Vgl. ebd.
[82] A.a.O., 290.
[83] A.a.O., 289.

sierungen abschätzen, sich auf ihnen positionieren; es muss dort klug mit Risiken und Chancen umgehen und entsprechend maßvoll spekulieren.[84]

Bei den beschriebenen Singularitätsbemühungen geht es aber nicht nur um das eigene Selbst, sondern um eine Vielzahl unterschiedlicher Praktiken, Produkte und Narrative. Allerdings ist häufig und ganz zentral vor allem auch das eigene Selbst anvisiert, das letztlich im singulären Licht erscheinen soll und daher selbst Ziel vielfältigster Aktivitäten ist. Dabei kann es kaum überraschen, dass es in diesem Bemühen zu fortwährenden Prozessen der Selbstoptimierung kommt:

[U]nter spätmodernen Verhältnissen gilt es mehr und mehr eine weitere Sorte von Ressourcen zu entwickeln: das psychophysische Subjektkapital. Gemeint ist damit die Notwendigkeit, dass das Subjekt an seiner physischen und psychischen Struktur arbeitet, damit diese ein stabiles Fundament sowohl für den beruflichen Erfolg als auch den geglückten Lebensstil liefert. Das Subjekt übt sich hier in Selbstoptimierung.[85]

Das eingangs beschriebene Bemühen verschiedener Influencerinnen und mutmaßlich vieler ihrer Followerinnen, #thatgirl zu werden, dürfte genau ein solcher Versuch der Akkumulation psychophysischen Subjektkapitals sein. Wie oben dargestellt, wird häufig auf die Bedeutung eines psychischen Gleichgewichts hingewiesen, wofür z. B. Dankbarkeitsjournale verfasst werden. Die in der Regel auf To-do-Listen verfassten Aufgaben sollen bei der Realisierung und Evaluierung der konkret heruntergebrochenen Ziele und damit der persönlichen Weiterentwicklung helfen. Der Versuch, durch Sport, gesunde Ernährung, Kleidung, Gesichtsgestaltung, Haar- und Hautpflege größtmögliche physische Attraktivität zu erreichen, dominiert ohnehin die meisten Beiträge. Die damit verfolgten Großziele werden zwar in den Videos nur punktuell expliziert, dürften sich aber mit den von Reckwitz genannten Stichworten decken: Im Wesentlichen geht es sowohl um beruflichen Erfolg als auch einen geglückten Lebensstil, der ein gewisses Maß an Wohlstand selbstverständlich umfasst. Hinzu tritt in der Regel der Wunsch bestmöglicher Chancen auf dem Partnerschaftsmarkt, die ebenso durch die Akkumulation psychophysischen Subjektkapitals optimiert werden sollen.

Die Suche nach Singularität birgt aber ein enormes Frustrationspotential in sich: „Die Kultur der Spätmoderne erweist sich [gegenüber der auf Enttäuschungsvermeidung abzielenden industriellen Moderne, C.S.] als ein struktureller Enttäuschungsgenerator"[86]. Dies hat verschiedene Ursachen: Die gestiegenen – einem „Imperativ der Selbstentgrenzung"[87] unterworfenen – Erwartungen, die Unberechenbarkeit sozialer Anerkennungsverhältnisse,[88] die Reckwitz als „Kulturökonomisierung weiter Bereiche des Sozialen"[89] beschreibt und die ge-

---

[84] A.a.O., 304.
[85] A.a.O., 305.
[86] A.a.O., 345, originale Hervorhebung weggelassen.
[87] A.a.O., 343, originale Hervorhebung weggelassen.
[88] Vgl. a.a.O., 345f.
[89] A.a.O., 345.

stiegene Bedeutung des „Erlebens"[90] sind dafür wesentliche Stichworte. Schon der genannte, auf permanente Steigerung abzielende und damit entgrenzte Lebensstil, der immer noch mit ganz anderen, möglicherweise noch gar nicht sichtbaren Möglichkeiten und Lebenswendungen rechnet, trägt das Risiko der Selbstüberforderung in sich.[91] Zudem sieht Reckwitz in dem prägenden spätmodernen Selbstverwirklichungsimperativ „eine Verzichtsaversion eingebaut"[92], sodass noch nicht verwirklichte Wünsche stets als zukünftig noch einzulösende angesehen werden.

Noch problematischer ist dieser Befund nach Reckwitz aus dem Grund, dass trotz dieser massiven Enttäuschungspotentiale in der Spätmoderne kaum „kulturelle Ressourcen zur Enttäuschungstoleranz und -bewältigung zur Verfügung"[93] gestellt werden – gerade auch hinsichtlich der „existenziellen ‚Unverfügbarkeiten'"[94]. Zusammenfassend stellt Reckwitz daher fest:

> Dieses Projekt einer subjektiven Selbstentgrenzung und -optimierung stößt zwangsläufig in jenen genannten Fällen an Grenzen, die sich der Gestaltung entziehen, ohne dass die Kultur der erfolgreichen Selbstverwirklichung für eine Verarbeitung von Enttäuschungserfahrungen gewappnet scheint. Kulturelle Muster wie Gelassenheit oder gar Demut erscheinen in der Spätmoderne überholt; stattdessen neigt sie dazu, biografisches Scheitern in die Selbstverantwortung des Einzelnen zu stellen.[95]

Dass diese beschriebenen Erfahrungen der Enttäuschung und des Scheiterns auch pathologische Folgen haben können, erscheint geradezu unausweichlich. Burnout-Erkrankungen können daher auch als Spiegelbild der gezeichneten kulturell-gesellschaftlichen Lage betrachtet werden.[96] Depressionen beschreibt Reckwitz als das gegenwärtig gesellschaftlich „charakteristische Krankheitsbild"[97].

Dieses pathologische Potential des Ringens um Zufriedenheit und Glück, das spätmodern häufig mit den thematisierten Singularisierungsbemühungen verbunden ist, wird noch verständlicher, wenn man sich vor Augen führt, dass mit all diesen Anstrengungen stets auch der *Wert* des Individuums auf dem Spiel steht. Denn dieser Wert ist in der Spätmoderne häufig hochgradig abhängig von den tatsächlichen oder angenommenen Bewertungen des erworbenen Singularitätskapitals.

> Somit ist „[d]as spätmoderne Subjekt [...] nicht als Träger allgemeiner Kompetenzen oder spezialisierter Leistungen oder gar qua seines Menschseins wertvoll, sondern wird vor sich selbst

---

[90] Ebd.
[91] Vgl. a. a. O., 343.
[92] A. a. O., 344, originale Hervorhebung weggelassen.
[93] A. a. O., 347.
[94] Ebd.
[95] A. a. O., 348.
[96] Vgl. dazu auch den Zusammenhang von psychosozialem Stress und Burnout, PATRICK KURY, Der überforderte Mensch. Eine Wissensgeschichte vom Stress zum Burnout (Campus historische Studien 66), Frankfurt am Main 2012, 267–290.
[97] RECKWITZ, Gesellschaft der Singularitäten, 349.

und vor anderen erst wertvoll durch diese Aneignungsprozesse, in deren Verlauf als wertvoll anerkannte besondere Güter und Praktiken in den Lebensstil integriert werden oder als Kapital wirken."[98]

An dem beschriebenen Verhältnis zwischen den weitverbreiteten spätmodernen Singularitätsbemühungen und den damit verbundenen Selbstoptimierungsdynamiken haben sich weitere wesentliche Aspekte des Phänomens der Selbstoptimierung gezeigt. Erstens hat sich gezeigt, dass dieses nur vor dem Hintergrund der kulturell-gesellschaftlichen Koordinaten der Spätmoderne zu verstehen sein dürfte, denn erst in ihr kommt – zumindest in breiten Bevölkerungsschichten – die beschriebene Logik des Besonderen zum Tragen, die das individuelle Potential, aber auch den Zwang zu permanenter Selbstoptimierung zur Geltung bringt.

Zweitens ist deutlich geworden, dass die Affirmation bzw. Selbstverständlichkeit von Selbstoptimierung hochgradig milieuabhängig ist. Der neuen akademischen Mittelklasse, die immer wieder als besondere Trägergruppe von Selbstoptimierung hervorgehoben wird, steht eine „neue Unterklasse"[99], aber auch eine „alte, im Kern nichtakademische Mittelklasse"[100] gegenüber, in denen diese Imperative viel weniger, gar nicht oder auf andere Weise ausgelebt werden und die sich viel eher durch ein „muddling through"[101] (Unterklasse) oder eine Orientierung an der früher dominierenden Logik des Allgemeinen auszeichnen (alte Mittelklasse).[102]

Insbesondere ist aber drittens auch deutlich geworden, welch existentielle Bedeutung den betrachteten Bemühungen zugrunde liegt: Es geht nicht schlicht um einen etwas höheren Fitnessgrad, eine etwas größere Attraktivität oder eine etwas stabilere psychische Resilienz. Häufig schwingt in der Suche nach dem, was Reckwitz als Akkumulation psychophysischen Subjektkapitals beschreibt, die Frage mit, ob das eigene Leben als attraktiv und gelingend erscheint bzw. als interessant und lebenswert empfunden wird. Damit wird transparent, dass viele Selbstoptimierungsbemühungen auf einer tieferen Ebene häufig auch mit der Frage nach dem (Selbst-)Wert eines Subjekts verbunden sind, den es sich selbst zuspricht, der ihm von anderen zugesprochen wird bzw. was das Subjekt an äußerer Anerkennung imaginiert.

3.5 Selbstoptimierung als resonanzhemmendes Weltverhältnis

Mit dem Stichwort der *Resonanz* ist ein weiterer, im Kontext des Selbstoptimierungsdiskurses relevanter und daher hier zumindest skizzenhaft zu entfaltender, soziologischer Entwurf der jüngeren Zeit angesprochen. Die damit gemeinte,

---

[98] A.a.O., 308.
[99] A.a.O., 350, vgl. dazu 350ff.
[100] A.a.O., 281, originale Hervorhebungen weggelassen.
[101] A.a.O., 350.
[102] Vgl. a.a.O., 281f.

2016 erschienene Monografie von Hartmut Rosa, *Resonanz. Eine Soziologie der Weltbeziehung*, hat weit über den akademischen Diskurs hinaus Aufmerksamkeit erregt und ist auch theologisch verschiedentlich aufgegriffen worden.[103]

Darin konstatiert Rosa, dass sich die Gesellschaft der Spätmoderne in einer tiefgehenden Resonanzkrise befindet,[104] die zumindest partiell aus seiner Sicht für eine ganze Reihe gegenwärtig weitverbreiteter gesellschaftlicher, gesundheitlicher und psychologischer Probleme verantwortlich ist. Viele Menschen der Gegenwart – so seine Diagnose – leiden an fehlenden Resonanzerfahrungen unterschiedlicher Art und erfahren sich stattdessen in überwiegend stummen, d.h. entfremdeten Weltbeziehungen. Menschen sehnen sich umgekehrt – so die überzeugende Prämisse Rosas – grundsätzlich nach lebendigen Weltbeziehungen, in denen sie etwas oder jemanden als „antwortend"[105] erleben, sodass zwischen sich selbst und dem eigenen Leib oder einem Gegenüber etwas „vibriert"[106] und die Dinge ‚zu singen beginnen'. Dieser Grundunterscheidung zwischen stummen und resonanten Weltverhältnissen durchaus ähnlich – das sei hier nur am Rande bemerkt – hat bereits 1923 Martin Buber zwischen (vibrierenden) Ich-Du-Beziehungen und (stummen) Ich-Es-Beziehungen unterschieden.[107]

In seiner umfassenden Untersuchung ganz unterschiedlicher Lebenssphären differenziert Rosa dabei zwischen drei verschiedenen „Achsen der Weltbeziehung"[108], in denen jeweils spezifische Resonanzerfahrungen möglich sind. Demnach lebt jeder Mensch zumindest potentiell sowohl in vertikalen (Religion, Natur, Kunst, Geschichte), sowie diagonalen (Objekte, Arbeit, Schule, Sport, Konsum) als auch horizontalen (Familie, Freundschaft, Politik) Resonanzachsen.[109]

Grundsätzlich gilt für jegliche Resonanzerfahrungen, dass sie weder bewusst hergestellt noch durch bestimmte Maßnahmen garantiert werden können. Zwar können durchaus mehr oder weniger prädestinierte Kontexte und Voraussetzungen dafür benannt werden – das ändert aber nichts daran, dass ihnen ein hoher Grad an *Unverfügbarkeit* eigen ist, sodass sie in konkreten Momenten geradezu als Widerfahrnis erlebt werden können.[110]

Rosas Gegenwartsanalyse bündelt eine Vielzahl der z.T. oben bereits beschriebenen spätmodernen gesellschaftlichen Phänomene und geht davon aus, dass die Steigerungslogik, welche die Moderne insgesamt charakterisiert,[111] insbeson-

---

[103] Vgl. z.B. MICHAEL SCHÜSSLER/TOBIAS KLÄDEN (Hrsg.), Zu schnell für Gott?, Freiburg i. Br. 2017.
[104] Vgl. Rosa, Resonanz, 517ff.
[105] ROSA, Resonanz, 59.
[106] A.a.O., 24.
[107] BUBER, Ich und Du; Rosa verweist entsprechend an einer Vielzahl von Stellen auf Buber, ausführlich z.B. ROSA, Resonanz, 439–441.
[108] A.a.O., 331.
[109] Vgl. a.a.O., 331–516.
[110] Vgl. dazu auch HARTMUT ROSA, Unverfügbarkeit, Berlin 2020.
[111] Vgl. dazu ROSA, Resonanz, 671ff.

re spätmoderne Subjekte in „erbarmungslose Optimierungsschleifen"[112] zwingt. Auch wenn dieses Phänomen in dem genannten Ausmaß jüngeren Datums ist, weisen die darin zum Tragen kommenden problematischen Tendenzen kulturell weit in die Vergangenheit zurück, ähnlich wie dies auch Röcke herausgestellt hat. Das für die Moderne insgesamt kennzeichnende Streben nach „Weltreichweitenvergrößerung"[113] beispielsweise, verändert nicht nur die tatsächlich erreichte Vergrößerung der Weltreichweite, sondern eben ganz erheblich und in der Regel unintendiert auch die „Weltbeziehungsqualität"[114]. Das grundsätzlich rationale und instrumentelle Weltverhältnis, das sich in der Moderne etabliert hat, entspricht dabei nach Rosa genau dem, was bereits Max Weber als ‚Ethos' der kapitalistischen Moderne attestierte und in seiner populären Formulierung von der „Entzauberung der Welt"[115] prägnant auf eine Formel brachte.[116]

Das Bemühen um Weltreichweitenvergrößerung zielt maßgeblich auf die Maximierung der Verfügbarkeit diverser Ressourcen ab. Dabei liegt in der Moderne eine folgenschwere Verschiebung in der Bewertung der verfügbaren Ressourcen vor, die nach Rosa als „radikaler kultureller Wandel"[117] zu begreifen ist: Denn „das, was gute Chancen auf ein gelingendes Leben gewährleisten sollte (nämlich die dafür nötigen Ressourcen), [wird nun, C.S.] nicht nur für das gute Leben selbst gehalten"[118], sondern muss „aufgrund der strukturellen Steigerungs- und Dynamisierungsimperative der Moderne auch die Lebensführungsenergien und -strategien der Individuen binden"[119]. Die Steigerung diverser Ressourcen, bzw. die Maximierung des eigenen ökonomischen, kulturellen, sozialen und Körper-Kapitals, sowie ab dem 21. Jahrhundert auch des emotionalen bzw. Beziehungs-Kapitals,[120] ist insofern als gravierende Fehlallokation eigener Bemühungen zu verstehen. Denn durch diese Bemühungen geraten wesentliche Aspekte eines glücklichen – d.h. gelingende Resonanzachsen etablierenden – Lebens aus dem Blick.[121] Oder anders gesagt: „Konkurrenzorientierung und Ressourcenakkumulation, Optimierungszwänge und Beschleunigung der Mensch-Welt-Interaktion

---

[112] A.a.O., 595.
[113] Z. B. a.a.O., 550.
[114] Ebd.
[115] MAX WEBER, Wissenschaft als Beruf, in: HORST BAIER u.a. (Hrsg.), Wissenschaft als Beruf 1917/1919; Politik als Beruf 1919, MWG I/17, Tübingen 1992, 71–112, hier 87,7.
[116] Vgl. ROSA, Resonanz, 550, dass Weber für diese Entwicklung maßgeblich den Protestantismus, insbesondere in seiner puritanischen Ausprägung als kulturell relevanten Nährboden erachtet, ist bekannt. Zu Rosas Bezug auf Webers Theorie vgl. a.a.O., 550f.
[117] A.a.O., 47.
[118] Ebd.
[119] Ebd., Hervorhebung im Original.
[120] Vgl. a.a.O., 595.
[121] Rosa weist zwar darauf hin, dass es durchaus auch Ressourcen gibt, die sich positiv auf eine gelingende Weltbeziehung auswirkt. Letztlich zielt seine Kritik aber nicht auf eine bestimmte quasi bessere oder vorteilhaftere Ressourcenausstattung ab, sondern fokussiert konsequent die *Qualität* der Weltverhältnisse, in denen sich Subjekte erfahren, vgl. a.a.O., 58.

[…] untergraben die strukturellen *Voraussetzungen* für gelingende Weltanverwandlung"[122] und verhindern damit ein Erleben, in dem sich Subjekte in der Welt „getragen oder sogar geborgen […] fühlen"[123] können. Dieser fatale Verlust und die damit verbundene Kritik an den in der (Spät-)Moderne etablierten Modi der Weltbeziehungen trifft den Kern von Rosas Interesse.[124]

All die genannten Aspekte konzentrieren sich gewissermaßen in der Praxis der Selbstoptimierung. Ganz offensichtlich ist auch dieser die von Rosa problematisierte Wachstums- und Steigerungslogik inhärent. Die wesentliche Ressourcenorientierung, die bei Reckwitz als Akkumulation von psychophysischem Subjektkapital herausgestellt wurde, motiviert auch bei Rosa vielfältige individuelle Verbesserungsbemühungen. Und auch das von Rosa beschriebene Phänomen erlebter permanenter Beschleunigung dürfte häufig mit den individuellen Selbstoptimierungsbemühungen einhergehen.[125]

Nachfolgend soll diese Analyse an einigen konkreten Beispielen verdeutlicht werden, die den Zusammenhang zwischen Rosas Resonanztheorie und diversen Selbstoptimierungsbemühungen noch stärker erhellen. Dabei wird im Folgenden jeweils ein Beispiel für die von Rosa herausgestellten drei Dimensionen unterschiedlicher Resonanzachsen ausgeführt. Als Beispiel für eine vertikale Achse

---

[122] A.a.O., 629, Hervorhebung im Original.

[123] A.a.O., 59, originale Hervorhebungen weggelassen.

[124] Als eine ganz subjektive Erlebnisperspektive kann zum Beispiel auf die Beschreibung von Miriam Meckel verwiesen werden, die ihre persönliche Burnouterfahrung in einem Buch verarbeitet hat. Darin zieht auch sie die Verbindung zwischen einem auf permanente Steigerung angelegten Leben und der letztlich krankmachenden Überforderung, die daraus entsteht: „Bislang habe ich versucht, die zunehmende Belastung durch Mobilität und Information *quantitativ* zu bewältigen. Ich habe einfach noch mehr gearbeitet, bin in noch kürzeren Abständen gereist, war noch weniger zu Hause, habe noch weniger geschlafen, um mit den Dingen, die da harrten, irgendwie fertig zu werden. Aber der Mensch ist in seiner Leistung nicht unendlich steigerungsfähig. Im Gegenteil. Wenn er seinen Höchstleistungspunkt immer wieder oder dauerhaft überschreitet, tritt eine Gegenreaktion ein. Ich wurde langsamer, weniger leistungsfähig, immer unkonzentrierter, emotional immer unstabiler, empfindlicher. Ich hatte oft das Gefühl, ganz grundlos traurig zu sein. Ich sah keinen Sinn mehr in vielem, was ich tat.", Miriam Meckel, Brief an mein Leben. Erfahrungen mit einem Burnout, Reinbek b. Hamburg 2010, 93, Hervorhebung im Original.

[125] Den Brückenschlag zwischen dem von Rosa herausgearbeiteten Phänomen der Beschleunigung als Kennzeichen der Spätmoderne bietet er gleich zu Beginn seines Resonanzbuches: „Wenn Beschleunigung das Problem ist, dann ist Resonanz vielleicht die Lösung", Rosa, Resonanz, 13. Von daher wird deutlich, dass die von Rosa beschriebenen Beschleunigungsprozesse von ihm nicht als das eigentliche Problem verstanden werden, sondern dass es die darunter leidenden Resonanzverhältnisse des Menschen in der (Spät-)Moderne sind, die zu den Entfremdungserfahrungen führen, wie sie von Rosa geschildert werden. Selbstoptimierung erscheint in diesem Zusammenhang sowohl als Folgephänomen einer sich beschleunigenden Umwelt, in der das Subjekt permanent versucht mitzuhalten, als auch als Katalysator, der diesen Prozess gerade dadurch weiter anheizt. Zur Beschleunigungsanalyse vgl. Hartmut Rosa, Beschleunigung. Die Veränderung der Zeitstrukturen in der Moderne (Suhrkamp-Taschenbuch Wissenschaft 1760), Frankfurt am Main ^{12}2020.

kommt dabei zunächst die *Natur* (1) in den Blick. Als Beispiel für eine diagonale Achse sollen einige Gedanken Rosas zur Sphäre der *Arbeit* (2) genannt werden. Als Beispiel für eine horizontale Achse bietet sich die Sphäre der *Familie* (3) an.

1) Das Verhältnis des Menschen zur *Natur* kann aus unterschiedlichen Perspektiven betrachtet werden und ist natürlich erheblichen kulturellen Wandlungen unterworfen. Eine in diesem Zusammenhang entscheidende Perspektive auf die Natur nimmt deren Potential als Resonanzraum des Menschen ins Visier. Die Natur ist u. a. ein ganz entscheidender Ressourcenlieferant für den Menschen. Aber sie wurde und wird jedoch, so Rosa, immer – auch in der Moderne – als potentiell resonantes Gegenüber betrachtet. Tatsächlich erscheint die Natur in der Moderne angesichts von massiv ausgedehnten ‚Kulturräumen' mit besonderen Resonanzhoffnungen aufgeladen. Einerseits ist durch die vielfältigen Entwicklungen der vergangenen Jahrhunderte eine „relative Autonomie gegenüber den Vorgaben der Natur"[126] erreicht, andererseits scheint es gerade dadurch so, „dass die Natur in der Kultur der Moderne als die zentrale Resonanzsphäre des Menschen konzipiert wird"[127]. Natur gewinnt folglich so etwas wie den Status einer (alten) Gegenwelt, mit der sich die Hoffnung auf eine „nichtinstrumentelle und nichtmanipulative Korrespondenzbeziehung"[128] verbindet. Da in der Moderne tendenziell allen nichtmenschlichen Entitäten die Resonanzqualität abgesprochen wird, liegt im Verhältnis zur Natur eine geradezu widersprüchliche Haltung vor. Zwar sind mit dem ‚Erleben der Natur' einerseits große Erwartungen verknüpft, andererseits lassen sich diese kognitiv schlecht rechtfertigen. Die in der Moderne etablierten „institutionalisierten Weisen der Naturbearbeitungen"[129] – Erforschung und Aneignung – weichen von der Erwartung eines Resonanzverhältnisses offensichtlich gerade ab. Die Resonanzhoffnungen liegen im Blick auf die Natur also quer zur eigentlich dominierenden Haltung ihr gegenüber als Herkunftsort von Ressourcen und damit verbundenen Wachstumsperspektiven. Als Ressourcenpool und gestaltbares ‚Material' wird Natur primär in verdinglichter Form betrachtet und behandelt – mit Marquard könnte man sagen, als Ort und Material eines menschlichen „Machsals"[130]. Dadurch aber gerät sie als resonantes Gegenüber gerade aus dem Blick. Der Mensch in der Moderne pendelt daher beständig zwischen einem „dominanten Naturverhältnis, dem Natur als Ressource dient [...] und einem psychoemotionalen Naturverhältnis, in dem Natur als primordiale Resonanzsphäre fungiert, gleichsam vermittlungslos hin- und her"[131].

---

[126] Rosa, Resonanz, 455.
[127] A. a. O., 457.
[128] A. a. O., 458.
[129] A. a. O., 461.
[130] Vgl. Odo Marquard, Ende des Schicksals? Einige Bemerkungen über die Unvermeidlichkeit des Unverfügbaren, in: Abschied vom Prinzipiellen. Philosophische Studien, Stuttgart 1981b, 67–90.
[131] Rosa, Resonanz, 467.

Für Rosa bildet diese Analyse die Grundlage für eine Neubewertung der Angst vor der ökologischen Krise. Diese erscheint resonanztheoretisch betrachtet in ihrem Kern nicht mehr als Angst vor einem drohenden Ressourcenmangel, wie das u. a. angestoßen durch die Ergebnisse des Club of Rome in den 1970er-Jahren nahezuliegen schien. Vielmehr verbirgt sich, so Rosa, dahinter eigentlich die Sorge vor einem Ausfall der Natur als wesentlichem Resonanzraum des Menschen: „Das Verstummen der Natur (in uns und außer uns), ihre Reduktion auf Verfügbares und Noch-verfügbar-zu-Machendes ist aus resonanztheoretischer Perspektive das eigentliche kulturelle ‚Umweltproblem' spätmoderner Gesellschaften"[132].

2) Damit zum zweiten Beispiel, der Sphäre der *Arbeit*, die hier repräsentativ für diagonale Resonanzachsen herangezogen wird. Ob Arbeit „sprechend wird"[133] oder lediglich als stumme Tätigkeit erfahren wird, die getan werden muss, hängt vom Modus der tatsächlichen Aktivität und dessen Bedingungen ab. Zwischen dem Arbeitenden und seinem Material – beim Bäcker der Teig, beim Schreiner das Holz, der Text bei einem Schreibenden, oder das Labor bei einem Chemiker – besteht jeweils das Potential einer „Dingresonanz"[134]. Die vermutlich zeitintensivste regelmäßige Tätigkeit vieler Erwachsener bleibt als Erwerbsarbeit häufig allerdings weit hinter einer solchen resonanten Qualität zurück und wird als stumme oder sogar stupide Tätigkeit empfunden.[135]

Entscheidende Gründe für diesen erlebten Mangel an Resonanzqualität in der eigenen Arbeit ist dabei ein Arbeitssetting, das durch den Wunsch nach Reichweitenvergrößerung und permanentem Wachstum angetrieben ist. Viele Tätigkeiten sind mit dem Zweck effizienter Vollzüge geradezu auf ein möglichst instrumentelles, d.h. gerade nicht-resonantes Verhältnis vom Arbeitendem zum ‚Stoff' der Arbeit programmiert. Soziale Beziehungen im Arbeitskontext werden aus gleichem Grund häufig auf ein notwendiges Minimum reduziert. Arbeitsprozesse sind „so radikal auf Optimierung geeicht"[136], dass die Räume für etablierte Resonanzachsen immer geringer werden. Durch diese „Pathologie des Kapitalismus"[137] wird aber ein ganz wesentliches Resonanzpotential gewissermaßen ausgetrocknet. Besonders in sozialen, z.B. Pflege- oder Lehrberufen kommt zuspitzend hinzu, dass in diesen Kontexten ‚das Material', also in diesen Beispielen die zu Pflegenden oder die Schüler, ganz offensichtliche Resonanzerwartungen signalisieren, die dann beispielsweise auf Grund des Zeitdrucks permanent enttäuscht werden müssen.[138]

---

[132] A.a.O., 463.
[133] A.a.O., 626.
[134] A.a.O., 395, originale Hervorhebung weggelassen.
[135] Vgl. dazu HARTMUT ROSA, Arbeit und Entfremdung, in: KLAUS DÖRRE (Hrsg.), Kapitalismustheorie und Arbeit. Neue Ansätze soziologischer Kritik (International Labour Studies 1), Frankfurt am Main 2012, 410–420.
[136] ROSA, Resonanz, 626.
[137] A.a.O., 397.
[138] Vgl. a.a.O., 400.

Führt man sich vor Augen, welche Bedeutung der Arbeit in (spät-)modernen Gesellschaften als eigentlich essentieller Resonanzsphäre und maßgeblichem Sinnreservoir zukommt,[139] kann es kaum überraschen, dass die enttäuschenden devitalisierenden Verstummungen wiederum zu einer steigendenden Anfälligkeit für psychische Erkrankungen führen können.[140] Dies gilt umso mehr, je stärker andere Resonanzachsen – Familie, Freunde, politisches Engagement, Ehrenamt oder Musik – der jeweiligen Arbeitstätigkeit untergeordnet oder sogar geopfert werden und sich ein großer Teil der Resonanzhoffnung entsprechend ausschließlich auf die Arbeit bezieht.[141] Fällt diese dann als ein solches, beziehungsstiftendes Resonanzreservoir aus, erlebt sich das Subjekt zunehmend in einer stummen und entfremdeten Umwelt.

3) Damit kommt das dritte Beispiel, die *Familie*, in den Blick, die hier repräsentativ für eine horizontale Resonanzachse steht. Vor dem Hintergrund der beschriebenen geradezu strukturellen Resonanzfrustrationen im Bereich der Arbeit leuchtet Rosas Analyse ein, dass die Familie häufig als einer der verbliebenen Orte betrachtet wird, von dem Subjekte in hohem Maße resonierende Erfahrungen erwarten. Dieser „Resonanzhafen der Moderne"[142] ist aber selbst dahingehend durch die vor den Familienstrukturen nicht halt-machenden Optimierungsbemühungen alles andere als sicher.[143] Das ist einerseits durch eingeübte (stumme) Haltungen und Praktiken bedingt, die auch im Familienkontext nicht plötzlich abgestellt und verändert werden können – denn es dürfte regelrecht illusionär sein, dass Familien gewissermaßen als „individuelle Resonanzinseln in einer als repulsiv konstruierten Umwelt auf Dauer zu bewahren"[144] sind. Andererseits steht ein Familienleben natürlich in Konkurrenz zu anderen Lebensfeldern, z. B. der Arbeit. Der Kampf um knappe Zeit- und Aufmerksamkeitsressourcen erschwert oder verhindert entsprechend die eigentlich ersehnten tatsächlich resonanten Beziehungen, da sie zumindest in gewissem Maße physische Präsenz, sowie kognitive wie emotionale Gegenwärtigkeit voraussetzen.[145]

Zudem erschweren sich unter dem Vorzeichen gegenwärtiger gesellschaftlicher Praktiken die Modi des Verzeihens. Dieses wird unselbstverständlicher bzw. sogar unmöglich, da im Wettbewerbs- und Optimierungsmodus sowohl gesell-

---

[139] Vgl. a. a. O., 397.
[140] Vgl. a. a. O., 626, „Ich habe Tag für Tag und Monat für Monat gearbeitet und geackert, aber es kam einfach nichts zurück", ist, so Rosa, sinngemäß eine typische Klage, die in Burnoutkliniken häufig zu hören ist, a. a. O., 399.
[141] Vgl. a. a. O., 400.
[142] A. a. O., 352.
[143] In der Spätmoderne findet im Unterschied zur Moderne teilweise eine Verschiebung der Resonanzhoffnungen von der Familie zur Arbeit hin statt. Die Familie wird dann nicht mehr als entscheidende Resonanzhoffnung behandelt, sondern eher instrumentell als Pflichtbereich bearbeitet und als Ressourcenbasis betrachtet, während jegliche Selbstwirksamkeits- und Resonanzerfahrungen im Job gesucht werden, vgl. a. a. O., 402.
[144] A. a. O., 353.
[145] Vgl. a. a. O., 351f.

schaftlich als auch individuell alles auf Berechnung und Abrechnung hin orientiert ist. Obwohl die gegenwärtige Gesellschaft – so Rosa – trotzdem permanent Schuldgefühle erzeugt, gibt es weder Orte, noch Instanzen oder Praktiken des Verzeihens, was wiederum die Möglichkeit resonanter Beziehungsverhältnisse verhindert.[146]

Zusammenfassend lässt sich hinsichtlich der hier kurz vorgestellten resonanztheoretischen Perspektive Rosas bilanzieren, dass die verschiedenen Optimierungs- und Selbstoptimierungsimperative, wie sie auch Rosa insbesondere in der Spätmoderne als gesellschaftlich allgegenwärtiges Phänomen beschreibt, häufig eine *resonanzverhindernde Selbstaktivierung* darstellen, die ein resonanzhemmendes Weltverhältnis mit sich bringen und fördern. In den verschiedenen Beispielen hat sich gezeigt, dass dies je nach Sphäre in unterschiedlichem Maße zutreffend ist, so wie die verschiedenen Optimierungsanforderungen auf dem jeweiligen Gebiet individuell differenziert zu betrachten sind. Entscheidend ist in diesem Zusammenhang aber die generelle Beobachtung Rosas, dass die Selbstoptimierungsbemühungen auf vielen Ebenen gerade das zu verhindern scheinen, was eigentlich anvisiert wird: Ein erfülltes und glückliches Leben – und dies insbesondere durch die sich verringernden oder sogar ganz versiegenden Resonanzerfahrungen, die Rosa als menschliches Grundbedürfnis herausstellt. Folgt man Rosas soziologischer Terminologie, ein erfülltes und lebendiges Leben mit der Erfahrung von Resonanz zu verknüpfen, dann ist damit ein nicht unerheblicher Schatten zumindest vieler gesellschaftlicher (Selbst-)Optimierungsversuche aufgezeigt. Die zahlreichen Plädoyers für eine Überwindung oder Abwendung von Selbstoptimierung oder Versuche einer anderen Art davon, wie sie gelegentlich unter dem Stichwort ‚Selbstoptimierung 2.0' zum Ausdruck gebracht werden, sind Ausdruck eines Problembewusstseins solcher Optimierungsdynamiken – Rosas Analyse bietet eine überzeugende Erklärung dafür, die zumindest einen wesentlichen Aspekt zu treffen scheint.

Insofern erscheint auch dessen Perspektive auf die von ihm betrachtete hohe Zahl psychischer Erkrankungen in der Gegenwart durchaus einleuchtend: Die „Psychokrise der Spätmoderne [...] lässt sich mit guten Gründen als eine Erschöpfungskrise im Steigerungsspiel verstehen: Gleichgültig, wie kreativ, aktiv und schnell wir in diesem Jahr sind, nächstes Jahr müssen wir uns steigern, lautet die Grundbefindlichkeit spätmoderner Subjekte fast überall auf der Welt."[147] Erschöpfung und Stress in der omnipräsenten und vielfältigen Wettbewerbssituation bei dringend benötigten, aber ausbleibenden Resonanzerfahrungen – das ist jedoch gerade das Gegenteil des Glücksversprechens, mit dem die Praxis der Selbstoptimierung für viele aufgeladen ist.

---

[146] A. a. O., 361f.
[147] A. a. O., 711, originale Hervorhebungen weggelassen.

3.6 Vom Ideal-Ich zum Ich-Ideal – Selbstoptimierung aus psychologischer Sicht

Eine psychologisch-psychoanalytische Untersuchung gesellschaftlich prägender Selbstoptimierungsphänomene der Gegenwart hat vor einigen Jahren Dieter Funke mit seiner Publikation *Idealität als Krankheit?*[148] vorgelegt. Sein Ansatz folgt dabei einer relational-beziehungsorientierten psychoanalytischen Perspektive.[149] Auch Funke geht davon aus, dass „heute [...] die Ideale der Selbstoptimierung und des persönlichen Wachstums die gesellschaftliche Norm"[150] prägen und das Leben des Einzelnen in geradezu „quasi-religiösen Ritualisierungen"[151] bestimmen. Diese quasi-religiöse Aufladung von Selbstoptimierungsbemühungen tritt aus Funkes Sicht funktional an die Stelle, die früher durch religiöse Vollzüge, wie z. B. die Orientierung an „Geboten, Sünden- und Bußkatalogen"[152] besetzt war.[153] An anderer Stelle beschreibt er die dominierenden Selbstoptimierungsstrategien zumindest teilweise als Äquivalent des früher gesellschaftlich prägenden Gottesgedankens.[154] Für Funke ist diese psychostrukturelle Ähnlichkeit zwischen den praktizierten Formen der Selbstoptimierung und den traditionellen religiösen Ritualen ein wesentlicher Grund für seine terminologische Entscheidung, die derzeitige Gesellschaftsformation als *postreligiös* und nicht als säkular oder postsäkular zu qualifizieren.[155]

Dabei sieht Funke die individuellen Verbesserungsbemühungen wesentlich durch äußere gesellschaftliche Faktoren geprägt – ähnlich wie dies schon in den verschiedenen betrachteten soziologischen Perspektiven zum Ausdruck kam: „Die öffentlich propagierten Optimierungsstrategien erzeugen eine Dauermobilisierung und Steigerungsdynamik"[156], die – individuell internalisiert – identitätstheoretisch häufig eine „religionsähnliche, ritualisierte Tiefenstruktur"[157] begründen. Funke kann in diesem Atemzug auch vom „sanfte[n] Terror von Idealen in postreligiösen Optimierungsstrategien"[158] sprechen.

Allerdings ist mit dieser gesellschaftlich wie individuell konstatierten Bedeutung der genannten Steigerungsimperative natürlich noch nicht die Frage beantwortet, ob diese per se kritisch zu bewerten sind, resp. „ob grenzenloses Wachstum, Selbstoptimierung und Beschleunigung [...] zu mehr Lebensqualität führen

---

[148] FUNKE, Idealität als Krankheit?
[149] Vgl. a. a. O., 28.
[150] A. a. O., 13.
[151] Ebd.
[152] Ebd.
[153] Vgl. zu den damit angesprochenen postreligiösen Ersatzritualen a. a. O., 20f.
[154] Vgl. a. a. O., 91.
[155] Zur Rede von einer *postreligiösen* Gesellschaft vgl. a. a. O., 15–18.
[156] A. a. O., 11.
[157] A. a. O., 18.
[158] A. a. O., 89.

oder krank machen"[159]. Sich an bestimmten Idealen zu orientieren ist, so Funke, zunächst weder mit dem einen noch mit dem anderen verbunden, sondern hängt von der innerpsychischen Bedeutung dieser Ideale ab. Die dafür notwendige Differenzierung, auf die seine Untersuchung abzielt, hängt daher entscheidend an der Art des, das Subjekt bestimmenden, Ich-Ideals und insbesondere der Ambivalenztoleranz hinsichtlich der verfolgten individuellen Ideale. Das ist näher zu entfalten.

In der postreligiösen Gesellschaft, in der u. a. religiös gestiftete Normen und Ansprüche weitgehend ihre Geltung eingebüßt haben und damit das Freud'sche Über-Ich weitgehend seine innerseelisch prägende Kraft verloren hat, liegt die Vermutung nahe, dass das davon emanzipierte Subjekt sich nun als weitgehend frei erlebt. Dies ist jedoch nicht der Fall. An die Stelle des Über-Ichs, der das Ich unterworfen ist, tritt in der postreligiösen Gesellschaft die seelische Instanz des *Ich-Ideals*.[160] Dieses Ich-Ideal ist, so Funke, in seiner innerseelischen Dominanz umso stärker, je weniger es von einer übergeordneten normativen Struktur, wie sie früher Religion und ihre Institutionen bildeten, begrenzt und eingehegt wird.[161]

Um die psychologische Bedeutung von Idealen besser zu verstehen, lohnt, Funke folgend, ein Blick auf deren innerpsychische Funktion:

> In psychoanalytischer Perspektive entstehen Idealbilder in der kindlichen Entwicklung, um Ohnmachtsgefühle und Mangelerfahrungen und seelische Verletzungen erträglich zu machen und durch diesen Schutz eines erhofften idealen Objekts oder Zustands die weitere Entwicklung in Gang zu halten. Viele Beeinträchtigungen und Verletzungen sind unumgehbar, sie gehören zur menschlichen Grundausstattung.[162]

Daher kommt in Idealen häufig der Wunsch zum Ausdruck „doch das verloren geglaubte Paradies der Spannungs- und Konfliktfreiheit"[163] insbesondere vor dem Hintergrund defizitärer Beziehungsverhältnisse zu finden bzw. zurückzuerobern.

Die beschriebene Kompensationsfunktion von Idealen kann dabei aber nicht nur entwicklungsförderlich wirken, sondern auch zu Idealbildungen führen, die sich langfristig als problematisch erweisen. Dies geschieht, wenn das Ideal so übermächtig wird, dass es an die Stelle des Selbst tritt:

> Die Psychoanalyse spricht vom Ich-Ideal als der innerseelischen Instanz, in der die erlittenen Enttäuschungen, Kränkungen und Verletzungen kompensiert werden. Diese Instanz wird zur inneren Bühne, auf der sich die Folgen von schlechten Beziehungserfahrungen abbilden und gleichsam fortgesetzt werden. Das Kind und der spätere Erwachsene fühlen sich beschämt, entwertet, leer und depressiv, wenn sie das Ideal nicht erfüllen. Zur Abwehr dieser Gefühle nimmt der Einzelne dann die Pose der Stärke, Willenskraft und Schmerzunempfindlichkeit ein, um so die Leere im eigenen Inneren und die Scham nicht mehr zu spüren. Das Ideal ist zum Ersatz

---

[159] A. a. O., 11.
[160] Vgl. a. a. O., 13.
[161] Vgl. ebd.
[162] A. a. O., 24.
[163] A. a. O., 26.

für das eigene Selbst geworden. Dann fühlen und empfinden Menschen unter dem Diktat des Ideals nicht mehr, was wirklich ist, sondern was sein sollte.[164]

Tatsächlich sieht Funke in der „Unterwerfung unter die entfesselten postreligiösen Ideale"[165] die Voraussetzung für Persönlichkeitsstrukturen, die besonders anfällig für bestimmte „moderne seelische Störungen und Beeinträchtigungen wie Depression, innere Leere, Selbstzweifel, Einsamkeit und Überforderung"[166] sind. Damit liefert er einen psychologischen Erklärungsansatz für die beispielsweise auch von Reckwitz beschriebene, besondere pathologische Disposition der Gegenwartsgesellschaft u. a. zu Depressionen.[167]

Die damit beschriebene Gefahr, die durch eine alles dominierende Rolle der verfolgten Ideale verursacht wird, darf jedoch nicht als generelle Pathologisierung von Idealen missverstanden werden. Ideale sind im Gegenteil zugleich auch Bedingung der Möglichkeit von Entwicklung. Sie können hoffnungsstiftend wirken, Veränderung ermöglichen und damit eine positive Persönlichkeitsentwicklung entscheidend fördern. Insofern sind „Ideale [...] doppelgesichtig"[168] – sie können sowohl heilsame als auch destruktive Wirkung entfalten. Entscheidend ist dabei aus psychologischer Perspektive, ob Ideale mit ihrem jeweiligen *Gegenpol* in Verbindung bleiben. Wird diese Verbindung aus irgendeinem Grund gekappt, entwickeln sie eine destruktive Struktur.[169] Von der Prämisse ausgehend, dass menschliche Erfahrungen niemals nur einseitig sind, sondern stets auch gegenteilige Erlebnisse vertraut sind,[170] liegt problematischen Idealen der tiefe Wunsch nach einer dem Erleben unangemessenen Eindeutigkeit zugrunde, der zu einer Verdrängung jeweils gegenteiliger Erfahrungen führt. In ihrer gesunden und förderlichen Form sind die jeweiligen Ideale hingegen stets mit der Erfahrung ihres Gegenteils verbunden. So ist beispielsweise das Ziel einer hoffnungsvollen und positiven Einstellung der Zukunft gegenüber ein motivierendes und erstrebenswertes Ideal. Allerdings darf dieser Wunsch nicht dergestalt vereinseitigt werden, dass alle gegenteiligen Erfahrungen psychisch verbannt werden. Der Hoffende muss auch Momente der Hoffnungslosigkeit, Enttäuschung und Zukunftsangst ertragen können, andernfalls droht das Ideal zur „blinden Illusion"[171] zu werden.[172] Damit wird

---

[164] A. a. O., 24.
[165] A. a. O., 13.
[166] Ebd.
[167] In diesem Zusammenhang ist natürlich auch an die schon etwas weiter zurückliegenden Diagnosen Alain Ehrenbergs und Byung-Chul Hans zu denken, die von der *Erschöpfung des Selbst* (2004) bzw. von der *Müdigkeitsgesellschaft* (2010) sprachen, ALAIN EHRENBERG, Das erschöpfte Selbst. Depression und Gesellschaft in der Gegenwart, Frankfurt am Main [7]2013; BYUNG-CHUL HAN, Müdigkeitsgesellschaft, Berlin 2021.
[168] FUNKE, Idealität als Krankheit?, 26.
[169] Vgl. ebd.
[170] Vgl. a. a. O., 63.
[171] A. a. O., 26.
[172] Funke parallelisiert diesen Befund mit dem Verhältnis von Traum und Alltag, das ebenso stets auszubalancieren ist. Wunschträume, ob am Tag oder in der Nacht erlebt, sind Ausdruck

innerseelische Ambivalenztoleranz psychologisch betrachtet zum alles entscheidenden Kriterium für die Unterscheidung heilsamer und destruktiver Idealität.[173]

Die problematische Variante einer Idealisierung ist dabei Bestandteil eines *Ideal-Ichs*, während die gesunde und heilsame Variante als *Ich-Ideal* beschrieben wird. Das Ideal-Ich kommt durch die Trennung vom jeweiligen Gegenpol als Spaltungsprodukt zu stehen, während das Ich-Ideal als „Instanz bipolarer Ganzheit"[174] zu verstehen ist.

Entwicklungspsychologisch betrachtet handelt es sich bei der Ausprägung eines Ideal-Ichs um eine häufige psychologische Verarbeitung sich natürlich ergebender Herausforderungen im Kleinkindalter.[175] In ihrer frühen Form bleibt dieses Ideal-Ich ohne eine Verbindung zu seinem jeweiligen Gegenpol. In einer weiteren Entwicklungsstufe gelingt diese Verbindung allerdings immer stärker, sodass das Kind zunehmende Ambivalenztoleranz erlernt.[176] Dazu bedarf es der Akzeptanz, dass dieses Ideal-Ich in seiner Absolutheit nicht zutreffend ist, sondern mindestens in bestimmtem Maße auch das Gegenteil davon.[177] Ziel ist dementsprechend eine Entwicklung vom frühen Ideal-Ich in eines „reifes und entwicklungsförderndes Ich-Ideal"[178]. Diese erwachende Ambivalenztoleranz weicht entsprechend die totale Gültigkeit bestimmter Ideal-Bilder auf und sorgt für deren heilsame Relativierung.[179]

Die verschiedenen Ideal-Stufen spielen nicht nur in der psychischen Entwicklung von Kindern eine Rolle, sondern sind in beiden Formen und vielfältigsten Zwischenstufen auch bei Erwachsenen wirksam. Der Grund für eine Aufspal-

---

tiefster subjektiver Wünsche. Allerdings müssen sie mit der alltäglichen Realität vermittelt werden, andernfalls droht sich der Träumende in seiner eigenen Welt zu verlieren. Umgekehrt verliert derjenige an Lebendigkeit, der ausschließlich die faktische Wirklichkeit seines Alltags zu akzeptieren bereit ist und sich das Träumen verbietet. Träume sind insofern einerseits für ein lebendiges Subjekt geradezu notwendig. Gleichzeitig dürfen sie sich nicht dergestalt verabsolutieren, dass sie ihren Status einer Alternativrealität verlieren, vgl. ebd.

[173] Vgl. a. a. O., 89.
[174] A. a. O., 61.
[175] Vgl. a. a. O., 62f.
[176] Vgl. dazu a. a. O., 61–63.
[177] In relationaler Hinsicht gilt dies insbesondere für das Verhältnis zu den eigenen Eltern. Bei unvermeidlichen Schwierigkeiten und Unvollkommenheiten in diesem Verhältnis besteht die Gefahr, dass das Kind diese nicht den Eltern zuschreiben möchte und sie daher idealisiert. Die so ‚geretteten' Eltern sind dann aber Inhalt eines Ideal-ichs und entsprechend Produkt einer vorgenommenen Spaltung. Eine Weiterentwicklung zum Ich-Ideal bestünde dann darin, dass das Kind dieses einseitige Ideal auflöst und sowohl gute wie auch enttäuschende Aspekte an seinen Eltern erkennt und akzeptieren lernt, vgl. a. a. O., 62f.
[178] A. a. O., 164f.
[179] In einem christentumshistorischen Exkurs verweist Funke darauf, wie sich aus seiner Sicht beispielsweise in der Erzählung von der Zerstörung des Goldenen Kalbs oder in der Profilierung des Teufels solche metaphorisch eingekleideten vereinseitigten Ideale natürlich auch in religiösen Weltbildern und ihren Erzählungen niederschlagen können und dadurch kulturell u.U. hochwirksam werden, vgl. a. a. O., 81–87.

tung, wie sie mit Ideal-Ich-Imaginationen verbunden ist, besteht dabei darin, dass die Verwirklichung (bzw. Illusion) eines Ideals einen scheinbar wiederherstellbaren Zustand von „Befriedigung, Harmonie und Spannungsfreiheit"[180] verspricht. Umgekehrt besteht die Herausforderung einer ambivalenztoleranten Einstellung letztlich darin, die immer auch als enttäuschend und unbefriedigend wahrgenommene Mit- und Umwelt zu akzeptieren und daher nicht in eine alles als ‚gut' oder ‚böse' wertende Perspektive zu fallen, der immer eine Spaltung des real Gegebenen zugrunde liegt. Gelingt eine solche dem Ich-Ideal entsprechende Verbindung von Ideal und Gegenpol nicht, wird also einem „entfesselte[n] Ideal-Ich"[181] nachgejagt, droht das Subjekt früher oder später immer von der schmerzhaften Erfahrung der Differenz zwischen Ideal und Realität eingeholt zu werden. Dann allerdings erfährt sich das gewissermaßen an seinem Ideal ‚gescheiterte' Selbst potentiell als wertlos oder beschämt.[182]

Im Zusammenhang dieser Studie kommt es nun besonders darauf an, dass vielen gegenwärtig prägenden (Selbst-)Optimierungsstrategien „gespaltene Ideale zugrunde"[183] liegen, bzw. durch diese Optimierungsbemühungen gefördert oder sogar erst erzeugt werden. Funke spricht von einseitigen, d.h. gespaltenen Selbstbildern, die sich z.B. auf den Körper,[184] auf Partner,[185] Kinder[186] oder Institutionen beziehen können. Dadurch „entstehen pathologische Phänomene einer Gesellschaft, die sich in der Unterwerfung unter ihre eigenen Ideale permanent überfordert und ausbrennt."[187]

So geht das in vielen Optimierungsversuchen sportlicher, ernährungskultureller oder auch medizinisch-operativer Natur verfolgte *Ideal der Gesundheit und Schönheit* häufig mit der Verdrängung biologisch unausweichlicher Phänomene wie Krankheit, Älterwerden und Sterben einher. Die Ideale, die mit diversen Körperinszenierungen verbunden sind, beruhen psychologisch zudem häufig auf einer radikalen Trennung von eigenem Selbst und Körper, der dann quasi als Objekt behandelt und den eigenen Idealen gemäß gestaltet wird.[188] Die damit verbundenen Stilisierungen folgen dabei dem Wunsch maximaler Kontrolle oder gar Allmacht, deren verdrängter Gegenpol Abhängigkeits- und Unverfügbarkeitserfahrungen sind.[189] Ob das beispielsweise auch für die dargestellten Kör-

---

[180] A.a.O., 27.
[181] A.a.O., 126.
[182] Vgl. ebd.
[183] A.a.O., 25.
[184] Vgl. a.a.O., 91–98.
[185] Vgl. a.a.O., 98–106.
[186] Vgl. a.a.O., 106–112.
[187] A.a.O., 28.
[188] Vgl. a.a.O., 93.
[189] Gesundheitlich hochproblematische Formen nimmt dieses psychische Muster an, wenn es sich auf die Regulation des eigenen Essverhaltens bezieht. Magersucht und Bulimie sind – so Funke – als ebensolche Versuche zu verstehen, den Körper als objektiviertes Gegenüber zu kontrollieren und zu unterwerfen. Dahinter stehen häufig schmerzhafte Erfahrungen der Hilf-

perideale des #thatgirl-Trends gilt, kann unabhängig von den einzelnen Videos und Influencerinnen natürlich nicht beantwortet werden. Deutlich wird aber zumindest die klare Tendenz, den Körper einem bestimmten ästhetischen Ideal zu unterwerfen und ihn durch vielfältige Kontrollmöglichkeiten und Aktivitäten (Ernährung, Sport, Pflegeprodukte) diesem anzugleichen. Demgegenüber wird die ‚Schwierigkeit', den eigenen Körper in vielerlei Hinsicht immer auch als unverfügbar und unveränderbar zu akzeptieren, kaum oder gar nicht thematisiert.

Werden, zweites Beispiel, bestimmte Ideale auf den eigenen *Partner* projiziert, die der Funktion dienen, einen bestimmten Mangel auszugleichen (Wunsch nach Einssein, Wunsch zur Ganzheit, Wunsch nach Anerkennung und Resonanz), müssen notwendig die diesem Ideal widersprechenden Aspekte ausgeblendet oder zum Verschwinden gebracht werden. Entsprechend entfalten die einseitigen Ideale dauerhaft eine toxische Wirkung, die nicht selten letztlich zur Trennung eines Paares führen dürfte.[190]

Kinder leiden, um noch ein drittes Beispiel zu nennen, häufig unter Wunschvorstellungen der Eltern, die letztlich deren Ideal, erfolgreich zu sein, entspringen. Zu diesem Erfolgsbild gehören dann häufig auch die überdurchschnittlich begabten, in jeglicher Hinsicht gebildeten Kinder etc., die diesem unbedingt entsprechen müssen. Wird an den Idealen bei entsprechender Abweichung radikal, d. h. ambivalenzintolerant festgehalten, kann das zu gravierenden Folgen wie der Selbstabwertung des Kindes und fehlenden Möglichkeiten der natürlichen Entwicklung führen.[191]

Auch das den Selbstoptimierungsstrategien inhärente und wie erläutert unabschließbare *Wachstumspostulat*, das nach Funke ebenfalls religionsähnliche Bedeutung angenommen hat,[192] kann als solch vereinseitigtes Ideal gelten: Es darf „keinen Stillstand, keine Langeweile, keine Ruhe und kein Verharren im Augenblick geben"[193], jedes weniger, Schwächer-Werden oder jede Leistungsminderung scheint daher vor dem Hintergrund dieses Ideals schlicht inakzeptabel. Dass daraus strukturell geradezu notwendig Erfahrungen der Selbstüberforderung resultieren liegt auf der Hand. Der damit verbundene permanente Aktivitätsmodus prägt eine „Kultur des Habens und Machens"[194], in der Körper und Geist idealerweise dauermobilisiert sind, wohingegen eine „Kultur des Seins"[195] sowohl ihre Legitimität als auch ihre bewusst oder unbewusst gestalteten Orte und Zeiten verliert.

---

losigkeit oder des emotionalen Missbrauchs. Das pathologische Essverhalten ist dann gewissermaßen der Versuch den Spieß umzudrehen, vgl. a. a. O., 95f.

[190] Vgl. a. a. O., 98f.
[191] Vgl. a. a. O., 106f.
[192] Vgl. a. a. O., 113.
[193] A. a. O., 114.
[194] Ebd.
[195] Ebd.

Verschärfend kommt hinzu, dass in einer Gesellschaftsformation, in der diese Ideale große Allgemeingültigkeit haben und entsprechend auf verschiedensten Wegen verbreitet und propagiert werden,[196] der Einzelne häufig gar nicht erkennt, inwiefern seine individuell verfolgten Ideale tatsächlich gesellschaftlich vorgegeben sind. Die Problematik gespaltener Ideale kann so von ihm gar nicht wahrgenommen werden. Im Gegenteil ist es sogar wahrscheinlich, dass er einen narzisstischen Gewinn aus der Realisierung dieser Ideale zieht, „weil er sich ja in seiner Leistungsfähigkeit und Daueranspannung gut fühlt und stolz darauf ist, weil ihm das auch Anerkennung von anderen einbringt."[197]

Heilsame Bewegungen, welche die beschriebenen psychologisch destruktiven Strukturen der prägenden Selbstoptimierungsstrategien vermeiden und unterminieren können, dürfen nicht einfach das jeweilige Gegenteil verfolgen. Im Blick auf das zuletzt genannte Beispiel kann es nicht darum gehen, ein ‚langsamer, schlechter und passiver' zu propagieren bzw. individuell als Haltung zu verinnerlichen. Denn nicht die Ideale selbst sind das Problem, sondern deren unausbalancierte, vom Gegenpol getrennte Absolutheit. Eine psychologisch gewissermaßen entgiftende Idealtransformation kann also nur dann zur heilsamen Bewegung werden, wenn sie das jeweilige Ideal mit seinem entsprechenden Gegenpol (neu) in Verbindung bringt. Ob nun Aktivität, Jugendlichkeit, Hoffnung, Verbesserung oder Wachstum – keines der Ideale ist per se kritikwürdig, sie müssen nur jeweils mit der verinnerlichten und praktizierten Akzeptanz ihres jeweiligen Gegenteils – Passivität, Altern, Hoffnungslosigkeit, Verschlechterung und Abnahme – einhergehen.

Um nicht in alten Mustern zu bleiben, grenzt sich Funke daher auch gegen den Begriff der Heilung ab. Es geht nicht darum, dass irgendetwas ganz und vollständig heil werden könnte.[198] Der stattdessen bevorzugte Begriff des *Heilsamen* trägt im Unterschied zum Heilungsbegriff der „Spannung von Gebrochensein und Heilsein, von Mangel und Erfüllung"[199] Rechnung, in der sich menschliches Leben vollzieht. Entscheidend sind dabei vor allem Orte, Praktiken und Beziehungsformen, die sich den Ansprüchen von Steigerung und Optimierung entziehen: „Zeit haben, Langsamkeit, fördernde Abwesenheit und verlässliche Abläufe"[200]. All das wären persönliche bzw. gesellschaftliche Ansätze, die den beschriebenen Gefahren und Aporien gegenwärtiger Selbstoptimierungsstrategien entgegenwirken würden.

---

[196] Vgl. dazu z. B. ROSA/LINDNER/OBERTHÜR, Missing Link.
[197] FUNKE, Idealität als Krankheit?, 127; genau dieses Phänomen individueller Begrüßung vorgegebener Selbstoptimierungsideale samt den damit verbundenen Anerkennungseffekten wurde am konkreten Einzelbeispiel dargestellt in: vgl. ROSA u. a., Optimierung zwischen Zwang und Zustimmung, 35ff.
[198] Vgl. FUNKE, Idealität als Krankheit?, 159.
[199] Ebd.
[200] A. a. O., 160.

4. Selbstoptimierung in der theologischen Kritik

4.1 Selbstoptimierung und der Verlust von Transzendenz

Auch der Soziologe und Sozialphilosoph Hans Joas, der sich in einer Reihe von Publikationen zur Bedeutung von Religion in der Gegenwart befasst hat und daher hier in die Reihe christlicher Perspektiven auf die Selbstoptimierungsthematik aufgenommen wurde, sieht im Ideal der Selbstoptimierung ein prägendes Element gegenwärtiger Kultur. Für ihn stellt sich entsprechend die Frage, wie die Relation zwischen christlichem Glauben und Selbstoptimierung zu bestimmen ist, bzw. „wie wir den christlichen Glauben in einer Kultur denken sollen, in der Selbstoptimierung zu einem dominanten Wert geworden ist"[1]. Dass beide nicht unkompliziert ineinander zu fügen sind und der christliche Glaube nicht schlicht als Selbstoptimierungsprogramm reformuliert werden soll, wird schon im Untertitel seines Buches deutlich, in dem „Selbstoptimierung oder Glaubensgemeinschaft" dichotomisch gegenübergestellt werden. Entsprechend lehnt er dahingehende Versuche ab, christlichen Glauben und Frömmigkeitspraxis als spezifische Technik von Selbstoptimierung zu präsentieren.[2] Christlicher Glaube wird aus Joas' Sicht in solchen Versuchen häufig als etwas Tröstendes und Stärkendes in Szene gesetzt, also auf eine Ressource psychischer Stabilität und Zufriedenheit reduziert. Dabei ist aus seiner Sicht unzulässigerweise die Wahrheitsfrage völlig ausgeblendet. Entscheidend ist dann nur die Effektivität, insbesondere der psychologische Erfolg irgendeiner religiösen Praxis, ob der christlichen oder einer anderen – dies aber wird dem Anspruch von Religion nicht gerecht.[3]

Gegenüber solchen Versuchen verweist Joas nicht nur auf den Wahrheitsanspruch christlichen Glaubens. Insbesondere will er ihn als eine „Alternative"[4] zur Praxis der Selbstoptimierung zur Geltung bringen, in der im Unterschied zu dieser eine Erfahrungsdimension erschlossen ist, in der „Individuen über die

---

[1] Joas, Warum Kirche?, 105.
[2] Vgl. ebd.
[3] Die dann getroffene bewusste Entscheidung für die eine oder andere Religion hätte natürlich auch nur noch wenig mit der traditionellen Vorstellung einer Konversion zu tun, bei der sich ‚die Wahrheit' einer religiösen Überzeugung in einem kürzeren oder längeren Prozess geradezu aufdrängt, bzw. ‚offenbart', vgl. a.a.O., 106.
[4] A.a.O., 113.

Fixierung auf die Grenzen ihrer Selbst hinausgehen können"[5]. Seine Kritik setzt also vor allem beim ersten Teil des Kompositums Selbst-Optimierung an. Nicht das spezifische Profil von *Optimierung* steht bei ihm in der Kritik, sondern die Fokussierung auf das eigene *Selbst* als gemeinschaftsunabhängiges Subjekt markiert eine problematische Verkürzung.

Interessanterweise und terminologisch etwas überraschend wird das in seiner Differenzierung zwischen Selbstoptimierung und Selbstverwirklichung deutlich. Den Wert der Selbstverwirklichung bejaht Joas nachdrücklich.[6] Nur Lebenskonzepten, in denen Selbstverwirklichung als höchster aller Werte ausgerufen wird, wie im Fall der Selbstoptimierung, steht er ausdrücklich skeptisch gegenüber.[7]

Selbstverwirklichung in ihrer üblichen Form ist allerdings – und das ist entscheidend für Joas – immer auf Gemeinschaft bezogen oder sogar gemeinschaftsdienlich, was er mit Verweis auf das Bildungsideal eines Wilhelm von Humboldt oder Friedrich Schleiermacher verdeutlicht.[8] Zwar nennt auch Joas die „ästhetische ‚Bohème'"[9] als eine Trägergruppe des Selbstverwirklichungsideals, die diesen lediglich individualistisch, d.h. unter Verzicht auf eine kommunitäre Orientierung versteht. Ihre Verortung „am Rande der Gesellschaft"[10] lässt sie bei Joas allerdings klar als kleine Ausnahme der mehrheitsgesellschaftlichen Regel erscheinen.

Im Unterschied zur Selbstverwirklichung ist diese individualistische Perspektive bei Selbstoptimierung nach Joas jedoch konstitutiv: „Selbstoptimierung ist, was aus der Selbstverwirklichung wird, wenn sie ihrer kommunitären Dimension verlustig gegangen ist."[11]

Das damit verfolgte Ideal erscheint ihm jedoch äußerst reduktiv. Seine Kritik an diesem entfaltet er anhand der Schelerschen wissenstheoretischen Dreier-Typologie von Herrschaftswissen, Bildungswissen und Heil- bzw. Erlösungswissen.[12] Seine knappe Rekonstruktion zielt darauf ab, dass mit dem dritten Typus des Heil- bzw. Erlösungswissens eine humane Wissens- und Erfahrungsdimension angesprochen ist, die im Konzept der Selbstoptimierung verloren geht. Denn mit diesem dritten Typus ist ein sich selbst transzendierendes evtl. sogar liebendes Verhältnis zu anderen Menschen, Lebewesen, Gott oder der ganzen Schöpfung angesprochen.[13] Diese Dimension aber ist für Joas der entscheidende Einsatzpunkt, um die Bedeutung der Religionen einsichtig zu machen. Den Religionen kommt nicht nur größte Bedeutung hinsichtlich des Bildungswissens

---

[5] A.a.O., 114.
[6] Vgl. a.a.O., 107.
[7] Vgl. ebd.
[8] Vgl. a.a.O., 108.
[9] A.a.O., 109.
[10] Ebd.
[11] A.a.O., 108, originale Hervorhebung weggelassen.
[12] Vgl. a.a.O., 107–111.
[13] Vgl. a.a.O., 109.

zu.¹⁴ Geht es um mehr als das Verständnis und den Transfer von Kultur und Geschichte, dann ist in ihnen insbesondere der Typus des Heil- und Erlösungswissens angesprochen. Denn erst darin wird das Subjekt von einer religiös inspirierten Kultur nicht nur im historischen, sondern auch in einem *existentiellen Sinn* inklusive religiöser Wahrheitsansprüche konfrontiert. Damit aber sind Erfahrungen angesprochen, die auf die oben bereits genannten Überschreitungserfahrungen des eigenen Selbst abzielen, m. a. W. – ohne, dass dieses Wort an dieser Stelle auftaucht – auf Transzendenzerfahrungen. Die Erschließung dieser Erfahrungsebene ist neben der Vermittlung von Werten und Moral nach Joas aber die besondere Bedeutung von Religion und damit auch der Kirche. Kirche ist – nach Joas – pointiert gesagt, nicht nur, aber vor allem ein Ort von Transzendenzerfahrungen bzw. -verarbeitungen, die insbesondere als Gemeinschaftserfahrungen näherbestimmt werden können.

Die von Joas angesprochene Frage „Glaube oder Selbstoptimierung? Zur kulturellen Rolle der Kirche"¹⁵ wird von ihm also dahingehend beantwortet, dass das Konzept der Selbstoptimierung insofern äußerst reduktiv ist, da es scheinbar vornehmlich oder gar ausschließlich um die Entwicklung des individuellen *Selbst* besorgt ist und damit die kommunitäre Dimension als Ort von Transzendenzerfahrungen aus dem Blick verliert. Der christliche Glaube – der bei Joas in diesem Zusammenhang auffallend mit der Rolle der Kirche zusammenzufallen scheint – eröffnet demgegenüber bewusst auch diese Erfahrungs- und Wissensdimension. Joas verweist insbesondere auf die Bedeutung von Ritualen, aber auch den räumlichen Ort der Kirche selbst, Wallfahrten, Pilgerwanderungen und große Gemeinschaftsevents wie z. B. Kirchentage.¹⁶

4.2 Selbstoptimierung und der Schwund von Gegenwärtigkeit

Ähnlich wie Joas sieht auch *Michael Roth* eine christliche Perspektive in klarer Opposition zum Selbstoptimierungsparadigma. Seine Gedanken sind dabei allerdings auf die „*reformatorische Tradition* des Christentums"¹⁷ bezogen – eine Spezifizierung, die in diesem Kontext nicht ganz zufällig erscheint.¹⁸ Selbstoptimierung stellt er begrifflich in eine Reihe mit anderen ‚Selbst-Konzepten' wie Selbstformung, Selbstverwirklichung etc., ohne sich näher für das spezifische Profil des Gegenwartsphänomens der Selbstoptimierung zu interessieren.¹⁹ Sei-

---

[14] Vgl. a. a. O., 112.
[15] A. a. O., 97–116.
[16] Vgl. a. a. O., 114.
[17] ROTH, Selbstformung und Selbstoptimierung, 277, Hervorhebung C.S.
[18] Vgl. auch ZIMMERMANN/ROTH, „Werde, der du sein willst!", 75.
[19] Die Differenz zu älteren Termini wie Selbstverwirklichung oder Selbstformung wird von Roth lediglich angedeutet: Selbstoptimierung sei einerseits „weniger grundsätzlich philosophisch durchdacht" (278) und erscheine zudem als eine Art „High-Tech-Variante" (ebd.),

ne Kritik beschränkt sich daher nicht nur auf diese, sondern umfasst sämtliche humanen Bemühungen, etwas aus dem eigenen Selbst zu machen – exemplarisch vorgeführt am Selbstverwirklichungsgedanken von Aristoteles, den er als antikes Gegenüber eines solchen Programms auswählt. Seine Kritik lässt sich im Wesentlichen folgendermaßen zusammenfassen: Sämtliche Lebenskonzepte, die sich auf das eigene Selbst und dessen Verbesserung beziehen, verfehlen als Kontroll- und Selbstkonstitutionsversuche geradezu notwendig das Glück und die Zufriedenheit, die sie anvisieren. Der aporetische Charakter dieser Ansätze liegt nach Roth darin begründet, dass das Wesentliche des Lebens nur im entspannten Mitvollzug geschenkt werden kann, nicht aber durch angestrengte Bemühungen, das eigene Selbst zu transformieren oder gar zu ‚erschaffen'.

Anstelle einer auf zukünftigen Ertrag hin ausgerichteten Selbstmodifikation ist die Präsenz in der Gegenwart und deren Genuss entscheidend.[20] Das aber wird durch die genannten ‚Selbst-Konzepte' gerade mehr oder weniger blockiert.

Konsequenterweise fragt Roth daher danach, inwiefern der Glaube dazu befähigt „in der Gegenwart zu leben und sich den Dingen des Daseins hinzugeben"[21].

Dafür wird der Sündenbegriff von ihm zunächst dergestalt gefasst, dass der eigene Wille in der Suche nach Annahme und Anerkennung vornehmlich auf sich selbst gerichtet wird und diesem Selbst maximale Aufmerksamkeit gilt.[22] Entsprechend dieser hamartiologischen Bestimmung befreit die christliche Botschaft von solcherlei Bemühungen: „Im Evangelium wird dem Menschen die Annahme durch Gott zugesagt – und zwar voraussetzungslos und bedingungslos, so dass der Mensch von sich selbst *wegblicken* kann."[23] Christlicher Glaube ist insofern als Vertrauen zu verstehen, das die angesprochenen Formen der Selbstbetrachtung, Selbstbeschäftigung und Selbstverbesserung obsolet werden lässt. Mit Gerhard Sauter hält Roth fest, dass Glaube „von sich selber wegschauen"[24], bzw. „selbstvergessen zu leben beginnen"[25] bedeutet. Durch diese Befreiung von der Sorge um die eigene Identität wird der Mensch aber gerade offen für den Genuss der Gegenwart. Das Leben kann als Gabe erlebt werden, da es nicht mehr die Aufgabe einer Selbstkonstitution zu verfolgen gilt.[26] Das Evangelium ist daher auch nicht als ein ‚du sollst', sondern primär als ein Freiheit begründendes ‚du sollst nicht' zu verstehen.[27] Der Blick auf Christus begründet Gelassenheit und

---

wobei er v.a. an Selbstverbesserungsversuche mit Hilfe diverser Apps denkt, vgl. ROTH, Selbstformung und Selbstoptimierung, 278.

[20] Vgl. ZIMMERMANN/ROTH, „Werde, der du sein willst!", 76.
[21] ROTH, Selbstformung und Selbstoptimierung, 283.
[22] Vgl. a.a.O., 284.
[23] Ebd., Hervorhebung C.S.
[24] GERHARD SAUTER, Anthropologische Denkerfahrungen der Theologie. Eduard Schweizer zum 70. Geburtstag, in: Evangelische Theologie 43 (1983) 5, 445–465, hier 457.
[25] DASS., Menschsein und theologische Existenz, in: GERHARD SAUTER (Hrsg.), In der Freiheit des Geistes. Theologische Studien, Göttingen 1988, 11–22, hier 17.
[26] Vgl. ROTH, Selbstformung und Selbstoptimierung, 285.
[27] Vgl. a.a.O., 284; vgl. dazu auch ZIMMERMANN/ROTH, „Werde, der du sein willst!", 75.

Freiheit. Das aber ist nach Roth keine Weltabwendung, sondern eine „Bekehrung zur Welt"[28], die erst in dieser Freiheit in ihrem Reichtum wirklich erschlossen ist. Für Roth ist dies im Anschluss an das Koheletbuch, das er als Gegenschrift zu Aristoteles' Selbstverwirklichungsprogramm liest, vor allem verbunden mit der Bereitschaft, „Versuchungen zu erliegen"[29]. Auch die Ergebnisse der Forschung zum Erleben des Flows, wie z. B. die des amerikanischen Psychologen Mihaly Csikszentmihalyi, sind aus seiner Sicht hier einschlägig.[30] Gerade der Flow erscheint ihm als eine Lebenserfahrung, die durch eine christliche Sicht auf sich selbst und die Welt prädisponiert ist.

Das dabei eingenommene Weltverhältnis wird von Roth im Anschluss an Luther als kindliche Haltung beschrieben. Luther nahm einmal seinen eigenen Sohn auf den Arm und pries ihn als Vorbild im Glauben: „Du bist unseres Herrn Gottes Närrichen, unter seiner Gnade und Vergebung der Sünden, nicht unter dem Gesetz, du fürchtest dich nicht, bist sicher und bekehrst dich um nichts. Wie du es machest, so ists unverderbt"[31].

Diese ‚unverderbte' Naivität, das vertrauensvolle sich Einlassen auf das Leben als Gabe aber bringt nach Roth gerade eine entspannte und genießende Haltung zum Ausdruck, die in allen Versuchen der bewussten Selbstverwirklichung bzw. -optimierung fast zwangsläufig verlorenzugehen droht.

4.3 Selbstoptimierung und die aporetische Suche nach Identität

Die von Roth profilierte Unterscheidung zwischen Gabe und Aufgabe, die mit der Gegenüberstellung von geschenkter Annahme und Selbsttransformation parallel gesetzt ist, trifft auch den theologischen Kern in Michael Klessmanns Aufsatz *Selbst schuld*.[32]

Der Kontext, in dem er diese Grundunterscheidung entfaltet, betrachtet die veränderte Wahrnehmung von Schuld in der Postmoderne, in der es nur noch selten um die Verletzung bestimmter Normen geht, sondern vielmehr um falsche bzw. nicht-getroffene Entscheidungen, sodass das spätmoderne Subjekt v.a. am eigenen Selbst, bzw. am eigenen Ich-Ideal und weniger am eigenen Über-Ich schuldig wird.[33] Auf der Suche nach den kulturellen Bedingungen dieser Veränderung kommt Klessmann auf die Aspekte Selbstverwirklichung und Selbstoptimierung zu sprechen. Beide, sowie andere Selbst-Konzepte wie Selbstsorge oder Autogenese, werden von ihm zusammengefasst und durch folgenden Grundimperativ bestimmt: „Werde (mehr) du selbst, entdecke deine Potenziale und ent-

---

[28] ROTH, Selbstformung und Selbstoptimierung, 285.
[29] A. a. O., 281.
[30] Vgl. a. a. O., 280.
[31] Zitiert nach Roth, a. a. O., 286.
[32] Vgl. insbesondere KLESSMANN, Selbst schuld, 230.
[33] Vgl. a. a. O., 227–229.

wickle sie weiter, optimiere dich und deine Möglichkeiten"[34]. Allerdings werden die beiden Begriffe Selbstverwirklichung und Selbstoptimierung bei sachlicher Identität verschiedenen Zeiten zugeordnet. Während der Begriff und das Konzept der Selbstverwirklichung sich am Ende des letzten Jahrhunderts großer Beliebtheit erfreuten, tritt der Begriff der Selbstoptimierung im 21. Jahrhundert gewissermaßen das Erbe davon an.[35] Klessmann vermutet die relative Verabschiedung des Selbstverwirklichungsbegriffs in dem gewachsenen kritischen Bewusstsein für den psychischen Druck, den die Forderung nach einer möglichst maximalen Verwirklichung des eigenen Selbst mit sich bringt. Der Begriff der Selbst*optimierung* wirkt dem demgegenüber „neutraler"[36] und daher scheinbar zumindest etwas freier von der Assoziation dieses Drucks.[37]

Ein Problem des Ideals der Selbstverwirklichung bzw. -optimierung ist darin zu bestimmen, dass dieses eine niemals vollumfänglich zu erreichende und damit prinzipiell grenzenlose Forderung impliziert.[38] Die häufig zwar nicht klar reflektierten, aber latent immer präsenten konkreten individuellen Ideale und Aufgaben führen daher geradezu notwendigerweise zu Selbstabwertungen, Schuld- bzw. Schamgefühlen oder Formen von (Selbst-) Bestrafung.[39]

Dies verweist auf ein noch tieferliegendes Problem. Dieses wird von Klessmann dadurch bestimmt, dass das zu Grunde liegende Ziel eines *gelingenden Lebens* im Realisierungs- und Verantwortungsbereich des Individuums verortet wird.[40] Denn ein solches wird entsprechend der Differenz zwischen Gabe und Aufgabe nicht als schicksalhafte Gunst oder glückliche Fügung verstanden, sondern – mit dem Begriff Odo Marquards – als Ergebnis eines „Machsals"[41] imaginiert. Gelingendes Leben gilt es aus den bestehenden Voraussetzungen wie gene-

---

[34] A.a.O., 229.
[35] Vgl. a.a.O., 230.
[36] Ebd.
[37] Ob das heute, sechs Jahre später, immer noch gilt, ist eine spannende Frage und natürlich hochgradig subjektiv und milieuabhängig. Die gelegentlich in Zeitungsartikeln und Blogs anzutreffende Rede von der ‚Selbstoptimierung 2.0', die i. d. R. stärker auf die achtsamen, entlastenden und fröhlichen Momente der Selbstsorge und -optimierung verweist, scheint aber ein Indiz dafür zu sein, dass inzwischen längst auch im Zusammenhang mit dem Selbstoptimierungsbegriff ein Bewusstsein für das Überlastungspotential und den psychischen Druck entstanden ist, das dem von Klessmann hinsichtlich der Selbstverwirklichung beschriebenen adäquat ist. Die in den verschiedenen soziologischen Ansätzen häufig gesehene Verknüpfung von Selbstoptimierung und Burnout bzw. Depression (u. a. Rosa, Röcke, Reckwitz) spiegelt dieses Bewusstsein auf wissenschaftlicher Ebene wider.
[38] Vgl. a.a.O., 229.
[39] Vgl. a.a.O., 229f.
[40] Vgl. a.a.O., 230; die Differenzierung zwischen Schicksal und Machsal ist natürlich noch keine Kritik an der Wendung ‚gelingenden Lebens' selbst. Eine solche wurde aus theologischer Perspektive von Gunda Schneider-Flume unternommen, SCHNEIDER-FLUME, Leben ist kostbar.
[41] Vgl. ODO MARQUARD, Ende des Schicksals? Einige Bemerkungen über die Unvermeidlichkeit des Unverfügbaren, in: Abschied vom Prinzipiellen. Philosophische Studien, Stuttgart 1981a, 67–90.

tischen Veranlagungen, sozial-gesellschaftlichen Rahmenbedingungen etc. *selbst* zu gestalten und zu erschaffen, sodass auch die Verantwortung für das Gelingen des eigenen Lebens letztlich nur beim Subjekt selbst liegen kann. Die darin zum Ausdruck kommende Kultur der Machbarkeit folgt der Vorstellung, dass letztlich (nahezu) alles selbst zu erreichen und daher auch optimierbar ist – natürlich insbesondere die eigene ‚optimale' Entwicklung. Das damit verbundene Motto „Ich bin, was ich aus mir mache oder eben nicht zu machen in der Lage bin"[42] lässt entsprechend der Fantasie, was alles an Lebensmöglichkeiten besteht, großen Raum. Nach Klessmann fördert diese Kultur der Machbarkeit und des zu Machenden entsprechend das Bedürfnis nach Größe, Erfolg und Bewunderung.[43] Wenn sich diese Möglichkeiten so nicht einlösen lassen wie erhofft, dann droht ein ebenso gestiegenes Risiko narzisstischer Kränkungen.[44] Der Mensch ist, so Sartre, nach dem ‚Tod Gottes' dazu „verurteilt, den Menschen zu erfinden"[45] – mit allen Chancen, aber auch Lasten, die das impliziert.

Dieser gegenwärtig kulturell dominierenden Strömung stellt Klessmann die religiöse Wahrnehmung als alternative Option gegenüber. Diese bietet aus seiner Sicht eine Perspektive, die die beschriebenen Belastungen und möglichen Aporien zu vermeiden weiß, allerdings gerade wegen ihrer Differenz zur dominierenden Kultur häufig ausgeschlossen wird: „[D]as religiöse Konzept, Leben als Gabe und Widerfahrnis, Leben in seiner schlechthinnigen Abhängigkeit, Passivität, Fragmentarität und Begrenzung zu sehen, [wird] weithin verdrängt; es wirkt gegenüber den postmodernen Idealen fremd, abständig und kränkend – aber vielleicht auch entlastend"[46].

Daran anknüpfend entfaltet Klessmann diese Alternativperspektive zur Selbstoptimierung insbesondere anhand der Vorstellung der kirchlichen Praxis des *Segens* als „sinnlich spürbare"[47] Erfahrung der Rechtfertigungsbotschaft. Diese Hervorhebung ist auch der Einsicht geschuldet, dass die Frage nach eigener Schuld in der Spätmoderne zwar nicht verschwunden, aber im Verhältnis zu Identitätsfragen unbedeutender und daher „zweitrangig"[48] geworden ist. Das Ritual des Segens thematisiert demgegenüber keine Schuldfrage, sondern beschwört einen „unbedingten wohlwollenden göttlichen Blick"[49] herauf, in dem Liebe und Anerkennung wirksam werden sollen, die völlig unabhängig von in-

---

[42] KLESSMANN, Selbst schuld, 230.
[43] Vgl. ebd.
[44] Vgl. ebd.; vgl. zu den gegenwärtigen gesellschaftlichen Bedingungen besonders ausgeprägter und weitverbreiteter narzisstischer Störungen und ihren diversen Kompensationen, HANS-JOACHIM MAAZ, Die narzisstische Gesellschaft. Ein Psychogramm, München ⁴2013, insbesondere 94ff.
[45] JEAN PAUL SARTRE, Ist der Existenzialismus ein Humanismus?, in: WALTER SCHMIELE (Hrsg.), Drei Essays, Frankfurt/M. 1983, 7–51, hier 17.
[46] KLESSMANN, Selbst schuld, 231.
[47] A.a.O., 232.
[48] A.a.O., 231.
[49] A.a.O., 232.

dividueller Performance zum Ausdruck kommt. Das Kreuzzeichen verdeutlicht nach Klessmann gerade im Gegenteil, dass diese Wirkung in herausgehobener Weise in Erfahrungen des Leids und des Scheiterns präsent sein kann.

Insofern bietet die christliche Religion ein alternatives Narrativ zur Kultur der Selbstschaffung an, in dem „Rechtfertigung, Wertschätzung, Anerkennung, Entschuldung von ‚extra nos', durch den als letztlich liebevoll geglaubten Grund des Seins selbst"[50] bewirkt werden. Damit profiliert Klessmann geradezu das Gegenteil des Selbstoptimierungsnarrativs, in dem die genannten Dimensionen menschlichen Daseins zumindest tendenziell vom Subjekt selbst zu leisten sind. In einem solchen Narrations- und Wirkungszusammenhang aber, so Klessmann, entsteht möglicherweise das viel eher, was durch besonders große Anstrengungen häufig gerade nicht gewonnen werden kann: „Leben und Identität"[51] stellen sich häufig gerade dort ein, „wo man die Anstrengung, sie zu erreichen, loslassen kann"[52].

---

[50] Ebd.
[51] Ebd.
[52] Ebd. Klessmann verweist hier auf das Logion Jesu, „Denn wer sein Leben erhalten will, der wird's verlieren; und wer sein Leben verliert um meinetwillen und um des Evangeliums willen, der wird's erhalten", Mk 8,35, ebd.

Systematischer Ertrag –
Vollkommenheit und Fragmentarität

1. Selbstoptimierung und christliche Vollkommenheit

Diese Untersuchung ist von der Frage nach einer *lebensdienlichen Persönlichkeitsentwicklung* geleitet. Dazu wurde im I. Hauptteil der protestantische Umgang mit dem Ziel einer menschlichen *Vollkommenheit* untersucht. Anhand der Frage, wie es der Protestantismus mit einer *perfectio hominis* hält, ließen sich verschiedene Perspektiven auf eine christliche Persönlichkeitsentwicklung gewinnen. Im II. Hauptteil stand der Begriff der *Selbstoptimierung* als gegenwärtig dominierender Verbesserungs- und Vervollkommnungsmodus im Fokus. Im Rückgriff auf soziologische, psychologische und philosophische Theorien konnte ein Profil solcher gesellschaftlich weitverbreiteten Bemühungen gezeichnet werden. In diesem vorliegenden *systematischen Ertrag* werden die Ergebnisse beider Hauptteile miteinander verknüpft.

Um das entstandene Panorama der vielfältigen Vervollkommnungs- und Selbstoptimierungskonzepte aufeinander beziehen zu können, werden Vergleichskategorien als eine Art Maßstab benötigt. Nur dadurch lässt sich die Frage beantworten, wie ein gutes, d. h. *lebensdienliches* persönliches Wachstum konzeptionell bestimmt werden kann. Eine gute bzw. lebensdienliche Persönlichkeitsentwicklung kann dabei nicht einfach mit einem glücklichen Leben gleichgesetzt werden. Dafür sind die Faktoren zu komplex, wann etwas als Glück erlebt wird. Die Kategorien benennen vielmehr *Voraussetzungen*, unter denen sich ein glückliches Erleben recht wahrscheinlich ereignen kann. Anders formuliert bilden die Kategorien den Versuch, zu bestimmen, unter welchen Bedingungen Lebendigkeit, Lebensfreude bzw. ein resonantes Weltverhältnis sich einstellen können und wann umgekehrt die Gefahr eines freudlosen und resonanzarmen Lebens bis hin zu Burnout oder Depression droht.

Die vier Kategorien stellen damit eine Auswahl aus einer Vielzahl anderer Aspekte dar, die hier ebenso herangezogen werden könnten. Dafür würden sich beispielsweise die von Tillich bestimmten vier Kriterien wachsender Reife eignen. Ob eine Lebensperspektive eine Verinnerlichung und *Maximierung von Glaube und Liebe* verspricht, könnte ebenso als ein Indikator für eine ausgewogene Entwicklungsperspektive herangezogen werden.

Hier wird aber davon ausgegangen, dass mit den ausgewählten vier Kategorien zentrale Aspekte angesprochen sind, welche bei der Bestimmung einer lebensdienlichen Entwicklungsperspektive wichtige Eckpunkte markieren. Die angesprochenen Alternativen sind dabei zum großen Teil an den thematisch naheliegenden Stellen angeschlossen.

Alle vier Kategorien, die sich als solche Maßstäbe anbieten, sind bereits in verschiedenen Kapiteln dieses Bandes aufgetaucht. Nachfolgend werden diese zunächst in einem Überblick genannt und anschließend gründlicher betrachtet.

Die erste Kategorie der *Ambivalenztoleranz* (2.) wurde schon in der Einleitung thematisiert und dort unter dem Stichwort der Vollkommenheitsambivalenz genauer untersucht. Die zweite Kategorie der *Selbsttranszendierung* (3.) ist in Hans Joas' Kritik an Selbstoptimierungskonzepten begegnet, wurde aber auch im Paul-Tillich-Kapitel als ein Kriterium wachsender Reife thematisch. Die dritte Kategorie der *Gegenwärtigkeit* (4.) ist insbesondere in Michael Roths Betrachtungen zur Selbstoptimierung leitend gewesen. Aber auch in anderen Ansätzen, z. B. bei Hartmut Rosa, klingt diese Thematik an. Die vierte Kategorie der *Dankbarkeit* (5.) nimmt einen weiteren Aspekt auf, der bisher nur am Rande zur Sprache kam.

Als Grundthese soll hier selbstverständlich nicht schlicht eine Überlegenheit christlich-evangelischer Entwicklungstheorien behauptet werden. Das wird weder der im I. Hauptteil betrachteten theologischen Pluralität noch den individuell ganz unterschiedlichen Versuchen der Selbstoptimierung gerecht. Hier soll als These hingegen behauptet werden, dass im Blick auf die vier Kategorien zumindest in einigen der betrachteten christlichen Ansätze eine lebensdienliche Balance gefunden ist, die in vielen Praktiken der Selbstoptimierung verloren geht.

Dabei ist vor allem an die theologischen Entwürfe von Martin Luther und Paul Tillich gedacht. Denn in ihnen scheint eine wünschenswerte Ausbalancierung zwischen soteriologischem Zuspruch bei gleichzeitig aufgezeigter Entwicklungsperspektive gefunden. In der Theologie Luthers konnte rekonstruiert werden, dass es die Aufgabe des gläubigen Menschen ist, als ein vor Gott und sich selbst bereits Vollkommener, trotzdem lebenslang zur Vollkommenheit hin zu wachsen. Die Haltung, die diesem Schon-Jetzt und Noch-Nicht entspricht wird als Haltung der *engagierten Gelassenheit* beschrieben. Auch diese Wortverbindung ist gleich näher zu entfalten (6.) Damit sind die beiden Pole *Selbstannahme* und *Entwicklungsperspektive* in ein Gleichgewicht gebracht, in der die Vollkommenheitsambivalenz positiv und lebensfördernd zur Geltung kommt.

Bevor ein Vergleich zwischen einer christlichen Vollkommenheitsorientierung und spätmodernen Selbstoptimierungspraktiken nachfolgend anhand der vier Kategorien vertieft werden kann, sollen zunächst einige weiterführende Bemerkungen zum erarbeiteten Selbstoptimierungsbegriff formuliert werden. Den bereits unter II.4 dargestellten Kritikpunkten von Joas, Roth und Klessmann sind noch einige Ergänzungen hinzuzufügen, die sich spezifisch auf das Ideal der *Selbstoptimierung* beziehen. Dies scheint notwendig, da das Verhältnis von Selbstverwirklichung und Selbstoptimierung bei keinem der drei genannten Autoren wirklich präzise bestimmt ist. Verteidigend muss allerdings hinzugefügt werden, dass Roth und Klessmann beispielsweise die jüngeren Untersuchungen von Fenner und Röcke zum Selbstoptimierungsbegriff noch nicht vorlagen.

Joas differenziert zwar Selbstverwirklichung und Selbstoptimierung durch seinen Verweis auf den fehlenden kommunitären Aspekt bei Selbstoptimierung, an einer präziseren Differenzierung zeigt er aber zumindest in der betrachteten Monografie kein Interesse.

Im Unterschied zur Selbstverwirklichung muss bei Selbstoptimierung der Aspekt der *Unabschließbarkeit* stärker hervorgehoben werden als das bei Joas, Roth und Klessmann der Fall ist. Zwar kann auch Selbstverwirklichung potentiell als endloser Prozess verstanden werden, da es aber ‚nur' um die Realisierung des eigenen Selbst im Sinne einer vollständigen Entfaltung geht, scheinen die Dinge doch etwas anders zu liegen. Dabei macht es an dieser Stelle keinen entscheidenden Unterschied, ob man Selbstverwirklichung als die Entfaltung *natürlich*-charakterlicher Anlagen des Individuums (*capacity-fulfillment-Modell*) oder eher im Sinne *selbstbestimmter* Wünsche oder Ziele (*aspiration-fulfillment-Modell*) betrachtet.[1] Abhängig von der konkreten Bestimmung der Wünsche und Ziele kann innerhalb des *aspiration-fulfillment-Modells* zwar eine größere Entwicklungsoffenheit impliziert sein. Selbstoptimierung ist jedoch weder auf die Verwirklichung des natürlich Angelegten, noch auf die Realisierung selbstdefinierter Wünsche und Ziele beschränkt. Optimierung ist, wie oben im Anschluss an Fenner, Röcke und Reckwitz dargestellt, auf *permanente* Steigerung und eben sogar Selbsttranszendierung aus – allerdings auf eine Art der Transzendierung, die von der gemeinschaftlich gedachten Selbsttranszendierung, wie sie Joas im Blick hat, wesentlich unterschieden ist. Diese radikale und unabschließbare Entwicklungsoffenheit erhöht im Vergleich zur Selbstverwirklichung noch einmal zusätzlich den Druck. Denn damit ist potentiell die durchaus auch entlastend wirkende Voraussetzung eliminiert, dass alles Entscheidende im Selbst bereits angelegt ist (*capacity-fulfillment*) oder zumindest in Form des Wunsches als Ziel bekannt ist (*aspiration-fulfillment*) und ‚lediglich' von äußerlich oder innerlich einschränkenden Hemmnissen befreit werden muss. Im Konzept der Selbstoptimierung genügt – pointiert gesagt – das ursprünglich angelegte oder gewünschte Selbst gerade nicht. Das ursprüngliche Selbst kann allenfalls ein Anfang sein. Das eigentliche Ziel aber besteht darin, ausgehend von diesem vorfindlichen Selbst, möglichst große Schritte in Richtung eines *ganz anderen Selbst* zu unternehmen. Dieser Vorgang aber erscheint viel offener und daher in noch stärkerem Maße unabschließbar, als es das Konzept der Selbstverwirklichung nahelegt. Der Begriff der Selbstoptimierung erscheint daher kaum „neutraler" (Klessmann), sondern vielmehr radikaler und härter als der ältere Begriff der Selbstverwirklichung.

Dies geht mit der eschatologisch anmutenden Perspektive einher, dass sich in unbestimmter Zukunft noch *ganz andere Möglichkeiten ‚offenbaren'* werden, die die derzeitigen Parameter des Selbst und dessen Potentialen sprengen. Die gewissermaßen noch hinter dem Horizont verborgenen, aber verheißungsvollen Möglichkeitsräume sorgen dafür, dass das Subjekt alles dafür tun muss – und

---

[1] Vgl. FENNER, Selbstoptimierung und Enhancement, 22

dieses so zügig wie möglich –, um an diesen Horizont zu gelangen, an dem sich dann die neuen Entwicklungsperspektiven eröffnen. Im Vergleich zum Selbstverwirklichungsbegriff haften dem Selbstoptimierungsbegriff zudem *technisch-maschinelle Assoziationen* an. Selbstoptimierung ist zwar umfassender als die diversen Formen des *Enhancement*. Im Blick sind also nicht *nur* digitale, medizinische oder technische Entwicklungsmöglichkeiten, aber der besondere Fokus liegt insgesamt doch vor allem auf *rationalisierbaren* Selbstverbesserungspraktiken. Bei Röcke und Fenner kommt diese Differenz durch den kennzeichnenden *instrumentellen Selbstbezug* zur Sprache. Dazu gehören die vielfältigen Formen technischer Messungen und Evaluationen. Auch dies stellt gegenüber früheren Konzepten der Selbstverwirklichung eine erhebliche Verschiebung der konkreten Selbstbearbeitungspraxis dar, die ganz offensichtlich auch durch das immens erweiterte Spektrum technischer Möglichkeit bedingt ist. Diese Beobachtung lässt sich weiter differenzieren.

Erstens verliert dadurch das *eigene Erleben* an Bedeutung. Denn gegenüber objektiven Evaluationsmöglichkeiten erscheint die subjektive Überprüfung regelrecht defizitär oder altmodisch. Noch gravierender aber dürfte sein, dass sich zweitens dadurch die betrachteten und evaluierten Parameter verändern. Im Sinne der Hochschätzung ‚objektiv'-technischer Möglichkeiten besteht ein Anreiz, sich auf *messbare Aspekte* des eigenen Daseins zu konzentrieren, für die die entsprechenden tools zur Verfügung stehen. M.a.W.: Die Hochschätzung objektiver Evaluationsmöglichkeiten fördert eine kulturelle Atmosphäre, in der nicht mehr zuerst gefragt wird, was genau eigentlich optimiert werden soll. Vielmehr sorgt die Begeisterung für eine bestimmte Evaluationsmöglichkeit dafür, dass dann diese Möglichkeit auch als besonders bedeutsam aufgefasst und verinnerlicht wird. Nicht mehr die eigentlichen Ziele bestimmen die Auswahl der Mittel, sondern die vorhandenen Mittel prägen die Auswahl der Ziele.

Wenn diese Vermutung stimmt, dann lässt sich dies auf eine noch grundsätzlichere Ebene übertragen. Betrachtet man die technischen Evaluationsmöglichkeiten als geradezu exemplarischen Ausdruck einer humanen *Praxis der Machbarkeit*, da mit ihnen etwas objektiv-technisch ‚festgestellt' werden kann, dann kommt darin eine kaum überraschende Neigung gegenwärtiger Selbstverbesserungstechniken zum Ausdruck. Da sich die Moderne inklusive der Spätmoderne kulturell durch eine besondere Wertschätzung des menschlich ‚Machbaren' auszeichnet und umgekehrt alles Nicht-Kontrollierbare, ‚Schicksalhafte' zu eliminieren oder zumindest minimieren versucht, kann es kaum überraschen, dass sich Subjekte gedanklich sowie lebenspraktisch lieber auf das konzentrieren, was tatsächlich diesem Ideal entsprechen kann und umgekehrt ausblenden, was sich diesem zu entziehen droht. Oder anders gesagt: Das Subjekt der Gegenwart dürfte sich tendenziell durch eine Affinität zu allem Mess- und Kontrollierbaren auszeichnen, da es der Stabilisierung seines Selbstbildes dient, das Schicksal in eigenen Händen zu halten und es selbst zu gestalten.

Durch diese Verschiebung hin zu quantifizierbaren Methoden kommt allerdings wesentlich Humanes schnell unter die Räder. So lässt sich, um ein ganz zentrales, schon von Joas angesprochenes Beispiel zu nennen, die Qualität einer Beziehung unmöglich quantifizieren – allenfalls einzelne Aspekte davon. Das legt die Frage nahe, ob z. B. innerhalb des beschriebenen *#thatgirl-Trends* deswegen so auffallend selten interpersonale Beziehungen thematisiert werden. Möglicherweise erscheinen gelingende Beziehungen schlicht als zu komplex und zu wenig beherrschbar, als dass sie Thema tagtäglicher Selbstoptimierung sein könnten. Stattdessen werden leichter kontrollierbare Praktiken bevorzugt, die sich auf das eigene Äußere, die eigene Gesundheit und Fitness, Kleidungsstil oder eigene Leistungsfähigkeit beziehen. Implizit scheint dabei häufig mitzuschwingen, dass sich durch die Verbesserung dieser Eigenschaften quasi von allein auch andere gewünschte Bedürfnisse – z. B. nach einem attraktiven Partner, Liebe, Anerkennung oder einer sinnstiftenden Arbeit – erfüllen, wenn denn erst die eigene Attraktivität in einem weiten Sinne hinreichend optimiert ist.

Damit ist deutlich geworden, dass durch eine präzise Differenzierung zwischen dem älteren Konzept der Selbstverwirklichung und dem gegenwärtig dominierenden Selbstoptimierungsparadigma einige ganz spezifische Risiken und Aporien zu Tage treten, die im Folgenden kritisch aufgenommen werden.

Vor dem Hintergrund einer präziseren Bestimmung gegenwärtiger Formen der Selbstoptimierung lässt sich im Folgenden ein Vergleich zwischen dieser und christlichen Vollkommenheitsperspektiven unternehmen. Dabei wird die Kritik von Joas, Roth und Klessmann aufgenommen, ergänzt und vertieft.

Vorausgesetzt ist in den theologischen Perspektiven ein religiöses Erleben und Deuten, das sich am besten im Begriff des *Glaubens* auf den Punkt bringen lässt. Christlicher Glaube als das Vertrauen in eine Wirkmacht, die vor allem als liebend und bedingungslos annehmend angesehen wird, verändert selbstredend ganz erheblich die Grundkoordinaten menschlichen Selbst- und Weltverständnisses. Wem die Erfahrung eines personalen oder auch nicht-personalen Gegenübers geschenkt ist, das als Grund des Seins Ursprung und Ziel des eigenen Lebens und der ganzen Welt ist, verortet sich in diesem Gesamtzusammenhang anders, als wenn dieser Gesamtzusammenhang nicht vorausgesetzt wird oder ein ganz anderer ist.

Die damit in ihren Grundzügen skizzierte Perspektive des Glaubens hat für die Frage individueller Selbstverbesserung im Modus christlichen Vollkommenheitsstrebens weitreichende Konsequenzen. Christliche Reifung bzw. Vervollkommnung kann nicht losgelöst von der zugrunde liegenden Perspektive des Glaubens betrachtet werden, da ihr Modus, ihre Grenzen und inhaltliche Bestimmung durch diesen bedingt und geformt sind. Eine christlich verankerte kritische Perspektive auf das Phänomen der Selbstoptimierung kann daher die Vollkommenheitsvorstellung nicht losgelöst von der Glaubensperspektive insgesamt gegenübergestellt werden. Vielmehr sind diese so untrennbar abhängig voneinander, dass beides ineinanderfließt.

Nachfolgend wird nun detaillierter auf die genannten vier Kategorien eingegangen. Daher werden nacheinander die Aspekte Ambivalenztoleranz (2.), Selbsttranszendierung (3.), Gegenwärtigkeit (4.) und Dankbarkeit (5.) betrachtet, bevor dann verbunden mit dem Stichwort der engagierten Gelassenheit einige Schlussbemerkungen diesen systematischen Ertrag abschließen (6.).

2. Ambivalenztoleranz

Die Frage nach einem angemessenen Umgang mit Ambivalenzen wurde als Thema in diesem gesamten Band immer mitgeführt und im I. Hauptteil hinsichtlich jeder einzelnen theologischen Perspektive auf eine christliche Vollkommenheit reflektiert. Dabei war die spezifische Ambivalenzerfahrung im Blick, welche in der Spannung zwischen Sein und Sollen des sich selbst reflektierenden Subjekts entsteht und die als *Vollkommenheitsambivalenz* beschrieben wurde (vgl. Einleitung 2.). In Kapitel I.8 wurde herausgearbeitet, dass zumindest manche der dargestellten theologischen Ansätze, z. B. die von Martin Luther und Tillich, einen lebensfördernden Umgang mit dieser Ambivalenz zu eröffnen vermögen. In anderen Entwürfen wurde hingegen eine Theologie entwickelt, die eher Grundlage verschärfter Formen der Vollkommenheitsambivalenz mit potentiell problematischen Implikationen zu sein schien. Dies galt vor allem für Francke und Wesley. Die betrachteten protestantischen Vollkommenheitsvariationen zeigten hinsichtlich eines anzustrebenden Selbst-Ideals bereits eine theoretische Vielfalt potentiell verschärfter, gemäßigter und entspannter Ambivalenzerfahrungen. Gerade die gemäßigten und entspannten Formen erschienen aber als geeignete Grundlage einer lebensdienlichen und einen toleranten Umgang mit dieser Ambivalenz unterstützenden Lebenspraxis.

Demgegenüber lässt eine Kultur der Selbstoptimierung häufig wenig Raum für ambivalente Erfahrungen. Aus psychologischer Perspektive liegt das – wie im Anschluss an Funke dargestellt wurde – an den von ihrem Gegenpol getrennten Idealen, die in einem bestimmten Ideal-Ich gegründet sind. Diese Ideale werden, wie dargestellt, häufig sehr vehement verfolgt. Zu diesem Ideal in Spannung stehende Gefühle können entsprechend gerade schwer oder gar nicht toleriert werden, d. h. im Blick auf die Verwirklichung dieser Ideale fehlt es an Gelassenheit. Gelassenheit oder auch Demut sind Haltungen, die grundsätzlich in Spannung zur gegenwärtigen Selbstoptimierungskultur stehen. Denn beide verweisen in unterschiedlicher Weise auf die Begrenztheit menschlichen Handelns. Selbstoptimierungsperspektiven zeichnen sich aber gerade dadurch aus, dass die Verbesserung des Selbst unbegrenzt gedacht wird, hinter dem Horizont immer noch weitere Entwicklungschancen vermutet werden und es daher vor allem auf ein diszipliniertes, kontrolliertes und permanent evaluierendes Fortschreiten ankommt. Rückschritte, Stagnation, Enttäuschungen und unüberwindbare Grenzen sind daher tendenziell schwer zu integrieren. Gelassenheit und Demut stehen daher ganz offensichtlich in Spannung zu dem Steigerungsmodus als integralem Bestandteil von Selbstoptimierungsansätzen.

Damit aber wird umso deutlicher, dass die Praxis der Selbstoptimierung in eine spätmoderne „Kultur positiver Affekte"[1] eingebettet ist, die für negative oder eben auch ambivalente Erfahrungen wenig Raum lässt. Die Integration solcher Gefühle ist daher kaum möglich. Biografisches Scheitern wird folglich im Verantwortungsbereich des Einzelnen verortet, der angeblich nicht gut oder leistungsstark genug gehandelt hat.[2] Diese Struktur steht dabei in unmittelbarem Zusammenhang mit der genannten Beobachtung von Reckwitz, dass es gegenwärtig kulturell wenig Möglichkeiten der Enttäuschungs*verarbeitung* gibt. Der individuelle Reflex dürfte häufig sein, bei ausbleibendem Erfolg noch radikaler und aktiver zu handeln und zu optimieren, um das gewünschte Ziel gewissermaßen zu erzwingen. Gerade eine solche Spirale kann aber pathologische Konsequenzen wie Burnout und Depression zur Folge haben, wie sie bereits mehrfach angesprochen wurden (vgl. II.3).

Umgekehrt ist Michael Klessmann zuzustimmen, wenn er festhält, dass „Ambivalenztoleranz und Ambivalenzbereitschaft als notwendige Voraussetzungen [erscheinen], um produktiv in postmodernen Lebensverhältnissen leben und arbeiten zu können. Man kann auch sagen: Ambivalenztoleranz bedeutet Autonomiegewinn und die wiederum ist ein wichtiger Bestandteil von Resilienz."[3]

Wenn stimmt, dass viele Formen der Selbstoptimierung strukturell gerade nicht mit der Fähigkeit einhergehen, Ambivalenzen auszuhalten und mit entsprechenden Autonomie- und Resilienzverlusten verbunden sind, dann ist damit ein gravierendes Problem markiert.

Eine christlich-religiöse Perspektive zeichnet sich umgekehrt durch vielfältige Möglichkeiten der Ambivalenztoleranz und Enttäuschungsverarbeitung aus. Das Bewusstsein, Sünder zu sein und daher der Vergebung zu bedürfen, ist ganz zentraler Ausdruck davon. Christliche Anthropologie steht stets in der ambivalenten Spannung zwischen dem Menschen als Ebenbild und seinem Fall. Damit ist aber nicht nur positiven, sondern auch negativen Erfahrungen und Gefühlen Raum gegeben. Diese Eröffnung emotionaler Vielstimmigkeit prägt auch das christliche Streben nach Vollkommenheit bzw. Reife. Wachsende Reife bei bleibender *Nicht-Perfektibilität* und ein um seine Grenzen wissendes *Endlichkeitsmanagement* sind zwei bereits entfaltete Stichworte dafür. Persönliches Wachstum oder Vervollkommnung sind daher aus christlicher Perspektive immer durch die Wahrnehmung eigener Begrenztheit, eigener Verwundbarkeit etc., insbesondere aber auch durch das Bewusstsein der nicht selbst aufzulösenden Erlösungsbedürftigkeit gerahmt.[4] Bei Tillich kommt dies im Reife-Kriterium *wachsenden Frei-Werdens*

---

[1] RECKWITZ, Gesellschaft der Singularitäten, 348.
[2] Vgl. ebd.
[3] KLESSMANN, Ambivalenz und Glaube, 87.
[4] Vgl. zur Frage der Erlösungsbedürftigkeit das Kapitel „Das Dürsten der Seele – die Selbsttranszendierung des Lebens" in Ulrich Barths Dogmatik, ULRICH BARTH, Symbole des Chris-

zur Sprache, das er vor allem als Freiheit vom Gesetz bestimmt. In diesem Kontext kann dies auf das Ideal-Ich übertragen werden, das dem Subjekt als Ziel der Selbstoptimierungsbemühungen vorschwebt. Dieses Bild einer besseren Version von sich selbst – so unpräzise es profiliert sein mag – kann eine gesetzlich aufgeladene Bedeutung gewinnen, wenn es sich als unbedingte Forderung zur Geltung bringt. Aus dieser verinnerlichten Forderung können geradezu rigoristische und sich selbst beschleunigende Dynamiken entstehen, die das Subjekt zu einem gnadenlosen Kampf um die Verwirklichung dieses Bildes antreiben. Damit begegnet an diesem Punkt eine ähnliche Struktur, wie sie auch für den Heiligungsgedanken in der Theologie John Wesleys beschrieben wurde (vgl. I.3.5).

Wachsende Freiheit bedeutet hingegen, von bestimmten Ich-Vorstellungen lassen und gegenteilige Erfahrungen wahrnehmen und tolerieren zu können. Dies dürfte vor allem dann gelingen, wenn damit nicht jeglicher Lebenssinn und Selbstwert auf dem Spiel steht. Die Differenz zwischen Ideal-Ich und realem Ich wird dann zwar gesehen und möglicherweise als unbefriedigend erlebt, führt aber nicht zu Selbstabwertungen oder Depression.

Zumindest in einigen der betrachteten theologischen Ansätze werden solche Dynamiken abgewehrt. Das bedeutet, dass der christliche Glaube und die kirchliche Praxis zumindest in bestimmten Spielarten Überzeugungen und Praktiken bereitstellen, die eine solche Reifung begünstigen, da sie wesentliche Lebensambivalenzen wie z. B. den bleibend fragmentarischen Charakter menschlichen Lebens zur Sprache bringen. Dies wird einerseits durch die rechtfertigungstheologische Überzeugung getragen, dass die individuelle Performance für den Wert des Individuums und den Sinn seines Lebens letztlich irrelevant ist. Andererseits geht damit ein Bewusstsein der Fragmentarität menschlichen Daseins – die Gebrochenheiten, Schwächen, Abgründe und die bleibende Sündhaftigkeit des Menschen einher. Beide Überzeugungen sind bei Martin Luther in der Formel vom Gläubigen als *simul iustus et peccator* gefasst. Vor diesem Hintergrund erscheinen individuelle Defizite in deutlich blasserem Licht. Die Orientierung an einer Vervollkommnung tritt in seiner Bedeutung hinter das Anliegen der Rechtfertigung zurück. Luthers Gedanken aufnehmend kann man heute entsprechend formulieren: Der Wunsch, perfektibel zu sein und Leistungen perfekt abzuliefern, kann so an Bedeutung und Intensität verlieren oder sogar ganz verschwinden.

An dieser Stelle ist auf einen weiteren Aspekt hinzuweisen, der bereits durch die Stichworte Gelassenheit und Demut angedeutet wurde. Menschliches Dasein steht stets in der Spannung aus Momenten, die selbst gestaltet werden können und Momenten, die sich dem eigenen Zugriff entziehen. Dem entspricht eine Haltung der Aktivität einerseits und eine Haltung der Passivität andererseits. Das Bemühen der Selbstoptimierung geht, wie gesehen, häufig mit einem hohen Grad an Aktivität einher. Hartmut Rosa u. a. haben sogar darauf hingewiesen, dass Aktivität und die permanente Arbeit an sich selbst im Sinne einer *dynamischen Sta-*

---

tentums. Berliner Dogmatikvorlesung, Tübingen 2021, 291–312.

bilisierung als gesellschaftlich verbreitete und institutionell eingeforderte Grundhaltungen gelten können (vgl. II.3.3).

Es spricht vieles dafür, Passivität daher als das Gegenteil von Selbstoptimierung zu betrachten. Denn wer optimiert, nimmt gerade keine abwartende oder empfangende Haltung ein, sondern versucht durch eigenes Engagement sich selbst oder eine Sache konsequent zu verbessern. Die verinnerlichte Überzeugung, dass alles beständig wachsen muss, vor allem man selbst, kann regelrecht schädliche Folgen haben.[5] Umgekehrt ist es das Moment der Passivität, das diesem Wachstumsimperativ entgegensteht. Dass Passivität nicht mit Faulheit, Nichtstun oder depressiver Müdigkeit und schon gar nicht mit dem Verlust von Freiheit, Selbstbestimmung und Autonomie gleichgesetzt werden kann, wird auch von Dieter Funke nachdrücklich hervorgehoben. Er erkennt darin vielmehr einen Seinsmodus, der sich „der Zweckrationalität des Handelns entzieht"[6].

In welchem Maß theologische Ansätze einen solchen ‚Seinsmodus des Seins'[7] auf theoretischer Ebene vorzeichnen können, hängt von der individuellen Konzeption ab. Grundsätzlich markiert aber die geteilte Überzeugung der Angewiesenheit des Menschen auf einen äußeren Grund als Quelle der Erlösung eine zentrale Passivitätsstruktur.[8] Ulf Liedke weist diese „Grunderfahrung der passiven Konstitution"[9] im Anschluss an Schleiermacher als ein wesentliches Element menschlicher Fragmentarität aus. Aus theologischer Sicht ist daher festzuhalten, dass eine Entwicklungs- und Reifungsperspektive immer in ein Bewusstsein individueller Fragmentarität eingebettet ist, das die Integration eines elementaren Passivitätsmoments notwendig mit umfasst.

---

[5] Vgl. FUNKE, Idealität als Krankheit?, 114.

[6] Ein aktiver und passiver Modus ist dabei gar nicht immer leicht zu unterscheiden, da auch viele Formen passiven Daseins zunächst bewusst und aktiv initiiert werden müssen. Funke differenziert daher noch einmal zwischen einem aktiv Passivsein, einem passiv Passivsein, einem passiv Aktivsein und aktiv Aktivsein, vgl. dazu a. a. O., 178.

[7] A. a. O., 114.

[8] Vgl. zur Passivität als Lebenshaltung aus theologischer bzw. philosophischer Sicht: PHILIPP STOELLGER, Passivität aus Passion. Zur Problemgeschichte einer „categoria non grata" (Hermeneutische Untersuchungen zur Theologie 56), Tübingen 2010; MARTIN SEEL, Sich bestimmen lassen. Studien zur theoretischen und praktischen Philosophie (Suhrkamp-Taschenbuch Wissenschaft 1589), Frankfurt am Main 2002.

[9] LIEDKE, Beziehungsreiches Leben, 580, originale Hervorhebung weggelassen.

3. Selbsttranszendierung

Insbesondere Hans Joas hat darauf hingewiesen, dass im Phänomen der Selbstoptimierung eine problematisch reduzierte Selbst-Fokussierung dominiert, der eine schwach ausgeprägte Beziehungs- und Gemeinschaftsorientierung korrespondiert. Mit Hartmut Rosa lässt sich das u. a. dadurch erklären, dass das optimierende Subjekt seine Aufmerksamkeit und Energien auf die *Vergrößerung der Weltreichweite* und die Akkumulation verschiedener *Ressourcen* ansetzt. Mit Andreas Reckwitz lässt sich außerdem parallel dazu von der Maximierung des *psychophysischen Subjektkapitals* sprechen, die durch verschiedene Optimierungsbemühungen gelingen soll. Dass dadurch aber andere Aspekte menschlichen Daseins aus dem Blick geraten, ist offensichtlich. Resonante Sozialbeziehungen sind ein Beispiel dafür. Die These von Joas, dass Selbstoptimierung und die Orientierung an Beziehung und Gemeinschaft in einem Spannungsverhältnis stehen, scheint also schlüssig. Diesen Befund aufnehmend stellt sich die Frage, ob diese Beobachtung hinsichtlich einer christlichen Vervollkommnungsperspektive ebenso zutrifft oder ob darin beziehungsoffenere Entwicklungsmodi bereitstehen.

Tatsächlich spricht vieles dafür, dass eine christliche Entwicklungsperspektive maßgeblich von dem Beziehungsgedanken getragen ist. Wachstum und Vertiefung von *Glaube* und *Liebe* konnte bei allen in diesem Band untersuchten Theologen als Zentrum einer Vervollkommnungs- bzw. Reifungsperspektive herausgearbeitet werden (vgl. I.8). Dies betrifft einerseits die konstitutive Gottesbeziehung, andererseits die beispielsweise im Doppelgebot der Liebe angesprochene soziale Dimension. *Selbsttranszendierung* gehört – da ist Joas zuzustimmen – ganz elementar zum christlichen Glauben und dem Leben der Kirche. Bereits das Moment des Glaubens ist ein notwendig selbsttranszendierendes, da es sich auf einen äußeren Grund bezieht. Mit der Orientierung an einer einzuübenden Haltung der Liebe sind aber insbesondere auch die Mitmenschen im Blick – in vielen biblischen Texten häufig mit der besonderen Hervorhebung der Schwachen und Ausgegrenzten.

Ob in Luthers *guten Werken*, die dem Glauben notwendig folgen oder in Franckes *Herzensarbeit*, die immer auch den Liebesdienst am Nächsten im Blick hat; ob in Wesleys wesentlich als *soziale Aufgabe* profilierten Heiligungsgedanken oder in Spaldings *Tugendbildung*, die ganz zentral auch soziale Aspekte umfasst; ob in Ritschls Orientierung an der Mitwirkung im Reich Gottes insbesondere im *Beruf*, Tillichs Orientierung an der ‚*Liebe*' oder in Henning Luthers Anliegen, *trauern, lieben und hoffen zu können* – bei allen betrachteten Theologen ist offensichtlich geworden, dass der Beziehungsgedanke ein unverzichtbares Element einer evangelisch-christlichen Glaubens- und Entwicklungsperspektive ist.

Als ein Beispiel, in dem diese sich selbst transzendierende Beziehungsorientierung konzeptionell Gestalt gewinnt, sei an Paul Tillich erinnert. Dieser hat in seiner Neukonstruktion einer christlichen Heiligungslehre vier Kriterien bestimmt, die den durch Glaube und Liebe geformten Entwicklungsprozess bestimmen (vgl. I.6). Als eines dieser Kriterien bestimmt er die *wachsende Selbst-Transzendierung*. Auch wenn bei Tillich damit vor allem eine wachsende „Partizipation am Heiligen"[1] intendiert ist und die bei Joas angesprochene soziale Dimension zunächst ausgeklammert scheint, entspricht die Grundrichtung doch genau dem Anliegen von Joas, eine problematische Selbst-Fokussierung zu überwinden, wie sie vielen Formen der Selbstoptimierung tatsächlich entspricht.

Als ein zweites Kriterium christlicher Vervollkommnung bzw. Reifung hat Tillich *wachsendes Verbunden-Sein* hervorgehoben. Teil des Heiligungsprozesses ist es demnach von „Einsamkeit, Verschlossen-Sein und Feindseligkeit"[2] befreit zu werden und durch den göttlichen Geist in einem ‚ekstatischen' Akt wirklich mit sich selbst, anderen und dem Seinsgrund verbunden zu werden. Gerade durch dieses Verbunden-Sein und die damit verknüpfte Selbsttranszendierung entsteht nach Tillich ein reifes und versöhntes Selbst-Verhältnis. In der Verbundenheit mit einem anderen, das auch als resonante Ich-Du-Beziehung beschrieben werden kann, erfährt sich das Ich als ein lebendiges und angenommenes Selbst.

Christliche Reifung und Selbstoptimierung sind an diesem Punkt daher geradezu gegenläufig. Während eine Optimierung des eigenen Selbst voll und ganz die persönliche, individuelle Entfaltung fokussiert und dabei Störendes von sich fern zu halten sucht, zielt wachsende christliche Reife gerade umgekehrt auf eine *Selbstüberschreitung*, die sich vor allem in lebendigen Beziehungen im Glauben und in der Liebe manifestiert.

---

[1] Tillich, ST III, 270.
[2] A. a. O., 269.

4. Gegenwärtigkeit

Vor allem Michael Roth hat in seiner Kritik am Selbstoptimierungsparadigma den Verlust an *Gegenwärtigkeit* hervorgehoben. Tatsächlich dürfte diese Gefahr realistisch sein. Denn eine auf einen bestimmten, zukünftigen Zustand ausgerichtete Gegenwart, die noch dazu häufig durch ein instrumentelles Selbstverhältnis und resonanzarme Aktivitäten geprägt ist, dürfte kaum Platz für eine wirkliche Wahrnehmung oder gar den Genuss des Moments lassen. Diesen Verlust an Gegenwart hat auch Dieter Thomä beschrieben:

> Die Menschen, die das Projekt der Selbstverwirklichung verfolgen, werden letztlich von einer unstillbaren Unruhe getrieben. Wenn sie etwas erreicht haben, dann darf genau das noch nicht ihr Selbst sein. So streben sie nach ihrem Selbst wie ein Esel nach der Möhre, die ihm vorgebunden ist, und stehen misstrauisch dem Wirklichen gegenüber, das sich vor das noch zu Verwirklichende schiebt. Der Anspruch auf Selbstverwirklichung erweist sich damit als ein Verdikt gegen die eigene Gegenwart. […] Man verrennt sich in dem Gefühl, einstweilen unwirklich zu sein, auf das wahre, eigene Leben noch zu warten, und pflegt einen ganz unsinnigen degout gegen das, was schon ist.[1]

Führt man sich die oben genannten Differenzen zwischen Selbstverwirklichung und Selbstoptimierung vor Augen, dürfte dieser Befund für letztere noch in gesteigerter Form gelten. Mit Steigerung der Weltreichweite, Akkumulation diverser Kapitale und Maximierung von Ressourcen sind gerade Ziele anvisiert, in denen ein Modus der Gegenwärtigkeit leicht unter die Räder gerät. Der instrumentelle Selbstbezug als ein herausgearbeitetes Kennzeichen von Selbstoptimierung dürfte einer bewusst *erlebten* Gegenwart gerade entgegenstehen. Bei der Idee des Lifehacks, als ein Optimierungsbeispiel, sind neben durchaus sinnvoll erscheinenden Erleichterungen häufig Praktiken im Blick, die z. B. im Blick auf Schlaf, Ernährung oder Mobilität für eine effizientere Alltagsgestaltung sorgen sollen. Den Fokus auf Effizienz zu legen, bedeutet aber gerade nicht, sich an einer Wahrnehmung oder einem Erleben der Gegenwart zu orientieren. Auch im Anschluss an Reckwitz lässt sich vermuten: Wer darum besorgt ist, ob er tatsächlich singulär genug ist und daher um permanente Singularisierung bemüht ist, wird sich von einer wirklichen Präsenz in der Gegenwart tendenziell entfernen. Das von Thomä attestierte „Verdikt gegen die eigene Gegenwart" erscheint somit bei selbstoptimierenden Ansätzen im Vergleich zur Thematik der Selbstverwirkli-

---

[1] Dieter Thomä, Vom Glück in der Moderne (Suhrkamp-Taschenbuch Wissenschaft 1648), Frankfurt am Main 2003, 276.

chung noch verschärft. Wenn sich das Subjekt aber in einer Kombination aus großen Anstrengungen bei gleichzeitigem Verlust von Gegenwärtigkeit erlebt, dann dürfte dies eine Facette der Spätmoderne als „Enttäuschungsgenerator"[2] sein.

Eine christliche Perspektive müsste daher solche gegenwartsvernichtenden Optimierungsideale vermeiden, die unausbalanciert von ihrem Gegenpol getrennt wie regelrechte „Anpeitscher wirken"[3] können und stattdessen entweder zu größerer Gelassenheit oder aber sogar zur genießenden und dankbaren Wahrnehmung des Jetzt inspirieren.

Eine Orientierung an einem Genuss der Gegenwart kann für die christliche Tradition nicht grundsätzlich behauptet werden. Dagegen spricht bereits eine apokalyptische oder futurisch-eschatologische Fokussierung, wie sie in vielen theologischen Ansätzen zum Ausdruck kommt. Regelrecht prädestiniert für den Gedanken der Gegenwärtigkeit sind hingegen die Theologien, die eine *präsentische Eschatologie* vertreten.

Unter den in dieser Studie betrachteten Theologen sticht im Blick auf eine Wertschätzung der Gegenwart am stärksten Spalding mit seiner Orientierung an einem glücklichen Dasein hervor. Sein Vervollkommnungshorizont umfasst dabei in der Annäherung an das „Urbilde der Vollkommenheiten"[4] auch einen ästhetischen Aspekt, nämlich die Schönheit der göttlichen Ordnung in zunehmendem Maße zu erblicken und sich daran zu erfreuen (vgl. I.4). Zunehmendes Glücklich-Sein und eine Freude an der schönen Ordnung Gottes, wie sie u. a. in der Natur erblickt wird, scheinen Spaldings Theologie aber tatsächlich als eine Einführung in den Genuss der Gegenwart auszuweisen.

Trotzdem gibt es auch im Blick auf eine theologische Perspektive insgesamt ein Entlastungsmoment, das zumindest *Voraussetzung* einer erlebten Gegenwärtigkeit ist. Dieses ist in der Figur aufgehoben, dass der Performance- und Leistungsgedanke in christlicher Perspektive zwar nicht eliminiert, aber doch entscheidend relativiert ist. Wenn tatsächlich ganz Entscheidendes, was durch die Stichworte Erlösung und individueller Wert angedeutet werden kann, nicht durch Eigenaktivitäten zu leisten ist, sondern gnadenhaft gegeben ist, dann wird die Bedeutung menschlicher Eigenleistung heilsam eingeschränkt. Als Konsequenz lässt sich mit eigenen Schwächen und Unzulänglichkeiten besser leben und umgehen.

Bei Paul Tillich ist an dieser Stelle das Reife-Kriterium des wachsenden Verbunden-Seins einschlägig. Denn dieses Verbunden-Sein bezieht sich auch auf die Beziehung zu sich selbst: „Ein reifes Verhältnis zu sich selbst ist ein Zustand des Versöhntseins zwischen dem Selbst als Subjekt und dem Selbst als Objekt und der spontanen Bejahung des essentiellen Selbst jenseits von Subjekt und Objekt."[5] Dadurch können geistgewirkt Zustände von „Verlassenheit, Introvertiertheit und

---

[2] Reckwitz, Gesellschaft der Singularitäten, 345, originale Hervorhebung weggelassen.
[3] Funke, Idealität als Krankheit?, 114.
[4] Spalding, KA I/1, 134,11.
[5] Tillich, ST III, 270.

Feindseligkeit"⁶ überwunden werden. Gerade diese Erfahrung des Versöhntseins mit sich selbst ist aber die Voraussetzung für den tiefen Genuss des Selbst und der Gegenwart, der im Gefühl, sich unbedingt weiter optimieren zu müssen, schnell verloren geht.

Eine entspanntere und gelassenere Erwartungshaltung angesichts der eigenen Entwicklung lässt dann wiederum auch leichter alles „Weniger, Schwächer, Kleiner und Langsamer"⁷ ertragen. Für ein ausgeglichenes Seelenleben dürfte es aber gerade ganz entscheidend sein, auch einmal nichts leisten zu müssen, sich nicht entwickeln zu müssen, Freude am Dasein zu erleben und „den eigenen Wert zu spüren, der im Sein und nicht im Machen und Haben liegt"⁸. Dort, wo christlicher Glaube gelebt wird, kann dann möglicherweise genau die „Kultur des Seins" anstatt einer „Kultur des Habens und Machens"⁹ gelebt werden, die Funke für eine wichtige Bedingung erfüllten Lebens erachtet.

---

⁶ A.a.O., 269.
⁷ FUNKE, Idealität als Krankheit?, 114.
⁸ Ebd.
⁹ Ebd.

5. Dankbarkeit

Michael Roth und Michael Klessmann haben jeweils darauf hingewiesen, dass im gegenwärtig kulturell dominierenden Klima permanenter Selbstoptimierungserwartungen das Leben weniger als *Gabe* und stärker als *Aufgabe* empfunden wird. Dies deckt sich mit den verschiedenen soziologischen Perspektiven, die oben dargestellt wurden. Sei es das Streben nach körperlicher, psychischer oder digitaler Attraktivität, eine höhere Qualifikation im jeweiligen beruflichen Umfeld oder die Verbesserung des singulären Nimbus – stets ist etwas vom sich selbst optimierenden Subjekt bei häufig hohen oder sehr hohen Erwartungen zu leisten. Dass dabei das Gegebene und Vorhandene aus dem Blickfeld rückt, welches das Selbst am Leben hält und Freude bereitet, erscheint geradezu folgerichtig. Denn die Aufmerksamkeit gilt dann vor allem der *angestrebten Version* seiner selbst, nicht dem bereits jetzt Geschenkten. Dass dies quasi zwangsläufig mit einer – auch von Thomä angesprochenen – negativen Einstellung gegenüber dem jetzigen Selbst einhergeht, hält auch Röcke fest: Es „folgt aus dieser Orientierung [der Verbesserbarkeit] gleichsam automatisch, dass der gegenwärtige Zustand als unbefriedigend, mangelhaft beziehungsweise suboptimal wahrgenommen wird"[1]. Dies entspricht aber genau dem beschriebenen negativen Aspekt der Vollkommenheitsambivalenz in verschärfter Form (vgl. Einleitung 2.)

Rosa hat darauf aufmerksam gemacht, dass die beschriebenen Steigerungs- und Optimierungsprozesse häufig sogar zu einem regelrecht *aggressiven* Weltverhältnis führen.[2] Der Modus der Auseinandersetzung ist in der gegenwärtigen „Aggressionsgesellschaft"[3] nicht nur für demokratische Prozesse ein Problem, sondern verweist nach Rosa auf tieferer Ebene ein grundsätzlich gestörtes, unresonantes Weltverhältnis (vgl. II.3.4). Rosa zieht selbst die Verbindung zur Religion und behauptet angesichts dieses gesellschaftlichen Krisenbefundes: „Sie [die Religion] verfügt über die Elemente, die uns daran erinnern können, dass eine andere Weltbeziehung als die steigerungsorientierte, auf Verfügbarmachung zielende möglich ist."[4] Rosas These geht aber noch über diese Erinnerungsfunktion

---

[1] Röcke, Selbstoptimierung, 195.
[2] Vgl. z. B. Hartmut Rosa, Demokratie braucht Religion. Über ein eigentümliches Resonanzverhältnis : basierend auf einem Vortrag beim Würzburger Diözesanempfang 2022, München ⁵2022, 41f.
[3] A.a.O., 55.
[4] A.a.O., 67.

hinaus, indem er Religion und Kirchen – als organisierte Gestalt von Religion – als bedeutende Faktoren einer Demokratie überhaupt ausweist:

> Demokratie bedarf eines hörenden Herzens, sonst funktioniert sie nicht. Ein solches hörendes Herz fällt aber nicht vom Himmel, überhaupt ist diese Haltung in einer Aggressionsgesellschaft besonders schwer einzunehmen. Meine […] These lautet, dass es insbesondere die Kirchen sind, die über Narrationen, über ein kognitives Reservoir verfügen, über Riten und Praktiken, über Räume, in denen ein hörendes Herz eingeübt und vielleicht auch erfahren werden kann.[5]

Dieses „hörende Herz" ist für Rosa aber Ausdruck eines Verhältnisses zur Welt und insbesondere den Mitmenschen, das für Resonanz offen ist: „[D]er entscheidende Punkt scheint mir zu sein, dass das gesamte religiöse Denken, die ganze Tradition, die besten religiösen Deutungen auf die Idee und Vergegenwärtigung von Resonanzverhältnissen hin angelegt sind."[6] Ein solches resonantes Weltverhältnis wird von Rosa als Ausweg aus der beschriebenen Krise präsentiert. Das aber dürfte gerade mit Erfahrungen der Gegenwärtigkeit und der Dankbarkeit einhergehen.

In der Perspektive und dem Erleben des Glaubens erscheint das *Geschenkte* tatsächlich in vielen Weisen ausdrücklich betrachtet und gewürdigt. Ob in schöpfungstheologischer, soteriologischer oder pneumatologischer Form ist dabei an dieser Stelle unerheblich. Entscheidend ist, dass der Glaube den Blick auf das bereits Gegebene und Gute des Lebens lenkt. Das wird in vielen biblischen Texten, aber auch Lieddichtungen leicht ersichtlich – man denke nur an die Psalmen oder das Kirchlied *Nun danket alle Gott* (Evangelisches Gesangbuch 321).[7] Auch in privaten oder öffentlichen Formen des Gebetes oder der Andacht spielt der Dank für das Geschenkte eine konstitutive Rolle.[8]

Die im I. Hauptteil dargestellten, am Begriff der Vollkommenheit orientierten Selbstverbesserungspraktiken und -ziele heben diese Perspektive der Dankbarkeit nicht auf. Im Gegenteil: Wenn Wachstum im Glauben und in der Liebe die beiden prägenden Elemente christlicher Vervollkommnung sind (vgl. I.8), dann dürfte darin die Orientierung am Geschenkten und Gegebenen vielmehr noch vertieft werden. Ein Selbst- und Weltverhältnis, das eine liebevolle Beziehung einzuüben versucht, wird in der Regel auch mit Gefühlen der Dankbarkeit verbunden sein. Betrachtet man christliche Rituale, dann zeigt sich auch darin ein wiederkehrendes Moment der Dankbarkeit, sodass dieses als ein Kontinuum christlicher Frömmigkeit erscheint: In der Taufe eines Kindes wird dankbar dessen Geburt gefeiert. Zur Feier der Trauung dem Zusammenfinden zweier Menschen und auch das Ritual der Bestattung ist in der Regel vom Dank für das Leben des Verstorbenen geprägt. Zieht man das Abendmahl als regelmäßiges Ritual hinzu, das ebenfalls als vertikale und horizontale Resonanzachsen etablierendes

---

[5] A.a.O., 55f.
[6] A.a.O., 68.
[7] Vgl. ausführlicher dazu BARTH, Symbole des Christentums, 80f.
[8] Vgl. zu Gebet und Andacht als Grundformen gelebter Religion: a.a.O., 68–74.

Geschehen zu betrachten ist,⁹ dann ist auch darin das Moment der Dankbarkeit hervorzuheben. Deutlich wird das in den Wendungen in der Präfation: „Lasset uns danken dem Herrn, unserm Gott. [...] Wahrhaft würdig ist es und recht, dass wir dich, ewiger Gott, immer und überall loben und dir danken"¹⁰. Aber auch das Dankgebet am Ende des Abendmahls fordert zunächst auf: „Danket dem Herrn, denn er ist freundlich. Halleluja." – um dann fortzufahren: „Wir danken dir, allmächtiger Herr und Gott, dass du uns durch deine heilsame Gabe erquickt hast, und bitten dich: Lass sie in uns wirksam werden zu starkem *Glauben* an dich und zu herzlicher *Liebe* unter uns allen."¹¹

Ulrich Barth hält im Blick auf dieses Grundgefühl fest: „Die tiefste Form der Dankbarkeit dürfte dort vorliegen, wo die Gefühlserwiderung auf die empfangenen Gaben übergreift auf das Verhältnis zu der Person des Gebenden"¹². Wenn in Formen gelebter Religion, wie sie gerade für den christlichen Glauben angedeutet wurden, die Verdanktheit des eigenen Lebens auf ein Gegenüber bezogen wird, dem dieser Dank gilt, dann dürfte in diesem Verhältnis nicht nur eine resonante, sondern gerade eine von tiefer Dankbarkeit getragene Beziehung entstehen.

Der Glaube an einen (bedingungslos) liebenden, tragenden und Anerkennung schenkenden Grund konstituiert und stabilisiert zudem den eigenen Selbstwert. Dadurch aber fällt der Druck zur Veränderung bzw. Optimierung, in dem dieser Wert möglicherweise gestärkt, wenn nicht begründet werden soll, erheblich geringer aus. Hierfür wurde bereits der Begriff der *Gelassenheit* eingeführt (vgl. I.1.4 und I.8), der sich in das Bild spätmoderner Selbstoptimierungspraktiken nur schwer einzufügen scheint. Diese zeichnen sich eher durch ein hohes Maß an innerem oder äußerem Druck aus, mit dem die entsprechenden Ziele und Veränderungen herbeigeführt werden sollen.

Dazu passt auch die bereits genannte Unterscheidung von *Schicksal* und *Machsal*. Während sich das Konzept der Selbstoptimierung durch einen starken Glauben an die Machbarkeit und die eigenen Fähigkeiten auszeichnet, die das Subjekt vor allem als selbstbestimmt, autonom, unabhängig, emanzipiert und mündig verstehen, ist der christliche Glaube in der Regel mit einem stärkeren Bewusstsein für die Grenzen menschlichen Schaffens, seine grundsätzliche Abhängigkeit, seine „ärgerliche Tatsache der primären"¹³ Passivität und Fragmentarität ausgestattet, was im Begriff des Schicksals Ausdruck gewinnt. Odo Marquard hat das einmal folgendermaßen auf den Punkt gebracht: „Heutzutage lebt jeder mündig sein Leben selber [...]. Die Umstände werden – durch Selbstbestimmung – von dem Menschen selber gestaltet und hergestellt: dagegen kommt – scheint es – das Schicksal nicht mehr an [...]. Alles ist machbar, alles steht zur Disposition, alles

---

⁹ Vgl. ROSA, Demokratie braucht Religion, 73f.
¹⁰ Evangelisches Gottesdienstbuch, Bielefeld 2000, 121f.
¹¹ A.a.O., 128, Hervorhebungen C.S.
¹² BARTH, Symbole des Christentums, 83.
¹³ SCHNEIDER-FLUME, Leben ist kostbar, 11.

kann und muss verändert werden"[14] – vor allem man selbst, möchte man in diesem Zusammenhang hinzufügen.

Eine *akzeptierte Abhängigkeit*[15], welche die „Tyrannei der Selbstverantwortung"[16] zu vermeiden weiß und die Akzeptanz vielfältiger Erfahrungen schicksalhafter Widerfahrnisse dürften aber gerade die Grundlage für eine Lebenshaltung sein, in der aktive und passive Momente auf wohltuende und lebensdienliche Weise miteinander ausbalanciert sind.

---

[14] MARQUARD, Ende des Schicksals, 69.
[15] So der Titel einer Aufsatzsammlung des Praktischen Theologen und Medizinethikers Dietrich Rössler, DIETRICH RÖSSLER, Akzeptierte Abhängigkeit. Gesammelte Aufsätze zur Ethik, Tübingen 2011.
[16] BRÖCKLING, Das unternehmerische Selbst, 290.

6. Engagierte Gelassenheit – Schlussbemerkungen

Diese Studie wurde erstens mit dem Ziel der theologisch-konfessionellen Klärung verfasst, wie protestantische Denker mit dem Ziel einer menschlichen Vollkommenheit umgegangen sind.

Zweitens wurde diese theologische Untersuchung durch die Wahrnehmung und Analyse gesellschaftlich gegenwärtig leitender Selbstverbesserungsbemühungen ergänzt, die unter dem Label der Selbstoptimierung zur Sprache gebracht sind. Dazu wurden verschiedene soziologische, philosophische und psychologische Studien herangezogen und nebeneinandergestellt. Auf diese Weise ließ sich ein Profil zeitspezifischer Modi der Persönlichkeitsentwicklung nachzeichnen.

Streben nach individueller Vollkommenheit ist ein Menschheitsthema, darauf haben z. B. Aleida und Jan Assmann hingewiesen.[1] Stets ist der Mensch auf der Suche nach einem Idealzustand, den er als bestmögliche Realisierung seiner selbst imaginiert. Dabei variieren die Formen und die Intensität dieses Entwicklungswunsches nicht nur je nach kulturellem und historischem Hintergrund, sondern auch individuell-charakterlich. Wie sich im II. Hauptteil gezeigt hat, muss es als ein besonderes Kennzeichen der Spätmoderne gelten, dass die eigene Selbstverbesserung zu einem allgegenwärtigen und unabschließbaren Imperativ geworden ist und sowohl individuell als auch gesellschaftlich in vielen Phänomenen sichtbar wird. Klar ist daher, dass diese gesellschaftlich dominierenden Verbesserungs- und Entwicklungsnormen auf vielfältige Weisen weitergetragen sowie kommuniziert werden und sich das Subjekt dazu verhalten muss (vgl. II.3.2).

Dabei ging es in diesem Band nicht darum, Selbstoptimierungsbemühungen per se als problematisch zu beschreiben oder umgekehrt einen bestimmten theologischen Ansatz als einzig lebensförderlichen Umgang mit der Frage einer Persönlichkeitsentwicklung zu präsentieren. Stattdessen wurde der Versuch unternommen, einerseits die Potentiale und heilsame Perspektiven und andererseits die Aporien und Gefahren einzelner Konzepte sichtbar zu machen. Beide Aspekte haben sich sowohl in theologischen als auch in spätmodernen Selbstoptimierungsansätzen gezeigt.

Viele Selbstoptimierungsideale und -praktiken sind offensichtlich sinnvoll und unterstützen die Mobilisierung individueller Potentiale. Nichts spricht dagegen, eigene Schritte zu zählen, sich sportlich steigern zu wollen und seinen Alltag effi-

---

[1] Vgl. ASSMANN/ASSMANN, Einführung, 15f.

zienter zu gestalten. Problematisch wird es, wenn all diese Bemühungen zu einer Art *Lebensphilosophie* aufgeladen werden, in der dann anthropologische Grundfragen und Grundbedürfnisse an diese Bemühungen gekoppelt sind. Dass es diese kulturelle Tendenz der Aufladung individueller Optimierungsbemühungen in der Gegenwartsgesellschaft gibt, ist bei verschiedenen Autoren jedoch mehr als deutlich geworden (vgl. II.3.3). In dieser Tendenz kommt eine spezifisch historisch-kulturelle Konstellation zum Ausdruck, welche durch die Hochschätzung individueller Autonomie, durch eine radikale Wachstumsorientierung im Sinne einer ‚dynamischen Stabilisierung' (Rosa) und durch eine ausgeprägte Leistungs- und Kontrollorientierung geprägt ist, in der die Vorstellung der Machbarkeit mit der tendenziellen Negierung von Abhängigkeit verbunden ist. Selbstoptimierung mutiert psychodynamisch so mitunter zu einer Art Religionspendant (vgl. II.3.6).

Martin Luther hat den Zusammenhang zwischen Glaube und guten Werken gern durch das biblische Bild vom guten Baum, der gute Früchte bringt, beschrieben. Da sich auch ein Baum in einem Wachstumsprozess befindet, lässt sich dieses Bild auf die in dieser Studie untersuchte Thematik übertragen. Die Frage lautet dann, unter welchen Bedingungen ein Baum sich so entwickeln und reifen kann, dass er seiner idealen Gestalt nahekommen und reiche Frucht tragen kann. Dafür ist – so die hier vertretene These – eine Balance aus grundsätzlicher Selbstbejahung bei einem bestimmten Maß an Veränderungssehnsucht notwendig. Dass Subjekte grundsätzlich an einer Entwicklung ihrer selbst interessiert sind und der Wunsch nach Veränderung und Entfaltung daher konstitutiver Bestandteil menschlichen Daseins ist, wurde dabei als Prämisse vorausgesetzt. Der vollständige Verzicht auf jegliche Entwicklungsperspektive wäre entsprechend eine Negation der Sehnsucht des Menschen, die eigene Unvollkommenheit zu überwinden oder zumindest zu mindern.[2] Gegenwärtigen Formen der Selbstoptimierung droht eher die umgekehrte Gefahr: Wird die aktuelle Gestalt des eigenen Selbst als ungenügend oder gar wertlos empfunden, sodass von der Entwicklung bzw. Optimierung tendenziell vieles, wenn nicht *alles* abhängt, drohen Überforderung und permanente Enttäuschung.

Eine lebensdienliche Entwicklungsperspektive, in der die Balance aus Selbstbejahung und gleichzeitiger Veränderungssehnsucht gewahrt ist, soll hier als Haltung *engagierter Gelassenheit* beschrieben werden. Engagierte Gelassenheit zeichnet sich einerseits dadurch aus, dass aus dem Bewusstsein eines performanceunabhängigen Selbstwerts eine grundsätzlich gelassene Einstellung im Blick auf sich selbst und das eigene Leben eingenommen werden kann. Andererseits kann gerade aus dieser Haltung der Gelassenheit ein Maß an Freiheit und Gestaltungslust entstehen, das sich als Engagement nach außen zeigt und durch das ein persönliches Wachstum angetrieben wird.

Es wäre unangemessen eine solche Balance pauschal für christlich-theologische Ansätze zu behaupten. Bereits die sieben Einzelstudien des I. Hauptteils haben durchaus kein einheitliches Bild ergeben, sondern sehr unterschiedliche

---

[2] Vgl. a. a. O., 16.

Akzente aufgezeigt. Ein interkonfessioneller Vergleich würde diesen vielfältigen Befund vermutlich erheblich erweitern. Trotzdem hat sich gezeigt, dass bei den betrachteten Theologen eine Unterscheidung von soteriologischen und entwicklungstheoretischen Fragestellungen gewahrt ist, die eine grundsätzliche Gelassenheit fördert. Bei einigen Ansätzen scheint die angesprochene Balance, die hier durch die Wortverbindung der engagierten Gelassenheit beschrieben wird, in besonderer Weise gefunden.

Sie konnte beispielsweise in der Theologie Martin Luthers und Paul Tillichs aufgezeigt werden. Denn die für Luther beschriebene Kombination aus einem Bewusstsein für das im Glauben gleichzeitig Gegebene *Schon-Jetzt* und *Noch-Nicht* der Vollkommenheit scheint ein Gleichgewicht zum Ausdruck zu bringen, das einerseits enorm entlastend wirkt und gleichzeitig neue Energien und Potentiale des Selbst- und Weltengagements initiiert. Dies ergibt sich insbesondere daraus, dass in dem Entwicklungsprozess der Selbstwert des Subjekts, sein Angenommen-Sein, nicht begründet oder etabliert werden muss, sondern unabhängig davon im Glauben vorausgesetzt werden darf. Mit dem Bewusstsein eigener Begrenztheit und Nicht-Perfektibilität verbindet sich bei Luther dabei zugleich eine heilsame Perspektive, die gegen perfektionistische Ambitionen immunisiert. An die Stelle eines überfordernden Perfektionsstrebens tritt so ein entspannteres Endlichkeitsmanagement, das größere Freiheitspotentiale mit sich bringt.

Bei Tillich sind die beiden Pole der Selbstannahme und der Entwicklungsperspektive, die er als Entwicklung zur Reife beschreibt, in ähnlicher Weise ausbalanciert. Das soteriologisch Entscheidende wird auch bei Tillich als etwas im Glauben Geschenktes ausgewiesen. Gleichzeitig strukturiert er einen potentiellen Reifungsprozess, welcher dem menschlichen Veränderungs- und Entwicklungswunsch eine christlich motivierte und codierte Orientierung gibt. Bestandteil dieser wachsenden Reife ist dabei zugleich eine Vertiefung jenes Glaubens, der das Bewusstsein der Erlösung in sich trägt. Damit ist bei Luther und bei Tillich eine Balance gefunden, die in anderen theologischen Ansätzen und insbesondere in vielen Formen spätmoderner Selbstoptimierungsbemühungen verloren geht.

Ausgehend von der für menschliches Leben konstitutiven Spannung zwischen Unvollkommenheit und Vollkommenheit wurde in diesem Band nach einer lebensdienlichen Persönlichkeitsentwicklung gefragt. Ein gesundes persönliches Wachstum kann – so die hier vertretene These – gerade dann gelingen, wenn ein Gleichgewicht zwischen Selbstbejahung und Veränderungssehnsucht gefunden wird. Eine Haltung, in der dies zum Ausdruck kommt, wurde als *engagierte Gelassenheit* profiliert. Darin ist sowohl das Akzeptanzmoment bleibender Fragmentarität als auch das Aktivitätsmoment angestrebter Vollkommenheit gewahrt. Denn eine lebensförderliche Entwicklung, die vor allem ein Wachstum im Glauben und in der Liebe ist, stellt sich möglicherweise gerade dann ein, wenn nicht alles davon abhängt. Oder anders gesagt: Vollkommenheit wächst dort, wo die eigene Unvollkommenheit angenommen ist.

Literaturverzeichnis

Alle verwendeten Abkürzungen entsprechen dem Verzeichnis *Abkürzungen Theologie und Religionswissenschaften nach RGG⁴*, Tübingen 2007.

ALBRECHT-BIRKNER, VERONIKA u. UDO STRÄTER: Die radikale Phase des frühen August Hermann Francke, in: Wolfgang Breul/Lothar Vogel/Marcus Meier (Hrsg.), Der radikale Pietismus. Perspektiven der Forschung (Arbeiten zur Geschichte des Pietismus 55), Göttingen 2010, 57–84.
ALTHAUS, PAUL: Die Theologie Martin Luthers, Gütersloh ²1963.
DERS.: Die Ethik Martin Luthers, Gütersloh 1965.
ANER, KARL: Die Theologie der Lessingzeit, Halle (Saale) 1929.
ANZENBERGER, HANS: Der Mensch im Horizont von Sein und Sinn. Die Anthropologie Paul Tillichs im Dialog mit Humanwissenschaften (Rupert Riedl, Erich Fromm und Viktor E. Frankl), St. Ottilien 1998.
ARCHIMANDRIT GEORGIOS: Vergöttlichung. Das Ziel des Menschenlebens, Apelern 2007.
ASSMANN, ALEIDA u. JAN ASSMANN (Hrsg.): Vollkommenheit (Archäologie der Literarischen Kommunikation X), Boston 2010.
DIES.: Einführung, in: Aleida Assmann/Jan Assmann (Hrsg.), Vollkommenheit (Archäologie der Literarischen Kommunikation X), Boston 2010, 15–24.
AUGUSTINUS, AURELIUS: De beata vita. Über das Glück, übersetzt und erläutert von Ingeborg Schwarz-Kirchenbauer und Willi Schwarz, Stuttgart 2011. (= beat. vit.)
AXT-PISCALAR, CHRISTINE: Das gemeinschaftliche höchste Gut. Der Gedanke des Reiches Gottes bei Immanuel Kant und Albrecht Ritschl, in: Werner Thiede (Hrsg.), Glauben aus eigener Vernunft? Kants Religionsphilosophie und die Theologie, Göttingen 2004, 231–255.
DIES.: Albrecht Ritschl. Eine Würdigung seiner theologischen Grundanliegen aus Anlass seines 125. Todestags, in: Kerygma und Dogma 60 (2014), 285–302.
BALTZ-OTTO, URSULA: „Leben als Fragment" (25.1.2011) (Wort zum Tag). URL: https://www.kirche-im-swr.de/?page=beitraege&id=9892 (Stand: 23.10.2023).
BARON, KONSTANZE u. CHRISTIAN SOBOTH: Einleitung, in: Konstanze Baron/Christian Soboth (Hrsg.), Perfektionismus und Perfektibilität. Streben nach Vollkommenheit in Aufklärung und Pietismus, Hamburg 2018, 9–28.
DIES. (Hrsg.): Perfektionismus und Perfektibilität. Streben nach Vollkommenheit in Aufklärung und Pietismus, Hamburg 2018.
BARTH, HANS-MARTIN: Die Theologie Martin Luthers. Eine kritische Würdigung, Gütersloh 2009.
BARTH, ULRICH: Das gebrochene Verhältnis zur Reformation. Bemerkungen zur Luther-Deutung Albrecht Ritschls, in: Ulrich Barth (Hrsg.), Aufgeklärter Protestantismus, Tübingen 2004, 125–148.

DERS.: Mündige Religion – selbstdenkendes Christentum. Deismus und Neologie in wissenssoziologischer Perspektive, in: Ulrich Barth (Hrsg.), Aufgeklärter Protestantismus, Tübingen 2004, 201–224.

DERS.: Pietismus als religiöse Kulturidee. Speners und Franckes Ethos der Bekehrung, in: Ulrich Barth (Hrsg.), Aufgeklärter Protestantismus, Tübingen 2004, 149–166.

DERS.: Symbole des Christentums. Berliner Dogmatikvorlesung, Tübingen 2021.

BAYER, OSWALD: Angeklagt und anerkannt. Religionsphilosophische und dogmatische Aspekte, in: Hans Christian Knuth (Hrsg.), Angeklagt und anerkannt. Luthers Rechtfertigungslehre in gegenwärtiger Verantwortung, Erlangen 2009, 89–107.

DERS.: Martin Luthers Theologie. Eine Vergegenwärtigung, Tübingen ⁴2016.

DERS.: Luthers „simul iustus et peccator", in: Kerygma und Dogma 64 (2018) 4, 249–264.

BEUTEL, ALBRECHT: Aufklärer höherer Ordnung? Die Bestimmung der Religion bei Schleiermacher (1799) und Spalding (1797), in: ZThK 96 (1999), 351–383.

DERS.: Populartheologie und Kirchenreform im Zeitalter der Aufklärung, in: Peter Walter/Martin H. Jung (Hrsg.), Theologen des 17. und 18. Jahrhunderts. Konfessionelles Zeitalter – Pietismus – Aufklärung, Darmstadt 2003, 226–243.

DERS.: Aufklärung in Deutschland, Göttingen 2006.

DERS.: Elastische Identität. Die aufklärerische Aktualisierung reformatorischer Basisimpulse bei Johann Joachim Spalding, in: ZThK 111 (2014) 1, 1–27.

BIELER, ANDREA: Leben als Fragment? Überlegungen zu einer ästhetischen Leitkategorie in der Praktischen Theologie Henning Luthers, in: Kristian Fechtner/Christian Mulia (Hrsg.), Henning Luther. Impulse für eine Praktische Theologie der Spätmoderne, Stuttgart 2014, 13–25.

BOBERT, SABINE: Selbsttransformationen als Tor zum Heiligen. Zur Praktischen Theologie des multiplen Selbst und seiner Transformationen in religiös und medial konstituierten Spielräumen, in: Eberhard Hauschildt/Ulrich Schwab/Andrea Bieler (Hrsg.), Praktische Theologie für das 21. Jahrhundert, Stuttgart 2002, 23–40.

BÖLLINGER, LENA: Es beginnt mit Selbstverwirklichung und endet in der Depression, in: Die Welt 2022 (01.11.2022). URL: https://www.welt.de/kultur/plus241838221/Selbstoptimierung-Es-beginnt-mit-Selbstverwirklichung-und-endet-in-der-Depression.html (Stand: 23.10.2023).

BONHOEFFER, DIETRICH: Nachfolge, in: Martin Kuske/Ilse Tödt (Hrsg.), DBW 4, München 1989.

BORNKAMM, HEINRICH: Martin Luther in der Mitte seines Lebens. Das Jahrzehnt zwischen dem Wormser und dem Augsburger Reichstag, Göttingen 1979.

BRECHT, MARTIN: Der Pietismus vom siebzehnten bis zum frühen achtzehnten Jahrhundert (Geschichte des Pietismus 1), Göttingen 1993.

DERS.: Zwischen Schwachheit und Perfektionismus. Strukturelemente theologischer Anthropologie im Pietismus, in: Udo Sträter (Hrsg.), Alter Adam und neue Kreatur. Pietismus und Anthropologie. Beiträge zum II. Internationalen Kongress für Pietismusforschung 2005 (Hallesche Forschungen 28,1), Tübingen 2009, 63–85.

BRÖCKLING, ULRICH: Totale Mobilmachung. Menschenführung im Qualitäts- und Selbstmanagement, in: Ulrich Bröckling/Susanne Krasmann/Thomas Lemke (Hrsg.), Gouvernementalität der Gegenwart. Studien zur Ökonomisierung des Sozialen (Suhrkamp-Taschenbuch Wissenschaft 1490), Frankfurt am Main 2000, 131–167.

DERS.: Das unternehmerische Selbst. Soziologie einer Subjektivierungsform, Berlin, Frankfurt am Main 2007.

DERS.: Das Subjekt auf dem Marktplatz, das Subjekt als ein Marktplatz, in: Vera King/Benigna Gerisch/Hartmut Rosa (Hrsg.), Lost in Perfection. Zur Optimierung von Gesellschaft und Psyche, Berlin 2021, 43–61.

Literaturverzeichnis 377

BRUGGER, NINA: Ein Lifestyle, der von Selbstoptimierung und Produktivität lebt. Darum ist der „That Girl"-Trend auf TikTok so gefährlich, in: Elle (28.12.2022). URL: https://www.elle.de/female-empowerment-tiktok-trend-that-girl-selbstoptimierung (Stand: 23.10.2023).
BUBER, MARTIN: Ich und Du, Stuttgart 1995.
CASSIRER, ERNST: Die platonische Renaissance in England und die Schule von Cambridge, in: Birgit Recki (Hrsg.), Gesammelte Werke 14, Darmstadt 2002, 223–380.
CHRISTE, WILHELM: Gerechte Sünder. Eine Untersuchung zu Martin Luthers ‚simul iustus et peccator' (ASyTh 6), Leipzig 2014.
CLAUSSEN, JOHANN HINRICH: Glück und Gegenglück. Philosophische und theologische Variationen über einen alltäglichen Begriff, Tübingen 2005.
COLÓN-EMERIC, EDGARDO ANTONIO: Wesley, Aquinas And Christian Perfection. An Ecumenical Dialogue, Waco 2009.
COOPER, TERRY D.: Paul Tillich and Psychology. Historic and Contemporary Explorations in Theology, Psychotherapy, and Ethics (Mercer Tillich Studies), Macon, GA 2006.
DANZ, CHRISTIAN: Das Göttliche und das Dämonische. Paul Tillichs Deutung von Geschichte und Kultur, in: International Yearbook for Tillich Research 8 (2013) 1, 1–14.
DERS.: Die Gegenwart des göttlichen Geistes und die Zweideutigkeiten des Lebens (III 134–337), in: Christian Danz (Hrsg.), Paul Tillichs ‚Systematische Theologie'. Ein werk- und problemgeschichtlicher Kommentar, Berlin/Bosten 2017, 227–256.
DERS. (Hrsg.): Paul Tillichs ‚Systematische Theologie'. Ein werk- und problemgeschichtlicher Kommentar, Berlin/Bosten 2017.
DERS.: Das Dämonische. Zu einer Deutungsfigur der modernen Kultur bei Georg Simmel, Georg Lukács, Leo Löwenthal und Paul Tillich, in: Christian Danz/Werner Schüßler (Hrsg.), Das Dämonische. Kontextuelle Studien zu einer Schlüsselkategorie Paul Tillichs, Berlin/Bosten 2018, 147–184.
DANZ, CHRISTIAN u. WERNER SCHÜSSLER (Hrsg.): Das Dämonische. Kontextuelle Studien zu einer Schlüsselkategorie Paul Tillichs, Berlin/Bosten 2018.
DIES.: Die Wirklichkeit des Dämonischen. Eine Einleitung, in: Christian Danz/Werner Schüßler (Hrsg.), Das Dämonische. Kontextuelle Studien zu einer Schlüsselkategorie Paul Tillichs, Berlin/Bosten 2018, 1–10.
DIENSTBECK, STEFAN: Die Existenz und die Erwartung des Christus (II 25–106), in: Christian Danz (Hrsg.), Paul Tillichs ‚Systematische Theologie'. Ein werk- und problemgeschichtlicher Kommentar, Berlin/Bosten 2017, 143–170.
DINGEL, IRENE (HRSG.): DIE BEKENNTNISSCHRIFTEN DER EVANGELISCH-LUTHERISCHEN KIRCHE, Göttingen 2014.
DREESMAN, ULRICH: Aufklärung der Religion. Die Religionstheologie Johann Joachim Spaldings, Stuttgart 2008.
DRESE, CLAUDIA: Der Weg ist das Ziel – Zur Bedeutung des Perfektionismus für die frühe pietistische Theologie, in: Konstanze Baron/Christian Soboth (Hrsg.), Perfektionismus und Perfektibilität. Streben nach Vollkommenheit in Aufklärung und Pietismus, Hamburg 2018, 31–52.
EBELING, GERHARD: Luthers Ortsbestimmung der Lehre vom heiligen Geist, in: Gerhard Ebeling (Hrsg.), Wort und Glaube III. Beiträge zur Fundamentaltheologie, Soteriologie und Ekklesiologie, Tübingen 1975, 316–348.
DERS.: Luthers Kampf gegen die Moralisierung des Christlichen, in: Gerhard Ebeling (Hrsg.), Lutherstudien III, Tübingen 1985, 44–73.
DERS.: Lutherstudien II. disputatio de homine, 3. Teil, Tübingen 1989.
EHRENBERG, ALAIN: Das erschöpfte Selbst. Depression und Gesellschaft in der Gegenwart, Frankfurt am Main ^{7}2013.

Evangelisches Gottesdienstbuch, Bielefeld 2000.
FABRICIUS, CAJUS: Vorbemerkungen des Herausgebers, in: Cajus Fabricius (Hrsg.), Die christliche Vollkommenheit. Unterricht in der christlichen Religion, Leipzig 1924, V–XXVII.
FECHTNER, KRISTIAN: Leben als Fragment? Gegen den Zwang zur Vollkommenheit („frag-würdig"), Zürich 6.10.2015, URL: https://www.paulusakademie.ch/wp-content/uploads/2015/10/Identit%C3%A4t-und-Fragment-Vortrag-Kristian-Fechtner.pdf (Stand: 23.10.2023)
FECHTNER, KRISTIAN u. CHRISTIAN MULIA: Einleitung, in: Kristian Fechtner/Christian Mulia (Hrsg.), Henning Luther. Impulse für eine Praktische Theologie der Spätmoderne, Stuttgart 2014, 7–10.
DIES. (Hrsg.): Henning Luther. Impulse für eine Praktische Theologie der Spätmoderne, Stuttgart 2014.
FENNER, DAGMAR: Selbstoptimierung und Enhancement. Ein ethischer Grundriss, Tübingen 2019.
DIES.: Selbstoptimierung. URL: https://www.bpb.de/themen/umwelt/bioethik/311818/selbstoptimierung (Stand: 23.10.2023).
FICHTE, JOHANN GOTTLIEB: Supplement zu nachgelassenen Schriften 4, in: Reinhard Lauth/Hans Gliwitzky (Hrsg.), Gesamtausgabe II,4 S, Stuttgart-Bad Cannstatt 1977.
FISCHER, HERMANN (Hrsg.): Paul Tillich. Studien zu einer Theologie der Moderne, Frankfurt am Main 1989.
FORSTER, DION ANGUS: On The 250th Anniversary of a Plain Account of Christian Perfection: A Historical Review of Wesleyan Theological Hybridity and its Implications for Contemporary Discourses on Christian Humanism, in: SHE 44 (2018) 1.
FOUCAULT, MICHEL: Gebrauch der Lüste und Techniken des Selbst, in: Daniel Defert/Francois Ewald (Hrsg.), Schriften in vier Bänden. Dits et Ecrits IV, Frankfurt am Main 2005, 658–686.
FRANCKE, AUGUST HERMANN: Von der Wiedergeburt. Predigt (1697), in: Erich Beyreuther (Hrsg.), Selbstzeugnisse August Hermann Franckes, Marburg an der Lahn 1963, 31–44.
DERS.: Wo die Liebe aufgeht in den Herzen der Menschen. Predigt (1697), in: Erich Beyreuther (Hrsg.), Selbstzeugnisse August Hermann Franckes, Marburg an der Lahn 1963, 141–145.
DERS.: Kurtze und Einfältige Jedoch gründliche Anleitung zum Christenthum. Anno 1696, in: Erhard Peschke (Hrsg.), Werke in Auswahl, Berlin 1969, 360–364.
DERS.: Von der Christen Vollkommenheit, in: Erhard Peschke (Hrsg.), Werke in Auswahl, Berlin 1969, 356–359.
DERS.: Verantwortung […] Halle 1707, in: Erhard Peschke (Hrsg.), Streitschriften, Berlin/New York 1981, 267–381.
DERS.: Der Fall und die Wiederaufrichtung der wahren Gerechtigkeit, in: Erhard Peschke (Hrsg.), Schriften und Predigten 9. Predigten I (Texte zur Geschichte des Pietismus Abt. II), Berlin 1987, 38–77.
DERS.: Die Lehre von dem Aergerniß. Predigt (1697), in: Erhard Peschke (Hrsg.), Schriften und Predigten 9. Predigten I (Texte zur Geschichte des Pietismus Abt. II), Berlin 1987, 303–327.
DERS.: Die Lehre von der Erleuchtung. Predigt (1698), in: Erhard Peschke (Hrsg.), Schriften und Predigten 9. Predigten I (Texte zur Geschichte des Pietismus Abt. II), Berlin 1987, 380–399.
DERS.: Schriften und Predigten 9. Predigten I (Texte zur Geschichte des Pietismus Abt. II), Berlin 1987.
DERS.: Vom Rechtschaffenen Wachsthum des Glaubens/ Oder: Von der wahren Glaubens-Gründung/Kräftigung/Stärckung/ und Vollbereitung. Predigt (1691), in: Erhard Peschke (Hrsg.), Schriften und Predigten 9. Predigten I (Texte zur Geschichte des Pietismus Abt. II), Berlin 1987, 5–34.
DERS.: Von den falschen Propheten. Predigt (1698), in: Erhard Peschke (Hrsg.), Schriften und Predigten 9. Predigten I (Texte zur Geschichte des Pietismus Abt. II), Berlin 1987, 438–484.

DERS.: De Studio Renovationis. Oder: Kurtzer Unterricht von der Erneuerung. Predigt (1709), in: Erhard Peschke (Hrsg.), Schriften und Predigten 10. Predigten II, Berlin/New York 1989, 374–402.

DERS.: Send-Schreiben vom erbaulichen Predigen, in: Erhard Peschke (Hrsg.), Schriften und Predigten 10. Predigten II, Berlin/New York 1989, 3–14.

DERS.: Vom Kampff eines bußfertigen Sünders. Predigt (1695), in: Erhard Peschke (Hrsg.), Schriften und Predigten 10. Predigten II, Berlin/New York 1989, 15–41.

DERS.: Von der gründlichen und hertzlichen Frömmigkeit. Predigt (1716), in: Erhard Peschke (Hrsg.), Schriften und Predigten 10. Predigten II, Berlin/New York 1989, 118–139.

FRANK, KARL SUSO: Art. Perfection. III. Moyen Âge, in: DSp 12, Paris 1984, 1118–1131.

FRITZ, MARTIN: Menschsein als Frage. Paul Tillichs Weg zur anthropologischen Fundierung der Theologie (Tillich Research 16), noch ungedruckte Habilitationsschrift, Berlin voraussichtlich 2024.

FUNKE, DIETER: Idealität als Krankheit? Über die Ambivalenz von Idealen in der postreligiösen Gesellschaft, Gießen 2016.

GALLUS, PETR: Der Mensch zwischen Himmel und Erde. Der Glaubensbegriff bei Paul Tillich und Karl Barth, Leipzig 2007.

GEBAUER, ROLAND: Rechtfertigung und Heiligung bei Luther und Wesley. Eine Verstehensbemühung mit biblisch-theologischem Ausblick, in: Volker Spangenberg (Hrsg.), Luther und die Reformation aus freikirchlicher Sicht, Göttingen 2013, 89–106.

GERISCH, BENIGNA, KING, VERA u. HARMUT ROSA: Über APAS. Aporien der Perfektionierung in der beschleunigten Moderne. Gegenwärtiger kultureller Wandel von Selbstentwürfen, Beziehungsgestaltungen und Körperpraktiken. URL: https://www.apas.uni-hamburg.de/ueber-apas.html (Stand: 23.10.2023).

GEYER, CHRISTIAN: Wie fit hätten Sie mich denn gerne?, in: Frankfurter Allgemeine Zeitung (28.4.2008), 39. URL: https://www.faz.net/aktuell/feuilleton/buecher/rezensionen/sachbuch/optimierung-des-koerpers-wie-fit-haetten-sie-mich-denn-gern-1539674.html (Stand: 23.10.2023).

GNÄDINGER, L., SILAGI, G., ELWERT, W. TH., BRIESEMEISTER, D., SCHULZE, U., REICHL, K.: Art. Contemptus mundi, in: LMA 3, 186–194.

GRUNERT, FRANK: Die Objektivität des Glücks. Aspekte der Eudämonismusdiskussion in der deutschen Aufklärung, in: Frank Grunert/Friedrich Vollhardt (Hrsg.), Aufklärung als praktische Philosophie, Tübingen 1998, 351–368.

GYLLENKROK, AXEL: Rechtfertigung und Heiligung in der frühen evangelischen Theologie Luthers, Uppsala 1952.

HAHN, HANS-CHRISTOPH u. HELLMUT REICHEL (Hrsg.): Zinzendorf und die Herrnhuter Brüder. Quellen zur Geschichte der Brüder-Unität von 1722 bis 1760, Hamburg 1977.

HAN, BYUNG-CHUL: Müdigkeitsgesellschaft, Berlin 2021.

HÄRLE, WILFRIED: Luthers Rechtfertigungsverständnis, in: Lateranum LXXVIII (2012) 1, 125–138.

HARNACK, ADOLF VON: Lehrbuch der Dogmengeschichte III, Tübingen ⁴1990.

HAUG, WALTER: Von der *perfectio* zur Perfektibilität, in: Aleida Assmann/Jan Assmann (Hrsg.), Vollkommenheit (Archäologie der Literarischen Kommunikation X), Boston 2010, 227–239.

HÉCTOR WITTWER: Ist unser Leben notwendig fragmentarisch, weil wir sterben müssen?, in: Olivia Mitscherlich-Schönherr (Hrsg.), Gelingendes Sterben. Zeitgenössische Theorien im interdisziplinären Dialog (Grenzgänge 1), Berlin/Boston 2019, 129–152.

HEITZENRATER, RICHARD P.: John Wesley und der frühe Methodismus, Göttingen 2007.

HERRMANN, RUDOLF: Luthers Theologie. Gesammelte und nachgelassene Werke I, Berlin 1967.

HINSKE, NORBERT: Die tragenden Grundideen der deutschen Aufklärung. Versuch einer Typologie, wiederabgedruckt, in: Raffaele Ciafardone/Norbert Hinske/Rainer Specht (Hrsg.), Die Philosophie der deutschen Aufklärung. Texte und Darstellung, Stuttgart 1990, 407–458.
HIRSCH, EMANUEL: Geschichte der neuern evangelischen Theologie 4, Gütersloh 1952.
DERS.: Die Rechtfertigungslehre Luthers. Erbe und Aufgabe, in: Lutherstudien 3 (Gesammelte Werke 3), Waltrop 1999, 109–129.
DERS.: Luthers Gottesanschauung, in: Lutherstudien 3 (Gesammelte Werke 3), Waltrop 1999, 24–50.
HOFFMANN, THOMAS SÖREN: Art. Vollkommenheit, in: Joachim Ritter/Karlfried Gründer/Gottfried Gabriel (Hrsg.), HWPh 11, Basel 2001, 1115–1132.
HOFMANN, FRANK: Albrecht Ritschls Lutherrezeption (LKGG 19), Gütersloh 1998.
HOLL, KARL: Die Rechtfertigungslehre in Luthers Vorlesung über den Römerbrief mit besonderer Rücksicht auf die Frage der Heilsgewißheit, in: ZThK 20 (1910) 4, 245–291.
DERS.: Die Geschichte des Worts Beruf, in: Karl Holl (Hrsg.), Gesammelte Aufsätze zur Kirchengeschichte. III. Der Westen, Tübingen 1928, 189–219.
DERS.: Der Neubau der Sittlichkeit, in: Karl Holl (Hrsg.), Gesammelte Aufsätze zur Kirchengeschichte. I. Luther, Tübingen 1932, 155–287.
DERS.: Die Rechtfertigungslehre in Luthers Vorlesung über den Römerbrief mit besonderer Rücksicht auf die Frage der Heilsgewißheit, in: Karl Holl (Hrsg.), Gesammelte Aufsätze zur Kirchengeschichte. I. Luther, Tübingen 1932, 111–154.
HONECKER, MARTIN: Einführung in die Theologische Ethik. Grundlagen und Grundbegriffe, Berlin/New York 1990.
HOPF, MATTHIAS: Heilige Perfektion. Einige Beobachtungen zu den Aspekten der ‚Perfektibilität' und der ‚Korruptibilität' im Heiligkeitsgesetz, in: Jürgen van Oorschot/Andreas Wagner (Hrsg.), Perfektion und Perfektibilität in den Literaturen des Alten Testaments. Ein Blick auf Konzepte und Gegenkonzepte in den alttestamentlichen Literaturen, Leipzig 2020, 91–106.
HORNIG, GOTTFRIED: Art. Perfektibilität II., in: Joachim Ritter/Karlfried Gründer (Hrsg.), HWPh 7, Basel 1989, 241–244.
HURSKAINEN, HETA: Theosis und Rechtfertigung. Ein Blick auf die lutherisch-orthodoxen ökumenischen Gespräche, in: Irena Zeltner Pavlovic/Martin Illert (Hrsg.), Dialog und Hermeneutik (Ostkirchen und Reformation 2017 1), Leipzig 2018, 329–348.
JASPERS, KARL: Der philosophische Glaube, München 1948.
JOAS, HANS: Warum Kirche? Selbstoptimierung oder Glaubensgemeinschaft, München 2022.
JOEST, WILFRIED: Gesetz und Freiheit. Das Problem des Tertius usus legis bei Luther und die neutestamentliche Parainese, Göttingen 1951.
DERS.: Ontologie der Person bei Luther, Göttingen 1967.
JUNG, MARTIN H.: Reformation und Konfessionelles Zeitalter (1517–1648), Göttingen/Stuttgart 2012.
KANT, IMMANUEL: Mutmaßlicher Anfang der Menschengeschichte, in: Schriften zur Anthropologie, Geschichtsphilosophie, Politik und Pädagogik VI, Wiesbaden 1983, 83–102.
DERS.: Kritik der reinen Vernunft, in: Wilhelm Weischedel (Hrsg.) Werke in sechs Bänden II, Darmstadt 1998.
KEUPP, HEINER: Fragmente oder Einheit? Wie heute Identität geschaffen wird. URL: http://www.ipp-muenchen.de/texte/fragmente_oder_einheit.pdf (Stand: 23.10.2023).
KIM, PAN-HO: Heiligungslehre im Werk Paul Tillichs. Tillichs Heiligungslehre als Interpretation seiner Gesamttheologie in anthropologischer und pneumatologischer Perspektive, Aachen 2005.
KING, VERA, LINDNER, DIANA, SCHREIBER, JULIA, BUSCH, KATARINA, UHLENDORF, NIELS, BEERBOM, CHRISTIANE, SALFELD-NEBGEN, BENEDIKT, GERISCH, BEGINA UND HARTMUT

Rosa: Optimierte Lebensführung – wie und warum sich Individuen den Druck zur Selbstverbesserung zu eigen machen, in: Sven Kluge/Ingrid Lohmann/Gerd Steffens (Hrsg.), Menschenverbesserung – Transhumanismus (Jahrbuch für Pädagogik 2014), Frankfurt am Main/Bern/Wien 2014, 283–300.

King, Vera, Gerisch, Benigna u. Hartmut Rosa: Einleitung: Lost in Perfection – Optimierung zwischen Anspruch und Wirklichkeit, in: Vera King/Benigna Gerisch/Hartmut Rosa (Hrsg.), Lost in Perfection. Zur Optimierung von Gesellschaft und Psyche, Berlin 2021, 7–24.

Dies. (Hrsg.): Lost in Perfection. Zur Optimierung von Gesellschaft und Psyche, Berlin 2021.

Kipke, Roland: Ignoriert, dementiert, kritisiert: menschliche Selbstformung im Schatten der technischen Optimierungsstrategien, in: Anna Sieben/Katja Sabisch/Jürgen Straub (Hrsg.), Menschen machen. Die hellen und die dunklen Seiten humanwissenschaftlicher Optimierungsprogramme (Der Mensch im Netz der Kulturen 13), Bielefeld 2014, 269–303.

Klaiber, Walter: Gerecht und Sünder zugleich. URL: https://www.emk.de/meldungen-2017/gerecht-und-suender-zugleich/ (Stand: 23.10.2023).

Klaiber, Walter u. Manfred Marquardt: Gelebte Gnade. Grundriss einer Theologie der Evangelisch-methodistischen Kirche, Stuttgart 1993.

Klessmann, Michael: Selbst schuld. Der Zwang zur Selbstverwirklichung und das Risiko des Scheiterns. Praktisch-theologische Überlegungen, in: Praktische Theologie 51 (2016) 3, 227–233.

Ders.: Ambivalenz und Glaube. Warum sich in der Gegenwart Glaubensgewissheit zu Glaubensambivalenz wandeln muss, Stuttgart 2018.

Koller, Edeltraud: Eugenik als Dienst am guten Leben? Ethische Probleme der transhumanistischen Bestimmung von Verbesserung, in: Heinrich Watzka/Stephan Herzberg (Hrsg.), Transhumanismus. Über die Grenzen technischer Selbstverbesserung (Humanprojekt 17), Berlin/Boston 2020, 163–183.

Koselleck, Reinhart: ›Neuzeit‹. Zur Semantik moderner Bewegungsbegriffe, in: Vergangene Zukunft. Zur Semantik geschichtlicher Zeiten (Suhrkamp-Taschenbuch Wissenschaft 757), Frankfurt am Main 1979, 300–348.

Ders.: Begriffsgeschichten. Studien zur Semantik und Pragmatik der politischen und sozialen Sprache, Frankfurt am Main ^{5}2021.

Kraft, Thomas: Pietismus und Methodismus. Sozialethik und Reformprogramme von August Hermann Francke (1663-1727) und John Wesley (1703-1791) im Vergleich, Stuttgart 2001.

Kramer, Gustav (Hrsg.): Beiträge zur Geschichte August Hermann Francke's. Enthaltend den Briefwechsel Francke's und Spener's, Halle 1861.

Krüger, Malte Dominik: Das Imaginäre in der Gesellschaft. Bildhermeneutische Überlegungen aus evangelischer Sicht, in: WzM 72 (2020), 128–139.

Krüger, Oliver: Die Vervollkommnung des Menschen. Tod und Unsterblichkeit im Posthumanismus und Transhumanismus, in: Cornelia Klinger (Hrsg.), Perspektiven des Todes in der modernen Gesellschaft (Wiener Reihe. Themen der Philosophie 15), Göttingen 2009, 217–232.

Kubik, Johannes: Paul Tillich und die Religionspädagogik. Religion, Korrelation, Symbol und protestantisches Prinzip (Arbeiten zur Religionspädagogik 49), Göttingen 2011.

Kuhlmann, Helga: Die theologische Ethik Albrecht Ritschls (BEvT 112), München 1992.

Kury, Patrick: Der überforderte Mensch. Eine Wissensgeschichte vom Stress zum Burnout (Campus historische Studien 66), Frankfurt am Main 2012.

Leonhardt, Rochus: Glück als Vollendung des Menschseins. Die beatitudo-Lehre des Thomas von Aquin im Horizont des Eudämonismus-Problems, Berlin 1998.

DERS.: Luthers Rearistotelisierung der christlichen Ethik. Plädoyer für eine evangelische Theologie des Glücks, in: Neue Zeitschrift für Systematische Theologie und Religionsphilosophie 48 (2006) 2, 131–167.
DERS.: Moralische Urteilsbildung in der evangelischen Ethik, in: Zeitschrift für Evangelische Ethik 54 (2010) 3, 181–193.
DERS.: Vollkommenheit und Vollendung. Theologiegeschichtliche Anmerkungen zum Verständnis des Christentums als Erlösungsreligion, in: ZThK 113 (2016) 1, 29–58.
DERS.: Ethik (Lehrwerk Evangelische Theologie 6), Leipzig 2019.
DERS.: Glaube und Werke. Zur Aktualität einer reformatorischen Unterscheidung für die evangelische Ethik, in: Christine Axt-Piscalar/Andreas Ohlemacher (Hrsg.), Die lutherischen Duale. Gesetz und Evangelium, Glaube und Werke, Alter und Neuer Bund, Verheißung und Erfüllung, Leipzig 2021, 73–127.
LERCH, DAVID: Heil und Heiligung bei John Wesley, dargestellt unter besonderer Berücksichtigung seiner Anmerkungen zum Neuen Testament, Zürich 1941.
LIEDKE, ULF: Beziehungsreiches Leben. Studien zu einer inklusiven theologischen Anthropologie für Menschen mit und ohne Behinderung, Göttingen 2011.
Lifestyle studio: URL: https://thatgirlandco.com/ (Stand: 23.10.2023).
LINDSTRÖM, HARALD: Wesley und die Heiligung, Frankfurt am Main 1961.
LOHSE, BERNHARD: Mönchtum und Reformation. Luthers Auseinandersetzung mit dem Mönchsideal des Mittelalters (FKDG 12), Göttingen 1963.
DERS.: Martin Luther. Eine Einführung in sein Leben und sein Werk, München 1981.
LOHSE, EDUARD: „Vollkommen sein". Zur Ethik des Matthäusevangeliums, in: Lorenz Oberlinner (Hrsg.), Salz der Erde – Licht der Welt: exegetische Studien zum Matthäusevangelium, Stuttgart 1991, 131–140.
LORENZ, STEFAN: Leibniz als Denker der Vollkommenheit und der Vervollkommnung. Mit Hinweisen zur Rezeption, in: Konstanze Baron/Christian Soboth (Hrsg.), Perfektionismus und Perfektibilität. Streben nach Vollkommenheit in Aufklärung und Pietismus, Hamburg 2018, 75–98.
LUTHER, HENNING: Identität und Fragment. Praktisch-theologische Überlegungen zur Unabschließbarkeit von Bildungsprozessen, in: Theologia Practica 20 (1985) 4, 317–338.
DERS.: Leben als Fragment. Der Mythos von der Ganzheit, in: Wege zum Menschen 43 (1991) 5, 262–273.
DERS.: Die Lügen der Tröster. Das Beunruhigende des Glaubens als Herausforderung für die Seelsorge, in: Praktische Theologie 33 (1998) 3, 163–176.
LUTHER, MARTIN: Auff das Ewangelion Matthei. V.-Reihenpredigt über 1. Petrus (1522), WA 12.
DERS.: Bulla coenae domini, das ist, die Bulla vom Abendfressen des allerheiligsten Herrn, des Bapsts, verdeutscht durch Martin Luther, WA 8.
DERS.: Das Neue Testament. Vorrede auf die Epistel S. Pauli an die Römer, WA Dt. Bibel 7.
DERS.: Das XIV. und XV. Kapitel S. Johannis gepredigt und ausgelegt, WA 45.
DERS.: De captivitate Babylonica ecclesiae praeludium, WA 6.
DERS.: De libertate Christiana/Von der Freiheit eines Christenmenschen, WA 7.
DERS.: De votis monasticis, WA 8.
DERS.: Decem Praecepta Wittenbergensi predicata populo (1518), WA 1.
DERS.: Deuteronomion Mosi cum annotationibus (1525), WA 14.
DERS.: Dictata super Psalterium (1513–1516), WA 4.
DERS.: Die Promotionsdisputation von Palladius und Tilemann (1537), WA 39/I.
DERS.: Die Thesen für die Promotionsdisputation von Hieronymus Weller und Nikolaus Medler (1535), WA 39/I.

DERS.: Ein Gegen-Urtheil Doktor Luthers (1521), WA 8.
DERS.: Ein Sermon von dem Sakrament der Buße (1519), WA 2.
DERS.: Ein Sermon von dem Wucher (1519), WA 6.
DERS.: Ein Sermon von den neuen Testament, das ist von der heiligen Messe (1520), WA 6.
DERS.: Epistel am 24. Sonntag nach Trinitatis, Crucigers Sommerspostille (1544), WA 22.
DERS.: Epistel am Ostertage, Crucigers Sommerpostille (1544), WA 21.
DERS.: Epistel am Pfingsttage, Crucigers Sommerpostille (1544), WA 21.
DERS.: Epistel S. Petri gepredigt und ausgelegt. Erste Bearbeitung (1523), WA 12.
DERS.: Epistell am newen Jar tag ad Galatas. z. (Kirchenpostille 1522), WA 10/I/1.
DERS.: Fastenpostille (1525), WA 17/II.
DERS.: Galaterbrief-Vorlesung (1535), WA 40/II.
DERS.: Galaterkommentar (1519), WA 2.
DERS.: Genesisvorlesung (1535–1545), WA 42.
DERS.: Genesisvorlesung (1535–1545), WA 43.
DERS.: Glossen der 1. Psalmenvorlesung (1513–1516), WA 55/I.
DERS.: Grund und Ursach aller Artikel D. Martin Luthers, so durch die römische Bulle unrechtlich verdammt sind (1521), WA 7.
DERS.: Hauspostille (1544), WA 52.
DERS.: Kirchenpostille (1522), WA 10/I/1.
DERS.: Nachschriften der Vorlesungen über den Römerbrief, Galaterbrief und Hebräerbrief, WA 57/III.
DERS.: Präparationen zu der Vorlesung über den 1. Johannesbrief (1527), WA 48.
DERS.: Predigt am Gründonnerstag (1524), WA 15.
DERS.: Predigt über das erste Gebot (1523), WA 11.
DERS.: Predigt über den 110. Psalm (1535), WA 41.
DERS.: Predigt über Matthäus 5–7 (1530), WA 32.
DERS.: Predigt zu Johannes 17 (1528), WA 28.
DERS.: Predigt zu Matthäus 18 (1524), WA 15.
DERS.: Predigt zu Matthäus 8,13 (1534), WA 37.
DERS.: Predigt, gehalten: Am Achtzehenden Sontag nach der Trifeltigkeit, Euangelion Math. 22. (1533), WA 52.
DERS.: Predigten des Jahres 1522, WA 10/III.
DERS.: Predigten des Jahres 1523, WA 12.
DERS.: Predigten des Jahres 1524, WA 15.
DERS.: Predigten des Jahres 1527, WA 23.
DERS.: Predigten des Jahres 1534, WA 37.
DERS.: Predigten des Jahres 1536, WA 41.
DERS.: Predigten des Jahres 1537, WA 45.
DERS.: Predigten des Jahres 1538, WA 46.
DERS.: Predigten des Jahres 1544, WA 49.
DERS.: Römberbrief-Vorrede (1522), WA.DB 7.
DERS.: Römerbriefvorlesung (1515–1516), WA 56.
DERS.: Scholien der 1. Psalmenbriefvorlesung (1513–1516), WA 55/I.
DERS.: Scholien der 1. Psalmenvorlesung (1513–1516), WA 55/II.
DERS.: Sermo de duplici iustitia (1519), WA 2.
DERS.: Sermone, WA 4.
DERS.: Vom Abendmahl Christi, Bekenntnis (1528), WA 26.
DERS.: Von den guten Werken (1520), WA 6.
DERS.: Von den Konziliis und Kirchen (1539), WA 50.

DERS.: Von weltlicher Obrigkeit, wie weit man ihr Gehorsam schuldig sei (1523), WA 11.
DERS.: Vorrede zum 1. Bande der Wittenberger Ausgabe (1539), WA 50.
DERS.: Weihnachtspostille (1522), WA 10/I/1.
DERS.: Widmungsbrief zu: Von weltlicher Obrigkeit, wie weit man ihr Gehorsam schuldig sei (1523), WA 11.
DERS.: Wochenpredigten über Johannes 16–20 (1528/9), WA 28.
DERS.: Wochenpredigten über Matthäus 5–7 (1530/2), WA 32.
DERS.: Rationis Latomianae pro incendiariis Lovaniensis scholae sophistis redditae Lutheriana confutation (1521), in: Johannes Schilling (Hrsg.), Martin Luther. Christusglaube und Rechtfertigung (LDStA 2), Leipzig 2006, 187–399.
LUTHERISCHER WELTBUND/VATIKAN: Dritte und endgültige Fassung der Gemeinsamen Erklärung zur Rechtfertigungslehre, in: Friedrich Hauschildt/Udo Hahn/Andreas Siemens (Hrsg.), Die Gemeinsame Erklärung zur Rechtfertigungslehre. Dokumentation des Entstehungs- und Rezeptionsprozesses, Göttingen 2009, 273–285.
LUZ, ULRICH: Das Evangelium nach Matthäus (3). Mt 18–25 (EKK 1.3), Zürich, Düsseldorf, Neukirchen-Vluyn 1997.
MAAZ, HANS-JOACHIM: Die narzisstische Gesellschaft. Ein Psychogramm, München ^{4}2013.
MALCHER, KAY, MÜLLER, STEPHAN, PHILIPOWSKI, KATHARINA U. ANTJE SABLOTNY (Hrsg.): Fragmentarität als Problem der Kultur- und Textwissenschaften, Mittelalterstudien des Instituts zur interdisziplinären Erforschung des Mittelalters und seines Nachwirkens 28, München 2013.
MARQUARD, ODO: Ende des Schicksals? Einige Bemerkungen über die Unvermeidlichkeit des Unverfügbaren, in: Abschied vom Prinzipiellen. Philosophische Studien, Stuttgart 1981, 67–90.
DERS.: Ende des Schicksals? Einige Bemerkungen über die Unvermeidlichkeit des Unverfügbaren, in: Abschied vom Prinzipiellen. Philosophische Studien, Stuttgart 1981, 67–90.
MARQUARDT, MANFRED: John Wesleys „Synergismus", in: Lorenz Hein (Hrsg.), Die Einheit der Kirche. Dimensionen ihrer Heiligkeit, Katholizität und Apostolizität, Wiesbaden 1977, 96–102.
DERS.: Zur Bedeutung Luthers für John Wesley und die Evangelisch-methodistische Kirche, in: Volker Spangenberg (Hrsg.), Luther und die Reformation aus freikirchlicher Sicht, Göttingen 2013, 107–128.
MARTSCHUKAT, JÜRGEN: Das Zeitalter der Fitness. Wie der Körper zum Zeichen für Erfolg und Leistung wurde, Frankfurt am Main 2019.
MASLOW, ABRAHAM H.: The Psychology Of Science. A Reconnaissance, New York 1966.
MAU, STEFFEN: Das metrische Wir. Über die Quantifizierung des Sozialen, Berlin 2017.
MAXEINER, DIRK u. MICHAEL MIERSCH: Selbstoptimierung ist die neue erste Bürgerpflicht, in: Die Welt (13.03.2014). URL: https://www.welt.de/debatte/kolumnen/Maxeiner-und-Miersch/article125771182/Selbstoptimierung-ist-die-neue-erste-Buergerpflicht.html (Stand: 23.10.2023).
MCCORMICK, KELLEY STEVE: Theosis in Chrysostom and Wesley: An Eastern Paradigm of Faith and Love, in: Wesleyan Theological Journal 26 (1991) 1, 38–44.
MECKEL, MIRIAM: Brief an mein Leben. Erfahrungen mit einem Burnout, Reinbek b. Hamburg 2010.
MEIREIS, TORSTEN: Tätigkeit und Erfüllung. Protestantische Ethik im Umbruch der Arbeitsgesellschaft, Tübingen 2008.
MELANCHTHON, PHILIPP: Loci communes, Gütersloh ^{2}1997.

MELVILLE, GERT, VOGT-SPIRA, GREGOR u. MIRKO BREITENSTEIN: Vorwort zur Reihe: Europäische Grundbegriffe. Leitmotive des Strebens nach Vollkommenheit, in: Vogt-Spira, Melville u. a. (Hrsg.) Gerechtigkeit, Wien/Köln/Weimar 2014, 7–10.

MOLTMANN, JÜRGEN: Der Geist des Lebens. Eine ganzheitliche Pneumatologie, Gütersloh 2016.

MORI, RYOKO: Begeisterung und Ernüchterung in christlicher Vollkommenheit. Pietistische Selbst- und Weltwahrnehmungen im ausgehenden 17. Jahrhundert (Hallesche Forschungen 14), Tübingen 2005.

MOXTER, MICHAEL: Art. Vollkommenheit (Gottes/des Menschen), in: RGG⁴ 8. Tübingen 2005, 1199–1202.

MÜHLHAUSEN, CORINNA u. PETER WIPPERMANN: Das Zeitalter der Selbstoptimierer. Healthstyle 2; ein Trend wird erwachsen, Hamburg 2013.

MÜHLING, MARKUS: Versöhnendes Handeln – Handeln in Versöhnung. Gottes Opfer an die Menschen (FSÖTh 107), Göttingen/Bristol 2005.

MÜLLER, ALPHONS VICTOR: Luthers theologische Quellen. Seine Verteidigung gegen Denifle und Grisar, Gießen 1912.

MÜLLER, ULRICH B.: Der Brief des Paulus an die Philipper (ThHK 11,1), Leipzig ²2002.

NEUGEBAUER, GEORG: Die Wirklichkeit des Christus (II 107–194), in: Christian Danz (Hrsg.), Paul Tillichs ‚Systematische Theologie'. Ein werk- und problemgeschichtlicher Kommentar, Berlin/Bosten 2017, 171–196.

NEUGEBAUER, MATTHIAS: Arbeit und Beruf – Albrecht Ritschls Auffassung von der Arbeit, in: Georg Neugebauer/Constantin Plaul/Florian Priesemuth (Hrsg.), Gott gebe Wachstum. Historische und systematische Studien zur protestantischen Wirtschaftsethik nach Max Weber, Berlin/Boston 2021, 93–124.

NICOLAI, FRIEDRICH: Rez. Betrachtungen über die neue Religionsverbesserung und vorgegebene Berichtigung des Lehrbegrifs der protestantischen Kirche, in: Friedrich Nicolai (Hrsg.), Allgemeine Deutsche Bibliothek 28/1, Berlin/Stettin 1776, 132–140.

Art. Optimierung, in: Brockhaus¹⁷ 13, Mot-Oss, Enzyklopädie in 20 Bänden, Wiesbaden 1971.

OTSCHERET, ELISABETH: Ambivalenz. Geschichte und Interpretation der menschlichen Zwiespältigkeit, Heidelberg 1988.

PESCHKE, ERHARD: Studien zur Theologie August Hermann Franckes I, Berlin 1964.

DERS.: Studien zur Theologie August Hermann Franckes II, Berlin 1966.

DERS. (HRSG.): Gerichtliches Leipziger PROTOKOLL […]. O.O. 1692, in: August Hermann Francke: Schriften und Predigten 1: Streitschriften, Berlin/New York 1981, 1–71.

PETERSEN, ANNE HELEN: How Millennials Became The Burnout Generation. I couldn't figure out why small, straightforward tasks on my to-do list felt so impossible. The answer is both more complex and far simpler than I expected., in: BuzzFeedNews (05.01.2019). URL: https://www.buzzfeednews.com/article/annehelenpetersen/millennials-burnout-generation-debt-work (Stand: 23.10.2023).

DIES.: Can't Even. How Millennials Became The Burnout Generation, Boston 2020.

PHILIPP, WOLFGANG: Das Zeitalter der Aufklärung, Bremen 1963.

PINOMAA, LENNART: Die profectio bei Luther, in: Friedrich Hübner (Hrsg.), Gedenkschrift für D. Werner Elert. Beiträge zur historischen und systematischen Theologie, Berlin 1955, 119–127.

POCKRANDT, MARK: Biblische Aufklärung. Biographie und Theologie der Berliner Hofprediger August Friedrich Wilhelm Sack (1703–1786) und Friedrich Samuel Gottfried Sack (1738–1817), Berlin 2003.

PROPHET, ISABELL: Selbstoptimierungswahn: Wie gut soll ich denn noch werden?, in: Emotion. URL: https://www.emotion.de/leben-arbeit/gesellschaft/selbstoptimierungswahn (Stand: 23.10.2023).

Pseudo-Dionysius Areopagita: De coelesti hierarchia, in: Günter Heil/Adolf Martin Ritter (Hrsg.), Corpus Dionysiacum 2, De coelesti hierarchia, de ecclesiastica hierarchia, de mystica theologia, epistulae (PTS 67), Berlin ²2012.

Raatz, Georg: Aufklärung als Selbstdeutung. Eine genetisch-systematische Rekonstruktion von Johann Joachim Spaldings „Bestimmung des Menschen" (1748), Tübingen 2014.

Reckwitz, Andreas: Die Gleichförmigkeit und die Bewegtheit des Subjekts: Moderne Subjektivität im Konflikt von bürgerlicher und avantgardistischer Codierung, in: Gabriele Klein (Hrsg.), Bewegung. Sozial- und kulturwissenschaftliche Konzepte, Bielefeld 2004, 155–184.

Ders.: Die Gesellschaft der Singularitäten. Zum Strukturwandel der Moderne, Berlin ³2017.

Richmond, James: Albrecht Ritschl. Eine Neubewertung (GTA 22), Göttingen 1982.

Ringleben, Joachim: Der Geist und die Geschichte (Systematische Theologie III), in: Hermann Fischer (Hrsg.), Paul Tillich. Studien zu einer Theologie der Moderne, Frankfurt am Main 1989, 230–255.

Ritschl, Albrecht: Rechtfertigung und Versöhnung 1. Die Geschichte der Lehre, Bonn 1870.

Ders.: Geschichte des Pietismus 2. Der Pietismus in der lutherischen Kirche des 17. und 18. Jahrhunderts. Erste Abteilung, Bonn 1884.

Ders.: Geschichte des Pietismus 3. Der Pietismus in der lutherischen Kirche des 17. und 18. Jahrhunderts. Zweite Abteilung, Bonn 1886.

Ders.: Die christliche Lehre von der Rechtfertigung und Versöhnung 3, Bonn ⁴1895.

Ders.: Rechtfertigung und Versöhnung, 3. Die positive Entwicklung der Lehre, Bonn ⁴1895.

Ders.: Die christliche Vollkommenheit, in: Frank Hofmann (Hrsg.), Albrecht Ritschl: Kleine Schriften, Waltrop 1999, 43–65.

Ders.: Selbstanzeige von: Die christliche Lehre von der Rechtfertigung und Versöhnung, Band 2, Band 3 und Die christliche Vollkommenheit (1874), in: Frank Hofmann (Hrsg.), Albrecht Ritschl: Kleine Schriften, Waltrop 1999, 28–40.

Ders.: Unterricht in der christlichen Religion. Studienausgabe nach der 1. Auflage von 1875 nebst den Abweichungen der 2. und 3. Auflage, Christine Axt-Piscalar (Hrsg.), Tübingen 2002.

Ders.: Vorlesung „Theologische Ethik" (AzKG 99), Rolf Schäfer (Hrsg.), Berlin 2007.

Ritschl, Otto: Albrecht Ritschls Leben. Zweiter Band. 1864–1889, Freiburg im Breisgau und Leipzig 1896.

Ritter, Joachim: Art. Fortschritt, in: Joachim Ritter (Hrsg.), HWPh 2, Basel/Stuttgart 1972, 1032–1059.

Röcke, Anja: Soziologie der Selbstoptimierung, Berlin 2021.

Rosa, Harmut: Resonanz. Eine Soziologie der Weltbeziehung, Berlin ⁴2016.

Rosa, Hartmut: Arbeit und Entfremdung, in: Klaus Dörre (Hrsg.), Kapitalismustheorie und Arbeit. Neue Ansätze soziologischer Kritik (International Labour Studies 1), Frankfurt am Main 2012, 410–420.

Rosa, Hartmut, Schreiber, Julia, Uhlendorf, Niels, Lindner, Diana, Gerisch, Benigna u. Vera King: Optimierung zwischen Zwang und Zustimmung. Institutionelle Anforderungen und psychische Bewältigung im Berufsleben, in: Psychosozial 38 (2015) III, 27–41.

Rosa, Hartmut: Beschleunigung. Die Veränderung der Zeitstrukturen in der Moderne (Suhrkamp-Taschenbuch Wissenschaft 1760), Frankfurt am Main ¹²2020.

Ders.: Unverfügbarkeit, Berlin 2020.

Ders.: Demokratie braucht Religion. Über ein eigentümliches Resonanzverhältnis: basierend auf einem Vortrag beim Würzburger Diözesanempfang 2022, München ⁵2022.

Rosa, Hartmut, Lindner, Diana u. Jörg Oberthür: Missing Link: Wie Organisationen die Imperative dynamischer Stabilisierung und das individuelle Streben nach Selbstoptimie-

rung zur Passung bringen, in: Vera King/Benigna Gerisch/Hartmut Rosa (Hrsg.), Lost in Perfection. Zur Optimierung von Gesellschaft und Psyche, Berlin 2021, 62–79.
RÖSSLER, DIETRICH: Fortschritt und Sicherheit als Religion, in: Günter Rohrmoser/E. Lindenlaub (Hrsg.), Fortschritt und Sicherheit. Symposium Hotel Schloss Fuschl, Österreich, 25.–29. September 1979 ; 6 Tabellen (Symposia Medica Hoechst 15), Stuttgart/New York 1980, 187–197.
DERS.: Akzeptierte Abhängigkeit. Gesammelte Aufsätze zur Ethik, Tübingen 2011.
ROTH, MICHAEL: Selbstformung und Selbstoptimierung. Selbstkritische Überlegungen zum „Tanz" um das eigene Selbst, in: Ruth Conrad/Roland Kipke (Hrsg.), Selbstformung. Beiträge zur Aufklärung einer menschlichen Praxis (Schöningh, Fink and mentis Religious Studies, Theology and Philosophy E-Books Online, Collection 2013–2017), Münster 2015, 277–287.
SANDEL, MICHAEL: The Case Against Perfection: Ethics in the Age of Genetic Engineering, Cambridge 2007.
SARTRE, JEAN PAUL: Ist der Existentialismus ein Humanismus?, in: Walter Schmiele (Hrsg.), Drei Essays, Frankfurt/M. 1983, 7–51.
SAUTER, GERHARD: Anthropologische Denkerfahrungen der Theologie. Eduard Schweizer zum 70. Geburtstag, in: Evangelische Theologie 43 (1983) 5, 445–465.
DERS.: Menschsein und theologische Existenz, in: Gerhard Sauter (Hrsg.), In der Freiheit des Geistes. Theologische Studien, Göttingen 1988, 11–22.
SCHÄFER, ROLF: Ritschl. Grundlinien eines fast verschollenen dogmatischen Systems (BHTh 41), Tübingen 1968.
SCHELIHA, ARNULF von: Der Glaube an die göttliche Vorsehung. Eine religionssoziologische, geschichtsphilosophische und theologiegeschichtliche Untersuchung, Stuttgart 1999.
SCHELLENBERG, ANNETTE: ‚Gott schuf den Menschen als sein Bild' (Gen 1,26) – ist der Mensch damit perfekt(ibel)?, in: Jürgen van Oorschot/Andreas Wagner (Hrsg.), Perfektion und Perfektibilität in den Literaturen des Alten Testaments. Ein Blick auf Konzepte und Gegenkonzepte in den alttestamentlichen Literaturen, Leipzig 2020, 41–62.
SCHILLER, FRIEDRICH: Über die ästhetische Erziehung des Menschen, Leipzig 1935.
SCHLEIERMACHER, FRIEDRICH: Rezension von Johann Joachim Spalding: Lebensbeschreibung, in: Hermann Patsch (Hrsg.), Schriften aus der Hallenser Zeit, 1804–1807, Berlin/New York 1995, 29–38.
SCHLOENBACH, MANFRED: Heiligung als Fortschreiten und Wachstum des Glaubens in Luthers Theologie (SLAG 13), Helsinki 1963.
SCHMID, WILHELM: Glück, Frankfurt am Main/Leipzig 2007.
SCHMIDT, MARTIN: John Wesley I. Die Zeit vom 17. Juni 1703 bis 24. Mai 1738, Zürich 1953.
DERS.: John Wesley II. Das Lebenswerk John Wesleys, Zürich 1966.
DERS.: Luthers Vorrede zum Römerbrief im Pietismus, in: Wiedergeburt und neuer Mensch, Witten-Ruhr 1969, 299–330.
DERS.: Pietismus, Stuttgart ³1983.
SCHNEIDER-FLUME, GUNDA: Leben ist kostbar. Wider die Tyrannei des gelingenden Lebens, Göttingen ³2008.
DIES.: Perfektionierte Gesundheit als Heil? Theologische Überlegungen zu Ganzheit, Heil und Heilung, in: Wege zum Menschen 61 (2009) 2, 133–150.
SCHUBERT, ANSELM: Das Ende der Sünde. Anthropologie und Erbsünde zwischen Reformation und Aufklärung, Göttingen 2002.
SCHULTZE, HARALD: Evangelische Frauen in der deutschen Aufklärung. Desiderate kirchengeschichtlicher Forschung, in: BThZ 8 (1991), 59–75.

SCHÜSSLER, MICHAEL u. TOBIAS KLÄDEN (Hrsg.): Zu schnell für Gott? Theologische Kontroversen zur Beschleunigung und Resonanz, Freiburg i. Br. 2017.
SCHWAIGER, CLEMENS: Zur Frage nach den Quellen von Spaldings ‚Bestimmung des Menschen'. Ein ungelöstes Rätsel der Aufklärungsforschung, in: Norbert Hinske (Hrsg.), Die Bestimmung des Menschen, Hamburg 1999, 7–19.
DERS.: Wolffs Vollkommenheitsbegriff im Kreuzfeuer pietistischer Kritik, in: Konstanze Baron/Christian Soboth (Hrsg.), Perfektionismus und Perfektibilität. Streben nach Vollkommenheit in Aufklärung und Pietismus, Hamburg 2018, 53–74.
SCHWARZ, REINHARD: Fides, Spes und Caritas beim jungen Luther. Unter besonderer Berücksichtigung der mittelalterlichen Tradition, Berlin 1962.
DERS.: Art. Luther. II. Theologie, in: RGG⁴ 5, Tübingen 2002, 573–588.
DERS.: Martin Luther. Lehrer der christlichen Religion, Tübingen 2015.
SEEBERG, REINHOLD: Lehrbuch der Dogmengeschichte. Die Dogmengeschichte des Mittelalters, Basel ⁵1953.
SEEL, MARTIN: Sich bestimmen lassen. Studien zur theoretischen und praktischen Philosophie (Suhrkamp-Taschenbuch Wissenschaft 1589), Frankfurt am Main 2002.
(das) Selbst, in: duden.de (Stand: 23.10.2023).
Selbstoptimierung, in: duden.de (Stand: 23.10.2023).
SELLSCHOPP, ADOLF (Hrsg.): Neue Quellen zur Geschichte August Hermann Franckes, Halle/Saale 1913.
SEMLER, JOHANN SALOMO: Neuer Versuch die gemeinnüzige Auslegung und Anwendung des neuen Testaments zu befördern, Halle 1786.
SHAFTESBURY: Untersuchung über die Tugend, ins Deutsche übertragen und mit einer Einleitung versehen von Paul Ziertmann, Leipzig 1905.
SLOTERDIJK, PETER: Du mußt dein Leben ändern. Über Anthropotechnik, Frankfurt am Main 2009.
SOMMER, ANDREAS URS: Sinnstiftung durch Individualgeschichte. Johann Joachim Spaldings „Bestimmung des Menschen", in: ZNThG (2001) 8, 163–200.
SPALDING, JOHANN JOACHIM: Religion, eine Angelegenheit des Menschen, in: Tobias Jersak/Albrecht Beutel (Hrsg.), Kritische Ausgabe I/5, Tübingen 2001.
DERS.: Kleinere Schriften 2: Briefe an Gleim. Lebensbeschreibung. Kritische Ausgabe I/6-2, Tübingen 2002.
DERS.: Lebensbeschreibung, in: Albrecht Beutel/Tobias Jersak (Hrsg.), Kleinere Schriften 2: Briefe an Gleim. Lebensbeschreibung. Kritische Ausgabe I/6-2, Tübingen 2002, 107–240.
DERS.: Ueber die Nutzbarkeit des Predigtamtes und deren Beförderung, in: Tobias Jersak (Hrsg.), Kritische Ausgabe I/3, Tübingen 2002a.
DERS.: Vertraute Briefe, die Religion betreffend, in: Albrecht Beutel/Dennis Prause/Tobias Jersak (Hrsg.), Kritische Ausgabe I/4, Tübingen 2004.
DERS.: Die Bestimmung des Menschen, in: Albrecht Beutel (Hrsg.), Kritische Ausgabe I/1, Tübingen 2006.
DERS.: Predigten, in: Christian Weidemann (Hrsg.), Kritische Ausgabe II/1, Tübingen 2010.
SPITZER, NILS: Perfektionismus überwinden. Müßiggang statt Selbstoptimierung, Berlin/Heidelberg 2017.
SPREEN, DIERK u. BERND FLESSNER: Warum eine Kritik des Transhumanismus? Zur Einleitung, in: Dierk Spreen u. a. (Hrsg.), Kritik des Transhumanismus. Über eine Ideologie der Optimierungsgesellschaft (Kulturen der Gesellschaft 32), Bielefeld 2018, 7–14.
STEGMANN, ANDREAS: Luthers Auffassung vom christlichen Leben (BHTh 175), Tübingen 2014.

STEPHAN, HORST: Der Pietismus als Träger des Fortschritts in Kirche, Theologie und allgemeiner Geistesbildung. [Vortrag, verkürzt gehalten auf der Theologischen Konferenz in Hessen am 6. Januar 1908] Tübingen 1908.
STETTLER, HANNA: Heiligung bei Paulus. Ein Beitrag aus biblisch-theologischer Sicht, Tübingen 2014.
STOELLGER, PHILIPP: Passivität aus Passion. Zur Problemgeschichte einer „categoria non grata" (Hermeneutische Untersuchungen zur Theologie 56), Tübingen 2010.
STRAUB, JÜRGEN: Das optimierte Selbst. Kompetenzimperative und Steigerungstechnologien in der Optimierungsgesellschaft; ausgewählte Schriften (Diskurse der Psychologie), Gießen 2019.
STRAUB, JÜRGEN u. OSWALD BALANDIS: Niemals genug! Selbstoptimierung und Enhancement. Attraktive Praktiken für verbesserungswillige Menschen?, in: Familiendynamik. Systemische Praxis und Forschung 43 (2018), 72–83.
SUNDERMEIER, THEO: Perfektibilität. Ein religionsgeschichtliches und theologisches Dilemma, in: Aleida Assmann/Jan Assmann (Hrsg.), Vollkommenheit (Archäologie der Literarischen Kommunikation X), Boston 2010, 157–166.
TAATZ-JACOBI, MARIANNE: Erwünschte Harmonie. Die Gründung der Friedrichs-Universität Halle als Instrument brandenburg-preußischer Konfessionspolitik – Motive, Verfahren, Mythos (1680–1713) (Hallische Beiträge zur Geschichte des Mittelalters und der Frühen Neuzeit 13), Berlin 2014.
THOMÄ, DIETER: Vom Glück in der Moderne (Suhrkamp-Taschenbuch Wissenschaft 1648), Frankfurt am Main 2003.
THOMAS VON AQUIN: Summa Theologiae. Die deutsche Thomas-Ausgabe. Vollständige, ungekürzte dt.-lat. Ausgabe, Graz Wien Köln Heidelberg Salzburg 1933ff.
DERS.: Summe gegen die Heiden, Dritter Band, Teil 2, Buch III, hrsg. und übersetzt von Karl Allgaier, Darmstadt 1996.
TIETZ, CHRISTIANE: Freiheit zu sich selbst. Entfaltung eines christlichen Begriffs von Selbstannahme (FSÖTh 111), Göttingen 2005.
TIIU, VANESSA: The Ultimate Guide to Being „THAT Girl" (Video) 2021 (Stand: 23.10.2023).
TILLICH, PAUL: Kairos II. Ideen zur Geisteslage der Gegenwart, in: Renate Albrecht (Hrsg.), Gesammelte Werke VI. Schriften zur Geschichtsphilosophie, Stuttgart 1963, 29–41.
DERS.: Systematic Theology III. Life and the Spirit History and the Kingdom of God, Chicago 1963.
DERS.: Die Bedeutung der Kirche für die Gesellschaftsordnung in Europa und Amerika, in: Gesammelte Werke III, Stuttgart 1965, 107–119.
DERS.: Die Kunst und das Unbedingt-Wirkliche, in: Paul Tillich (Hrsg.), Die religiöse Substanz der Kultur. Gesammelte Werke IX, Stuttgart 1967, 356–368.
DERS.: Systematische Theologie I/II, Berlin/New York 1987.
DERS.: Systematische Theologie III, Berlin/New York 1987.
DERS.: Die Zweideutigkeit der Lebensprozesse (1958), in: Erdmann Sturm (Hrsg.), Berliner Vorlesungen III (1951–1958). Ergänzungs- und Nachlassbände zu den Gesammelten Werken von Paul Tillich XVI, Berlin/New York 2009, 335–412.
DERS.: Der Mut zum Sein, Berlin/München/Bosten ²2015.
TIPPMANN, CAROLINE: Die Bestimmung des Menschen bei Johann Joachim Spalding, Leipzig 2011.
TOLSTOI, LEW: Tagebücher 3. 1902–1910, Berlin 1978.
TROELTSCH, ERNST : Die Soziallehren der christlichen Kirchen und Gruppen, Tübingen 1912.

DERS.: Protestantisches Christentum und Kirche in der Neuzeit (1906/1909/1922), in: Friedrich Wilhem Graf (Hrsg.) in Zusammenarbeit mit: Daphne Bielefeld/Eva Hanke/Johannes Heider/Fotios Komotoglou/Hannelore Loidl-Emberger, KGA 7, Berlin/New York 2004.

VATICANUM II: Dogmatische Konstitution über die Kirche „Lumen Gentium", in: Peter Hünermann/Guido Bausenhart (Hrsg.), Herders Theologischer Kommentar zum Zweiten Vatikanischen Konzil, Freiburg 2009, 73–185.

VOGELSANG, ERICH: Die Bedeutung der neuveröffentlichten Hebräerbrief-Vorlesung Luthers von 1517/1518. Ein Beitrag zur Frage: Humanismus und Reformation, Tübingen 1930.

DERS.: Zur Datierung der frühesten Lutherpredigten, in: ZKG 50 (1931), 112–145.

VOIGT, KARL HEINZ: Konsens in der Rechtfertigungslehre. Nach Lutheranern und Katholiken jetzt auch Methodisten im Boot, in: MdKi 57 (2006), 109–111.

Art. Vollkommenheit, in: Reinhold Rieger (Hrsg.), Martin Luthers theologische Grundbegriffe. Von „Abendmahl" bis „Zweifel", Tübingen 2017, 316–317.

VOM ORDE, KLAUS: Der Beginn der pietistischen Unruhen in Leipzig im Jahr 1689, in: Hanspeter Marti/Detlef Döring (Hrsg.), Die Universität Leipzig und ihr gelehrtes Umfeld. 1680–1780 (6), Basel 2004, 359–378.

WAGENMANN, JULIUS AUGUST u. KARL RUDOLF HAGENBACH: Art. Spalding, Johann Joachim, in: Albert D. Hauck (Hrsg.), RE³ 18, Leipzig 1906, 553–557.

WAGNER, ANDREAS: Die Unfähigkeit des Menschen zur Vervollkommnung als anthropologische Grundkategorie von Nicht-P in Gen 6–8, in: Jürgen van Oorschot/Andreas Wagner (Hrsg.), Perfektion und Perfektibilität in den Literaturen des Alten Testament. Ein Blick auf Konzepte und Gegenkonzepte in den alttestamentlichen Literaturen, Leipzig 2020, 63–78.

WAINWRIGHT, GEOFFREY: Rechtfertigung: lutherisch oder katholisch? Überlegungen eines methodistischen Wechselwählers, in: Kerygma und Dogma 45 1999, 182–206.

WAJCMAN, JUDY: Fitter, glücklicher, produktiver: Zeitliche Optimierung mittels Technologie, in: Vera King/Benigna Gerisch/Hartmut Rosa (Hrsg.), Lost in Perfection. Zur Optimierung von Gesellschaft und Psyche, Berlin 2021, 83–100.

WALDVOGEL, BRUNO: Ambivalenz, in: Wolfgang Mertens (Hrsg.), Handbuch psychoanalytischer Grundbegriffe, Stuttgart 2014, 72–78.

WALLMANN, JOHANNES: Art. Pietismus, in: Joachim Ritter/Karlfried Gründer (Hrsg.), HWPh 7, Basel 1989, 972–974.

DERS.: Der Pietismus, Göttingen 2005.

WARD, WILLIAM REGINALD: Art. Methodistische Kirchen, in: TRE 22, Berlin/New York 2000, 666–680.

DERS.: Art. Wesley, in: TRE 35, Berlin/New York 2006, 657–662.

WEBER, MAX: Wissenschaft als Beruf, in: Horst Baier u. a. (Hrsg.), Wissenschaft als Beruf 1917/1919; Politik als Beruf 1919, MWG I/17, Tübingen 1992, 71–112.

DERS.: Die Grenznutzlehre und das ‚psychophysische Grundgesetz', in: Horst Baier u. a. (Hrsg.), Verstehende Soziologie und Werturteilsfreiheit, MWG I/12, Tübingen 2018, 115–133.

WELTRAT METHODISTISCHER KIRCHEN: Die Zustimmung zur „Gemeinsamen Erklärung zur Rechtfertigungslehre". Methodistische Stellungnahme, in: Friedrich Hauschildt/Udo Hahn/Andreas Siemens (Hrsg.), Die Gemeinsame Erklärung zur Rechtfertigungslehre. Dokumentation des Entstehungs- und Rezeptionsprozesses, Göttingen 2009, 1079–1083.

WENDT, HANS HINRICH: Die christliche Lehre von der menschlichen Vollkommenheit, Göttingen 1882.

WESLEY, JOHN: Die christliche Vollkommenheit. Wesley-Predigten, Heft 9, Bremen 1950.

DERS.: Justification By Faith. Sermon 5, in: Albert C. Outler (Hrsg.), The Works of John Wesley 1. Sermons 1, Nashville 1984, 181–199.

DERS.: The Great Privilege of Those That Are Born of God. Sermon 19, in: Albert C. Outler (Hrsg.), The Works of John Wesley 1. Sermons 1, Nashville 1984, 431–443.
DERS.: Christian Perfection, in: Albert C. Outler (Hrsg.), The Works of John Wesley 2. Sermons 2, Nashville 1985, 99–124.
DERS.: The General Spread of the Gospel, in: Albert C. Outler (Hrsg.), The Works of John Wesley 2. Sermons 2, Nashville 1985, 485–499.
DERS.: The Scripture Way of Salvation, in: Albert C. Outler (Hrsg.), The Works of John Wesley 2. Sermons 2, Nashville 1985, 152–169.
DERS.: Christian Perfection, in: Albert C. Outler u. a. (Hrsg.), The Works of John Wesley 2. Sermons II, Nashville 1986, 99–124.
DERS.: Die 53 Lehrpredigten 1, hrsg. von Karsten W. Mohr u. a., Stuttgart 1986.
DERS.: Die 53 Lehrpredigten 2, hrsg. Von Karsten W. Mohr u. a., Stuttgart 1986.
DERS.: On Workin Out Our Own Salvation. Sermon 85, in: Albert C. Outler (Hrsg.), The Works of John Wesley 3. Sermons III, Nashville 1986, 199–209.
DERS.: The Character of a Methodist, in: Richard P. Heitzenrater (Hrsg.), The Methodist Societies, History, Nature, And Design 9, Nashville 1989, 31–46.
DERS.: A Plain Account of Christian Perfection, in: Paul Wesley Chilcote/Kenneth J. Collins (Hrsg.), The Works of John Wesley 13. Doctrinal and Controversial Treatises II, Nashville 2013, 132–191.
WOLFF, OTTO: Die Haupttypen der neueren Lutherdeutung (TSSTh 7), Stuttgart 1938.
ZAHRNT, HEINZ: Tillich als Gestalt des 20. Jahrhunderts, in: Hermann Fischer (Hrsg.), Paul Tillich. Studien zu einer Theologie der Moderne, Frankfurt am Main 1989, 13–36.
ZARNOW, CHRISTOPHER: Identität und Religion. Philosophische, soziologische, religionspsychologische und theologische Dimensionen des Identitätsbegriffs (Religion in Philosophy and Theology 48), Tübingen 2010.
ZERRENNER, HEINRICH GOTTLIEB: Volksaufklärung. Uebersicht und freimüthige Darstellung ihrer Hindernisse nebst einigen Vorschlägen denselben wirksam abzuhelfen; Ein Buch für unsre Zeit, Magdeburg 1786.
ZIMMERMANN, MIRJAM u. MICHAEL ROTH: „Werde, der du sein willst!". Selbstoptimierung als Phänomen, seine Interpretation und religionspädagogische Strategien zum Umgang, in: Theo-Web. Zeitschrift für Religionspaedagogik 17 (2018) 1, 66–82. URL: https://www.theo-web.de/fileadmin/user_upload/TW_pdfs1_2018/07.pdf (Stand: 23.10.2023).
ZUR MÜHLEN, KARL-HEINZ: Art. Martin Luther. II. Theologie, in: TRE 21, Berlin/New York 2000, 530–567.

Autorenregister

Assmann, Jan und Aleida 4, 11f., 17, 22, 312, 372, 375, 379, 389
Augustinus, Aurelius 160, 375

Barth, Hans-Martin 62, 79, 89, 375
Barth, Ulrich 79, 117, 123f., 153f., 159, 188, 190, 201, 214, 360, 369f., 375f.
Beutel, Albrecht 95, 156f., 169, 171, 173, 178, 182, 376, 388
Bieler, Andrea 260, 273f., 376
Bobert, Sabine 260, 273f., 376
Bonhoeffer, Dietrich 38, 57, 63f., 68f., 376
Brecht, Martin 102, 104–106, 110, 121f., 124, 376
Bröckling, Ulrich 310, 319f., 371, 376
Buber, Martin 163, 328, 377

Claussen, Johann Hinrich 97, 99, 158, 160, 173, 177, 182, 377

Danz, Christian 222f., 225, 231, 236, 377, 385

Ebeling, Gerhard 37, 61, 72, 75f., 78, 377

Fechtner, Kristian 257, 260, 270, 376, 378
Fenner, Dagmar 25, 298, 303, 308, 312–315, 354–356, 378
Fichte, Johann Gottlieb 156, 378
Fischer, Hermann 220, 222, 378, 386, 391
Francke, August Hermann 20, 95, 101–127, 132, 134, 138, 183, 247, 284–286, 291, 359, 363
Fritz, Martin 223, 236, 379
Funke, Dieter 7f., 25, 269, 298, 305, 312, 335–341, 359, 362, 366f., 379

Gerisch, Benigna 24, 304, 311f., 317, 319, 321f., 376, 379–381, 386f., 390

Härle, Wilfried 76, 293, 379
Harnack, Adolf von 29, 39, 70f., 186, 215, 379
Hirsch, Emanuel 36, 60, 63, 70, 95, 156, 171f., 174–176, 178, 287, 380
Hofmann, Frank 13, 185, 189, 215f., 380, 386
Holl, Karl 32, 41, 55, 61, 67, 70f., 75f., 85, 169, 380

Jaspers, Karl 3, 7, 23, 380
Joas, Hans 25, 298, 306, 342–344, 354f., 357, 363f., 380
Joest, Wilfried 36, 78, 81f., 88, 124, 144, 152, 380

Kant, Immanuel 95, 98, 158, 202, 375, 380
King, Vera 24, 304, 311f., 317–322, 376, 379–381, 386f., 390
Klaiber, Walter 132, 135, 142f., 149, 381
Klessmann, Michael 15f., 289, 298, 306, 346–349, 35f., 357, 360, 368, 381
Kuhlmann, Helga 188, 190, 381

Leonhardt, Rochus 14, 19, 38, 43, 56, 58, 61, 69, 82, 90f., 149, 190, 214, 292, 381
Liedke, Ulf 89, 261, 264, 266, 362, 382
Luther, Henning 3, 13, 17, 20, 26, 89, 257–282, 284f., 287f., 290f., 364
Luther, Martin 12–14, 18–22, 29–92, 99,106f., 110, 114, 118–126, 132–134, 143–154, 156, 158, 172–175, 178–184, 185–194, 207, 214–219, 224, 226–229, 248, 252–254, 278–280, 283–294, 346, 354, 359, 373f.

Maaz, Hans-Joachim 348, 384
Marquard, Odo 331, 347, 370f., 384

Marquardt, Manfred 132, 135, 142, 149f., 381, 384
Maslow, Abraham H. 23, 297, 384
Meireis, Torsten 189, 207, 384
Moltmann, Jürgen 132, 138, 140, 145, 151, 385
Mühling, Markus 189, 199, 385
Neugebauer, Georg 193, 225, 385
Neugebauer, Matthias 193, 201, 385
Orde, Klaus vom 102, 104–106, 390

Peschke, Erhard 102–104, 106, 109, 111, 115–119, 121–125, 378f., 385
Pseudo-Dionysios 12, 41

Raatz, Georg 157f., 167f., 173f., 183, 386
Reckwitz, Andreas 25, 298, 304, 315f., 322–327, 330, 337, 347, 355, 360, 363, 365f., 386
Ritschl, Albrecht 13f., 20, 35, 88, 106, 120, 122, 125, 185–219, 233, 254, 284–288, 290, 363
Röcke, Anja 7, 22–25, 303, 307, 309–317, 321–323, 329, 347, 354–356, 368, 386
Rosa, Hartmut 24f., 298, 304, 311f., 317–322, 328–334, 341, 347, 354, 361, 363, 368–370, 373, 376, 379, 381, 386f., 390
Rössler, Dietrich 272, 371, 387
Roth, Michael 95, 298, 305f., 344–346, 354f., 357, 365, 368, 387, 391

Sandel, Michael 310, 387
Sartre, Jean Paul 348, 387
Schneider-Flume, Gunda 260, 271f., 347, 370, 387
Shaftesbury 168, 173, 182, 388
Sloterdijk, Peter 312, 315f., 388
Spalding, Johann Joachim 20, 97, 99, 142, 155–184, 284–286, 290f., 316, 365f.
Stegmann, Andreas 30f., 37f., 40, 42–44, 46, 48–50, 52–54, 65, 67, 71, 388

Thomas von Aquin 39f., 42f., 67, 142, 381, 389
Tillich, Paul 19f., 177, 220–256, 284f., 287, 290–292, 353f., 359, 364, 366, 374
Tolstoi, Leo 3, 17, 389
Troeltsch, Ernst 53f., 56, 71, 83f., 97f., 155, 253, 389

Weber, Max 193, 303, 309, 316, 329, 385, 390
Wesley, John, *siehe* I, Kap. 3, 128–154

Zahrnt, Heinz 220f., 391
Zarnow, Christopher 261, 274, 281, 391
Zinzendorf, Nikolaus Ludwig von 100, 133f., 145, 147f., 196, 379

Sachwortregister

Abendmahl 34, 61, 66, 86, 112, 134, 369f., 383, 390
Ambivalenz(-toleranz) 8, 15–18, 21f., 25, 38, 65, 90, 118, 126, 162, 180, 183f., 218f., 236, 246f., 255f., 280f., 289–292, 305, 336, 338, 354, 358–360, 379, 381, 385, 390
Arbeit 6, 61, 67, 70, 76, 87,116, 193, 201f., 206, 210, 220–222, 251, 328, 331–333, 357, 361,

Beschleunigung 304, 310f., 318, 329f., 335, 386, 388
Beziehung 5, 25, 62, 82, 88–90, 97, 100, 122, 156, 163, 176, 193, 196, 198, 202, 206, 213, 216, 233, 249f., 273, 288, 328–333, 357, 362–364, 366, 368–370, 379
Burnout 24, 297, 301, 326, 330, 347, 353, 360, 381, 384f.

Calvin/Calvinismus 14, 35, 150f., 179, 214, 224, 227, 229, 252f.
Confessio Augustana 31, 91

Dankbarkeit 26, 207, 354, 358, 368–370
Demut 37, 44f., 47, 49, 52, 71, 116, 122, 173, 189, 191–193, 195, 200, 205, 209–212, 216, 218, 284, 287, 290, 326, 359, 361
Depression 24, 326, 337, 347, 353, 360f., 376f.

Enhancement 6, 298, 303, 308, 313, 355f., 378, 389
Enttäuschung 8, 247, 268, 278, 326, 336f., 359, 373
Erbsünde, *siehe* Sünde

Ganzheit 37, 146, 204–206, 254, 257, 260, 262–272, 275–278, 280f., 338, 340, 382, 387

Gebet 61, 71, 87, 112, 117, 133, 189, 192f., 199f., 205, 211f., 219, 251, 284, 287, 290, 369f.
Geduld 68, 76, 189, 191–193, 195, 200, 205, 210f., 216, 218, 284, 287, 290
Gegenwärtigkeit 15, 26, 218, 333, 344, 354, 358, 365f., 369
Gehorsam 9f., 39f., 45, 47, 52–54, 56–58, 63, 65, 67–73, 76, 85, 88, 114, 116, 122, 176, 179, 384
Gelassenheit 26, 78, 184, 219, 292–294, 326, 345, 354, 358f., 361, 366, 370, 372–374
Genuss 177, 200, 300, 345, 365–367
– Kulturgenuss 251
– Lebensgenuss 300
gerechtfertigt, *siehe* Rechtfertigung
Glaube(n) 3, 15f., 29, 33, 35–37, 39, 42, 45f., 48, 50–54, 56–67, 71–76, 78–85, 89–91, 99, 108, 110, 112, 114, 116f., 119–124, 126, 129f., 134, 140f., 146–151, 153f., 156f., 169, 172, 178f., 182–184, 192f., 195f., 200, 202–206, 208f., 211, 213, 216–221, 222f., 225, 235, 238, 240–243, 245–247, 252f., 255f., 262, 265, 277–279, 283f., 286–293, 342, 344–346, 252f., 357, 360f., 363f., 367, 369f., 373–375, 377, 380–382, 387
Glück 3f., 43, 61, 97, 99, 142f., 155, 158–163, 165f., 173, 175, 177, 180, 182, 184, 311, 326, 345, 353, 365, 375, 377, 379, 381f., 387, 389
Gott 9–12, 32–34, 36, 39–43, 45–51, 54f., 58–63, 65–73, 75–77, 80, 84–86, 88–91, 94, 98, 101, 106, 108–111, 113–118, 121f., 127, 130f., 136–144, 146–151, 154–156, 160, 163f., 167–169, 172–176, 179, 181f., 184, 189, 191–193, 196, 198–205, 207–211, 213, 216, 218f., 221, 225, 233f., 245, 256, 266f., 272, 274, 277, 284, 286–288,

293, 328, 343, 345f., 348, 354, 363, 366, 369–370, 375, 385, 387f.

(Heiliger) Geist/geistlich 19, 35, 48, 52, 54, 58, 60, 63f., 67–83, 88–90, 101, 111, 114–116, 121, 127, 130, 132, 142, 147–150, 178–180, 207, 221–230, 234–256, 284, 287, 293, 346, 364, 366
Heiligung 8, 33, 35f., 48, 75–82, 87f., 90f., 107, 109, 111f., 117, 119–124, 129–133, 136–142, 144–146, 148–152, 184, 214, 221–224, 226–230, 232–235, 237, 239–243, 245–250, 252–255, 284, 286f., 292, 379, 382, 387, 389

Ideal 3f., 6–9, 15, 17, 24, 29f., 37, 39–41, 44f., 47, 49, 56, 59, 67, 70–72, 84, 89, 96, 126, 153, 155, 161, 165–167, 176, 180, 182f., 186, 188, 207, 221, 223f., 229f., 232–234, 236f., 239–240, 252f., 255, 259, 261–264, 268, 273–276, 278–282, 284f., 287–291, 298, 300, 305, 308, 311, 314, 320, 324, 335–343, 346–348, 354, 356, 359, 361, 379
– Ideal-Ichs/Ich-Ideal 298, 335f., 338, 339, 346
Identität 3, 89, 157, 169, 171, 173, 178, 182, 250, 257–265, 267f., 271–278, 281, 291, 308, 335, 345–347, 349, 376, 380, 382
– Ich-Identität 3, 262, 265, 267, 277f., 281, 308,

Jesus (Christus) 10, 12, 40, 46, 48, 50–53, 55, 57f., 60, 63, 65–68, 73, 76f., 81f., 86f., 89, 91, 94, 106, 112, 118, 123, 126, 131, 137–140, 146–149, 152, 181–183, 192, 196, 199f., 202, 208, 216, 219, 221, 225f., 231, 241, 288, 345, 377, 384f.

Machbarkeit 271, 306, 348, 356, 370, 373
Matthäus 9f., 41, 59, 64, 83, 383f.
Melanchthon 31, 63, 91, 119, 146, 150, 191, 194, 196, 200, 384
Methodismus 20, 100, 129–132, 134, 140f., 151, 379, 381
Millennial 297, 301, 385
Moral 99, 166f., 169, 173, 229, 344
Mystik 12, 53, 94, 233

Nachfolge 10, 50, 57, 63–65, 68, 72, 207, 267, 300, 376
– Christusnachfolge 12, 40, 67
Nicht-Perfektibilität 73, 77, 88, 90, 285, 291f., 360, 374

Optimierung 5–8, 14, 22–26, 250, 283, 294f., 297–301, 303–318, 321–325, 327, 330, 334f., 342–349, 353–357, 359–365, 368, 370, 373, 376–378, 380, 384, 386–389, 391
– Optimierungsgesellschaft 5, 298, 304, 388f.

Passivität 49, 60, 65, 242, 341, 348, 361f., 370, 389
Paulus 8, 10, 47, 51, 67f., 71, 73, 86, 105, 118, 191f., 204, 207, 212, 216, 238, 248, 378, 385, 389
Perfektionismus (perfektionistisch) 5, 29, 82, 95–98, 101–110, 113, 115, 117, 159, 171, 228, 252, 282, 321, 374–377, 382, 388
Persönlichkeitsentwicklung 5, 14, 23, 26, 279, 297, 337, 353, 372, 374
Posthumanismus 6, 381
Psychoanalyse 244, 252, 254, 304, 336
Psychologie 15, 23, 221, 230, 241, 246, 252, 254, 303–305, 312, 389

Rationalisierung 303, 315–317
Rechtfertigung 12–13, 34, 48–49, 55, 75–76, 78–79, 82, 85, 90, 94, 107, 109–112, 114, 119–120, 122–124, 128–130, 132, 137, 141–142, 144, 146–149, 150–152, 183, 185f., 195f., 198f., 216–218, 223, 226, 234, 241f., 245f., 255f., 267, 279, 286, 290, 292f., 349, 361, 379–380, 384, 386, 390
Reife 10, 16, 31f., 81, 84, 87, 89, 93f., 97, 104, 111, 118, 135f., 138, 141, 149, 158, 164f., 173, 177, 179, 182, 188, 198, 207, 217, 219, 224, 231, 233–235, 237–241, 244, 246, 249f., 254–257, 262f., 266, 275, 278, 289, 291, 294, 299, 305, 321, 329, 338, 353f., 360, 364, 366, 373f.
Resonanz 304, 318f., 327–334, 340, 353, 363f., 368–370, 386, 388

Schönheit 162, 165–170, 173, 177, 321, 339, 366

Segen 136, 348
Selbstoptimierung, *siehe* Optimierung
Selbstverwirklichung 23f., 184, 236, 278, 303, 306, 308, 313, 317, 320, 322, 324, 326, 343f., 346f., 354–357, 365, 376, 381
simul iustus et peccator 33, 36, 78, 81, 123f., 126, 143, 267, 290, 361, 376f.
Sünde 34f., 40, 43, 46–49, 51f., 54f., 61, 64f., 67–69, 71–73, 77–81, 83f., 88f., 106, 110–114, 118, 122, 124, 130f., 137–144, 149, 172, 174, 176, 179, 181, 202f., 208, 219, 228, 266f., 277–279, 281, 285f., 288, 292, 346, 387
– Erbsünde 171–173, 177, 184

Taufe 39, 78f., 94, 114, 228, 369
Toleranz 16, 25, 179
Transhumanismus 5–6, 318, 381, 388

Unverfügbarkeit 326, 328f., 339f., 386

Vorbild 12, 50, 69, 123, 140, 267, 273, 279, 299, 346

Wachstum 5, 9, 13f., 22, 35f., 41, 54, 74–79, 82f., 90f., 94, 111, 116f., 121–124, 163, 179–181, 193, 212f., 224, 233, 240f., 247, 252, 254, 256, 275f., 318, 332, 335, 341, 353, 360, 363, 369, 373f., 385, 387

Dogmatik in der Moderne

herausgegeben von
Christian Danz, Jörg Dierken, Hans-Peter Großhans
und Friederike Nüssel

Die Reihe *Dogmatik in der Moderne* widmet sich materialdogmatischen Themen. In ihr werden Untersuchungen präsentiert, die das durch die Moderne gestellte Problemniveau eines unverzichtbaren, aber unterschiedlich ausfallenden Erfahrungsbezugs und der perspektivischen Pluralität methodischer Ansätze im Blick auf materialdogmatische Fragen reflektieren. Was folgt aus den nebeneinander vertretenen offenbarungstheologischen, subjektivitätstheoretischen, geschichtstheologischen, idealistischen, hermeneutischen, sprachanalytischen, konfessionellen, kontextuellen und anderen Ansätzen für die Rechenschaft über das Christliche? Wie lassen sich seine Gehalte heute im Kontext religionspluralistischer europäischer Gesellschaften, aber auch angesichts der Herausforderungen der christlichen Ökumene entfalten? Die Reihe *Dogmatik in der Moderne* versteht sich als Forum für Untersuchungen, denen es darum geht, die unterschiedlichen fundamentaltheologischen und methodischen Konzeptionen der jüngeren Zeit für das Verständnis der einzelnen Themen und Probleme der christlichen Lehre fruchtbar zu machen und darin zu bewähren – oder aus der Ausarbeitung der materialen Dogmatik Rückwirkungen und also neue Anregungen für die Prolegomena zur Dogmatik bzw. Fundamentaltheologie zu erhalten.

ISSN: 1869-3962
Zitiervorschlag: DoMo

Alle lieferbaren Bände finden Sie unter *www.mohrsiebeck.com/domo*

Mohr Siebeck
www.mohrsiebeck.com